中国哲学通史

郭齐勇　主编

—学术版—

—先秦卷—

郭齐勇　著

A
HISTORY
OF
CHINESE
PHILOSOPHY

江苏人民出版社

图书在版编目(CIP)数据

中国哲学通史. 先秦卷/郭齐勇著. --南京:江
苏人民出版社,2021.6(2023.12 重印)
ISBN 978 - 7 - 214 - 26148 - 9

Ⅰ.①中… Ⅱ.①郭… Ⅲ.①哲学史-中国-先秦时
代 Ⅳ.①B2

中国版本图书馆 CIP 数据核字(2021)第 077952 号

中国哲学通史

郭齐勇　主编

先秦卷

郭齐勇　著

策　　　划	府建明
责 任 编 辑	府建明
装 帧 设 计	周伟伟
责 任 监 制	王　娟
出 版 发 行	江苏人民出版社
地　　　址	南京市湖南路 1 号 A 楼,邮编:210009
照　　　排	江苏凤凰制版有限公司
印　　　刷	苏州市越洋印刷有限公司
开　　　本	652 毫米×960 毫米　1/16
印　　　张	49　插页 4
字　　　数	655 千字
版　　　次	2021 年 6 月第 1 版
印　　　次	2023 年 12 月第 3 次印刷
标 准 书 号	ISBN 978 - 7 - 214 - 26148 - 9
定　　　价	178.00 元(精装)

(江苏人民出版社图书凡印装错误可向承印厂调换)

目　录

导　论

　　中国哲学史这门学科自上世纪 20 年代前后诞生以来,已经有了一百年的历史。虽经过胡适、冯友兰、张岱年、任继愈、冯契、萧萐父、汤一介、李泽厚、陈来等数代专家学者的耕耘,这一学科仍处在成长与发展之中。

　　百年来,凡讨论中国哲学史,必先涉及关于哲学的定义。哲学是人们关于宇宙、社会、人生的本源、存在、发展之过程、律则及其意义、价值等根本问题的体验与探求。在远古时期,各个大的种族、族群的生存样态与生存体验既相类似又不尽相同,人们思考或追问上述问题的方式亦同中有异,这就决定了世界上有共通的,又有特殊的观念、问题、方法、进路,有不同的哲学类型。人类进入文明时代的几个大的典范文明,各有不同的方式,其哲学有不同的形态。古代中国、印度、希腊的哲学是其中的典型。不仅今天所谓中国、印度、西方、阿拉伯、非洲的哲学类型各不相同,而且在上述地域之不同时空中又有不同的、千姿百态的哲学传统。并没有一个普遍的西方的或世界的哲学,所有哲学家的形态、体系、思想都是特殊的、各别自我的。

　　我们认为,凡是思考宇宙、社会、人生诸大问题,追求大智慧的,都属于哲学的范畴。中国人关于人与天、地、人、物、我之关系,宇宙与人的关系，人在宇宙中的地位、人的尊严与价值、人的安身立命之道等学问，当然都是哲学的题中应有之义。

一、中国哲学的问题

中国哲学讨论什么问题或课题？问题之间有什么联系？有什么问题意识？张岱年1937年写成的《中国哲学大纲》一书，副题为"中国哲学问题史"，是以问题与范畴为纲，论述中国古典哲学发展演变的书，此书强调中国哲学问题的条理体系，值得咀嚼。他认为，中国哲学有自身的系统，其内容约略可分为宇宙论或天道论、人生论或人道论、致知论或方法论、修养论与政治论五个部分，以前三个部分为主干。张先生这部著作的特点是凸显了中国哲学自身的问题与课题，以解读中国哲学的范畴为中心。如宇宙论中包含三论：本根论或道体论、大化论、法象论。本根论讨论的是道、太极阴阳、气、理气等。大化论讨论的是变常、反复、两一、大化、终始、有无等。人生论中包含四论：天人关系论、人性论、人生理想论、人生问题论。天人关系论讨论的是人在宇宙中的位置、天人合一、天人有分与天人相胜等。人性论讨论的是性善与性恶、性无善恶与性超善恶、性有善恶与性三品、性与心之诸说等。人生理想论讨论的是仁、兼爱、无为、有为、诚及与天为一、与理为一、明心、践形等。人生问题论讨论的是义与利、命与非命、兼与独、自然与人为、志功、损益、动静、欲理、情与无情、人死与不朽等。致知论中包含知论与方法论等。

张先生此书启发我们思考中国哲学的问题。我们认为，中国哲学的基本关怀与问题，环绕着天道、地道与人道的关系而展开，或抽绎为道，展开而为道与人、道与物、道与言等。宋代以后，道的问题转化为理或心的问题。

具体地说，中国哲学关注的若干向度：一是人与至上神天、帝及天道，人与自然或祖宗神灵，即广义的天人、神人关系问题；二是人与宇宙天地（或地）的关系，是宇宙论，尤其是宇宙生成论的问题，包括今天讲的人与自然的关系；三是人与社会、人与人、自我与他人的关系，属社会伦理关系问题；四是性与天道、身与心，属心性情才的关系问题，包括君子人格与人物品鉴，修养的工夫论与境界论等；五是言象意之间的关系，涉及象数思维、直觉体悟的问题；六是古今关系即社会历史观的问题。司马迁讲"究天人之际，通古今之变，成一家之言"，除天人问题外，中国人尤重社会政治与历史发展，关注并讨论与古今关系相联系的诸问题。这都是中国哲学的题中之义。

今天讨论中国哲学或中国哲学史，我们反对不假反思地将西方哲学范畴应用于中国古代文本，我们也反对完全把中西哲学范畴看成是绝对对立、不可通约的。美国学者史华兹说："不能设想，诸如自然、理性、科学、宗教和自由之类的术语能够与诸如'道'、'理'和'气'之类在中国文化内部同样有着复杂历史的术语恰好吻合。"①我们运用东西方哲学范畴时特别注意的是，哲学范畴、术语的语义范围，在什么样的语境中，以什么样的方式使用它。另一方面，"超越了语言、历史和文化以及福柯所说'话语'障碍的比较思想研究是可能的，这种信念相信：人类经验共有同一个世界。"②因此，中西、中外哲学是可以比较，可以通约的。

中国哲学的中心问题及问题意识与西方哲学有同有异，且同中有异，异中有同。与犹太—基督教式的创世论最大的不同，在于中国没有至高无上的造物主上帝。牟复礼说："中国没有创世的神话，这在所有民族中，不论是古代的还是现代的，原始的还是开化的，中国人是唯一的。这意味着中国人认为世界和人类不是被创造出来的，而这正是一个本然自生的宇宙的特征，这个宇宙没有造物主、上帝、终极因、绝对超越的意志，等等。""无需置信仰于理性之上，它强调伦理和社会事务上的理性，它的知识问题很少涉及那些无法用道理来阐明的信仰。"③中国上古的神

---

① ［美］本杰明·史华兹：《古代中国的思想世界》，程钢译，刘东校，南京：江苏人民出版社，2004年，第12页。

② 同上。

③ ［美］牟复礼：《中国思想之渊源》，王立刚译，北京：北京大学出版社，2009年，第19、25页。

话基本上是英雄神话,而没有创生神话。当然,中国有盘古开天的故事,西南少数民族有类似传说,但基本上是晚出的,公元 3 世纪才有最早记载,可能与印度传来的创世神话有关。

在解释宇宙如何形成的问题上,"中国的宇宙生成论主张的是一个有机的过程,宇宙的各个部分都从属于一个有机的整体,它们都参与到这个本然自生的生命过程的相互作用之中,这是个天才卓颖的观念。……李约瑟分析了中国人的宇宙模式之后,称之为'没有主宰却和谐有序',李约瑟描述的中国人的有机的宇宙让我们瞠目惊讶,和人类历史上其他关于宇宙的观念相比,中国人的观念是何等特别。"①宇宙的发展不必依赖任何外力,中国哲学的气论与宇宙自生、创生的观念是各派哲学的共识。

钱新祖指出:"中国的传统哲学不但不把人和天在本体上截然划分为两种不同存在,并且还认为人和天在存在上是一体的,以为人之成神、成圣是人的本性的自我实践。所以中国的传统哲学,在肯定人的时候,也同时肯定天,在肯定天的时候,也同时肯定人。"②钱新祖认为中西人文主义是两种不同类型,中国是内在人文主义,西方是外在人文主义。中国传统的个人主义是关系性或整合性的个人主义,而不是原子论式的个人主义。"中国传统哲学的出发点往往不是团体,而是个人。譬如说,《大学》里所讲的'八条目',其中的第一条目就是修身,修身的身就是指的个人一己的自身。"③中国人肯定人与人之间的现实关系与联系,然而在西方,人伦世界里的人伦也还得依赖神这个创世主的存在而存在,因此个人之间并没有内在的直接的相互关系,因为每一个人都是上帝造的,个人间的关系是与神这个创世主的共同关系为媒介的。

历史上的中国人不承认有所谓"启示的真理","不承认真理是由一个高高在上、超人的神所启示给人的,而是认为真理是可以、也必须在人

---

① [美]牟复礼:《中国思想之渊源》,王立刚译,北京:北京大学出版社,2009 年,第 21—22 页。
② 钱新祖:《中国思想史讲义》,台北:台湾大学出版中心,2013 年,第 35 页。
③ 钱新祖:《中国思想史讲义》,台北:台湾大学出版中心,2013 年,第 43 页。

事中找寻得到的。……中国人认为真理是在历史的过程里显现，必须在历史的过程中去追寻和求证，也必须在我们每个个人的日常生活里去体验和实践的。"①所以中国哲人肯定"知行合一""即知即行"，而且中国人有很强的历史感，有最悠久且从未间断的史学传统。同时，在历史的陈述中就寓含有褒贬即价值评价。

牟宗三指出，与西方式的以知识为中心、以理智游戏为一特征的独立哲学不同，中国哲学"是以'生命'为中心，由此展开他们的教训、智慧、学问与修行。"②这里所说的生命，不是自然生命，而是道德实践中的生命。"它的着重点是生命与德性。它的出发点或进路是敬天爱民的道德实践，是践仁成圣的道德实践，是由这种实践注意到'性命天道相贯通'而开出的。"③这里没有西方式的以神为中心的启示宗教，有的是凡俗的活生生的人，在圣贤传统下的人格修养与生命生活的实践，在现实中对生命意义的追求。

在这样的哲学问题与问题意识下，中国哲学中的天人关系论、宇宙生成论、群己关系论、治身治国论、天道性命与心性情才论、德性修养的工夫论与境界论、知行关系与古今关系论、由道德直觉到智性直观等论说，比较发达。

二、中国哲学的分期

中国哲学在其发展的过程中，大体上经历了四个时期（或阶段）：第一时期是创立期，指先秦哲学；第二时期是扩大期，指汉至唐代的哲学；第三时期是融会期，指宋至清代的哲学；第四时期是潜藏期，指清末民初以来的哲学，或称为现代哲学。

这四个阶段的文化背景各不一样。第一时期是中华人文价值理性

---

① 钱新祖：《中国思想史讲义》，台北：台湾大学出版中心，2013 年，第 46 页。
② 牟宗三：《中国哲学的特质》，上海：上海古籍出版社，1997 年，第 6 页。
③ 牟宗三：《中国哲学的特质》，上海：上海古籍出版社，1997 年，第 10 页。

的奠基期，是黄河、长江流域的文化与周边不同族群的文化大融合的时期，初步形成了中华多民族及其文化的融合体。第二时期是中华多民族及其文化融合体的确立期，中华制度文明的建构已相当成熟的时期，与周边各民族及外域文化扩大交流的时期，也是印度佛教文化及哲学传入中国，与中国文化及哲学不断融合，并形成了中国化的诸种佛教宗派的时期。第三时期是士庶二元社会结构解体，文明在全社会下移、推开的时期，平民化的时期，也是进一步消化印度佛学并重振中国哲学的主体性的时期。此一时期的理学是整个东亚文明的体现，它在朝鲜半岛、日本列岛和越南都得到深化与发展，对东南亚地区有着一定的影响。第四时期是西方文化作为强势文化冲击中国文化的时期，也是这两种文化及哲学开始碰撞、交融的时期，中国文化及哲学在总体上处于劣势并蛰伏的时期，是消化西方文化及哲学，再建中国文化及哲学之主体性的准备或过渡的时期。

这四个阶段哲学的代表性思潮、流派、人物、成果各不相同。在多样化的哲学成就中，最具根源性、原创性、标志性的典籍、人物、流派：第一阶段是《五经》与孔子、老子、墨子、孟子、庄子、荀子及诸子百家；第二阶段是董仲舒、魏晋玄学、隋唐佛教与道教哲学及《五经正义》；第三阶段是张载、二程、朱熹、陆九渊、王阳明、王船山及朱子《四书章句集注》为代表的四书学新传统；第四阶段中外诸思潮相互激荡，出现了中国化的马克思主义哲学——毛泽东思想，以及自由主义、文化保守主义的哲学思潮。

这四个阶段的问题意识与哲学中心范畴既有延续性又有差异性，各有其重心与特色。

在第一阶段，孔子与儒家继承三代大传统的天、帝、上帝、天命、天道的终极信仰，以礼乐文明为背景，以"天人性命"问题为枢纽，肯定天道、天命下贯为人之性，创立了凸显人性尊严、人道自觉、人格独立的"仁"学系统，侧重解决天人之际中"人是什么"的问题及人之所以为人的问题，主张通过人文建构、人事活动，特别是道德活动上达天德，把宗教、哲学、政治、道德密切地结合了起来。与之并行的是老子与道家。道家继承上古与春秋思想家有关"天"的叩问以及弥沦无涯的"气"的传统与相对相关的"阴阳"观念，形成连续性、整体性的宇宙观及宇宙生成论。他们创立了凸显天道与超越境界的"道"学系统，侧重解决天人之际中"天是什么"的问题及万物所以为万物的问题，主张人可以通过身心的修养上达天道（天地精神），把自然、社会、人生打成一片。儒家的"仁"与道家的"道"是中国哲学最核心的范畴。儒道两家并非绝然对立，而是相互影响、渗透。墨家与儒家同源，墨子与老子、孔子一样，反思文明源头，思考天人性命问题以及文化制度对于人的限制问题。当然，墨子继承的是民间小宗教的传统，其学因自身限制未能成为大统。这不是说墨家没有价值，而是中国社会历史的选择使然，其更需要的是形成互补态势且可大可久的儒道哲学思想。这当然是后话，在道术为天下裂的时代，诸子蜂起，百家异说各著精彩。儒家之有思孟学派与荀子，犹道家之有庄子、文子，法家商韩之学从道家转出而成一家之言，名辩思潮与阴阳家等更是自成一格。要之，诸子百家都是环绕天人性命之学这一中心而展开论辩的，当然论辩往往涉及不同层面，甚至辩说本身的技巧。特别值得注意的是，《易传》的天地人三才系统，其宇宙生命、气化流行、继善成性、德业双修论，是儒道思想的大综合。

在第二阶段，"天人性命"之学得以深化和扩大。在儒释道三教碰撞、融合的过程中，在超越的终极归宿与俗世生活的张力下，安身立命的问题更为凸显。各种各色的人身、人心、人性与修养问题的讨论颇为热烈，尤以中国化的佛教和中国本土的道教为盛。在此一时期，人如何超越现世而又不脱离现世的问题成为中心问题。汉代哲学之"天人感应"中的人的生存，生死神形问题与人性问题，魏晋玄学中的有无、本末、体用、一多、名教与自然、言意之辨；道教中的元气、长生、神仙、养气炼形、内外丹、重玄、凝神收心、性命双修诸说；佛教中的"真心""妄心"之争，佛性之"本有""当有"之辨，"一心开二门"之论及"圆融三谛""一念三千""转识成智""理事无碍""自性即佛"诸论；凡此种种，都是围绕着人的精神超越与现世生存（圣与凡）这一中心问题而展开的。这一时期的哲学，由于佛教的传入,在人的心、性、情、才与认知结构,人与世界的多重关系,个体自我的神圣完满性(佛性),能动的主体与重重无尽的世界的关系,顿悟、直觉、创造思维的爆发力,以及超越意境的追求等等方面的体认或研究,都比先秦哲学更为精深。

第三阶段的哲学,真正实现了儒释道三教的融合,特别是以历史实践证明最适合中国社会的儒家思想为主体的融合。宋元明清是"道学"或"理学"作为精神世界的时期。其兴起,正是中国知识人面临政治、民族危机,特别是外来文化思想的严重挑战而产生的一种"文化自觉"。自韩愈开始,至宋初三先生、北宋五子直到南宋朱子,可以说是数代知识人"为天地立心,为生民立命,为往圣继绝学,为万世开太平"的过程,重塑了中国人的终极信念与价值系统,从高的层次与水平上回归中国人的精神源头,即回归《六经》《语》《孟》,周公、孔子。朱子与同时代的学者(吕祖谦、陆氏兄弟、陈叶功利派等)间的辩论,朱子之后的阳明学及明代的心学、气学诸论,乃至清初大儒的反省等,尽管异彩纷呈,创见叠出,派系繁复,争论不休,然合而观之,其所同大于所异,深论细节,例如工夫论上千差万别,而总体上或先立乎其大者,却莫不仍旧环绕着一个中心而展开的,这个中心就是对佛道二教作内在性的批评、扬弃、消化,重建中国人自己的宇宙论与本体论,解决中国人的精神归宿问题(信念、信仰、终极性等等)及超越追求与现实关怀的关系问题。

理学重建了宇宙本体论和心性修养论,重建了道德形上学的体系。这一时期的哲学在中国哲学史上的最大贡献是抽象程度很高,不仅讨论宇宙自然的发生与发展,而且进一步讨论天地万物的根据、本原和普遍规律等形而上的问题,包括人的终极关怀的问题。"理"、"气"范畴是最基本的范畴。这两个范畴及"道"、"阴阳"、"太极"等范畴在先秦就有了,但只有在这时才形成为相互对应、相互联结的范畴体系,成为儒家形而上的宇宙本体论的核心范畴。在宋明理学中,最主要和最有影响的派别是以程颐、朱熹为重要代表的理学学派和以陆九渊、王阳明为重要代表的心学学派。理学在本体工夫论上主"性即理"的理本论以及由此"理"

本论所发展出的所谓"格物穷理"、"主敬涵养"、"变化气质"的工夫论，心学在本体工夫论上主"心即理"的心本论以及由此"心"本论所发展出的"发明本心"的"易简工夫"。

第四阶段的哲学就不同了，所谓"现代"即相对于"前现代"而言，内容与形式与前三阶段的哲学有了很大的区别。它是在回应西方文明的挑战并与之对话中产生出来的。我们没有用"近代"的概念，而直接用了"现代"的概念。这一阶段当然还在进行之中。为救亡图存而产生的各种思潮都在选择适合中国而又不脱离世界大势的道路。这一阶段的中心课题是普遍与特殊、传统与现代的问题。各派哲学家都在检讨、反省：什么是现代化的普遍之路及现代性的内涵，什么是东方、中国的特殊性？什么是普世价值，什么是中华人文精神的特质？今天还需不需要形上、本体追求和现代人的安身立命之道？在引进西方价值理性、哲学思想方法的过程中，各派哲学家都有自己的思考。在传统与现代的张力下，各派哲学家均有自己的回答。

我们认为中国哲学史中隐然有一以贯之的主线，在此一主线上分为上述四个大的历史阶段。

三、中国哲学的特质

所谓"中国哲学"，内容非常复杂，从流派来看有诸子百家、儒释道、宋明理学、清代与现代哲学等，从典籍来说有经史子集与地方文献等，还有不同时空的中华各民族的哲学思潮与思想家，以及口耳相传的思想内容。任何概括都有危险性，不免挂　漏万，以偏概全。尽管如此，人们还是要概括、提炼。冒着可能陷入化约主义偏失的危险，我们还是试图从儒、释、道诸家的哲学中抽绎出反映中国哲学特点的若干内涵，尽管儒释道诸家及其所属诸流派之间的主张也不尽相同，但它们仍有一些共同的思想倾向。

我们把中国哲学的精神与特点概括为以下七点：自然生机、普遍和谐、创造精神、秩序建构、德性修养、具体理性、知行合一。

（一）存有连续与生机自然

所谓"存有连续"，即把无生物、植物、动物、人类和灵魂统统视为在宇宙巨流中息息相关乃至互相交融的连续整体，这种观点区别于将存有界割裂为神界、凡界的西方形而上学。受此影响，中国古代思想家始终聚焦于生命哲学本身，没有创世神话，不向外追求第一原因或最终本质等抽象答案，不向超越的、外在的上帝观念致思，故也不曾如西方哲学那样摇摆于唯物与唯心、主观与客观、凡俗与神圣之间。① 所谓"生机自然"，指中国哲学认为"自然是一种不断活动的历程，各部分成为一种有生机的整体形式，彼此动态地关联在一起……此种活动的历程是阴与阳的相互变动，在时间的历程中来实现自己。"②中国哲学并不强调主体和客体、物体和精神之间的分辨，而是一种自然的相应，互为依藉和补充，在互为依藉和补充以及自然的相应中，就成就和保存了生命与理解。

长期以来，在西方，一元外在超越的上帝、纯粹精神是宇宙的创造者。人与神，心与物，此岸与彼岸，致思界与存在界，身体与心灵，价值与事实，理性与情感，乃至如如不动的创造者与被它创造的生动活泼的世界，统统被打成两橛。然而中国哲学的宇宙论是生成论而不是构成论，认为世界不是宰制性的建构，而是各种主体的参与。中国哲学的主流是自然生机主义的，没有凌驾于世界之上的造物主。中国哲学是气的哲学而不是原子论的哲学，气的哲学昭示的是连续性的存在，变动不居，大化流行，生机无限。宇宙绝非孤立、静止或机械排列的，而是创进不息、常生常化。由此，人类赖以生存的宇宙是一个无限的宇宙，创进的宇宙，普遍联系的宇宙，其包举万有，统摄万象。对宇宙创化流衍的信念，实际上也正是对人的创造能力的信念。

---

① 参见杜维明：《试谈中国哲学中的三个基调》，载《杜维明文集》第 5 卷，武汉：武汉出版社，2002 年，第 4 页。

② 参见成中英：《中国哲学的四个特性》，载《成中英文集》第 1 卷，武汉：湖北人民出版社，2006 年，第 18—19 页。

（二）整体和谐与天人合一

中国人有着天、地、人、物、我之间的相互感通、整体和谐、动态圆融的观念与智慧。中华民族长期的生存体验形成了我们对于宇宙世界的独特的觉识与"观法"和特殊的信仰与信念，即打破了天道与性命之间的隔阂，打破了人与超自然、人与自然、人与他人、人与内在自我的隔膜，肯定彼此的对话、包含、相依相待、相成相济。与这种宇宙观念相联系的是宽容、平和的心态，有弹性的、动态统一式的中庸平衡的方法论。正如汤一介所言："普遍和谐"的观念是"天人合一"的基本命题和"体用一源"的思维模式的产物，包括了自然的和谐、人与自然的和谐、人与人的和谐，以及人自身内外身心的和谐，是儒、释、道三家共同的思想旨趣。[1]"天人合一"体现了中国哲学精神中存有的连续和有机的整体。天是事物存在及其价值的根源，天道有化生万物之德。"大哉乾元，万物资始乃统天。云行雨施，品物流形。……乾道变化，各正性命。保合太和，乃利贞。首出庶物，万国咸宁。"（《周易·乾·彖辞》）这正说明中国文化以天道贯人事的特点。"天"是万物的最终依据，"天"不是与地相对的"物质之天"，而是作为自然界整体意义的"自然之天"。此外，"天"还有着"道德义理之天"，乃至"宗教神性意义"的内涵。正是由于天所具有的多重含义，"天"便不只是指外在于人的自然界，而是一有机的、连续性的、生生不息的、能动的、与"人"相关联的不可分的存在。[2]中国人有着对天、天地精神的信仰及对天命的敬畏，并提升自己的境界以"与天地精神相往来"。这种精神上的契合与颖悟，足以使人产生一种个人道德价值的崇高感。由此对天下万物、有情众生之内在价值，油然而生出博大的同情心，进而洞见天地同根，万物一体。儒家立己立人、成己成物、博施济众、仁民爱物之仁心，道家万物与我为一、天籁齐物之宽容，佛家普度众生、悲悯天

---

[1] 参见汤一介：《中国哲学中和谐观念的意义》，载《新轴心时代与中国文化的建构》，南昌：江西人民出版社，2007 年，第 91 页。

[2] 参见汤一介：《论"天人合一"》，载《汤一介集》第 5 卷，北京：中国人民大学出版社，2014 年，第 58 页。

下之情怀，都是这种精神的结晶。

中国文化重视人与自然之间，各族群、民族之间，人与人之间的和谐统一的关系。所谓"天人合一"，包含有经过区分天人、物我之后，重新肯定的人与自然的统一，强调的是顺应自然而不是片面征服、绝对占有自然。中国人在观念上形成了"和而不同"、"协和万邦"、"天下一家"的文化理想，既重视各民族和族群及其文化、宗教的分别性和独特性，又重视和合性、统一性。在人与人的关系问题上，善于化解与超越分别与对立，主张仁爱、和平、和为贵与协调性，有民胞物与的理想，厚德载物，兼容并包，爱好和平，从不侵略别人，反对以力服人，主张"远人不服，则修文德以来之"。

（三）自强不息与创造革新

中国文化是"尊生"、"重生"、创造日新的文化，所崇拜的"生"即创造性的本身。《周易·系辞上传》："富有之谓大业，日新之谓盛德，生生之谓易。"宇宙间最高最大的原理就是：一切都在迁流创化中发展着，世界是一个生生不息、日化日新的历程，生长衰亡，新陈代谢，永不停息，"为道也屡迁"。中国的易、儒、道、释诸家尊奉的"道"，就是天地自然或人文世界的永恒运动和发展变化，正所谓"变动不居，周流六虚，上下无常，刚柔相易，不可为典要，唯变所适。"（《周易·系辞下传》）

"天行健，君子以自强不息；地势坤，君子以厚德载物。"人们效法天地的，就是这种不断进取、刚健自强的精神与包容不同的人、事物与文化、思想的胸怀。人在天地之中，深切体认了宇宙自然生机蓬勃、盎然充满、创进不息的精神，进而尽参赞化育的天职，由此产生了真善美统一的人格理想，视生命之创造历程即人生价值实现的历程。在天地宇宙精神的感召之下，人类可以创造富有日新之盛德大业，能够日新其德，日新其业，开物成务。所以《礼记·大学》引述古代经典说："汤之《盘铭》曰：'苟日新，日日新，又日新。'《康诰》曰：'作新民。'《诗》曰：'周虽旧邦，其命维新。'是故君子无所不用其极。"无论是对我们民族还是个人，我们不能不尽心竭力地创造新的，改革旧的，推陈出新，革故鼎新，这是天地万象变化日新所昭示给我们的真理。此正是王夫之所言："天地之间，流行不息，皆其生焉者也，故曰'天地之大德曰生'。……今日之日月，非用昨日之明也；今岁之寒暑，非用昔岁之气也。……故人物之生化也，谁与判然使一人之识亘古而为一人？谁与判然［使一物之命］亘古而为一物？"（《周易外传》卷六）

总之，世界自身的永恒运动、创新、变化、发展、自我更新、自我否定、日生日成、日新其德、革故鼎新、除旧布新，是中国文化的主调。创新的动源，来自世界或事物自身内部的张力或矛盾。中国文化凸显了积极有为、自强不息的精神，强调革故鼎新，创造进取，即人要向天地学习。无数的仁人志士奋发前行，不屈服恶劣的环境、势力与外来侵略者的凌辱压迫，正是这种刚健坚毅的精神使然。

（四）德性修养与内在超越

中国文化特别凸显在道德文明层面，并且用道德取代了宗教的功能。儒、释、道、宋明理学四大思想资源与思想传统，最根本处是做人，是强调人的德性修养。这四大思想传统及其内部各流派在根本的目的上并无大的差别，他们彼此的分歧或纷争，主要是修身工夫入路问题。儒家的理想人格是成圣人、贤人、君子，道家的理想人格是成真人、圣人、神人、至人、天人，佛教的理想人格是成菩萨、佛陀，他们的修养要旨表明，生活在俗世、现实之中的人，总要追求一种超脱俗世和现实的理想胜境。儒家的"极高明而道中庸"，佛教的"平常心是道"都表明了现实与理想的统一。人人皆可为尧舜，人人皆具佛性，是儒家与佛教的最高信仰。实际上，儒、道、佛与宋明理学都是要追求一种理想的高尚的社会，因此其共同点都在培育理想的人格境界，以出世的精神做入世的事业。

这四大思想传统的道德精神并非只停留在社会精英层，相反通过教化，通过民间社会、宗教与文化的各种方式，如蒙学、家训、家礼、戏文、乡约、行规等，把以"仁爱"为中心的五常、四维、八德等价值渗透到老百姓的日用常行之中，成为他们日常生活的伦理。而这些伦理是具体的、有生命的,甚至其中每一个赞扬与责备都包含很高的智慧。[1] 中国人以仁义为最高价值,崇尚君子人格,肯定"三军可夺帅也,匹夫不可夺志也","富贵不能淫,贫贱不能移,威武不能屈"的大丈夫精神,弘扬至大至刚的正气、舍我其谁的抱负,乃至"不识一个字,亦须还我堂堂地做个人",强调人人都有内在的价值与不随波逐流的独立意志,以"知其不可而为之"的气概,守正不阿,气节凛然,甚至杀身成仁,舍生取义。

内在超越的精神是中国传统哲学在面对超越性与内在性问题时展现出来的共同精神。儒家的天道性命之学、为己之学,是"以道德理想的提升而达到超越自我和世俗的限制,以实现其超凡入圣的天人合一境界";道家的道德论和逍遥思想,"以其精神的净化而达到超越自我与世俗的限制,以实现其绝对自由的精神境界";中国禅宗的明心见性、转识成智、见性成佛等中心思想,强调"人成佛达到超越的境界完全在其本心的作用"。[2] 儒、释、道三家都呈现出内在的超越性。内圣外王之道,同样为中国传统哲学中儒、道、释(禅宗)所共有,以此作为达到理想社会的根本办法。

(五)秩序建构与正义诉求

中国文化中不仅有理想胜境,而且有系统的现实社会的治理的智慧与制度。长期以来,中国社会秩序的建构,靠的是"礼治"。"礼治"区别于"人治"、"法治"。"德治"是"礼治"的核心,但"礼治"的范围比"德治"更广。

《礼记·乐记》载:"是故先王之制礼乐,人为之节。衰麻哭泣,所以节丧纪也。钟鼓干戚,所以和安乐也。昏姻冠笄,所以别男女也。射乡食飨,所以正交接也。礼节民心,乐和民声,政以行之,刑以防之,礼乐刑政四达而不悖,则王道备矣!"可见"礼"是带有宗教性、道德性的生活规

---

① 参见黄勇:《美德伦理学与道德责任:儒家论道德赞扬与责备》,载《儒家思想与当代中国文化建设》,北京:人民出版社,2013 年,第 370—384 页。
② 参见汤一介:《论老庄哲学中的内在性与超越性》,载《儒释道与内在超越问题》,南昌:江西人民出版社,1991 年,第 13、38 页。

范。在"礼"这种伦理秩序中，亦包含了一定的人道精神、道德价值。荀子推崇"礼"为"道德之极"、"治辨之极"、"人道之极"，因为"礼"的目的是使贵者受敬，老者受孝，长者受悌，幼者得到慈爱，贱者得到恩惠。在贵贱有等的礼制秩序中，含有敬、孝、悌、慈、惠诸德，以及弱者、弱小势力的保护问题。古代有"一夫授田百亩"的诉求并转化为计口授田制，有养老制度与"移民就谷"等荒政，对灾民、鳏寡孤独与聋哑等残疾人都有救济与保护制度。礼乐文化不仅促进社会秩序化，而且有"谐万民"的目的，即促进社会的和谐化并提升百姓的文明水准。

一个稳定和谐的人间秩序总是要有一定的礼仪规范为调节的，包括一定的等级秩序、礼文仪节。礼包含着法，礼既是道德规范，又是法律制度。儒家主张"明德慎罚"、"德主刑辅"、"一断于法"、"赏当其功，刑当其罪"、"执法必信，司法必平"等公平原则。荀子说："故刑当罪则威，不当罪则侮；爵当贤则贵，不当贤则贱。古者刑不过罪，爵不逾德。"（《荀子·君子》）同时，荀子又主张不以私情害法，指出："怒不过夺，喜不过予，是法胜私也。"（《荀子·修身》）他强调"严令繁刑不足以为威"（《荀子·议兵》），"刑弥繁而邪不胜"（《荀子·宥坐》）。他主张"明刑弼教"，不滥用刑，"杀一人刑二人而天下治"（《荀子·议兵》），重视德教。儒家总体上肯定德本刑用，省刑慎罚，反对不教而诛。

古代村社组织有十、百家，或称邑、里，或称"社"与"村社"。管理公务的领袖，是由选举产生的三老、啬夫等。公共生活在庠、序、校中进行。庠、序、校是议政、集会与活动的场所，以后变成古代的学校。传统中国是儒家式的社会，是小政府大社会的典型。传统中国的社会管道、中间组织很多，例如以宗族、家族、乡约、义庄、帮会、行会（到近代转化为商、农、工会）等为载体，以民间礼仪、节日与婚丧祭祀活动，村社活动，学校、书院讲学活动，士农工商的交往等为契机，在一定意义上就是社会自治、地方自治的。吕大钧、吕大临兄弟建立的"乡约"，范仲淹首创的"义庄"，同是地方性的制度，也同具有以"礼"化"俗"的功能。传统中国绝非由政府包打天下，而主要靠血缘性的自然团体及其扩大化的社会各团体来治理社会,这些团体自身就是民间力量,它们也保护了民间社会与民间力量,包含家庭及私人空间。它们往往与政权力量相抗衡又相协调,在平衡政权力量的同时,又起到政权力量所起不到的多重作用,如抑制豪强、协调贫富、保障小民生存权、教化民众、化民成俗、安顿社会人心等;又起到慈善机构的作用,救济贫弱,支持农家、平民子弟接受教育等。①

中国人特重教育,强调教育公平,即"有教无类",这为达到"政治公平"起了一定的作用。中国社会等级间的流动较快,这是文官政治的基础。儒家强调知识分子在社会政治中的指导作用,甚至提出士大夫与皇帝共治天下的主张。儒家有其言责,批判与主动建言,为广开言路而抗争。传统民本主义主张:"民为邦本,本固邦宁","天视自我民视,天听自我民听","民之所欲,天必从之","人无于水监,当于民监","民为贵,社稷次之,君为轻"。民本主义肯定人民是主体;人君之居位,必须得到人民的认可;保民、养民、教民是人君的最大职责。

（六）具体理性与象数思维

中国的理性是具体的理性。《论语》中孔子就是对某个具体的人物、具体的情况做出评判,这一点就与我们现代的学术讨论习惯大不相同。② 西方理性主义的主要特征是人有抽象和演绎的理性能力。中国哲学家承认人是理性的,人可自然地知道"实在"或"道"。"实在"或"道"不是逻辑界说的抽象术语,而是普遍地和具体地展现于事事物物中的合理秩序,可以透过直接的经验和广泛的经验层面来了解。中国哲学所展示的具体理性,无论是在认识实践的层面,还是在伦理政治甚至本体论的层面,始终不与经验相离。③ 中国古代不缺乏抽象思维,有明确的概念、范畴。古代辩证思维发达,这属于理论思维,包含了抽象过程。中国思维

---

① 详见郭齐勇:《再论儒家的政治哲学及其正义论》,载《孔子研究》,2010 年第 6 期。

② Shun Kwong-loi（信广来）, "Studying Confucian and Comparative Ethics: Methodological Reflections", *Journal of Chinese Philosophy* 36（2009）: p. 456.

③ 参见成中英:《中国哲学的四个特性》,载《成中英文集》第 1 卷,武汉:湖北人民出版社,2006 年,第 16—18 页。

有两大特征，一是整体观，二是阴阳观。前者从整体上把握世界或对象的全体及内在诸因素的联系性、系统性；后者重视事物内在矛盾中阴阳、一二关系的对立与平衡。

相对于西方用理性思辨的方式来考察、探究形上学的对象，中国哲人重视的则是对存在的体验，是生命的意义与人生的价值，着力于理想境界的追求与实践工夫的达成。"他人及天地万物即在人之实践追问中构成意义，成为人实践追问所处的意义世界，中国哲学则名之曰人生境界。然而，如此还未足以让人充分彻悟存在，盖最终要安顿人的有限性，人必须将其意义世界再往上一提而成对超越之体证及诚信。"①中国哲学的实践性很强，不停留于"概念王国"。这不是说中国哲学没有"概念"、"逻辑"、"理性"，恰恰相反，中国哲学有自身的系统，中国哲学的"道"、"仁"等一系列的概念、范畴，需要在自身的系统中加以理解。中国哲学有关"天道"、"地道"、"人道"的秩序中，含有自身内在的逻辑、理性，乃至道德的、美学的、生态学的含义。其本体论、宇宙论及人道、人性、人格的论说无比丰富，而这些都需要在自身的语言、文化、思想系统和具体的语境中加以解读。

汉民族哲学中有着异于西方的语言、逻辑、认识理论，如强调主观修养与客观认知有密切的关系，如有与汉语自身的特性有联系的符号系统与言、象、意之辩。有的专家说中国有所谓"反语言学"的传统。我的看法恰恰相反，中国有自己的语言学与语言哲学的传统。以"象"为中介，经验直观与理性直观地把握、领会对象之全体或底蕴的思维方式，有赖于以身"体"之，即身心交感地"体悟"。这种"知""感""悟"是体验之知，感同身受，与形身融在一起。

以《周易》为代表，中国思维方法是象数思维。这一思维方法主张取

---

① 郑宗义：《从实践的形上学到多元宗教观——"天人合一"的现代重释》，载《天人之际与人禽之辨》，香港：《新亚学术集刊》第十七期，2001 年，第 65 页。

象比类，触类旁通；阴阳平衡，刚柔调和；注重生命节律，肯定周期、序列、整体综合与统筹。"它不只提供一种思维形式，同时诱导思维内容，它是思维内容同思维形式紧密结合的一种奇特的思维方式。"①

我们要超越西方一般知识论或认识论的框架、结构、范畴的束缚，发掘反归约主义、扬弃线性推理的"中国理性"、"中国认识论"的特色。中国传统的经学、子学、玄学、佛学、理学、考据学等都有自己的方法，这些方法也需要深入地梳理、继承。道家、佛教的智慧，遮拨、破除我们对宇宙表层世界或似是而非的知识系统的执着，获得精神上的自由、解脱，爆发出自己的创造性。道家、玄学、禅宗等巧妙地运用语言，或指其非所指以指其所指，或否定其所指而明即其所指，甚至不用语言，以身体语言，以机锋、棒喝，开悟心灵，启发人当下大彻大悟。"中国哲学的特性，例如喜用'隐喻'与'叙事'，表达'形象—观念'，并与默观、艺术、道德与历史经验不可分割。"②值得我们重视的是，这些"超语言学"的方式是与其语言学相补充、相配合的。中国哲人把理智与直觉巧妙地配合了起来。

从哲学思想方法而言，我们应当看到，直觉与理智乃代表同一思想历程之不同的阶段或不同的方面，并无根本的冲突。当代世界哲学的趋势，乃在于直觉方法与逻辑语言分析方法的综贯。按贺麟先生的说法，直觉方法一方面是先理智的，一方面又是后理智的。先用直觉方法洞见其全，深入其微，然后以理智分析此全体，以阐明此隐微，这是先理智的直觉。先从事于局部的研究、琐屑的剖析，积久而渐能凭直觉的助力，以窥见其全，洞见其内蕴之意义，这是后理智的直觉。直觉与理智各有其用而不相悖。今天，没有一个用直觉方法的哲学家而不兼采形式逻辑与矛盾思辨的；同时也没有一个理智的哲学家而不兼用直觉方法及矛盾思辨的。③ 所以，东西方思维方式并不是绝对的直觉与理智的对立。西方

---

① 唐明邦主编：《周易评注（修订本）》，北京：中华书局，2009 年，第 11 页。
② 沈清松：《中国哲学文本的诠释与英译》，载《中国哲学与文化》第二辑，桂林：广西师范大学出版社，2007 年，第 74 页。
③ 参见贺麟：《哲学与哲学史论文集》，北京：商务印书馆，1990 年，第 177—184 页。

也有体验型、直觉型的哲学家。我们要善于把东西方各自的理性方法综合起来，只用直觉体会，不要科学分析，是有弊病的。

（七）知行合一与简易精神

我国有经世致用精神，强调知行合一，践形尽性，经国济民，兼重文事武备，明理达用，反对空谈高调。知行关系问题是中国哲学家特别重视的问题之一。它所涵盖的是理论理性与实践理性的统一。中国哲学家偏重于践形尽性，力行实践。古代哲学家的兴趣不在于建构理论体系，不是只把思想与观念系统表达出来就达到了目的，而在于言行一致、知行统一，自己所讲的与自家身心的修炼必相符合。他们强调知行的互动，即按照自己的哲学信念生活，身体力行，付诸行动，集知识与美德于一身，不断把自己修养到超越的境界。

在朱熹、王阳明和王夫之的知行统合观中，我们可以知道，中国哲学家的行为方式是理想与理性的统一，价值与事实的统一，理论理性与实践理性的统一。[①] 他们各自强调的侧面或有所不同，但把价值理想现实化，实践出来，而且从自我修养做起，落实在自己的行为上，完全出于一种自觉、自愿、自由、自律，这是颇值得称道的。

关于传统知行观的现代改造，首先应由单纯的德行和涵养性情方面的知行，推广应用在自然的知识和理论的知识方面，作为科学思想以及道德以外的其他一切行为（包括经济活动、工商行为及各种现代职业等）的理想根据。其次，这个"知"是理论的系统，不是零碎的知识，也不是死概念或抽象的观念，更不是被动地接受外界印象的一张白纸，而是主动的、发出行为或支配行为的理论。再次，这个"行"不是实用的行为，而是严格意义上的实践。这个实践是实现理想、实现所知的过程，又是检验所知的标准。

孔子、老子、《周易》、禅宗、宋明儒学等都主张一种"简易"精神，强调

---

① 参见 Yong Huang（黄勇），"Two Dilemmas of Virtue Ethics and How Zhu Xi's Neo-Confucian Avoids them", *Journal of Philosophical Research* 36 (2011)：pp. 247 - 281.

大道至简。孔子讲"居敬而行简，以临其民"（《论语·雍也》）。《周易》哲学肯定"乾以易知，坤以简能；易则易知，简则易从"（《周易·系辞传上》），善于在"变易"中把握"不易"的"简易"原则。中国文化强调要言不烦，以简御繁，便于实行。

儒释道与宋明理学可以救治现代人的危机，如前所述，它强调用物以"利用厚生"，但不可能导致一种对自然的宰制、控御、破坏；它强调人文建构，批评迷信，但绝不消解对于"天"的敬畏和人所具有的宗教精神、终极的信念与信仰。中国文化甚至主张人性、物性中均有神性，人必须尊重人、物（乃至草木、鸟兽、瓦石），乃至尽心—知性—知天，存心—养性—事天。至诚如神，体悟此心即天心，即可以达到一种精神的境界，这不会导致宗教迷狂、排他性与宗教战争，而又有安身立命的终极关怀。儒家并不脱离生活世界、日用伦常，相反，恰恰在庸常的俗世生活中追寻精神的超越。外王事功，社会政事，科技发展，恰恰是人之精神生命的开展。因此，中国文化精神完全可以与西学、与现代文明相配合，它可以弥补宗教、科技及现代性的偏弊，与自然相和谐，因而求得人文与宗教、与科技、与自然调适上遂地健康发展。

四、研究中国哲学的方法论

张岱年、冯契、萧萐父、庞朴、汤一介、傅伟勋、韦政通等有关中国哲学史方法论的论著极有启发性。业师萧萐父会通中西印哲学，非常重视中西印各哲学传统的发展，在武汉大学与西方哲学史专家陈修斋、杨祖陶老师共同开设了哲学史方法论的研究生课程。巴蜀书社出版了萧老师的《吹沙集》三卷，其中有关于"方法刍议"的七篇论文及其他栏目的若干论文，表达了他的方法论思考。萧老师以批评的精神和创造性智慧，转化、发展诸子百家、儒释道思想资源。为总结历史经验教训，他从哲学史方法论的问题意识切入，尽力突破"左"的教条主义的束缚，引入螺旋结构代替对子结构（对子结构就是唯物主义与唯心主义、辩证法与形而上学对立的这样一种结构），重视逻辑与历史的一致，强调普遍、特殊、个别的辩证联结，认真探究中国哲学范畴史的逻辑发展与哲学观念史发展的历史圆圈。萧老师由哲学史方法论问题的咀嚼，提出了哲学史的纯化与泛化的有张力的统一观（纯化是把哲学问题提炼出来，泛化是还原到思想史、学术史、文化史或某个部类中去），努力改变"五四"以降中国哲学依傍、移植、临摹西方哲学或以西方哲学的某家某派理论与方法对中国哲学的史料任意地简单比附、"削足适履"的状况。这可以说是萧老师方法学思考的理论贡献。

萧老师重视训诂、考据，文献学的研讨，包括文字、音韵、训诂，一直到校勘、辨伪与辑佚等，重视资料、文献的鉴别、爬梳与点校。他的史料学课程的讲义，作为武汉大学研究生院的教材正式出版①，对研究生的培养作用很大。他不仅非常重视第一于原始资料与文献，而且非常重视对于海内外已有成果的研读，即学术前史的通晓。他希望如陈垣先生那样做到"竭泽而渔"，从对已有成果的反思中发现问题，然后抓住问题深入研究，超越已有成果。我们做的是有思想的学术和有学术的思想。思想离开了学术是空疏的，学术离开了思想是盲目的。

中国哲学史界近 20 年来的中国经典诠释的方法学讨论，我觉得最值得重视的是成中英的本体诠释学，汤一介的中国解释学，黄俊杰以孟子诠释为中心的经典诠释学与东亚经典的诠释学，李明辉的康德与儒学的互释，刘笑敢的"反向格义"说，还有借现象学解释的路子，如张祥龙与陈少明等所做的工作。成中英认为，西方古典的形上学是寻找本体的诠释，而他所探讨的中国诠释学是基于本体的诠释。他要重新建构中国诠释学视域下的本体论。黄俊杰把两千年来《孟子》的诠释历史加以分析与提炼，总结中国诠释的方法学及时代所附加在《孟子》诠释上的一些内容，使经典与文本得以新的敞开。此外，日本、朝鲜半岛、越南学者对于

---

① 萧萐父：《中国哲学史史料源流举要》，武汉：武汉大学出版社，1998 年。这一著作由北京文津出版社于 2017 年 6 月出了新版。

四书、儒学也有自己不同的诠释，并在此方面作出了积极的贡献。

汤一介总结了中国古代经典诠释的三种路向：一是"历史事件的解释"；二是"整体性的哲学解释"；三是"社会政治运作型的解释"。这些都是值得我们讨论的一些问题，都可以丰富我们的哲学史研究。伽达默尔一百零一岁时告诫中国学者，不应忽视自己本民族及文化传统中丰富的具有特色的解释学思想的分析与提炼，它也可以给西方提供某种借鉴与启示。[①] 我们有自己的解释学传统，我们的经学、子学、佛学、理学中都有自身的解释学传统。对此我们应倍加珍惜，我们相信伽达默尔的这番话具有重大的意义。

"中国哲学"学科的完善与发展，仍然离不开中外哲学的多方面的更加广泛深入的交流、对话与沟通。今天，我们的解释学处境是在中外古今之间，其实"中""西"都是流动的、变化着的。通过对近十几年来中国经典诠释的方法学及专家们所提出的各种问题进行讨论、解读，可以引发我们对于中国哲学方法学的新思考。

我们讲方法论，即不以西方范型为框架的中国人文的方法论，破除将西方社会科学与哲学方法作为普遍方法的迷信，理解中国哲学范畴、价值、意境的特殊性及其普适化。治中国哲学史的一个难题，就是人们的视域、思考方式、方法学训练，主要是依从西方的。如何从心态、方法（包括思想方法和范畴诠释方式）上更好地解释传统？我们简略地谈几个问题。

（一）理解的历史性与诠释的相应性

我所谓"相应的"诠释，是针对"不相应"的诠释而言的。所谓"不相应"的诠释，是指对于古代文献和古代哲学思想资料的抽象的、超历史的、粗暴的、非客观平静的、望文生义的解读。"五四"以来，特别是 20 世纪 50 年代初以来，这种糟蹋圣贤的大批判几乎泛滥成灾，其流毒延续

---

① 参见余敦康、黄俊杰、洪汉鼎、李明辉：《中国诠释学是一座桥》，载《光明日报》，2002 年 9 月 26 日。

到今天，对我们的民族精神有极大的伤害。

"五四"以来，片面的、平面的西化思潮和教育、学术结构与体制，使得我们这一代甚至前后几代人逐渐丧失了解读前现代文明（或文献）的能力。对于传统文化的价值理念、哲学智慧，我们体认得越深，发掘得越深，我们拥有的价值资源越丰厚，就越能吸纳外来文化的精华，越能学到西方文化之真，这才能真正使中西文化的精华在现时代的要求下相融合，构建新的文明。一味贬损、伤害中国文化之根，无益于西方精神价值的引进与融铸，无益于新的现代文明的建设，也就谈不上研究哲学与中国哲学。

一旦涉及中国哲学史的方法论问题，当然离不开"理解"与"批判"、"继承"与"原创"、"传统"与"现实"等关系问题。所谓"批判"，是在全面深入理解基础上所作的内在性的批评，而不是不相干的外在批评；所谓"原创""创新"，不是无源之水、无本之木，不是玄想，不是标新立异，不是剑走偏锋，而是真正在全面继承基础上所作的开拓，是扬弃（既保留又克服）；弘扬传统并不意味着脱离现实，而是调动并创造性转化传统文化资源，以其中的某些因素介入、参与、批判、提升现实，促使传统与现代的互动。

（二）"中国哲学"学科的主体性与中西哲学的对话性

中国哲学与西方哲学是两种不同的哲学形态，我们不能把西方哲学定于一尊。中国哲学与西方哲学当然可以通约，可以比较。不同文化背景下产生的哲学具有某种一致性、互通性，因此相互翻译、诠释、比较的哲学研究工作不仅有可能，而且有意义与价值。例如所谓内在与超越的关系，学界讨论有没有"内在超越"，或者说超越就一定是外在的吗？关于这个问题，完全可以在中国的天人之学中加以探讨。

我们强调"中国哲学"学科成立的正当性，强调"中国哲学"学科自身的特色，并不是把"中国哲学"作静态的处理，其本身即是一个动态的过程，包含着内外不同地域、民族的和同一民族不同的哲学传统的渗透与融合。以天、天命、天道为背景，中国哲人有神圣、高远且强烈的终极关切、理想境界、形上追求、精神信念，同时又有现实关怀，力图把理想在社会大众生活和现世人生中实现出来，其内圣与外王是打通的。

哲学史是发展的、具体的。文化与哲学传统本来就是流动、变化的。当然变中有不变，不变中有变。从印度佛学在东汉传入中国并经过中国学者消化的八百多年的历史经验来看，首先是"格义"。"格义"的前提，即是佛教与我国原始哲学的观念有某种一致性，以及意义间的可通约性。印度佛学中的哲学体悟与哲学义理在中国经过了佛学家们"格义"、创造性误读到消化吸收、融会贯通、自创新说的过程。中国哲人与佛学家不仅创造了佛学的新义理、宗派、方法，促进了佛学的中国化，而且进一步创造了以儒家思想为主干，吸纳佛道二教的宋明理学。中国化的佛学各宗派与宋明理学，特别是朱子学与阳明学，又陆续传到东亚，深刻影响了东亚与全世界，成为东亚走上现代的内在精神资源。

明季以来，西学东渐与东学西传的双向互动，已有了四百年。西方哲学在中国经历了一定的传播过程，西方哲学的汉语化、中国化过程仍在进行之中。今日在中国，中西哲学已经是你中有我、我中有你了。与过去印度佛教的各宗派一样，古今西方哲学的各流派、各大家的思想慧识都为我们提供了新的视域与方法，并正在与中国哲学的诸流派相互激荡。今天，但凡用汉语撰写的西方哲学介绍及西方哲学原典的汉译，也已经不完全是原来意义上的西方哲学了。西方哲学的翻译与研究，西方哲学与中国哲学用语的比较，西方思维方式的吸收与批判，西方哲学及马克思主义哲学的中国化与中国的哲学创新等，都是广义的"中国哲学"的题中应有之义。西方哲学的汉语化或中国化，中国哲学的建构及其在西方的传播，表明比较哲学不仅是可能的，而且是现实的。

运用西方哲学范畴、术语，在借取中有发展。我们不能不借取，又不能不增加、不渗入本土义与新义。牟宗三借用佛语说"依义不依语"、"依法不依人"，即自主地创造性地运用西方范畴、术语，有很大的诠释空间。以牟宗三的智慧，当然懂得康德及其哲学范畴、命题、体系的原意，他的工作并不停留于此，他主要是利用康德哲学作为工具讲出中国的东西，自己的东西，意在创造性地融合中西哲学。

相对于西方哲学，中国哲学有自己的独特性，但这绝不是说中国哲学没有普适性与普世价值。相反，任何地域、民族、具体、特殊的精神资源中都有其普遍意义。在中西文化与哲学的比较研究与中国哲学学科的构建方面，要注意同中之异、异中之同，殊中之共、共中之殊，注意普遍、特殊、个别之间的复杂关系。我们当然不能把中西之别的问题化约为古今之异的问题，不能把古、今，中、西，同、异，共、殊的任何一方及其关系任意加以忽略、割裂或夸大。历史上的中西哲学家所面对、关注、解决的问题有相似性和差异性。总之，中华各民族文明中的哲学智慧决不亚于西方，需要我们在与西方哲学的比照、对话中，超越西方哲学的体系、框架、范畴的束缚，确立起我们中华民族的哲学传统、哲学智慧与哲学思维的自主性或主体性。

（三）内在性的批评与思想的训练

如何历史地、相应地诠释中国哲学，值得我们思考。余英时在解读中国思想史时有很多重要的创获，他所强调的"内在理路说"有一定意义。关于清儒与宋儒的关系问题，就值得深思。因此，我们如果强调问题意识和方法学自觉的话，就要对这些前辈学人的重要的思想成果加以认真研读。海外一些汉学家的成果，我们相当重视，例如葛瑞汉、列文森、史华兹、狄百瑞、杜维明、成中英、安乐哲教授等。我们做中国哲学研究的学者、学生有着更加繁重的任务，就是必须对西方哲学，对海内外的现有成果都给予足够的重视，并加以细致的研读，否则根本谈不上创新。

我们批评、超越传统，但所谓"批评"，是在全面深入理解的基础上所作的内在性的批评，而不是不相干的外在批评。但内在性的批评与思想的训练一定要以同情的了解为前提。因为，必须有深刻的同情的了解才能做好哲学思想史研究，而同情的了解要靠相应的才具。刘述先说："要了解一家哲学，我们必须要了解这一家哲学产生的时代和文化的背景是什么，所感受到的问题是什么，所提出的解决问题的方向是什么，独特的哲学心灵尤其需要独特的处理，庸俗的眼光未必能够了解崇高的哲学的境界。""缺乏同情的了解是研究传统中国哲学的一大限制，而时代气氛不同，尤其使我们难于领略过去时代的问题。……故此研究思想史贵在作深入的内在的探讨，外在的论议是其余事。从这一个观点看，胡适与冯友兰的哲学史都不能够算是深刻，因为它们不能作足够的内在的深刻的讨论的缘故。大抵在中国哲学史上，以佛学与理学最不容易处理，以其牵涉到内在的体验的缘故。如果缺乏体验，根本就看不出这些东西的意义。入乎其内，而后才能出乎其外，这是研究一家哲学的不二法门。要了解一个哲学所要解决的问题是什么，着手的方法是什么，所根据的经验基础是什么，这样才能看出这一哲学的优点与缺点所在。"①刘述先认为，由此我们才能理解古人的陈述与陈述背后的洞识，显发古人思想中所潜在的逻辑性，使其具备与内容相适应的理论结构。

我们所主张的方法是一种"谦虚"的方法。所谓"谦虚"，或"同情的"、"客观的"理解，或"以继承为前提的创新"、"弱势或软性的诠释"等，不仅是态度，而且是方法。文化立场、心态作为一种做学问的态度或方法对诠释的效果也会产生很大的影响。但它本身也有局限。我们不是不要批评、反思，而是要做难度更大的内在性的、相干性的批评与反思。反思是辩证的扬弃，既保留又克服。反思不是全盘否定或恣意的无根据的乱说。王元化曾经说过："黑格尔曾说具体的普遍性不同于抽象的普遍性，前者可以将特殊性和个体性统摄于自身之内。我认为这只是存在于黑格尔的逻辑学中，而并不存在于现实中。实际上，普遍性愈大，它所能概括的特殊性和个体性则愈小。设想有一种不同于抽象普遍性的具体普遍性，使这种概括可以放之四海而皆准，那只是美好的空想。"②因此，我们在拥护这种具体普遍性时，也应看到它自身的局限。主张弘大传统文化精神并不意味着没有现实感、不关注现实或脱离现实，而恰好包含着批判现实，批判现代性的负面与偏弊，批判时俗流弊，批判"五四"

---

① 刘述先：《研究中国史学与哲学的方法与态度》，载韦政通编《中国思想史方法论文选集》，台北：水牛出版社，1987 年，第 221—223、224—225 页。
② 王元化：《谈谈我的反思》，载《文汇报》，1995 年 10 月 22 日。

以来相沿成习的某些误解。我们努力对传统儒释道与宋明理学等思想传统作创造性转化，主要是通过生活化的渠道浸润到民间，在现代生活中起良性作用。

此外，还要注重思想训练与思想力的培养。徐复观说："某人的思想固然要通过考证（包括训诂、校勘等）而始能确定；但考证中的判断，也常要凭思想的把握而始能确定。……前后相关的文句，是有思想的脉络在里面的。这即说明考证与义理在研究历程中的不可分割性。就研究的人来讲，作考证工作，搜集材料，要靠思想去导引；检别材料，解释材料，组织材料，都是工作者的思想在操作。而'思想力'的培养，必须通过了解古人的、他人的思想，而始能得到锻炼、拓展、提升的机会。所以思想力的培养，是教学与治学上的基本要求。岂有不求了解古人的、他人的思想而能培养自己的思想力？岂有没有思想力的人能做考据工作？"[1]他主张通过了解古人的、他人的思想来锻炼、提升、培养"思想力"，尤其要学会把握古人思想的内在脉络，这才是批判的基础。因此，我们要时时理解中国哲学（每家每派）的边界与限制。当然，首先是自己要老老实实地读书，不要说大话，而要讲出道理，要有材料的根据，有自知之明，自虚其心，自空其说。这并不妨碍问题意识的产生，而是尽可能避免武断专横。

最后，我们对本套学术版《中国哲学通史》略作说明。本套书是学术性、通史性的著作，强调第一手原始资料的爬梳诠释，对已有主要研究成果的消化扬弃，充分吸收百年来、特别是 70 年来发现的新资料和研究的新成果、新方法，同时作者有着自己的创新洞见，力求突破传统的中哲史的写作框架。全书的基本观点和评价大体保持一致，但各卷特有的观点和评价则由各卷作者把握，以体现各卷的相对独立性。各章详略可以不均，有特长有独见的可以多发挥。我们鼓励不同学术观点，不强求统

---

[1] 徐复观：《治古代思想史方法》，载韦政通编《中国思想史方法论文选集》，台北：水牛出版社，1987 年，第 170 页。

一。如关于明清之际与清代学术的思想定位，本套书并存两种看法：一种认为是理学余绪，一种认为是后理学思潮。当然，这两种看法也不是绝对对立的，各卷自身有其内在逻辑理路，都能自洽自圆。本哲学史前八卷为断代哲学史，强调扎实厚重，见解卓特。最后两卷是我特别邀请萧洪恩写的"少数民族哲学卷"与吾淳写的"古代科技哲学卷"，这也是我们本套书的亮点。我们的初衷是承前启后，能代表现时代中国哲学史的研究水平。这个目标未必能够达到，但愿本套书对深入发掘、探讨中国哲学的工作有一定的推进。错谬之处难免，敬请读者批评指教。

第一章　殷商时期的宗教与政治

　　作为中国古代早期文明的代表，殷商时期的宗教与政治思想具有丰富的内容和重要的研究意义。夏商周三代文化因革损益，大同而小异。夏代的文明，因为史料不足的缘故，难以确知。河南安阳殷墟甲骨卜辞的发掘和陆续整理公布，使商朝成为迄今为止中国古史上最早有文字历史的时代，殷商时期历史与文化研究也因此有了比较确实可靠的材料。关于殷商宗教的特征，胡厚宣先生的《殷商史》及相关论文，对殷代图腾崇拜、上帝崇拜等进行了深入系统的研究。张光直先生则以考古学的视角就殷代的美术与政治、殷礼中的二分现象等主题提出了独到的主张。此外，以下几位学者的研究较有代表性。

　　一是陈梦家先生对殷代宗教产生的基础及殷代宗教的原始性与具体性的分析。陈梦家认为殷人在行动上是凡事占卜，以祭祀、求告、崇拜的方式来求助于祖先、神明。对于祖先、神明的崇拜及其崇拜的仪式，构成了所谓的宗教。他说："殷人对于自然力量的崇拜，对于通过巫术行为与自然发生虚幻的交通，反映了当时农业生产的重要和当时部族之间斗争的激烈。殷人的上帝权威以及卜辞中所记录的祈告的内容，都说明了这些。殷代的宗教，还是相当的原始的。""就卜辞的内容来看，殷代的崇拜还没有完全形式化。这表现于占卜的频繁与占卜范围的无所不包，表现于'殷人尚鬼'的隆重而繁复的祭祀,也表现于铜器、玉器、骨器等器物上所雕铸的动物形象的森严(不同于西周时代的温和和中庸)。但是,祖先崇拜的隆重,祖先崇拜与天神崇拜的逐渐接近、混合,已为殷以后的中国宗教树立了规范,即祖先崇拜压倒了天神崇拜。"①

二是陈来先生在殷周时期宗教与伦理的研究中提出,殷商宗教是自然宗教而尚未进至伦理宗教阶段。陈来首先认为不能孤立地了解殷商占卜的宗教意义,而应该在整个殷商祭祀文化中来了解其宗教意义。他说:"殷商祭祀文化的特质,不仅在于它可以与龙山时代的巫觋文化相区别,以显示文化的演进,而且,正是由于巫觋文化发展为祭祀文化,才一方面,有了后来由祭祀礼仪衍生出的整个规范体系——礼,另一方面发展了祭司阶层,即分化的祝、宗、卜、史。"②陈来认为,殷人的宗教信仰本质上属于"自然宗教"的形态,而尚未进至"伦理宗教"的形态。他总结殷人宗教信仰的特点为以下四点:首先,殷人的信仰已不是单纯的万物有灵论,而是多神论或多神教的形态。虽然,殷人的多神教信仰本质上与万物有灵论没有区别,但其不同之处在于,在多神教信仰中,所有神灵组成了一个具有上下统属秩序的神灵世界或神灵王国。其次,这个神灵王国的最高神,本身是由涵盖作用较大的物神转化而来的,是与自然生活最密切联系的职能神发展而来的。殷人的至上神来源于主管天时的农业神,同时也管理其他事物。第三,祖先神灵的信仰在殷人很突出,在多神信仰的体系中祖先神灵占有重要地位。虽然帝是否为祖灵尚难断定,但帝已经人格化,而祖灵也已天神化。而祖先神比一般的自然神对殷人更为重要。这种把祖灵视为至上神与世人之间媒介的看法,似乎不只是由于至上神与祖灵的神格不同,而是祖先崇拜在某种程度上侵占至上神地位的表现。第四,帝与祖先神灵对人世的影响都有正负两个方面。③

三是晁福林先生在对殷代神权研究中重视祖先崇拜地位的主张。

---

① 陈梦家:《殷墟卜辞综述》,北京:科学出版社,1956 年,第 561 页。
② 陈来:《古代宗教与伦理》,北京:生活·读书·新知三联书店,1996 年,第 105 页。
③ 陈来:《古代宗教与伦理》,北京:生活·读书·新知三联书店,1996 年,第 115 页。

他指出，以前研究有过高估计殷代帝之地位的倾向。他认为，殷人的神灵世界里占有主导的、最重要地位的是祖先神，而不是帝；帝不是万能之神，也不是最高主宰；自然神、天神和祖先神各有特点、互不统辖，呈三足鼎立之势。他认为，从殷墟卜辞记载的大量祭祀情况和殷墟祭祀场所的发掘情况看，殷代神权崇拜的重点在于祖先神。殷人对于祖先征服自然、创建和发展商王朝的巨大功绩的赞颂，是在占卜、祭祀、祷祝时磬响铙鸣、鬼影幢幢的浓厚迷信氛围中进行的，它是殷代重人事思想的曲折反映。殷代尚未形成后世那样的以天、帝为二及以祖先神配天为特征的天神现念。殷代的帝和土（社）、岳、河等神灵一样，既具有自然品格，又具有某种人格。帝是众神之一，而不是众神之宗。殷代尚未出现一个统一的、至高无上的神灵。① 对殷商自然崇拜、巫术等，晁福林先生也有独到的研究。

第一节　原始的自然观与宗教观

殷代去古未远，自然崇拜等观念在殷人的宗教信仰体系中占有重要地位。殷商时期的宗教观念处在由原始的宗教观念向较为自觉的宗教观念发展转变的过程中，具有原始性、朴素性与混合性的特征，但也具有朴素的哲学思想的萌芽。

一、殷商时期的自然崇拜

1. 原始的自然崇拜观念

中国古代文明是农业文明。在农业文明的生产和生活中，古人首先要面对的就是和自己的生活息息相关的自然物或自然现象，如自然界中的风、雨、雷、电等。在人与自然的关系中，一方面自然赐给人类雨露和阳光，提供农业生产和衣食住行等生活的资源；另一方面大自然又会翻

---

① 晁福林：《论殷代神权》，载《中国社会科学》，1990 年第 1 期。

脸无情，地震林火、洪水狂风可以摧毁人的家园，寒冬酷暑、毒蛇猛兽可以危害人的生命。人在自然面前感觉到自身的渺小，开始意识到自然界的力量是异己的、强大的，并对自然现象产生了恐惧、敬畏甚而是崇拜的意识。人们对自然物和自然力的恐惧和无能为力，产生了以自然崇拜为内容的原始宗教。在对自然力量的恐惧和崇拜的基础上，远古人类便产生了万物有灵论。他们用自身类比的方法，凭着自我感受去想象自然物，认为它们也同人一样，具有思想、意志和感情，也有各自的灵魂存在，这种灵魂支配着自然物的运动。"在原始人眼里，日、月、风、雨、雷、电等是神灵；天、地、山、川、水、火等背后也是由神灵在主宰。总之，人死为鬼，树久有灵，顽石能言，风雨有主，无物不神，无鬼不灵。这种万物有灵的观点，便是原始人最早形成的自然观。"①

既然万物有灵，自然神灵影响或主宰人间的事情，那么为了求福避祸，就得讨好它们，祭拜它们，向它们贡献牺牲。这便是原始宗教的祭祀活动。我国古代典籍中，有关于早期自然崇拜的记载：

> 正月上日，受终于文祖，在璇玑玉衡，以齐七政。肆类于上帝，禋于六宗，望于山川，遍于群神。（《尚书·舜典》）

> 山川之神，则水旱疠疫之灾，于是乎禜之，日月星辰之神，则雪霜风雨之不时，于是乎禜之。（《左传·昭公元年》）

> 山林川谷丘陵，能出云，为风雨，见怪物，皆曰神。有天下者祭百神。（《礼记·祭法》）

"类"、"禋"、"望"皆祭名，"六宗"大概指天地四时。尧时恐怕未有上帝祭祀，其余祭祀都是自然宗教的祭祀。"禜"是祈福除祸的祭祀，意思是，山川之神主宰水旱等自然灾害，日月星辰之神主宰风雨等自然现象，要对它们进行祭祀以求福佑。山林、川谷、丘陵能产生云气，能兴风雨，能出现怪物，此类都有神性，都是神，天下的共主都要对它们进行祭拜。

---

① 任继愈主编：《中国哲学发展史》（先秦卷），北京：人民出版社，1983 年，第 51 页。

虽然原始的自然崇拜与神灵信仰在今日的考古遗存中很难寻觅，但以上的文献记载大致可以呈现出当时自然宗教的状态，也可以证明中国古代自然崇拜由来已久。晁福林指出，中国原始时代社会观念可以称之为人神"杂糅"，或者称之为人与自然的"互渗"。这种人神"杂糅"或人与自然"互渗"的思维特点表现出那个时代的人们，还没有从思想观念上将自己与自然界的植物及动物等区分开来。这也就是说，当时还没有出现作为认识主体的"人"的观念，在很大程度上，"人"隐于自然之后。人们只是看到（而不是想到）了自然，而没有看清楚"人"自身。① 可以说，原始宗教观念的表现方式是比较多的，在人与自然的"杂糅"与"互渗"过程中，人类对于威严的自然力如风、雪、雷、电、高山、大川等等，留下深刻印象而产生出崇拜之情，多神崇拜与泛神论即发轫于此，而原始的图腾崇拜观念亦由此产生。但原始宗教常常是由对天灾人祸的恐怖情绪而来的原始性地对神秘之力的皈依，尚不能表示何种自觉的意义。

2. 殷代自然崇拜的特征

从卜辞可见，殷人的自然崇拜、自然信仰包括地神信仰、山神信仰、河神信仰以及风雨诸神的信仰。关于日月风雨诸神的祭祀，简略引述如下：

第一，关于日的祭祀，如"乙巳卜王宾日——弗宾日"、"辛未又于出日"，所祭祀的是日、出日、入日等，祭祀的方法有宾、御等。

第二，关于东母、西母的祭祀，卜辞有"燎于东母三牛"、"燎于东母九牛"等记载。东母、西母大约是指日月之神，或者是天帝的配偶，祭祀日月之神的牺牲则主要是牛牲。

第三，是对于云的祭祀，卜辞有"燎于帝云"、"燎于云"等。

第四是关于风的祭祀，有"燎风"、"宁风"，即让风停止的意思。

第五是关于雨的祭祀，多为"宁雨"，即止雨的祭祀。

---

① 晁福林：《神之源：中国原始时代社会观念的萌生及其发展》，载《大连大学学报》，2006 年第 3 期。

第六是关于雪神的祭祀，"其燎于雪，又大雨"，即祭祀雪神以求雨。[1]

除自然界的日、月、风、雨、雪、雷、电等自然现象外，殷人又崇拜土地神、山川之神、河神等。殷人崇拜土地神，他们认为土地神的神灵能控制土地的丰收与歉收。要得到农业丰收，就要祈求土地神赐福。卜辞中有"燎于土"、"贞又燎亳土"等，祭土即是祭社，祭祀土地之神，求得丰年。卜辞中还有祭祀四方之神的观念，东、南、西、北四方即是四方地主之神，是求雨丰年的对象。关于山川之神的祭祀，卜辞中有很多对于山或岳的祭祀，有些卜辞直接涉及到对具体的山或岳的祭祀。需要注意的是，凡是祭山都与雨有关，祭祀山是为了丰雨丰年。对于殷人而言，大山既是人们生产和生活赖以依靠的重要自然环境，也是一个神秘莫测的世界。大概古人因为看到山中会兴云雨，相信山与雨有一定的关系，所以祭祀山是为了祈祷雨水丰润。与祭山相关，卜辞中也有很多祭祀河水的内容，祭祀的河有很多，祭祀的方法多用"沉""埋"之类，所沉、埋的有牛、羊、玉等。殷人之所以祭祀河神，是相信河神控制着水，掌管着雨水，影响着人们的生产、生活甚至生命。

殷人的自然崇拜观念，体现了文明发展初期从愚昧向文明迈进的思维特征，他们对于自然现象仍抱有奇怪、惊异、不解甚而是畏惧的态度。荀子言："怪之可也，而畏之非也。"（《荀子·天论》）既怪又畏是当时殷人思维水平的反映。他们已竭力去认识自然、记录自然现象的变化。虽然他们的这些记录和探索还笼罩在浓厚的巫术迷信风气中，但其探索自然的努力是值得重视的。

二、图腾崇拜

1. 原始图腾崇拜的内涵

在原始的宗教观念中，图腾崇拜是一个重要的内容。"图腾"一词来源于印第安语，意为"他的亲族"。所谓图腾崇拜，就是认为动物、植物或

---

[1] 参见陈梦家：《殷墟卜辞综述》，北京：科学出版社，1956 年，第 572 页。

无生物(主要是动物)与自己的氏族祖先有特殊的亲缘关系,是本氏族所从出并对它进行崇拜、信仰的。图腾崇拜是人类在与自然打交道并对自然现象进行崇拜的过程中产生的、对人类自身起源进行思考所引发的一种原始的宗教观。图腾崇拜是在人与外部世界对立统一关系中产生的。原始人类与动物植物共处于一个世界中。动植物既是人类生活的资源,又是人类生存的威胁。很多动物在很多方面比人类有力量,比人类灵巧,他们时刻威胁人类的生命安全。所以,人类对动物既依赖又畏惧,便把动物当作神灵来崇拜。

图腾崇拜是世界各地上古时期的普遍现象,中国也不例外。在仰韶文化的彩陶上有鸟、鱼、蛙和人首虫身的图像,可能就是当时一些氏族的图腾。在山东发现的东汉画像石,上有半鸟半人的神物形象,这是鸟图腾的遗迹。山东嘉祥县还发掘出一所汉代武梁祠的石室,里面有幅石雕的人面蛇身像,题名"伏羲氏手执矩,女娲氏手执规",这是古代有过蛇图腾的证明。① 据《史记·五帝本纪》载,黄帝与炎帝族作战之前曾经教熊罴貔貅貙虎,然后与炎帝族战于阪泉之野,二战然后得其志。所谓"熊、罴、貔貅、貙、虎",专家多认为是以某种动物为图腾的氏族部落名称,并非真的动物。我们可以说,在原始时期人与动物的长期接触过程中,人类认识到某些动物力量的巨大,以之为神,逐渐成为人类崇拜的对象。例如在商周时代早期青铜器上的饕餮纹上,动物的形象给人一种令人望而生畏的感觉,具有由神话中得来的力量。在原始人类图腾崇拜的众多对象中,龙、凤、虎占据重要的位置。例如贺兰山地区大西峰沟的岩画,其中有一幅单独画出一个雄伟威风的猛虎形象,这只虎几乎占据了整个画面,显示出至尊无上的气势,虎的大张的口和满口的利齿,显示出吞噬一切的威力。这幅岩画上隐约还有一些较小的动物形象,但都居于边缘地位,没有一个能够与这只硕大而威武的虎比拟。几千年来,龙备受华夏族的尊崇,并成为古代帝王的标志。究其源,应该是从龙的图腾崇拜

---

① 参见任继愈主编:《中国哲学发展史》(先秦卷),北京:人民出版社,1983 年,第 55 页。

而来的。《山海经·海外北经》有一段对龙（触阴）的描写，它原为钟山之神，"视为昼，瞑为夜，吹为冬，呼为夏，不饮，不食，不息，息为风。身长千里，在无启之东。其为物，人面蛇身，赤色，居钟山下"。这体现了图腾崇拜的神话式的描述，也体现了人对于动物的敬畏与膜拜心理。张光直先生在对商周神话与美术中人与动物关系的研究中注意到，在商周的早期，神奇的动物具有很大的支配性的神力，而对动物而言，人的地位是被动与隶属性的。到了周代的后期，人从动物的神话力量之下解脱出来，常常以挑战者的姿态出现，有时甚至成为胜利的一方。[1] 这表现出原始人类从对动物敬畏崇拜的图腾走向逐步挑战甚至是战胜的观念发展过程。有学者主张中国远古时期并没有严格意义上的图腾观念，不应把西方图腾崇拜观念套用在中国这里。中国远古时代的信仰，可能不是典型的图腾崇拜，但我们还是可以在图腾观念之下将其思维与信仰的原始特征表现出来。

2. 殷代图腾崇拜的特征

殷商时期的图腾崇拜观念，反映了殷人对外界与自身关系的原始思考。商族以"玄鸟"为自己氏族的图腾，并以与玄鸟有关的神话形式塑造自己部落的起源。关于玄鸟及殷商的始祖诞生神话，《史记·殷本纪》记录得较为详细：

> 殷契，母曰简狄，有娀氏之女，为帝喾次妃。三人行浴，见玄鸟堕其卵，简狄取吞之，因孕，生契。

这是《史记》所记殷人始祖——契降生的神话。大意是，有娀氏之女——简狄，在野外沐浴时，因为吞下玄鸟所堕下的卵而怀孕并生下殷的始祖契。把自己的始祖认作是由鸟所生，在商人看来是十分严肃的事情。《诗·商颂·玄鸟》有近似的说法："天命玄鸟，降而生商，宅殷土芒芒。"此处，商族与玄鸟的关系更为直接。胡厚宣认为，图腾崇拜是在原

---

[1] 参见张光直：《中国青铜时代》，北京：生活·读书·新知三联书店，1999 年，第 72 页。

始人联合成为早期氏族的家长式集团的时期里产生的，这种集团由于起源于共有的女祖先，因而彼此又常常统一地结合在一起。早期商族以玄鸟为图腾，便是荒诞地把这一部落的人，说成是起源于玄鸟。而照《诗经·商颂》的传说，又恰恰是把女祖先有娀和鸟图腾统一地结合起来。①关于殷商以鸟为图腾，在古文献中另有记载。《左传·昭公十七年》郯子说："我高祖少皞挚之立也，凤鸟适至，故纪于鸟，为鸟师而鸟名。"少皞挚即商的始祖契，在他立国的时候，正当凤鸟来临，所以他要纪于鸟，所有二十四官都是以鸟为名。这是商代鸟图腾的最明显和最典型的例证。

殷人以鸟为图腾还可以从甲骨文、金文中找到证据。在卜辞中，商朝重要的先公王亥的"亥"字旁都要加一个鸟旁，这也是早期商族以鸟为图腾的证明。据胡厚宣先生研究，在商代甲骨卜辞中，涉及鸟图腾的甲骨 8 片，卜辞 10 条。王亥之亥字上的鸟字从又，又即手，为《山海经·大荒东经》"有人曰王亥，两手操鸟"传说之所自出。卜辞又称王亥为高祖，高祖的意思就是遥远的祖先。所以，才把鸟图腾的符号，特加在王亥的亥字上边。商晚期铜器"玄鸟妇壶"，壶名即为玄鸟妇三字之合文，它的含义，是作壶者系以玄鸟为图腾的妇人。再就壶的形制瑰玮和纹饰精美考之，可以判断此妇即为简狄的后裔，又属商代的贵族。商代作为图腾的玄鸟，在卜辞中常称为凤。武丁时有称凤为帝使而祭祀它的卜辞，如"于帝史凤二犬"，史即使，这是贞卜以二犬祭祀于天帝的使者凤的卜辞。另外一条卜辞有"帝史凤一牛"。卜辞凤多借为风，但这两条卜辞既称凤为帝使，则凤应当是指凤鸟而言。凤是天帝的使者，也和"天命玄鸟，降而生商"相符合。而凤鸟则即是一般所说的凤凰。②殷人认为，凤是帝的使者，自己的始祖是天帝命令凤卜降而生的。所以，玄鸟、凤成为殷商的重要的图腾，受到隆重的祭祀。关于殷商图腾崇拜的问题，晁福林提出不同的看法。他指出，殷代虽然有某些动物、植物崇拜的孑遗，但殷人并

---

① 参见胡厚宣、胡振宇：《殷商史》，上海：上海人民出版社，2003 年，第 120 页。
② 参见胡厚宣、胡振宇：《殷商史》，上海：上海人民出版社，2003 年，第 131 页。

不崇拜鸟，卜辞中多有以鸟为祭品和猎取鸟的记载，甚至把祭祀时飞来的鸟视为怪异，而非祥瑞，从卜辞里找不出殷人尊崇动物和植物的宗教。玄鸟之类的崇拜，很可能只是留在殷人印象里的遥远记忆，并不列入祀典。[1] 历史学家张光直先生说，我们不知道这许许多多的氏族是否都各有其特殊的"图腾"，但是我们多半可以相信，每一个氏族都各有其自己的始祖诞生神话。[2] 我们认为，原始人类（包括殷人）认识到个人和集体力量在面对强大的自然力时的微弱和无助，自觉或不自觉地将人类始祖与龙、凤、虎等动物或植物结合起来，认为其与本氏族有亲缘关系。这恰恰表现出文明初始期人类思考天人关系的朴素特征，是人类力量不够强大又希望自身强大的思维表现。殷人的图腾崇拜观念体现出其思维发展由原始愚昧向文明理性过渡的特征。

第二节　殷商时期的宗教崇拜

中国古代文化经历了一个漫长的演进过程。夏商周三代文化发展的基本脉络是：由夏以前的巫觋文化发展为祭祀文化，又由在殷商时期达到高峰的祭祀文化发展为周代的礼乐文化。殷墟卜辞最为丰富地反映了殷人的宗教信仰活动。就卜辞的内容看，殷人的崇拜可以分为三类：一是天帝崇拜，崇拜上帝及其臣正；二是自然崇拜，崇拜风、雨、土地诸神祇；三是祖先崇拜，祭祀先王、先妣和多祖、多妣、多父、多母、多兄、多子等。作为殷人宗教观念的主体，上帝崇拜和祖先崇拜将是本节详细讨论的内容。但在对它们进行讨论之前，我们将首先讨论殷商的巫术活动，探究此类活动中的人类思维特征。

一、商代的巫术

殷商时期的宗教，就其崇拜的对象或内容而言可以归纳为自然崇

---

[1] 晁福林：《论殷代神权》，载《中国社会科学》，1990 年第 1 期。

[2] 张光直：《中国青铜时代》，北京：生活·读书·新知三联书店，1999 年，第 384 页。

拜、天帝崇拜和祖先崇拜。但就其形式而言，无论何种崇拜，在以祭祀为主导的形式中总是要包含着巫术或占卜的成分。虽然巫在殷商的祭祀礼仪中地位已呈下降的趋势，但巫在殷商时代的地位还是很高的。

1. 巫术的思维方式

近代人类学家都把巫术的研究作为把握原始文化的主要途径，把巫文化看作原始文化的主导形态，并视之为宗教与科学发展的最初萌芽。英国文化人类学家爱德华·泰勒（E. B. Tyler）指出："巫术是建立在联想之上而以人类的智慧为基础的一种能力，但是在相当大的程度上，同样也是以人类的愚钝为基础的一种能力。这是我们理解魔法的关键。人早在低级智力状态中就学会了在思想中把那些他发现了彼此间的实际联系的事物联系起来。但是，以后他就曲解了这种联系，得出了错误的结论；联想当然是以实际上的同样联系为前提的。以此为指导，他就力图用这种方法来发现、预言和引出事变，而这种方法，正如我们现在所看到的这种，具有纯粹幻想的性质。"[1]以研究巫术而闻名于世的人类学家弗雷泽总结巫术思维的两种原则：第一是同类相生，即同样（或相似）的原因可以产生同样（相似）的结果；第二是物体一经互相接触，在中断实体接触后还会继续远距离的互相作用。前者可称之为"相似律"，后者可称之为"接触律"。巫师根据第一个原则可以引申出，他能仅仅通过模仿就会实现任何他想做的事。从第二个原则出发，他断定，他能通过一个物体对一个人施加影响，只要该物体曾被那个人接触过，不论该物体是否为该人身体之一部分。基于相似律的法术叫做"顺势巫术"或"模拟巫术"，基于接触律的法术叫做"接触巫术"。[2]　弗雷泽在把巫术与宗教进行对比时，指出了巫术的鲜明特征："它对待神灵的方式实际上是和对待无生物完全一样，也就是说，是强迫或压制这些神灵，而不是像宗教那样去取悦或讨好它们。因此，巫术断定，一切具有人格的对象，无论是人或

---

[1] ［英］爱德华·泰勒：《原始文化》，连树声译，桂林：广西师范大学出版社，2004 年，第 121 页。

[2] ［英］詹·乔·弗雷泽：《金枝》，徐育新等译，北京：中国民间文艺出版社，1987 年，第 19—21 页。

神，最终总是从属于那些控制着一切的非人力量。任何人只要懂得用适当的仪式和咒语来巧妙地操纵这种力量，他就能够继续利用它。"①

西方人类学家对于巫术的研究帮助我们了解巫术思维的一些特征，即巫师通过某种方式影响或控制对象。但这类思维是否完全与殷商时期的巫相对应呢？李泽厚总结"巫的特质"时指出："人（氏族群体）的'吉''福'，被想象是通过这种'巫术礼仪'的活动，作用、影响、强迫甚至控制、主宰了鬼神、天地而发生的。……在这里，不是某种被动的请求、祈愿，而是充满主动精神（从行为动作到心理意识）的活动成了关键。在巫术礼仪中，内外、主客、人神浑然一体，不可区辨。特别重要的是，他是身心一体而非灵肉两分，它重活动过程而非重客观对象。因为'神明'只出现在这不可言说不可限定的身心并举的狂热的巫术活动本身中，而并非孤立、静止地独立存在于某处。神不是某种脱开人的巫术活动的对象性的存在。相反，人的巫术活动倒成了是'神明'出现的前提。"②这里揭示了巫术活动中人神一体、主客不分的所谓迷狂的精神状态，巫师也确实是想通过这种迷狂的活动使"神明"降临。但是，在殷商的宗教崇拜体系中，天帝、四方之神及祖先之神应该还是一种独立的存在，并不是巫师所能直接控制和主宰的。中国古巫没有弗雷泽所说原始巫术的那种属性——要颐指气使地调动神灵或自然力，而恰恰是以弗雷泽所说的超乎巫术的献媚态度，恭请（与祭祀配合）神灵的降临或满足神灵的要求，以便使神灵帮助人类。在中国刚有文字发明的时代，"巫"所承担的职能已经是祭祀宗教的一部分，而使其自身成为祭司之一种。巫术的内外、主客、人神不分和浑然一体的精神状态，似乎也可以视作中国哲学"天人合一"思维特征的滥觞。

2. 殷商时期的巫术观念

关于中国古代的巫起于何时，无法得到确切的说法。据说夏朝的建

---

① ［英］詹·乔·弗雷泽：《金枝》，徐育新等译，北京：中国民间文艺出版社，1987 年，第 79 页。
② 李泽厚：《历史本体论·己卯五说》，北京：生活·读书·新知三联书店，2003 年，第 164 页。

立者禹可能是巫，而商朝的第一个王——汤也曾祷于桑林。据《吕氏春秋·季秋纪·顺民》记载："昔者汤克夏而正天下，天大旱，五年不收，汤乃以身祷于桑林……剪其发，磨其手，以身为牺牲，用祈福于上帝。民乃甚悦，雨乃大至。"汤的以身为牺牲，实际上是一种祈雨巫术。关于中国古代巫及巫术的存在情况，《国语·楚语下》有详细的记载：

> 昭王问于观射父曰："《周书》所谓重、黎实使天地不通者，何也？若无然，民将能登天乎？"对曰："非此之谓也。古者民神不杂。民之精爽不携贰者，而又能齐肃衷正，其智能上下比义，其圣能光远宣朗，其明能光照之，其聪能听彻之，如是则明神降之，在男曰'觋'，在女曰'巫'，是使制神之处位次主，而为之牲器时服……及少皞之衰也，九黎乱德，民神杂糅，不可方物。夫人作享，家为巫史，无有要质。民匮于祀，而不知其福。烝享无度，民神同位。民渎齐盟，无有严威。神狎民则，不蠲其为。嘉生不降，无物以享。祸灾荐臻，莫尽其气。颛顼受之，乃命南正重司天以属神，命火正黎司地以属民，使复旧常，无相侵渎，是谓绝地天通。"

依此处所说，中国原始宗教经历了三个阶段：第一个阶段，是所谓"民神不杂"的时期，这个时候有专门做巫觋的人，而一般人则从事其他社会职业，不参与事神的活动。第二个阶段是"民神杂糅"的时期，此时，人人祭祀，家家做巫，其结果是社会经济匮乏，也不再得到神的福佑。第三个阶段，是所谓"绝地天通"的阶段，此时颛顼帝恢复民神不杂、民神异业秩序，把通天的权利重新掌握在统治阶层手中。事实上，"民神杂糅"即家为巫史、人人作享的状态，应该是原始宗教、文化的最初存在状态。而"民神不杂"状态中的专业化巫觋应该是祖先信仰与天地崇拜的祭祀仪式中的专门职业人员，他们的职能更符合殷商时代的巫术职能。这些做巫觋的人，必须是精神清爽、智慧超群、耳聪目明的人，关键是明神降临其身能与神沟通的人。男者称为觋，女子称为巫。巫觋之职能主要是对祭祀的位次和牲器进行安排，是祭祀活动中的操作人员。比较而言，祝是主持祭祀仪式的人，具备更多的有关地理、历史、宗族和礼仪知识的人，宗则是对祭品的时令、种类及祭器、祭坛的制度有系统知识的人。卜辞中祝、宗、卜、史都出现，但这种神职人员功能分化的现象应为晚出，大概在殷商时期的巫之后，或者是由巫而史的发展之后才出现的。

童恩正指出，巫师是指原始宗教中的非专业神职人员，男女两性都有，具有交通神灵和要求神灵为人类服务的能力，如占卜、治病、祓禳、祈福等。巫师与鬼神的交通，基本上有两种方法：一种是请神附身，巫师代表鬼神说话。另外一种是巫师的灵魂可以进入另外一个世界，找到鬼神。巫师所实行的巫术，是指一种特殊的信仰或行为，人们相信自己可以通过一定的仪式，利用超自然的力量，去诱导甚至强迫自然界按照自己的意志行动。由于巫术所依靠的是超自然的力量，所以有别于科学；由于它是企图用人类的意志去驾驭自然界，所以又有别于一般的宗教。[1]关于商代巫的职能，陈梦家从巫的名称得出巫有下列职事：(1)《说文》："巫，祝也。"卜辞祝从示从兄，兄像人跪地张口而呼，或于一手画舞饰。故知祝者即舞者，舞即巫也。(2)巫通神明，故能察往来卜休咎，《说文》筮字从之。(3)巫又为医，故医字或从巫。(4)《说文》："灵，巫也。"《九歌》王逸注："灵，巫也。"巫为降神明者故与鬼灵连称。(5)巫舞一字，故巫者事舞雩。简单归纳，巫的职事有五：(1)祝史；(2)预卜；(3)医；(4)占梦；(5)舞雩。[2]

巫师能以巫术并主要以舞蹈的方式与神明沟通，又具有预测吉凶、占梦、医病的本领。卜辞的"舞"完全应用于求雨，无一例外。而舞为巫者的特技，求雨是巫者的专业。巫师是以舞的形式实现与天地交通，这是其最基本的含义。巫的主要职务是通天地，卜辞中的"降"字即意味着：在人神沟通的意义上，神在巫师的邀请或召唤之下自上界以山为梯而走降下来。另外，巫师也可以到上界去与神相会。那么，巫师使用什

---

① 童恩正：《中国古代的巫》，载《中国社会科学》，1995 年第 5 期。
② 陈梦家：《商代的神话与巫术》，载《燕京学报》第 20 期，1936 年，第 533—535 页。

么工具和手段来从事降陟的？张光直先生认为，神巫降陟不是任意可以发生的，而是巫术的结果，并需要若干本领和道具。巫师所用的一些道具与法器有：山、树、鸟、动物、占卜、仪式、酒（与药物）和饮食舞乐。例如，巫师通过高山进入神界；巫师祭祀的圣地在有通天的桑树的桑林；树顶上栖息盘旋的飞鸟可以视作登天阶梯的延伸，作为大巫的商王亥，两手操鸟便是他的法器或通天工具；在祭祀仪式上殷人使用大批的牛、羊、犬、猪作为供奉的牺牲品，以动物为牺牲而做祭祀，属于巫师职责范围之内；作为最为人所熟知的殷代占卜，龟卜和牛骨卜及筮卜都是殷代巫师通神的方式；巫师沟通上下的仪式中以血为最具有巫术能力，因为血可以被禳一切不洁之物；殷代的青铜礼器和玉器都是举行巫术时所用的法器。玉制法器之中的玉琮是一种内圆外方、中间贯通，表面常饰有动物纹鸟纹的一种筒形玉器，玉琮的形状和花纹是巫师贯通天地的本事和作业的一种清楚的象征；酒在巫术中，一方面供祖先神祇享用，一方面也可能是供巫师饮用以帮助巫师达到通神的精神状态。① 张光直采用亚瑟·瓦立的定义，主张中国古代文献中的"巫"应译成 Shaman，即萨满。他说："在古代中国，祭祀鬼神时充当中介的人称为巫，据文献的描述，他们专门驱邪、预言、卜卦、造雨、占梦。有的巫师能歌善舞，有时，巫就被解释为以舞降神之人。他们也以巫术行医……可见，中国的巫与西伯利亚和通古斯地区的萨满有着极为相似的功能，因此把'巫'译为萨满是……合适的。"②另外，在殷商时期的众多巫术中，占卜是重要的一种。占卜本身乃是一种巫术，藉兽胛骨与龟甲为媒介，以求获得"神明"对于人们所询问的问题的回答。殷商巫术、占卜的存在表明殷商人的思维尚具有原始思维的特征，即人对于自己要做的事情的结果没有把握，在面临多种选择时不敢做出决定，为了避免由个人性的选择带来实际的危害，便把决定权拱手让给异在的神灵，通过占卜来发现神灵或神明对于事态发展

---

① 参见张光直：《中国青铜时代》，北京：生活·读书·新知三联书店，1999 年，第 265—278 页。
② 张光直：《美术、神话与祭祀》，郭净译，沈阳：辽宁教育出版社，2002 年，第 31 页。

或事情结果的指示或决定。或者说，殷人之所以要占卜，是嫌自己的力量微薄不能判定一件行事的吉凶，要仰求比自己更伟大的一种力量来做顾问。从认识发展进程上说，占卜是要获得对欲了解问题的答案或决定，而并非像巫术谋求以行为影响事物的进程。从宗教学意义上看，重要的并不是占卜过程的技术细节，而是一定的占卜活动所预设的信仰，所包含的宗教意义。殷商巫术存在特征表明，在巫的精神状态中，神与人、天与人是一个可以互相沟通、互相联系不分的世界，是一个世界。巫师通过舞、乐等仪式及玉琮、酒等法器可以实现天与人的贯通。此类观念可以视为中国古代哲学连续性的宇宙观的来源。

二、殷商时期的天、帝崇拜

1. 殷商时期的上帝崇拜

虽然殷商时代仍存在着多神信仰，但是，此时的宗教信仰体系与原始宗教信仰体系已有本质的不同，这突出地表现在其对上帝的崇拜方面。"上帝"中的"上"，是上下之"上"，是指帝高居于天上。如上节所述，在殷人的自然崇拜观念中，他们崇拜和祭祀自然界中日神、月神、云神、风神、雨神、雪神、社祇、四方之神、山神与河神等，这些神灵直接对自然现象、间接对人事现象具有影响乃至控制的力量。但是，在殷人的自然崇拜中具有帝或上帝崇拜的观念，而此上帝崇拜即是一种统一的至上神观念。意识形态的宗教世界是现实世界的反映，上帝的世界是人间世界的反映。人类进入文明时代之后，原来的部落联盟首领转变为权力至上的"王"，于是天界诸神中也出现了权力和地位至尊的"帝"。从甲骨卜辞可知，在殷代人间的"王"与宗教中的"帝"是同时存在的，殷人把现实世界的首领称为"王"，把理想世界的主宰称为"帝"。由于人间的"王"拥有了统辖各方国的至尊权力，神界的"帝"也就具有了统辖各种自然神灵和社会神灵的神力。

殷商卜辞中帝或上帝的地位很高，有很大的权威，主宰自然与人间的一切事物。通过分析卜辞中所见之帝或上帝的情形，可以获得如下的认识：第一，帝的功能主要是令雨、令风、令阵（云霞之气）、降馑、降祸。如卜辞中有"帝令雨足年"、"今三月帝令多雨"、"今二月帝不令雨"。第二，卜辞中上帝所管到的事项是：年成、战争、作邑、王之行动。帝的权威或命令所及的对象是：（1）天时；（2）王；（3）我；（4）邑。在卜辞中，帝的权威可以照管到自然与人间两方面。在自然方面，他既可以降雨，又可以产生风。既可以使年成好（食），又可以降灾祸、降灾害。对人间而言，他既可以降福，又可以降祸。虽然卜辞中"降"不一定是"帝"降，但以帝降为多数。卜辞中的上帝或帝，常常发号施令，与王一样。第三，上帝或帝不但施令于人间，并且他自有朝廷，有使臣之类供奔走者。卜辞中的帝五臣正、帝五工臣、帝使风者等所指皆为上帝之臣正。第四，帝廷或帝所，先公先王可以上宾之，或宾于上帝，或先公先王互宾。①

综合而言，由甲骨文字看来，殷人的天帝信仰具有如下内容：

首先，卜辞中的上帝是天地间与人间祸福的主宰，是决定农产收获、战争胜负、城市建造的成败与殷王祸福的最上的权威，而且有降饥、降馑、降疾、降洪水的本事。在殷人心目中，这个至神上帝，主宰着大自然的风云雷雨、水涝干旱，决定着禾苗的生长、农产的收成。这说明殷人的至上神来源于主管天时的农业神，是由涵盖作用较大的物神转化而来的，是由与自然生活最密切联系的职能神发展而来的。② 它处在天上，能降入城邑，作为灾害，因而辟建城邑，必先祈求上帝的许可。邻族来侵，殷人以为是帝令所为。出师征伐，必先卜帝是否授佑。其次，上帝又有其帝廷，其中有若干自然神为官，如日、月、风、雨；帝廷的官正笼统指称时，常以五为数。帝廷的官吏为帝所指使，施行帝的意旨。第三，就上帝与人上的关系而言，殷王对帝有所请求时，绝不直接祭祀于上帝，而以其廷正为祭祀的媒介。同时，上帝可以由故世的先王所直接晋谒，称为"宾"；殷王祈丰年或祈天气时，诉其请求于先祖，先祖宾于上帝，乃转达

---

① 参见陈梦家：《殷墟卜辞综述》，北京：科学出版社，1956 年，第 563—573 页。
② 参见陈来：《古代宗教与伦理》，北京：生活·读书·新知三联书店，1996 年，第 114 页。

人王的请求。

由此可知，殷人的帝具有至上神的地位，他主宰着天上、人间的各种事物。帝虽在天上，但能降人间以福祥、灾疾，能直接护佑或作孽于殷王。帝甚至可以降下命令，指挥人间的一切。殷王举凡祀典政令，必须揣测上帝的意志而为之。卜辞中"帝"的地位是极高的，可以称之为至上神，但他却不是唯一的神。这也体现出殷人天、帝信仰的原始性与模糊性。而且，帝到底是人格神或者只是客观自然界的自然力量？卜辞中上帝不享受牺牲的事实，说明它虽然具有人格意志，但却不是典型的人格神。那么，帝是否即是指天，或者帝是祖先神的抽象？这值得研究。

2. 帝与天的关系

关于殷人之帝与天的关系，郭沫若认为殷人所卜问的对象一定是天，这说明在殷墟时代的殷民族中至上神的观念是已经有了的。但他同时指出："卜辞称至上神为帝，为上帝，但决不曾称之为天。"①郭沫若的意思是，殷人有天、帝的观念，周人天的观念是继承了殷人的；殷人早期没有关于"天"的专门提法，"天"的具体提法是殷周之际出现的。陈梦家认同郭沫若的说法，认为"天"的观念是周人提出来的。关于天在殷商文化中的地位问题，傅斯年认为："周之文化袭自殷商，其宗教亦然，不当于此最高点反是固有者。且'天'之一字在甲骨文虽仅用于'天邑商'一词中，其字之存在则无可疑。既有如许众多之神，又有其上帝，支配一切自然力及祸福，自当有'天'之一观念，以为一切上神先王之综合名。且卜辞之用，仅以若干场所为限，并非记当时一切语言之物。卜辞非议论之书如周诰者，理无需此达名，今日不当执所不见以为不曾有也。《召诰》曰：'皇天上帝，改厥元子，兹大邦殷之命。'此虽周人之语，然当是彼时一般人共喻之情况，足证人王以上天为父之思想，至迟在殷商已流行矣。"②徐复观亦主张殷人有"天"和具体的名称。他说："居住于黄河大平原，对于

---

① 郭沫若：《郭沫若全集》历史编第一卷，北京：人民出版社，1982年，第321页。
② 傅斯年：《中国现代学术经典·傅斯年卷》，石家庄：河北教育出版社，1996年，第81页。

头顶上有日月星之苍苍地大圆形的形象，一直到由铜器所代表的技术已经很进步的殷代，对它尚无明显的感受性，似乎是说不通的。何况当时的农业已成为经济的基础，而农业与天时天象又是如此密切。若在此种情形之下，尚不能浮出'天'的观念，不能加它一个名称，那才是历史上不可理解的事。因此，周初的天、帝、天命等观念，都是属于殷文化的系统。"①从理论上说，殷人（尤其在后期）应该具有"天"的观念。但殷人有没有具体的"天"的提法？这仍是一个值得分析的问题。

夏渌先生指出，殷墟卜辞中有"天"字。他说："'天'通作'大'是各家没有异议的，但'大'也可以通'天'，各家由于存在'殷人还没有上天观念'的偏见，就忽略了这种互通的现象。""古汉语大、天、夫原是从一字分化出来的，可以互相通用。"在某些场合，把此字释为"大"不通，若释为"天"，则文从字顺。这是判定殷卜辞中"天"字的内在依据。归纳分析有关卜辞，"天"大约有以下五种用法。（1）作为大自然的"天"。卜辞有云："天弗祸凡（风）？"（2）作地名用的"天"。卜辞如："丁卯卜，贞，王田天，往来亡灾？"（3）作"颠"字用的"天"。卜辞如："庚辰，王弗病朕天（颠）？"（4）作为"大"的同义字的"天"。卜辞中有"天邑商"，也有"大邑商"。（5）作为祭祀、崇拜对象的"天"。卜辞如："己亥卜，侑岁于天？"②我们以为，上述论证是有道理的。

传世文献的《尚书》之《盘庚》篇是大致可信的反映商代历史的资料。在《盘庚》中，"天"字凡五见，基本是两种情况：一是天与命相连，如"先王有服，恪谨天命"、"今不承于古，罔知天之断命，矧曰其克从先王之烈"、"天其永我命于兹新邑，绍复先王之大业"、"予迓续乃命于天，予岂汝威，用奉畜汝众"；二是指人时，如"古我先后，罔不惟民之承。保后胥戚，鲜以不孚于天时"。至于有争议的《汤誓》篇则有天命、天罚的观念，如"非台小子，敢行称乱，有夏多罪，天命殛之"，"尔尚辅予一人致天之罚"。既

---

① 徐复观：《中国人性论史·先秦篇》，上海：上海三联书店，2001 年，第 16 页。
② 夏渌：《卜辞中的天、神、命》，载《武汉大学学报》，1980 年第 2 期。

然《盘庚》篇可以相信，那么《汤誓》中的"天命""天罚"也不能否定其真实性。

综观卜辞和传世文献，殷商时期是存在确切的"天"的观念及称谓的。此时的"天"观念，既包含苍穹空间的自然之天的意思，更主要是指能发布命令的、有意志的至上神，是上帝观念的继续和发展。比较天与帝的关系，可以说，天缺少感情色彩，较为抽象，主要体现为一种绝对意志。① 陈来先生认为，殷商和西周世界观的根本区别，不在于商人是否以"天"为至上神，而在于商人对"帝"或"天"的信仰中并无伦理的内容在其中，总体上还不能达到伦理宗教的水平。而周人的理解中，"天"与"天命"已经有了确定的道德内涵。关于殷人的上帝观念来源的问题，陈来先生认为须在祖灵之外去寻找，而这个来源应当就是"天"的观念。② 事实上，至上神不完全人格化，对于中国宗教思想的特质和发展可能有着非常重要的意义。因为，正是这样一个由"天"体崇拜发展起来的至上神实体，由主观性较强的"帝令"发展为客观性较强的"天命"，成为后来中国文化与中国哲学"天人合一"观念的根源。

三、殷商时期的祖先崇拜

祖先崇拜的观念出现得很早，自氏族社会即已出现，它是继图腾崇拜之后出现的人类对自身来源思索的进一步发展。人们崇拜祖先，不仅因为祖先繁衍了后人，而且因为人们相信已故祖先的精灵能保佑后人，惩罚邪恶。殷人将祖先崇拜与上帝崇拜完美地结合起来。郭沫若认为殷人的至上神"帝"同时又是殷民族的宗祖神，便是殷民族的祖先。③ 我们不能确定"帝"或"上帝"是否即为殷人的先祖，但却可以认定二者之间具有非常密切的联系。在前面关于天帝崇拜的论述时，我们已可看到：

---

① 张荣明：《中国的国教：从上古到东汉》，北京：中国社会科学出版社，2001 年，第 102 页。
② 陈来：《古代宗教与伦理》，北京：生活·读书·新知三联书店，1996 年，第 168 页。
③ 郭沫若：《郭沫若全集》历史编第一卷，北京：人民出版社，1982 年，第 325 页。

祖先可以宾于上帝,在上帝左右,传达时王的要求或祈求。陈梦家指出,殷卜辞中的"先王先公可以上宾于天,上帝对于时王可以降祸福、示诺否,但上帝与人王并无血缘关系。……殷人的上帝是自然的主宰,尚未赋以人格化的属性,而殷之先公先王先祖先妣宾天以后则天神化了。"①我们需要注意的现象是:殷人的上帝既是殷人的至上神,又的确不是祭祀的对象;殷人的祖先神虽不是至上神,却是享受祭祀牺牲、接受祈祷祭拜的主体。在殷人的观念中,人间的时王还不能直接诉请于上帝,如殷王向上帝祈丰年或祈天气时,必须先请求于故世的先祖,先祖才能直接晋谒上帝,并转达人王的请求。所以,殷王祈求丰年时必举行祭祀的仪式,但真正享祭的是先祖,不是上帝。

在殷人的观念中,祖先拥有超自然的能力,他们不但在此岸世界拥有超常的能力,而且还在彼岸世界中拥有超常的能力。殷人的祖先崇拜具有这样的特征:以为祖先虽然死了,但其灵魂依旧存在,地位、权威、享受、情感都和活着的时候一样,也一样能降祸或赐福给子孙,所以子孙要以虔敬之心祭祀祖先,请他们来享。他们虔诚地相信,死去的祖先既可以保佑自己又可以降灾祸于自己。在殷人看来,神鬼的世界是和有形的世界同样实在,而且这两个世界关系极密切。殷人对待作为操纵他们一切吉凶祸福的鬼神世界的主角——祖先,需要不断的馈飨和贿赂。王室对祖先的祭祀,其名目之众多、次数之频繁、贡献之丰盛都非我们所能想象。祭祀的时日、数目、方法,有时连牝牡、毛色,都要凭卜人预先向所祀的祖先请示。殷人的祖先崇拜,更多功利性祈天邀福的特征。从资料反映的情况看,殷人不断地赞颂祖先,歌唱祖先的丰功伟绩。如:"昔有成汤,自彼氐羌,莫敢不来享,莫敢不来王,曰商是常。"(《商颂·殷武》)人们颂扬祖先,是因为祖先为其部族创造了丰功伟业,而且还随时随地保佑着自己的后人,"降福无疆",给后人带来福祉。就这一点看,殷人观念中其与祖先神的情感色彩重于理性色彩。为了维护部族的利益,人们要

---

① 陈梦家:《殷墟卜辞综述》,北京:科学出版社,1956 年,第 580 页。

依照先祖的成规办事，以图利族利民。殷人强调：

> 先王有服。（《尚书·盘庚》）
>
> 绍服先王之大业。（《尚书·盘庚》）
>
> 兹予大享于先王。（《尚书·盘庚》）
>
> 来假来飨，降福无疆。（《商颂·烈祖》）

祖先神与其部族的人们有着紧密的血缘纽带，受到其后人频繁而隆重的祭祀。这一点，其他神灵是望尘莫及的。由此，殷人的祖先崇拜在其宗教系统中的地位是极为重要的。晁福林先生即指出，在殷人的神灵世界里占有主导的最重要地位的是祖先神，而不是帝。他概括殷代的祖先崇拜具有如下六个特点。第一，祖先神是殷人祈祷的主要对象。从卜辞数量看，祖先祭祀方面的辞例超过其它任何一类的辞例的数量，这是殷人重视祖先崇拜的有力证据。第二，殷人祭祖尽量追溯传说中的早期祖先，尽量增大祖先崇拜的范围。第三，殷人的女性祖先在祭典中也占有相当显赫的地位。第四，殷人祭祖用牲数量多，祀典特别隆重，其使用数量为周人望尘莫及。第五，殷人先祖多被分为若干祭祀组，如"大示"、"小示"等，分组的目的是为了遍祀先祖而避免遗漏。第六，殷人不但尊崇王室的祖先，而且敬仰非王室的子姓先祖。① 从目前发现的殷墟卜辞看，殷人祭祖最为频繁，形成了一套祭祀制度，定期地几乎没有遗漏地祭祀祖先神。而殷人祭祀上帝的情形，目前所知却甚少，二者形成了鲜明的反照。当然，为了部族的长远利益，祖先神有时也惩罚其后代，如"高后丕乃崇降罪疾"、"高后丕乃崇降弗祥"（《尚书·盘庚》），但这种惩罚与上帝的惩罚和天命的转移绝然不同：祖先神惩罚的是部族内的个别人，而绝不想毁灭整个部族。因此，从根本上说，这种惩罚是为了佑护自己的部族。可以说，祖先生是人，死为神。无论生死，祖先都在保护着殷人的国家社稷的生存和延续。殷人以祖先崇拜的形式表达他们对祖辈征

---

① 晁福林：《论殷代神权》，载《中国社会科学》，1990 年第 1 期。

服自然伟大功绩的赞叹。商王室的祖先神不仅为殷人尊崇，而且也为诸方国、诸部族尊崇。如周人，既崇拜殷人的上帝，也祭祀殷人的先王。

张光直先生在总结商代巫术的特征时指出两点：第一，商人的世界分为上下两层，即生人的世界与神鬼的世界。这两者之间可以互通：神鬼可以下降，巫师可以上陟。第二，从商人占卜的频繁和内容我们可以知道，在商人的观念中神鬼是有先知的，他们知道生人计划中要作的行为会有什么样的后果。生人对神鬼的这种智慧是力求获得的。进一步的自然推论是掌握有这种智慧的人便有政治的权力。因此在商代巫政是密切结合的。[①] 殷人的祖先崇拜观念是其文化的重要内容，也奠定了中国古代文化、思想中重视家族、重视丧葬之礼、重视孝道的基础。

第三节　殷商时期的政治与伦理

一、殷商时期的神权政治

殷商时期的政治观念与其祖先崇拜、上帝崇拜观念是密切联系着的。其首要的表现就是现实的君王又是宗教的领袖。陈梦家认为"古者宗教领袖即是政治领袖"，他说："由巫而史，而为王者的行政官吏。王者自己虽为政治领袖，同时仍为群巫之长。卜辞中常有王卜、王贞之辞，乃是王亲自卜问，或卜风雨，或卜祭祀、征伐、田游。"卜辞中王亲自卜问的事还有天时之事、边鄙之事及祸疾之事。王又亲舞求雨、亲占所梦，凡此都是王兼为巫之事。由此可知王也是巫。在很多占卜活动中，王又是最后的决定者。由此，殷商时期，既有专门的职业巫师，也有王兼职做巫的。[②] 如此，则殷人的王者，一方面是政治领袖，另一方面为群巫之长。他们既拥有和垄断了天人交通的权力，同时也拥有和控制了统治世界的权力。在上古时代率领氏族、部落、酋邦，作为父家长的政治首领，不但

---

① 张光直：《中国青铜时代》，北京：生活·读书·新知三联书店，1999 年，第 278 页。
② 陈梦家：《商代的神话与巫术》，载《燕京学报》第 20 期，1936 年，第 535—536 页。

需要具备无比的勇力、刚毅的性格，而且更要求具有超人的智慧，以预见未来，指导行动。通天的巫术成为统治者的专利，也就是统治者施行统治的工具。张光直先生指出，殷代不但"政治、宗教、艺术是结合在一起的"，而且作为通天工具之一的艺术，实在是通天阶级的一个必要的政治手段，它在政治权力之活动与巩固上所起的作用，是可以与战车、戈戟、刑法等等工具相比的。如古代王朝之占有九鼎，便是通天手段独占的象征。① 因为天帝、祖先神是人间一切事情祸福的决定者，而只有具有超人的智慧的时王才能与天神、先祖沟通。谁能拥有沟通上帝的智慧、能力与工具，谁就有统治世界的权利（力）。殷商卜辞中，祖先崇拜的内容非常多，商王行动之前须举行占卜请示祖先或至少要借祖先意旨为行动之口实。是凡国家大事，包括生老病死，事事都要听祖先的指示。这说明，殷人的祖先崇拜中还包含着这样的内涵，即占有通达祖神意旨的手段的便有统治的资格。尧、舜、禹、汤等是集政治统治权（王权）与精神统治权（神权）于一身的古代圣贤。这种"巫君合一"（亦即政教合一）与祖先—天神崇拜合一（亦即神人合一），实际上是同一件事情。它经由漫长过程，尽管王权日益压倒、取代神权，但二者的一致和结合却始终未曾解体。②

我们亦可就政治权力的正当性问题，简单讨论殷商的政治与其祖先崇拜与上帝崇拜又有密切的关系。殷人以祖先崇拜的形式表达其政权合法性的思考。祖先拥有超自然的能力，他们不但在此岸世界拥有超常的能力，而且还在彼岸世界中拥有超常的能力。殷人以神话的形式塑造了自己部落的起源：

> 殷契，母曰简狄，有娀氏之女，为帝喾次妃。三人行浴，见玄鸟堕其卵，简狄取吞之，因孕，生契。

这是《史记·殷本纪》所记殷人始祖契降生的神话。《诗经·商颂·

---

① 张光直：《中国青铜时代》，北京：生活·读书·新知三联书店，1999 年，第 466 页。
② 李泽厚：《历史本体论·己卯五说》，北京：生活·读书·新知三联书店，2003 年，第 160 页。

长发》亦有："有娀方将，帝立子生商。"这说明，殷人将其祖先与"帝"建立起了密切的关系。殷人通过这种方式为自己部落的政治统治权威奠定了基础。这种方式，一方面说明殷人以祖先崇拜的方式确立自己的合法性。另一方面，也反映出殷人合法性的说明必须使祖先与至上神上帝联系起来。因为，每个部落或氏族都拥有自己的祖先神，祖先作为部落或氏族集团的保护神具有其有限性。《诗经》里同样有周人始祖降生与上帝有联系的说法。因此欲获得普世性的王权或者使王权在更广泛更普遍的范围内获得拥护即获得其合法性，便需获得更普遍的神灵的护佑与支持。史华兹谓："在自然的超自然能力——对它的关注远远超出了对于祖先的特殊关注——之中寻求其谱系的合法性的终极来源。尽管似乎有证据表明，即使不属于亲属系列的下级官吏偶尔也会参与王家的祖先祭祀仪式，但最终讲来，国王的终极权威存在于它与高高在上的神'帝'以及受'帝'管辖的一群自然神祇之间建立的关联之中。"[1]我们看到，殷人的政治正当性观念较少反思的内涵。他们以宗教的、神性的方式获得祖先、天帝的护佑与支持，并以为此支持是可以一劳永逸、天命不移的。商纣王临危之时自信地喊出："呜呼！我生不有命在天？"（《尚书·西伯戡黎》）另外，我们注意到，殷人由祖先崇拜发展到天、帝信仰，虽然有政权合法性的内涵，但这种内涵是潜在的、微弱的。殷人的祖先、天帝崇拜，较少自觉地做政权合法性思考，而更多功利性祈天邀福的特征。[2]　虽然以君王之德作为政治正当性基础的思想可能历史久远，但殷商时期的思想与周初以德为核心的政治正当性思想仍具有较大差异。

二、殷商的权力继承问题

以上是就政治权力的来源或政治正当性角度讨论殷商的政治观念，

<hr>

① ［美］史华兹：《古代中国的思想世界》，程钢译，刘东校，南京：江苏人民出版社，2004 年，28—32 页。
② 荆雨：《德与民：中国古代政权合法性之根据》，载《社会科学战线》，2008 年第 6 期。

关于殷商的政治，我们需要进一步注意其部族内的权力继承问题。

王国维在《古史新证》中指出，商之继统法，以弟及为主而以子继辅之，无弟然后传子。自成汤至于帝辛二十九帝中，以弟继兄者凡十四帝；其以子继父者，亦非兄之子，而多为弟之子。他分析这种现象的原因是："盖周时以嫡庶长幼分贵贱之制，商无有也。"①

陈梦家先生则对王国维的观点提出不同看法。他说："根据《殷本纪》与卜辞一致处，以及根据卜辞的世系传统，我们得到与王氏相反的结论。就是：(1) 子继与弟及是并用的，并无主辅之分；(2) 传兄之子与传弟之子是并用的，并无主辅之分；(3) 兄弟同礼而有长幼之别，兄弟及位以长幼为序；(4) 虽无嫡庶之分而凡子及王位者其父得为直系。"②

张光直先生则提出的"殷礼中的二分现象"。通过研究考古发掘的殷商墓葬并结合文献记载与卜辞内容，张光直指出，商代子姓的王族，至少可以分为 10 个宗族，或其宗族可以分为 10 组，其中以乙、丁为庙号的两宗，大概政治地位最高、政治实力最强，可以分为乙组和丁组。乙宗的一个男子为商王时，因婚姻与政治之间的关系的考虑，王乙多半不能娶丁宗的女子为正式的配偶。王之亲子的亲母必须来自另一个在政治上地位较低的宗支，因此王之亲子的政治地位或因之为减低。但丁宗与王乙同代的兄弟，则没有这种政治性的考虑，可以娶乙宗的女子为妻，所生的子于是以乙丁二宗支为父母，其地位乃较王乙之亲子为高。王乙死后，继立为王的，乃不是王乙之亲子而是王乙在丁宗里的外甥。王丁立后，再重复上述的手续，其继嗣的王又来自乙宗。总之，商的王位在王室中政治力量最大的两个宗支之间交替；王位的传递，在两代内由舅传甥，在三代内由祖父传孙。而商代的"乙丁制"继承法与周代的"昭穆制"极其相似。③

以上三种关于王位继承制度的说法孰是孰非，我们无法做出具体判

---

① 王国维：《古史新证——王国维最后的讲义》，北京：清华大学出版社，1994 年，37—38 页。
② 陈梦家：《殷墟卜辞综述》，北京：科学出版社，1956 年，第 370 页。
③ 参看张光直：《中国青铜时代》，北京：生活·读书·新知三联书店，1999 年，第 235—238 页。

断,大概是父死子继与兄终弟及的共同存在。此恰可说明此时殷商的权力继承制度可能尚未确定的特征,或者体现了以父系为主和以母系为主的混合状态。另外,此权力继承制度也未具体确立父死子继、兄终弟及的原则是什么,是立长还是立贤？此与周代的较为成熟的嫡长子继承制度也存在较大差距。

三、殷商时期的道德伦理观念

殷商时期拥有明确的道德伦理观念。有学者指出,卜辞中没有一个关于道德智慧的术语,亦有学者据此认为,殷人信仰的上帝与人世的伦理无关,或者认为,在殷商对神鬼的恐惧崇拜,与周人对天的尊崇敬畏之间,有着很大的道德差别,其宗教形态没有任何道德理想的出现,看不到伦理价值,看不到理性智慧。[①] 这种判断当然具有一定的合理性。但我们也须注意,即便在祭祀卜辞中没有道德词语或观念出现,并不意味着殷人的政治、伦理思想中便没有道德的观念。因为,卜辞毕竟是卜筮、祭祀的宗教崇拜活动的记载,应该并未完全体现殷人的全部观念尤其是政治、伦理观念。

事实上,根据一般古文字学家的看法,"德"字在甲骨文中是存在的。甲骨文中有"德"字的初文,这个字从彳从直。温少峰考察殷代"德"的观念时,认为四条卜辞中可以有字读为"德":"□丑卜,王侯弗若△"(引文中"△"表示图形的"德"字,下同);"丁亥卜,元△……";"辛卯卜,亘贞,……唯不△";"戊寅卜,□贞,改王△,于之若"。他认为,"若德"如同文献中的"善德"、"顺德";"元德"犹如"首德"、"大德","不德"、"改德"类似于"否德"。[②] 晁福林先生认为,可靠的文献记载和甲骨卜辞材料都表明,"德"的观念在商代确实已经出现。甲骨文"德"写作从行从横目之形,其

---

① 参见陈来:《古代宗教与伦理》,北京:生活·读书·新知三联书店,1996 年,第 115、149 页。
② 温少峰:《殷周奴隶主阶级"德"的观念》,载《中国哲学》第 8 辑,北京:生活·读书·新知三联书店,1982 年。

所表示的意思是张望路途，人们看清了路而有所得。他认为，甲骨卜辞中的"德"有两个特点：其一，甲骨文"德"字没有"心"旁，这应当是在说明"德"的观念那时候还没有深入到人的心灵这个层次，和古人关于"内得于心为德"的定义是不一致的。其二，从甲骨卜辞的记载看，殷人所谓的"德"更多的是"得"之意。在殷人看来，有所"得"则来源于神意，是神意指点迷津而获"得"。①

我们考察传世文献《尚书》的相关部分，也有"德"的观念与概念。"德"与有关德行的观念已见于《尧典》："克明俊德以亲九族"以及"否德忝帝位"，俊德即是美德，否德及鄙弱的德行。陈来先生认为《尧典》与《舜典》中有关的论述，可能是在殷商晚期流行的。②《尚书·商书》中四篇有"德"字，凡 14 见，其中《盘庚》篇 10 见。其内涵大致可分为三类。第一类表示行为、品行。《汤誓》："夏德若兹，今朕必往。"《盘庚》："肆上帝将复我高祖之德。"《高宗肜日》："民有不若德，不听罪，天既孚命正厥德。"《微子》："我用沉酗于酒，用乱败厥德于下。"第二类的"荒德"、"含德"、"非德"、"爽德"等，具有否定含义。《盘庚》："非予自荒兹德，惟汝含德，不惕予一人。""作福作灾，予亦不敢动用非德。""有爽德，自上其罚汝。""用降我凶德嘉绩于朕邦。"第三类的"施德"、"积德"、"用德"、"敷德"等则具有积极含义。《盘庚》："汝克黜乃心，施实德于民，至于婚友，丕乃敢大言，汝有积德。""用罪伐厥死，用德彰厥善。""式敷民德，永肩一心。"这些特征同周初文诰中有关"明德"、"若德"、"非德"、"敏德"（《康诰》）、"元德"（《酒诰》）、"敬德"（《召诰》）、"酒德"（《无逸》）之类的观念相对照，已比较接近。

关于"德"的内涵，晁福林认为，在殷商时代，"德"即得到之"得"，意指得到"天"的眷顾与恩惠。具体说来，商人之"德（得）"是从两个方面获取的：一是"天命"，二是"高祖"。可以说殷商时代的"德"，实际上是其天

---

① 晁福林：《先秦时期"德"观念的起源及其发展》，载《中国社会科学》，2005 年第 4 期。
② 陈来：《古代宗教与伦理》，北京：生活·读书·新知三联书店，1996 年，第 292 页。

命观、神意观的一种表达，人们赞美"德"，就是在赞美天命和先祖的赐予。殷人以为能够得到天和先祖的眷顾而有所得，这就是"德"。"德"的观念尚未从天命神意的观念下解放出来，更没有转入人的内心自省的范围。可以说，商代的天命神意观念下的"德"与真正的道德观念形成，尚有很远距离。① 李泽厚认为，"德"的产生大概最先与献身牺牲以祭祀祖先的巫术有关，是巫师所具有的神奇品质，继而转化成为氏族的习惯法规。德是由巫的神奇魔力和循行巫术礼仪规范等含义，逐渐转化成君王行为、品格的含义，最终才变为个体心性道德的含义。他并认为由巫术力量逐渐演化成为巫术品德，即是"德"的内向化或内在化，而最终成为首先要求于政治首领的个体品德力量。这也就是后世道德的张本。② 这两种说法都可作为殷人"德"的观念的合理论说。前一种说法表明殷人的道德观念没有脱离其宗教崇拜观念的原始特征。后一种说法则体现出殷商时期的"德"具有原始巫术礼仪及俗世道德伦理的综合性特征。

除此普遍性的"德"的观念之外，我们还应注意到，殷人具有丰富且具体的道德观念，如孝。《吕氏春秋·孝行览》载："《商书》曰'刑三百，罪莫重于不孝'。"孝为最高的道德行为，不孝则要受到刑律的处罚。殷人祖先崇拜的观念极为丰富，其祭祀祖先的制度和礼仪也已相当发达，与之相应的"孝"的观念应该已经出现。周公指责商纣王为"元恶大憝，矧惟不孝不友"（《尚书·康诰》），证明殷人已有孝与友的道德规范，否则周公便不能有如此指责。《尚书·太甲》明确提出："奉先思孝，接下思恭，视远惟明，听德惟聪。"此处，孝、恭、明、聪都是对人的德行要求，首先对待先祖要孝。当然，殷人的道德规范较之周人少了许多。这既可能反映殷人的道德伦理观念尚未成熟的特征，也可能是文献不足的原因。

总之，殷商时期既具有"德"的观念，亦具有具体的道德规范。殷周之际的剧烈变革以及小邦代替大邦的忧患意识的突出，使周人"敬德"

---

① 晁福林：《先秦时期"德"观念的起源及其发展》，载《中国社会科学》，2005 年第 4 期。
② 李泽厚：《历史本体论·己卯五说》，北京：生活·读书·新知三联书店，2003 年，第 164 页。

"明德"的观念十分突出，周人建立了一个由"敬"贯注的"敬德""明德"的观念世界。但我们应该认识到，如果殷人没有"德"的观念，周人很难凭空出现"德"的思想。"敬德"的观念和强调是周文化的一个显著特征，但敬德观念的产生在古代政治文化的传统中应该是有其渊源的。早期禅让的"唐虞之道"中，德与民成为潜在的王权合法性根据。到夏商两代，在君权神授观念的同时，也都流传了一种由君主领袖的美德和才智来建立政权合法性的传统。虽然，殷人的道德观念在其神鬼观念的掩映下，仍具有原初性、模糊性的特征，但由殷商肇其端经由周代而大大发展的重德、敬德观念却成为中国文化、中国哲学最为核心的特征。

第二章　西周的王道政治哲学

孟子以降，孔门凡言"王道"常称引"仁政"以推阐之，这似乎已成为普遍的言说理路。而更有甚者，直接将"王道"和"仁政"等量齐观，等同混用。故长期以来，"仁"一直被视为王道政治的首要原则。这种偏见流传至今，似已成不刊之论。但若仔细推究，其中又有不可不辩者存焉。[1]

"王道"一词兼具描述性和规范性，蕴含着"是"与"应当"双重意义：它既承载着儒家对理想政治秩序的向往和价值追求，同时亦是后世对历史上"先王之道"即尧舜禹汤文武周公诸圣王治国之道的指谓和客观描述。唐虞夏商特别是西周时期的社会政治不但直接孕育了儒家的王道理想，而且为儒家发明和辩护其政治理想提供了丰厚的道德资源及客观的历史理据。故探讨儒家的王道理想，毋庸赘言应溯源至此。关于古"先王之道"的历史记载和经典描述，学界公认是《尚书》。而细绎《尚书》之文，我们发现，唐虞二代时期的王道政治，其首要的建构原则并非是经孟子首次明确揭橥并阐发而为其后多数儒者所认可的"仁"，而是"义"：在王道政治之正当性（Legitimacy）的证成、王道政治之兴亡继绝、邦国征伐、刑罚及政治权力传承等五个层面，"义"确然都是首要的决定法则。

---

[1] 本章参考了刘体胜先生的相关研究成果。

由此，我们既可看到先秦儒家对唐虞三代时期王道政治资源的积极汲取和继承，同时亦应晓然分判儒家王道政治理想和唐虞三代王道政治的根本差异，进而认识到孔孟荀在"祖述尧舜，宪章文武"之基础上所作的重大思想发明和理论转进。下面，围绕西周的王道政治哲学对此展开详细的论述。在展开论述之前，首先要说明的是，为了尽可能地避免因史料真伪问题而带来的争议，便于论证，本文所引用的《尚书》材料主要以今文《周书》为本，并采用了目前学界已取得的相关考证成果。错谬之处，敬请方家教正之。

第一节　唐虞三代时期王道政治背景下的义概念

众所周知，义观念总是具体的、相对的，常因时代或传统而异；而义的概念则是抽象的、绝对的，具有普适性。故在详细探讨西周时期义观念之前，我们先来看看唐虞三代王道政治背景下的义概念的内涵界定：

> 惟天监下民，典厥义，降年有永有不永，非天夭民，民中绝命。

此段引文出自《高宗肜日》篇，它是今文《尚书》中首次出现"义"字的一篇文献。由于种种原因，古今学者对此篇文献的真伪及写作年代颇有争议。这里采用刘起釪先生的观点，认为此篇虽然在流传过程中其文辞不可避免地受到了周代语言的影响，但其原件可确信为殷商旧存的文献。① 据此，这段引文可视为殷商时期义观念的集中反映。具体而言，它包含了如下意涵：一、义源于至上神天的制定，并由至上神天亲自裁决、实施。二、义的适用对象是民。这个"民"既可作宽泛的理解，指一切底层小民；亦可结合此篇的具体语境而如蔡沈所谓"言民而不言君者，不敢斥也"②，实际上指的是世俗的统治者王。三、义是至上神评判下民之行为及其结果的非常严苛的奖惩法则，关乎人的生死存亡：合乎义则长命，

---

① 刘起釪：《〈商书·高宗肜日〉的写成时期》，载《殷都学刊》，1985 年第 3 期。
② （宋）蔡沈：《书经集传》，北京：中国书店，1994 年，第 94 页。

不义则绝命、中途夭折。而在王道政治中，王是决定整个社会政治秩序的关键要素，王的性命和他的政治命运甚至整个王朝的政治命运常常是紧密关联在一起的，所以文中所言的"命"实际上亦包含王道政治命运之意，即王道政治的兴衰存亡。基于以上分析，我们可作出如下结论：义，本自至上神的创制，是殷商社会秩序的首要决定法则——它不但决定着下民特别是世俗君王的性命长短及其政治命运，而且决定着王道政治命运的"有永有不永"。

殷人关于义的这三点内涵界定，为其后的周人所继承，这在今文《周书》中有诸多印证。因限于篇幅，兹举《无逸》、《康诰》两篇为例以证之。在《无逸》篇中，周公旦因忧惧初政的成王"知逸而不知无逸"，特地称引商周时期诸多典型政治事例来加以警示和训诫，其中言及殷中宗、高宗和祖甲，说此三王正是因做到了"无逸"，故天皆使之享国数十载，得"降年有永"之效；而与此相反，这三宗之后的商代继世之君因做不到"无逸"，且"惟耽乐之从"，最终落得天"降年有不永"的政治下场："亦罔或克寿，或十年，或七八年，或五六年，或四三年。"通观此篇，虽未出现一个"义"字，但若联系上文所言殷商时期的"义"之三点内涵，我们不难看出：周公旦所谓的商王享国"永年"或"不永年"，实质上正是至上神以义为原则对他们的行为加以评判、裁决并实施奖惩的结果，而"无逸"就是义的一个具体构成内容。故全篇虽未出现一个"义"字，但处处言"义"。周人对殷人义概念内涵的认可和继承，在《康诰》中体现得尤为明显。在此篇中，周公旦严肃地告诫卫康叔说，世俗的统治者实际上并不具有任意刑杀惩罚其臣民的权力——"非汝封刑人杀人"、"非汝封又曰劓刵人"，其原因有二：一是从根源上说，这个刑杀惩罚的权力专属于至上神"天"；二是至上神"天"已创制了世俗刑杀惩罚的客观原则——"义"。职是之故，周公又言道，世俗的统治者只能"用其义刑义杀"，即以至上神创制的义为根据去实施刑罚。由此可见，周人对殷人关于"义"的三点内涵界定是完全认同的。此外，据《论语·尧曰》篇的记载，商汤曾在祭祀至上神时曰："有罪不敢赦，帝臣不蔽，简在帝心。"在商汤看来，至上神帝能洞悉世间一切善恶行为,并掌握着赏罚赦免的权力,世俗的统治者不得擅自裁决,实施奖惩。这种观念,不就是"天监下民,典厥义,降年有永有不永"的义概念在刑罚领域的具体应用吗? 故商周之际王道政治虽递相更替,但其政治哲学建构之根本概念无变化,即皆以"义"为其整个政治秩序建构的首要决定法则。

接下来要论证的问题是:商周两代共有的这个义之内涵界定,是否源自夏人甚至更早的唐虞时代的创造? 据传世的相关文献观之,答案似是肯定的。今文《夏书·甘誓》篇①记载,夏启之所以要兴兵讨伐有扈氏,其理据是:"有扈氏威侮五行,怠弃三正,天用剿绝其命。"所谓"天用剿绝其命",正是前文所言天"降年有不永"、"绝命"之意,而"五行"、"三正"同周公所言的"无逸"一样,都是"义"的具体构成内容。故《尚书大传》曾引孔子之言曰:"'六誓'可以观义。"②《尚书大传》所引之言是否真的为孔子所说,今实难断定,但据《尚书·甘誓》等六篇誓辞观之,"'六誓'可以观义"这个断言甚是的确。准诸上述,我们有理由确信,商周两代共有的这个义概念之内涵至少可溯源至夏代。

以此为基点,我们可否再向前一步,将这个义的内涵界定远溯至唐虞时期? 据《论语》和《左传》中的相关材料来看,这完全是可能的。《论语·尧曰》篇载:"尧曰:'咨! 尔舜! 天之历数在尔躬,允执厥中。四海困穷,天禄永终。'舜亦以命禹。"若以上文所言之义的三点内涵为参照,此引文中的"允执厥中"、不使"四海困穷",实质上就是尧舜禹禅让为君必须遵守的义,故违者天必将永远地终止其给予的禄位。唐虞时期以义为世俗统治者之天禄得失的决定法则,此亦可得到《左传》中相关材料的佐证。《左传·哀公六年》曾引孔子之言曰:"《夏书》曰:惟彼陶唐,帅彼天常,有此冀方。今失其行,乱其纪纲,乃灭而亡。"孔子所引此《夏书》之

---

① 近代以降,学者们关于此篇之真伪颇有争议。据晚近刘起釪(氏著《尚书研究要论》,济南:齐鲁书社,2007 年,第 1 页)、金景芳和吕绍刚(《〈甘誓〉浅说》,载《社会科学战线》,1993 年第 2 期)三位先生的考证,此篇或写定或加工于西周,但应为夏代的真材料。兹从之。
② 陈寿祺辑:《尚书大传》卷五,四部丛刊本。

文，今亦见于古文《尚书·五子之歌》篇，其意谓："天常"乃政治兴亡和维系统治的根本，唐尧因遵循"天常"而享有天下，太康则因弃此"天常"而灭亡。若此《左传》所载为真，再联系前文可知：此"天常"——天所创制的恒常之道，实际上就是"义"。当然，这一时期有可能还未抽象提出"义"这个概念，但无疑已具有实质的观念内容。

准诸上述之论证，我们可得出如下论断：唐虞以至西周王道政治背景下的义观念，其内容因时代或有因革损益，但其概念内涵则始终确定而未有变化，即这时期的人们一直深信，义乃源自至上神"天"或"帝"的创制，是裁决世俗统治者之行为的非常严苛的奖惩法则，决定着世俗王道政治秩序的兴亡继绝。以上我们对唐虞三代时期义概念的探讨，为其后细绎这一时期义观念的具体内容奠定了基础。下面，我们就来看看"义"是如何成为唐虞以至西周的王道政治秩序建构的首要原则的。

第二节　西周时期的义与王道政治

一、谁应当统治？——义与王道政治之正当性

依据马克斯·韦伯的分析，正当性（Legitimacy）诉求蕴含在"支配—服从"的权力关系结构中[①]，它实质上是对支配关系所作的某种道德证成。这种道德证成一旦成功，不仅具有思想理论的意义，而且具有直接的现实政治功效，即可保证这个政治秩序的长期稳定。据今文《尚书》观之，唐虞三代时期首先意识到正当性问题的重要性并加以系统回答的是以周公旦为代表的周人。当然，周公之所以提出并力证此问题，最直接的原因也是为了现实政治的需要，即解决周初迫在眉睫的政治难题——从统治者沦为被统治者的殷人一直心不服周，反复难制，总在不断发动叛乱。从今文《大诰》诸篇可见，周公对此一方面坚决主张武力镇压，并

---

① 详见［德］马克斯·韦伯：《经济与历史·支配的类型》，康乐等译，载《韦伯作品集》，桂林：广西师范大学出版社，2004 年，第 299 页。

采取了分而治之的政策，而另一方面也深刻认识到仅依靠暴力手段来维持政治秩序的巨大局限性和不稳定性，故力图对周人的统治权力作道德证成以说服殷人，从而达到长治久安的政治目的。

众所周知，夏商周三代虽递相更替，但皆属王道政治。故从思想观念层面上说，周公对小邦周取代大国殷之政治正当性问题的回答，可视为就是三代关于王道政治之正当性的证成。而从今文《周书》来看，周公的论证也确实整合提炼了夏商周三代诸多典型的重要政治观念。

概而言之，周公对周人统治权力之正当性的证成，就是一个字："义"。前文已言之，义乃本自至上神"天"或"帝"的创制，包含奖惩两方面的内容：若统治者合乎义则至上神许之以永命，而不义则断绝其命，使之中途夭折。在《多士》篇中，周公就是围绕此义之内涵来论证周人统治之正当性的。首先，他明确地对不服从统治的殷人说，殷商灭亡乃天（或帝）的意志："旻天大降丧于殷"，帝"有命曰：割殷"，因此"非我小国，敢弋殷命，惟天不畀"。职是之故，武王伐纣和周人取代殷人的统治乃天命，具有正当性——"我有周佑命"，"我其敢求位？"其次，周公说周革殷命的正当性并非自己编造出来以欺骗你们殷人的矫诬之词，而是有史可证："惟殷先人有册有典，殷革夏命。"这就是说，你们殷人的史册典籍既已明确记载了成汤伐桀、殷革夏命的史实，那为何又怀疑武王伐纣、周革殷命并拥有统治权力的正当性呢？

当然，如果周公仅凭此两点内容来论证其统治的正当性是远远不够的，因为这种超自然主义的君权神授论非常不严密——任何人都可以宣称自己拥有天命，谓自己的权力乃源自幽远神秘的至上神的授予——至上神的意志又如何为人所确证？故正当性证成的关键是：说明这种统治权力的神圣授予，要有其客观的理据。据《多方》篇的记载可见，周公显然已注意到了这个问题，谓夏桀和商纣都曾矫诬上天之命——"图天之命，屑有辞"。由此可见，周公应已意识到：要成功论证自己统治的正当性而仅宣称其源自天命是远远不够的，他还必须进一步说明天命予夺和判决、奖惩世俗统治者之政治命运"有永有不永"的客观标准是什么，亦即必须赋予这个至上神创制的"义"法则以客观具体的观念内容，而这个义观念内容又必须得到包括殷人在内的所有人的认同。据《多士》和《多方》篇观之，周公最终成功地完成了这个理论任务，不仅如此，他还由此奠定了中国传统政治哲学中正当性理论的思想基础，并影响了其后中国数千年的政治实践。

具体而言，在《多士》和《多方》篇中，周公用于论证政治正当性的义观念主要包括如下几点内容。一"明德"。这里的"明"作动词用，"显明"之意。而"德"字，据今文《周书》中"酒德"、"暴德"、"逸德"、"敬德"诸辞可见，其实是中性词而并无道德的意义。徐复观先生谓"周初文献的'德'字，都指的是具体的行为"①，基本上是准确的。要补充徐先生这一说法的是，今文《周书》中的"德"意指主体的某种长期性的、甚至习惯性的行为，而非偶然性的行为。合而言之，"明德"指统治者要显明其政治行为。这个统治者须显明的政治行为，周公认为首要是"无逸"："有夏不适逸"，被"废元命，降致罚"（《多士》），丧失了统治权力。商纣亦是如此。周公对统治者无逸行为的历史总结和注重，在其后的《无逸》篇中体现得更为淋漓尽致。二是"恤祀"，即敬神重祀。这是超自然主义的君权神授论的内在要求，据《牧誓》《酒诰》诸篇的记载，商纣已违反之，而此亦是殷商丧失统治权力的一个重要依据。三是"慎罚用劝"，此主张在《康诰》中则得到充分论证。四是"保享于民"，周公说夏桀因"劓割夏邑"而致天"大降显休命于成汤，刑殄有夏"（《多方》）。

从今文《尚书》来看，周公总结的义这四个层面的内容，都是殷人所认同的。如关于"无逸"，商贤臣祖伊在西伯戡黎之后非常恐惧，力图劝谏商纣毋耽于安逸淫乐，否则"惟王淫戏用自绝"（《西伯戡黎》）。而《微子》篇则明确记载了箕子和微子这两位殷商贤哲对君王无逸行为和敬神重祀行为的注重，认为这两种行为承载了极其重要的政治意义，故二人据商纣"沉酗于酒"的逸乐行为和殷民"攘窃神祇之牺牷牲，用以容"的大

---

① 李维武编：《徐复观文集》第三卷，武汉：湖北人民出版社，2002 年，第 34 页。

胆妄为而推断"殷其沦丧"。至于保民、康民、毋虐于民的义观念，在反映殷人思想观念的《汤誓》、《盘庚》和《洪范》中都有明确的表达，兹不赘述。关于夏代的直接史料虽较为缺乏，但我们可根据后世可靠的记载来推断其关于政治正当性的思想观念。以下我们将看到，夏人关于正当性的思想观念和商周有一致重合之处。如在《立政》篇中，周公明确地说："古之人迪惟有夏……尊上帝，迪知忱恂于九德之行。"周公于此虽未具体解释何谓九德，但由此我们足可推断：夏人是非常重视"明德"的。《论语》中也有两条相关材料，一是《泰伯》篇记载的孔子盛赞大禹之言，说大禹"菲饮食而致孝乎鬼神，恶衣服而致美乎黻冕，卑宫室而尽力乎沟洫"（《论语·泰伯》），二是《尧曰》篇关于尧舜禹禅让之辞——"四海困穷，天禄永终"的记载，这两条材料说明夏人从大禹开始就信奉恤祀、保民的"纪纲"，而这正和文辞虽伪而思想极可能为真的《五子之歌》篇所言的"皇祖有训"相呼应。

综上所述可见，"朝读书百篇"（《墨子·贵义》）的周公旦对小邦周取代大国殷之政治正当性问题的回答，确实整合和提炼了夏商周三代诸多典型的重要政治观念，代表了三代对王道政治之正当性的普遍看法。概括地说，这个正当性证成的关键就是"义"。

申而言之，周公关于王道政治之正当性的证成，在今人看来固然有诸多不足，但其用以论证的义观念对中国传统政治哲学产生了深远的影响。既然德和民决定天命的转移，是王道政治正当性的理据，那么如果君王不能敬慎、修明其德行，不能保康其民众，那么这个君王及其所代表的王朝也就失去了天命的保证，丧失了其统治的正当性。墨子、《易传》和先秦儒家的两大巨擘孟子和荀子，虽然在致思理路和理论主张上或存在根本性的冲突，但在评判汤武革命之正当性上却有着惊人的一致，他们用以评判的理据不外乎天、德和民三者，而这皆源于周公的归纳和整合。

从中国传统政治的实践来看，周公所确立的这一义观念对其时和其后的中国社会政治都产生了巨大影响。考古挖掘发现，西周时期人殉与人牲现象大大减少，而这一现象的出现无疑和其时义观念在现实政治中得到切实奉行密切关联。至于中国历史上历次的革命起义，众所周知，其揭竿而起的理据实质上就是对此义观念的不断重申和强调。

二、"不敢替厥义德"：义与王道政治之兴亡继绝

严格地说，以周公旦为代表的三代政治家并未对王道政治之正当性问题和王道政治之兴亡继绝问题作出明确区分。从今文《尚书》的记载来看，在夏商周时期这两个问题及其回答常常是纠缠在一起的。本文对此作出区分并分别阐述，一方面是为了主题论证的需要和行文的方便，而另一方面也是遵循现代学术的一般要求。

据《论语·尧曰》篇的记载，最早对王道政治秩序之兴亡继绝问题进行思考并作出明确回答的是尧："允执其中。四海困穷，天禄永终。"而据《高宗肜日》篇的记载，商祖己对祖庚以特别丰盛的祭品来祭祀其昵庙的不义行为作出了规劝和训诰，提出了"天监下民，典厥义，降年有永有不永"的著名论断，这是中国义观念史上首次明确地将王道政治之兴亡继绝这一问题的答案确定为义。其后，商纣时期的祖伊则认为，决定王道政治之兴亡继绝的义，其关键是君王是否有"淫戏"行为——"惟王淫戏用自绝"。而今文《商书》的《微子》篇则对商纣诸种不义行为作了更具体的描述："天毒降灾荒殷邦，方兴沉酗于酒，乃罔畏畏，咈其耇长旧有位人。"在殷商贤哲微子和箕子看来，商纣所犯的四种不义行为——沉酗于酒、无所畏惧（如天威）、违逆寿老耆长之人、弃绝旧有之臣——必将导致殷的灭亡。

据今文《周书》观之，西周人继承了殷商中后期关于义的看法，并有所发展：

> 我闻亦惟曰：在今后嗣王酣身，厥命罔显于民祗，保越怨，不易。诞惟厥纵淫泆于非彝，用燕丧威仪，民罔不尽伤心。惟荒腆于酒，不惟自息乃逸，厥心疾很，不克畏死。辜在商邑，越殷国灭，无罹。弗

> 惟德馨香祀，登闻于天；诞惟民怨，庶群自酒，腥闻在上。故天降丧
> 于殷，罔爱于殷，惟逸。天非虐，惟民自速辜。（《尚书·酒诰》）

周公认为，夏商丧失其所受之元命，这不能怨天——"天非虐，惟民自速辜"，其根本原因是桀纣的放纵淫泆、沉酗于酒和"厥心疾很，不克畏死"。周公的这些总结，正和《西伯戡黎》、《微子》篇的义观念相一致。正是鉴于夏商丧失天命的教训，为避免周重蹈覆辙，周公特作《无逸》篇对嗣王的德行作了明确的规范："继自今嗣王，则其无淫于观、于逸、于游、于田，以万民惟正之供。无皇曰：'今日耽乐。'乃非民攸训，非天攸若，时人丕则有愆。无若殷王受之迷乱，酗于酒德哉！"

而西周王室的另一位贤哲召公，则对殷商以来敬重耆老的义德大加肯扬，并把践履此义德的政治意义提升到决定王道政治存亡的高度。召公说，西周人要汲取夏商"既坠厥命"之教训，想"祈天永命"就必须得"无遗寿耇"，因为寿考之人能稽考古人之善德、稽谋天意以顺从天（《尚书·召诰》："其稽我古人之德，矧曰其有能稽谋自天"）。召公的这一义观念，与《微子》篇"咈其耇老"之辞遥相呼应。

由此可见，西周人不但直接继承了殷人对义概念的界定，而且对殷代义观念的具体内容亦做了积极吸收和传承。其中，商纣因"酗于酒德"而致亡国的教训给周人留下了极深的印象，故周人对酒及其饮用特别警惕和小心。周公特作《酒诰》以布告酒的危害，并对用酒和饮酒行为进行了严格细密的规范，而对于那些不听教化、仍沉湎于酒的殷民及群聚豪饮之人，他甚至主张"予其杀"。周公制定的这一用酒、饮酒之义，对后世产生了深远的影响。如《左传·庄公二十二年》"酒以成礼，不继以淫，义也"之言，正是对商周时期谨慎用酒，严格限制饮酒这一义观念的直接继承。而春秋之时的卫国贤哲石碏，在进谏卫庄公当以义道教导其子时曾云："淫破义。"（《左传·隐公三年》）对照前文所述，很明显石碏此言亦是商周义观念在春秋时期仍得到承继的体现。而商周时期以"尊老敬长为义"的观念，则被先秦儒家直接纳入义论之中。孟子尝谓："敬长，义也。"

（《孟子·尽心上》）又曰："义之实，从兄是也。"（《孟子·离娄上》）荀子则云："老老、长长，义之伦也。"（《荀子·大略》）由此可见，先秦儒家之义论在内容上多承袭自商周。

据今文《周书》可见，周公和召公都认为，君王的德行是决定王道政治之兴亡继绝的关键要素，因此统治者要"明德"、"敬厥德"。而在君王所当敬慎和昭明的诸德行中，周公认为"选贤任能"至关重要。在《立政》篇中，周公通过稽考和总结夏商两代兴亡的经验和教训，明确地把君王能否选贤任能确定为得失天命和决定王道政治之兴亡的重要法则："亦越武王，率惟敉功，不敢替厥义德，率惟谋从容德，以并受此丕丕基。"周公认为，正是因为武王做到了选贤任能的"义德"，所以他获得了天命，"并受此丕丕基"。

西周这种"以选贤任能为义"的观念，直接构成了其后先秦儒家义论的思想内容。据《中庸》记载，孔子在回答哀公问政时曾云："义者宜也，尊贤为大。"在出土的郭店楚竹书中，如《唐虞之道》、《五行》、《六德》诸篇亦有诸多文辞论及儒家之义，而其中尚贤任能是一个非常重要的内容。荀子亦把"贤贤"确定为其义论的一个重要内容。[1] 先秦儒家的这些论述，从根源上说都是来自于周公"尚贤任能为义"的观念。

《尚书》所谓的"德"主要指的是以君王为核心的统治者之德，其直接的施为对象是"民"。所以，"德"与"民"有密切关联。此外，周人的天命观认为民与天、天命紧密联系在一起："天视自我民视，天听自我民听"、"民之所欲，天必从之"。[2] 如此，则君王若冀望自己能"祈天永命"，那就必须敬民和保民。这样，天、民、王三者之间相互关联，构成了一个最基本的政治关系结构。因此，王道政治能否保民、康民，就成为天决断其统治兴亡继绝的一个关键。而天评断君王是否保民、康民，其依据又来自于民意、民情，所谓"天视自我民视，天听自我民听"是也。这样，能直接

---

[1]《荀子·大略》曰："贵贵、尊尊、贤贤、老老、长长，义之伦也。"
[2]《孟子·万章上》、《左传·襄三十一年》引《泰誓》之文。

反映君王统治状况的民意和民情就进一步成为天衡断王道政治兴亡的根本法则。周公说"天畏棐忱，民情大可见"(《尚书·康诰》)、召公谓"王以小民受天永命"(《尚书·召诰》)，这些都体现了西周人对"民"与天命、王道政治之间关系的深刻认知。

在《召诰》中，召公曾说：商纣因不敬慎自己的德行而致使贤智之人纷纷隐退，而祸害民众之人却把持着官位("智藏瘝在")；这种暴虐的统治，使得民众无处可容而只能携妻抱子以向天哀号("保抱携持厥妇子，以哀吁天")；上天有见于四方之民的这一悲惨境遇，亦颇为哀怜之("天亦哀于四方民")，于是降丧于殷、断绝其命("天既遐终大邦殷之命")。周公在总结夏商灭亡的教训时亦认为，夏桀不但对民众的疾苦毫不在意，反而大肆淫逸昏乱，并"矫天命，布命于下"，假天命以为其肆行残暴之名号；不但不能为民众提供赖以生活的资源，反而对民众大动刑罚、降威播虐，卒致民不聊生；至上神天见夏如此昏乱，乃决定重新在俗世寻求民众之主，于是降下天命，命令商汤殄绝有夏、并成为新的"民主"。(原文俱见《尚书·多方》)

从观念史流变的角度来说，西周这种以"敬德"、"明德"和"保民"、"康民"为核心内容的义观念，并非完全来自以周公和召公为代表的周人之创造，而是有其得以生发的思想根源。如尧舜禹时代"四海困穷，天禄永终"的思想，商汤以"夏王率遏众力，率割夏邑"为征夏之理据，《盘庚》篇中"惟民之承保"、"施实德于民"的主张，再如《高宗肜日》和《西伯戡黎》篇中"王司敬民，罔非天胤"、"惟王淫戏用自绝"的观念，等等，无不构成西周"敬德"、"明德"、"康民"、"保民"诸观念的活水源头。而另一方面，如前所述，西周人的义观念又成为孕育其后时代特别是儒家义论的思想母体，并深刻地影响了中国古代社会的政治实践。

三、"'六誓'可以观义"：义与邦国征伐

据今文《尚书》中的相关史料观之，从尧舜禹时期以至夏商周三代，邦国发动征伐从来都是假至上神的命令而行——"恭行天之罚"。而这些邦国所假以自重的所谓至上神命令，实质上即是某一时代义观念的一种显现。《大传》曾引孔子之言云："'六誓'可以观义。"①为了论证和行文的需要，这里采取的是由西周而至殷商、再至禹夏的论述方式。

下面，先来看《大诰》。据《书序》和史迁《周本纪》、《鲁世家》中的相关记载，周武王死后，武庚联合管、蔡率淮夷叛乱，周公决定率兵东征，而其东征的理据就是"义"："义尔邦君、越尔多士、尹氏、御事"。细绎此篇中周公的诰辞，其所谓之义包括以下三方面内容：一是以占卜手段获得的天命。如前所述，西周时代的义观念包含天命信仰，天命仍是西周之义的神圣形式。二是"为民"，这与周公一直倡导的"康民"、"保民"思想相一致。三是此次征伐乃是对文王和武王之功业的继承。周公认为，文王以小邦受命而兴，武王吊民伐商，都是对"天惟丧殷"之天命的遵循。而现在，武庚等人还盲信并宣扬"天命不易"，企图恢复殷商的统治，这实为对天命的违逆不从。既然文、武二王的功业是合乎大义的，那么各邦诸侯及大臣们都应支持此次征伐、以维护周的王权统治，从而"成乃宁考图功"。

下面，我们再来看周武王挥军至牧野、即将与纣大战时所作的誓师之辞：

> 王曰：古人有言曰："牝鸡无晨。牝鸡之晨，惟家之索。"今商王受，惟妇言是用；昏弃厥肆祀弗答；昏弃厥遗王父母弟不迪；乃惟四方之多罪逋逃，是崇是长，是信是使，是以为大夫卿士，俾暴虐于百姓，以奸宄于商邑。今予发，惟恭行天之罚。②

"昏弃厥遗王父母弟不迪"一句甚是难解，司马迁引此文则作："昏弃其家国，遗其王父母弟不用"。对"昏弃厥肆祀弗答"一句的训释，诸家亦

---

① 陈寿祺辑：《尚书大传》卷五，四部丛刊本。
②《尚书·牧誓》。在古代，此篇一向被认为是武王在牧野时所作的誓辞，并无人怀疑其制作时代。但近代以降，颇有人怀疑之。兹从传统的说法，把此誓辞认定为武王伐纣时所作。

颇有争论,《史记》引此文作"自弃其先祖肆祀不答"。① 此两句,兹据司马迁所引之文释诂之。武王宣称,他举兵伐纣,实为"恭行天之罚"。而天为何要断绝殷商统治呢? 武王认为,天之所以要惩罚商纣,是因为商纣触犯了以下诸种不义。一是沉溺女色,只信从妲己之言。这实际上就是祖伊所谓的"淫戏"之行为。二是废弃宗庙之礼,对先祖不加祭祀。在上古,"祀,国之大事也"(《左传·文公二年》)。周公曾谓,自商汤以至于帝乙,无不"明德恤祀","恤祀"是殷商先王获取并保有天命的必要条件。② 所以,商纣所犯的这个罪责实际上是非常严重的。三是无宗族之义,弃逐其昆弟而不用。由此可见,在商周之际,"亲亲"、"敬宗收族"等血亲、宗族观念已成为极其重要的政治和伦理法则。四是不但不尚贤任能,反而尊信、任用有罪逃亡之人,并使这些人残害百姓。关于"任贤"和"康保民"的思想,前文论释甚详,兹不赘述。

由上可见,武王所阐发的这一义观念,在内容上与前文所揭示的商周时期之义基本上相类。而其中对宗族之义的肯定与褒扬,对先祖、昆弟等血亲关系的注重,据现有史料看则可能是周人义观念所包含的独特内容。这是非常值得注意的一种思想倾向。据《康诰》中的周公之辞可见,至迟在文王时期,"慈"、"孝"、"友"、"恭"等血亲伦理规范就已经被确立为强制性的国家政治法则(关于此详见于后,兹不赘述)。西周初期这一义观念,无疑从根源上影响了其后先秦儒家义论的致思路向,并直接构成后者的思想内容。

准诸前文所述,经过周公和召公的积极宣扬和切实践行,"民"已经被确定为西周时代之"义"所包含的非常重要的内容。而据《汤誓》之文观之,周人这一观念实有其生发的思想根源,至迟在商汤讨伐夏桀的夏商之际,"民"就已经与至上神天(或帝)紧密联系在一起而成为其时讨伐的理据:

---

① 此处所引司马迁之文,皆出自《史记·周本纪》。
② 详见《尚书·多士》。

> 王曰：格尔众庶，悉听朕言，非台小子，敢行称乱。有夏多罪，天命殛之！今尔有众，汝曰："我后不恤我众，舍我穑事而割正夏？"予惟闻汝众言，夏氏有罪，予畏上帝，不敢不正。今汝其曰："夏罪其如台？"夏王率遏众力，率割夏邑，有众率怠弗协，曰："时日曷丧？予及汝皆亡。"夏德若兹，今朕必往。①

由引文可见，商汤举兵讨伐夏桀曾遭到了商人的普遍反对。商人纷纷诘问：为何要举兵征夏呢？这可不是怜恤我民众、舍弃商邦稼穑之事的举动啊！② 再说，夏桀及其臣民虽暴虐多罪，但对我商邦来说又有什么灾难呢？对臣民们的这些质疑，商汤回答说：举兵伐夏实是因为"夏氏有罪，予畏上帝，不敢不正"。从表面上，商汤用以讨伐的理据亦不过是"天命"而已。但"天命"从来就不是空洞的名号，在这一神学形式下从来都包含着具体而俗世的内容："夏王率遏众力，率割夏邑"。夏桀穷竭民力、残虐夏民的罪行，这才是商汤力主讨伐并得到支持的正当理据。

由于受疑古思潮的影响，不少学者对此篇中这一"吊民伐罪"的观念多有质疑，认为这不可能为商汤时代所能有。但实际上，这种质疑是没有充分理据的。如果我们把此文与《周书》中周、召二公关于夏亡的种种论述联系起来看，即可知这个观念当是可信的。这里仅举《多方》篇为

---

① 《尚书·汤誓》。晚近以来，学者对此篇的制作时代颇有争议。顾颉刚先生在答胡适《论今文尚书著作时代书》一文中，认为此篇是东周间的作品。傅斯年先生则谓此篇是来自战国时期持"吊民伐罪论"的儒者的制作。而李泰芬先生以《墨子·尚贤》中所引《汤说》之文为据，主张《汤誓》是战国以后的伪造之文。张西堂先生在《尚书引论》中，亦谓此篇的成书年代不可能早于战国。王国维先生虽肯定此篇"至少亦必为周初人所作"，但认为此篇"文字稍平易简洁，或系后世重编"，不是商汤之时的作品。以上诸说，可参见蒋善国《尚书综述》，上海：上海古籍出版社，1988 年，第 203 页。陈梦家先生在《尚书讲义》中，则认为此篇"大约孟子以前宋人所作"，而"今本则有秦人改削之迹"（氏著《尚书通论》，北京：中华书局，1985 年，第 193 页）。而据刘起釪先生的考论，《汤誓》篇虽在流传的过程中不可避免地受到了周代文字的影响，但可以肯定此篇是今文《尚书》中仅有的"五篇商代原文献"之一（详见氏著《〈尚书〉研究要论》，济南：齐鲁书社，2007 年，第 378—381 页）。兹从刘先生的说法。
② 关于"我后不恤我众，舍我穑事而割正夏？"一句文，历来有两种不同的释说。伪《孔传》、《正义》及诸多清儒如陈乔枞、段玉裁、孙星衍、王先谦等，均认为句中"我后"指夏桀。这里采取的是宋代蔡沈及陈梦家先生的训释。

例。在《多方》篇中，周公曾对夏朝亡国的教训作了明确而详细的总结，其辞云："有夏诞厥逸，不肯戚言于民，乃大淫昏，不克终日劝于帝之迪，乃尔所闻。厥图帝之命，不克开于民之丽，乃大降罚，崇乱有夏"；"亦惟有夏之民，叨懫日钦，劓割夏邑。"由此引文中的"乃尔所闻"之辞可见，周公所陈述的诸种关于夏桀及夏民的罪行，皆应为当时商周之人所熟知的史实。周公谓商汤受天命以殄绝有夏，其根源乃在于夏桀及夏人降罚播虐于民众、大肆淫泆昏乱诸罪行所致。对照《多方》中的此段周公之辞和《汤誓》所记载的商汤之言，可见二者在思想上实际是一致的；甚至，在用辞上都有相近之处，如《多方》云"劓割夏邑"，而《汤誓》则曰"率割夏邑"。故《汤誓》谓"夏王率遏众力，率割夏邑"，当是对商汤言辞的真实记载。由此可见，"民"作为一项重要的内容而开始被纳入义观念之中，在思想史上是非常早的。

目前学界一般认为，《甘誓》是一篇关于夏史的可信文献。[1] 据《史记·夏本纪》的记载，启以子的身份继承其父之位而有天下，而"有扈氏不服"，于是"启伐之，大战于甘。将战，作《甘誓》。"下面，据夏启的这一誓师之辞，对夏人的义观念作一简略的研讨：

> 王曰：嗟！六事之人，予誓告汝：有扈氏威侮五行，怠弃三正，天用剿绝其命，今予惟恭行天之罚。

由引文可见，夏启是以有扈氏"威侮五行，怠弃三正"的行为对有扈氏进行讨伐的。根据前文对义的界定，可知此"五行"和"三正"即是夏代义观念所包含的重要内容。但何谓"五行"、"三正"呢？诸家对此则有不同的回答，存有很大的争议。

首先来看"五行"。"五行"是中国古代思想史上一个非常重要的概念，古今学者关于此概念的相关阐释和研讨非常多。特别是近代以降，在"疑古"思潮的影响下以及因出土新材料的涌现，对"五行"思想之起源

---

① 请参见本章前面的相关注释。

这一问题的争讼曾一度颇为激烈。这里，笔者不拟对此问题作专门的追溯和探讨，而仅把诂释的范围限定在《甘誓》篇之内。实际上，本篇中的"五行"之义涵在古代并无大的争议，注疏者一般都以"水、火、木、金、土"等五材诂之。至现代，始有学者提出新解。如刘起釪先生认为，此篇中的"五行"指的是"辰、太白、荧惑、岁、填"这"五大行星"；夏启以"威侮五行"为讨伐有扈氏的理据，这体现出夏商时代首重天象的思想传统。① 刘先生的这一新说，得到了部分学者的赞同，但亦有学者撰文表示反对。如赵光贤先生在《新五行说商榷》一文中即提出商榷②，而金景芳先生和吕绍纲先生亦认为"这个结论难以成立"③。

笔者妄见，就现有的史料观之，古代先贤以"水、火、木、金、土"等五材来诂释此篇的"五行"是可以成立的。因为，我们可以肯定，五行思想的萌发与上古先民治水平土的实践应是紧密关联在一起的。正是因为这种关联，水、火、木、金、土这五种物质，很早就为我们古代先民所熟知，并受到特别的重视。近代以降，虽然学界对《洪范》篇的著作年代颇有怀疑，但学者们一般都承认其中关于大禹父子平土治水的记载是可靠的。这一记载，亦可得到大量的上古相关史料的佐证。据《洪范》篇的记载，箕子曾云："我闻在昔，鲧堙洪水，汩陈其五行。帝乃震怒，不畀洪范九畴，彝伦攸斁。鲧则殛死，禹乃嗣兴，天乃锡禹洪范九畴，彝伦攸叙。"据箕子此言可见，至迟在夏禹之时，先民就已经对五材有较深的认识和把握了。所以，《洪范》篇中关于五材性质和自然规律的说明，应该是可信的。正是因为五材与上古先民的生活、生产实践如此紧密相关，虞夏时人才开始把这种产生于治水平土之经验和教训的五行思想法典化、神圣化，使之成为国家为政者所必须尊奉的根本大法。故春

---

① 详见刘起釪：《释〈尚书·甘誓〉的五行与三正》，载《文史》第七辑。亦可参见刘起釪《〈洪范〉成书时代考》一文，今收入《尚书研究要论》一书。
② 关于刘、赵二人的争论，可参见刘起釪：《答〈新五行说商榷〉——兼论邹衍"五德终始"之说》，载氏著《尚书研究要论》一书，今不赘述。
③ 金景芳、吕绍纲：《〈甘誓〉浅说》，载《社会科学战线》，1993 年第 2 期。

秋时人子鱼谓夏王朝曾为专门管理水、火、木、金、土等五类物质而特设过"职官五正"①，这一说法当是史实。因此，夏启以"威侮五行"为其征伐、消灭有扈氏的理据之一，肯定是可以获得夏人广泛支持的。

与学者在"五行"释诂问题上的分歧、争论相比，古今的注疏家对"三正"的争议更大，真是众说纷纭，莫衷一是。大致而言，有以下几种代表性的释说。一是以"三统"释"三正"，如马融云："建子、建丑、建寅，三正也。"②二是把"正"释为"正道"，认为"三正"是指"天、地、人之正道"，郑玄始创此说。③ 三是把"正"释为官长，主张"三正"即为某三个官长。四是释"正"为"政"，"三正"就是指邦国的某三种重要的政事。力主这种训释的有李民先生、金景芳先生和吕绍纲先生。但李民先生和金景芳先生、吕绍纲先生在"三正"到底指哪三种政事这一问题上则又有不同的回答。④

以"三统"释"三正"，确有困难。因为，目前还没有可靠的史料可以确证夏以前时代就已经开始实施过"三正"之事（如《尚书中候》中所说）。郑玄之说，盖本自《系辞传》对天道、地道和人道的认知与划分。⑤ 而据远古时期先民对天道、人事常常不加区分这一思维模式来推断，此思想不大可能为上古先民所能有。在古代，"正"常常训为"官长"。但若把"怠弃三正"之"正"释为"官长"，似扞格难通：官长之"正"怎可能说"懈怠"呢？而实际上，在上古，官长之"正"与政事之"正"本可相通。如《洪范》之"八政"云："一曰食，二曰货，三曰祀，四曰司空，五曰司徒，六曰司寇，七曰宾，八曰师。"这里箕子所谓的"八政"，既包含食、货、祀等政事，又有司空、司徒、司寇、宾、师等官职。实际上，上古所谓的官职之"正"，亦包

---

① 《左传·定四年》引子鱼之言谓，周公分封唐叔于夏墟，"职官五正"，"启以夏政"。由此可推断，夏政曾设立有"五行"之官。

② （清）孙星衍：《尚书今古文注疏》，陈抗、盛冬玲点校，北京：中华书局，1984 年，第 210 页。

③ （汉）司马迁：《史记》，北京：中华书局，1982 年，第 84 页。

④ 详见李民：《〈甘誓〉"三正"考辨》，载氏著《〈尚书〉与古史研究》，郑州：中州书画社，1983 年；金景芳、吕绍纲：《〈甘誓〉浅说》，载《社会科学战线》，1993 年第 2 期。

⑤ 《说卦》云："立天之道曰阴与阳，立地之道曰柔与刚，立人之道曰仁与义。"

含有"政事"的意义，如司徒之官即执掌着邦国的教化之政事，其他的司空、司寇等皆类于此。所以，第三和第四这两种训释，并无根本的冲突。

笔者妄见，如果没有可靠的史料能确证夏启所谓"三正"的意义而以己意加以诸多猜度，那么还不如信从古人的相关训释。《左传》曾记载晋郤缺之言云：

> 《夏书》曰："戒之用休，董之用威，劝之以《九歌》，勿使坏。"九功之德皆可歌也，谓之九歌。六府、三事，谓之九功。水、火、金、木、土、谷，谓之六府。正德、利用、厚生，谓之三事。义而行之，谓之德、礼。（《左传·文公七年》）

郤缺所引《夏书》之文，今见于古文《大禹谟》篇；而其解说，亦大致上与《大禹谟》篇中的一段文辞相近。据郤缺所言，夏时已有"九功之德"，并且夏人已把这"九功"看作是他们义观念的重要构成内容（"义而行之"）。既然郤缺所引之文出自《夏书》，其所训解的"六府"又已包含《甘誓》篇中的"五行"，并且"六府"构成了夏人之"义"的重要内容，那么由此可推理：其所谓的"三事"，当即为夏启所说的"三正"。正德、利用、厚生，就是夏人所认为的极其重要的邦国之政事。夏启把"三正"作为发动征伐的理据和名号，这一做法甚至被周武王所承袭。据《史记·周本纪》的记载，武王曾历数商纣种种罪行，其中就有"毁坏其三正"这一不义。由此可见，以"三正"为构成内容的义观念，至迟在商周之际还被保存着。

从表面上看，夏人这一以"五行"、"三正"为重要构成内容的义观念，仍然必须以至上神"天"或"帝"这一至高权威的信仰为依托。但从内容上说，"五行"、"三正"无疑都是关切俗世生活的政治纲纪。就政治思想这一层面言之，它们包括两个非常重要的观念内容：主政者的德行（"正德"）和民众的生活与生产实践（"五行"、"利用"、"厚生"）。从思想史的演变来看，夏人这一义观念不但直接构成了商周之"义"的活水源头，而且对包括孔子及其弟子在内的春秋时人的义观念也产生了深远的影响。如前所述，"德"与"民"一直就是儒家思想关注的重心。甚者，现代新儒家的代表人物牟宗三先生，在新的历史背景下，对这一传统的正德、利用、厚生"三正"之义还作了积极的汲取和阐发。①

四、"义刑义罚"和"义嗣"：义与邦国刑罚及政治权力的承继

在信仰至上神的时代，王道政治的思想建构和现实运转无疑必须假助、依托于天或帝的至上权威。具体到邦国的刑罚领域，亦是如此。据《周书》中的相关史料观之，西周主政者在实施刑罚时，总是宣称这实质上是对天或帝之命令和旨意的遵奉和执行。由前文可见，所谓的天命从来都不是空洞的名号。而另一方面，据前文关于"义"的界定可知，至迟在西周时期，邦国刑罚的裁决依据实质上就是"义"。

在《康诰》中，周公就曾明确地告诫康叔说："非汝封刑人杀人，无或刑人杀人。非汝封又曰劓刵人，无或劓刵人。"周公认为，刑罚是至上神天用来严惩有罪之人的，世俗主政者实际上并不专有刑罚人的权力（"非汝封刑人杀人"、"劓刵人"）。所以，邦国的主政者不能擅自和随意刑杀、惩罚人（"无或刑人杀人"、"无或劓刵人"）。据《立政》篇的记载又可知，周公这一思想主张，实本自文王以来的西周政治传统：自文王开始，西周的刑罚就一直由专门的职官所执掌，而且王不能对此职权进行干涉——"文王罔攸兼于庶言，庶狱庶慎，惟有司之牧夫是训用违。庶狱庶慎，文王罔敢知于兹。"既然邦国的为政者不擅刑罚之权，且不能为适一己之欲而任意刑杀人，那么邦国的刑罚裁决就必须遵循一定的客观法则。由周公之辞可见，邦国实施刑罚的这一客观性准则就是"义"："用其义刑义杀。"（《尚书·康诰》）周公主张，邦国必须以义来刑杀、惩罚人。据《康诰》篇的记载，周公所谓作为刑罚法则的"义"包含以下几个具体的内容：

> 凡民自得罪，寇攘奸宄，杀越人于货，暋不畏死，罔弗憝。
>
> 元恶大憝，矧惟不孝不友。子弗祇服厥父事，大伤厥考心；于父

---

① 详见牟宗三《政道与治道》（桂林：广西师范大学出版社，2006 年）一书中关于儒家治道的论说，兹不赘述。

不能字厥子，乃疾厥子。于弟弗念天显，乃弗克恭厥兄；兄亦不念鞠子哀，大不友于弟。惟吊，兹不于我政人得罪。天惟与我民彝大泯乱，曰：乃其速由。文王作罚，刑兹无赦。

不率大戛，矧惟外庶子、训人，惟厥正人，越小臣诸节，乃别播敷，造民大誉，弗念弗庸，瘝厥君，时乃引恶，惟朕憝。已！汝乃其速由兹义率杀。

由上引文可见，周公所谓的"不义"包括如下三类行为：第一类是强夺、偷窃他人财物，杀人越货，犯奸作乱，强横不畏死者；第二类是不慈、不孝、不友、不悌者；第三类是臣下不尽忠于其君上而背上行私者。于此，周公明确地说，人不可违犯此三大类"不义"，一旦有违犯者，为政者必须据此刑罚之"义"对其进行严厉惩罚，而且没有赦免的可能。

将世俗的刑杀权力归于具有神圣性、超越性和至上性的天或帝，设立专门的官职来执掌和实施邦国的刑罚之事，并为刑罚设立具体而客观的裁决法则即义的规范，西周这一政治思想和制度建构无疑具有非常重要的思想史意义：它不但从思想层面上肯定了任何人或阶层都没有随意剥夺他人生命的权力这一神圣法则，而且在政治实践层面也切实地对以君王为代表的特权阶层进行了积极限制，从而有效保障了下层民众的基本生存权和一定的行为自由。此外，西周时期所确立的这一以"义"为邦国刑杀之法则的政治建构，也对其后历代的政治实践产生了深远的影响。如据《左传·成公十年》记载，晋景公在杀赵同、赵括之后，"梦大厉，被发及地，搏膺而踊，曰：'杀余孙，不义。余得请于帝矣！'坏大门及寝门而入。公惧，入于室。又坏户"。而此后不久，景公不治而亡。《左传》这一记载虽然颇具神秘色彩，但从中我们不难读出，即使在君王权力得到迅速扩张、膨胀的春秋时代，邦国的君王亦必须遵循义的法则而不可随意地刑杀人。而周公将慈、孝、友、悌等血亲伦理规范提升、扩展到邦国的政治领域，并将其确立为邦国的强制性政治法则，这一思想不但直接体现了西周时代政治、伦理不分的政治架构，而且这种理路及这些规范内容亦为其后时代所承继。

周公所提出的这三大类义的内容，基本上都被儒家的义论所吸纳。儒家义论一直都有一个强调的重心，那就是宣扬君臣上下之间要有"义"。而先秦儒家所谓君臣之义，对君上和臣下实有不同的严格要求和规范，且君臣之义是对待而成的，这一点在孟子那里有明确的阐扬。① 周公这里所强调的则是臣下对其君上之义，要求臣下必须遵从君上教令，不能僭越君上而"造民大誉"、"弗念"其君上，不得危害其君上等等，这些都体现出对名分、等级的维护和臣下对其君上的责任与要求。虽然古今学者在《礼运》篇的著作时代和思想的学派属性等问题上颇有争论②，但此篇中所说的十种"人义"应属于儒家义论的内容应是毫无疑问的。在这十种必须遵奉的"人义"中，即有"父慈、子孝、兄良、弟弟"这四类关系法则。这与周公所说的"父慈、子孝、兄友、弟恭"之义正相类。由荀子的《王制》篇说，"父父、子子、兄兄、弟弟"就是儒家义论的重要构成内容之一。而在《君道》篇中，荀子更是明确地把"慈爱而见友"、"敬诎而不苟"分别确定为兄和弟所当循之义。周公所说的强夺、偷窃他人财物、杀人越货这些"不义"，孟子在《万章》篇中曾加以引用并有讨论，还据此而对何谓"不义"进行了界定。凡此种种，都体现出《尚书》中的义观念对其后时代之义特别是先秦儒家义论所产生的深远影响。

据今文《周书》中的相关史料观之，义不但成为西周时期邦国实施刑罚的裁决依据，而且义亦已被确立为其时王位传承的根本法则。《顾命》云：

> 王出，在应门之内，太保率西方诸侯入应门左，毕公率东方诸侯

---

① 子路曾述孔子之意，云："君子之仕也，行其义也。"（《论语·微子》）孔子亦曰："以道事君，不可则止。"（《论语·先进》）由此可见出先秦儒家在出仕为臣方面的基本理则。《孟子》一书中关于这种君臣之义系对待而成的讨论非常多，这里仅举《离娄下》中一段非常形象的文辞以见之："君之视臣如手足，则臣视君如腹心；君之视臣如犬马，则臣视君如国人；君之视臣如土芥，则臣视君如寇仇。"

② 关于此问题，可参见龚建平《意义的生成与实现——〈礼记〉哲学思想》（北京：商务印书馆，2005 年）一书中的第一章，兹不赘述。

> 入应门右，皆布乘黄朱。宾称奉圭兼币，曰："一二臣卫，敢执壤奠。"
> 皆再拜稽首。王义嗣，德答拜。

《顾命》一篇，记载的是成王崩没、康王即位之事。引文所记述的，正是康王举行即位之礼。其时，康王还未正式登王位。所以，当群臣行"再拜稽首"等礼制之时，康王作为"义嗣"必须要"德答拜"。既然称"义嗣"，那么据此可断，只有合乎"义"法则之人才能承继王位。所以我们可以断定，"义"已成为西周王位传承所必须遵奉的正当法则。对此，《无逸》篇中的周公之言亦可确证之。周公曰："其在祖甲，不义惟王，旧为小人。"据郑玄和马融的说法，祖甲是祖庚之弟，有贤能，故武丁欲废长立少而立祖甲为王；而祖甲以此为不义，逃亡于民间数年。[1] 依据周公此言可推断，在商代，即已有君王立嗣以"义"的传统和具体规定。虽然作为王位传承之法则的"义"在每个时代可能有不同的具体规定，但商周时期把"义"确立为君王立嗣、传承王位的根本法则，这一政治传统又被其后时代所传承。如据《左传·襄公十四年》的记载："吴子诸樊既除丧，将立季札。季札辞曰：'曹宣公之卒也，诸侯与曹人不义曹君，将立子臧。子臧去之，遂弗为也，以成曹君。君子曰：能守节。君，义嗣也。谁敢奸君？有国，非吾节也。札虽不才，愿附于子臧，以无失节。'固立之，弃其室而耕，乃舍之。"由此可见，即使在礼坏乐崩的春秋时代，义这一法则在君王立嗣时仍得到时人的遵奉。

总之，我们重视唐虞以至西周王道政治背景下的"义"观念。西周以"敬德"、"明德"和"保民"、"康民"为核心内容的义观念，既是继承，又是创新，奠定了儒家义论乃至中国传统政治哲学的思想基础。经过周公和召公的积极宣扬和切实践行，"民"已经被确定为西周时代之"义"所包含的重要内容，已经与全上神大（或帝）紧密联系在一起而成为其时征伐的理据。周公使"义"不但成为西周时期邦国实施刑罚的裁决依据，而且亦已被确立为其时王位传承的根本法则。

---

[1] 文中"祖甲"到底指谁，古今对此颇有争论，今从马融、郑玄之说。马、郑之说，引见于（清）孙星衍：《尚书今古文注疏》，陈抗、盛冬玲点校，北京：中华书局，1984 年，第 439 页。

第三章　春秋时期的哲学

　　在经历了二百五十多年的发展后，西周的封建制和宗法制由于自身内在的结构性矛盾而逐渐趋于解体。春秋时期正好就是由西周的有序转为战国的混乱这一漫长的历史演变过程。在这一过程中，西周的礼乐制度和伦理道德观念依旧是维系天下国家的基本规范。然而，社会的基本结构既已解体，依附于其上的各种思想观念必然有所转变。这种转变与社会转型一样，呈现为渐进式演变，其中不乏张力。总体上看，在天道、天命、鬼神等方面，春秋时期继承和改造了西周的天道、天命和鬼神观，其总体趋向是在承认天道影响人事、天命左右兴衰、鬼神布福降祸等传统观念的同时，极力穿插进理性主义、人文主义和民本主义的理解和解释，而且愈来愈强调后者的重要性。在政治伦理道德方面，春秋时期继承和发展了西周尊礼重德的传统，然而由于旧的制度在瓦解，出现了以法代礼的趋向，很多伦理道德观念存在着内在的张力。①

---

① 任继愈先生认为，由于春秋介于西周和战国的过渡时期，这个时期的思想亦呈现出"新旧交替"的特点，他说："这种历史特点反映到思想上，就是既要求摆脱传统文化的束缚而独立思考，又不能和传统文化完全决裂，虽然提出了一些零星断片的崭新观点，却没有形成与天命神学相对立的完整的体系。"（任继愈主编：《中国哲学发展史》（先秦卷），北京：人民出版社，1983 年，第 116 页。）陈来先生的《古代思想文化的世界——春秋时代的宗教、伦理与社会思想》（北京：生活·读书·新知三联书店，2002 年）对春秋时代的思想文化有系统而（转下页）

第一节　天鬼神人之际与理性人文主义的发展

"天"在中国古人的观念中，是一个含义颇为复杂的概念。《尔雅·释天》："穹苍，苍天也。"这是从形、色来界说天，天就是位于人顶上空的苍天。当然，这绝非"天"的全部内涵。实际上，《释天》接下来把许多事物都归纳在"天"这一范畴下，有四时、岁月、星象、气象等。可以想象，"天"起初由位于人顶上空的苍天之义，逐渐包含了悬在天上的日月星辰，以及包在天中的各种事物，最终成为万物之总名。如郭象《庄子·齐物论注》谓："故天者，万物之总名也。"因此，就其最宽泛的意义而言，"天"就是一切本然的存在，我们通常把天的这种含义称为自然之天。然而，这远非"天"的全部内涵。《说文·一部》："天，颠也，至高无上。从一大。"颠，就是顶。以颠界说天，这与以苍穹界说天无异。然而，所谓"至高无上"则绝不仅仅是一种现象的描述，它无疑带有一种价值的判断。"天"是至高无上的唯一主宰者，早在殷、周之际，人们已有此天帝的观念。春秋时期，与"天"相关的，尚有"天道"、"天命"等概念。所谓"日月星辰阴阳变化谓之天道"（《慧琳音义》卷二十一引《慧苑音义》"天道"注），天道就是天的运行变化。《国语·晋语二》云"天命也"，韦昭注："天使之也。"可见，天道多与自然之天相关，天命则多与主宰之天相关。俞樾《群经平议·春秋左传二》"宋灾于是乎知有天道何故"云："古书言天道者，皆主吉凶祸福而言。"此言不差，但天道、天命皆主吉凶祸福，两者

（接上页）杰出的研究，他说："从春秋思想文化的发展来看，有如下渐进的发展：承继着西周文化的发展趋向，充满实证精神的、理性的、世俗的对世界的解释越来越重要，而逐渐忽视宗教的信仰、各种神力及传统的神圣叙事。宗教性和非宗教性的仪典形式逐步让位于德性精神的强调，礼仪文化渐渐转化，形式化的仪典文明渐渐转变为理性的政治思考和道德思考。"（见是书第10—11页）又说："而整个中国的轴心时代，如果从公元前800年算起，并不是因为认识到自身的局限而转向超越的无限存在，理性的发展不是向神话的诸神进行伦理的反抗，更未导致唯一神论的信仰。在中国的这一过程里，更多的似乎是认识到神与神性的局限性，而更多地趋向此世和'人间性'，对于它来说，与其说是'超越的'突破，毋宁说是'人文的'转向。"（见氏著《古代宗教与伦理——儒家思想的根源》，北京：生活·读书·新知三联书店，1996年，第4页。）两位先生对春秋时期的思想发展及其特点的概括都非常到位。

实有区别,其背后的哲学思维亦有分别。

一、天道与人事

就自然之天而言,中国古人普遍认为,天象的变化,尤其是反常天象的出现,对人事会产生一定的影响。这种观念在春秋时代依旧为人所普遍信仰。《左传·昭公十七年》载:

> 冬,有星孛于大辰,西及汉。申须曰:"彗所以除旧布新也。天事恒象。今除于火,火出必布焉。诸侯其有火灾乎?"梓慎曰:"往年吾见之,是其征也,火出而见。今兹火出而章,必火入而伏。其居火也久矣,其与不然乎? 火出,于夏为三月,于商为四月,于周为五月。夏数得天。若火作,其四国当之,在宋、卫、陈、郑乎? 宋,大辰之虚也;陈,大皞之虚也;郑,祝融之虚也,皆火房也。星孛天汉,汉,水祥也。卫,颛顼之虚也,故为帝丘,其星为大水,水,火之牡也。其以丙子若壬午作乎? 水火所以合也。若火入而伏,必以壬午,不过其见之月。"①

这里面有个术语叫"天事恒象",杜预注:"天道恒以象类告示人。"《国语·周语上》亦有"天事恒象"这一术语,韦昭注:"恒,常也。事善象吉,事恶象凶也。"这就是说,天经常以某种象来告示人类是吉是凶。鲁大夫申须和周内史过正是依据"天事恒象"的理论,来预测人事的吉凶。在此,彗星出现在大辰星(又称大火)旁,光芒西及银河。申须认为彗星是除旧布新,现在彗星扫除了大火星,待大火星再次出现时,世间一定会发生火灾。梓慎在肯定申须的说法时,进一步预测宋、卫、陈、郑四国将在次年发生火灾,其预测的理论依据则是所谓的"分野说"。《史记·天官书》云:"天则有列宿,地则有州域。"杨伯峻说:"古代将天空星宿分为

---

① 杨伯峻:《春秋左传注》(修订版),北京:中华书局,1990 年,第 1390—1391 页。本章所引《左传》文皆据此本,以下只注作者、书名和页码。

十二次，配属于各国，用以占卜其吉凶，名曰分野。"①古人以土地疆域配天上星宿，然后根据天象所在之宿，推占预测地上相对应之地区的吉凶。比如，在梓慎的解释中，宋国为大辰的分野，所以宋首先发生火灾。陈、郑亦皆火房，故亦会发生火灾。至于卫国，虽为大水的分野，但水不胜火，所以亦将有火灾。概括言之，申须和梓慎的预测和解释，其理论基础有二：一曰"天事恒象"，一曰"分野说"。申须、梓慎的预测和解释，表明"天事恒象"和"分野说"当是时人的普遍信仰，否则其预测和解释就不可能被普遍接受或认可。

事实上，除了上面明确提到"天事恒象"外，我们还能找到很多类似的表述和观念。兹胪列几例，以资证明：

（1）有星孛入于北斗，周内史叔服曰："不出七年，宋、齐、晋之君皆将死乱。"（《左传·文公十四年》，《春秋左传注》第 604 页）

（2）十年春，王正月，有星出于婺女。郑裨灶言于子产曰："七月戊子，晋君将死。今兹岁在颛顼之虚，姜氏、任氏实守其地。居其维首，而有妖星焉，告邑姜也。邑姜，晋之妣也。天以七纪，戊子逢公以登，星斯于是乎出，吾是以讥之。"（《左传·昭公十年》，《春秋左传注》第 1314—1315 页）（杨伯峻注："讥同卟。《说文》：'卟，卜以问疑也。'此谓以星象卜之。"）

（3）二十八年春，无冰。梓慎曰："今兹宋、郑其饥乎？岁在星纪，而淫于玄枵。以有时灾，阴不堪阳。蛇乘龙，龙，宋、郑之星也。宋、郑必饥。玄枵，虚中也。枵，耗名也。土虚而民耗，不饥何为？"（《左传·襄公二十八年》，《春秋左传注》第 1140—1141 页）

在（1）（2）两例中，周内史叔服和郑裨灶都是依据彗星及其出现位置，来推占地上相应的诸侯国君的吉凶死乱。在第（3）例中，春（实为今日之冬）当有冰而无冰，这是反常天象，梓慎据此预测宋、郑将发生饥荒。

---

① 杨伯峻：《春秋左传注》（修订版），第 1287 页。

不过,梓慎在解说时,又将此与星象联系在一起,他认为,岁星(木星)本该在星纪却在玄枵,这是反常天象,这必将在相应的地区发生灾难。杨伯峻注:"古人以岁星为木,木为青龙。而次于玄枵,玄枵相当女、虚、危三宿。虚、危古以为蛇。龙行疾而失位,出虚、危宿下,龙在下而蛇在上,故曰蛇乘龙。"又引《史记·天官书》云:"宋、郑之疆,侯在岁星。"今岁星失位,故梓慎据此预测宋、郑将有灾。又因为,岁星淫于玄枵,玄枵当中有虚宿。梓慎由虚宿之虚引申出土虚;由玄枵之宿引申出人民消耗,进而由土虚民耗推导出宋、郑必将发生饥荒。我们知道,《左传》好预言,且每预必中。从今天的角度看,我们有理由相信,这很有可能是事后诸葛。当然,这个事后的解释必有其根据所在,而这个根据就是长期以来一直为人们所普遍信仰的"天事恒象"和"分野说"的观念。

"天事恒象"和"分野说"的观念,一方面如前所述,是人们普遍相信天象的变化尤其是反常天象的出现,必定会在相应的地域发生相应的灾害;另一方面,这种观念也认为,地上的人事,也会影响相应的天象,进而天象又反过来影响人事。例如:

> (郑人铸刑书)士文伯曰:"火见,郑其火乎? 火未出而作火以铸刑器,藏争辟焉。火如(读作而)象之,不火何为?"(《左传·昭公六年》,《春秋左传注》第 1277 页)

士文伯由"火"(即心宿)的出现来预测郑国将发生火灾,这是由天象推占人事之吉凶。不过,紧随其后,他又解释了"火见"的原因,在于郑人作火以铸刑器,这是人间之"火"招致相类的星宿。这个解释似乎说明,不仅天象影响人事,而且,人事也会影响天象,最终是天象和人事交互影响。不过,两者之所以能相互影响,就在于两者之"类"、"象"类似。这实际上就是后来董仲舒所谓的"同类相召"的观念。

然而,春秋时代,已有开明之士开始怀疑"天事恒象"的合理性,进而认为人事之吉凶,主因不在天道方面,而在人道自身。《左传·襄公九年》载:

> 晋侯问于士弱曰:"吾闻之,宋灾,于是乎知有天道,何故?"对曰:"古之火正,或食于心,或食于咮,以出内火。是故咮为鹑火,心为大火。陶唐氏之火正阏伯居商丘,祀大火,而火纪时焉。相土因之,故商主大火。商人阅其祸败之衅,必始于火,是以日知其有天道也。"公曰:"可必乎?"对曰:"在道。国乱无象,不可知也。"(《春秋左传注》第 963—964 页)

关于晋侯之问,向来有不同的理解。杜预注:"问宋何故自知天道将灾。"今人杨伯峻反对此种解释,其注云:"句意谓宋因灾而知天道,非谓宋知天道而预知火灾。"(《春秋左传注》第 963 页)实际上,根据上下文,这两种解释不存在实质冲突,杨氏的解释,是指宋因历史上经常发生火灾,从历史经验中总结了天道。这也是士弱的解释。杜预的解释,则是就此次火灾而言;观此段上文详尽记载乐喜为政,如何预备火灾可知。实际上,上文所谓"天事恒象"的观念就是在历史经验中总结出来的。问题在于,这种从历史经验中总结出来的"天道",是否具有普遍必然性。晋侯所谓"可必乎"即是对此发问。而士弱的再次回答,所谓"在道。国乱无象,不可知也",这就否定了天道的必然性,进而肯定国家兴亡,主因在国家治乱之道。

再如,《左传·昭公七年》载:

> 夏四月甲辰朔,日有食之。晋侯问于士文伯曰:"谁将当日食?"对曰:"鲁、卫恶之(杜注"受其凶恶"),卫大鲁小。"公曰:"何故?"对曰:"去卫地,如鲁地。于是有灾,鲁实受之。其大咎其卫君乎?鲁将上卿。"公曰:"《诗》所谓'彼日而食,于何不臧'者,何也?"对曰:"不善政之谓也。国无政,不用善,则自取谪于日月之灾,故政不可不慎也。"(《春秋左传注》第 1287—1288 页)

晋侯"谁将当日食"之问,表明如有日食必有某地域受其凶恶的观念,是当时的一般观念。士文伯的回答,首先肯定了这种传统观念,并且根据分野说及日食去卫如鲁的这一事实,来推占卫将遭受大恶而鲁将遭受小恶。然而,当晋侯引《诗》(诗意表明了传统的观念,即日食将会带来不善)再问时,士文伯的回答,则把国家受凶恶的原因完全归诸人事的恶政,所谓"自取谪于日月之灾"的说法,完全排除了天道的原因,一切吉凶皆是人为所致。

一方面,士弱和士文伯等人士已经开始怀疑"天事恒象"的传统观念,更加倾向于以人事来解释灾害;另一方面,我们也看到,他们并没有直接否定传统的观念。然而,春秋时代,确实出现了否定天道关联人事的传统观念。在前文所引申须和梓慎根据"有星孛于大辰,西及汉"来预测宋、卫、陈、郑必有火灾后,裨灶建议子产用瓘斝玉瓒祭神,以禳除火灾,子产弗与。《左传·昭公十八年》续记此事:

> 夏五月,火始昏见。……宋、卫、陈、郑皆火。梓慎登大庭氏之库以望之,曰:"宋、卫、陈、郑也。"数日,皆来告火。裨灶曰:"不用吾言,郑又将火。"郑人请用之,子产不可。子大叔曰:"宝以保民也,若有火,国几亡。可以救亡,子何爱焉?"子产曰:"天道远,人道迩,非所及也,何以知之? 灶焉知天道? 是亦多言矣,岂不或信?"遂不与,亦不复火。(《春秋左传注》第 1394—1395 页)

宋、卫、陈、郑果然发生火灾,似乎验证了申须和梓慎的预言。在此情急之下,裨灶和郑人再次请求主政的卿大夫子产祭神以禳灾。子产则坚持拒斥,并且说了在彼时可谓空谷足音的一句话:"天道远,人道迩,非所及也,何以知之?"子产认为天道与人道,不相关联,无法从天道推知人道。至于像裨灶这样的预言家,因为他们预言地多了,难免偶尔有所言中。当然,子产拒斥以天道预测人事的传统观念,不是为了拒斥而拒斥,而在于强调人道(人事)的重要性。在接下来的记载中,子产为防备火灾做了许多人事的安排和准备,把火灾所造成的损失降至最低,便表明了这一点。

与郑国子产持类似观念的,还有齐国的晏婴。《左传·昭公二十六年》载:

> 齐有彗星,齐侯使禳之。晏子曰:"无益也,只取诬焉。天道不
> 谄,不贰其命,若之何禳之? 且天之有彗也,以除秽也。君无秽德,
> 又何禳焉? 若德之秽,禳之何损?《诗》曰:'惟此文王,小心翼翼,昭
> 事上帝,聿怀多福。厥德不回,以受方国。'君无违德,方国将至,何
> 患于彗?《诗》曰:'我无所监,夏后及商。用乱之故,民卒流亡。'若
> 德回乱,民将流亡,祝史之为,无能补也。"公说,乃止。(《春秋左传
> 注》第 1479—1480 页)

彗星出齐之分野,齐侯欲使祝史祭神以禳灾,这表明齐侯相信传统
的"天事恒象"的观念。然而,晏子却劝阻齐侯。晏子认为,天道不能怀
疑,天道不会因为人的祭祀而改变其命令。晏子的这一解释乍一看,似
乎是认可天命的必然性。但是,再看他对彗星的解释,则完全表现出一
种道德理性主义的精神。晏子认为,天之有彗也,以除秽也;同理,就人
道而言,君主所要做的不是祭祀禳秽,而是要除去自身的秽德。若自身
德邪,则祝史之所为,亦无补于事。晏子在此引用两首《诗》,一则正面说
明文王以德受福,一则从反面说明夏桀、商纣以邪恶而亡。总之,都是旨
在说明吉凶福祸取决于人道而非天道。又如,《国语·周语下》载:

> 柯陵之会,单襄公见晋厉公视远步高。晋郤锜见,其语犯;郤犫
> 见,其语迁;郤至见,其语伐。齐国佐见,其语尽。鲁成公见,言及晋
> 难及郤犫之谮。单子曰:"君何患焉。晋将有乱,其君与三郤其当之
> 乎!"鲁侯曰:"寡人惧不免于晋,今君曰将有乱,敢问天道乎,抑人故
> 也?"对曰:"吾非瞽、史,焉知天道。吾见晋君之容,而听三郤之语
> 矣,殆必祸者也。"

在此,单子根据晋厉公和三郤之言行,来预测晋国将有内乱,以及晋
厉公和三郤都将承受其乱。针对鲁侯"敢问天道乎,抑人故也"之问,单
子所谓"吾非瞽、史,焉知天道"之答,一方面是从事实上表明自己并非
瞽、史,不懂天道;另一方面似乎也有对传统瞽、史观天象以预测人事吉
凶这一观念和方法的否定。事实上,在接下来的解释中,单子确实完全

排除了天道的原因,而都是从晋厉公和三郤自身的仪容言行来判断和预测晋国之将发生内乱。

与此相关的是,人们对某些反常现象的解释,不再采取某种神秘主义的解释。《左传·僖公十六年》载:

> 陨石于宋五,陨星也。六鹢退飞过宋都,风也。周内史叔兴聘于宋,宋襄公问焉,曰:"是何祥也? 吉凶焉在?"对曰:"今兹鲁多大丧,明年齐有乱,君将得诸侯而不终。"退而告人曰:"君失问。是阴阳之事,非吉凶所生也。吉凶由人,吾不敢逆君故也。"(《春秋左传注》第 369 页)

这里,周内史叔兴对"陨石"和"六鹢退飞"这两种异常现象,不再给予某种神秘主义的附会解说,而是认为这是阴阳变化之事;进而,这种阴阳变化不会对人事产生吉凶,人事之吉凶在人自身之行为不在天道变化。以阴阳变化的观念来解释"陨石"和"六鹢退飞"的现象,这无疑是一种以自然解释自然的理性主义精神。

二、天命与德力

如前所言,天道观念中的"天"侧重在自然之天,天命观念中的"天"更多地与意志之天、主宰之天相关联。天命较之于天道,更少自然的轨迹及其法则可循(比如"天象"),似乎是冥冥之中注定的,因而显得更具神秘性。而且,在早期历史时期(包括春秋时代),天命的概念(有时也单言"天"或"命")总是跟王朝的更替或国、家的兴衰成败,以及君主的继位相关。

殷周之际天命观念的出现,主要是周人用以论证"小邦周"取代"大国殷"的合法性。周人特别强调天命的合法性来源于德,周人"以德配天"的观念便体现了这一点。春秋时期,周王朝逐渐衰微,关于天命的讨论再次凸显。《左传·宣公三年》载:

> 楚子伐陆浑之戎,遂至于雒,观兵于周疆。定王使王孙满劳楚

子。楚子问鼎之大小、轻重焉。对曰：“在德不在鼎。……德之休明，虽小，重也。其奸回昏乱，虽大，轻也。天祚明德，有所厎止。成王定鼎于郏鄏，卜世三十，卜年七百，天所命也。周德虽衰，天命未改。鼎之轻重，未可问也。”（《春秋左传注》第 669—672 页）

是时，楚国强盛，楚子欲问鼎中原，表现了楚子想继承天命的愿望。王孙满的回答，一方面强调天命“在德不在鼎”，为此，他历叙夏、商、周三代天命转移的过程，其中特别强调了德在其中的重要性，有德则能获得天命，无德则丧失天命；另一方面他又强调周王朝的寿命当为七百年，这是“天所命也”，“周德虽衰，天命未改”。不难看出，王孙满的解释实际上有些矛盾，因为他既强调天命在德，又说周德虽衰，天命未改。当然，王孙满是站在周王朝的立场来为其辩护。在此值得注意的是，这里所表现出来的“天命”观念：一方面，人通过德而可获得天命，这就意味着天命可随人力（在此表现为德）而转移，就此而言，似乎是人胜天，人的因素起决定作用；另一方面，天命又似乎有某种必然性，所谓“卜年七百，天所命也；周德虽衰，天命未改”，即表明了这一点。确实，“天命”是中国古代哲学中最常见的概念，但又不是那么容易被把握的概念。可以肯定的是，春秋时期的天命观念绝对不是完全排除人力因素（比如德）的命定论或宿命论，但也绝对不是纯粹的偶然性，它是历史发展的某种趋向，这其中无疑有人自身的因素在其中，也包含整个时空境域的发展趋势。对天命的如此理解，无疑容许在天命的观念中渗透进人文主义的因素。这确实是中国古人天命观念的独特而高明之处。

随着历史的演进，西周覆亡，平王东迁，王室衰微，诸侯坐大。天命的转移问题再次或隐或显地凸显出来。自然，在春秋列国之际，当新的能够一统天下的王朝尚未出现时，“天命”很自然地就落到了几个大国（比如说所谓的“春秋五伯”）的身上。事实上，对天、天意或天命的讨论，大多论说都集中在几个春秋伯主的身上。这首当其冲的就是春秋早期的晋文公。

确实，晋文公受命的过程就是时人对天命之理解的最好体现，我们且看相关的记载：

（1）（晋文公）过卫。卫文公不礼焉。出于五鹿，乞食于野人，野人与之块，公子怒，欲鞭之。子犯曰："天赐也。"稽首，受而载之。（《左传·僖公二十三年》，《春秋左传注》第 406 页）)

（2）及郑，郑文公亦不礼焉。叔詹谏曰："臣闻天之所启，人弗及也。晋公子有三焉，天其或者将建诸，君其礼焉。男女同姓，其生不蕃。晋公子，姬出也，而至于今，一也。离外之患，而天不靖晋国，殆将启之，二也。有三士，足以上人，而从之，三也。晋、郑同侪，其过子弟固将礼焉，况天之所启乎？"弗听。（《左传·僖公二十三年》，《春秋左传注》第 408 页）

（3）及楚……子玉请杀之。楚子曰："晋公子广而俭，文而有礼。其从者肃而宽，忠而能力。晋侯无亲，外内恶之。吾闻姬姓，唐叔之后，其后衰者也，其将由晋公子乎！天将兴之，谁能废之。违天必有大咎。"乃送诸秦。（《左传·僖公二十三年》，《春秋左传注》第 408—409 页）

（4）晋侯赏从亡者，介之推不言禄，禄亦弗及。推曰："献公之子九人，唯君在矣。惠、怀无亲，外内弃之。天未绝晋，必将有主。主晋祀者，非君而谁？天实置之，而二三子以为己力，不亦诬乎？窃人之财，犹谓之盗，况贪天之功以为己力乎？"（《左传·僖公二十四年》，《春秋左传注》第 417—418 页）

（5）楚子入居于申……曰："无从晋师。晋侯在外，十九年矣，而果得晋国。险阻艰难，备尝之矣；民之情伪，尽知之矣。天假之年，而除其害。天之所置，其可废乎？……"（《左传·僖公二十八年》，《春秋左传注》第 456 页）

晋献公时代经历骊姬之乱，太子及诸公子尽遭迫害，后来成为晋文公的公子重耳在外流亡十九年。在此流亡途中，时人大多以为他冥冥之中得到上天的保佑，不仅可以回国继位，而且可以振兴晋国。重耳在卫国乞食于野人，野人不与之食而与之土块。这于重耳而言本是十分受辱的事，但在子犯的解释中，这象征着上天赐予重耳土地。所谓封土建国，在那个时代，没有比受赐土地，更能象征受命。郑叔詹认为，重耳流亡在外，迟早会归国登位，这是"天之所启，人弗及也"。在叔詹看来，重耳终究能归国登基，重振晋国，这冥冥之中自有天意，这种天意并非人力所能达到或改变。重耳至楚，楚子待之甚善，子玉请求楚子杀了重耳，以免后患，楚子不许。楚子的理由是："天将兴之，谁能废之。违天必有大咎。"楚子之言，明确表达了天意不可违背，违背天意必受其殃的观念。以上是重耳在流亡过程中，时人对他的评论。及至重耳归国继位后，庆赏跟随其流亡的人士，其中介之推不言禄，因为在介之推看来，重耳能归国主晋，乃"天实置之"，非从亡之二三子之人力可及；从亡之二三子如果接受晋文公的庆赏，那无异于"贪天之功以为己力"。楚子则再次认为重耳老而得位，这是"天假之年"、"天之所置"，天命不可废，亦不可敌。

虽然介之推"贪天功以为己力"的言论似乎表明，天命与德力之间不存在关联。然而，也应该注意到，时人在评说重耳获天命的同时，也时不时会提及他的个人德行和凝聚力，如叔詹谓"晋公子有三焉"，以及楚子谓"晋公子广而俭，文而有礼。其从者肃而宽，忠而能力"。这表明，天命青睐于有德者。天命与德力之间确实存在某种消长关系。例如，春秋末期，吴越强大，形成吴越争霸的局面。《国语·吴语》载：

> 吴王夫差既许越成，乃大戒师徒，将以伐齐。申胥进谏曰，"昔天以越赐吴，而王弗受。夫天命有反，今越王句践恐惧而改其谋，舍其愆令，轻其征赋，施民所善，去民所恶，身自约也，裕其众庶，其民殷众，以多甲兵。越之在吴，犹人之有腹心之疾也。"

吴国大败越国，越王勾践求和，吴王夫差许成。申胥认为吴国大败越国，这表明天命在吴；如果不接受天命（意指吴王许越成），那么，天命很有可能逆转至越国一方。在申胥的解释中，天命的逆转不是以一种神秘的、不可理解的方式发生，天命的逆转是随着越王良善治理而发生。有趣的是，越王勾践十年卧薪尝胆，大败吴国，吴王欲求和，范蠡派使者如此回答："昔者上天降祸于越，委制于吴，而吴不受。今将反此义以报此祸，吾王敢无听天之命，而听君王之命乎？"（《国语·越语》）范蠡认为之前天降祸吴国，天命在吴，现今天命已转至越国一方，不敢不听天命。这表明，天命实际上是随国力的强盛和整体历史时势的发展而转变。对天命的如此理解，如前所言，实际上渗透着人文主义和理性主义的因素。总而言之，天命不是某种不可捉摸的、神秘的超越力量，天命的运转总是包含着德力的因素，或者说，天命实际上就是德力的体现。

三、民为神主

中国古代的神鬼观念由来远矣。跟世界许多地方的民族一样，中国古代的神不止一位，数量众多，各式各样。《礼记·祭法》云："山林川谷丘陵能出云，为风雨，见怪物，皆曰神。"《说文·示部》云："神，天神，引出万物者也。"中国先人的观念中，大概天神是高高居上的一位，其余则各地域有各地域之神，各物有各物之神，各部落有各部落之神。再看"鬼"。《尔雅·释训》曰："鬼之为言归也。"《说文·鬼部》亦云："人所归为鬼。从人，象鬼头。鬼阴气贼害，从厶。"人死为鬼，且鬼能影响人事，这大概是中国古人最初的鬼观念。神鬼既能呼风唤雨，乃至贼害人类，那么，人类又如何来应付？最主要的途径就是祭祀。所谓"国之大事，在祀与戎"，祭祀鬼神与战争并立为国家的两项头等大事，可见祭祀在古人生活中的重要性。但是，如前所言，鬼神多种多样，各个部落或氏族有各自的鬼神，惟其如此，才有"神不歆非类，民不祀非族"（《左传·僖公十年》）"鬼神非其族类，不歆其祀"（《左传·僖公三十一年》）的说法。这表明，一神论的观念在春秋时代并未出现，实际上，在整个中国古代一直都无此观念。

在春秋时代，人们对鬼神的理解大致如此，此举一典型例子即可说明。《左传·昭公七年》载：

> 郑子产聘于晋。晋侯有疾，韩宣子逆客，私焉，曰："寡君寝疾……今梦黄熊入于寝门，其何厉鬼也？"对曰："以君之明，子为大政，其何厉之有？昔尧殛鲧于羽山，其神化为黄熊，以入于羽渊，实为夏郊，三代祀之。晋为盟主，其或者未之祀也乎？"韩子祀夏郊，晋侯有间。（《春秋左传注》第 1289—1290 页）

> 及子产适晋，赵景子问焉，曰："伯有犹能为鬼乎？"子产曰："能。人生始化曰魄，既生魄，阳曰魂。用物精多，则魂魄强，是以有精爽至于神明。匹夫匹妇强死，其魂魄犹能冯依于人，以为淫厉，况良霄，我先君穆公之胄，子良之孙，子耳之子，敝邑之卿，从政三世矣……其用物也弘矣，其取精也多矣，其族又大，所冯厚矣。而强死，能为鬼，不亦宜乎？"（《春秋左传注》第 1292—1293 页）

晋侯有疾，夜梦黄熊，韩宣子以为是厉鬼作祟，子产则告之是大禹之父鲧所化，是神而非鬼。三代皆祭祀它，如今晋国为诸侯盟主（相当于接续了夏商周三代之命）而不去祭祀它，所以神托梦于晋侯。果然，韩宣子祭祀后，晋侯的病就好了。子产否定了黄熊是厉鬼的说法，但并不表明他只相信有神而不相信有鬼。在接下来子产与赵景子的对话中，子产不但明确肯定人死能变为鬼（在人死曰鬼的意义上，大禹之父亦是鬼，盖鬼神的界定没那么严密），而且详细解释了人死后何以能变为鬼。

如前所叙，在天道观方面，子产认为"天道远，人道迩"，否定天道能影响人事。学界一般认为，这是春秋时代人文主义发展的一个标志性的口号和观念。然而，正是这样一位开明博学之士，他对鬼神及鬼神能影响人事，以及祭祀鬼神能带来福祉和避免祸害的一整套观念，似乎是坚信不疑的。

不过，从总体上看，春秋时代对神鬼的理解，同样浸润着理性主义和人文主义的因素。我们且举几例观之：

> 十五年，有神降于莘，王问于内史过，曰："是何故？固有之乎？"对曰："有之。国之将兴，其君齐明、衷正、精洁、惠和，其德足以昭其

馨香,其惠足以同其民人。神飨而民听,民神无怨,故明神降之,观其政德而均布福焉。国之将亡,其君贪冒、辟邪、淫佚、荒怠、粗秽、暴虐。其政腥臊,馨香不登。其刑矫诬,百姓携贰,明神不蠲而民有远志,民神怨痛,无所依怀,故神亦往焉,观其苛慝而降之祸。是以或见神以兴,亦或以亡。"(《国语·周语上》)

神居莘六月。虢公使祝应、宗区、史嚚享焉。神赐之土田。史嚚曰:"虢其亡乎! 吾闻之:国将兴,听于民;将亡,听于神。神,聪明正直而壹者也,依人而行。虢多凉德,其何土之能得!"(《左传·庄公三十二年》,《春秋左传注》第 252—253 页)

在对"有神降于莘"的解释中,内史过不仅明确肯定有神的存在,而且肯定神能够布福降祸。然而,神是布福抑或降祸的根据却在人事,在此事例中,就是国君的德性和为政是否优秀:如果君主有美德,施行德政,惠同民人,则明神布福;如果君主有恶德,施行暴政,不得民心,则明神降祸。因此,有见神以兴的,也有见神而亡的。虢公自恃神降于自家地盘(莘在虢国境内),故欲祀神赐福(确实也暂时得到了福)。不过,内史过却断定"虢必亡矣",原因在于虢公"虐而听于神"。这里其实牵涉到古往今来各大宗教的一个议题,即无德或作恶之人祭祀神灵,神灵是否会赐福于他。一般而言,几乎没有宗教会对此做出肯定。值得注意的是,中国古人把神往往称为"明神",意即在强调神的智慧和公正的品格,神不会因为偏信而滥施赏罚。实际上,史嚚对虢公祀神求福行为的评价中,更为明确地说明了这一点。史嚚认为神具有"聪明正直而壹"的品格,而且神是"依人而行"。聪明,这是说神有智慧;正直,这是说神的公正性;壹,《国语》说"夫神壹,不远徙迁",韦昭注:"言神壹心依凭于人,不远迁也。"可见,这里的"壹"也就是后文的"依人而行"之意。当然,神依人而行,并不是说神是人的附庸,而是说神依据人的德行来布福或降祸,善则福之,恶则祸之。此外,史嚚还提出了"国将兴,听于民;将亡,听于神"的观念,这颇类似后来孔子所谓的"敬鬼神而远之"的教导。

与虢公"虐而听于神"的行为相似，与虢唇亡齿寒、辅车相依的虞则是一个"愚而听于神"的典型。《左传·僖公五年》载：

> 晋侯复假道于虞以伐虢。宫之奇谏曰……。公曰："吾享祀丰洁，神必据我。"对曰："臣闻之，鬼神非人实亲，惟德是依。……如是，则非德，民不和，神不享矣。神所冯依，将在德矣。若晋取虞而明德以荐馨香，神其吐之乎？"（《春秋左传注》第307—310页）

虞公自恃享神丰洁，神一定会依据其意愿行事，来保佑他。虞公这种对待神的态度，很像柏拉图在《游叙弗伦篇》中所批评的那种把祀奉神灵当作一桩买卖来看待的态度。自然，虞公的愚昧也遭到了大臣宫之奇的反驳。宫之奇的劝谏在于说明，鬼神的赏罚不在于形式上祭祀是否丰洁，而在于祭祀主体是否有德。宫之奇征引《周书》也在于说明祀奉皇天还是鬼神，关键不在祭物之丰洁与否，而在于祭祀主体的内在德性。

春秋时人言神必及民，这是对上古以来民本思想的继承和发展。实际上，在上述几个例子中，不仅一再表明鬼神"惟德是依"的观念，而且也一再表明了鬼神背后实际上是民心向背。所以，鬼神"惟德是依"归根结底是"惟民是依"。实际上，春秋时人已经很明确表达了这一点。《左传·僖公十九年》载：

> 宋公使邾文公用鄫子于次睢之社，欲以属东夷。司马子鱼曰："古者六畜不相为用，小事不用大牲，而况敢用人乎？祭祀以为人也。民，神之主也。用人，其谁飨之？……"（《春秋左传注》第381—382页）

宋公欲为诸侯伯主，召集诸侯会盟，想用人（鄫子）作为牺牲来祭祀神灵。这当然是一种不人道的残暴行径，但其背后似乎又有某种合法性，因为牺牲是用来祭祀神灵——这在某种程度上为杀人的暴行披上了"神圣"的外衣。因此，要劝谏或驳斥宋公的暴行，必须推翻其"神圣"的依据，指出其对神的理解有误。司马子鱼的劝谏就体现了这一点。在司马子鱼看来，祭祀神灵的目的是为了人的福祉，宋公的做法无疑颠倒了工具与目的的关系。进而，子鱼提出"民，神之主也"的命题。这一命题无疑把神的地位进一步降低了，它只不过是借用神的观念，高扬民本思想。

此外，与"民为神主"相关的是"妖由人兴"的观念。何谓"妖"，《左传·宣公十五年》云："天反时为灾，地反物为妖，民反德为乱，乱则妖灾生。"在此，文本首先界定了"灾"、"妖"、"乱"：灾为异常的天时，妖是地上出现的异常之物，乱则是人类社会的动乱。可见，灾、妖本为"天"的范畴（自然现象），"乱"则属于人事的范畴。但是，所谓"乱则妖灾生"，表明春秋时人认为，天地的异常现象是由人类的混乱招致而来。我们且看两个具体例子：

> 初，内蛇与外蛇斗于郑南门中，内蛇死。六年而厉公入。公闻之，问于申繻曰："犹有妖乎?"对曰："人之所忌，其气焰以取之。妖由人兴也。人无衅焉，妖不自作。人弃常，则妖兴，故有妖。"（《左传·庄公十四年》,《春秋左传注》第196—197页）

> 郑大水，龙斗于时门之外洧渊。国人请为禜焉，子产弗许，曰："我斗，龙不我觌也。龙斗，我独何觌焉! 禳之，则彼其室也。吾无求于龙，龙亦无求于我。"乃止也。（《左传·昭公十九年》,《春秋左传注》第1405页）

第一例的故事是这样的，郑厉公先前出奔栎，后由栎进军郑都，杀死了在都城内的郑子（子仪），自己做了君主。或许正由于此，人们把此事附会于内蛇与外蛇斗而内蛇死这一桩怪事上。鲁庄公道听途说到此事就问申繻"犹有妖乎"，申繻的回答和解释完全体现了一种理性主义和人文主义的精神，他明确说"妖由人生"，人有所畏忌，其气不能自胜而产生妖；人若无毛病，则妖不能生；总之，人离弃常道，则妖兴起。仔细琢磨申繻之言，其实他根本就不相信有妖的存在，妖这种现象只不过是我们心理怯懦的某种投射。在第二个例子中，郑发大水，龙斗于洧水之渊。对于这一妖怪现象，时人建议子产祭祀洧水，以期禳妖除患（水患）。子产的回答同样体现了一种理性主义精神，龙、人各不相干，互不相求，禳之无益。如果说春秋时人对蛇、龙相斗等异常现象充满了各种畏忌与穿凿附会的迷信，那么，以申𬺈、子产等为代表的开明人士则对这些异常现象倡导一种理性主义和人文主义的态度和理解。

第二节　崇礼重德与政治伦理道德的奠基

西周宗法制的一个直接结果就是政治伦理化与伦理政治化。王国维说："周之制度典礼，实皆为道德而设。""周之制度典礼乃道德之器械，而尊尊、亲亲、贤贤、男女有别四者之结体也。"（《观堂集林·殷周制度论》）王氏之说非常有见地。如前所言，西周礼制和伦理道德观念在春秋时期仍旧是维系整个天下国家的基本规范，但是，由于宗法制逐渐解体，春秋中后期，出现了以法代礼的趋势，一些伦理道德观念自身内部及其相互之间的结构性张力开始呈现出来。由于礼崩乐坏，春秋早期礼为全德、涵德于礼的架构逐渐转化为礼（礼转化为法）德分离、以德为主的政治与道德思考。

一、尊　礼

春秋承西周而来，在《春秋》所记载的二百四十多年间，虽然王室衰微，各方诸侯渐次称伯；但是，各方诸侯仍名义上尊奉王室，周之典章制度依然是东周王室和各方诸侯的基本规范。正如清儒顾炎武所言：

> 如春秋时，犹尊礼重信，而七国则绝不言礼与信矣。春秋时，犹宗周王，而七国则绝不言王矣。春秋时，犹严祭祀，重聘享，而七国则无其事矣。春秋时，犹论宗姓氏族，而七国则无一言及之矣。春秋时，犹宴会赋诗，而七国则不闻矣。春秋时，犹有赴告策书，而七国则无有矣。（《日知录》卷十三之"周末风俗"）[1]

顾炎武在论及春秋犹存西周之遗风时，提到了尊礼重信、宗周王、严

______

[1] （清）顾炎武著，黄汝成集释：《日知录集释》，上海：上海古籍出版社，2013年，第749页。

祭祀、重聘享、论宗姓氏族、宴会赋诗、赴告策书等观念和活动,这些都是宗法封建制的基本礼制。值得注意的是,顾炎武在此首推"尊礼重信",非常有见地。"礼"(或"非礼")和"信"在《左传》和《国语》中是出现频率最高的词汇,是春秋时代最为重要的政治伦理。本节先论礼与尊礼,下节论信与重信。

春秋时人反复强调礼的重要性,《左传·昭公二十五年》载子产之言曰:"夫礼,天之经也,地之义也,民之行也。"礼乃天经地义,民必由之路。《国语·晋语四》载宁庄子之言曰:"夫礼,国之纪也。"礼为国家之纲纪。《左传·昭公二十六年》载晏婴之言曰:"礼之可以为国也久矣,与天地并,君令臣共,父慈子孝,兄爱弟敬,夫和妻柔,姑慈妇听,礼也。"礼可以治理国家,是维护人伦关系的基本规范。晏婴这里具体谈到礼的一些内涵,它们涉及五种人伦关系及其道德准则。可见,礼不仅仅是一套典章制度,而且包含了一些道德内涵。这也表明,孟子的"五伦"观念和《白虎通义》的"三纲六纪"观念,自有其历史的思想渊源和社会结构的基础。

《国语·周语下》云:"夫敬,文之恭也;忠,文之实也;信,文之孚也;仁,文之爱也;义,文之制也;智,文之舆也;勇,文之帅也;教,文之施也;孝,文之本也;惠,文之慈也;让,文之材也。"此所谓"文"其实就是"礼"("周礼"也常称"周文")。这里以"文"(礼)来界定敬、忠、信、仁、义、智、勇、教、孝、惠、让等十一种美德,它们都是礼这一整体中的一部分。很显然,后来儒家,以"仁"为全德的道德观念体系此时尚未形成,毋宁说在春秋时代,"礼"为全德,它囊括一切道德观念。王国维所谓"周之制度典礼乃道德之器械"(《观堂集林·殷周制度论》)即有见于此。职是之故,遵守这些道德准则也就意味着尊礼,反之,违反了任何一种道德,也就意味着"非礼"或"不礼"。

在春秋时代,人们经常根据某人是否尊礼来预言其所代表的家(氏族)或国(诸侯)之兴衰成败的走向。《国语·周语上》载周襄王使内史过等赐晋惠公命:"吕甥、郤芮相晋侯不敬,晋侯执玉卑,拜不稽首,内史过归,以告王曰:'晋不亡,其君必无后。且吕、郤将不免。'"《左传·僖公十一年》亦载此事，不过，内史过的话略有不同："晋侯其无后乎！……敬，礼之舆也。不敬则礼不行，礼不行则上下昏，何以长世？"可见，不敬就意味着不礼。后来的事实证明了内史过之预言的准确性。与晋惠公适相对照的例子是晋文公。《国语·周语上》载周襄王使内史兴赐晋文公命，晋文公"逆王命敬，奉礼义成"，内史兴据此预言晋文公必称霸诸侯，其理由是："敬王命，顺之道也；成礼义，德之则也。则德以导诸侯，诸侯必归之。且礼所以观忠、信、仁、义也。忠所以分也，仁所以行也，信所以守也，义所以节也。忠分则均，仁行则报，信守则固，义节则度。分均无怨，行报无匮，守固不偷，节度不携。若民不怨而财不匮，令不偷而动不携，其何事不济！"内史兴在此特别强调，有诸内必形诸外，通过礼这一形式，可以考察一个人是否具有忠、信、仁、义等道德意识和道德观念。这再次表明，在春秋时代，礼为全德，德涵摄于礼之中，并通过礼得到体现，可谓德礼一体。

然而，礼绝非仅仅是形式方面的仪容举止得体。春秋时人的"礼仪之辨"便充分说明了这一点。《左传·昭公二十五年》载：

> 子大叔见赵简子，简子问揖让周旋之礼焉，对曰："是仪也，非礼也。"简子曰："敢问何谓礼？"对曰："吉也闻诸先大夫子产曰：'夫礼，天之经也，地之义也，民之行也。'天地之经，而民实则之，则天之明，因地之性，生其六气，用其五行。气为五味，发为五色，章为五声。淫则昏乱，民失其性，是故为礼以奉之。为六畜、五牲、三牺，以奉五味。为九文、六采、五章，以奉五色。为九歌、八风、七音、六律，以奉五声。为君臣上下，以则地义。为夫妇外内，以经二物。为父子、兄弟、姑姊、甥舅、昏媾、姻亚，以象天明。为政事、庸力、行务，以从四时。为刑罚威狱，使民畏忌，以类其震曜杀戮。为温慈惠和，以效天之生殖长育。民有好恶、喜怒、哀乐，生于六气，是故审则宜类，以制六志。哀有哭泣，乐有歌舞，喜有施舍，怒有战斗，喜生于好，怒生于恶。是故审行信令，祸福赏罚，以制死生。生，好物也；死，恶物也。

好物,乐也;恶物,哀也。哀乐不失,乃能协于天地之性,是以长久。"
简子曰:"甚哉,礼之大也!"对曰:"礼,上下之纪、天地之经纬也,民
之所以生也,是以先王尚之。"(《春秋左传注》第 1457—1459 页)

子大叔认为"揖让周旋"不是"礼",只是"仪"而已。根据子大叔转述
子产对礼的论述来看,"礼""仪"之别有二:其一,仪更多地与仪式、形式
相关,而礼则不仅仅是形式。其二,仪的范围狭小,而礼的范围则无所不
包,从衣、食、住、行等日常生活,到昏媾姻亚、人伦纲常,再到政事刑罚、
内政外交,礼囊括殆尽。这充分表明,礼在当时就是国家的一切典章制
度,它不仅仅包含道德观念,也包含有法律观念和建制。

既然尊礼不仅仅是形式主义的"仪",内心的真情实感更为根本。由
是,"敬"这一德性就尤为重要。前文所引内史过称赞晋文公有礼时,其
中一点就是后者"逆王命敬"。实际上,春秋时人一再谈到"敬"之于行
礼、养德的重要性:

> 敬,德之聚也。能敬必有德。(《左传·僖公三十三年》,白季语)
>
> 礼,国之干也。敬,礼之舆也。不敬则礼不行。(《左传·僖公
> 十一年》,内史过语)
>
> 礼,身之干也。敬,身之基也。(《左传·成公十三年》,鲁大夫
> 孟献子语)
>
> 勤礼莫如致敬。(《左传·成公十三年》,刘康公语)

上面关于"礼"与"敬"的各种说法中,都意在强调"敬"之于"礼"具有
基础和首要的地位。可以说,无礼有多种表现,有可能是不敬,有可能是
其他,也就是说,无礼未必不敬;但是,不敬则一定意味着无礼。"敬"更
多地与主体内在的真情实感相关,"礼"则更多地表现为形式化的规范和
规则。对"敬"的如此强调,实际是礼制的题中应有之义,尤其是当这种
礼制有滑向为徒具形式主义的仪式的趋向时。由是亦可知,后来被宋明
理学尤其是程颐、朱熹所特别看重的"敬"的工夫,早在春秋时代已被视
为一种重要的德性。

随着历史的演进，破坏礼的行为愈来愈多，礼治似乎也愈来愈难以适应社会变迁。《左传·昭公六年》载：

> 三月，郑人铸刑书。叔向使诒子产书，曰："始吾有虞于子，今则已矣。昔先王议事以制，不为刑辟，惧民之有争心也。犹不可禁御，是故闲之以义，纠之以政，行之以礼，守之以信，奉之以仁，制为禄位，以劝其从；严断刑罚，以威其淫。惧其未也，故诲之以忠，耸之以行，教之以务，使之以和，临之以敬，莅之以强，断之以刚。犹求圣哲之上、明察之官、忠信之长、慈惠之师，民于是乎可任使也，而不生祸乱。民知有辟，则不忌于上。并有争心，以征于书，而徼幸以成之，弗可为矣。……今吾子相郑国，作封洫，立谤政，制参辟，铸刑书，将以靖民，不亦难乎？……民知争端矣，将弃礼而征于书。锥刀之末，将尽争之。……"复书曰："若吾子之言，侨不才，不能及子孙，吾以救世也。既不承命，敢忘大惠。"（《春秋左传注》第 1274—1277 页）

子产铸刑书，这在春秋是件大事，后人也反复讨论此事。一般把此事视为春秋时代"礼法"之争的一个重要事件。笔者基本赞同这个看法，但是，另需说明的是，不能简单地把"礼治"理解为纯粹的德治，因而认为之前没有法律实践。因为，一方面，如前所言，礼本身包含法律的性质和内容；另一方面，即便在叔向所叙述的"先王议事以制"中，也提到了"严断刑罚以威其淫"。所以，子产和叔向争论的焦点不是是否应该采取法律治理，而是如何采取法律治理。根据叔向所述的先王之制（也是他的理想政治），他特别强调了"圣哲之上"和"明察之官"的严断刑罚，这似乎表明彼时的判罚没有成文的法律文件作为依据，而主要依靠人的圣哲明察，这无疑带有"人治"的特征。子产铸刑书于鼎，无疑是把法律条文公开化，使得人们讼狱可"征于书"，也就是有成文法的根据。如此一来，产生的两个后果就是：其一，君长地位的下降（所谓"民知有辟，则不忌于上"）；其二，人们为了一点点利益而讼狱（所谓"锥刀之末，将尽争之"）。面对叔向的批评，子产以"救世"回复。子产也因此被学界视为早期的法家。实际上，今人看得很清楚，法治可以是救世的权宜之计，更可以是治国理政的长久之方。不幸的是，在中国古代历史上，带有法家特色的理论家和改革家，都带有强烈的急功近利的特色，而缺乏考量长治久安的真正的立法者。这是法家之不幸，亦是中国之不幸。其后，鲁昭公二十九年，又发生了晋国的赵鞅铸刑鼎的事。这表明，在春秋末期，西周那套涵德于礼的礼乐制度已经不再适应社会的发展，出现了礼德分离、礼向法转的趋势。

二、重　信

"信"是春秋时代最为重要的美德之一，"信，德之固也"（《左传·文公元年》），"孝、敬、忠、信为吉德，盗、贼、藏、奸为凶德"（《左传·文公十八年》）。信是人们所称赞的美德，又是道德的基础。那么，何谓"信"？《说文·言部》："信，诚也。从人从言。"《释名·释言语》："信，申也。言以相申束，使不相违也。"信的基本含义就是诚信，信守诺言。不难想象，信只有在主体之间才有可能，因为信守诺言，其隐含的前提就是对某人许下诺言；由此，信发展出相申束的含义，这是很自然的。诚信及以信用相互约束，这确实是春秋时代信的两大含义。

在春秋时代，信作为一种美德，是对所有人的要求，但它主要是对执政者的要求。《左传·桓公十三年》云："君抚小民以信，训诸司以德。"如果君主无信，则人民不从，"不信，民不从也"（《左传·昭公七年》）。对于信之于治国理政的重要性，箕郑的论述最为透彻，《国语·晋语四》载：

> 晋饥，公问于箕郑曰："救饥何以？"对曰："信。"公曰："安信？"对曰："信于君心，信于名，信于令，信于事。"公曰："然则若何？"对曰："信于君心，则美恶不逾。信于名，则上下不干。信于令，则时无废功。信于事，则民从事有业。于是乎民知君心，贫而不惧，藏出如入，何匮之有？"公使为箕。及清原之搜，使佐新上军。（《晋语四》）

晋国发生饥荒，晋文公向箕郑征询救饥对策，箕郑对之以"信"。箕郑从四个方面阐释了"信"的内涵。第一，信于君心，韦昭注："不以爱憎诬人以善恶，是为信于心"，也就是箕郑所说的"美恶不逾"，这是要求君主公正无私。可见，"信于君心"与其说是"心治"，毋宁说是为了避免"心治"。第二，信于名，韦昭注："名，百官尊卑之号。"其实就是正名，这可以使得上下不干，各司其职。第三，信于令，"令"可理解为时令（韦昭），遵循时令，则无废功。第四，信于事，韦昭注："谓使民事，各得其时。"如此，则民各得其业。由此可见，信不仅仅是一种美德，而且是关乎一整套的制度体系。箕郑认为，如果整个社会制度都是有信可言的话，那么，人心也会安定，能够"贫而不惧，藏出如入"。不难看出，箕郑之论，不仅仅是救饥的权宜之计，更是长治久安的上上策。箕郑之论，无疑是很深刻的，后来孔子亦说"民无信不立"（《论语·颜渊》）。

在春秋时代，"信"不仅关乎内政，更关乎国际间的交往伦理。如前所引，顾炎武在称赞春秋风俗时，首先提及的是"尊礼重信"，即是就诸侯之间的交往而论。诸侯间的交往主要有四种形式，即：聘、朝、会、盟。"是故明王之制，使诸侯岁聘以志业，问朝以讲礼，再朝而会以示威，再会而盟以显昭明。志业于好，讲礼于等，示威于众，昭明于神。"（《左传·昭公十三年》叔向语）春秋时人在言及这些交往形式时，总是会提到"信"。《左传·襄公元年》载："冬，卫子叔、晋知武子来聘，礼也。凡诸侯即位，小国朝之，大国聘焉，以继好结信，谋事补阙，礼之大者也。"当新君即位，大小诸侯前来朝聘，继好结信，这是当时诸侯交往的基本礼仪。《国语·鲁语上》载："鲁饥，臧文仲言于庄公曰：'夫为四邻之援，结诸侯之信，重之以婚姻，申之以盟誓，固国之艰急是为。'"当国家发生饥荒时，更应该结诸侯之信，以求得四邻之援助。《国语·齐语》载："桓公知诸侯之归己也，故使轻其币而重其礼。……故拘之以利，结之以信，示之以武，故天下小国诸侯既许桓公，莫之敢背。"这表明"信"是构成大国称霸最为重要的元素之一。《左传·襄公八年》载郑子展之言曰："小所以事大，信也。小国无信，兵乱日至，亡无日矣。"这表明"信"是小国在大国之间得以生存的首要因素。总之，"信"是春秋时代国际交往最被看重的交往伦理。

在诸多的交往形式中，会盟是最为重要和常见的交往形式，在春秋时人看来，会盟的目的就是结信：

> 夫盟，信之要也。晋为盟主，是主信也。（《国语·鲁语下》鲁大夫子服惠伯语。韦昭注："要，犹结也。"）

> 盟以厎信，君苟有信，诸侯不贰，何患焉？（《左传·昭公十三年》刘献公语。《春秋左传注》第 1354—1355 页）

> 秦、晋为成，将会于令狐。晋侯先至焉，秦伯不肯涉河，次于王城，使史颗盟晋侯于河东。晋郤犫盟秦伯于河西。范文子曰："是盟也何益？齐盟，所以质信也。会所，信之始也。始之不从，其可质乎？"秦伯归而背晋成。（《左传·成公十一年》，《春秋左传注》第 854—855 页）

> 盟，所以周信也。故心以制之，玉帛以奉之，言以结之，明神以要之。（《左传·哀公十二年》子贡语，《春秋左传注》第 1671 页）

无论是子服惠伯所说的"盟以结信"，还是刘献公所说的"盟以厎信"（杜预注："厎，致也。"）以及范文子所说的"盟以质信"，无不共同讲明了会盟的本质和目的就是加强诸侯间的交往与联系，从而达致相互间的信任。既然会盟的目的本身就是取得信任，那么，主张或召集会盟的盟主，首先得自己有诚心，讲信用，这样诸侯才不会有贰心。如果会盟双方或几方尤其是盟主本无诚心，那么，会盟也就徒具形式，毫无意义。在以上第三段中，秦晋会盟，秦伯本无诚意，勉强隔河而盟，所以范宣子才说："会所，信之始也。始之不从，其可质乎？"共同遵守和达到事先约会的地点会盟，这是信任的第一步，可秦伯连这一点都没做到，可见其心不诚，以至于"归而背晋成"。

当然，所谓"秦晋之好"的故事其实在春秋时代一再上演。《左传》襄公二十七年载：

> 辛巳，将盟于宋西门之外。楚人衷甲。伯州犁曰："合诸侯之师，以为不信，无乃不可乎？夫诸侯望信于楚，是以来服。若不信，

是弃其所以服诸侯也。"固请释甲。子木曰："晋、楚无信久矣，事利而已。苟得志焉，焉用有信？"大宰退，告人曰："令尹将死矣，不及三年。求逞志而弃信，志将逞乎？志以发言，言以出信，信以立志。参以定之。信亡，何以及三？"赵孟患楚衷甲，以告叔向。叔向曰："何害也？匹夫一为不信，犹不可，单毙其死。若合诸侯之卿，以为不信，必不捷矣。食言者不病，非子之患也。夫以信召人，而以偕济之，必莫之与也，安能害我？……"（《春秋左传注》第1131—1132页）

以晋为首的中原诸侯与楚在宋大夫向戎的联络下会盟于宋西门，楚令尹子木命令楚人暗藏兵器，准备偷袭晋军，这表明楚令尹本无诚心。但是，太宰伯州犁劝谏令尹释兵卸械，其说服的理由主要关乎"信"：如果楚人讲信，尚可取信诸侯，取代晋国霸主之位；如果楚人弃信，那只能把各诸侯再次推回晋国的怀抱。令尹子木则认为，晋、楚向来无信任可言，兵不厌诈，若偷袭成功，不必有信。太宰的评论表明，作为统帅，如果无信，不仅不能取信诸侯，而且亦是自取灭亡之由。因为从长远看，伪诈或许可以取得一时之成功，但绝不可能每次都成功。另一方面，晋赵孟也担心楚人偷袭，但叔向认为不足为患，其分析的理由也关乎"信"：即便一介匹夫无信，也难以立足于世，遑论一国之卿（实代表着楚国）；而且，楚人以信的名义笼络诸侯，然后又弃信背义，此乃自相矛盾之举，必不能侥幸成功。由楚太宰对令尹的劝谏和晋叔向对赵孟的分析来看，信为诸侯交往的基本原则，这是当时的普遍共识。

然而，由于现实利益的驱动以及执政者的私欲和短视，背信弃义之事时有发生，为了增加信任和加强约束，"质"这样一种交往形式在春秋时代也十分普遍。所谓"质"，就是人质交换抵押，通常是此国之公子到彼国作人质，彼国之公子到此国作人质。早在春秋初期，就上演了一幕周王与郑国交质的故事。《左传·隐公三年》载：

郑武公、庄公为平王卿士。王贰于虢。郑伯怨王。王曰："无之。"故周、郑交质。王子狐为质于郑，郑公子忽为质于周。王崩，周人将畀虢公政。四月，郑祭足帅师取温之麦。秋，又取成周之禾。周、郑交恶。君子曰："信不由中，质无益也。……"（《春秋左传注》第26—27页）

周平王东迁后，郑武公、郑庄公皆为平王卿士，后来平王宠幸虢公，所以郑伯厌恨平王。平王急于澄清无此等之事，于是派王子狐为质于郑，郑伯则派公子忽为质于周。平王驾崩后，周桓王继位，欲委任虢公执政，取代郑庄公。郑庄公于是派郑卿祭足帅师先后收获周畿内的麦、禾，作为报复和制裁。《左传》所载"君子"对此事的评论，道出了周、郑最终由"交质"走向"交恶"的原因，在于"信不由中，质无益也"。就是说，周、郑虽然在形式上礼尚往来（交质），似乎双方都很尊礼重信，但实际上，这种形式上的重信并非源自双方内心的真诚，这样的交质对于改善双方的关系并无实质的意义。

确实，没有诚心和信任的会盟，只会被不断地打破，以至于一盟再盟，屡盟屡乱。《左传·桓公十二年》载"君子"之曰："苟信不继，盟无益也。《诗》云：'君子屡盟，乱是用长。'无信也。"在春秋中期，晋、楚争霸，相持不下，夹在晋、楚两大国之间的郑、宋两个小国，屡受其害。郑、宋两国往往是当晋人兵临城下，则与晋盟；当楚人兵临城下，则与楚盟。《左传·宣公十一年》载：楚子伐郑，及栎。子良曰："晋、楚不务德而兵争，与其来者可也。晋、楚无信，我焉得有信?"可见，大国无信，小国也只能抛弃信义，采取权宜之计。《左传·襄公九年》又载：

将盟，郑六卿……皆从郑伯。晋士庄子为载书，曰："自今日既盟之后，郑国而不唯晋命是听，而或有异志者，有如此盟。"公子騑趋进曰："天祸郑国，使介居二大国之间……自今日既盟之后，郑国而不唯有礼与强可以庇民者是从，而敢有异志者，亦如之。"（《春秋左传注》第968—969页）

……

楚子伐郑。子驷将及楚平。子孔、子蟜曰："与大国盟，口血未干而背之，可乎?"子驷、子展曰:"吾盟固云'唯强是从'。今楚师至，晋不我救，则楚强矣。盟誓之言，岂敢背之? 且要盟无质，神弗临也。所临唯信。信者，言之瑞也，善之主也，是故临之。明神不蠲要盟，背之，可也。"乃及楚平。(《春秋左传注》第 971 页)

晋国与郑国结盟，晋国要求郑国唯晋马首是瞻，郑子驷(公子騑)则说郑国只听命于有礼而强且愿庇护郑人的一方。这个说法，既没有抗击晋国的要求，也为背弃盟约留下了一定的空间。果然，不久楚人来犯，晋人不救，于是郑国又与楚国结盟。这当然是小国政治家基于现实考量而不得不采取的权宜之计。然而，在此，子驷和子展对于"盟"和"信"的理解提出了一些新的看法。他们认为"要盟无质"，服虔注:"质，诚也。"就是说要挟之盟，固无诚信可言。受神所保护的盟约，在德信而不在武力要挟。对于受制十武力要挟的盟约，神不会降临庇护，自然也不必遵守。所以，简单地践履诺言或盟约不一定为信，"复言，非信也"，"周仁之谓信"(《左传·哀公十六年》)，信只有指向更上位的仁才有意义。实际上，郑国先后与晋、楚结盟，目的就是维护仁的价值，即尽可能避免不必要的人员伤亡。在此意义上，郑人也可谓实践了信的原则。如前所言，信不仅关乎一国之内政，而且更多地关乎一国之外交，乃内政外交之本。但外交终归是服务于内政的，而其最终目的则是保民与养民，也就是仁。

三、孝忠义

周公"制礼作乐"(《礼记·明堂位》)，奠定了周代政治制度的基本框架和基调。这其中，最重要的建制莫过于宗庙祭祀制(宗法制)和封邦建国制(封建制)。居于宗法制之核心的道德观念是孝，居于封建制之核心的道德观念为忠。由于宗法制和封建制是周礼并行的两翼，所以，孝、忠经常交错在一起，构成了当时最为基础性和根本性的道德观念，"孝、敬、忠、贞，君父之所安也"(《国语·晋语一》)，可谓一针见血道出了事实。如前所引，王国维把"尊尊、亲亲、贤贤、男女有别"视为周代最为重要的道德观念。实际上，这一说法实有其源，《礼记·丧服小记》云："亲亲，尊尊，长长，男女之有别，人道之大者也。"不同的是，王氏把长长替换为贤贤。王氏之说实际上更符合周代（包括春秋时代）的实际，《礼记·大传》云："上治祖祢，尊尊也；下治子孙，亲亲也。"可见，"尊尊"是下对上，是子孙对祖祢；"亲亲"主要是指父子关系而言，既可以是父对子，亦可以是子对父（《大传》之说乃相对"尊尊"而言）；"贤贤"则逾出血缘关系，指向更为广泛的公共领域。概言之，与"尊尊"、"亲亲"搭配的道德观念是孝、忠，因为君、父一体，故孝、忠亦一体；与"贤贤"搭配的道德观念是义，它往往要求突破血缘亲情的限制。如此，由孝而忠而义，构成了由内而外、由亲而疏、由近而远的一套递进的伦理观念秩序。春秋以降，西周的礼乐制度虽然逐渐解体，但在解体的漫长过程中，这些道德观念依旧是春秋时人的基本观念。然而，由于这些道德观念所依附的制度在逐渐解体，这些道德观念的结构性矛盾和张力也就逐渐显露出来。

实际上，早期孝的对象是先祖先父而不及尚在世的父母，所以一般都是"追孝"、"孝享"连用，"西周孝为君宗之德，孝子、孝孙是君宗的专称"。①《国语·鲁语上》云："夫祀，昭孝也，各致齐敬于其皇祖，昭孝之至也。"《左传·定公四年》云："灭宗废祀，非孝也。"表明孝享（享者，祭祀先祖也）的观念在春秋时依旧存在。但与此同时，孝的重点由"尊尊"转移到"亲亲"，并且春秋时孝的对象开始大量下移至尚在世的君父。虽然尊祖收宗的孝观念依然在春秋时为人们所实践着，但关于孝最激烈的争论却是发生在嗣子与尚在世的君父（诸侯）或家父（卿大夫）的关系上。

围绕晋太子申生的争论，最能彰显彼时孝观念的张力。《左传·闵公二年》载：晋献公受骊姬之谗，欲除太子申生而另立骊姬之子，于是命太子帅师伐敌，并责令其尽敌而还。围绕此次事件以及晋献公与太子之间的关系，谋臣纷纷议论，其中多言及"孝"，但他们对孝的看法并不一致。里克认为太子"禀命则不威，专命则不孝"，即是说，如果太子禀父之

---

① 查昌国：《先秦"孝"、"友"观念研究》，合肥：安徽大学出版社，2006 年，第 84 页。

命，则无威权，但如果专命则是不孝。梁余子养认为晋献公废太子之意图明显，主张"死而不孝，不如逃之"。这一主张得到一些人士的赞同，但羊舌大夫认为"违命不孝，弃事不忠。虽知其寒，恶不可取，子其死之"，建议太子一死了之。狐突则认为晋献公"内宠并后，外宠二政，嬖子配适，大都耦国，乱之本也"，"今乱本成矣"，建议申生"孝而安民，子其图之，与其危身以速罪也"。但无论分歧如何，这里"孝"的主体都是太子，其对象是君父。太子申生终因走投无路而自杀。晋献公欲尽逐群公子，次子重耳、夷吾也遭遇与太子同样的处境而逃亡，但并无所谓孝与不孝的激烈争论，这表明在时人的观念中，"孝"乃是嗣君特有的义务与权利。

孝之于宗法封建制国家的重要性，我们可以通过一个实例来予以说明。齐桓公为春秋五霸之首，葵丘会盟又是其霸业的鼎盛。葵丘会盟，诸侯达成五项共识，第一项即是"诛不孝，无易树子，无以妾为妻"（《孟子·告子下》）。实际上，三条都是围绕政治继统和嗣嫡而言：若臣子不孝，君父以妾为妻、废嫡立庶，这些都会影响到一家一国的继统，进而影响到国际政治格局的变化。葵丘会盟之所以能就此达成共识，说明诸侯对此有清醒的认识。孝之于封建宗法制国家的重要性，由此亦可略见一斑。正因为如此，国君继位，首先得彰明孝道，因为一切宗法礼制皆由孝始，"凡君即位，好舅甥，修昏姻，娶元妃以奉粢盛，孝也。孝，礼之始也"（《左传·文公二年》）；而公族大夫在教育子弟时，也必先训之以孝，"韩无忌为公族大夫，使训卿之子弟共俭孝弟"（《左传·成公十八年》）。

前文提及，在宗法封建制下，家、国实为一体，自然，孝、忠亦连为一体。《左传·桓公二年》载："天子建国，诸侯立家，卿置侧室。"周代分封制形成了三级政治实体，即：周土室之"人下"、诸侯之"国"（"公室"）、卿大夫之"家"（"私家"）。天子建国，为的是屏藩周王；同理，诸侯立家，为的也是辅佐国君。基于这一基本的政治结构和社会结构，春秋时代（尤其是早期）忠于公室的卿大夫往往备受推崇，最典型的莫过于鲁国季氏家族的奠基者季友和季文子。季孙行父（季文子）于文公六年受室为卿，宣公八年主政，襄公五年卒，执鲁政共三十三年。《左传·襄公五年》载季文子卒时情形："季文子卒。大夫入敛，公在位。宰庀家器为葬备，无衣帛之妾，无食粟之马，无藏金玉，无重器备，君子是以知季文子之忠于公室也。相三君矣，而无私积，可不谓忠乎？"季文子的忠于鲁国公室，甚至曾经得到过异国之卿的称赞。《左传·成公十六年》载：

> 宣伯使告郤犫曰："鲁之有季、孟，犹晋之有栾、范也……若欲得志于鲁，请止行父而杀之……。"晋人执季文子于苕丘。……范文子谓栾武子曰："季孙于鲁，相二君矣。妾不衣帛，马不食粟，可不谓忠乎？信谗慝而弃忠良，若诸侯何？……"乃许鲁平，赦季孙。（《春秋左传注》第 893—894 页）

晋人本欲杀季文子，但是，晋国卿大夫范文子认为季文子廉洁奉公，忠于鲁国公室。如果杀了季文子，那无异于残杀忠良，很难取信于诸侯。最终，晋人赦免了季文子。由是可知，至少在春秋早中期，臣子尤其是执政卿大夫的忠德（忠于公室），是为人们普遍称赞的。再如，《左传·成公九年》载：

> （范）文子曰："楚囚，君子也。言称先职，不背本也。乐操土风，不忘旧也。称大子，抑无私也。名其二卿，尊君也。不背本，仁也。不忘旧，信也。无私，忠也。尊君，敏也。仁以接事，信以守之，忠以成之，敏以行之。事虽大，必济。君盍归之，使合晋、楚之成。"公从之，重为之礼，使归求成。（《春秋左传注》第 845 页）

楚囚由于具有仁、信、忠、敏的品格，不但没有被晋人所杀，反而受到晋范文子的高度评价，并寄予合晋楚之好的重任。实际上，这里的四德即仁（不背本）、信（不忘旧）、忠（无私）、敏（尊君），都表现了楚囚对楚君和楚国的忠贞之情，因而此所谓四德皆可视为广义的忠德。楚囚由于对本国的忠贞，而得到了敌国（晋国）执政者由衷的欣赏，这也表明忠德实乃当时社会普遍认可和表彰的美德。

当然，对于何谓忠？在一些事件中，并非那么清晰明白。典型的莫过于晋献公死后，他的几位执政大臣的言行和看法。《左传·僖公九年》载：

> 晋献公卒。里克、㔻郑欲纳文公，故以三公子之徒作乱。初，献
> 公使荀息傅奚齐。公疾，召之，曰："以是藐诸孤辱在大夫，其若之
> 何？"稽首而对曰："臣竭其股肱之力，加之以忠、贞。其济，君之灵
> 也；不济，则以死继之。"公曰："何谓忠、贞？"对曰："公家之利，知无
> 不为，忠也。送往事居，耦具无猜，贞也。"及里克将杀奚齐，先告荀
> 息曰："三怨将作，秦、晋辅之，子将何如？"荀息曰："将死之。"里克
> 曰："无益也。"荀叔曰："吾与先君言矣，不可以贰。能欲复言而爱身
> 乎？ 虽无益也，将焉辟之？ 且人之欲善，谁不如我？ 我欲无贰，而能
> 谓人已乎？"……里克杀奚齐于次……荀息将死之，人曰："不如立卓
> 子而辅之。"荀息立公子卓以葬。十一月，里克杀公子卓于朝，荀息
> 死之。(《春秋左传注》第 328—329 页)

此所谓"三公子"即晋献公三子：申生、重耳、夷吾。晋献公受骊姬之
惑，欲传位于骊姬之子奚齐，并使大夫荀息傅之，临死之际又托孤于荀
息，荀息答之以忠贞。荀息也确实做到了忠贞不二，奚齐被杀，他又立奚
齐之弟公子卓(骊姬之娣之子)为君。在里克再次杀了新君后，荀息实践
了他的诺言，以死殉之。在此，荀息之言"且人之欲善，谁不如我？ 我欲
无贰，而能谓人已乎？"很值得注意。杨伯峻注："其意亦不欲止里克之效
忠于重耳等人也。"可见，时人认为，臣子各自效忠各自之主人，这乃人之
常情。但是，并非所有的人都如此认为。《左传·僖公十年》载，由于里
克杀了奚齐、卓子二君，晋惠公(夷吾)才得以继承君位。然而，晋惠公继
位后的第一件事便是杀了里克，其理由是："微子则不及此。虽然，子弑
二君与一大夫，为子君者，不亦难乎？"里克对曰："不有废也，君何以兴？
欲加之罪，其无辞乎！ 臣闻命矣。"诚如里克的对辞，晋惠公很可能是欲
加之罪，托辞杀他。但是，辞之所以为辞，之所以能被接受，说明它也有
一定的道理在其中。《左传·僖公二十三年》载，晋惠公卒，其子"怀公
立，命无从亡人。期，期而不至，无赦。狐突之子毛及偃从重耳在秦，弗

召。冬,怀公执狐突曰:'子来则免。'对曰:'子之能仕,父教之忠,古之制也。策名委质,贰乃辟也。今臣之子,名在重耳,有年数矣。若又召之,教之贰也。父教子贰,何以事君?刑之不滥,君之明也,臣之愿也。淫刑以逞,谁则无罪?臣闻命矣。'"狐突在晋国为官,其二子狐毛和狐偃则常年跟随重耳流亡在外。晋怀公觉得重耳及其随从始终对其君位存在威胁,故以狐突作为人质以要挟其二子回国。狐突答之以"子之能仕,父教之忠",而且强调这是"古之制也"。既然狐毛、狐偃早已策名委质做了重耳的臣子,如果父亲再"教之贰",效忠新君,这反而是不忠。这再次表明,臣子策名委质,各自效忠各自的主子,这是当时社会的普遍观念。这里存在的张力在于,忠臣不事二主(这里的"主"不一定是国君)与国君要求臣子绝对效忠之间的张力。这种张力体现了封建制下"忠"观念的自相矛盾。在晋惠公杀里克的例子中,这种矛盾表现得最为突出:如果没有里克弑君,晋惠公就不可能继位(惠公所谓"微子则不及此");但当新君继位后,他又要求臣子绝对效忠。在这种不可化解的张力中,历史悲剧就一再上演。

这是封建制的结构性矛盾在道德观念上的体现;然而,更为深层的结构性矛盾,是忠于公室与忠于私家之间的张力。据《左传·昭公十二年》载,"季平子立而不礼于南蒯",南蒯与叔仲小、公子慭(子仲)谋划"出季氏,而归其室于公",然后以公子慭代季氏,自己则"以费为公臣"。南蒯本为季氏家臣,由于他没有受到季氏礼遇,所以他想"出季氏,而归其室于公"。这对鲁国公室而言,南蒯之举无疑是忠的一种表现(虽然杂有私意),但对季氏而言,却是不忠。南蒯欲从事此举时,时人谓之"家臣而君图";及至其失败奔齐后,齐景公甚至以"叛夫"呼之,南蒯答之以"臣欲张公室也"来辩解,子韩晰则评价道:"家臣而欲张公室,罪莫大焉。"再如,据《左传·昭公二十五年》载,鲁公室谋划一次更为精密的铲除季氏计划。鲁君伐季氏,进展似乎很顺利,甚至季平子也向昭公请罪。然而,叔孙、孟孙认识到,季氏亡,己必亡,因此二家公然与公室对抗,站到了季氏一边,三桓联合,反败为胜,昭公只得流亡齐国。在这次事件中起关键作用的叔孙氏家臣飂戾之言很能说明问题："我，家臣也，不敢知国。"可见，在他眼中，只有叔孙，没有鲁君；只有私家，没有公室。由是可知，在"诸侯—卿大夫—家臣"这种隶属格局中，身份决定了义务，对于家臣而言，忠即是忠于"私家"；如果家臣僭越身份而欲忠于公室，这并不为一般人所认可。[1]

忠的两难还在于，忠于君与忠于道义之间的张力。《左传·宣公二年》载：

> 宣子骤谏，公患之，使锄麑贼之。晨往，寝门辟矣，盛服将朝，尚早，坐而假寐。麑退，叹而言曰："不忘恭敬，民之主也。贼民之主，不忠。弃君之命，不信。有一于此，不如死也。"触槐而死。(《春秋左传注》第 658 页)

赵宣子乃晋国之忠臣，晋灵公却异常昏庸，赵宣子不断犯言直谏，晋灵公欲使锄麑刺杀之。但锄麑发现赵宣子实际上是一位良臣，乃民之主，如果杀了他，那是不忠；如果不杀他，那又违背了国君之命，是为不信。在君命与道义之间，锄麑无所是从，只好自杀身亡。值得注意的是，锄麑并不把"弃君之命"而是把"贼民之主"视为不忠。可见，虽然在春秋时代，一般言及忠，其效忠的对象大多为君主(广义之君，凡上下级关系皆可称君臣)；但是，除此之外，也出现了把超越于君命的道义作为效忠的对象。

孝、忠的两难很自然就引申出"义"的问题。实际上，义是春秋时代最为重要的道德观念，出现频率也很高。《国语·周语中》云："以义死用谓之勇，奉义顺则谓之礼，畜义丰功谓之仁。"勇、礼、仁都需要通过义来界定，这表明义是三德的实质内容，"义"在春秋时代的重要性亦可见一斑。

"义"首先是作为君父的道德义务而被要求的，前文提到的"六顺"之

---

[1] 参见陈乔见《公私辨：历史衍化与现代诠释》(北京：生活·读书·新知三联书店，2013 年)第一章第二节"封建制度与公私观念"。

一便是"君义",再如,《左传·文公十八年》云:"父义、母慈、兄友、弟共、子孝"。这里的义,可简单地理解为贤能。当然,君义(或父义)只是一种道德要求或理想状态,现实情况往往是君父和道义的脱离甚至是背离。这就有了前文所述及的锄麑在忠于道义和终于君主之间的两难选择。锄麑的悲剧似乎表明,后来儒家所宣扬的"从道不从君,从义不从父"这种强烈的批判精神彼时尚未出现或得到普遍认可。

不过,抛开君臣关系这种狭隘的政治公共关系不论,春秋时人普遍认为政治公共领域应该遵循义的原则,尤其是在选拔人才方面。前文曾提及,在王国维所说的周代四大道德观念中,"尊尊"和"亲亲"特别与孝的观念相关,"贤贤"特别与义的观念相关,即是就此而言。《国语·晋语四》载:"夫赵衰三让不失义。让,推贤也。义,广德也。"赵衰礼让推贤,被认为不失义。《左传·昭公二十八年》载:

> 魏献子为政……谓贾辛、司马乌为有力于王室,故举之;谓知徐吾、赵朝、韩固、魏戊,余子之不失职,能守业者也。其四人者,皆受县而后见于魏子,以贤举也。魏子谓成鱄:"吾与戊也县,人其以我为党乎?"对曰:"何也? 戊之为人也,远不忘君,近不偪同,居利思义,在约思纯,有守心而无淫行,虽与之县,不亦可乎? ……夫举无他,唯善所在,亲疏一也。……"……仲尼闻魏子之举也,以为义,曰:"近不失亲,远不失举,可谓义矣。"(《春秋左传注》第1493—1496页)

晋韩宣子卒,魏献子(魏舒)为政,举用一批贤人为大夫,其中有他的儿子魏戊,魏献子把梗阳这个县分封给了魏戊。魏献子担心别人会认为他偏私,不够公正。成鱄在肯定魏戊之贤能的同时,提到了举用人才的标准是"唯善所在,亲疏一也"。孔子听到此事后,也给予魏献子高度评价,认为他举用人才遵循了"义"的原则,既不避讳与自己有血亲关系的魏戊,亦没失去与自己关系疏远的人才。与魏献子"近不失亲"相反的例子,是孔子对叔向的称赞:"叔向,古之遗直也。治国制刑,不隐于亲。三数叔鱼之恶,不为末减,由义也夫,可谓直矣! ……邢侯之狱,言其贪也,以正刑书，晋不为颇。三言而除三恶，加三利。杀亲益荣，犹义也夫！"
（《左传·昭公十四年》）叔向治国理政，不隐瞒弟弟的贪污等劣行，孔子
认为他遵循了"义"的原则（"由义也夫"）。所谓"治国制刑"，表明"义"的
原则特别与政治公共领域相关，它是治国理政应当遵循的基本原则。虽
然这是孔子的评论，可以视为孔子思想的一个反应，但也不可否认，这应
是春秋时人的普遍观念。

"义"总是牵涉家国公私之间的张力，总是与公共事务有关。比如，
《左传》哀公五年载：范昭子（士吉射）之臣王生虽然厌恶张柳朔，但他还
是在范昭子面前推荐张柳朔为柏人宰。这引起了范昭子的困惑，"夫非
而仇乎？"王生的回答是："私仇不及公，好不废过，恶不去善，义之经也。
臣敢违之？"这是说，私人恩怨不能用在公共事务上，不能因为喜好某人
而掩盖其过错，亦不能因为厌恶某人而去废弃其优点。王生把这归于
"义之经也"，说明"义"的原则要求人们在公共事务中，不能掺杂私人恩
怨，这是当时的共识。又如《左传·隐公四年》中关于石蜡"大义灭亲"一
事的记载：

> 四年春，卫州吁弑桓公而立。……州吁未能和其民，厚问定君
> 于石子。石子曰："王觐为可。"曰："何以得觐？"曰："陈桓公方有宠
> 于王，陈、卫方睦，若朝陈使请，必可得也。"厚从州吁如陈。石碏使
> 告于陈曰："卫国偏小，老夫耄矣，无能为也。此二人者，实弑寡君，敢
> 即图之。"陈人执之而请涖于卫。九月，卫人使右宰丑涖杀州吁于濮，
> 石碏使其宰獳羊肩涖杀石厚于陈。君子曰："石碏，纯臣也。恶州吁而
> 厚与焉。'大义灭亲'，其是之谓乎！"（《春秋左传注》第35—38页）

据《左传·隐公三年》载："公子州吁，嬖人之子也，有宠而好兵。……
骄、奢、淫、泆，所自邪也。"州吁杀了庶兄卫桓公而自立为君，但未能和其
民。石厚从州吁游，因请教其父石碏如何安定民心，使州吁坐稳君位。
石碏以朝陈使请觐王之计，让陈人逮捕了州吁和石厚，卫人得以处死州
吁，而石碏也派家臣处死了自己的儿子石厚。如前所言，"君义"这是春

秋时人对君主的道德要求，显然，州吁并非义君。所以人们高度评价石碏，谓之"纯臣"和"大义灭亲"。

综上所述，"义"在春秋时代起初是作为君长的道德要求而被强调的，其基本含义就是贤能。当然，贤能这一品格自然包含了能够推举任用贤能之士。因此，在以后的发展过程中，义的观念更多地与王国维所谓周代四大道德观念中的"贤贤"有关。这一点，直接影响了儒、墨两家，为儒、墨两家所认可和继承，区别仅在于，儒家在崇尚"贤贤"的同时，犹尊重传统的"尊尊"和"亲亲"；而墨家则似乎更为激进，以"尚贤"为唯一之原则，这也是墨家特别重视"义"的原因所在。

四、智仁勇

相对于古希腊时代所崇尚的"四枢德"而言，春秋时代的中国人崇尚的德目较多，比较丰富。《国语·周语下》提到敬、忠、信、仁、义、智、勇、教、孝、惠、让等十一种美德，并给予简要的界定："象天能敬，帅意能忠，思身能信，爱人能仁，利制能义，事建能智，帅义能勇，施辩能教，昭神能孝，慈和能惠，推敌能让。"《国语·楚语下》讲到六种似是而非的"美德"和与之相对的真正的美德："其为人也，展而不信，爱而不仁，诈而不智，毅而不勇，直而不衷，周而不淑。复言而不谋身，展也；爱而不谋长，不仁也；以谋盖人，诈也；强忍犯义，毅也；直而不顾，不衷也；周言弃德，不淑也。是六德者，皆有其华而不实者也，将焉用之。"这里所提到的六种真正的美德是：信、仁、智、勇、衷、淑。以上两者都提及后世儒家所谓的"智（知）仁勇"三达德。实际上，春秋时代智、仁、勇三德相提并论非常普遍。

首先，春秋时人在思考该如何行动时，总是会事先考虑是否符合智、仁、勇的标准。我们先看三段材料：

（1）子犯请击之，公曰："不可。微夫人力不及此。因人之力而敝之，不仁。失其所与，不知。以乱易整，不武。吾其还也。"（《左传·僖公三十年》，《春秋左传注》第 482 页）

（2）王奔郧……郧公辛之弟怀将弑王，曰："平王杀吾父，我杀其子，不亦可乎？"辛曰："君讨臣，谁敢仇之？君命，天也。若死天命，将谁仇？……违强陵弱，非勇也。乘人之约，非仁也。灭宗废祀，非孝也。动无令名，非知也。必犯是，余将杀女。"（《左传·定公四年》，《春秋左传注》第 1546—1547 页）

（3）郤锜谓郤至曰："君不道于我，我欲以吾宗与吾党夹而攻之，虽死必败，君必危，其可乎？"郤至曰："不可。至闻之，武人不乱，智人不诈，仁人不党。……"是故皆自杀。（《国语·晋语六》）

在（1）中，晋、秦联合攻郑，后来秦私下与郑结盟，子范请求继续攻打郑国，但晋文公认为不可，原因在于这样做"不仁"、"不知"、"不武"。晋文公认为，恃仗武力不仁，这表明仁与武力、霸道相反；继续攻打郑国，势必失去先前的同盟秦国，这不明智；以战乱代替和平，这不是真正的勇武。可见，"武"或"勇"没有自身的价值，它必须以一个更为崇高的价值（在这里是和平）为目的，自身才有价值。在（2）中，吴、楚之战，楚人败北，楚昭王奔隋，隋公辛之弟欲借此机会杀掉昭王以报家仇，因为之前昭王之父楚平王杀死了他们的父亲。但是，隋公辛不赞成，除了"君命"难违的理由之外，其理由就是如此行动不符合勇、仁、孝、智：违强陵弱，不是真正的勇武；乘人之危，不够仁厚；这样做，很可能带来灭宗废祀的后果，这是不孝；杀掉楚昭王，只会带来弑君的恶名，这不明智。在（3）中，晋厉公欲除三郤之族，郤锜认为既然国君无道，主张以三郤族党还攻国君，郤至却不赞成，其理由亦在于不符合武、智、仁：犯上作乱绝非勇武的表现，欺诈也不等于智慧，结党营私、滥杀无辜更非仁德。实际上，在前面的论述中，仁隐约已有恻隐、仁爱之义，这里更加明显，而且这种仁爱恻隐指向的是更为广泛的人群而非某个党派。

实际上，春秋时人对如何行动才是智、仁、勇，在具体的情势中，总会有不同的看法。《国语·晋语三》载：秦、晋交战，秦获晋惠公，秦穆公合大夫而谋划，是杀了晋君，还是放逐之，抑或放其回国。公子絷主张杀了晋惠公，公孙枝则认为不妥，但两人的理由都关乎智、仁、勇三德。公子絷曰："吾岂将徒杀之？吾将以公子重耳代之。晋君之无道莫不闻，公子重耳之仁莫不知。战胜大国，武也。杀无道而立有道，仁也。胜无后害，智也。"公子絷主张杀了无道的晋惠公，另立公子重耳为晋君。他认为战胜了晋国，这是武；以有道代无道，这是仁；而且，这样也不会为秦国带来后患，这是智。公孙枝恶说："耻一国之士，又曰余纳有道以临女，无乃不可乎？若不可，必为诸侯笑。战而取笑诸侯，不可谓武。杀其弟而立其兄，兄德我而忘其亲，不可谓仁。若弗忘，是再施不遂也，不可谓智。"公孙枝认为，战胜晋国，杀一君，立一君，这必为诸侯所笑，算不上武；杀弟立兄，假若使其兄亲我而疏亲，这算不上仁；假若其兄不忘为亲报仇，必引起后患，那就不明智。这里的分歧不在于对智、仁、勇之内涵的理解不一，而主要在于如何做才是智、仁、勇。这实际上关乎审时度势与实践智慧。这就是为什么在春秋时代，"智"德较"仁"、"勇"两德更为重要，亦更为人们所重视的原因所在。

其次，春秋时代在选拔人才，尤其是主政卿大夫时，非常看重智、仁、勇三种美德。我们看几段材料：

（1）韩献子老，使公族穆子受事于朝。辞曰："厉公之乱，无忌备公族，不能死。臣闻之曰：'无功庸者，不敢居高位。'今无忌，智不能匡君，使至于难，仁不能救，勇不能死，敢辱君朝以忝韩宗，请退也。"固辞不立。（《国语·晋语七》）

（2）悼公使张老为卿，辞曰："臣不如魏绛。夫绛之智能治大官，其仁可以利公室不忘，其勇不疚于刑，其学不废其先人之职，若在卿位，外内必平。……"（《国语·晋语七》）

在（1）中，韩献子老而致仕，推荐公族大夫穆子执政，穆子辞却，其理由是在晋厉公之乱中，他没有做到智、仁、勇："智不能匡君"，"仁不能救，勇不能死"。在（2）中，晋悼公请张老为卿，张老亦辞却，他力荐魏绛主政，其理由亦是魏绛具有智、仁、勇的品格，且博学于典章制度。

再次，所谓"国之大事，在祀与戎"，战争是春秋时代一个国家的头等大事。如何才能有资格打仗乃至取得战争的胜利，春秋时人在讨论这些问题时也经常论及智、仁、勇三德。《国语·吴语》载包胥曰："善哉，蔑以加焉，然犹未可以战也。夫战，智为始，仁次之，勇次之。不智，则不知民之极，无以铨度天下之众寡；不仁，则不能与三军共饥劳之殃；不勇，则不能断疑以发大计。"楚申包胥使于越，越王勾践咨询战何以可，包胥对之于"智、仁、勇"，而且强调"智为始，仁次之，勇次之"。可见，是否能赢得胜利，勇武自然重要，却不是最重要的因素。无论是选拔人才还是取得战争的胜利，春秋时人都认为智、仁、勇三德最为重要，其中智尤为关键，居三德之首。

综上所述，知（智）、仁、勇（武）是春秋时代比较被推崇的三种美德，智与审时度势有关，在春秋战乱年代，其被重视程度远高于仁和勇。仁有恻隐、关爱之义，首先自然是与自己有血亲关系的父母，但在春秋时代，仁爱已经指向了更为广泛的人群，它与保障广大百姓人民的生命有关。勇与果断有担当精神有关，而不是狭隘的逞强和暴力。一般而言，勇自身无独立之价值，它只有以更为崇高的价值（比如仁、义）为目的才有价值。

五、和同之辨

"和"是中国古代最高之理想，一切礼制、伦理和道德，其最终目标都是为了达致"和"的状态。春秋时代，人们对"和"已经有了广泛的认识和深刻的理解。万物万事皆有"和"，因此，"和"有不同层次：就个体修养而言，是"心平德和"（《左传·昭公二十年》）；就夫妻关系而言，是"夫和妻柔"（《左传·昭公二十六年》）；就一个国家而言，是"民和年丰"（《左传·桓公六年》）、"上下和睦"（《左传·成公十六年》）；就天下秩序而言是"大和"："诸侯遂睦"，"百姓休和"（《左传·襄公十三年》）。

其中，春秋时人对宇宙秩序和政治秩序之和及其内涵，有非常深刻的讨论。《左传·昭公二十年》载：

齐侯至自田，晏子侍于遄台，子犹驰而造焉。公曰："唯据与我和夫！"晏子对曰："据亦同也，焉得为和？"公曰："和与同异乎？"对曰："异。和如羹焉，水、火、醯、醢、盐、梅，以烹鱼肉，燀之以薪，宰夫和之，齐之以味，济其不及，以泄其过。君子食之，以平其心。君臣亦然。君所谓可而有否焉，臣献其否以成其可；君所谓否而有可焉，臣献其可以去其否。是以政平而不干，民无争心。……声亦如味……君子听之，以平其心。心平，德和。故诗曰：'德音不瑕。'今据不然。君所谓可，据亦曰可；君所谓否，据亦曰否。若以水济水，谁能食之？若琴瑟之专壹，谁能听之？同之不可也如是。"（《春秋左传注》第1419—1420页）

齐景公说只有梁丘据"与我和"，因为梁丘据非常顺从齐景公，齐景公到哪他便到哪，齐景公说什么是他便说什么是。然而，晏婴驳斥了齐景公的说法，认为梁丘据的言行是"同"而非"和"。进而，晏婴对"和"与"同"展开了详细的辨析。晏婴首先以宰夫和羹作为比喻来解释何为"和"：和羹需要水、火、醯、醢、盐、梅、鱼等不同素材相均和，使各种味道适得其中，毋过或不及，如此才能做出美味的汤羹。君臣关系亦是如此：臣子不应对君主之言行马首是瞻，而应提出自己的不同看法和意见，劝谏君主，以致政平。这才是君臣相和。晏婴进而以和声为比喻来解释何为"和"以及"和"的重要性：和声如和味，需要不同的素材、不同的音律相济，才能调出优美的音乐。在晏婴看来，梁丘据一味无原则地苟同齐景公，唯君主之所是为是，君主之所非为非，这不是和；而且，这就好比以水济水，以火济火，对于政治而言有百害而无一利。

史伯关于"和""同"的内涵与辨析，较之晏婴之论更为深刻。《国语·郑语》载：

（郑桓）公曰："周其弊乎？"（史伯）对曰："殆于必弊者也。《泰誓》曰：'民之所欲，天必从之。'今王弃高明昭显，而好谗慝暗昧；恶角犀丰盈，而近顽童穷固。去和而取同。夫和实生物，同则不继。

以他平他谓之和,故能丰长而物归之;若以同裨同,尽乃弃矣。故先王以土与金、木、水、火杂,以成百物。是以和五味以调口,刚四支以卫体,和六律以聪耳,正七体以役心,平八索以成人,建九纪以立纯德,合十数以训百体。出千品,具万方,计亿事,材兆物,收经入,行姟极。故王者居九畡之田,收经入以食兆民,周训而能用之,和乐如一。夫如是,和之至也。于是乎先王聘后于异姓,求财于有方,择臣取谏工而讲以多物,务和同也。声一无听,物一无文,味一无果,物一不讲。王将弃是类也而与剖同。天夺之明,欲无弊,得乎?"

史伯认为周王朝将要败弊,因为周王远离和憎恶那些经常进谏的明德之臣和贤明之相,而喜好和亲近那些暗昧无德却能谄媚阿谀之徒。与晏婴评价齐景公一样,史伯认为周王这是"去和而取同"。可见,"同"实际上就是在政治上听不进别人的不同意见。在此,史伯也用春秋时人常见的和味和合声来做比喻,以说明和解释"和""同"之别。不过,史伯还从更为根本的宇宙论的角度,论证了"和"的重要性与"同"的不可取。他提出一个重要命题,即"和实生物,同则不继"。从自然界来看,只有各种元素搭配才能生长万物;只有各种生物相互氤氲,自然界才能持续繁衍,繁荣发展。设若这个世界只有一种元素或一种生命,那么这个世界必将走向灭亡。这无疑是一个非常浅显易明而又非常深刻的哲学洞见。当然,这一原则落实到政治领域,那就是必须容许甚至欢迎持不同政见的声音的存在。

总之,在天道与人事、天命与德力、鬼神与民神观等方面,春秋时期继承和改造了西周的观念,极力渗透进理性主义、人文主义和民本主义的理解和解释,而且愈来愈强调后者的重要性。春秋时期尊礼、重信,对孝忠义、智仁勇等德目有所争论,有所深化,和同之辨也极有意义。这一时期是我国道德与政治伦理的奠基期。由于宗法制逐渐解体,春秋中后期出现了以法代礼的趋势,一些伦理道德观念自身及其相互之间的结构性张力开始呈现出来。

第四章　孔子的哲学

　　孔子(前 551—前 479 年)姓孔名丘,字仲尼,鲁国陬邑(今山东曲阜东南)人。据钱穆考证,孔子的先世是商代的王室,周灭商而封微子启于宋,四传至宋愍公,愍公长子弗父何让君于弟,弗父何曾孙正考父,至正考父子孔父嘉皆宋贤上卿,孔父嘉为孔子六代祖,从此称孔氏,孔父嘉曾孙孔防叔奔鲁而失卿位,为士大夫,至孔子父叔梁纥为鲁郰邑大夫,已经是最低等级的士大夫。[1] 孔子三岁丧父,由母亲颜徵在带回娘家所在地阙里生活,母亲又在他十五岁时去世。孔子从小知礼好学,学无常师,努力学习夏商周三代文化,特别是周代的礼乐。"孔子为儿嬉戏,常陈俎豆,设礼容"(《史记·孔子世家》),"十有五而志于学"(《论语·为政》),成长为当时最有学问的学者。成人后曾当过管仓库的"委吏"和管牛羊的"乘田"等小官,"吾少也贱,故多能鄙事"(《论语·子罕》),颇有实际才能。三十岁左右,他开始兴办私学,在社会上渐渐有了名声。五十岁时,他当上了鲁国的"中都宰"。中都是鲁国的公邑,邑宰的职位并不高。孔子在此任职一年,政绩颇佳,"四方皆则之"。第二年,孔子升任鲁国的

------

[1] 参见钱穆:《孔子传》,北京:九州出版社,2011 年,第 1—4 页。

"小司空"，是掌管土木的副官。后升任"大司寇"，这是负责国家司法、刑狱和治安的最高长官，爵位为大夫。孔子以司寇之职摄行相事，即代理鲁国最高行政事务。齐鲁夹谷之会，孔子以智谋使鲁国取得外交与军事胜利。不久因政局动荡、齐人离间，孔子不得已率弟子离开鲁国，奔走于卫、宋、陈、蔡、齐、楚等国，度过了十四年的流亡生涯。孔子重返鲁国时，已是六十八岁的老人了。他在生命的最后五年，专力从事讲学和整理古代文献典籍，删修六经。

孔子的哲学思想在清王朝结束之前一直是 2500 年中国传统文化的核心部分。随着儒学被国家和社会普遍接受，孔子成为中国文化精神的象征。然而进入民国之后，随着儒学不再作为国家指导思想和儒学教育剥离国家教育体制，以及把近代中国落后错误归因于传统和全盘西化的时风，使作为传统文化精神象征的孔子及其思想受到不正确的对待，从新文化运动时期的"打倒孔家店"，到极"左"时期的"破四旧"，既是一段中国传统文化蒙难史，也是孔子思想和地位急剧跌落到作为落后腐朽代名词、加以无情批评的历史地位最低谷的过程。直到改革开放时期文化领域的拨乱反正，孔子随着儒学研究的新开展逐渐恢复其本来面目。

第一节　孔子与儒家

自春秋末期孔子创立儒家学派，直至清代，儒学一直在不断发展和扩大之中。汉代以后的儒学，不仅仅局限于心性之学或者考据之学的范围，而是在社会政治事务、教育师道、经史博古、文章子集的各方面沿着先秦儒学的博大范围扩张，渗透到全社会，适应并指引人们的生活。儒学落实在政治制度、社会风尚、教育宗旨以及私人修养之中，是两千五百多年来中国人的生活方式、行为方式、思维方式、情感方式和价值取向的结晶，是朝野多数人的信念信仰或安身立命之道，乃至到了百姓日用而不知的程度。儒学所以成为中国社会与民间文化的主潮，是由儒学的基本精神、广博范围、历史发展客观地确立的，而不是什么人的一厢情愿。实际上，传统中国社会就是儒家型的社会，传统中国文化的底色和主流是儒家式的，传统中国人的主要性格也是儒家式的；反过来说，儒家或儒学在中国所起的作用或功能，类似于基督教、天主教之于西方，东正教之于俄国，印度教之于印度，伊斯兰教之于阿拉伯世界，都是族群文化自我认同的根基，伦理共识的核心。

儒学，今人亦称儒家或儒教。从学派、团体出发，称为"家"；从学问、学术出发，称为"学"；从信念、信仰出发，称为"教"。实际上，三者为一事，三个称谓可以互用。那么，究竟什么是"儒"？孔子如何创立儒家学派？儒学发展的历史如何呢？知此方能明白孔子智慧之高明和影响之深远。

一、创立儒家学派

从字源上说，"儒"字有两个义项，一为"柔"，一为"术士之称"。"柔"的意思并不是柔弱迂缓，而是"安"义、"和"义，即能安人、能服人，天地人相和谐。《礼记·儒行》陆德明《释文》云："儒之言，优也，和也，言能安人能服人也。"孔颖达疏："又儒者濡也，以先王之道能濡其身。"这是指儒家学问与儒家中人都主张谦虚和睦、宽裕待人，不恃强力、以德服人，使人心悦诚服。《汉书·司马相如传》注曰："凡有道术皆为儒。""术士"或"有道术者"，是"儒"的原义。大约汉代以前的人称"术士"为"儒"。汉代扬雄说："通天地人曰儒"。这是指大儒、通儒。《后汉书·杜林传》说杜林"博洽多闻，时称通儒。"《风俗通》曰："儒者，区也。言其区别古今，居则玩圣哲之词，动则行典籍之道，稽先王之制，立当时之事，纲纪国体，原本要化，此通儒也。若能纳而不能出，能言而不能行，讲诵而已，无能往来，此俗儒也。"或者我们可以说，广义的"儒"泛指有学问道术者。如道家的庄子也被人称为"儒"（见《史记·孟荀列传》），又如有"君子儒"和"小人儒"之称（见《论语·雍也》）等等。"儒"的后起义，或者说狭义的"儒"，作为专用名词的"儒"，则指儒家。

一般说来，"儒"乃通习六艺之士的通称。"六艺"指礼、乐、射、御、书、数。礼和乐是西周的等级秩序与生活方式，主要是社会生活规范，包含今天所谓宗教、政治、伦理、艺术、体育等内容。射、御相当于礼的节目。书、数则属于初级的技能。贵族大体上都必须通晓六艺。平民如果想到贵族家庭中去服务，也必须通习六艺或其中的一部分。早期的儒者属于"士"这个阶层。"士"原来多由贵族的庶孽子弟或比较低级的贵族子弟充任，后来渐渐落到平民社会里去。孔子就是将古代的贵族学传播到平民社会的第一人。"儒"大体上是保存、传授古代礼仪规范、典籍文化的教师。

《周礼·太宰》："四曰儒，以道得民。"郑玄注曰："儒，诸侯保氏有六艺以教民者。""保氏"指古代职掌教育贵族子弟的官员。《周礼·地官》："保氏掌谏王恶，而养国子以道，乃教之六艺。"保氏与师氏同，都是负责教育的官员，亦是教师。师儒即师保，保即以道安人者。《周礼·大司徒》："四曰联师儒。"郑玄注曰："师儒，乡里教以道艺者。"可见儒者原来是在上层社会掌教，后来是在民间设教授徒，有学识道术与技艺的人。其教育的主要内容为六艺之学。也就是说，儒与商周王朝中主管礼乐教化的官员有一定的关系，但后来文化下移，到民间去了或民间化了。

"六艺"，又指"六经"，即《诗》、《书》、《易》、《礼》、《乐》、《春秋》。《庄子·天下》论及儒家曰："以仁为恩，以义为理，以礼为行，以乐为和，薰然慈仁，谓之君子。"又曰："其在于《诗》、《书》、《礼》、《乐》者，邹鲁之士、搢绅先生多能明之。《诗》以道志，《书》以道事，《礼》以道行，《乐》以道和，《易》以道阴阳，《春秋》以道名分。"这里，邹作陬，或作郰，指孔子的家乡陬邑。邹鲁之士指孔子与孔门弟子，尚未包括孟子。如指孔孟，则应曰"鲁邹"①。搢绅，亦作缙绅、荐绅。搢，插；绅，束腰的大

---

① 详见蒋伯潜：《诸子通考》，杭州：浙江古籍出版社，1985 年，第 39 页。

带。搢绅即插笏于绅。笏是记事记言的板子。古代做官的人，垂绅插笏，所以称士大夫为搢绅。上引《庄子·天下》之言的意思是：儒家君子按"仁爱"的原则施予民众、他人以恩惠，以相适宜的措施建立人事秩序，以礼仪规范约束行为，以音乐美感调和性情，总是表现出温润慈祥的状貌。邹鲁之地的士大夫多能通晓六经。《诗经》是抒发心志的，《书经》是讲述政事的，《礼经》是告诫行为规范的，《乐经》是陶冶性情的，《易经》是分析阴阳变化的，《春秋经》是指示尊卑名分的。儒家与六经有着不解之缘。

从《汉书·艺文志·诸子略》可知，刘歆《七略》对儒家的界定是："儒家者流，盖出于司徒之官，助人君顺阴阳明教化者也。游文于六经之中，留意于仁义之际。祖述尧舜，宪章文武，宗师仲尼，以重其言。于道最为高。孔子曰：'如有所誉，其有所试。'唐虞之隆，殷周之盛，仲尼之业，已试之效者也。"刘歆视诸子某家起源于某官，如儒家起源于司徒之官。据《周礼·地官》，司徒是主管教化的官。孔子以前，官师不分，政府某部门的官吏，即是与此部门有关的一门学术的传授者。周王室衰微之后，政府各部门官吏失去了职位，流落民间，成为私学之师。从刘歆《七略》和《汉书·艺文志》可知，儒家以"六经"为思想资源，以"仁义"为思想主旨，继承尧、舜、禹、汤、文、武、周公治国平天下的大本大源，以孔子为宗师。古代儒家圣贤，不仅坐而言，而且起而行，或者以事功垂诸百世，或者以言教传之千里。立德、立功、立言，是谓三不朽。《汉书·艺文志》谈到儒家之外的八家，介绍了"此其所长也"之后，接着是批评或贬抑，唯独对于儒家最为推崇，许之以"于道最为高"。这多少代表了汉代人以儒学居诸子之上的思想。

《淮南子·要略》曰："孔子修成康之道，述周公之训，以教七十子，使服其衣冠，修其篇籍，故儒者之学生焉。"《淮南子·俶真》高诱注曰："儒，孔子道也。"《淮南子·要略》重在肯定儒家对周代人文建制和人文精神的继承和发挥。

　　总之，儒的前身已不可考①，儒家的正式形成当在春秋末期的孔子时代。儒家是继承上古时期的文化遗产与周公孔子之道，讲述六艺之学的学者和教师，活跃于民间社会，他们是社会良知的代表，以其社会理想、道德价值、人文精神鞭笞、批判现实的污浊黑暗，关心老百姓的生计、疾苦，以礼乐文明的精神滋养社会道德，纯洁人们的心灵。战国时，各国当政者都不接受儒学，视其为迂阔之学，各学派也对儒学持批判态度。儒学正是在这种情况下渗透于全社会的。

　　孔子是儒家学派的创始人。孔子三十岁左右开始兴办私学，从此一直没有间断过"有教无类"的广泛授徒教学活动，逐渐形成完整的儒家学派主张，通过出仕、周游列国、归鲁删述六经等几个阶段，身体力行，把贵族垄断的王官之学散播到民间，贫穷百姓皆可"下学而上达"，学为君子，从而把衡量君子的标准从血缘、出身改变为有无德行和能力。其号称三千、遍布各诸侯国的众多弟子追随弘扬，使儒家学派影响深远。汉代独尊儒术，儒家从先秦诸子之一上升为国家意识形态和学术思想正统，儒学从此成为中国传统文化的主流。

　　孔子创立的儒家学派影响广泛，和他周游列国和晚年整理六经关系很

---

① 近世许多学者争论儒之起源问题。章太炎《国故论衡·原儒》认为"儒"有广狭之义和时代之别。古儒为祝史卜巫一类术士，可以作法求雨。此广义的、包括一切方术之士的儒为"达名之儒"。"儒"后来演变为"祖述尧舜，宪章文武，宗师仲尼"等通晓六艺之儒，为"类名之儒"。学术范围更狭，略懂德行政教之儒，为"私名之儒"。胡适 1934 年作《说儒》，考证儒是殷民教士，被周征服之后仍在困难条件下从事治丧、相礼及其他宗教职业，如祈神、求雨、驱鬼、乐舞等等。冯友兰 1935 年发表《原儒墨》，不同意胡适的殷遗民之说，并综合王官说与职业说，认为儒是有知识有学问的专家，西周末年贵族政治崩坏之后，在官的专家或有知识的贵族，散在民间，以教书相礼为生。"后来在儒之中，有不止于以教书相礼为事，而且欲以昔日之礼乐制度平治天下，又有了昔之礼乐制度以理论的根据者，此等人即后来之儒家。"郭沫若 1937 年发表《借问胡适》一文（后改名为《驳〈说儒〉》），否定胡适"儒是殷民教士"的观点，认为秦汉以后称术士为儒，是儒名的滥用。"儒应当本来是'邹鲁之士缙绅先生'们的专号。那在孔子以前已经是有的，但是春秋时代的历史的产物，是西周的奴隶制逐渐崩溃中所产生出来的成果。"徐中舒 1975 年发表《甲骨文中所见的儒》，认为甲骨文中的"需"字即原始的"儒"字，像沐浴濡身之形。徐文据此认为儒为殷商时代为人相礼、祭祖事神的人，是一种职业。他们在办事前要斋戒沐浴，以示敬诚。但徐中舒所据甲骨片为孤证。另请参见陈来：《说说儒》，载《原道》第 2 辑，北京：团结出版社，1995 年；赵吉惠：《现代学者关于"儒"的考释与定位》，载《孔子研究》，1995 年第 3 期。

大。在周游列国的过程中，他的道德理想主义的政治主张不为各国执政者所采纳，凄凄惶惶，找不到一个容身之所，在陈蔡竟陷于绝粮的窘境。但他仍然"知其不可而为之"，持守道义，席不暇暖，不畏辛劳，乐以忘忧，在困厄中与弟子"习礼大树下"，"讲诵弦歌不衰"（《史记·孔子世家》）。孔子重返鲁国后，以讲学和整理古代文献典籍为务。史载，"孔子以《诗》、《书》、《礼》、《乐》教，弟子盖三千焉，身通六艺者七十有二人"（《史记·孔子世家》）。"孔子闵王路废而邪道兴，于是论次《诗》、《书》，修起《礼》、《乐》"（《史记·儒林列传》）。"孔子之时，周室微而《礼》、《乐》废，《诗》、《书》缺。追迹三代之礼，序《书传》，上纪唐虞之际，下至秦穆，编次其事"（《史记·孔子世家》）。孔子对《诗》、《书》的内容加以取舍和编排，又对《礼》、《乐》作加工整理使之重新恢复。孔子晚年喜读《周易》，乃至"韦编三绝"，并亲自为《周易》作《传》，后人称之为《易传》。他又依据鲁国史官所记的《鲁春秋》改写成《春秋》，以褒贬是非善恶，史称"春秋笔法"。孔子最大的贡献是创造性地奠定了中华民族人文精神的核心价值观。

要了解孔子，《论语》是重要的资料，该书搜集了孔子与门人及当时人的一些对话，平易亲切，耐人寻味，反复诵读，加上自己的生命体验，甚有裨益。要研究孔子，光靠《论语》、《左传》、《史记》是不够的，《孔子家语》、大小戴《礼记》①及汉代人编撰的一些书、出土简帛文献中都保留了不少七十子后学传述孔子思想的资料，应予以充分关注。孔子是世界著名的思想家、卓越的教育家，是中国文化的伟大代表者。他提出的仁学理论集三代思想之大成，开儒家思想之先河。他用极大的精力从事文化

---

① 《孔子家语》（简称《家语》）详细记录了孔子与孔门弟子的言行和思想，魏王肃注。宋代以来被疑为王肃的伪作。1973 年河北定州八角廊西汉中山怀王刘脩墓出土了《儒家者言》，与《家语》相近，1977 年安徽阜阳双古堆西汉墓也出土了内容相近的简牍。2002 年 12 月，上海博物馆馆藏战国楚竹书第二册公布的《民之父母》，内容同于《家语》的《论礼》篇和《礼记》的《孔子闲居》篇。李学勤、庞朴、杨朝明等先生的论著论证了今本《家语》的原型是可信的。《礼记》，又称《小礼记》，是解释《礼经》的书籍。西汉时，传习《礼经》的有十三家，只有戴德、戴圣叔侄二人所传之礼行于世。戴德传《记》85 篇，称为《大戴礼》；戴圣传《礼》（《礼经》）49 篇，称为《小戴礼》，即习称的《礼记》。

古籍的整理工作，对古代教育、文化的发展作出了重要的贡献。

二、七十子之徒

过去讲先秦儒学，只是孔子—孟子—荀子，这太简单化了。我们读郭店楚简、上博楚简，都可以深化关于先秦儒学史的认识。

有这样几个方面是值得注意的。首先是六经，这是先秦儒学之根。六经以下才是孔子，孔子以下，是我们注意的第二个重点，即七十子。七十子的材料可以从文献中勾稽，也有出土文献的支撑，比如定县出土的《儒家者言》与《说苑》、《孔子家语》的内容有关，涉及到七十子。七十子以下，各家学派发展，最后才有孟、荀两大宗。孟子从心性学说的路子由内圣撑开到外王，荀子从社会学或制度化礼学的路子全面撑开了儒学。

六经的材料，最近出土简帛有不少，如帛书简书的《周易》、《诗经》（逸诗与孔子论诗）、《尚书》的材料等等。解释六经的材料，与七十子有关。简帛资料中有一些是解经的传、解、说等。儒家多派，绝不只有八派。

关于七十子，李零先生在《读书》2002 年第 4 期发表了《重见七十子》一文。过去李启谦先生有《孔门弟子研究》，有孔子及其弟子资料汇编等。《论语》、《史记》（其中《孔子世家》、《仲尼弟子列传》等篇）仍然是基本材料。李学勤先生《简帛佚籍与学术史》等几部近著都说到七十子问题。李耀仙先生《先秦儒学新论》也说到这些问题。

《论语·先进》说到孔门情况："从我于陈蔡者，皆不及门也。德行：颜渊、闵子骞、冉伯牛、仲弓；言语：宰我、子贡；政事：冉有、季路；文学：子游、子夏。"这就是广为人知的孔门"四科十哲"，即：颜回（子渊）、闵损、冉耕、冉雍；宰予（子我）、端木赐；冉求（子有）、仲由（子路）；言偃、卜商。

这里没有提到有子、曾子、子张，这三位重要的弟子当时年轻，未及赶上孔子困厄于陈蔡之际。子游、子夏虽列在这个行列，从年龄上看，也不可能在周游列国之前，进入孔门。

颜渊、冉伯牛、宰予、子路等，先孔子而死，闵子骞不求闻达，不可能创立学派。关于颜渊、子夏、曾子、子思等，请见拙著《诸子学志》。①

孔门早期弟子，年龄一般比孔子小三十岁以内，子贡是例外，小三十一岁。这一批弟子中最有可能创立学派的有仲弓（小孔子二十九岁）、商瞿、漆雕开三人；孔门晚期弟子，一般小孔子四十岁以上，有曾子、有子、子夏、子游、子张等人。除有子外，这四位是四大领袖。"子夏、子张、子游以有若似圣人，欲以所事孔子事之，强曾子。"（《孟子·滕文公上》）这遭到曾子强烈反对，拥立有子的事没有成功。但《论语》只对有若、曾参称子，可见有子的影响很大，门生也多。公孙丑说："昔者窃闻之：子夏、子游、子张皆有圣人之一体，冉牛、闵子、颜渊则具体而微……"（《孟子·公孙丑上》）这是指子夏、子游、子张各有孔子的一部分长处，而冉牛、闵子、颜渊则具有圣人之全体德行的苗头。

近年上海博物馆公布的购藏之楚竹书，有很多《孔子世家》、《仲尼弟子列传》中的人物，如颜回、仲弓、子路、子贡、子游、子夏、曾子、子羔、子思等人，有的甚至就是以他们的名字题篇。②

仲弓，这个名称与季路相似，仲、季是排行。子路姓仲名由字路行季，故称季路，后人尊为子路。仲弓，姓冉名雍字弓行仲，故称为仲弓，后人尊为子弓。仲弓长于西周礼制，"雍也可使南面"。孔子"为国以礼"。仲弓问仁，子曰："出门如见大宾，使民如承大祭。"仲弓长于此道，孔子引春秋时人的话为喻。荀子之学是礼学，所以荀子把孔子与子弓连举并尊。

荀子所尊的子弓是不是馯臂子弓（《仲尼弟子列传》作子弘）？馯臂子弓是商瞿的弟子，《汉书·儒林传》记为再传弟子，易学传人。荀子尚

---

① 郭齐勇、吴根友：《诸子学志》，上海：上海人民出版社，1998 年。其中第二章郭著《儒家》，有专节谈孔门弟子与再传弟子。

② 郭店楚简、上博楚简都有与今大小戴《礼记》相同的篇章，如《武王践阼》、《内礼》，见于《大戴礼》，前者据《大戴礼》题篇，后者有自己的题篇，内容却相当于《大戴礼》中的《曾子立孝》。上博简还有《孔子闲居》和《缁衣》，见于小戴《礼记》，据《礼记》题篇。郭店楚简也有《缁衣》。

礼，于六艺主张"隆礼义而杀诗书"（《荀子·儒效》），更主"学至乎礼而止"（《荀子·劝学》），可能子弓是礼学大师，荀子这里指的可能是德行科的能继承孔子之道传于后世的大儒（李耀仙主此说）。但很多学者认为荀子之师的子弓不可能是冉雍或子张，《荀子》的易学来自传《易》的馯臂子弓。《荀子》之《非相》引《易经》，《大略》引《易传》，《天论》本于《系辞》加以发挥。馯臂子弓是楚人。关于子弓（冉雍）的材料，我们还要再发掘。

商瞿（子木），鲁人，小孔子二十九岁。《仲尼弟子列传》："孔子传《易》于瞿，瞿传楚人馯臂子弘。"孔子五十岁左右学《易》，并把《易》所言"性与天道"传授给门人。商瞿是孔门"可与言《易》"的门人，早期弟子，可能属文学科。他传易学，代有传人，至汉不绝。《易传》可能是商瞿氏之儒一派。他未随孔子出游，早期都未随。

漆雕开，即漆雕启，名凭，字子修，鲁人或蔡人，小孔子二十一岁（一说十一岁）。《公冶长》篇记了一句："子使漆雕开仕，对曰'吾斯之未能信'，子说。"《韩非子·显学》儒家八派中有漆雕氏之儒。他重儒行，强调"强"的一面，但不会是《显学》篇所说的如北宫黝那样的武夫。① 他有著作传世，《汉志》有"《漆雕子》十三篇"。

曾子是孔门晚期弟子中的翘楚，在儒家孔门最早的分化中，不以有若似圣人。他有省察工夫，应属于德行一类。曾氏之儒应是儒家很大一个派别。曾子下开数个向度与学脉，他继承孔子的孝道思想，我们在定县八角廊竹简《儒家者言》看到类似孝经中的话，如："肤受诸父母曾子"，"何谓身体发肤弗敢毁伤□乐正子"，"毁伤父不子也，士不友也□□"，"尊荣九忧，子道如此可谓孝"等，这是讲孝道、《孝经》的一派。还有讲省察工夫和忠恕之道的《大学》一派，还有由曾子开出的子思—孟子学一派，还有乐正子，乐正子春。子思氏之儒、乐正氏之儒都与他有关。

---

①《显学》以"不色挠、不目逃"说"漆雕之议"，这恰是《孟子·公孙丑上》说"北宫黝之养勇"的话。

子夏。六经多为子夏所传。后儒以子夏为传经之儒，汉儒宗子夏；以曾子为传道之儒，宋儒宗曾子。子夏是晚期弟子，小孔子四十四岁，以文学见长。孔子曾勉励他："汝为君子儒，无为小人儒。"子夏又与夫子言诗，夫子许之曰："起予者，商也，始可与言《诗》已矣。"《后汉书·徐防传》载："《诗》《书》《礼》《乐》，定自孔子，发明章句，始于子夏。"《史记索隐》载："子夏文学著于四科：序《诗》传《易》，又孔子以《春秋》属商，又传《礼》，著在《礼志》。"在传道方面，与曾子分庭抗礼，的确是十分重要的人物。

孔子有多个面相，子夏也有多个面相。孔子死后，"子夏居西河教授，为魏文侯师"（《史记·仲尼弟子列传》）。"七十子之徒散游诸侯，大者为师傅卿相，小者友教士大夫"（《史记·儒林列传》）。有很多长于言语、政事和文学者真正得志，参与列国社会政治改革。"子张居陈，澹台子羽居楚，子夏居西河，子贡终于齐"（同上）。

子夏对三晋地区的制度性建构、法术传统有影响，如荀子及其弟子韩非、李斯。战国晚期，流行刑名法术和阴阳五行，儒家与这类学者对话，主要是制度派而不是道德派。子夏不在儒家八派之中，可见八派之说有问题。

言偃，字子游，晚期弟子，小孔子四十五岁（一说三十五岁），以有若似圣人，是他提出拥立有子，参加孔门第一次分派的争论，后自立一派。他为武城宰，有弦歌之声（《论语·雍也》），通晓《曲礼》。《礼记·檀弓》上有他关于舞乐的记载："人喜则斯陶，陶斯咏，咏斯犹，犹斯舞，舞斯愠，愠斯戚，戚斯叹，叹斯辟，辟斯踊矣。"我们在楚简《性自命出》中也读到同样的材料。《礼运》是他的门人所记。据《礼记·礼运》，子游独闻夫子的大同思想。后有颜氏之儒，李零说也可能是言游学派。郭店楚简出，对子游的重视日增。

颛孙师，字子张，陈人（鲁人），小孔子四十八岁，是孔子晚年最年轻的弟子，尚仪表，很帅，很酷（同学有"堂堂乎张也"的评价），言行有些过头，"师也过，商也不及"（《先进》）。他是气度恢弘之人，性情未免浮夸，子夏性情笃实，气度未免狭小。子张与曾子之母同时死，见《檀弓》，亦早逝。

荀子《非十二子》抨击子张、子夏、子游，说三派之贱儒，但未抨击曾子。《论语》今本所记孔子弟子发表己意之言，曾子凡十三见，子夏凡十二见，子张凡二见，子游凡四见。此四人在同门中年龄最小，为后期弟子的佼佼者。

前期弟子，颜子言仅一见，赞孔子，子贡言凡七见，赞孔五，己见二。

《显学》篇有说颜氏之儒、子思氏之儒、孟氏之儒、孙氏之儒、仲良氏之儒、乐正氏之儒。颜氏之儒不可能为颜氏所创。有说"颜"、"言"无别，可能指言偃子游。子思之学行与曾子可以媲美，其体认仲尼之道与曾子略有出入。从曾氏之儒分出，自立门户。郭店简有《鲁穆公问子思》的专篇，可见其为人为学。《中庸》思想渊源主要出于曾子，其中性与天道等思想，与《易传·系辞》有关。乐正氏为乐正子春，亦曾门俊彦，体道有殊，自成一派。据《檀弓》，曾子临终前，乐正子春坐在其床下，曾子的儿子曾元、曾申坐在曾子脚边。

仲良氏之儒，是仲梁子的学派，他也可能是曾子的学生。一说是陈良，《滕文公上》说他是"楚产"，"北学于中国"之前就"悦周公仲尼之道"，可能受到澹台灭明的影响。澹台灭明居楚，据说有弟子三百人，陈良是其中佼佼者。

宓不齐，字子贱，鲁人，曾为单父宰，《汉志》有《宓子》。

孟子"受业子思之门人"，公开宣称是孔子的"私淑"弟子，基本上是受曾子、曾氏之儒的影响。孔子—曾子—子思—孟子一系是儒学重要的一个发展走向，但不是全部。这一派后来为宋儒表彰，近人称为"思孟学派"。

孙氏（荀子）之儒。荀子在赵时，初识儒学，后游学于齐，经过长时间探索，才从子弓的路子深入孔子堂奥。他对思孟学派提出挑战，与曾氏之儒主省察的工夫取径不同，对子夏、子游、子张之儒无一好评，派性很强。

孔子前期弟子立派是共时性的，后期弟子立派是历时性的。七十子后学中，有大同小异者，有小同大异者，有并行不悖者，有水火不容者。小同大异，莫如子弓氏之儒与曾氏之儒，其后又衍为孟荀的分别。争论最激烈的是拥有派与反有派之争。指责最严厉的，莫如孙氏之儒之对思孟之儒。这是《显学》篇没有认识到的。

七十子弟子公孙尼子。《公孙尼子》一书已散佚，只有《乐记》尚有一部分保存在《礼记》之中。《乐记》有一大段文字类似《系辞》，可能来自《系辞》。《乐记》的文字颇为战国晚期以至汉初著作援用，如《荀子》、《吕氏春秋》等。当然，也有不少学者认为《乐记》抄《荀子·乐论》。《春秋繁露》引公孙尼子养气之论，以"中和"为中心观念，这一观念又见于《易传》和子思的《中庸》，说明公孙尼子同子思一派接近，也反映时代相若。可能《易传》的形成早于子思、公孙尼子，相当于七十子之世，与孔子相近。①

前面已说荀子与《易》有关。荀子学《易》源于馯臂子弓。馯臂子弓，楚人，久居楚，其学又传于楚人陆贾、穆生等，战国秦汉之际楚地的《易》学与他有关。帛书《易传》中的易学家有昭力、缪和（即穆和，兰陵人），都是楚人。帛书《易》是楚地易学的一个流派。

以上提到上博楚竹书《孔子闲居》，上海博物馆发表时在第二册定名为《民之父母》。整理者濮茅左先生说，此篇内容见于今本《礼记·孔子闲居》及《孔子家语·论礼》。《家语》之《论礼》则包含了《礼记》中《仲尼燕居》与《孔子闲居》的内容。《民之父母》是子夏与孔子的问答，子夏请教孔子《诗经·大雅·泂酌》的"岂弟君子，民之父母"，问如何才能成为"民之父母"。本篇可见孔子与子夏的关系以及孔子的仁政思想。此篇记载孔子激赏子夏："善哉！商也，将可教诗矣。"我们读《论语》可知，孔子称美子夏的"礼后乎"的问题意识，在"绘事后素"章讲可以与子夏言诗矣。由"言诗"而"教诗"，可见子夏的长进。

---

① 《史记》说"孔子晚而喜《易》，序《彖》、《系》、《象》、《说卦》、《文言》"，孔子与《周易》关系密切，《易传》或出其手，或为门弟子所记，成书约与《论语》同时（李学勤）。《中庸》、《荀子》都引《易传》，不是晚出之书。当然当时《易传》的面貌，不一定与今传本完全相同。

上博楚简第二册另有《子羔》篇，李零先生认为此与第一册的《孔子诗论》、第二册的《鲁邦大旱》为一篇。《子羔》记述了孔子回答子羔所问尧、舜和禹、契、后稷之事，二帝三王的远古帝王系统。

上博楚简第三册《仲弓》篇很有意思，记载了孔子与仲弓（冉雍）的对话。上博楚简的资料大大丰富了孔子与孔门弟子的思想内容。此篇记载冉雍为季桓子的家宰，请教孔子一些问题，可与《论语》中《子路》《颜渊》等篇记载的孔子与冉雍的对话相比照，如"老老慈幼"一句就不见于《论语》。

三、儒家学派的发展和影响

孔子创立的儒家学派，在战国时代经过七十子之徒的传播，影响日益广大，绵延不绝。"自孔子卒后，七十子之徒散游诸侯，大者为师傅、卿相，小者友教士大夫，或隐而不见。故子路居卫，子张居陈，澹台子羽居楚，子夏居西河，子贡终于齐。如田子方、段干木、吴起、禽滑厘之属，皆受业于子夏之伦，为王者师。是时，独魏文侯好学，后陵迟以至于始皇，天下并争于战国，儒术既绌焉，然齐鲁之间学者独不废也。于威、宣之际，孟子、荀卿之列，咸遵夫子之业，而润色之以学，显于当世。"（《史记·儒林列传序》）战国时代诸侯兼并战争越演越烈，各诸侯国以邻为壑，富国强兵是其关注的重心，故儒家提倡的王道理想不逢其时，除以继承孔子之职志为己任的七十子之徒如孟子、荀子努力弘扬儒家思想外，很多儒门弟子或为隐者避世，如庄周之属；或应时之需，转相以霸道法术事诸侯，如吴起、商鞅、韩非等，他们各持主张，著书立说，"道术将为天下裂"（《庄子·天下》），形成了战国诸子百家争鸣的学术繁荣局面。秦始皇统一全国，实行独用法家、焚书坑儒的文化专制政策，儒学退藏于民间。

汉初，刘邦改变了打天下时对儒生的痛恨，开始亲和儒学。刘邦过鲁，"以太牢祠焉"（《史记·孔子世家》）。太牢指以牛、羊、猪三牲来祭祀，是最高等级的祭祀。刘邦原不好儒，曾羞辱儒士，把尿撒在儒帽中，然而他在战后经过鲁国去曲阜祭祀孔子，预示着统治者从马上打天下到马下治天下的转化。① 当然，汉初六七十年间，即高、惠、文、景时期，主导思想为黄老之学，那是因为在战乱之后，民生凋敝，一定要实行"与民休息"的政策。汉武帝"表彰六经"之后，儒学地位上升。在成、平时期，为了治天下，统治者的目光转向儒学。由于儒家善于继承传统文化、典章制度并顺应时代加以因革损益，平易合理，使朝野都能接受。一张一弛，文武之道。为了长治久安，要改用文治为主，管理上路，更多以温和的方式，用制度化的方式来治理社会。特别是，儒家所强调的仁、义、忠、恕之道及其内在的价值使社会秩序得以维系，即所谓"序君臣父子之礼，列夫妇长幼之别"，足以内裕民生而外服四夷。民生问题与外族入侵的问题，是汉代政府及以后历朝历代政府特别要认真对待的两件大事。使四夷信服，当然要文武交济，但以怀柔为主，以德服人，民族和亲。所以，在先秦诸子各家学说中，唯有儒学被大汉帝国最终选定为治国平天下的统治思想，尔后直至清代莫不如此。

汉代的中央政府，特别是东汉及以后的中央政府，实际是文治政府，彼时的文官制度已相当发达，为彼时全人类、全世界所仅有。参与政治甚至参与最高政治的，都是接受过儒学教育（它基本上是一种人文教育）而又来自民间下层的知识人。汉武帝以后，儒家典籍被尊为经，而治儒业、通经术者都成为政府重要官员。"自孝武兴学，公孙弘以儒相，其后蔡义、韦贤、玄成、匡衡、张禹、翟方进、孔光、平当、马宫及当子晏，咸以儒宗居宰相位，服儒衣冠，传先王语。"（《汉书·匡张孔马传赞》）西汉宣帝曾于甘露三年（前51）在石渠阁主持会议，讨论五经异同，制定了《石渠阁议奏》以期统一经学。东汉光武帝于建武五年"冬十月，还幸鲁，使大司

---

① 《史记·郦生陆贾列传》："陆生时时前说称《诗》《书》。高帝骂之曰：'乃公居马上而得之，安事《诗》《书》！'陆生曰：'居马上得之，宁可以马上治之乎？且汤武逆取而以顺守之，文武并用，长久之术也。昔者吴王夫差、智伯极武而亡；秦任刑法不变，卒灭赵氏。向使秦已并天下，行仁义，法先圣，陛下安得而有之？'高帝不怿而有惭色，乃谓陆生曰：'试为我著秦所以失天下，吾所以得之者何，及古成败之国。'"于是就有了陆贾的《新语》。这一段话很能代表汉初知识人的认识，他们促使当政者实现由乱而治，由马上到马下的转化。陆生仍是儒学特别是孟子学的传统，甚至语言都与孟子相似或相同。

空祠孔子"(《后汉书·光武帝纪》)。汉明帝于永平十五年(72)"幸孔子宅,祠仲尼及七十二弟子,亲御讲堂,命皇太子诸王说经"(《后汉书·明帝纪》)。汉章帝于建初四年(79)在白虎观主持经术大会,制定了《白虎议奏》。章帝于元和二年(85)亲到阙里,以太牢祠孔子及七十二弟子。孔子庙原为春秋鲁哀公初立于阙里。北魏时,因汉时尝封孔子为宣尼公,故改称宣尼庙。北齐时,各地郡学皆于坊内立孔颜庙,于是孔子庙遍及于北齐之外郡。唐贞观时,朝廷以仲尼为先圣,颁行《五经定本》与《五经正义》,诏各州县皆立孔子庙,于是孔子地位升格,孔子庙乃遍及于全国。其后有所反复,但玄宗上台后"依贞观故事",开元二十七年(739)追谥孔子为文宣王,孔子庙改为文宣王庙。宋真宗大中祥符元年(1008),加谥孔子为元圣文宣王,五年,改谥至圣文宣王。元大德十一年(1307)加号孔子为大成至圣文宣王。明永乐以来,孔庙又称文庙。明嘉靖九年(1530)厘正祀典,始为木主,题至圣先师孔子神位。清顺治二年(1645)定谥为大成至圣文宣先师孔子,顺治十四年(1657)改称至圣先师孔子。民国三年(1914)礼制馆规定,文庙恢复称孔子庙。庙中正殿中为孔子像,左右列四配十哲先贤像。四配指颜子、曾子、子思、孟子,配享祭祀。其弟子及历代大儒之袝祀者,均分列于东西两庑,岁时致祭,典礼隆重。自古以来,诸侯、卿相及地方长官,至必先行谒庙,然后从政。路过孔庙,百官深怀尊重与敬畏之情,文官下轿,武官下马。孔庙与州县学或书院一般建在一起,古代规制,左庙右学,左边是孔庙建筑,右边是州(府)县学或书院的建筑。长沙岳麓书院尚可管窥古代庙学并立的规模。

以上所说历代官方的尊孔祭孔的原因是非常复杂的,但总体来说是稳定社会的需要。当然,这并不意味着儒学只属于官方或精英,儒学具有草根性。历史上真正的儒学与儒家一方面是建设性的、建构式的,另一方面是批判性的,在体制内外批判执政当局的。官方视儒学为统治思想,并不意味着全面认同和接受儒学,故朱元璋当了皇帝一定要修改《孟子》。汉代以后统治阶级对儒学的需要和利用,使儒学具有了两重性。

儒学中确有与传统政治粘连的弊病，这是需要批判的，但儒学更多的作用与价值并不在此。

孔子创立儒家学派之后，儒学发展经历了四个时期，即四个大的历史阶段。① 儒学发展的每一个阶段，形成的有特色的儒家思想系统或社会人生观念，都是因应中国社会内部的需要而产生的。儒家或儒学有其一以贯之的常道，但也有因时而异、与时偕行的变道，这种变化发展主要源于中国社会内部的需要，源于中国社会文化内部的调适，同时它也是回应外部社会文化挑战的结果。

大体上，我们可以说，先秦是儒学的创立期，汉至唐代是儒学的扩大期，宋至清代是儒学的重建与再扩大期，清末鸦片战争以降直至今天是儒学的蛰伏期，也是进一步重建与扩大的准备期。儒学即将迎来第五期，即现代之大发展期。

这四个阶段的文化背景各不一样。第一时期（先秦）是中华人文价值理性的奠基期，是黄河、长江流域的文化与周边不同族群的文化大融合的时期，初步形成了中华多民族及其文化的融合体。第二时期（汉魏两晋南北朝隋唐）是中华多民族及其文化融合体的确立期，中华制度文明的建构已相当成熟的时期，与周边各民族及域外文化扩大交流的时期，也是印度佛教文化传入中国，与中国文化、思想、哲学、艺术、宗教不断融合的时期。第三时期（宋元明清）是士庶二元社会结构解体，文明在全社会下移、推开的时期，世俗化的时期，也是进一步消化印度佛学并重振中国文化及儒学的主体性的时期。此一时期的道学（或理学）是整个东亚文明的体现，它在朝鲜半岛、日本列岛和越南等地区和国家都得到深化与发展。第四时期（清末至今）是西欧与美国文化作为强势文化冲击中国文化的时期，也是东西文化、思想、哲学、宗教碰撞与交融的时期，中国文化及儒学在总体上处于劣势并蛰伏的时期，是消化西方文化及学

---

① 这与笔者有关整个中国哲学史的分期有关。请详见郭齐勇编著：《中国哲学史》"导言"，北京：高等教育出版社，2006 年。

术，再建中国文化及儒学之主体性的准备或过渡的时期。这四个阶段的时代特征、社会场景不同，儒学自身的治学风格、问题意识与中心范畴既有延续性又有差异性，各有其重心与特色。

孔子所在的第一阶段，诸子峰起，百家争鸣，儒家不仅最先兴起，而且也最盛行。如钱穆先生所言，儒学是中国社会与中华文化的正宗与主干，二千五百多年以来，儒学适应并渗透在华夏社会的大群人生之中；孔子以前学在官府，儒学是春秋时代学术下移的产物，是由贵族学向平民学转化的产物；儒家最看重学校与教育，讲师道与君道的合一，即道与治的合一；君师合一则为道行而在上，即是治世，君师分离则为道隐而在下，即为乱世；儒家所讲的道，不是神道，也不是君道，而是人道；他们不讲宗教出世，因此不重神道，也不讲国家无上与君权至尊，因此也不重君道；他们只讲一种天下太平、世界大同的人生之道，即平民道；儒家是古代文化思想的继承者，另一方面也是新价值系统的创造者。①

孔子启其端的先秦儒家继承三代大传统的天、帝、上帝、天命、天道的终极信仰，以礼乐文明为背景，以"天人性命"问题为枢纽，肯定天道、天命下贯为人之性，创立了凸显人性尊严、人道自觉、人格独立的"仁"学系统，侧重解决天人之际中"人是什么"的问题及人之所以为人的问题，主张通过人文建构、人事活动，特别是道德活动上达天德，把宗教、哲学、政治、道德密切地结合了起来。儒道及诸子以"气"的传统与相对相关的"阴阳"观念，形成连续性、整体性的宇宙观及宇宙生成论。他们反思文明源头，思考天人性命问题以及文化制度对于人的限制问题，并环绕天人性命之学这一中心而展开论辩。特别值得注意的是，《易传》的天地人三才系统，其宇宙生命、气化流行、继善成性、德业双修论，是儒道思想的大综合。

---

① 详见钱穆：《中国儒学与文化传统》，载《中国学术通义》，北京：九州出版社，2011 年。

第二节　孔子天命观

一、天的内涵

"天"在中国人心中并不仅仅是指自然界，而是会对人们的生活产生重要影响的根源性存在。自古以来就有"天佑大德"、"以德配天"之说。中国历朝历代的政权，都自认为来自天之所命，史书记载受命君主几乎在降生时均有种种神迹的出现。农业收获与作战之中，也屡屡有天相助。就儒家而论，"天"也是有意志的，它代表人所不能控制的神秘力量。孔子在面临困境和高徒颜回去世时，就发出对"天"的感叹。《礼记·郊特牲》云："万物本乎天，人本乎祖，此所以配上帝也。"《礼记·礼运》认为人事是以天为本的："礼必本于天"，"政必本于天"，而且，"圣人作，则必以天地为本。"人的命运虽然有赖于人事修为，但能否实现以及实现的程度又不完全是由人自己所决定的。

在《尚书》、《诗经》、《左传》中，保留了不少宗教神性意义或权威意义的人格神的"天"的资料。在《诗经》中，也保留了不少人们怀疑权威意义的人格神的"天"的资料。

《论语》中有关"天"的看法，也比较复杂，既有宗教神性或主宰意义的"天"，有形而上的"天"，有道德义理的"天"，有自然的"天"，也有偶然命运的"天"。以下我们稍微详细地讨论《论语》中的"天"。

第一是命运的"天"。

"司马牛忧曰：'人皆有兄弟，我独亡。'子夏曰：'商闻之矣：死生有命，富贵在天。君子敬而无失，与人恭而有礼。四海之内，皆兄弟也——君子何患乎无兄弟也？'"（《论语·颜渊》）孔子学生司马牛忧愁地说，别人都有兄弟，而我独独没有。子夏说：我听人家说过，人的生死、富贵，听之于命运，靠天的安排。一个君子严肃敬业，谦恭有礼，在四海之内，到处都有兄弟，哪里会犯愁没有兄弟呢？从全章来看，子夏并不相信命运之说。但他引用的"死生有命，富贵在天"一句里的"天"与"命"都具有偶然命运的涵义。

第二是自然的"天"。

"子曰：'予欲无言。'子贡曰：'子如不言，则小子何述焉？'子曰：'天何言哉？四时行焉，百物生焉。天何言哉？'"（《论语·阳货》）孔子行不言之教。子贡说，老师要是不说话，我们做弟子的如何继承、传续老师的思想呢？夫子说，老天爷并不说话，不发号施令，然而四季照样运行，百物照样生长。天说了什么呢？在这里，"天"是指自然之天。

第三是道德义理的"天"。

"获罪于天，无所祷也。"（《论语·八佾》）卫灵公的权臣王孙贾暗示孔子，与其巴结卫灵公，还不如巴结他。于是孔子有此一说。孔子的意思是，若是做了坏事，得罪了上天，就不必再祈祷了，巴结谁都是不行的。在这里，孔子承认天的权威，同时，此句又有人的行为如不合于天（天理），祈祷也没有用的意思。故这里的"天"，可以说是道德之天或义理之天。天不是一个可以取媚的对象，而是价值的源头。

"子曰：'天生德于予，桓魋其如予何？'"（《论语·述而》）这里的"其如予何？"意谓又能拿我怎么样呢？桓魋是宋国的司马向魋，宋桓公的后代。孔子师徒到了宋国，宋司马向魋想杀孔子，但孔子坦然自处，说："老天既赋予我这样的美德，向魋又能对我怎么样呢？"此处的"天"，已不是主宰之天的天帝，而是义理之天的天道。孔子自信有德，德来自天，故作此说。

第四是自然之"天"与道德义理之"天"的交叉整合，不是纯自然的也不是纯道德的"人"。

天有创造精神，是万物的创造之源，但采取的却是默运的方式，而不是强行干预的方式。"天"的这样一种品格，也赋予了人类，特别是圣人。"子曰：'大哉！尧之为君也。巍巍乎！唯天为大，唯尧则之。荡荡乎！民无能名焉。巍巍乎！其有成功也。焕乎！其有文章。'"（《论语·泰伯》）"子曰：'无为而治者，其舜也与！夫何为哉，恭己正南面而已矣！'"

（《论语·卫灵公》）这是说，尧、舜都是以天为法则，无为而治的。孔子赞颂尧舜，发挥"天"的非人格性的观念。孔子回答鲁哀公问"君子何贵乎天道"时指出："贵其不已……无为而物成，是天道也。"（《礼记·哀公问》）这里看不到天的意志对于自然人事的干预，"无言"、"无为"的自然之"天"与"天道"按自己的秩序运转，生成长养万物。同时，这种"天"是圣人的榜样，是道德的根源与根据。

第五是保留有宗教神性或主宰意义的"天"。

孔子也是凡人，也发脾气、发牢骚，呼天叹天。如一次孔子大病，子路私下让孔子门人筹组治丧处，但按当时礼制，只有诸侯身份的人才能由治丧处料理后事，有些卿大夫僭行此礼。孔子病好后，对子路弄虚作假、违背礼制的行为不满，说："吾谁欺，欺天乎！"（《论语·子罕》）我欺骗谁呢？欺骗上天吗？有一次孔子去见卫灵公的夫人南子，南子名声不好，子路很不高兴，孔子就发誓说："予所否者，天厌之！天厌之！"（《论语·雍也》）我如有错的话，天厌弃我吧，天厌弃我吧！子曰："不怨天，不尤人，下学而上达。知我者其天乎！"（《论语·宪问》）皇侃曰："下学，学人事；上达，达天命。我既学人事，人事有否有泰（有吉有凶），故不尤人（责备人）。上达天命，天命有穷有通，故我不怨天也。"孔子认为自己承担着替天传续斯文的使命。这种使命感在旁人眼中是"知其不可而为之"的迂阔，所以孔子慨叹"知我者其天乎！"

以上数条材料，孔子呼天叹天，当然有把天作为主宰、作为有意志的神灵的含义，但不一定就真以为天或天意在主宰其人，只是借天聊以自慰或宣泄情感。

"子畏于匡，曰：'文王既没，文不在兹乎？天之将丧斯文也，后死者不得与于斯文也；天之未丧斯文也，匡人其如予何！'"（《论语·子罕》）孔子离开卫国去陈国时途经匡地。匡人受过鲁国阳货之虐而恨之，而孔子貌似阳货，故匡人误以孔子为阳货而囚禁之。孔子认为自己为天所命而传续文武周公之道。孔子不仅有"德"的自信，而且有"文"的自信，故敢说：周文王死了以后，文化精神遗产不都在我这里吗？上天如要消灭这种文化，那我也不会掌握这种文化了；上天如果不要消灭这一文化，那匡人又会拿我怎么样呢？这是儒家"为往圣继绝学"的文化担当精神的典型表述。孔子一身系文化神州的安危，是文化托命之人！这里的"天"，是天之所命的"天命"。华夏斯文不丧，自有其道理，故在这里是形而上的天的理命。

大概正是有这样的背景，孔子说："志士仁人，无求生以害仁，有杀身以成仁。"（《论语·卫灵公》）这是一种任道救世的精神。两千五百多年来，中华民族的志士仁人都有这种献身精神。曾子说："士不可以不弘毅，任重而道远。仁以为己任，不亦重乎？死而后已，不亦远乎？"（《论语·泰伯》）弘毅，宽广坚毅。朱熹说："非弘不能胜其重，非毅无以致其远。"（《四书章句集注》）"仁以为己任"，即以仁为己任，以人道自任。

二、终极关怀和价值信仰

人之为人，不能没有超越的向往，即终极的最后的关怀，支撑生命的信仰信念。孔子继承了三代大传统的天命观念。如说："君子有三畏，畏天命，畏大人，畏圣人之言。"（《论语·季氏》）孔子一方面保留了天的神秘性和对于天、天命的信仰、敬畏，另一方面又修正了周代关于天帝、天命只与天子、诸侯、大夫等贵族阶级有关的看法，而使每一君子直接地面对天帝，在人生的道路上去"畏天命"进而"知天命"，这就肯定了个人所具有的宗教性的要求。

孔子为什么要反复申言对天的信仰和对天命的敬畏呢？在这里，"天"关涉到人的类本质和类特性，首先是宗教性和道德性。孔子通过生命的途程与体验，来体悟天命与人之自由的关系："吾十有五而志于学，三十而立，四十而不惑，五十而知天命，六十而耳顺，七十而从心所欲不逾矩。"（《论语·为政》）孔子对上古宗教的改造，正是把超越与内在结合起来了。如果说"命"只是外在的命运的话，那么"天命"常常关系到内在。一个能够驾驭生活、驾驭世间外在力量并全面发展人的内在本性的人，一个积累了一定的生命体验（例如五十岁左右）的人，才能逐渐体悟到天所禀赋给人的本性本分，直接面对每个人的命运或局限，并对天道、天命和道德人格典范有所敬畏，而又积极地去追求生命的意义和死亡的意义，勇于承担自己应承担的一切，包括救民于水火，博施济众，修己安人，杀身成仁。这就把天做主宰转化为人做主宰了。面对死亡的威胁，孔子心地坦然地说："天生德于予，桓魋其如予何？""天之未丧斯文也，匡人其如予何！"这是天命论的题中应有之意。这说明在孔子那里，天命论不是被动、宿命的。相反，有道君子以天降大任大命为自我的担当，以一身正气系天下兴亡之责、文化神州的安危和人文传统的延续。这是孔子及孔子以后的大思想家、大儒和志士仁人的品格。这就是终极承担的意识！

孔子把对超越之天的敬畏与主体内在的道德律令结合起来，把宗教性转化为内在的道德性。天赋予了人以善良的天性，天下贯于人的心性之中。天不仅是人的信仰对象，不仅是一切价值的源头，而且也是人可以上达的境界。人本着自己的天性，在道德实践的工夫中可以内在地达到这一境界。这就是"下学而上达"。这基本上就是孔子的"性与天道"的思想。《论语·公冶长》所记"子贡曰：'夫子之文章，可得而闻也；夫子之言性与天道，不可得而闻也。'"子贡的意思是说，夫子关于文献上的学问，学生都听得懂，夫子关于"性与天道"的议论，学生不容易听得懂。"不可得而闻"，是听到了，但还不理解，即平时我们说的"听而不闻"。

孔子强调要在人事活动中，特别是在道德活动中去体认天命。于此，才能"不怨天，不尤人"（《论语·宪问》）。正因为生命有了这一超越的理据，所以儒者才有了积极有为的担当意识和超越生死的洒脱态度："人能弘道，非道弘人"（《论语·卫灵公》）；"朝闻道，夕死可矣"（《论语·里仁》）；"未知生，焉知死"（《论语·先进》）；"三军可夺帅也，匹夫不可夺志也"（《论语·子罕》）；"不降其志，不辱其身"（《论语·微子》）等等。由此我们可知儒家对于人格尊严的重视、强调与维护。孔子思想并不是如黑格尔在《哲学史讲演录》中所说，只是一些俗世伦理或常识道德。如上所说，孔子的人性、天命、天道的思想有深刻的哲学形上学与宗教的终极关怀的内容。

在孔子那里，"天"有超越之天（宗教意义的终极归宿）、道德之天（道德意义的秩序与法则）、自然之天（自然变化的过程与规律）、偶然命运之天等不同内涵。他在肯定天的超越性、道德性的同时，又把天看作是自然的创化力量。

李申的《中国儒教史》中说，历史上传说《河图》、《洛书》就是天的意志的表现，谁能接受《河图》、《洛书》，就意味着受了天命。在经受了种种颠沛与追求之后，直到晚年，孔子才发表感叹："凤鸟不至，河不出图，吾已矣夫！"（《论语·子罕》）孔子尽管修身增德，但仍然没有看到象征帝王权力的凤鸟和河图。但是，由于"天"代表不可控御的力量，始终会影响并决定人们的社会生活，所以在汉代儒术大盛之后，"天"便不时与人发生种种关系，左右着汉代的社会和政治生活。两汉之际大量出现的谶纬现象，李申认为，属于汉代儒学的有机组成部分。从汉代的整个思想和政治生活来看，谶纬是儒经的补充，它指示着儒经所未曾指出的东西，起到了儒经往往起不到的作用。孟子曾宣称"五百年必有王者兴"，《中庸》云"大德者必受命"、"大德必得其位"，但这仅仅只是预言，经书上并没有说明谁有德，也没指出谁该当皇帝。早在汉兴之前，陈胜便发出过"王侯将相宁有种乎"的疑问，而刘邦以一匹夫而君临天下，该当作何解释？在这种背景中，儒生们既要对现实作出合理解释，不违背统治者的利益，又要遵循儒经的基本原则，便出现了轰轰烈烈的造神运动。于是，刘媪路遇神灵受孕而生刘邦的说法出炉了。其后，王莽篡汉、光武中兴，都是伴随着种种符命、神迹而出现的。连张角的农民军起义，也是奉有神谕的。事实上，两汉间充斥天下的图谶，大多为儒生所造。当然，"天"意不仅是为某人当皇帝而对现实发生重要影响，而且也要对当政的统治者过分的荒淫作出告诫，种种灾异也会频频出现。天意不断显灵，不仅在汉代，而且在充满内忧外患的北宋真宗、徽宗朝经常出现。当时，代表天意的"天书"屡次降临，一国君臣陷入一种狂热的精神状态中。这些现象在今人看来十分明白，为了对某一政权之更迭作出合理论证，或为了控制正在失控的政权，必须借助人之外的神秘力量。但是，对于今人而言更为重要的恐怕不是指出其愚昧和荒谬，而在于认识当时的人们难以自觉到的困境，因为他们所信奉的经书在理论和实践上常常无法解释许多历史的、人生的奥秘。"大德者必受命"不失为政治上美好的理想，但谁是大德者？用什么方法来检验其德行高下？大德者面临失德之君如何取而代之？失德之君有几位自觉到其无德且甘愿退出皇帝的宝座？这些问题都是经书不可能给予回答的。在实践上，既有为儒家所尊奉的汤武之逆取，便为王莽、曹丕、司马昭、赵匡胤等人开了先河。儒生出身的王莽，勤勉好学，孝母尊寡嫂，不属于一般纨绔子弟之斗鸡走狗，至少从外在行迹上看不出他是小人，相信他是以修身增德自居的。在汉廷日益衰败的形势下，他所需要的只是天意的显示。当然，天意是会显灵的。那么，在这里我们就有一个如何看待他与这种显灵的"天意"之关系的问题。我们是否就可以轻易怀疑造作图谶的人对图谶本身的虔诚信仰呢？

于此，《中国儒教史》给出了令人信服的分析：对于这些试图代天立言的人来说，"谁都不怀疑天命，但是对于具体的祥瑞符命如何解释，相互矛盾的符命谶言究竟信奉哪些？则决定于本人的利益。相信有利于自己的神谕，否认不利于自己而有利于他人的神谕，是常见的宗教信仰现象。……这种状况，是信奉者自身利益相互矛盾的产物，而不是信仰是否虔诚或信仰是否真实的表现。"[1]宗教信仰本质上就是人类为自己的需要，为实现自己的追求和利益所制造的幻影。所以，信教者对自己伪造的有关事件也信以为真，王莽临死时还怀抱着他的符命，宋徽宗在沦为异族阶下之囚时仍身着道袍，头顶羽巾，一幅"天书"的虔诚信奉者模样。

谶纬与儒教是一种什么关系？其实，谶纬不过是儒家天人之学的极端发展，是作为政治学说的儒学的一种延伸。董仲舒高唱"天人感应"，司马迁亦云"天人之际"，其实，他们所云之"天"，亦和先秦儒家所云之

---

[1] 李申：《中国儒教史》上卷，上海：上海人民出版社，1999 年，第 440 页。

"天"一样，既具有自然义，又具有神性义。① 这两层意思不是相互平行没有交叉的。具有神性的天有时不得不根据形势的需要而通过自然之天表现出来。恰恰是通过自然（其实是对自然现象的某种解释，当然也有伪造的事件），天人才可能真实地发生相互的影响。儒家关注天人之际是因为他们信仰"天人合一"，虽说儒家"尽人事以听天命"，一方面谈"尽心、知性、知天"（《孟子·尽心上》），但另一方面又说"思知人，不可以不知天"（《中庸》）。从人到天，又从天到人，是否就构成了逻辑上的完全闭合呢？显然没有。因为，从人到天是一个无穷的实践过程，其理想状态只能是"心向往之"。既然如此，从天又回到人，就不得不表现出非常复杂的情况。孔子禀承修身增德的原则，但同时又"知之为知之，不知为不知"，谨守天命人事，虽竭尽身心，仍不见凤鸟、河图，故叹"吾已矣夫"。但孔子确是圣人，由他的生命的真实性可以得到说明。孔子之后，也有儒者以他为楷模，不轻信种种神迹显灵。即使在汉代，也有如郑兴、桓谭、张衡等人明确反对谶纬，斥之为妖妄之说。桓谭因上表反对谶纬差点掉了脑袋。他们不相信作为神的天会通过自然现象来表达自己的意志。但是，这并不等于说他们根本反对儒教的天人之学。张衡一方面反对谶纬，另一方面却也讲天人感应，又心仪于卦侯、九宫、风角等等。虽说他的这些喜好，又被后儒斥之为小道末枝，但就是这些小道末技，仍然说明，"作为儒者，天人之学也是他的灵魂和思想核心"②。

三、赋天命以仁

西周天命观发展出许多迥异于殷商天（帝）命观的内涵。殷商之"帝"为至上神，帝自有意志，人不能通过德行努力与帝命发生直接的关联，虽然可以通过虔诚祭祀帝与祖先乞求福佑，但只能消极接受难以把

---

① 李杜认为先秦天道观中的"天"具有自然义和神性义。参见李杜：《中国古代天道思想论》，台北：蓝灯文化事业股份有限公司，1992 年。
② 李申：《中国儒教史》上卷，上海：上海人民出版社 1999 年，第 561 页。

捉的上帝的命令和奖惩,故有较浓厚的命定论色彩。以周公阐释为代表的西周天命观则很少有命定论意味,人可以自做主宰的人间事务决定着是否得到、失去和保持天命,其衡量标准是统治者德行和民情民意。"西周的天命观是'无常'和'有常'的统一,'无常'是指天所命赐给某一王朝的人间统治权不是永恒的,是可以改变的;'有常'是指天意天命不是喜怒无常,而有确定的伦理性格。很明显,这里的天命都是一种'历史中的上帝'(缪勒)的意志体现,而不是指自然的秩序与法则。从此,天不再是喜怒无常的暴君,而是善恶有则的裁判。"①在西周天命观指导下,周公制礼作乐,使西周制度变革为中国传统宗教、政治和社会文化奠定了丰厚的基础。"天概念的新义,无疑在于重点从神权到德治的转移。德治理想表现于'天命'观念,并体现于周文王身上。道德成为君王的首要条件,甚至唯一条件。君王受尊为'天子',代天为民父母。"②

然而在两周之际,平王东迁之后西周转入衰落期,礼制败坏、淫奢暴政有作。恭王没懿王立,"王室遂衰,诗人作刺"③。先是王位继承违背了周公制定的立子立嫡制:"懿王崩,共王弟辟方立,是为孝王。孝王崩,诸侯复立懿王太子燮,是为夷王。"④接着,厉王侈傲,民不堪命,防口弭谤,召公谏而不听,乃有周召共和,王室衰微已极,不复能"怀德而畏威"⑤。宣王中兴却已经不能挽回颓势。幽王更为昏庸奢靡,为博美人一笑而烽火戏诸侯,失信于天下,断送了西周事业。平王东迁之后,虽然有周之名,诸侯各自为政,征伐争霸,王室形同虚设。"是后或力政,强乘弱,兴师不请天子。然挟王室之义以讨伐为会盟主,政由五伯,诸侯恣行,淫侈不轨,贼臣篡子滋起矣。"⑥对天命信仰的动摇导致孔子所面对的"礼崩乐坏"的春秋时代。

---

① 陈来:《古代宗教与伦理》,北京:生活·读书·新知三联书店,1996 年,第 193 页。
② 傅佩荣:《儒道天论发微》,北京:中华书局,2010 年,第 56 页。
③ (汉)司马迁:《史记》,北京:中华书局,1982 年,第 140 页。
④ (汉)司马迁:《史记》,北京:中华书局,1982 年,第 141 页。
⑤ (汉)司马迁:《史记》,北京:中华书局,1982 年,第 135 页。
⑥ (汉)司马迁:《史记》,北京:中华书局,1982 年,第 509 页。

在此政治社会背景下，天命观也发生了微妙的变化。春秋时代的"天道"（或天命）观念大致分化为三种涵义：一种是继承《周书》中周公阐释的"道德之天"的用法，一种是宗教的命运式的理解。还有一种是对"天道"的自然主义理解，这三个"天"的维度，在周公"以德配天"的"天命"观念之外，生长出多种天命观念的可能性。对"天命"的不同新理解，是战国诸子的先声，也是春秋"天命"观念怀疑论思潮的重要体现。"天命"怀疑论是春秋人道思想发展的重要触发点，当君王不能履行承诺的天子德业责任，当"天命"成为德不配位的君王诸侯淫侈行恶和攻伐战争的借口，逐渐失去了原来至高无上的地位，不再值得虔敬，不再成为正义的标准，于是人们的正义诉求从天上转向他处，寻求新的可以代行天命之功能的替代者，如"神"、"礼"等。一旦沦为统治者为自身谋取利益的借口，天命、神和礼本身也会失去政治正当性的价值意义。

孔子在这样的礼崩乐坏的时代，为了挽救逐渐跌落的天命信仰的神圣性和周礼的道德价值，对天命观进行了重要转换，即赋予"天命"以"仁"的内涵。就如古希腊苏格拉底把哲学从天上拉回人间一样，孔子把人人可以自主的"仁"赋予"天命"之中，既突出了"天"的道德意义，也把我们可以把控的"仁"作为人间美好秩序的形上根据。孔子"祖述尧舜，宪章文武"（《礼记·中庸》），《论语》中有关尧舜禅让的文献征引可能是最早涉及尧舜禹禅让故事的可靠文献内容。

> 尧曰："咨，尔舜，天之历数在尔躬。允执其中。四海困穷，天禄永终。"舜亦以命禹，曰："予小子履，敢用玄牡，敢昭告于皇皇后帝：有罪不敢赦。帝臣不蔽，简在帝心。朕躬有罪，无以万方；万方有罪，罪在朕躬。"周有大赉，善人是富。"虽有周亲，不如仁人。百姓有过，在予一人。"谨权量，审法度，修废官，四方之政行焉。兴灭国，继绝世，举逸民，天下之民归心焉。所重：民、食、丧、祭。宽则得众，信则民任焉，敏则有功，公则说。（《论语·尧曰》）

这段文字，分别引用《古文尚书》中的《大禹谟》、《汤诰》、《武成》、《泰誓》等篇原文或文意，突出尧禅让舜、舜禅让禹和汤武革命的共同特征是授仁人、尚德政之"天命"使然，德政的内容包括实行善政、重视传统和敬德保民。这是孔子继承周公天命观的基础上，把传说时代上推到唐虞之世的新构想，其凸显的是尧舜作为实践"仁"德的楷模。对夏商周三代，孔子也很称许，然而对周公损益夏商二代而制作之礼乐制度最为推崇，而其毕生理想正在于恢复以"仁"为内核的周礼：

> 子张问："十世可知也？"子曰："殷因于夏礼，所损益，可知也。周因于殷礼，所损益，可知也。其或继周者，虽百世，可知也。"（《论语·为政》）
>
> 子曰："周监于二代，郁郁乎文哉，吾从周。"（《论语·八佾》）
>
> 克己复礼为仁。一日克己复礼，天下归仁焉。为仁由己，而由人乎哉？（《论语·颜渊》）
>
> 仁远乎哉？我欲仁，斯仁至矣。（《论语·述而》）

孔子一生志在周公典礼，欲复修西周之政，行于东方。"如有用我者，吾其为东周乎？"（《论语·阳货》）"甚矣吾衰也！久矣，吾不复梦见周公。"（《论语·述而》）傅佩荣认为："孔子的终极关怀就在于承'礼'启'仁'，为中国人奠下生存所需的文化理念。"[1]在春秋"礼崩乐坏"之际，日益形式化的周礼已经不足以承载周公"敬德保民配天"的内涵。"人而不仁，如礼何？人而不仁，如乐何？"（《论语·八佾》）"为仁"才是孔子赋予德治之人道的重点所在。

孔子勉力为仁，以"仁"代替"天命"意识，有其"知天命"而"畏天命"的天命观背景。"五十而知天命"（《论语·为政》），"不知命，无以为君子也"（《论语·尧曰》），对天命的历史渊源和信仰机制了如指掌的孔子，大约在五十岁就彻悟天命，对"天命靡常"的深刻领悟使他"畏天命"，对待鬼神，孔子以敬畏而搁置判断的态度，譬如："子不语：怪、力、乱、神。"

---

[1] 傅佩荣：《儒道天论发微》，北京：中华书局，2010 年，第 80 页。

（《论语·述而》）"敬鬼神而远之。"（《论语·雍也》）天命中的多种涵义带有不可捉摸的神秘色彩，而孔子注重其中人道之"仁"本身可以由德配天的可控之天命部分，而搁置不可把控的天命其他部分。"子贡曰：'夫子之文章，可得而闻也；夫子之言性与天道，不可得而闻也。'"（《论语·公冶长》）孔子之"仁"即周公之"敬德保民配天"，是天命内涵中人可以勉力为之、自作主宰的德行，而周道衰败以来神与天命中人所不能把控的自然之天和命运之天内涵，则留给自然之"天"概念和命运之"命"概念之中，非不得已不予谈论。孔子对天保持着敬畏，以体悟的形式去把握，勇往直前，尽人事而顺天命。"君子之仕也，行其义也。道之不行，已知之矣。"（《论语·微子》）孔子要行周公之道于乱世，"知其不可而为之"（《论语·宪问》）。孔子勉力为之的，是要为有志行天道者立下履仁行义的楷模。"文王既没，文不在兹乎？"（《论语·子罕》）孔子正是以躬行"仁"道，来承担天命，守先待后，立法师表万世。①

第三节　仁学和礼学

一、"仁"的基本内涵

"仁"是孔子思想的中心观念，也是中国哲学的中心范畴之一。孔子一般不直接说"仁"是什么，正如老子一般不直接说"道"是什么一样。这也是中国哲学的方式。我们可以通过孔子与当时人的对话体悟"仁"的多重意涵。

第一，以"爱人"为"仁"。"樊迟问仁。子曰：'爱人'。问知。子曰：'知人'。樊迟未达。子曰：'举直错诸枉，能使枉者直。'"（《论语·颜渊》）孔子主张仁智双彰，以爱人为仁，知人为智。把这两方面综合起来，体现在用人上，所谓知人善任，即把正直的人提拔起来放在邪曲的人之

---

① 参见吴龙灿：《天命、正义与伦理——董仲舒政治哲学研究》，武汉大学博士学位论文（2012 年 5 月），第一章"天命"。

上。关于"爱人"，孔子继承周公以来的人道主义传统，不仅反对人殉人牲，甚至对用像人形的土俑木俑去陪葬都表示厌恶。"仲尼曰：'始作俑者，其无后乎！'为其象人而用之也。如之何其使斯民饥而死也？"（《孟子·梁惠王上》）推而论之，怎么可以让老百姓活活饿死呢？据《论语·乡党》，有一次退朝，孔子闻知马厩被烧了，他首先问"伤人乎"，不问马。孔子关心的是人，而不是马（及马所代表的财产）。他关心的人，包括饲养马的普通劳动者。这种爱人、同情人、关切人，包括爱、同情、关怀下层百姓，是"仁"的主旨。

孔子和早期儒家主张的"爱"是有差等的爱，孔子主张"泛爱众"，但他认为下手处是爱自己的亲人，再把对亲人的爱推出去，爱别人，爱众人。这与基督的"博爱"、墨子的"兼爱"是有区别的。爱有差等是人之常情。人对自己父母兄弟姐妹的爱是自然真挚的情感，这是泛爱众的基础与前提。泛爱众是把爱自己的父母兄弟之情推而广之，将心比心，推己及人，爱周围的人、社会上的人。《中庸》中记载孔子答哀公问政的一段话说："仁者人也，亲亲为大。义者宜也，尊贤为大。亲亲之杀，尊贤之等，礼所生也。"杀，降等、减杀之意。这就是说，"仁"是人的类本质，是人之所以为人之道，是以亲爱亲人为起点的道德感，是孝敬父母等亲情的扩大，即推己及人。"义"是合宜、恰当，尊重贤人是社会之义的重要内容，这是敬爱兄长之心的扩充。"亲亲之杀"是说"亲亲"有亲疏近远等级上的差别，"尊贤之等"是说"尊贤"在德才禄位上也有尊卑高下的等级。"礼"就是以"仁"（亲亲为起点）和"义"（尊贤为起点）的秩序、等第的具体化、形式化。以上说明，"仁"的第一义是"爱人"。

第二，以"克己复礼"为"仁"；仁德是礼乐文化的真实内涵。"颜渊问仁。子曰：'克己复礼为仁。一日克己复礼，天下归仁焉。为仁由己，而由人乎哉？'颜渊曰：'请问其目。'子曰：'非礼勿视，非礼勿听，非礼勿言，非礼勿动。'颜渊曰：'回虽不敏，请事斯语矣。'"（《论语·颜渊》）"克己"是约束、克制、修养自己。"复礼"是合于礼，实践礼。"为仁"是实践仁道。"克己复礼为仁"是孔子以前古代的思想与讲法，志书有记载。据

《左传·昭公十二年》："仲尼曰：'古也有志：克己复礼，仁也'，信善哉。"礼是一定社会的规矩、规范、标准、制度、秩序，用来节制人们的行为，调和各种冲突，协调人际关系。所以孔子回答颜回的提问，指出视、听、言、动都要合于礼。一个稳定和谐的人间秩序总是要一定的礼仪规范来调节的，包括需要有一定的等级秩序、礼文仪节，这是古今中外概莫能外的事情。礼随着时空的变化而变化。孔子重礼执礼，发掘礼的让、敬的内涵，一方面肯定"克己复礼"，主张"博学于文，约之以礼"（《论语·雍也》），即以礼修身，强调教养的重要性；另一方面则转向内在的道德自我的建立，强调"为仁由己"。儒家的学问是"为己之学"，而不是做样子给别人看的"为人之学"。

就礼乐文化制度、规范与仁德的关系而论，"子曰：'人而不仁，如礼何？人而不仁，如乐何？'"（《论语·八佾》）仁是仁德之心、仁义之行。"如礼何？"礼的本质如何呈现出来呢？人没有内在的仁德，对礼乐制度、规范或习俗，会怎么样呢？意思是，或者会违背礼乐，或者只是拘守外在的形式，没有内心世界与礼仪、音乐的交融。

"子曰：'礼云礼云，玉帛云乎哉？乐云乐云，钟鼓云乎哉？'"（《论语·阳货》）玉帛与钟鼓，为礼乐的器具。人有敬心奉献玉帛，有和气而演奏钟鼓，即有礼乐。没有内在的心灵，礼物与乐器都不能称为礼乐。

"林放问礼之本。子曰：'大哉问！礼，与其奢也，宁俭；丧，与其易也，宁戚。'"（《论语·八佾》）林放是鲁国人。"本"是本质、根本。"大哉问"，这是一个非常好的问题，用现在的话来说，林放有很强的问题意识。"易"指丧事的整个仪节十分周全，符合丧礼的规定。"戚"，发自内心的悲哀之情。这是说，礼仪，与其讲形式的奢华、排场，不如崇尚俭朴；料理后事，与其形式周全，不如内心悲伤，真情悼念。

"子夏问曰：''巧笑倩兮，美目盼兮，素以为绚兮。'何谓也？'子曰：'绘事后素。'曰：'礼后乎？'子曰：'起予者商也！始可与言诗已矣。'"（《论语·八佾》）倩，美貌。盼，黑白分明。"素以为绚兮"，白底子上画着花卉。"绘事后素"，先有白底子，再有图画。这三句诗，前两句出自《诗经·卫风·硕人》，第三句为逸诗。"礼后乎"，礼（乐）的产生在仁（义）之后。"起"是启发。孔子认为卜商子夏有举一反三的能力，从《诗经》中体悟到儒家的真谛，甚至对孔子自己都有启发，故说可以与子夏讨论《诗经》了。孔子激赏子夏由"绘事后素"而悟及"礼后"（礼形式背后的人的真性）。这表明，仁是礼乐背后的精神。没有仁的礼乐，只是形式教条，虚伪的仪节，支配性的社会强制，使人不成其为真实的人。这正是孔子要批评的。

"仁远乎哉？我欲仁，斯仁至矣。"（《论语·述而》）这里指出了礼乐形式背后的是生命的感通、人的内在的真情实感和道德自觉。"仁道"及其标准并不远离我们，现实的人只要有自觉，只要想去行仁，仁就在这里了。"为仁由己，而由人乎哉？""我欲仁，斯仁至矣。"这两句话在全世界道德哲学思想资料中，是最早最有理性的论断。这表明，道德是真正显示人之自我主宰的行为，道德是自己对自己下命令；不仅如此，是自觉而且自愿，是"由己"，而不是"由人"，即不是听任他律的制约或他力的驱使。孔子是世界上最早认识道德主体性和道德自由的文化伟人之一。当然，这并不抹杀礼的积极意义，礼是社会的节与度，礼使君子的行为保持一定的节与度，亦有助于道德的主体性、自律性原则的建立。合于礼、实行礼的过程是人性化的过程，是"仁"（内在性的道德）在特殊社会条件下的外在表现。孔子维持了仁与礼之间的创造性紧张，这是培养君子人格，从事道德的自我修养的很好的方法。由上可知，"仁"的第二义是"修己"，通过实践礼的工夫而有教养，同时不执定于礼，努力体认礼之内核，达到实践仁德的自觉、自愿、自律，挺立道德的主体性。

第三，"忠"与"恕"接近于"仁"。"子贡曰：'如有博施于民而能济众，何如？可谓仁乎？'子曰：'何事于仁，必也圣乎！尧舜其犹病诸！夫仁者，己欲立而立人，己欲达而达人。能近取譬，可谓仁之方也已。'"（《论语·雍也》）这句是说，似尧舜这样的圣人恐怕还担心做不到呢。己欲立而立人，己欲达而达人，是说一个有仁德之人善于推己及人，自己在社会上站得住，同时启发、帮助别人，让人家自己也在社会上站得住；自己通达了，同时启发、帮助别人，让人家自己去通达起来。能近取譬，指能够从自己身边选择（人和事作为）榜样。仁之方，践履仁道的方法。从这一章我们可知，在孔子心目中，"圣"（或圣人）是最高境界或层次（的人），"仁"（或仁人）是次于"圣"的。这一章重点讲的是"仁"的内涵的"忠"的一面。

什么是"仁"呢？仁就是自己要站得住，同时也启悟别人，让别人自己站得住；自己通达了，也要帮助别人，让别人自己去通达。人们都可以从自身、从当下的生活中一点一滴地去做，这是实践仁道的方法。孔子的意思不是外在强加地使别人立或达起来，而是创造一种气氛或环境，让人家自己去挺立自己的生命，在社会上站得住并通达人间。这才是仁人的品格。

"仁"的内涵的另一面是"恕"。"出门如宾，承事如祭，仁之则也。"（《左传·僖公三十三年》）这是孔子以前的讲法，春秋时人即以"敬"为"仁"的原则之一，敬事与尽忠有关。孔子进而指出，"己所不欲，勿施于人"的"恕"道也是"仁"的原则之一。"仲弓问仁。子曰：'出门如见大宾，使民如承大祭。己所不欲，勿施于人。在邦无怨，在家无怨。'仲弓曰：'雍虽不敏，请事斯语矣。'"（《论语·颜渊》）大宾，公侯之宾，指最尊贵的客人。大祭，郊禘之祭，指过去在郊外祭天的仪式。当然，按《周礼》，只有天子才有资格祭天。出门如见大宾，使民如承大祭，是敬；己所不欲，勿施于人，是恕；克己复礼，主敬行恕，皆求仁之工夫。"子贡问曰：'有一言而可以终身行之者乎？'子曰：'其恕乎！己所不欲，勿施于人。'"（《论语·卫灵公》）君子终身奉行的"恕道"是：自己所不想要的东西，决不强加给别人。例如我不希望别人羞辱自己，那我决不要羞辱别人。尊重别人，是别人尊重自己的前提。这里强调的是一种宽容精神与沟通理性，设身处地地为别人着想。

什么是孔子的一以贯之之道？曾子说："夫子之道，忠恕而已矣。"（《论语·里仁》）"忠"就是"中"，讲的是人的内心。"人之生也直，罔之生也幸而免。"（《论语·雍也》）人的生存由于正直，不正直的人也可以生存，那是他侥幸地免于祸害。孔子讲内在的"直"德，就是内不自欺，外不欺人，反对巧言令色，虚伪佞媚。"忠"又是尽己之心，"己欲立而立人，己欲达而达人"。这是内心真诚直德的不容已的发挥。"恕"讲的则是待人接物。"恕"是推己之心，"己所不欲，勿施于人"。综合起来就叫忠恕之道或絜矩之道。实际上，"忠"中有"恕"，"恕"中有"忠"，"尽己"与"推己"很难分割开来。这不仅是人与人之间关系的仁道原则，推而广之，也是国家与国家、民族与民族、文化与文化、宗教与宗教的相互关系的准则，乃至是人类与自然之普遍和谐之道。"仁"的内涵包括物我之间、人人之间的情感相通、痛痒相关。孔子之言"己所不欲，勿施于人"，镌刻在联合国大厦，又在 1993 年被世界宗教领袖大会通过的《全球伦理宣言》推尊为人类相处之道的最重要的规则。

《中庸》曰："忠恕违道不远。"这里，道指人道，即仁。忠恕未足以尽"仁"，是为仁之方，所以说违道不远。以上说的是"仁"的第三义——忠恕。

二、"仁"的道义原则和生命境界

孔子提出的道义原则、仁爱忠恕原则，以及仁、义、礼、智、信等价值理想，是以"仁"为中心的。孔子仁学是中国人安身立命、中国文化可大可久的依据。这些价值理想通过他自己践仁的生命与生活显示了出来，成为千百年来中国知识分子的人格典型。这是"仁"的第四层涵义。

"子曰：'里仁为美。择不处仁，焉得知？'"（《论语·里仁》）"里仁"，即处在仁的境界之中。我们居住在哪里呢？居住在仁里面。老汉口就有居仁门、居仁里。择，古人讲择业、择友、择邻。自我选择、追求生命的境界，不选择仁，哪能叫智慧的选择呢？

"子曰：'不仁者不可以久处约，不可以长处乐。仁者安仁，知者利仁。'"（《论语·里仁》）"安仁"，认识到仁是人安身立命的根据，不管生活是穷困抑或安乐，都以仁为人生的最高追求。"利仁"，认识到仁对于人生的长远而巨大的益处，由此而将仁作为人生的目的。没有仁德的人，经不起困顿、贫贱的考验，也经不起安逸、富贵的考验。不仅逆境是考验，顺境也是考验。人的一生，会遇到无数坎坷，也会遇到安乐，这是锻炼自己的心志、人格的机会。孟子所谓"富贵不能淫，贫贱不能移，威武不能屈，此之谓大丈夫"，所谓"生于忧患，死于安乐"，都是这个意思。

"子曰：'唯仁者能好人，能恶人。'"（《论语·里仁》）"好人"，喜爱应该喜爱的人；"恶人"，厌恶应该厌恶的人。仁者有一种直觉即当下的判断，有是非之心；仁者的好恶得乎其中（中道）。"子曰：'苟志于仁矣，无恶也。'"（《论语·里仁》）如果志于仁，坚定行仁的志向且实践之，邪念恶行也不能产生。可见立志的重要性。

"子曰：'富与贵是人之所欲也，不以其道得之，不处也；贫与贱是人之所恶也，不以其道得之，不去也。君子去仁，恶乎成名？君子无终食之间违仁，造次必于是，颠沛必于是。'"（《论语·里仁》）不用正当的手段摆脱贫贱，君子也不接受。发大财，做大官，这是人人所盼望的；然而不用正当的手段去得到它，君子也不接受。君子即使在吃完一顿饭的短暂时间，也未离开过仁德，就是在仓卒匆忙、颠沛流离的时候，都与仁德同在。人生存的价值就在于他能超越自然生命的欲求。

樊迟问仁。"子曰：'仁者先难而后获，可谓仁矣。'"（《论语·雍也》）有仁德的人以勇于担当艰难困苦为先，以有所收获为后，亦即后来范仲淹所说的"先天下之忧而忧，后天下之乐而乐"。

仁道的价值理想，尤其体现于人在道义与利欲发生冲突的时候。孔子不贬低人们的物质利益要求和食色欲望的满足，只是要求取之有道，节之以礼。"君子喻于义，小人喻于利。""士志于道，而耻恶衣恶食者，未足与议也。"（《论语·里仁》）"君子食无求饱，居无求安，敏于事而慎于言，就有道而正焉，可谓好学也已。"（《论语·学而》）

最后，仁德是生命的意境。孔子有自己的终身之忧和终身之乐："君子谋道不谋食"、"忧道不忧贫"（《论语·卫灵公》）；"德之不修，学之不讲，闻义不能徙，不善不能改，是吾忧也。"（《论语·述而》）他的快乐，是精神的愉悦。他赞扬颜渊穷居陋巷，箪食瓢饮，"人不堪其忧，回也不改其乐"(《论语·雍也》)。"饭疏食饮水,曲肱而枕之,乐亦在其中矣。不义而富且贵,于我如浮云。"(《论语·述而》)同时,孔子提倡追求人生修养的意境,游憩于礼、乐、射、御、书、数六艺之中,"兴于诗,立于礼,成于乐"(《论语·泰伯》)。

"子曰:'知者乐水,仁者乐山;知者动,仁者静;知者乐,仁者寿。'"(《论语·雍也》)乐,喜爱之义。此句意为:智者达于事理而周流无滞,有似如水,故乐水;不滞一隅,无所迷惑,故快乐。仁者安于义理而厚重不迁,有似如山,故乐山。内省不疚,无所忧伤,故高寿。

据《论语·先进》篇第二十六章,有一次孔子与几位弟子交谈,孔子说,如果有人愿意用你们,那你们打算怎么办呢? 刚强果敢的子路抢着说,自己愿去治理一个有一千辆兵车那样规模不大的诸侯国,如果它处在几个大国的夹缝中,外有强敌,内有灾荒,大约三年,我可以使该国生存下来,能让国民个个有勇气且懂方略。孔子听后,微微一笑;又问多才多艺的冉求,你有什么打算呢? 冉求说,若有一个方圆六七十里或五六十里的小国请我去治理,三年时间,我可以使人人富裕,至于礼乐制度文化方面的建设,则要另请高明。孔子接着问喜爱礼仪的公西华,你打算怎么样呢? 公西华说,我不一定能拿得下来,但愿学习而已。宗庙祭祀活动,国与国间的外交盟会之事,我愿穿礼服戴礼帽,做个司仪。孔子问曾参的父亲曾点,你怎么样呢? 曾点弹瑟正近尾声,铿的一声把瑟放下,站起来说,我与他们三位不同。孔子说,没有关系,不过是各人说自己的志向而已。曾点说,暮春三月,穿着春装,与五六个青年同学,六七个孩子,一道在沂水河边洗澡,又到祈雨的舞雩台上吹风,然后一路歌声,走回家来。孔子感叹说:"吾与点也。"我同意曾点的主张呀! 从这个故事里,我们可以领略到孔子的意境。孔子平日鼓励学生们积极到家国天下去从事管理工作,可在这特殊的场合,却认同曾点的情怀。这表明孔子儒家在入世的追求中,也有潇洒自在的意趣。儒家宗师孔子自强不息,努力奋斗,乃至知其不可而为之。另一方面,孔子也自得其乐,随遇而安,他有从容气象,悠然胸次,直与天地万物上下同流。曾点深知夫子之志,是使老者安之,朋友信之,少者怀之,人人各遂其志。孔子的人生境界有其超越层面。

生命境界是"仁"的第五层涵义。我们不妨把上述五层涵义融会贯通地加以理解,从不同角度理解"仁"。

广义的"仁"兼包"五常"、"四维"诸德目,狭义的"仁"则是"五常"之一。仁、义、礼、智、信"五常"以"仁"为内核。儒家的仁爱,是推己及人,即把亲爱亲人之心一层层向外推,即孟子所说的"老吾老以及人之老,幼吾幼以及人之幼","亲亲而仁民,仁民而爱物",也即张载《西铭》所说的"民吾同胞,物吾与也"。"仁"是天、地、人、物、我之间的相互感通和相互润泽。《中庸》引孔子的话说:"仁者,人也。"孟子说:"仁也者,人也。合而言之,道也。"(《孟子·尽心下》)在儒家看来,"仁"是人的最高精神境界,也是人之所以为人的本质属性与最高标准,是最高的道德原则。

至于仁、义、礼、智等德目的内容与关系,孟子说:"仁之实,事亲是也;义之实,从兄是也;智之实,知斯二者弗去是也;礼之实,节文斯二者是也;乐之实,乐斯二者,乐则生矣。"(《孟子·离娄上》)即是说,仁发端于侍奉父母,义发端于敬顺兄长。扩而充之,爱别的老人是仁,敬所有的年长者是义。仁兼义,但义不兼仁。仁义高于礼智。它们所处的层次不同。明白仁、义的道理而坚持下去是智。智是人对于仁、义、礼的了解。对仁、义的重要内容能合宜地加以调节,适当加以修饰是礼。礼是社会的行为规范。从侍奉父母、尊敬兄长中得到快乐,就是乐。孟子又说:"孔子曰:'里仁为美,择不处仁,焉得智?'夫仁,天之尊爵也,人之安宅也。莫之御而不仁,是不智也。不仁、不智、无礼、无义,人役也。"(《孟子·公孙丑上》)仁是天最尊贵的爵位,是天下之广居,是人最安逸的住宅(境界)。真正智慧、明智的选择,是生活在仁的境界中。

我们实际上讲到了仁、义、礼、智、信的相互制衡。例如仁与礼,仁为礼之内容,礼才不致流于形式。另一方面,礼为仁之节度,以礼节仁,过其所爱曰侵。故仁爱、亲情,不是没有节制的。孟子说:"言非礼义,谓之自暴也;吾身不能居仁由义,谓之自弃也。仁,人之安宅也;义,人之正路也。旷安宅而弗居,舍正路而不由,哀哉!"(《孟子·离娄上》)"夫义,路也;礼,门也。惟君子能由是路,出入是门也。"(《孟子·万章下》)扬雄进而指出:"或问仁义礼智信之用? 曰:仁,宅也;义,路也;礼,服也;智,烛也;信,符也。处宅,由路,正服,明烛,执符,君子不动,动斯得矣。"(《法言·修身》)仁是内在精神,义是行事的准则,礼是外观,智是照明的蜡烛,信是使人相信的符节。儒家讲仁者安仁、居仁由义,居住在仁里,把仁作为最佳处(里、宅),即以仁为境界,行走在义的道路上。人人都走的路是大路。义是路,礼是门。礼把仁与义的秩序、节度规定下来,而仁、义、礼、智、信之间有张力,君子人格的养成,正在此张力中实现。

三、"仁礼"体用不二

孔子重"礼"重"仁",继承春秋时期及以前的文化成就,尤其是周公开启的中华人文精神的传统。我们可以从孔子有关礼的阐释、仁礼关系、恢复周礼等方面理解孔子礼学思想。

"礼"起于民间习俗和原始宗教活动(对自然神灵与祖宗神灵的祭祀)。这些礼文仪节,除日常应事接物外,重大的如冠、婚、丧、祭、朝、聘、乡、射等,都有其具体含义。周代的礼乐,是当时的社会制度、等级秩序与生活规范,其中不乏维护周天子与各诸侯统治秩序的内容。孔子生当春秋末期礼崩乐坏之际,对王室衰微、诸侯纷争、臣弑其君、子弑其父、陪臣执国命等现象,对激烈的社会冲突与动荡,深感不安。礼是用来整饬社会生活秩序,确立名分等级,维护长幼之序,规定官员权力、职责、义务,节制骄奢淫欲,调节财物之用,甚至保护自然生态的。周代的礼乐制度,当然有时代的限制。但孔子并不固执于过时的礼,他主张因时制宜,随时损益,力图拯救礼乐中所包含的信念信仰与道德精神。

孔子重点揭示了"礼"的内涵、本质与功能。孔子说:"人而不仁,如礼何? 人而不仁,如乐何?""林放问礼之本。子曰:'大哉问! 礼,与其奢也,宁俭;丧,与其易(易在这里是铺张的意思)也,宁戚。'"(《论语·八佾》)没有仁德、没有真情实感的礼乐,只是形式教条、虚伪的仪节,甚至会变成支配性的社会强制，使人不成其为真实的个体的人，这正是孔子要批评的。在孔子看来，更为重要的是尊重人，是礼貌、礼敬与礼让，这是"礼"的内涵与本质。孔子主张依礼而行，每个人与别人相处，既不侮辱别人，也不与人亲昵失敬。君子待人接物时态度恭敬，凡事有节制，谦逊礼让。"子曰：'能以礼让为国乎？何有？不能以礼让为国，如礼何？'"（《论语·里仁》）以礼治国，是以内在的敬、让为实际内容，在行为上以遵循一定的仪节表现出来。但这不是拘守礼文仪节，而是以敬、让为本质，做到内容与形式的统一。孔子又说："君子义以为质，礼以行之，孙（逊）以出之，信以成之。君子哉！"（《论语·卫灵公》）君子对待事业或一件事情，以合宜为原则，以礼来实行，用谦逊的语言表达，用诚信的态度完成。这表明：义在内，礼在外；仁义是内容，礼文是形式。孔子批评有的为政者对百姓"动之不以礼"，强调爱惜民力，包括对弱者的尊重和对等的施报关系。孔子又说："乡射之礼，所以仁乡党也；食飨之礼，所以仁宾客也。"（《礼记·仲尼燕居》）通过各种"礼"来"亲"邦国、万民、朋友，"仁"乡党、宾客等。可见，"礼"的功能在整饬秩序、节制欲望、增进交往、和谐社群、培养君子人格。

孔子答鲁哀公问政："仁者人也，亲亲为大。义者宜也，尊贤为大。亲亲之杀，尊贤之等，礼所生也。"（《礼记·中庸》）这里说的是仁、义、礼的关系。"仁"与"人"可以打等号，相互界定。可见孔子是把"仁德"作为人之所以为人的本质规定性的。"亲亲之杀"，是说爱亲有差等，有亲疏、远近、层次上的差别；"尊贤之等"，说的是对待贤人，依德才而在社会地位、俸禄上有高下的等级差别。"礼"就是"仁"与"义"的具体化、形式化，以此体现亲亲、尊贤为内容的社会秩序。

孔子曾经论述礼发展是一个世代传承损益的过程：

> 子张问："十世可知也？"子曰："殷因于夏礼，所损益，可知也。周因于殷礼，所损益，可知也。其或继周者，虽百世，可知也。"（《论语·为政》）

> 子曰："夏礼吾能言之，杞不足征也。殷礼吾能言之，宋不足征也。文献不足故也。足，则吾能征之矣。"（《论语·八佾》）
>
> 子曰："周监于二代。郁郁乎文哉，吾从周。"（《论语·八佾》）
>
> 颜渊问为邦。子曰："行夏之时，乘殷之辂，服周之冕，乐则韶舞。放郑声，远佞人。郑声淫，佞人殆。"（《论语·卫灵公》）

由是而知，孔子之时殷商之礼皆能言之，又知"郁郁乎文哉"之周礼，如何从夏商因革损益而来，前代礼乐制度之遗存仍然为孔子津津乐道。然而春秋时代，王室衰微，礼崩乐坏，逐渐跌落到孔子所称的无道叔世：

> 孔子曰："天下有道，则礼乐征伐自天子出；天下无道，则礼乐征伐自诸侯出。自诸侯出，盖十世希不失矣。自大夫出，五世希不失矣。陪臣执国命，三世希不失矣。天下有道，则政不在大夫。天下有道，则庶人不议。"（《论语·季氏》）

孔子不满意当时日益增加的僭越和破坏礼制的情况，故志在"克己复礼为仁"（《论语·颜渊》），但是他也只能表示一种担忧和谴责而已。"孔子谓季氏：'八佾舞于庭，是可忍也，孰不可忍也！'"（《论语·八佾》），周礼规定天子八佾，诸侯六佾（鲁国作为周公封国，成王念周公功德，特赐可用天子之礼仪，故鲁公可用八佾），诸侯国大夫四佾，鲁国政在大夫，执政大夫季氏僭越礼制，孔子只有谴责而已。春秋末年，周礼逐渐失去了社会制约作用和个人道德规范力量，原先互动共制、融为一体的德礼体系开始分离。孔子面对德礼分离现实，只有提倡形式化的礼背后的内在精神，并称之为"仁"的德：

> 子曰："人而不仁，如礼何！人而不仁，如乐何！"（《论语·八佾》）
>
> 子曰："礼云礼云，玉帛云乎哉？乐云乐云，钟鼓云乎哉？"（《论语·阳货》）

礼的内在精神是仁、德，如果失去了仁、德的精神，不再实施和规范公平的权利分配和良好的社会秩序，那么繁琐的礼仪、行礼所用的玉帛钟鼓，就成了徒具形式的仪式，失去了礼的社会价值和道德意义。

德礼分离的原因是多方面的。首先，西周中期以来周礼体系逐渐系统化和制度化，整个统治系统对制度统治的依赖性增强，而周公"皇天无亲，惟德是辅"（《左传·僖公五年》引《周书》）那样的忧患意识在减弱，兵甲武力、庆赏刑罚等统治手段日益忽视，于是统治者之"德"望下降，尤其经过幽厉之衰，平王东迁，王室威望已失，仅存象征性而无实际约束诸侯的能力，以周礼系统对诸侯的统治已经失去直接作用。其次，周礼体系是建立在宗法血缘系统的封土建国基础之上，经过几百年的延续，宗族力量衰落而卿大夫势力崛起，世卿世禄制度受到挑战，宗法政治结构的优势渐失，难以适应宗教、政治、经济、社会和文化变化产生的社会变革需求，而周礼系统自身的保守性日益凸现，很难推动自身的变革，于是新的政治力量兴起，改革势在必行。第三，随着周代社会数百年的变迁，尤其是铁器的使用、小农经济模式的确立、诸侯兼并战争的增加、华夏民族的融合，以及王官之学流落民间导致的士阶层逐渐兴起，使得繁琐不堪的周礼体系难以适应社会文化生活实际状况，礼逐渐政治化和伦理化。"所谓礼的政治化，就是指，'礼'由礼乐文明的体系愈来愈被理解为、强调为政治的合理性秩序，强调为伦理的原则和规范。"①而起着社会教化作用的其他领域之礼日益简弃，原先周礼体系的价值内核"德"也逐渐抽象化、内在化为社会伦理价值和个人道德修养。春秋战国时期，随着宗法政治社会体系的解体，德礼分离在所难免。

因此，孔子强调以仁的精神充实礼，一生志愿恢复内容和形式兼备的周礼。"子曰：'克己复礼为仁。一日克己复礼，天下归仁焉。为仁由己，而由人乎哉？'"（《论语·颜渊》）一旦都做到抑制自己，使言行合于礼，大家就会称许你为仁人。一个人，遇事是做道德的选择还是做非道德的选择，都是自己给自己下命令的结果，而不是由他人或环境所决定

---

① 陈来：《古代思想文化的世界——春秋时代的宗教、伦理和社会思想》，北京：生活·读书·新知三联书店，2009 年，第 253 页。

的。可见，"仁"与"礼"之间有着创造性的张力，君子守礼、执礼，即是修养自己的过程，在这一过程中，可以丰富自己内在的德性。君子通过实践礼而有教养，同时又不执定于礼仪，努力体认礼之内核——"仁德"。

第四节　为政之道

一、德治思想

孔子强调德治、礼治，其政治学说中有不少内容如主张民富、富而后教等，把为政之道的核心精神归结为"德"字。孔子为政以德的思想，可从以下三方面来理解：

首先，强调为政以德与中平正直。

孔子说："君子之德风，小人之德草。草上之风，必偃。"（《论语·颜渊》）主政者的人格风范好比风，老百姓的风气好比草，风往哪里吹，草就向哪边倒。孔子又说："为政以德，譬如北辰，居其所而众星共之。"（《论语·为政》）为政者如果能以道德人格来主持、治理政务，就会像北极星被众星拱卫一样而得到众人的拥护。管理者不是以权势、地位，而是以德养、人格，使人心悦诚服，为同僚、下属所拥戴。孔子说："道（导）之以政，齐之以刑，民免而无耻；道（导）之以德，齐之以礼，有耻且格。"（《论语·为政》）"格"是来的意思。整句是说，如果治政者用政令来引导，用刑罚来整治老百姓，老百姓可以免于犯罪，但却没有羞耻之心。而如果治政者用道德来引导，用礼乐文化来教化老百姓，老百姓不但会懂得廉耻，而且会心悦诚服地归服于你。光靠政令与刑罚行不行呢？当然可以，但只能治标，不能治本，不能唤起民众的羞耻之心。孔子主张宽政，反对酷刑，认为宜以内在的道德诱导人民，用成文或不成文的规范、制度来训练他们，使之有羞耻感，有耻德。

德政是儒家式的"无为而治"。孔子说："无为而治者其舜也与？夫何为哉，恭己正南面而已矣。"（《论语·卫灵公》）传说中的舜的德行很高，既善于修己，又善于用人，只要任用得当，具体事务有人负责，故不必亲力亲为，只要端正地南面而坐，就可以治理好国家、天下。这是通过层层主要治政者的道德风化，上行下效的结果。这里倡导的是以自我管理为中心的方略。

孔子一贯提倡中正平和的治政理念。孔子以"正"来讲"政"，强调平正。"季康子问政于孔子。孔子对曰：'政者，正也。子帅以正，孰敢不正？'"（《论语·颜渊》）"苟正其身矣，于从政乎何有？不能正其身，如正人何？"（《论语·子路》）这里，第一层讲为政的中正平直，不偏不倚；第二层讲主政者带头做到中正平直，不循私情；第三层讲只有正己，才能正人。孔子认为，治世者要"安民""平正""同仁""无私"，在管理工作中做到公平、公正，反对过度地恶恶、亲亲、贵贵，强调正身、正国、正天下，以爱心与德政来化解矛盾，诱导上下相亲，慈爱和睦；又主张教育感化，德刑并举，不杀无辜，不释罪人，善于区分并适度处置违法犯罪现象，使得政平而人和。

其次，提出正名学说，强调名实、权责相符。

"子路曰：'卫君待子而为政，子将奚先？'子曰：'必也正名乎！'子路曰：'有是哉，子之迂也！奚其正？'子曰：'野哉，由也！君子于其所不知，盖阙如也。名不正则言不顺，言不顺则事不成，事不成则礼乐不兴，礼乐不兴则刑罚不中，刑罚不中则民无所错（措）手足。故君子名之必可言也，言之必可行也。君子于其言，无所苟而已矣。'"（《论语·子路》）孔子强调正名。子路认为老师太迂腐了。其实孔子并不迂腐。他的意思是，管理者既负有责任，就一定获得某种授权。而一定的名分就标志着他获得了相关职位的授权，因而有了一定的责任。一定名分规定了其职责，规定了所管理事物或对象的范围、界限与责任。权与责，名分与实务要一致。我们说话要恰如其分，这样才能办好事，才能振兴礼乐文明，使刑罚公正合理适当，这样老百姓就不至于手足无措了。官员要名实相符，言行一致，说话不能太随意。人主、官吏必须"取信于民"（《汉书·楚元王传》），这是一条治国的原则，也是对从政者的要求。"道（治理）千乘之国，敬事而信"（《论语·学而》），即使治理一个当时不大的诸侯国，尚且都要严肃认真，信实无欺，何况更大的国家呢？

孔子又说："君使臣以礼，臣事君以忠。"（《八佾》）君臣关系，今天已经没有了，但管理事业总有上下级关系，这种关系不是单向度的要求，所谓"君惠臣忠"、"君仁臣忠"，即彼此尊重、相互对等的要求。

第三、主张富民教化，"举贤才"，倡导五种美政。

孔子继承周公"明德慎罚""敬德保民"和管仲"仓廪实则知礼节、衣食足则知荣辱"的思想，主张德主刑辅，教化为先。孔子认为，良好的政治是富民的政治，故其治政方略是三个大字——"庶"、"富"、"教"："子适卫，冉有仆。子曰：'庶矣哉！'冉有曰：'既庶矣，又何加焉？'曰：'富之。'曰：'既富矣，又何加焉，'曰：'教之。'"（《论语·子路》）庶而后富，富而后教，肯定民生，强调藏富于民，把维护老百姓的生存权与受教育权看作是为政之本。孔子所重在"民、食、丧、祭"（《论语·尧曰》），重视百姓的吃饭与生死问题，主张如子产那样"养民也惠"，"使民也义"（《论语·公冶长》）。孔子说"节用而爱人，使民以时"（《论语·学而》），希望统治者不违农时，做到"恭、宽、信、敏、惠"（《论语·阳货》），"因民之所利而利之，斯不亦惠而不费乎？择可劳而劳之，又谁怨？"（《论语·尧曰》）这都是孔子"仁爱"思想与"仁政"学说的题中应有之义。孔子注意到分配正义、社会公正问题，反对贫富差距过于悬殊，指出："不患寡而患不均，不患贫而患不安。盖均无贫，和无寡，安无倾。"（《论语·季氏》）他对冉求说的这番话，是针对春秋末期季孙氏等新贵之暴富而提出的，意思是说，各诸侯或大夫，不必着急自己的财富不多，而需要顾虑的是财富分配的不均，那会导致诸侯之国与大夫之家的颠覆。若是财富平均，消灭了贫穷，境内团结、平安、和睦，不仅不会倾危，而且会有远处的人来归服于你。儒家还关注养老、救济弱者、赈灾与社会保障的制度设计及其落实，强调整个社会应关注鳏、寡、孤、独等弱势群体。孔子的"富民"说、"均富"论和"教化"论，从根本上说也就是以仁爱思想为中心的政治主张。

孔子主张"有教无类"，"举贤才"，主张从民间的平民中提拔德才兼备的人才，知人善任，尤其强调："举直错（措）诸枉，能使枉者直"（《论语·颜渊》），即把正直的人提拔出来，位置在邪曲的人之上，能使邪曲的人正直。子夏对樊迟解释老师的这句话，说：舜有了天下，从众人中挑选、任用了皋陶。汤有了天下，从众人中挑选、任用了伊尹。这样，坏人都难以存在了。舜、禹都善于访求、考察、选拔并放手任用贤德的臣子，当然也要考核他们。孔子主张，对于人才，不要求全责备，可以"赦小过"，即不计较人家的小错误，强调德、位、禄、用的相称。

"子路问政。子曰：'先之劳之。'请益，曰：'无倦。'"（《论语·子路》）"先之劳之"，"无倦"，或"先有司"（《论语·子路》），即治政者带头，不知疲倦地服务大众，忠于职守，公正廉洁，勤政爱民，劳而无怨。

孔子认为，治国的目的是使百姓生活安定、安康。他强调以严肃庄敬的态度合理合法地动员百姓的重要性。"修己以敬"、"修己以安人"、"修己以安百姓"（《论语·宪问》）；"博施于民而能济众"（《论语·雍也》）；"节用而爱人，使民以时"（《论语·学而》）。治政者谨慎地使用权力，修养自己，自己良心安了，才能使百姓安宁。他回答子张怎样才能管理政事的提问时，提出了五种美政："君子惠而不费，劳而不怨，欲而不贪，泰而不骄，威而不猛。""因民之所利而利之，斯不亦惠而不费乎？择可劳而劳之，又谁怨？欲仁而得仁，又焉贪？君子无众寡，无小大，无敢慢，斯不亦泰而不骄乎？君子正其衣冠，尊其瞻视，俨然人望而畏之，斯不亦威而不猛乎？"（《论语·尧曰》）五种美政的核心是顺着人民的利益使人民得到幸福的"利民"思想，是从安民济众的根本出发的。"仁者安仁，知者利仁。"（《论语·里仁》）安定天下，主要是使百姓平安。而最使百姓不安的就是官员利用职权与民争利，贪污腐败，不能"修己"，以及"动之不以礼"（《论语·卫灵公》），使民不以时，即官府以随意的态度滥用权力，任意扰民，践踏民意，不顾民生，不能济众施惠，不以庄敬的态度尊重老百姓，爱护老百姓。孔子的主张是"以德服人"，而且不断提升治政者的人生境界。

二、公私观和正义论

春秋时代，"公"一般指天子、诸侯，"公家"、"公室"、"公事"一般与天子、诸侯国君有关。处于春秋末期的孔子，无疑是在对周礼因革损益的基础上，面对诸侯、大夫及其与家臣、家宰之关系的变异，来讨论"公"与"私"的问题的。然而西周初年以降的人文主义传统是孔子思想的文化土壤，孔子在思考公私之辨时，更有一种人文的自觉。故孔子在讨论公私、义利时，也有超越于时代的思想火花，值得当代人记取。

除了上面论述中提到的中正平和的治政理念和有教无类举贤才的教育理念外，孔子的公私观与为政学说中公共性、公正性的意涵还有以下几项内容。

第一，孔子肯定、尊重老百姓的生存权与私利，强调民生问题，并以之谓为"公"。良好的政治必须保证老百姓的生存与利益。《诗·小雅·天保》："民之质矣，日用饮食。"质，成平也。孔子主张"富民"、"教民"，孔子治国安民的主张是"庶之"、"富之"、"教之"，庶而后富，富而后教，肯定民生，强调藏富于民，把维护老百姓的生存权看作是为政之本。《礼记·礼运》："饮食男女，人之大欲存焉。"故理想的政治是：体民之情，遂民之欲，此即王道、仁政。

孔子说："所重：民、食、丧、祭。宽则得众，信则民任焉，敏则有功，公则说（悦）。"（《论语·尧曰》）据杨伯峻释，"信则民任焉"为衍文，是因《阳货》篇"信则人任焉"的误增。但不管怎么样，这里至少强调了治政者必须重视老百姓的事，尤其是吃饭、安葬等生死之事，要宽厚待民，提到"公"（即公平、公正）的原则，指出办事"公正"才能使老百姓高兴。孔子重视百姓及其吃饭与生死问题。民以食为天。在孔子看来，人在社会中的生存和生活状况很重要，而死后的安葬与祭祀也很重要。孔子希望统治者不违农时，使百姓维持生活、生产，有一定的生活保证。故我们尤其要重视"公则说（悦）"的"公"的意涵。

孔子论五种美政、四种恶政，特别反对暴政苛政，不教而诛，把"因民之所利而利之"作为首要的原则,反对以傲慢的态度对待小民,又强调了为政者的庄重、宽厚、廉洁、施惠及责任与信用,实已触及对待公权力的态度、公权力运用的正当性,以及公权力对小民私利的保护。孔子在礼治秩序下提出"因民之所利而利之",是一个有积极意义的命题。施恩惠于民,养育人民,按正路有道义地使用民力,珍惜民力,不浪费资源。防止公共权力的滥用是珍惜民力、保护民生的重要内容。孔子说:"知及之,仁不能守之,虽得之,必失之。知及之,仁能守之,不庄以莅之,则民不敬。知及之,仁能守之,庄以莅之,动之不以礼,未善也。"(《论语·卫灵公》)这里强调了仁德高于聪明才智,强调了严肃庄敬的态度和合理合法地动员百姓的重要性。孔子提出以"敬"的态度谨慎地使用公共权力的问题,以安民济众、百姓平安为根本目的。孔子重视为政者不与民争利,强调公权力应维护民利,给人民以好处与实惠。治政者的智慧是,从实际出发,因顺人民能得利益之处而使他们有利,这就是给人民以好处而政府却可以不耗费或少耗费资源。因为传统社会的治政者常违背农时,征调老百姓服劳役,有大量旷夫怨女。农业社会使老百姓不能种不能收,那以什么为生呢? 故孔子讲,选择可以劳动的时间、条件与人员,再去使他们劳动,又有谁来怨恨呢? 孔子强调民生问题,老百姓吃饭问题,主张藏富于民并教化人民。从社会、政治、经济、文化、道德、教育的综合性来考虑,孔子提出了"庶"、"富"、"教"三个字的治国方略。在人口稀少、生产力水平低下的当时,人是主要的生产力。人口多一点,是社会稳定繁荣的标志。没有战乱的地方,容易招徕百姓。民生好一点,社会秩序好一点,人口蕃衍,人的再生产也繁荣一些。首先使老百姓安宁、富裕起来,然后使老百姓受到良好的教育,提升人民的素质。对此处庶而后富,富而后教,"因民之所利而利之"(《论语·尧曰》),足见孔子并不抹杀民众、百姓之私利,特别是基本的生存权,这应该是清楚无疑的。我们讨论儒家、孔子的公私观,怎么能把这一个基本点都抹杀而不论呢?

有子在税收政策上,主张十一税(彻),批评鲁哀公的横征暴敛,提倡藏富于民。"百姓足,君孰与不足? 百姓不足,君孰与足?"(《论语·颜渊》)良好的政治是让百姓富足,有安全感的政治,是得到人民信任的政治。人主、官吏必须"取信于民",这是一条治国的原则,也是对从政者的要求。"道千乘之国,敬事而信"(《论语·学而》),即治理一个国家,要严肃认真,信实无欺。孔子说治理政事,一定要做到粮食充足,军备充足,百姓对政府有信心。如果人民对政府缺乏信任与信心,国家是站不起来的。这一层意义的"信",是儒家为政思想的一个重要内容,涉及公权力的合法性问题。为政者修养自己来使所有的老百姓安乐,这是政治理想,虽不能至,心向往之。"子贡曰:'如有博施于民而能济众,何如? 可谓仁乎?'子曰:'何事于仁! 必也圣乎! 尧舜其犹病诸!'"(《论语·雍也》)广泛地给人民以利益,使老百姓生活得更好,不仅是"仁"的境界,简直更升进到"圣"的境界了!

第二,孔子不反对私利,但反对以权谋私。孔子不仅不反对老百姓的私与富,也不反对社会上层人士的私与富。如说:"富而可求也,虽执鞭之士,吾亦为之。"(《论语·述而》)又说子贡:"赐不受命,而货殖焉,亿则屡中。"(《论语·先进》)"邦有道,贫且贱焉,耻也。"(《论语·泰伯》)孔子肯定"富与贵,是人之所欲也";"贫与贱,是人之所恶也",强调取之(或去之)以道,得之(或去之)以礼(《论语·里仁》)。

冉求做季氏的家宰,为之搜括、敛财,孔子让学生批判他。"季氏富于周公,而求也为之聚敛而附益之。子曰:'非吾徒也。小子鸣鼓而攻之,可也。'"(《论语·先进》)此指鲁哀公十一至十二年间,季氏要增加赋税,派冉求征求孔子的意见,孔子主张"施取其厚,事举其中,敛从其薄"。但冉求仍听从季氏,实行田赋制度,加重盘剥百姓。

对于社会上层官员,以及准备做官的弟子,孔子说:"奢则不孙(逊),俭则固。与其不孙(逊)也,宁固。"(《论语·述而》)戒奢以俭,宁可贫寒,不可富而骄纵。孔子讲:"放于利而行,多怨"(《论语·里仁》);"君子喻于义,小人喻于利"(《论语·里仁》)。这并不是他不肯定私利,他只是告诫在位者不要利用职位、权力去谋取个人利益,希望官员晓明道义,"见利思义"(《论语·宪问》),以义来指导利。当时的卿大夫不但贪污,而且奢侈成风，孔子"以廉风贪，以俭风侈"，故以卫国公子荆来讽喻在位者。"子谓卫公子荆，善居室。始有，曰：'苟合矣。'少有，曰：'苟完矣。'富有，曰：'苟美矣。'"（《论语·子路》）

第三，儒家的责任伦理、信用品性，主要是要求为政者、士大夫的。儒家资源中的责任伦理、人格信任、廉洁奉公，是作为公共事务中的道德品格。

"樊迟问仁。子曰：'居处恭，执事敬，与人忠。虽之夷狄，不可弃也。'"（《论语·子路》）严肃认真地从事公务，忠实于职守，这已经近乎"仁"德。"子路问政。子曰：'先之劳之。'请益。曰：'无倦'。"（《论语·子路》）"先之劳之"，即"先有司"（《论语·子路》），有职务的、管事的人必须勤劳，带头。"先之劳之"、"无倦"，即服务大众，忠于职守，公正廉洁，勤政爱民，劳而无怨。"子谓子产，'有君子之道四焉：其行己也恭，其事上也敬，其养民也惠，其使民也义。'"（《论语·公冶长》）这是借歌颂子产申言官德，强调的仍是庄严恭敬，认真负责。"子张问仁于孔子。孔子曰：'能行五者于天下为仁矣。''请问之。'曰：'恭，宽，信，敏，惠。恭则不侮，宽则得众，信则人任焉，敏则有功，惠则足以使人。'"（《论语·阳货》）这里把恭、宽、信、敏、惠等五个方面，即庄敬自重、宽宏大度、诚实守信、勤劳敏捷、慈心施予，作为"仁"的内涵与官德。孔子讲"仁"，主要是针对有禄位的诸侯、卿、大夫、士，用现在的话来说，主要是对官员、干部和知识分子的要求。因此他说，庄敬自重，才有威严，不会遭致侮辱；宽厚宽容、有大气度，会得到大家的拥戴；诚信无欺，会得到任用；勤劳敏捷，效率高，会贡献大；施恩惠于人，才能用人。严肃、宽厚、信用、勤敏、施惠，至今仍足为政者之德。

他还提出要顺着人民的利益使人民得到幸福的"利民"思想。孔子进一步对于官员、君子，提出了德、才、禄、位相统一的要求，而且都是从安民济众的根本出发的。安定天下，主要是使百姓平安。而最使百姓不安的就是官员贪痞腐败，不能"修己"，以及"动之不以礼"、"使民不以时"，即官府以随意的态度使用民力，滥用权力，任意扰民，践踏民意，不顾民生，不能济众施惠，不以庄敬的态度尊重老百姓，爱护老百姓。

"子曰：'君子义以为质，礼以行之，孙（逊）以出之，信以成之。君子哉！'"（《论语·卫灵公》）对君子品行、人格的要求，乃是因为君子承担着公共事业。而相互"信任"，讲求"信用"，尤为重要。故"子曰：'人而无信，不知其可也。大车无輗，小车无軏，其何以行之哉？'"（《论语·为政》）"敬"、"忠"、"信"当然都有具体的历史的内涵，但"敬"（严肃认真）、"忠"（忠于职守）、"信"（真诚信实）并非只是君子之私德，而恰好是公共事务中的工作伦理与品性，结合现代性的内涵，仍可转化为今天公共政治的工作伦理。

第四，君臣的权责，相互的要求，含有政治分工与制约的萌芽。

"齐景公问政于孔子。孔子对曰：'君君，臣臣，父父，子子。'公曰：'善哉！信如君不君，臣不臣，父不父，子不子，虽有粟，吾得而食诸？'"（《论语·颜渊》）孔子对齐景公说，君要像个君，臣要像个臣，父要像个父，子要像个子。这也是正其名，使名与实匹配，权利与责任、义务相符合，以及管理的层次性与秩序性。孔子在这里就有层次、秩序、原则、规范的管理思想，要求不越权，层次分明，分级管理。这都是公共性的内涵。

就臣道而言："子曰：'事君，敬其事而后其食。'"（《论语·卫灵公》）"子路问事君。子曰：'勿欺也，而犯之。'"（《论语·宪问》）此即"事君有犯而无隐"的先导。以臣事君，不欺骗他，但可以犯颜直谏。

孔子提出"以道事君，不可则止"的原则。"季子然问：'仲由、冉求可谓大臣与？'子曰：'吾以子为异之问，曾由与求之问。所谓大臣者，以道事君，不可则止。今由与求也，可谓具臣矣。'曰：'然则从之者与？'子曰：'弑父与君，亦不从也。'"（《论语·先进》）季氏专权、僭窃，冉有、子路仕于其家而不能纠正。孔子对此一直有所批评。此章则再次强调以合于人道、仁义的内容与方式对待君主或所服侍的大夫、臣子，如果行不通，宁可坚持原则而辞职。所谓大臣，不从君之欲，必行己之志。子路、冉有达不到大臣的标准，但仍具备为臣的一般标准，明白君臣大义。此章也表明了孔子对子路、冉有的基本信任，即认为他们也不会顺从季氏去做弑父杀君之事，主要指不会顺从权臣去弑鲁君，仍有不可夺之大节。孟子、荀子都强调了"从道不从君"的原则。

综上所述，孔子为政思想中包含有非常丰富的正义观、公私观与公共事务伦理方面的资源。我们把孔子放在春秋末期的政治事务中恰如其分地予以评价，不难看出其仁政思想中所蕴含的公平、正义的理念。当时的"公"虽不能等同于今日所谓的"公共性"，但在当时大夫家、诸侯国的事务中仍有超越于家国涉及老百姓的事务。孔子一再向治政者强调民众私利，提倡"富民"与"惠民"，在一定意义上肯定小民的生存权与私领域，同时也肯定士人及以上等级的人之私利，但反对以权聚敛财富，又主张向下层人民及其子弟开放教育与政治，实为我国文官制度与教育制度之先声。孔子对从政者的敬业、忠诚、信用品性等提出了具休的要求，从责任伦理上奠定了公共伦理的基础，而在君臣关系的处理上也包含了区分职权、责任及相互制约的萌芽。这些都是探讨公共哲学的重要资源。值得注意的是，在官德上，孔子反对"徇私"，因为这是与仁义爱民原则相悖的。但孔子不反对个体隐私与亲亲等合理之私。

第五节　奠定中华民族精神和核心价值观

一、树立人格典范

孔子是中国文化的代表，是中国乃至世界最伟大的思想家、教育家之一。西方有识之士把他与苏格拉底、释迦牟尼、耶稣并列为大哲学家与思想范式的创造者。钱穆说："然于中国学术具最大权威者凡二：一曰孔子，一曰六经。孔子者，中国学术史上人格最高之标准，而六经则中国学术史上著述最高之标准也。孔子以来二千四百年，学者言孔子必及六经，治六经者亦必及孔子。"[1]孔子是"继天立极"（《四书章句集注·中庸

---

[1] 钱穆：《国学概论》，北京：九州出版社，2011 年，第2—3 页。

章句序》)的人格楷模,说他是中国人格的最高标准恰如其分。

周游列国时,孔子的道德理想主义的政治主张不为各国执政者所采纳,凄凄惶惶,找不到一个容身之所,在陈蔡竟陷于绝粮的窘境。但他仍然持守道义,席不暇暖,不畏辛劳,乐以忘忧,在困厄中与弟子"习礼大树下","讲诵弦歌不衰"(《史记·孔子世家》)。

孔子一生"学而不厌,诲人不倦","发愤忘食,乐以忘忧"(《论语·述而》),"笃信好学,守死善道"(《论语·泰伯》),活到老,学到老,教到老。他主张立志有恒、内省不疚、改过迁善、言行一致。他倡导的是一种学习型的文化,是德性的教育、性情的教育、人格成长的教育与终身的自我教育。他把教育开放到民间,使农家、平民子弟可以通过接受教育而参与政治,甚至最高的政治。尤其是,他为道德理想、社会理想的实现,"知其不可而为之"(《论语·宪问》),开辟了以理想批判现实的先河。孔子以仁爱、仁德为中心的价值观念,通过他自己的生命与生活显示了出来。他是千百年来中国士人知识分子的人格典型。

在儒学的话语系统中,说到人格,是不讨论自然人,而只讨论道德人的。儒家不排斥功利,但批评仅仅以个人功利作为生活总目标的人,并称之为小人。君子与小人之辨,是人格与非人格的区分。道德人当然首先是自然人,道德人并非不讲功利(在一定的时空场合反而更讲族群、整体的功利),但人格境界是从价值上说的。孔子所提示的人格,是君子人格,其最高的境界是"圣"即圣人的境界,次高的境界是贤人的境界,然后是君子的境界。孔子继承先哲所提倡的道义原则、仁爱忠恕原则以及仁、义、礼、智、信等价值理想,是中国人安身立命、中国文化可大可久的依据。这些价值理想通过孔子自己践仁的生命与生活显示了出来。

先说君子。《论语》多处记载孔子及其高弟讨论君子与小人之辨的文字。据《雍也》篇孔子曾提醒子夏,要做君子儒,不做小人儒。孔子指出,君子的人格境界、修养进路和行为准则是:"志于道,据于德,依于仁,游于艺。"(《论语·述而》)"君子义以为质,礼以行之,孙(逊)以出之,信以成之。"(《论语·卫灵公》)君子与百姓是有差别的。作为管理者的君子与被管理者的百姓的关系是："君子惠而不费，劳而不怨，欲而不贪，泰而不骄，威而不猛。""因民之所利而利之，斯不亦惠而不费乎？择可劳而劳之，又谁怨？欲仁而得仁，又焉贪？君子无众寡，无小大，无敢慢，斯不亦泰而不骄乎？君子正其衣冠，尊其瞻视，俨然人望而畏之，斯不亦威而不猛乎？"(《论语·尧曰》)孔子肯定君子的物质利益要求和食色欲望的满足，只是要求取之有道，节之以礼。"君子喻于义，小人喻于利。""富与贵，是人之所欲也，不以其道得之，不处也。贫与贱，是人之所恶也，不以其道得之，不去也。君子去仁，恶乎成名？君子无终食之间违仁，造次必于是，颠沛必于是。"(《论语·里仁》)发大财，做大官，这是人人所盼望的；然而不用正当的手段去得到它，君子也不接受。君子即使只在吃完一餐饭的时间里也没有离开过仁德，就是在仓卒匆忙、颠沛流离的时候，都与仁德同在。① 人生存的价值就在于他能超越自然生命的欲求。"君子食无求饱，居无求安，敏于事而慎于言，就有道而正焉，可谓好学也已。"(《论语·学而》)在这个意义上，"君子谋道不谋食"、"忧道不忧贫"(《论语·卫灵公》)。以上是孔子对君子人格的基本描述，也是君子内在自觉的要求。

再说圣人。历史上被尊奉为圣或圣人的，都是后死者对前人的追封。孔子说："圣人，吾不得而见之矣；得见君子者，斯可矣。"(《论语·述而》)有操守的君子是现实人，而圣人则是理想人。孔子不敢说自己是圣人，不敢说自己达到了圣人的境界。"昔者子贡问于孔子曰：'夫子圣矣乎？'孔子曰：'圣则吾不能，我学不厌而教不倦也。'子贡曰：'学不厌，智也；教不倦，仁也。仁且智，夫子既圣矣。'夫圣，孔子不居……"(《孟子·公孙丑上》，又见《论语·述而》)

郭店楚简《五行》指出，"圣"德是圣与仁、义、礼、智五德之所和，属于天之道的境界；仁、义、礼、智四德之所和，属于人之道的范畴。又说："闻

---

① 参见杨伯峻：《论语译注》，北京：中华书局，1980 年，第 36 页。

君子道，聪也。闻而智（知）之，圣也。圣人智（知）天道也。"①按，这里"闻君子道"的"君子"，实指圣人。现实的人们与理想的圣人有时空的阻隔，二者相接，是通过耳的听闻、气的感应、心的沟通。"聖"字（圣的繁体）从耳，不仅凸显圣人的听德，指能够容受逆耳之言（耳顺），而且表示人们与圣人相感通的路径——接受音乐、乐教的熏陶，通过耳闻，进入心灵。听是天赋的能力，胎儿在娘肚子里就有听觉。

关于仁人。孔子思想的核心范畴是"仁"。"仁"字的内涵有层次的区别，高一层次的"仁"可以统摄与"义"、"礼"、"智"、"信"并列的低一层次的"仁"。就前者而言，《中庸》引述孔子的话说："仁者，人也。"在儒家看来，"仁"和"仁人"是人的最高精神境界，也是人之所以为人的最高标准，是最高的道德原则。孔子从不轻许人（包括他自己）为"仁"："若圣与仁，则吾岂敢？"（《论语·述而》）在特定的语境中，孔子视"圣"与"仁"为同一境界。他答子张之问，指出令尹子文只能算是"忠"，陈文子只能算是"清"，尚未达到"仁"之境（见《论语·公冶长》）。对于他的学生，如子路、冉有、公西华，他肯定其才，但未期许为"仁"（同上），评价他最称道的颜回亦只到这种程度："其心三月不违仁"（《论语·雍也》）。对于政治家，他只肯定管仲"如其仁"（《论语·宪问》）。他对管仲之违礼有严厉的批评，但承认管仲帮助齐桓公"九合诸侯，不以兵车"，避免了生灵涂炭，在这个意义上接近了"仁"，然并不许管子为仁人。有的论者批评孔子，既提倡"仁"，又说这个人没有达到"仁"，那个人没有达到"仁"，那么"仁"有什么普遍性和现实性呢？产生这种误解，是不懂得"仁"在孔子那里，是有层次区别的。以上所引，是与"圣"等值等价的"仁"。至于"仁"的原则的普遍性和实践"仁"的现实性，如："樊迟问仁，子曰：'爱人'"；"为仁由己，而由人乎哉"（《论语·颜渊》）；"仁远乎哉？我欲仁，斯仁至矣"（《论语·述而》）等等，都是显例，兹不赘述。

"仁"与"圣"有什么区别与联系呢？仁者的境界以"圣"（圣人、圣王）

---

① 荆门市博物馆编：《郭店楚墓竹简》，北京：文物出版社，1998年，第150页。

为最高。"子贡曰:'如有博施于民而能济众,何如? 可谓仁乎?'子曰:'何事于仁,必也圣乎,尧舜其犹病诸? 夫仁者,己欲立而立人,己欲达而达人,能近取譬,可谓仁之方也已!'"(《论语·雍也》)孔子的意思是,广泛地给百姓以好处,帮助大家,使他们生活得更好,让他们自己尊重自己,自己挺立自己的生命,这已经达到了圣人的境界了,尧舜恐怕还做不到呢。有的论者不解"立人达人"之意,以为是外在性地施予。孔子强调"为仁由己",强调儒家的学问是"为己之学",因此所谓"己欲立而立人,己欲达而达人",不是外在强加似地使别人立或达起来,而是创造一种气氛或环境,让人家自己站立起来,通达起来。我们不能代他人立、为他人达。我们想要通过自己挺立生命、通达人间,也要尊重别人,让他自己去挺立生命,通达人间。就这一点来说,尧舜都还没有做到。① 郭店楚简《尊德义》:"民可使道(导)之,而不可使智(知)之。民可道(导)也,而不可强也。"②由此可以印证孔子所谓"民可使由之,不可使知之"(《论语·泰伯》),也是强调对民众的引导而不是强迫。过去人们认为这是孔子的愚民政策,提倡奴性云云。也有人使用不同的断句方法,来作不同的理解,如"民可,使由之;不可,使知之"或"民可使,由之;不可使,知之"等。庞朴认为,"不可使智之",是不可强加于人,强调为政者哪怕有再好的政令、主张,也只有在老百姓理解了以后才能慢慢推行。③ 这与孔子的外王学主张是一致的。由此可见,就人格境界而言,仁与圣是统一的,圣是仁之极至的境界,仁是圣的内在精神,圣通过仁而下贯。

　　所谓"成人",顾名思义是指完美的人。"子路问成人。子曰:'若臧武仲之知,公绰之不欲,卞庄子之勇,冉求之艺,文之以礼乐,亦可以为成人矣。'曰:'今之成人者何必然? 见利思义,见危授命,久要不忘平生之言,亦可以为成人矣。'"(《论语·宪问》)这是说,智慧像臧武仲,清廉像孟

---

① 参见王邦雄等:《论语义理疏解》,台北:鹅湖出版社,1994 年,第 30 页。
② 荆门市博物馆编:《郭店楚墓竹简》,北京:文物出版社,1998 年,第 174 页。
③ 参见庞朴:《使由使知解》,载《文史知识》,1999 年第 9 期。

公绰，勇敢如卞庄子，多才多艺如冉求，再以礼乐来成就他的文采，也可以说是全人了。朱熹注："成人，犹言全人。……言兼此四子之长，则知足以穷理，廉足以养心，勇足以力行，艺足以泛应，而又节之以礼，和之以乐，使德成于内，而文见乎外。则材全德备，浑然不见一善成名之迹；中正和乐，粹然无复偏倚驳杂之蔽，而其为人也亦成矣。"（《论语集注》卷七）"成人"是德才技艺兼备、全面发展的人。这是不是至善至美的圣人呢？按朱子的理解，孔子这里的一个"亦"字是大有文章的。此不是指极至之境，只是对子路因材施教，应机说法，就子路所可达到的人格目标加以点醒。上引文本本身也可以证明。孔子并不把"成人"等同于至上境界的圣人，相反，他提醒子路注意，"成人"是在现实性上通过努力可以达到的贤人人格。由此，孔子把"成人"的标准修订为三条："见利思义，见危授命，久要不忘平生之言"。"要"是"约"的借字，指穷困的意思。由程子和朱子的解释，可知理想的"成人"，再进一步成为集大成者，近乎完美无缺的圣人；而现实的"成人"指并不纯全完备者，例如"有忠信而不及于礼乐"者（《论语集注》卷七）。

后者可视之为"贤人"。从《论语》中不难看出，"贤人"是富于道德或者才能的人，是人们在现实上可以"见"得到的人格榜样。所谓"见贤思齐"就是这个意思。孔子表彰颜回与柳下惠，许之为"贤"，可知他们即是"圣"的标准之下的"成人"。前面我已说过，圣人是"见"不到的人格典范，人们只能通过"耳"接受传闻、诗歌、乐教来体认。而贤人则不同，是可以"见"得到的人格典范。郭店楚简《五行》："见贤人，明也。见而智（知）之，智也。智（知）而安之，仁也。"①人们可以通过"目"直接接触贤人的德行，并以此为榜样。当然，人们对于圣人，可以听而不闻，对于贤人，可以视而不见，关键就是人的心灵能否感应，是否有觉识、觉解。综上所述，孔子的人格境界论本是在因材施教中的方便说法，意在启迪不同谈话对象的觉悟，其内涵十分丰富。如果以化约论的方式表

---

① 荆门市博物馆编：《郭店楚墓竹简》，北京：文物出版社，1998 年，第 150 页。

达，约略相当于：

　　　　理想的至上境界：圣人（超越于贤人人格，理想的仁人与成人）——天道层

　　　　现实的理想境界：贤人（超越于君子人格，现实的仁人与成人）——人道层

　　　　现实的道德境界：君子（超越于自然人的道德人）——人道层

但是圣人并不是遥不可及的，我们可以通过贤人体验、仿效圣德。凡圣之间并没有不可逾越之鸿沟。儒家传统中的"人皆可以为尧舜"、"涂之人可以为禹"，是就凡人也具有圣贤的潜能来说的。只要有觉识觉解，只要有一点仁心，当下即可达到君子、贤人、圣人的境界。故孟子启导人皆具有的恻隐、羞恶、辞让、是非等"四端"之心，或所谓"不忍人"之心，让人们以"推恩"的方法，"老吾老以及人之老，幼吾幼以及人之幼"，"以其所爱及其所不爱"，扩而充之，足以养育父母妻儿，并且有益于社会，仰无愧于天，俯不怍于人。这其实是十分平实的道理。

二、奠定中华民族核心价值观

孔子最大的贡献是创造性地奠定了中华民族人文精神的核心价值观念。要了解孔子，《论语》是重要的资料，该书搜集了孔子与门人及当时人的一些对话，平易亲切，耐人寻味。人们反复诵读，加上自己的生命体验，于身心甚有裨益。

儒家是继承周公孔子之道，讲述六经之学的学者和教师，活跃于民间社会，他们是社会良知的代表，以其社会理想、道德价值、人文精神鞭笞、批判现实的污浊黑暗，关心老百姓的生计、疾苦，以仁爱礼乐文明的精神滋养社会道德，纯洁人们的心灵。春秋末到战国时，各国当政者都不接受儒学，视其为迂阔之学。汉初，刘邦改变了打天下时对儒生的痛恨，开始亲和儒学。在承平时期，为了治天下，汉武帝以后的统治者将目

光转向儒学。由于儒家善于继承传统文化、典章制度并顺应时代加以因革损益，平易合理，使朝野都能接受。为了长治久安，汉代逐步改用文治为主，更多以温和的方式，用制度化的建设来治理社会。特别是，儒家所强调的仁、义、忠、恕之道及其内在的价值使社会秩序得以维系，足以内裕民生而德服周边。所以，在先秦诸子各家学说中，唯有儒学被汉帝国最终选定为治国平天下的统治思想。

孔子开创的儒学在战国、两汉、魏晋至唐宋元明清，从不同的方面得到发展，其中包括诸种风格、流派与不同的代表人物及思想内容。儒学成为中国文化的主要的思想形态之一，又与诸子百家、佛教、道教相互批评并不断融合。

南宋以后，以《四书》为代表的儒学思想影响到东亚，成为整个东亚共有的精神文明。自明末传教士来华之后，中学西传，四书五经、孔子的仁爱思想、和平主义、文治理念与中国文官制度在西方启蒙时代前后对西方思想界有较大的影响。今天，"己立立人，己达达人"、"己所不欲，勿施于人"等理念作为全球伦理的黄金律，在世界上的影响越来越大。孔子不仅属于中国，也属于世界，孔子思想的现代意义与价值逐渐为世人所重视。

孔子启其端的儒学史与社会文化史是相辅相成、相交相融的。儒家发挥了周公、孔子以来的人文主义精神，在中国传统民间社会中，影响最大。儒学的最高信仰和终极理想，可以用"天人合一"、"性道合一"的命题来加以表达。儒学是一个不断与时俱进的活传统，是中国现代化的重要精神资源和现代人安身立命的根据。

中国文化精神与民族性格主要是由儒家奠定和陶养的。就整部中国历史来说，中国社会是四民（士农工商）社会，士为四民之首。士的变动可以影响到整个社会的变动。士代表、弘扬、实践、坚守了中国人的人文理想，担当着中国社会教育与政治之双重责任。钱穆先生说："此士之一流品，惟中国社会独有之，其他民族，其他社会，皆不见有所谓士。士流品之兴起，当始于孔子儒家，而大盛于战国，诸子百家皆士也。汉以后，遂有士人政府之建立，以直迄于近代。"①钱穆指出，中国古代社会有一个很特殊的地方，不需要教堂牧师和法堂律师，而形成一种绵延长久、扩展广大的社会。这靠什么呢？主要靠中国人的人与人之道，靠"人"、"人心"、"人道"等等观念，靠士在四民社会中的作用及士之一流品的精神影响。"孔子之伟大，就因他是中国此下四民社会中坚的士的一流品之创始人。"②中国古代社会，从乡村到城市乃至政府都有士。这个士的形成，总有一套精神，这套精神维持下来，即是"历史的领导精神"。"中国的历史指导精神寄在士的一流品。而中国的士则由周公、孔、孟而形成。我们由他们对于历史的影响，可知中国历史文化的传统精神之所在。"③指导中国不断向前的精神被钱穆称为"历史的领导精神"。他通过详考历史、对比中外，肯定地指出，士是中国社会的领导中心，一部中国历史的指导精神寄托在士的一流品，一部中国历史主要是由儒家精神——由周公、孔子、孟子培育的传统维系下来的。

中国历史的"领导精神"即是人文精神，重视历史的精神，重视教育的精神和融和合一的精神。

钱穆认为，中国传统人文精神源于五经。周公把远古宗教转移到人生实务上来，主要是在政治运用上；孔子进而完成了一种重人文的学术思想体系，并把周公的那一套政治和教育思想颠倒过来，根据理想的教育来建立理想的政治。经周、孔的改造，五经成为中国政（政治）教（教育）之本。经学精神偏重在人文实务，同时保留了古代相传的宗教信仰之最高一层，即关于天和上帝的信仰。中国人文精神是人与人、族与族、文与文相接相处的精神，是"天下一家"的崇高文化理想。中国文化是"一本相生"的，其全部体系中有一个主要的中心，即以人为本位，以人义为中心。传统礼乐教化代替了宗教的功能，但不与宗教相敌对，因此不妨称之为"人文教"。中国文化精神，要言之，只是一种人文主义的道德精神。

---

① 钱穆：《民族与文化》，北京：九州出版社，2011 年，第 12 页。
② 钱穆：《民族与文化》，北京：九州出版社，2011 年，第 97 页。
③ 钱穆：《民族与文化》，北京：九州出版社，2011 年，第 117 页。

中国传统注重历史的精神源于五经。周孔重视人文社会的实际措施，重视历史经验的指导作用。尤其孔子具有一种开放史观，并在新历史中寄寓褒贬，这就是他的历史哲学与人生批评。孔子促使了史学从宗庙特设的史官专司转为平民学者的一门自由学问，倡导了经学与史学的沟通。钱穆指出，中国历史意识的中心是人。中国人历史意识的自觉与中国先民，特别是周公、孔子以来的人文自觉密切联系在一起。在中国，特别在儒家，历史、民族与文化是统一的。民族是文化的民族，文化是民族的文化，而历史也是民族和文化的历史。民族与文化只有从历史的角度才能获得全面的认识。中国人对历史的重视，对史学的兴趣及史学之发达，特别是"经世明道"，"鉴古知今"，"究往穷来"，求其"变"又求其"常"与"久"的精神，来源于儒学。

中国传统注重教育的精神源于五经。钱穆认为，中国古人看重由学来造成人，更看重由人来造成学。中国人研究经学，最高的向往在于学做周公与孔子的为人，成就人格，达到最高的修养境界。中国古代文化及其精神是靠教育薪火相传、继往开来的。中华民族尊师重道的传统由来已久，而儒家则把教育推广到民间，扎根于民间，开创了私家自由讲学的事业，奠定了人文教育的规模和以教立国的基础。中国人教育意识的自觉不能不归功于儒家。

中国传统注重融和合一的精神源于五经。中国古人的文化观，以人文为体，以化成天下为用。五经中的"天下"观，是民族与文化不断融凝、扩大、更新的观念。中国文化的包容性、同化力，表明中国人的文化观念终究是极为宏阔而适于世界性的。这源于儒家的一种取向，即文化观念深于民族观念，文化界限深于民族界限。中国文化与中国人的性格中的"和合性"大于"分别性"，主张宽容、平和、兼收并蓄、吸纳众流，主张会通、综合、整体、融摄，这些基本上都是儒者所提倡和坚持的价值。①

---

① 以上详见钱穆：《中国学术通义》，台北：台湾学生书局，1984 年，第 2—6 页；《民族与文化》，北京：九州出版社，2011 年，第 3、29、48 页；《中国历史精神》，1964 年香港增附三版，第 136 页；《中国文化史导论》，上海：上海三联书店，1988 年影印本，第 19、120 页。

钱穆得出中国历史文化的指导精神即为儒家精神的结论，是有其可靠的根据的。他极其深入地考察了中国古代思想史，十分肯定地说："中国思想以儒学为主流"，"儒学为中国文化主要骨干"。[1]　在先秦思想史上，开诸子之先河的是孔子。孔子的历史贡献，不仅在于具体思想方面的建树，更重要的在于他总体上的建树。他既是王官之学的继承者，又是诸子平民之学的创立者，是承前启后开一代风气的人物。正是这一特殊历史地位，决定了他在先秦诸子学说中的重要作用。整个说来，诸子学标志春秋以来平民阶级意识的觉醒，是学术下移民间的产物。钱穆认为，中国古代，是将宗教政治化，又要将政治伦理化的。换言之，就是要将王权代替神权，又要以师权来规范君权的。平民学者的趋势只是顺应这一古代文化大潮流而演进，尤其是以儒家思想为主。因为他们最看重学校与教育，并将其置于政治与宗教之上。他们已不再讲君主与上帝的合一，而只讲师道与君道的合一。他们只讲一种天下太平、世界大同的人生人道，这就是人道或平民道。在孔孟仁学体系的浸润下，儒家完成了政治与宗教的人道化，使宗教性与神道性的礼变成了教育性与人道性的礼。

钱穆认为，先秦学术思想的总结是在秦始皇到汉武帝这一段历史时期内完成的。学术思想的统一伴随着政治上的统一。在政治上，李斯为代表的以法家为轴心的统一，历史已证明是失败的，其标志是秦王朝的灭亡；而董仲舒为代表的以儒家为轴心的统一，则是适应并促进当时社会发展的，是成功的，其标志是汉唐大业。当时在学术上的调和统一有三条路：一是超越于儒墨道法诸家之上，二是以道家为宗主，三是以儒家为宗主。第一条路的代表是吕不韦及其宾客，但他们没有超越诸家之上更高明的理论，没有吸收融和诸家的力量，因此《吕氏春秋》只是在诸家左右采获，彼此折衷，不能算是成功的。第二条路

---

[1]　钱穆：《中国思想史》，台北：台湾学生书局，1985 年，第 171 页；《新亚遗铎》，台北：东大图书公司，1989 年，第 417 页。

的代表是刘安及其宾客。由于道家思想本身的限制，不可能促进当时历史大流向积极方向前进，因此《淮南子》也不是成功的。第三条路的代表是儒家，即是这一时期出现的《易传》及收入《礼记》中的《大学》、《中庸》、《礼运》、《王制》、《乐记》、《儒行》诸篇的作者们。他们以儒家思想为主，吸收墨、道、名、法、阴阳诸家的重要思想，并把这些思想融化在儒家思想里，成为一个新的系统。例如《易传》、《中庸》，弥补了儒家对宇宙自然重视不够的毛病，吸纳了道家，建构了天道与人道、宇宙界与人生界、自然与文化相合一的思想体系。《易传》、《中庸》吸取老庄的自然观来阐发孔孟的人文观，其宇宙观是一种德性的宇宙观。《大学》、《礼运》仍以德性为本论，把孔孟传统以简明而系统的方式表达了出来，提高了道的地位，融合了道家观念及墨家重视物质经济生活的思想。这不仅表明了儒家的涵摄性，而且表明了儒家在中国思想史上的主干地位，并不是自封的，并不是靠政治力量支撑得来的，而是中国历史与中国社会选择的结果，是自然形成的。其原因在于儒学的性质与中国社会历史实际相适应。①

钱穆用两大命题来概括儒家哲学精义，其一为"天人合一"，其二为"性道合一"。他说："人心与生俱来，其大原出自天，故人文修养之终极造诣，则达于天人之合一。"又说："中国传统文化，虽是以人文精神为中心，但其终极理想，则尚有一天人合一之境界。此一境界，乃可于个人之道德修养中达成之，乃可解脱于家国天下之种种牵制束缚而达成之。个人能达此境界，则此个人已超脱于人群之固有境界，而上升到宇宙境界，或神的境界，或天的境界中。但此个人，则仍为对于人的境界不能脱离，而更能超越之者。亦惟不脱离人的境界，乃能超越于人的境界。"②"性道合一"其实也是"天人合一"，因为性由天生，道由人成。中国人讲道德，都要由性分上求根源。换句话说，道德价值的源泉，不仅在人心之中，尤

---

① 以上详见钱穆《中国思想史》，北京：九州出版社，2011年，第80—103页。
② 钱穆：《民族与文化》，北京：九州出版社，2011年，第48、51页。

其在天心之中。

综合"天人合一"、"性道合一"之论，可知儒家人文的道德精神是有其深厚的根源与根据的。其特点有三：第一，这种人文主义是内在的人文主义，由此可以说，"中国文化是人本位的，以人文为中心的，主要在求完成一个一个的人。此理想的一个一个的人，配合起来，就成一个理想的社会。所谓人文是外在的，但却是内发的。"①中国文化是性情的，是道德的，道德发于性情，这还是性道合一。第二，中国的人文主义又不是一种寡头的人文主义，"人文求能与自然合一。……中国人看法，性即是一自然，一切道从性而生，那就是自然人文合一。换句话说，即是天人合一。"②中国人文主义要求尽己之性、尽人之性、尽物之性，使天、地、人、物各安其位，因此能容纳天地万物，使之雍容洽化、各遂其性。第三，这种人文主义深深地植根于中国原始宗教对于天与上帝的信仰，对于天命、天道、天性的虔敬至诚之中，说人不离天，说道不离性，因而这种人文主义的道德精神又是具有宗教性的。综上所述，内在与外在的和合、自然与人文的和合、道德与宗教的和合，是中国人精神不同于西方人文主义的特点。不了解这些特点，亦无从界定中国民族精神。

钱穆说，中国人的最高信仰，乃是天、地、人三者之合一。借用西方基督教的话来说，就是天、地、人三位一体。天地有一项工作，就是化育万物，人类便是万物中之一。但中国人认为，人不只是被化育，也该能帮助天地来化育。这一信念也是其他各大宗教所没有的。世界上任何一个民族或宗教的信仰，总是认为有两个世界存在，一个是人的、地上的或物质、肉体的世界，一个是神的、天上的或灵魂的世界。中国人则只信仰一个世界。他们认为，天地是一自然，有物性，同时也有神性。天地是一神，但同时也具物性。天地生万物，此世界中之万物虽各具物性，但也有

---

① 钱穆：《中华文化十二讲》，北京：九州出版社，2011 年，第 15—16 页。
② 钱穆：《中华文化十二讲》，北京：九州出版社，2011 年，第 16 页。

神性，而人类尤然。此世界是物而神、神而物的。人与万物都有性，此性禀赋自天，则天即在人与万物中。人与物率性而行便是道。中国人的观念中，人神合一，人即是神，也可以说人即是天。人之善是天赋之性，人能尽此性之善，即是圣是神。这就是性道合一、人天合一、人的文化与宇宙大自然的合一、神的世界与人的世界的合一。人的一切代表着天，整个人生代表着天道。因此，天人合一是中国文化的最高信仰，文化与自然合一则是中国文化的终极理想①。

儒家学说，不仅是天、地、人、物、我协调发展的理论，不仅有助于保护人类生存的生态环境，而且在人文沉沦的今天，有助于解决人的精神安顿与终极关怀的问题。现代人的心灵缺乏滋养，人们的生命缺乏寄托。而现代化的科技文明并不能代替现代人思考生命与死亡等等的意义和价值的问题。儒学，特别是仁与诚的形上本体论与宇宙论、心性论、人伦关系论、理想人格论、身心修养论、人生价值论等，可以扩大我们的精神空间，避免价值的单元化和平面化，避免西方"现代性"所预设的价值目标的片面性，批判工具理性的恶性膨胀。儒学的安身立命之道可以丰富我们的人生，提升我们的人格，活化性灵，解脱烦恼，缓冲内心的紧张，超越物欲的执著，复活人文理想的追求，使人真正过着人的生活。儒家精神对 21 世纪的社会和人生，肯定会起着愈来愈大的作用。

儒学的生命力仍在民间。儒学本来就具有平民性格，是民间学术。几千年来，它代表着社会的良知，担当着社会的道义，以道统，即以其"领导精神"，制约、指导着政统与治统。其依托或挂搭处则是民间自由讲学。随着我国工商现代化的发展，民间书院、民间研究所、民间同人刊物的兴盛已是必然的趋势。儒学一定能适应现代生活的发展，返回于民间，扎根于民间。今天，我们亦需要作类似于由五经传统向四书传统转移那样的努力。儒学精神的现代转化一定会取得成功。

---

① 详见钱穆：《中华文化十二讲》，北京：九州出版社，2011 年，第 98—102 页。

孔子所开启的儒学在现代社会的创造性转化有助于促进自然、社会、人生协调和谐地发展，克服民族及人类素质的贫弱化和族类本己性的消解。一个人，一个族类，必然有自己的精神根源与根据，必然有自己终极的信念信仰。

第五章　老子的哲学

　　道家是先秦诸子百家中的重要一家，在中国哲学史上占据着十分重要的位置。然而早期道家又带有浓厚的神秘主义色彩，因为无论是道家人物，还是道家文献，都存在着不少疑问，老子则首当其冲。纵观 20 世纪的老子研究，前半叶大致以传统文献为基础，注重老子其人其书的考证，兼及思想的研究。代表性的研究者有梁启超、胡适、冯友兰、钱穆、马叙伦、蒋锡昌、罗根泽、高亨、唐兰、张岱年、陈柱、奚侗、劳健等等。后半叶在延续前期考证的基础上，偏重于老子文本的校释及思想的研究。从 20 世纪 50 年代至 70 年代中期，这一时期的代表性研究者有朱谦之、侯外庐、严灵峰、任继愈、李泰棻、张起钧等，现代新儒家的代表人物如方东美、牟宗三、徐复观、唐君毅等对老子亦有深入研究。从 1974 年长沙马王堆汉墓帛书《老子》公布开始，最近四十年来，借助帛书《老子》与 1993 年湖北荆门郭店楚简《老子》等地下出土文献，学界对老子展开了全面的研究，取得了较大进展，涌现了一大批研究成果。以考证、校释为主的有陈鼓应的《老子注译及评介》、张松如的《老子校读》、许抗生的《帛书老子注译与研究》、张扬明的《老子考证》、黄钊的《帛书老子校注析》、高明的《帛书老子校注》、郑良树的《老子新校》、孙以楷的《老子通论》、廖名春的《郭店楚简老子校释》、丁四新的《郭店楚竹书〈老子〉校注》、李水海的《帛书老子校笺译评》等等。以思想研究为主的有詹剑峰的《老子其人其书及其道论》、王邦雄的《老子的哲学》、袁保新的《老子哲学之诠释与重建》等等，兼具文本考证与思想研究的有古棣的《老子通》、刘笑敢的《老子：年代新考与思想新诠》、《老子古今：五种对勘与析评引论》、王博的《老子思想的史官特色》等等。由此可知，简帛《老子》的面世对 20 世纪的老子研究起着十分重要的推动作用。2009 年，北京大学获得了一批从海外回归的西汉竹简，其中就有汉代古本《老子》，现存竹简 280 余枚，保存近 5300 余字（含重文）。① 这是继马王堆帛书本、郭店楚简本之后出土的第三个《老子》古本，也是迄今为止保存最为完整的汉代古本。北大竹简《老子》必将进一步推动老子的研究。

第一节　老子与早期道家

老子被奉为道家学派的创始人，然而历史上关于老子其人其书存在着很多争议，近百年米，对老子的研究史是众说纷纭，莫衷一是。老子其人与《老子》一书关系紧密，固不可分，然鉴于问题的复杂性，本书采取分开讨论的方式。

一、老子其人

关于老子身世，最早最详细的记载见于《史记·老子韩非列传》：

> 老子者，楚苦县厉乡曲仁里人也，姓李氏，名耳，字聃，周守藏室之史也。

然而，由于存在不同的《史记》版本，这段记载有不少分歧，再加上司马迁交代完老聃的简单身世后，又提及了另外两个人物：

> 或曰：老莱子亦楚人也，著书十五篇，言道家之用，与孔子同时云。

---

① 北京大学出土文献研究所编：《北京大学藏西汉竹书》（贰），上海：上海古籍出版社，2012 年，第 121 页。

　　　　或曰儋即老子，或曰非也，世莫知其然否。

　　据此，学界认为，汉初的学者们已经无法详知老子的身世，博学如司马迁也只能无可奈何地使用了三个"或曰"，而正是他的这种游移不定，直接开启了后世对老子身世的持久纷争。北魏的崔浩便已开始怀疑老子，宋代以降，对老子身份的怀疑日益增多，陈师道、叶适、罗璧等均提出了质疑。清代的毕沅①、崔述②、汪中③也质疑了《史记》中老子的身份。进入 20 世纪，学界对老子的身世展开了全面考证，旁征博引，条分缕析，洋洋洒洒，蔚为大观。罗根泽、刘笑敢④又对这些考证成绩进行了总结，本文以此为基础，简略归纳评述如下：

　　1. 关于老子的生活时期及其与孔子关系的考证。第一种观点为"早期说"，主张老子即老聃，为春秋末期人，与孔子生活在同一时代或稍早，孔子曾向老子问礼。基本持这一观点者有胡适、马叙伦、唐兰、郭沫若、高亨、詹剑锋、任继愈、徐复观、陈鼓应、黄钊、孙以楷、崔大华、牟钟鉴等，梁启超初作《老子的传记》亦持此说。张岱年晚年亦持此观点⑤。第二种观点为"中期说"，主张老子为战国时代人，如钱穆、谭戒甫、冯友兰、罗根泽、张西堂、侯外庐、熊伟、武义内雄等人，其中罗根泽认为老聃即太史儋，谭戒甫持"二老说"，即老聃即太史儋，老子即老莱子。⑥ 冯友兰则采取刘汝霖之说，分老聃、李耳为两人。张岱年早年认为老子为战国初期人，老子即太史儋亦有可能。⑦ 第三种观点为"晚期说"，认为老子为秦汉

---

① （清）毕沅：《老子道德经考异序》，载《道德经考异》卷首，《经训堂丛书》本。

② （清）崔述：《崔东壁遗书·洙泗考信录》，顾颉刚编订，上海：上海古籍出版社，1983 年，第 270—271 页。

③ （清）汪中：《老子考异》，载《述学·补遗》，扬州书局重刊本。

④ 罗根泽：《历代学者考证老子年代的总成绩》（附：跋），载《罗根泽说诸子》，上海：上海古籍出版社，2001 年，第 202—229 页。刘笑敢：《关于老子考证的历史考查与分析》，载《中国文哲研究通讯》第五卷·第四期，1995 年。

⑤ 王博：《张岱年先生谈荆门郭店竹简〈老子〉》，载陈鼓应主编《道家文化研究》第十七辑，北京：生活·读书·新知三联书店，1999 年，第 23 页。

⑥ 谭戒甫：《二老研究》，载《古史辨》第六册，上海：上海古籍出版社，1982 年，第 474—477 页。

⑦ 张岱年：《关于老子年代的一假定（附识）》，载《张岱年全集》第一卷，石家庄：河北人民出版社，1996 年，第 20 页。

时期人，以顾颉刚、刘节等为代表。第四种观点否认老子其人的存在，以孙次舟、杨荣国等为代表①，不少日本学者亦持此说②。

2. 关于老子姓氏的考证。历史上有葛玄的"因母姓"或"指李树以为姓"之说，固不足信。姚鼐在《老子章义序》中认为老子为子姓，老乃其氏，"'子'之为'李'，语转而然"③，近人马叙伦颇能发挥之。近百年来，关于老子姓氏问题的研究，争论很多，尚无定论，主要观点有：胡适的"老为字或姓说"④，钱穆、张扬明、陈景超等人主张的"姓李老为寿考或尊称说"⑤，高亨、陈鼓应等人主张的"姓老音转为李说"⑥，古棣等人主张的"姓李老为假借他称说"⑦，孙以楷、刘尧汉、李延良等人主张的"姓老李为方言音转说"⑧，张松辉等人主张的"老、李均为姓氏说"⑨，李水海等人主张的"姓偃氏李说"⑩，陈广忠主张的"姓李氏老说"⑪等等。

3. 关于老子故里的考证，国籍上存在着楚国、陈国、宋国之争，县籍上存在着"相县"与"苦县"之争。大致有"楚苦县人"、"陈苦县人"、"陈相人"、"宋相人"、"楚相人"等几种观点。学界通常认为老子为陈国人，春秋末年楚灭陈，故《史记》称老子为"楚人"。然而这一结论引发了诸多争

---

① 杨荣国：《中国古代思想史》，北京：人民出版社，1973 年，第 241 页。

② 刘笑敢：《关于老子考证的历史考查与分析》，载《中国文哲研究通讯》第五卷·第四期，1995 年。

③ （清）姚鼐：《老子章义序》，载《惜抱轩诗文集》卷三，上海：上海古籍出版社，1992 年，第 31 页。

④ 胡适：《中国哲学史大纲》，上海：上海古籍出版社，1997 年，第 35 页。

⑤ 钱穆认为"李耳"为"离耳"之转，于是老子变成了名耳字聃姓李氏，参见氏著《庄老通辨》，北京：生活·读书·新知三联书店，2005 年，第 21—22 页。张扬明：《老子考证》，台北：台湾黎明文化事业公司，1985 年，第 33—34 页。陈景超：《老子新证》，香港：春秋图书有限公司，1984 年，第 31—32 页。

⑥ 高亨：《重订老子正诂》，北京：北京古籍出版社，1956 年，第 157 页。

⑦ 古棣、周英：《老子通论》，载《老子通》（下部），长春：吉林人民出版社，1991 年，第 16 页。

⑧ 孙以楷：《老子通论》，合肥：安徽大学出版社，2003 年，第 20—25 页。刘尧汉：《中国文明源头新探——道家与彝族虎宇宙观》，昆明：云南人民出版社，1985 年，第 115—117 页。李延良：《破译千古之谜——以民族学诠释老子的姓氏、身世与归宿》，载《西南民族学院学报》（哲学社会科学版），1998 年第 5 期。

⑨ 张松辉：《老子研究》，北京：人民出版社，2009 年，第 22—25 页。

⑩ 李水海：《老子姓氏考辨》，载《无锡教育学院学报》，2001 年第 1 期。

⑪ 陈广忠：《中国道家新论》，合肥：黄山书社，2001 年，第 29—31 页。

议，因为不同的《史记》版本曾出现过不同的老子国籍与县籍。罗根泽等认为相、苦原是一地，春秋时曰相，春秋后曰苦，老子乃楚国苦县人。张扬明则认为苦相非一地，老子乃陈之相人。马叙伦、孙以楷、陈振川等认为老子实为宋之相人。关于老子故里的现代位置，主要存在着鹿邑与涡阳之争。一种观点认为老子故里在今河南省鹿邑县，以崔大华、刘庞生、李水海、袁祖亮、李玉洁、杨宝顺、王珏等为代表。刘庞生分别考证了陈之相和宋之相，认为"相邑属陈不属宋"，老子是"陈、楚苦县厉乡人"，今河南鹿邑人①。另一种观点认为老子故里在安徽省涡阳县，以孙以楷、陈广忠、王振川、李玉成等为代表。孙以楷对《史记·老子传》进行质疑，考证出老子不是楚苦县人，而是宋国相人，即今安徽涡阳县境内②。王振川亦认为"汉苦县也就是隋谷阳县，唐宋时的真源县，现在的涡阳县"③。

综合以上观点不难看出，老子身世十分复杂，从已有的材料显然很难得出一个学界公认的结论，简帛《老子》的出土也没有从根本上改变这一境况。基于此，我们主张将一些争议较大的疑难问题暂时悬置起来，在缺乏新材料的条件下，不作武断之结论，而基本上认可《史记》关于老子的叙述。

首先，老聃、太史儋、老莱子为三人。司马迁虽然列举了"老莱子"、"太史儋"两个人物，但他谨慎地使用了"或曰"，亦即当时有这样一种说法而已，我们不妨将之看做是"附录"④。那么司马迁为何要列举这两个人物呢？我们认为很可能在司马迁的时代，这两个人物经由历史的演变而与老聃相混淆，而造成混淆的主要原因在于"太史儋"之"儋"字及其史官身份与西入秦的事实，以及老莱子之"老"字、楚国人身份及其"言道家之用"的思想特征。据钱穆之说，则"耽""瞻""儋"相通，乃垂耳之貌，乃

---

① 刘庞生：《老子故里生地新考辨》，载《西北大学学报》（哲学社会科学版），1998 年第 2 期。
② 孙以楷：《老子通论》，第 3—65 页。
③ 王振川、蒋门马：《老子庄子故里考》，北京：宗教文化出版社，2009 年，第 18—35 页。
④ 徐复观：《中国人性论史·先秦篇》，上海：上海三联书店，2001 年，第 431 页。

寿者之相，故高年寿者老子称老聃老耼，亦得称老儋①。故《礼记·曾子问》郑玄注曰："老聃，古寿考者之号也。"据毕沅之说，老莱子应是莱子而称老，以寿考而称老莱子②，汪中则指出"老莱子之称老子也旧矣"③。据此，我们认为很有可能此三人在先秦时都曾被称作"老子"，但显然三人有各自的身份与生活年代，不容混淆④。司马迁显然将主要笔墨放在老聃正传的叙述上，他认为李耳才是撰写五千言的作者，故他总结曰："李耳无为自化，清静自正。"⑤

其次，老聃非太史儋。太史儋与孔子相距一百多年，如老聃即太史儋，则孔子不可能见老聃，而孔子见老聃这一事件在《孔子世家》和《老子韩非列传》中均有提到，并且不仅出现在《庄子》道家文献中⑥，还出现在很多儒家文献中，如《孔子家语》《礼记》《韩诗外传》《说苑》等，此外，《吕氏春秋》中亦提及。其实，老子与孔子并非严格的师徒关系，先秦学者之间相互请教、共同探讨学术问题是很常见的现象，只因"世之学老子者则绌儒学，儒学亦绌老子"⑦，各持狭隘的道统观念，才导致否认这一事实。而先秦儒道之间虽互相批判，却还不至于否认孔老相会的事实。总之，我们认为孔子见老子基本上可信，如此则老聃与太史儋绝非同一人。

再次，老聃非老莱子。老聃与老莱子两个名字同时出现在《庄子》、《史记》、《汉书》等文献中，且都有明确的区分。如《史记·仲尼弟子列传》曰："孔子之所严事：于周则老子；……于楚，老莱子。"《汉书·艺文志》单独指出《老莱子》十六篇，另外则使用"老子"或"老聃"来指称《老子》的作者，显然区分了老子与老莱子。故老聃非老莱子，明矣。

---

① 钱穆：《老子辨》（影印本），北京：中国书店，1988 年，第 9 页。

② （清）毕沅：《老子道德经考异序》，载《道德经考异》卷首，经训堂丛书本。

③ （清）汪中：《老子考异》，载《述学·补遗》，扬州书局重刊本。

④ 周绍贤于此有分析，参见《老子要义》，台北：中华书局，1977 年，第 1—2 页。

⑤ （汉）司马迁：《史记·老子韩非列传》，四部备要本。

⑥ 《庄子》中多次提及孔老相会，陈撄宁认为，孔老相见之事，是庄子的"重言"，孔老见面是实有其事，孔老问答之语，却是庄子借题目做文章，未必靠得住。参见《道教与养生》，北京：华文出版社，1989 年，第 11 页。

⑦ （汉）司马迁：《史记·老子韩非列传》，四部备要本。

最后，关于老聃之姓氏。司马迁明言老子姓李，而不言姓老，应该有所据，恐不能轻易否定。此外，先秦文献中最早称"老聃"的是《庄子》与《礼记·曾子问》。《说文》曰："聃，耳曼也。"耳曼即长耳朵，是长寿的象征。但"聃"既为老子之字，则弱冠后即有，因此称呼李耳或李聃并不体现年老寿考之意。而"老"字在上古本就系寿考、尊敬等义，结合司马迁关于老子长寿的说法，我们认为在"聃"前加一个"老"字，很可能不是偶然。李耳在年老时才写出《道德经》，这时的他两耳下垂，年事很高，同时又是博学之人，因此才加"老"于"聃"前，称为"老聃"，亦尊称为老子。

综上所论，我们认为，老子即老聃，姓李名耳，字聃，"老"表示寿考，亦是一种尊称，春秋末年陈国（今河南鹿邑）人，做过周守藏史，孔子曾见过老子，请教过礼制方面的问题。

二、《老子》一书

老子复杂的身世又直接导致《老子》一书迷雾重重，《老子》一书作者是谁，成书于何时，长期以来困扰着学术界。1973 年，长沙马王堆汉墓出土了帛书《老子》，20 世纪的《老子》研究从此开启了一个新时代。20 年后，1993 年在湖北荆门郭店出土的楚简《老子》，直接促使学界重新检讨 20 世纪以来的老学研究，并对《老子》的成书有了新的认识。按照对《老子》成书时代的不同认识进行分类，主要形成了以下几种观点。

第一种观点认为《老子》一书是老聃所作，春秋末年的作品。詹剑峰、陈鼓应、张扬明、孙以楷、刘笑敢等持这种观点。刘笑敢通过对《诗经》、《老子》、《楚辞》的句式、修辞手法和韵式进行比较，认为《老子》与《诗经》在多方面相似，而与《楚辞》相差较远，"《老子》与《诗经》的相似性的确是那个时代的产物，而《老子》与《楚辞》及其同时代的作品的不同也足以说明《老子》不可能是《楚辞》时代的作品，从而肯定《老子》应该是春秋末年的作品，而不应该是战国时期的作品。"①

---

① 刘笑敢：《老子：年代新考与思想新诠》，台北：东大图书出版公司，1997 年，第 50 页。

第二种观点认为《老子》是战国时代的作品。但关于《老子》的作者及具体成书年代又有分歧。这一观点下又可分为战国早期说、中期说和晚期说。（1）战国早期说。唐兰认为《老子》是春秋后期老聃的语录，由战国初年人整理而成。[1] 张岱年早年认为《老子》的作者是老聃，即李耳，《老子》一书非纯粹的辑纂书，有一部分是原著，一部分是后添，并且该书不太可能是战国中期以后的作品，而是战国初作品。[2]（2）战国中期说。汪中将孔子所见之老子与《老子》一书作者老聃分开，认为太史儋即老聃，《老子》一书为战国中期的太史儋所作，这一观点曾得到梁启超、罗根泽等人赞同，王明早年亦赞同此说[3]，近有何炳棣[4]等持此说。罗根泽和冯友兰主张战国前无私家著述，因而认为《老子》不可能形成于春秋时期。冯友兰认为《老子》是一部哲学格言汇编，有些思想出自老莱子，有些出自太史儋，后经李耳搜集整理，加上自己的创作而成《老子》一书。[5]（3）战国晚期说。梁启超、罗根泽、钱穆、杨荣国、武义内雄、池田知久等认为是战国晚期作品。钱穆认为《老子》一书晚于《庄子》，或为詹和所作。[6] 池田知久认为《老子》的编纂在《庄子》的某些部分成书以后，在战国末期至西汉初期，郭店竹简《老子》不是已经完成了的《老子》五千言节略本，而是正在形成过程中的《老子》的最早期文本。[7]

第三种观点认为《老子》为秦汉时期作品，以顾颉刚、刘节、翟理斯（Herbert Allen Giles，1845—1935）、张荫麟等为代表，日本和欧美的很多学者

---

[1] 唐兰：《老子时代新考》，载《古史辨》第六册，上海：上海古籍出版社，1983 年，第 606 页。

[2] 张岱年：《关于老子年代的一假定》，载《张岱年全集》第一卷，石家庄：河北人民出版社，1996 年，第 17 页。

[3] 王明：《道家和道教思想研究》，北京：中国社会科学出版社，1984 年，第 6 页。

[4] 何炳棣：《有关〈孙子〉〈老子〉的三篇考证》，台北："中央研究院"近代史研究所，2002 年，第 90—93 页。

[5] 冯友兰：《中国哲学史新编》第二册，载《三松堂全集》第 8 卷，郑州：河南人民出版社，2001 年，第 273 页。

[6] 钱穆：《老子辨》（影印本），北京：中国书店，1988 年，第 28 页。

[7]［日］池田知久：《道家思想的新研究：以〈庄子〉为中心》（上），郑州：中州古籍出版社，2009 年，第 52—73 页。

亦持此观点①。顾颉刚认为《老子》成书于《吕氏春秋》与《淮南子》之间②。张荫麟据英国人翟理斯的考证，认为《老子》成书于《淮南子》之后③。

第四种观点出现在楚简《老子》出土后，主张将楚简《老子》与通行本《老子》（包括帛书《老子》）分开处理，郭沂、尹振环、张吉良等改进了汪中之说，主张将老聃与太史儋分别作为《老子》不同传本的作者，简本出自老聃，今本出自太史儋④。但这种观点显然还缺乏足够的证据。

此外，关于《老子》文本的结构，学界亦多有研究⑤。从文本内容上来看，有"语录说"、"纂辑说"、"专著说"等。从章句结构上来看，马叙伦、古棣、刘殿爵、韩伯禄等主张"分章说"，而高亨、饶宗颐、严灵峰、张松如、尹振环、郑良树、池田知久等主张"不分章说"。很多学者还尝试重新对《老子》进行分章整理，然而郭店楚简《老子》中的诸多符号使得"不分章说"遭到了挑战。从文本形成过程来看，有罗浩的"辑选"模型、"来源"模型、"并行文本"模型三种模型说⑥，刘笑敢则从"版本歧变"与"文本趋同"的角度分析了老子文本的演变特征⑦。丁四新则着重考察了《老子》文本的演变，指出早期《老子》文本经历了从"自然分章"到"人为设计和裁划"，由此逐渐发展为帛书二本的"成型"和北大汉简的"定型"⑧。

---

① 刘笑敢：《关于老子考证的历史考查与分析》，载《中国文哲研究通讯》第五卷·第四期，1995 年。

② 顾颉刚：《从吕氏春秋推测老子之成书年代》，载《古史辨》第四册，上海：上海古籍出版社，1983 年，第 517 页。

③ 素痴：《老子的年代问题》，载《古史辨》第四册，上海：上海古籍出版社，1983 年，第 416 页。

④ 郭沂：《郭店竹简与先秦学术思想》，上海：上海教育出版社，2001 年，第 518 页。尹振环：《楚简老子辨析》，北京：中华书局，2001 年，第 47—52 页。张吉良：《老聃〈老子〉太史儋〈道德经〉》，济南：齐鲁书社，2001 年，第 1—3 页。

⑤ 新近研究有：聂中庆的《郭店楚简〈老子〉研究》，北京：中华书局，2004 年。宁镇疆的《〈老子〉"早期传本"结构及其流变研究》，北京：学苑出版社，2006 年。刘晗的《〈老子〉文本与儒道关系演变研究》，北京：人民出版社，2010 年。

⑥ 罗浩：《郭店〈老子〉对文中一些方法论问题》，载陈鼓应主编《道家文化研究》第十七辑，北京：生活·读书·新知三联书店，1999 年，第 198—202 页。

⑦ 刘笑敢：《老子古今：五种对堪与析评引论》，第 4、10 页，北京：中国社会科学出版社，2006 年，第 4、10 页。

⑧ 丁四新：《早期〈老子〉文本的演变、成型与定型——以出土简帛本为依据》，载《中州学刊》，2014 年第 10 期。

综上所析，首先，关于《老子》文本的形成时间，我们基本赞同第一种观点。简、帛本《老子》的出土，解决了老学史上许多聚讼不已的问题，使我们对《老子》一书的编排次序和文字的衍变，有了新的认识。帛书《老子》已经推翻了《老子》晚至秦汉始出的观点，而郭店楚简《老子》表明《老子》的抄本在战国中期就已经流传[1]，甚至可以推进到战国早期和春秋末年[2]。上个世纪各种《老子》晚出的结论不攻自破。

其次，关于《老子》文本篇幅与篇章顺序。《老子》一书最初写成时篇幅多大？司马迁认为老子应关尹之请而写下五千余言，似乎《老子》文本最初即具通行本之规模，而这一点实缺乏先秦文献证据。在先秦文献中，韩非最早注释《老子》，然《解老》、《喻老》两篇加上其他篇目总共涉及今本《老子》23 章，约占四分之一的内容。而楚简《老子》甲乙丙三组，是目前所见最古老的版本，但也只有今本《老子》五分之二的内容。关于老子的分篇及篇序，今本多是《道经》在前，《德经》在后，而由韩非子注《老》可知其所见《老子》为《德经》在前，《道经》在后，这一顺序正好与帛书《老子》、北大汉简《老子》相同[3]。但郭店楚简《老子》甲乙丙三组，并无《道经》、《德经》之分。关于《老子》的分章及章序，帛书本、郭店楚简以及北大汉简与今本在分章及章序上均有差异，从简、帛、今本的比较中，可知今本的一些章，例如第 46 章、第 64 章等等，是由相对独立的几部分逐渐拼合成一章。而北大汉简《老子》甚至提供了一些新的分章迹象，如《上经》《下经》一共 77 章，较今本少了四章，再如《下经》第 60 章相当于王弼本 17、18、19 三章的内容[4]。因此，我们认为郭店楚简《老子》并非原始文本，而是《老子》编纂过程中的一个摘抄本。今本《老子》不是一人一时之

---

[1] 陈鼓应、白奚：《老子评传》，南京：南京大学出版社，2002 年，第 9 页。

[2] 丁四新：《郭店楚墓竹简思想研究》，北京：东方出版社，2000 年，第 7 页。

[3] 据整理者介绍，北大简《老子》保存了"老子上经"和"老子下经"的篇题，分别对应今本的《德经》和《道经》，参见韩巍的《西汉竹书〈老子〉的文本特征和学术价值》，载北京大学出土文献研究所编《北京大学藏西汉竹书》（贰），上海：上海古籍出版社，2012 年，第 209 页。

[4] 北京大学出土文献研究所编：《北京大学藏西汉竹书》（贰），上海：上海古籍出版社，2012 年，第 152 页。

著作，但其主体部分以及基本的思想观念来源于春秋末年的老聃，后经不断编辑与整理，最迟在战国末期基本定型，传至秦汉之际，其代表就是帛书《老子》甲本。总之，《老子》上下篇的分立以及分章和章序还有待进一步的研究。

再次，关于《老子》文本内容的变化。在《老子》文本的形成过程中，战国中后期的道家学者们对文本进行了加工，因而今本《老子》中往往带有战国中后期的语言与思想特色，如"绝圣弃智""绝仁弃义"之说，与《庄子》外杂篇中的"攘弃仁义"等观念相同。此外，郭店楚简《老子》似乎保存了一些较早的观念，如今本第 16 章的"守静"，楚简作"守中"，结合今本第 5 章的"守中"，可知早期《老子》文本特别强调"中道"观念。

最后，《老子》对早期思想观念的继承与发展。《老子》的某些思想观念源于当时流行的一些谚语或箴言，如《老子》书中有"建言有之""是以圣人云""用兵有言""盖闻""古之所谓"等直接或间接引用古语的言说方式。有些观念在同时代以及较早的文献中均可以找到旁证，如《论语·卫灵公》曰："无为而治者，其舜也与?"此处明确提出了"无为"的观念。再如《国语·晋语》曰："吾闻之，天道无亲，唯德是授。"《老子》则曰："天道无亲，常与善人。"①但老子显然对这些观念进行了概括与提炼，尤其是从哲学角度进行了提升，如《左传·哀公十一年》曰："盈必毁，天之道也。"《老子》中则有"持而盈之，不如其已""多藏必厚亡"等经文，同时老子将这种变化的规律概括为"反者道之动"。总之，《老子》中的某些思想在老聃以前就已经相当流行，只是还没有概括为哲学的普遍原则。②

三、老子与道家学派

关于老子与先秦道家人物及学派之间的关系，学术界一直存在着争

---

① 本书所引《老子》为王弼注四部备要本，以下只注书名与章。同时参考帛书、郭店楚简以及北大汉简《老子》，有重要的异文则稍作校正，并在正文或脚注里略加分析。
② 参见任继愈主编：《中国哲学发展史》（先秦卷），北京：人民出版社，1983 年，第 243 页。

论。冯友兰以杨朱为道家创始人,认为"老庄皆继杨朱之绪"①。杨荣国亦以杨朱为道家之始,庄子等继其后②。钱穆则以庄子为道家思想之开山大宗师③,顾颉刚认为老聃系杨朱、宋钘后的人④。但这些观点大都应者寥寥,非学界主流观点。

先秦不少文献提及老子,然而这些文献大都属于战国中后期。尽管《论语》中有孔子之言:"窃比于我老彭。"(《论语·述而》)然"老彭"是否即老子仍有争议。战国中期的孟子批判杨、墨,却不及老子。战国后期的荀子虽批判老子"有见于诎,无见于信"(《荀子·天论》),但在集中批判各个学派的《非十二子》中,竟不提及老子。荀子的学生韩非写过《解老》、《喻老》,显然熟知老子之学,然他在《显学》中明确指出:"世之显学,儒墨也。"亦不提及老子与道家。真正将老子作为道家学派的重要人物列举出来的是《庄子》。《庄子·天下篇》曰:"以本为精,以物为粗,以有积为不足,澹然独与神明居。古之道术有在于是者,关尹、老聃闻其风而悦之。"然考察《天下篇》所列学派的顺序,亦是先儒墨,然后才是道家与名家。其中道家又根据思想倾向不同分为宋钘、尹文一派,彭蒙、田骈、慎到一派,老聃、关尹一派以及庄周一派。由此可知,道家学派的发端时间实有不少疑问。

萧萐父先生曾指出,"单就道家,论其起源,似可概括地表述为出于史官的文化背景而基于隐者的社会实践"⑤,而老子正是兼具之。我们认为老子尽管为周朝太史,但他为官之时很可能并没有撰写著作,只是以熟知周朝礼制、博学而闻名。晚年"免而归居",始有《老子》一书之形成。

---

① 冯友兰:《中国哲学史》上册,载《三松堂全集》第 2 卷,郑州:河南人民出版社,2001 年,第373 页。
② 杨荣国:《中国古代思想史》,北京:人民出版社,1973 年,第 188—189 页。
③ 钱穆:《庄老通辨》,北京:生活·读书·新知三联书店,2005 年,第 3 页。
④ 顾颉刚:《从吕氏春秋推测老子之成书年代》,载《古史辨》第四册,上海:上海古籍出版社,1983 年,第 517 页。
⑤ 萧萐父:《道家·隐者·思想异端》,载萧萐父、罗炽主编《众妙之门:道教文化之谜探微》,长沙:湖南教育出版社,1991 年,第 14—15 页。

然而作为一个隐士，老子的思想在当世的流传与影响并不大。[1] 后世编造"老子西出化胡说"固然荒诞，而老子回乡授徒讲学创立具有重大影响的道家学派之说恐亦难以成立。[2] 果真如此，则司马迁"二十而南游江、淮"（《史记·太史公自序》），为何对于老子的授徒讲学只字未提，而曰"莫知其所终""隐君子也"。因此，我们认为道家显然在老子之时代还不是完整意义上的学派，老子作为一个隐者，显然没有专注于学派的创立，也没有像孔子那样广收门徒，带领学生周游列国，宣扬自己的政治主张。正如司马迁所言，老子"其学以自隐无名为务"（《史记·老子韩非列传》），这种隐逸的风格使得老子思想的传播有所限制，故即便老子创立了道家学派，其影响亦不很大，远不能和当时的儒墨相抗衡。

但老子被尊为道家学派之始祖，其思想实有传承，道家学派的影响力逐渐扩大主要得益于老子之后的其他道家学者，如关尹、杨朱、列子、文子、庄子等人。

关尹，即老子出关时强要老子著书的关令尹，是老子之学的直接传人。《庄子·天下篇》将两人并称曰："关尹、老聃乎，古之博大真人哉！"此外很多文献均提及关尹，郭沫若、钱穆、冯友兰等认为关尹即环渊。毫无疑问，关尹是战国早期道家的重要代表人物。

杨朱，即《庄子》中的"阳子""阳子居"，《吕氏春秋》中的"阳生"，《淮南子》中的"杨子"。近人顾实的《杨朱哲学》、陈此生的《杨朱》，都对杨朱的思想有详细的探讨。杨朱是先秦文献中提及最多的道家人物之一，《庄子》中的《应帝王》、《寓言》篇均提到杨朱问学于老子，且自称弟子。[3]杨朱发展了老子的重生养性思想，主张"贵己"，"全性保真"，但较为极

端。据孟子介绍，"杨子取为我，拔一毛而利天下，不为也。"（《孟子·尽心上》）由此可知，杨朱实属道家学派中的激进派，与墨子摩顶放踵利天下的兼爱思想分属两极，在当时思想界广为流传，故孟子曰："杨朱墨翟之言盈天下，天下之言不归杨则归墨。"（《孟子·滕文公下》）可见杨朱在宣扬道家思想并扩大其影响力方面起着十分重要的作用。但杨朱之说，也只是极盛一时，其衰则应在孟子之后，《天下篇》时代之前。①

列子，即列御寇，《庄子》中多次提到，尤以《逍遥游》中塑造的"御风而行"形象最为突出。列子为关尹弟子，《庄子·达生》提及列子问学于关尹，又学道于身份不详的壶子（《庄子·应帝王》、《列子·仲尼篇》）。《吕氏春秋·审分览·不二》同时提到了老子、关尹、列子和杨朱，并且评价道："老聃贵柔……关尹贵清，子列子贵虚……阳生贵己。"而《战国策·韩策》则认为列子"贵正"。大体说来，列子的贵虚或贵正基本上都可以在老子思想中找到类似来源，列子是先秦道家学派的一个重要代表人物。此外还有文子，《汉书·艺文志》曰："《文子》九篇。老子弟子，与孔子并时。"1973 年河北定州出土的竹简《文子》多称引老子之言。② 庚桑子，即庚桑楚，或亢仓子，老子弟子。《庄子·庚桑楚》曰："老聃之役有庚桑楚者，偏得老聃之道，以北居畏垒之山。"《列子·仲尼篇》亦曰："老子之弟子有亢仓子者，得聃之道，能以耳视而目听。"此外据《庄子》、《汉书·艺文志》等文献记载，还有一些向老子问道的人，如柏矩、崔瞿、士成绮、南荣趎、蜎渊等，然身份已不可考。

庄子是老子之后先秦道家的最重要代表，司马迁论庄子曰："其学无所不窥，然其要本归于老子之言。"（《史记·老子韩非列传》）可知庄子继承和发展了老子的思想。今本《庄子》分为内外杂篇，学界一般认为是庄学学派的创作，但与老子的思想有紧密联系。《庄子》是提及老子最多的

---

① 劳思光：《新编中国哲学史》第一卷，桂林：广西师范大学出版社，2005 年，第 157 页。
② 关于文子及其与道家流派关系的新近研究，可参看葛刚岩的《〈文子〉成书及其思想》，成都：巴蜀书社，2005 年；张丰乾的《出土文献与文子公案》，北京：社会科学文献出版社，2007 年。

先秦文献,一方面直接引用《老子》之言,批判诸子百家;另一方面通过寓言故事,塑造老子为得道之人的形象,并借老子之口批判了孔子等儒家学者,此即太史公所谓的"作《渔父》、《盗跖》、《胠箧》,以诋訾孔子之徒,以明老子之术",冲击了儒家的价值观念,扩大了道家的影响力。基于此,自汉代始,言先秦道家则多以老庄并称。①

第二节　道　论

道家哲学最基本的一个观念就是"道",作为道家哲学的始祖,老子最早将"道"确立为最高的哲学范畴。

一、"道"的观念溯源

从已有的材料来看,"道"字最早出现在金文中,通常由首、行两部分组成,作"𧗸"("衜",貉子卣),或由行、首、止三部分组成,作"𧗵"(散盘)。《说文解字》曰:"道,所行道也,从辵,从首。一达谓之道。"由此可知,从字源学角度考察,"道"的原义指人所行之道路。

近几十年来,不少学者从人类学、文化学、神话学、社会学等角度考察了"道"的原型意象,对道的原初含义提出了一些不同的观点:第一种观点认为"道"的初义是指女性或雌兽的生殖道②,或指分娩③。第二种观点认为道的原型意象为太阳或太阳运行之道④。第三种观点认为道的原型是月亮或月行之道⑤。

我们认为,从字形上考察,道的初始含义应该是指道路,但同时"道"

---

① 将老庄合称,大概始于司马迁的《史记》以及刘安组织人编撰的《淮南子》,司马迁在《老子韩非列传》中已将老子庄子并称,而《淮南子·要略》则明确提出"考验乎老庄之术"。

② 文达三:《老子新探》,长沙:岳麓书社,1990 年,第 43 页。

③ 陈榴:《"道"字初义与老子哲学思想的渊源》,载《社会科学辑刊》,2008 年第 6 期。

④ 萧兵、叶舒宪:《老子的文化解读:性与神话学之研究》,武汉:湖北人民出版社,1994 年,第 468 页。

⑤ 杜尔未:《庄子宗教与神话》,台北:学生书局,1985 年,第 35 页;王博:《老子思想的史官特色》,台北:文津出版社,1993 年,第 160—166 页。

又有行走的意思，《释名·释道》曰："道，蹈也；路，露也，言人所践蹈而露见也。"综合起来看，"道"应是指人这一特定行为主体的行走活动及其带来的结果，即形成了道路。在此之后，"人之一切有所取向之行事或活动，以至任何存在之物之有所取向之任何活动，其所循之道路，皆是道。"①

"道"作为一个抽象的观念，早在春秋时期就已经流行，考察《易经》《诗经》《尚书》《左传》等春秋时期的文献，除了《易经》中的"道"均指道路外，其他文本中的"道"已经有了一定程度的抽象，引申为规律、原则、秩序、方法等，如《尚书·洪范》："无有作好，遵王之道。无有作恶，遵王之路。无偏无党，王道荡荡。无党无偏，王道平平。无反无侧，王道正直。"《诗经·大雅·生民》："诞后稷之穑，有相之道。茀厥丰草，种之黄茂。"这里的"道"已经带有规则、规律、方法等意涵。而老子的贡献是把"道"抽绎出来，使之成为一个独立的哲学形上学的范畴。

二、万物存在的本根之道

关于老子之道的哲学意蕴，学界研究很多，刘笑敢曾总结学界对道的诸多解释，大体划分为四类②：第一为本体或原理类，如胡适认为老子之道是"天地万物的本源"③，冯友兰认为道是天地万物之所生的总原理④。第二为综合解说类，如方东美从道体、道用、道相、道征四个方面阐述了道的意蕴⑤，陈康、严灵峰、唐君毅、傅伟勋、陈鼓应等亦提出了道的多重意蕴。第三为主观境界类，主要以牟宗三为代表。第四为贯通解释类，主要以袁保新、刘笑敢为代表，认为老子之道贯通了存有与价值。在

---

① 唐君毅：《中国哲学原论·原道篇》，台北：学生书局，1978 年，第 27 页。
② 刘笑敢：《老子之道：关于世界之统一性的解释》，载陈鼓应主编《道家文化研究》第十五辑，北京：生活·读书·新知三联书店，1999 年，第 85 页。
③ 胡适：《中国哲学史大纲》，上海：上海古籍出版社，1997 年，第 40 页。
④ 冯友兰：《中国哲学史》上册，载《三松堂全集》第 2 卷，郑州：河南人民出版社，2001 年，第 406 页。
⑤ 方东美：《原始儒家道家哲学》，台北：台湾黎明文化事业公司，1983 年，第 168—170 页。

对"道"的诸多解读中,最大困境是老子之道的诸种涵义之间如何实现贯通。基于此,我们尝试从道家哲学产生的历史背景中去探寻"道"这一观念的内涵。

考察《老子》文本,不难发现,老子多次使用了"母"、"宗"、"生"、"养"等表达生成的观念来阐述道的功能与作用,老子为何要让"道"承担着"生"天地万物的重任并成为天地万物之"母"来长养万物呢? 我们认为老子之"道"深受上古时代浓厚的宗祖观念影响,而宗祖观念蕴含着人类对生命存在之根源的追问与敬仰,同时亦包含了对一切存在者当下生存状态的关注。我们不能完全放弃老子之道的宇宙生成论意义,尽管探讨宇宙的生成演化并非老子哲学的最终目的,这一点正如徐复观所言:"老学的动机与目的,并不在于宇宙论的建立,而依然是由人生的要求,逐步向上面推求,推求到作为宇宙根源的处所,以作为人生安顿之地。"① 老子之道的宇宙生成论意蕴首先是基于强烈的现实审视,同时又带有浓厚的生命终极关怀。是故,我们不妨结合冯友兰的道之观念源于观察说与徐复观的道之观念源于推求说,重新考察道之意蕴。冯友兰认为"常道"的把握来自于事物的观察,老子静观万物的生存演变,发现"夫物芸芸,各复归其根",而此一恒常规律即宇宙演变之常道。② 徐复观认为,老子觉得现象界无一不变,无一可长久,于是便从现象界中追索上去,发现在万物根源的地方,有个创生万物、以虚无为体的"常道"。③ 综此二说,我们认为,从经验事物的观察中得出恒常的变化规律,这是老子哲学观念的一个来源,"道"是对经验生活的哲学提升。但同时老子认为"道"为万物之宗,则又是基于一种"推求",即从当下一切存在者推求生命的本原,进而为生命存在的合理状态寻求价值根据或原则。从这两方面

---

① 徐复观:《中国人性论史·先秦篇》,上海:上海三联书店,2001 年,第 287 页。
② 冯友兰:《中国哲学史》上册,载《三松堂全集》第 2 卷,郑州:河南人民出版社,2001 年,第 409 页。
③ 徐复观:《中国人性论史·先秦篇》,上海:上海三联书店,2001 年,第 290 页。

来解释"道"①,我们可以实现道的诸种涵义之贯通,下面详述之。

1. 道为天地万物的终极本原

老子首倡"道"的生生之功,强调"道"作为万物之母的地位,体现了"道"的宇宙本根涵义:

> 有物混成,先天地生。寂兮寥兮,独立不改,可以为天下母。吾不知其名,字之曰道,强为之名曰大。大曰逝,逝曰远,远曰反。(《老子·第二十五章》)②

"有物混成"郭店楚简作"有𥦗混成",整理者认为:"𥦗,从'爿''百'声,疑读作'道'。"③然学界有不同解读,有人认为读作"状",有人认为读作"象"。但显然不能读作"道"④,因为下文明确提出"吾不知其名",按照逻辑,显然不可能先"命名"再说"不知其名",而只能是先使用一个普通名词泛指,然后再为之具体命名。尽管读作"状"更符合字形,但不管是"状",还是"象",或"物",都不能将其具象化,因为老子说:"是谓无状之状,无物之象,是谓惚恍。"(《第十四章》)⑤显然"状"、"象"、"物"都只是一个抽象指代,表示那样一个"物"的真实的存在,而非指具体的形象或形状。这个"物"的特征是"混"、"先"、"独"、"无名"。"混",《说文解字》曰:"丰流也。"段玉裁训为"水浊"、"杂乱"。《荀子·非十二子》:"使天下混然不知是非。"杨倞注曰:"混然,无分别之貌。"《庄子·缮性》:"古之人在

---

① 值得指出来的是,我们诠释"道"的两个方面,并非就是老子最初所设想的两方面,"存在论"与"宇宙生成论"的"两方面"之说主要是基于现代哲学的研究框架与方法,正如刘笑敢所说,在老子的时代,古代圣哲们还没有认识到要区分实然与应然,也不认为形而上与形而下之间有什么不可逾越的界限。参见《老子年代新考与思想新诠》,台北:东大图书出版公司,1997年,第 201 页。

② "周行而不殆"一句,通行本皆有,丁四新认为"非原本必有,简帛本可以为证"。参见《郭店楚竹书〈老子〉校注》,武汉:武汉大学出版社,2010 年,第 181 页。但北大汉简《老子》有此句,作"偏(遍)行而不殆",参见北京大学出土文献研究所编:《北京大学藏西汉竹书》(贰),上海:上海古籍出版社,2012 年,第 156 页。今从帛书及郭店楚简本。

③ 荆门市博物馆编:《郭店楚墓竹简》,北京:文物出版社,1998 年,第 116 页。

④ 裘锡圭:《中国出土古文献十讲》,上海:复旦大学出版社,2004 年,第 188—229 页。

⑤ 以下所引《老子》通行本,均仅括注章名。

混芒之中。"崔撰注曰："混混芒芒,未分时也。"可知"混"意味着没有分化,不能辨析,超越人的感觉经验,因而不可名。"混"字与"寂"、"寥"、"恍"、"惚"、"冥"、"昏"、"夷"、"希"、"微"等一些不可表达具象的词,共同表明"先天地生"的"物"模糊、含混、无法辨析与区分的状态。"独"即意味着无对,是自本自根的存在。这个混成之物又可勉强名之曰"大","大"即"太",亦即初始之义。这个万物之本根通过分化而生生不息,永不匮竭,绵绵不断地产生了现实经验之物。作为万物本根的"道"确实不是现实的实体性存在物,而是基于对天地万物终极本原的一种推求,故曰"逝",曰"远",即本根是终极的存在,而非经验物的存在。但经验之物不管如何演化,始终都是本根之"道"的分化结果,而本根之"道"又以一种"反"的方式在当下之"物"中呈现。综此可知,"道"首先是天地万物之本根,是一种终极本原,但"道"同时又内在关联着当下存在物,贯穿古今始终,没有时空的限制。故老子曰:"执古之道,以御今之有。能知古始,是谓道纪。"(《第十四章》)①"执古之道",意即把握古代的"道",驾驭当下的现象世界,能推知万物的本原,这就可以体认"道"的规则了。

为了阐明道生万物的方式,体现道的生生之功,老子以各种比喻来解读"道"的作用。

> 道冲而用之或不盈。渊兮,似万物之宗;……湛兮,似或存。吾不知谁之子,象帝之先。(《第四章》)②

> 谷神不死,是谓玄牝。玄牝之门,是谓天地根。绵绵若存,用之不勤。(《第六章》)

> 天地之间,其犹橐籥乎!虚而不屈,动而愈出。(《第五章》)

"冲",傅奕本作"盅",《说文》曰:"盅,器虚也。""冲"可训为"虚",正好与"盈"相对。"谷"即山谷,亦是中虚的存在,可包容万物。"橐籥",王弼注曰:"橐,排橐也。籥,乐籥也。橐籥之中空洞,无情无为,故虚而不

---

① 马王堆帛书甲乙本均作"执今之道",王弼本等通行本、北大汉简本均作"执古之道"。
② 通行本有"挫其锐,解其纷,和其光,同其尘"四句,疑羼误,故省。

得穷，屈动而不可竭尽也。"由此可知，道是以空虚的方式来生成万物，唯其虚，所以不竭，因而才能永远存在并具有神妙莫测的功能。"道"又被形象化地比喻为"玄牝"，"牝"是雌性牲畜的生殖器，是生命诞生之处。"玄"意味着幽深、玄妙。玄牝，意为万物最早的始祖，并且这个始祖具有玄妙、幽深的生化作用。"谷"、"牝"的门户，是天地的发生、发源之地，绵绵不绝好像存在着，其作用无穷无尽。

关于道生万物的过程，老子曰：

> 道生一，一生二，二生三，三生万物。万物负阴而抱阳，冲气以为和。（《第四十二章》）
>
> 天下之物生于有，生于无。（《第四十章》）①

这两段经文正好体现了道生万物的两个不同的层次，一是宇宙生成论层面的"生"，一是存在论层面的"生"。前一方面，道产生原始混沌的气体。原始混沌的气体又产生阴阳两种气。阴阳两种气产生中和之气。中和之气则产生万物。万物各自具有阴阳二气，阴气阳气相互摇荡就成为和气。"和"是气的流通状态。道在展开、实现过程中，生成长养万物。从宇宙生成论的进路来看，个体事物的成立有一个过程，如气化、凝聚的过程。在这一生成过程中，万物以气为本质内容，其形成过程由简而繁，前后相续的几个"生"字表明了万物的共同起源。后一方面，老子借助"有"、"无"从更为抽象的层次阐述了道生万物的关系。首先要辨析下《老子》文本差异问题。王弼本作："天下万物生于有，有生于无。"通行本多同王本，唯"万"字作"之"。马王堆帛书乙本作："天下之物生于有，有[生]于无。"②而郭店楚简《老子》作"天下之勿（物）生于又（有），生于亡"③。郭店楚简本第二句无"有"字，一字之差，哲学意蕴迥别，学界在此

---

① 通行本的"生于无"为"有生于无"，今从郭店简本。
② 马王堆汉墓帛书整理小组编：《马王堆汉墓帛书老子》，北京：文物出版社，1976 年，第 37 页。
③ 荆门市博物馆编：《郭店楚墓竹简》，北京：文物出版社，1998 年，第 113 页。

问题上争议颇大①。如果说"道生一,一生二,二生三,三生万物"的过程论表明道是万物之本根,主要是一种宇宙生成论的话,那么道统有无论则主要是一种存在论。老子之道是生成万物的超越根据,它涵括了"无"与"有"之两界、两层:就道体而言,道是无限的真实存在实体;就道用而言,周溥万物,遍在一切之用。正如方东美所言:"道之全体大用,在'无'界中即用显体,在'有'界中即体显用。"②有界是相对的现象世界,无界是超越的精神世界绝对的价值世界。相对的"有"与绝对的"无"相互贯通。由此,"生"表明了万物存在的根据,这种根据正是通过"有"与"无"在"道"与"物"之间建立的。

总之,"生"不能简单地理解为经验世界中的"生育"或"生成",我们也不应该把"生"看成一个严格的时间观念,其真实的内涵应该是呈现"道"与"物"之间的亲缘关系。"道"是宇宙万物的根源。既然"道"是天地之"母",万物之宗,那么天地万物就理所当然地被认为是道之"子"了。从"生"的经验层面来看,母子总是相对而言的,那么"道"自身是否也有作为"子"的可能呢?老子以"吾不知谁之子"予以否认。而"象帝之先"之"先"再次表明了"道"作为万物之本根的观念,并且还是上古时期一直奉为最高神灵的上帝之先祖。总之,老子基于对天地万物之本原的不断推求,而设置了"道"的观念,表达了"道"作为天地万物之根源的结论。

2. 道为天地万物的存在根据

老子认为"道"既是宇宙的终极本原,同时又是天地万物的现实存在根据。那么道是如何成为天地万物的现实存在根据的?老子对道与物的关系有详尽的阐述。

首先,考察老子的各种象喻,可知"道"非独立于物的实体性存在。老子常以各种经验物象来比拟"道",如"水"、"母"、"朴"、"婴儿"、"赤子"、"根"等等。但老子也明确指出"道"是"无状之状,无物之象",因而

---

① 诸家争议可参看丁四新的《郭店楚竹书〈老子〉校注》,武汉:武汉大学出版社,2010 年,第245—247 页。今从郭店楚简《老子》。
② 方东美:《原始儒家道家哲学》,台北:台湾黎明文化事业公司,1983 年,第 168—169 页。

不可能具象化。因此要理解老子的"道"，必须要超越经验物象，而不能以老子所借用的"象"来框住"道"，以有形之物来代替道。下面我们以"母子之喻"、"朴器之喻"为例进行简要分析。

关于"母子之喻"。老子曰："天下有始，以为天下母。既得其母，以知其子；既知其子，复守其母，没身不殆。"（《第五十二章》）"母子之喻"显然出于经验的观察，但又超越于经验，因为"母"与"子"并非指两个独立的实体，而是蕴含着对生命存在的根据以及生命之间关系的思考。老子借用"母"喻"道"，"子"喻"万物"，旨在说明"道"是天地万物的存在根据，是一切生命存在的源泉。"母子之喻"可以转化为"守母以存子"与"存子以显母"。"母"孕育了生命，但同时"母"又内在于"子"之中，是"子"得以存在的内在根据，而"子"就是"母"的当下呈现。既然已经拥有这个母，那么就要将这个"母"以"子"的形式永远延续下去，这样才是"复守其母"，才能"没身不殆"。至此，我们也就不难理解"大曰逝，逝曰远，远曰反"这三句话。终极本根之道以"反"的方式存在于现实物之中，并成为其存在的根据。现实存在物（子）似乎在历时性上与终极本原之"道"渐行渐远，但万物之中内在之道时刻都在不断地涌现，其现实品格体现为"德"，只有守护这份内在的根据，才能在当下活动中展现"道"（母），最终回归"道"。由此可知，这三句话连同"母子之喻"实现了老子之道的宇宙本根论向存在论的转向。

关于"朴器之喻"。老子说："朴散则为器。"（《第二十八章》）何谓朴？《说文》曰："朴，木素也。""朴"是未加工成器的木头，象征事物原初性状。"朴"足一个无分化、无对待之物，即"朴"没有任何相对待的性状，既不是大也不是小，既不是美，也不是丑。朴散之后形成了各种器具，有了一定的用途与性状，有大小、好坏、美丑等等区分与辨析。"朴"不是"器"，但"朴"又寓于器之中，"器"根源于"朴"。与"朴"的存在状态相类似的是"婴儿"：

知其雄，守其雌，为天下溪。为天下溪，常德不离，复归于婴

儿。……知其日(荣),守其辱,为天下谷。为天下谷,常德乃足,复归于朴。(《第二十八章》)①

初生的婴儿只是一个鲜活的、充盈着精气的生命体,并无雄雌之辨②,更无所谓美丑、善恶、高贵低贱的区分。婴儿无知无欲,体虽柔弱,但精气充盈,正是道所赋予的内在生命力之彰显。赤子没有性的欲望与冲动,"未知牝牡之合而全作,精之至也"(《第五十五章》)。这里的"精"就是"其中有精,其精甚真"之"精",亦即内在于生命体中的"道",体现在物中,即为"德",婴儿赤子的一个重要特征便是"含德之厚"。但婴儿逐渐会长大为成年男女,这和"朴散则为器"一个道理。"朴"、"婴儿"、"赤子"都表达了一种原初性、根源性的观念,老子以之喻"道",意在表明"道"是一切生存个体的生命本原与存在根据,但这个本原并非独立于生存个体之外的实体,而是内在于其中。一切生存个体只有持守了这个本原才能生存,丧失了这个本原则灭亡。③ 老子提出"始制有名",显然他并非反对"朴散则为器",在老子看来,社会的伦理生活、文明制度,按自然条理生成并无害处,害怕的是,人为作用的强化,或执定于种种区分,将其固定化、僵化,则会破坏自然之道。因而老子对"器化"、"物壮"、"兵强"、"木强"的过程提出了警醒,因为这个过程就是一个不断人为分析与辨别的过程,而我们往往又不能认识到"器化"过程中物之各种性状的相对性、非根源性,却一味地去追逐。这样就与生命本原渐行渐远,舍本逐末,最终在追逐外物过程中偏离了生命的本原之"道"。所以老子特别强调"知止"、"归根"、"复归于朴",主张天地万物等一切生存个体都要回归本根,持守本性。

---

① 通行本有"知其白,守其黑,为天下式,常德不忒,复归于无极",疑窜入,今据帛书删。详见高明:《帛书老子校注》,北京:中华书局,1996 年,第 370—374 页。

② 叶秀山认为,从母体生长出来的是一个"婴儿",还不是"孩童"。"婴儿"已是"人",但你不能问"是""什么""人"?"婴儿""是",但却"不是""什么"。"婴儿"是"人"之"朴"、"人"之"本"、"人"之"根",以后的"'什么'人",是从这里"生长"出来的。参见《我读〈老子〉的一些感想》,载陈鼓应主编《道家文化研究》第二辑,上海:上海古籍出版社,1992 年,第 137 页。

③ 丧失本原在《老子》中表述为"大道废"、"失道"、"不道"等。

其次，道与天地万物一体相融。老子认为道作为天地万物之本根，其自身是完满的、永恒的、永不匮竭的，故曰："道冲，而用之或不盈。"道既是天地万物之根源，同时又内在于天地万物之中，老子曰：

> 大道泛兮，其可左右。万物恃之而生而不辞，功成不名有。衣养万物而不为主，常无欲，可名于小；万物归焉而不为主，可名为大。以其终不自为大，故能成其大。（《第三十四章》）
>
> 譬道之在天下，犹川谷之于江海。（《第三十二章》）

对"大道泛兮，其可左右"一句，王弼注曰："言道泛滥无所不适，可左右上下周旋而用，则无所不至也。"①"泛"字表明道就如同水一样，周流六虚，无所不盈，万物恃之而生，却不能脱离它而独存，道存在于天下，就好比川谷最终与江海相贯通。道既是天地万物之母，又在现实天地万物之中，这便是道的一体融贯性。而通常所认为的有一个时序上先在的作为宇宙本根的实体之道，然后才有天地万物，或道生天地万物又屹然独存的观点，都误将老子之"道"独立化，将"道"与"物"割裂为两截。这种解读，一方面可能与老子的言说方式有关，因为老子常言"有物混成，先天地生"、"独立而不改"、"道生一"②，而另一方面可能与我们的经验思维相关，易将《老子》中的母子之喻具象化，这样"道"便成为具体的母体。

综上所述，老子推求天地万物之终极本原，设置道为天地万物之本根，因而发展了一套宇宙生成演化的思想。而通过静观万物之演变，老子又发现宇宙间事物之变化的背后有着一以贯之的根据与通则，此一根据实际上是终极本根之道在当下存在物中的呈现，是事物存在的根据。

---

① 楼宇烈校释:《老子道德经注校释》，北京：中华书局，2008 年，第 85 页。
② 李杜认为，造成此种误解，原因之一便是"为老子说道的一些抽象词语所困惑，而不辨别此为第二层次的抽象话，而即把它们实体化作为说道的第一义"。参见《中西哲学思想中的天道与上帝》，台北：联经出版事业公司，1978 年，第 127 页。

至此，道的宇宙生成论意蕴与存在论意蕴共存①，终极本原同时又是现实根据，终极本根之道即是人类安生立命的价值原则与基础。道是整体性的，在本质上既不可界定也不可言说，不能以任何对象来限定，也不能将其特性有限地表达出来。所以，老子常以"无"、"无名"、"朴"、"一"、"大"等来说"道"。但"道"绝不是一个抽象的共相，而是一个流转与变迁的过程。大道周流万物，即在循环往复、不断返回本根的运行中，实现有形有象的器物世界，即"有名"的世界。"道"是"有名"与"无名"、流变与不变、整体与过程的统一。在一定意义上，老子之"道"是有与无、神虚与形实的整合。"有"指的是有形、有限的东西，指的是现实性、相对性、多样性；而"无"则是指的无形、无限的东西，指的是理想性、绝对性、统一性、超越性。

三、自然的天道观

道为天地万物之本根，但同时又内在于天地万物之中，通过天地万物的现实活动来呈现。老子论道，既有形上的探求，亦有形下的考察。既然本根之道内在于经验之物中，则"道"实际上就是天地万物自身存在演变之道②，因而老子常以"天道"或"天之道"来论说。"天道"一词，据学者们的研究，无论在遗物中，还是在文献中，出现都很晚，直到周人才开始使用③，在《左传》、《国语》中早已出现，如《左传·昭公十八年》："天道远，人道迩，非所及也，何以知之?"然而这种"天道"多指"天象运行规律之说"或"人生吉凶祸福规律之说"④，大都受原始宗教的影响，包含有占

---

① 学界对此多有论及，只是表述略有差异，"存在论"多以"本体论"或"存有论"等概念出现。如张立文认为，道在老子哲学逻辑结构中既具有生成论的性质，又具有本体论的性质，是生成论与本体论的互相统一。参见《中国哲学逻辑结构论》，北京：中国社会科学出版社，2002 年，第 146 页。

② 崔大华认为，道的非实体性表明，道作为本体，其实就是世界万物自身，道的生成万物，实际上是宇宙万物的自生、自化。参见《道家与中国文化精神》，郑州：河南人民出版社，2003 年，第 13 页。

③ 庞朴：《原道》，载《庞朴文集》第 4 卷，济南：山东大学出版社，2005 年，第 198 页。

④ 陈鼓应：《老庄新论》(修订版)，北京：商务印书馆，2008 年，第 44—45 页。

星术的成分①，并且这里的"天"多带有主宰性、神秘性②，直接与天帝的观念接壤。而老子所谓"天道"，此"天"指代天地万物，是一个总括名词，代表一种自然的存在物，老子"不但取消天之道德的意义，且取消其唯心的意义"③。"天道"表明此"道"乃是天地万物自身之道，亦即自然之道。老子哲学的一个重要贡献在于消解了天（帝）的神秘性、主宰性，赋予天以自然义，从而瓦解了西周时期天帝、上帝的主宰地位④，将天地万物自身的生存演变之道尊奉为宇宙的最高规范，同时也蕴含了作为万物之一的人有充分的主体性与自由。

当然，值得指出的是，老子以"天"来修饰"道"，仍然吸取了"天"在春秋时期所包含的超越的、至上的意蕴，从而表达了对自然界内在规则与秩序的尊重，对天道的敬畏。由于老子已经将"道"提升为一个抽象的哲学概念，再加上"天"的观念，"天道"即天地万物具体存在状态所呈现的各种规则与秩序的抽象概括，"天道"是一个完美的应然秩序，也是最高的原则。然而，道在天地万物中的本然呈现效果与在人类社会中的现实状况相差甚远，前者体现得完美无缺，后者则大道废弃、秩序失衡。是故，老子常将"天道"与"人道"对照，如"天之道，利而不害；圣人之道，为而不争。"（《第八十一章》）"天之道，损有余而补不足；人之道则不然，损不足以奉有余。"（《第七十七章》）这一方面表明圣人之道与天道秩序保持了一致，另一方面则以天道原则来批判人类社会中践踏天道、秩序失衡的现象。

老子的天道不仅是一个规范性概念，同时又是一个价值概念，是人

---

① 冯达文、郭齐勇主编:《新编中国哲学史》，北京：人民出版社，2004 年，第 46 页。
② 张智彦认为这一时期"天道"的内涵还存在模糊性和随意性，天道在谈论者的心目中也还存在神圣性。参见《老子与中国文化》，贵阳：贵州人民出版社，1996 年，第 97 页。
③ 冯友兰:《中国哲学史》上册，《三松堂全集》第 2 卷，郑州：河南人民出版社，2001 年，第 406 页。
④ 郭沫若认为，老子的最大的发明便是取消了殷周以来的人格神的天之至上权威，而建立了一个超绝时空的形而上学的本体。参见《青铜时代》，北京：科学出版社，1957 年，第 36 页。

类行为的最高价值原则。这一价值原则体现在天道是至善的①，公正无私，不容违背。老子曰："天地不仁，以万物为刍狗。"（《第五章》）天地万物只是按其本性生存发展，并没有人的道德情感在其中，即"天道无亲"，公正无私，不偏不袒。但这种看似冷冰冰的天地万物本性的呈现，即自然法则，为何"常与善人"呢？原来，作为自觉的存在者，人类只有通晓天道并在现实中遵循天道秩序，才能实现天人之间的和谐共处，人类才能真正地安身立命，长生久视，而这正体现了天道至善的原则。相反，违背天道，则亡生失性，所谓"不道早已"。老子之天道观根源于整体的世界观，故笼括天地，范围万物，就像一张网，无物可以逃避，此所谓"天网恢恢，疏而不失"（《第七十三章》）。由此可知，天道作为宇宙万物生存的法则，是一切存在者的共同价值原则。

第三节　政治论

韩非作《解老》、《喻老》，多阐发君臣相处之道，以及圣人治理天下之术。班固在《汉书·艺文志》中曰："道家者流盖出于史官，历记成败存亡祸福古今之道，然后知秉要执本，清虚以自守，卑弱以自持，此君人南面之术也。"可知汉代老子之学已被冠以"君人南面之术"之名，成为一套治术。② 这种说法固然不能引起普遍的赞同，但不可否认的是，《老子》一书确实充满了对现实政治秩序的批判，体现了强烈的现实关怀。老子的政治哲学思想以天道观为基础，围绕自然与无为这两个重要的概念展开。

一、自然与自由

何谓自然？自然作为一个古汉语词汇，由"自"和"然"两个词构成，

---

① 侯外庐等认为"自然秩序是超时代的，所以是无善恶的"。参见《中国思想通史》第一卷，北京：人民出版社，1957年，第299页。我们认为"无善恶"只能说是无人类社会之善恶，老子的天道秩序是至善的。

② 张舜徽认为自汉以上学者皆知"道德"二字谓主术，为君道，"古初之所谓道家，亦实专指修南面术者而言"。参见《周秦道论发微》，北京：中华书局，1982年，第32页。

"自"主要有四层含义："始"，"从"，"自己"，"自然"。"然"的含义很多，但在"自然"这个合成词中，主要作"如此"、"这样"、"样子"解。合起来看，"自然"中的"自"首先应当理解为"根源、原初"，"然"理解为"样子"或"状态"。"自然"即"初始的样子"、"原初的状态"，指的是一种根源性状态、原初性状态，是为自然的第一层内涵。这层内涵是我们将自然诠释为本性的基础。但同时"自"还可以作反身代词，指代自身、自己，"然"则是一个指示代词，指代如此的状况，通常指代动作、行为带来的状况。"然"的这种用法在短语和句中可以作谓语成分。这样"自然"就是"自己如此"、"自己而然"，这是一个表示事物自主实施行为的主谓结构，是为自然的第二层内涵。

在"自然"这个词语中，"然"所指代的种种状态引发了我们对"所以然"的进一步追问。因为任何一种状态或结果终有其原因，追问这种状态或结果产生的原因使我们将焦点集中到"自"身上，"自"所指代的对象正是"然"的原因。因此，"自然"概念的关键在于"自"，没有"自"，也就无所谓"然"。如果说"然"的原因是"自"所指代的对象，那么"自"的原因又何在？按照因果关系，我们似乎可以继续追问。但在"自然"一词中，"自"同时表示原初性、根源性，意即"自"所指代的对象本身就是开始、本原，这样"自然"便以一种近乎独断论的方式，截断众流，将造成"然"的终极原因归结为"自"所指代的那个对象本身，从而避免了无穷的因果追问。至此，我们可以看到"自然"概念两层内涵之间的融贯性。

进一步来看，在《老子》中，"自然"主要是指事物的"原初状态"，强调一切事物本性的根源性，我们不妨称之为"根源性自然"，亦即"物之自然"。老子认为天地万物各有其本性，并应按照自己本性来发展，这就是物之自然。老子借用了"无名之朴"（《第三十七章》）、"珞珞如石"（《第三十九章》）、"婴儿"、"赤子"等比喻，旨在推崇这种原初本性的存在价值。但当"物之自然"之"物"指向"人"这一特殊物时，即反身代词"自"指向人自身时，"自然"就是"自己如此"的意思，强调了人的自由意志与自觉而为的状态，我们不妨称之为"自觉性自然"，亦即"人之自然"。老子认为统治者应当尊重老百姓的主体性，认可他们的自主能力，尊重他们的选择，从而达到自化、自正、自富、自朴等存在状态。考察老子"自然"的这一层意蕴可知，人类"发自本性的活动是自然的，也是自由的，被外力胁迫，是不自由的，也是不自然的"①。"自然"的第二层内涵强调了人这一特殊存在物的自觉理性与对自由的向往②。

　　然而，通常我们只看到自然的"物之自然"内涵，认为道家之自然就是要回归纯粹的原初性状、崇尚本性，却忽视了"人之自然"，忽视了自然概念中蕴含着人对自身的反思与追问：人的本性是什么？老子认为人是一种拥有自觉理性的存在者，其本性是自由的，能够自觉而然，反抗外在的压制，追求自由自在的发展，自然观念体现了老子对人之主体性的尊重与对自由价值的追求。

　　从治理层面来看，"自然"的两层内涵都有重要意义。老子说："古之善为道者，非以明民，将以愚之。民之难治，以其智多。故以智治国，国之贼；不以智治国，国之福。"（《第六十五章》）这段文字通常被用来论证老子有愚民主义倾向，殊不知这里的"愚"和"我愚人之心也哉"（《第二十章》）中的"愚"一样，并非指愚昧，而是一种质朴的本性，体现了一种根源性自然。老子认为百姓的质朴本性有着重要价值，是社会和谐的基础。"智"是"戕贼人性的机巧"③，意味着运用心机智巧去追逐个体欲望的满足，以这种智巧诈伪的方式来治理国家，则上下相欺，尔虞我诈，国家焉有不乱？老子认为理想的治理状态应当是统治者与百姓均能实现真正的自然，而要达到这一状态，作为统治者的"王"无疑承担着重大的责任，由此他强调了"王"的重要地位，并进而提出"道法自然"的命题。

---

① 陈嘉映：《哲学 科学 常识》，北京：东方出版社，2007 年，第 188 页。
② 叶秀山认为，《老子》书中的"自然"，就和希腊巴门尼德所谓"必然性"的"大箍"完全不同，而是从"生命"（生长）的"可能性"这个角度把"自然"与"自由"结合了起来。参见《我读〈老子〉书的一些感想》，载陈鼓应主编《道家文化研究》第二辑，上海：上海古籍出版社，1992 年，第 138 页。
③ 胡哲敷：《老庄哲学》，上海：中华书局，1935 年，第 89 页。

　　道大，天大，地大，王亦大。域中有四大，而王居其一焉。人法地，地法天，天法道，道法自然。（《第二十五章》）

　　"王亦大"与"王居其一焉"中的"王"，傅奕本、范应元本均作"人"，陈柱、奚侗、严灵峰、陈鼓应皆从其说，然考之帛书与楚简《老子》，则作"王"是。只是郭店楚简和北大汉简《老子》均作"天大，地大，道大，王亦大"，顺序与诸本不同，有学者认为"应视为不同于帛书本的另一系统，而不是偶然的改动或笔误"①，但总的来看并未造成文本歧义。"道法自然"命题蕴含着重要的政治哲学智慧。老子将"王"与天、地、道并举，显然十分看重王的地位与责任。他认为作为治理天下的王，其行为影响到天地万物的生存与发展，尤其是直接关系到老百姓的生存状态，因此"王"应该时刻警醒自己的行为方式，要效法地、天、道的存在方式。那么作为终极本原，"道"的存在方式是什么呢？或曰"道"应当效法什么呢？"道法自然"实际上是"道法（道）自然"。"然"是对反身代词"自"所指代的"道"之存在状态的描述，这种状态是"道"自己产生的，因而"道"所效法的对象正是道自己的根源性状态。"效法自己"的说法实际上是以主客同一的方式，表明道是自本自根的存在，正好印证了道的"独立不改"。至此，我们发现"道法自然"实际上表明道无所法，道只是自己而然，本性如此。那么道自己的存在状态究竟是什么？道如何效法自身的存在状态？如前文所述，作为终极本根之道确实独立不改，然作为现时存在之道则并非独立实体，而是内在于天地万物之中，是万物存在之根据。"道"并无独立的实体化自身，而是以天地万物为体，道自身的存在状态通过天地万物的存在状态来呈现，其实质是天地万物生生不息的过程，是谓"道之自然"。由"人法地，地法天，天法道，道法自然"的次序进行推论，则"道"是天地万物的终极本原，天地人都效法道，效法道其实质就是效法自然，效法自然的实质就是天地万物充分彰显各自本性，自生自长，自己而然。

---

① 韩巍：《西汉竹书〈老子〉的文本特征和学术价值》，载北京大学出土文献研究所编《北京大学藏西汉竹书》（贰），上海：上海古籍出版社，2012年，第218页。

通过"道法自然"的命题，老子阐述了天地万物均应自然存在的结论，也就为老百姓自己而然奠定了基础。作为统治者，在治理过程中，应当尊重老百姓的自由，不应该干涉其按照本性的发展。

二、无为与规范

老子哲学标榜"自然无为"，那么"自然"与"无为"究竟有何关联？研究者通常将此两个观念等同或互诠，谓"自然就是无为"，"无为即顺其自然"，这种互诠便产生了一个概念循环论证。要走出这种循环论证的困境，我们应该重新考虑"自然"与"无为"两者之间的关系及其它们在《老子》哲学中的地位问题。"自然"强调了事物的"原初性状"以及事物"自己如此"，至于"自"的主词是否受到外在力量的约束与影响，我们并不能从"自然"中直接推导出来。但如此则很有可能产生以下情形：假设行为者受到外力压迫丧失了自由意志，实施某些行为，造成了一种状态，或者行为者有意选择实施一些破坏性的行为，直接影响到他人的生存状况，这些是否"自然"呢？如果这些情形都是自然，那么《老子》中的自然观念并无特别的价值，相反还存在巨大的缺陷。然而老子之自然并不会导致此情形，因为老子对"自然"进行了规范，这就是无为。[1]"无为"在这里是一个规范性的观念，所谓"规范"，即不是一个可自由选择的观念，而是一个必要的观念。

"无为"作为一个哲学概念，显然不能简单地按照字面来理解。"为"并不指某一具体的行为或动作，而是所有行为动作的抽象指代。"为"之前的"无"表示对后面"为"的否定。尽管无为并非完全放弃作为或彻底不作为，但"无"所形成的否定意义表明"无为"倾向于对行为进行节制与规范。作为一个抽象的概念，"无为"并不特指某一具体行

---

[1] 陈鼓应认为，老子主张允许每个个人都能依照自己的需要去发展他的禀赋，因此他提出了"自然"的观念，为了使不同的意愿得到和谐平衡，他又提出"无为"的观念。参见《老子今注今译》，北京：商务印书馆，2006 年，第 54 页。

为，老子往往通过一些具体的否定性行为来描绘"无为"的图像，如"不尚贤，使民不争；不贵难得之货，使民不为盗；不见可欲，使民心不乱。"（《第三章》）"吾不敢为主，而为客；不敢进寸，而退尺。"（《第六十九章》）"不尚"、"不见"、"不敢"等这些否定性行为共同表达了"无为"的观念。考察《老子》中的这些否定性行为的实施者，我们大致可以归纳出以下三类。

首先是道。老子曰："道常无为而无不为。"（《第三十七章》）马王堆帛书《老子》此章作"道恒无名"，郭店楚简《老子》作"衍（道）恆（恒）亡为也"①。老子认为"道"生天地万物，但"道"的"生"乃是"生而不辞，功成不名有"（《第三十四章》），而不是干涉与主宰，因而万物得以自生自长。同时老子也提出了"道法自然"，道自身的存在状态便是自然，道法自然其实质是万物自生自长，自己而然，这表明道的存在方式是无为。是故"道法自然"与"道常无为"保持了融贯，从形而上的高度为天地万物以无为的方式达到自然奠定了基础。②

其次是天地万物。《老子》曰："天地不仁，以万物为刍狗。"（《第五章》）天地万物并没有人类的恩情意志，不会有意识地行动，只是按照其内在本性而为，因而保存了其原初本性的发展趋势，形成完美的秩序。从形而下的角度来看，天地万物皆按照各自的本性来发展，这种源自本性的存在方式正是无为，而所达到的状态正是自然。由此可见，在天地万物那里，自然与无为是一致的。

最后是人类。天地万物按照其内在本性来发展，本应是自然的，但是现实中天地万物的本性往往遭到人类活动的破坏，人与天地万物之间、人与人之间均出现了激烈的对立，结果秩序失衡，社会陷入混乱。老子反思人类的生存状态，主张人类应该理性地规范与制约自己的行为，不应破坏事物的内在本性，因而提出了无为。但老子又不是泛泛地谈所

---

① 荆门市博物馆编：《郭店楚墓竹简》，北京：文物出版社，1998 年，第 112 页。
② 刘笑敢指出，"把无为作为形而上之道的特质，这就为圣人无为提供了形而上的根据"。参见
　《老子：年代新考与思想新诠》，台北：东大图书出版公司，1997 年，第 116 页。

有人的无为，而主要针对统治者而言。在老子所处的时代，统治者拥有生杀予夺的权力，其行为直接影响到天地万物的生存与发展，而老百姓更是首当其冲。

> 民之饥，以其上食税之多，是以饥。民之难治，以其上之有为，是以难治。民之轻死，以其上求生之厚，是以轻死。（《第七十五章》）

在春秋乱世之中，百姓自身并无过高追求，因为他们常以无为的方式求得安身立命而已，故曰百姓并不难治，甚至根本不需要积极地去治理。而统治者们横征暴敛，为一己之私利而穷兵黩武，涂炭生灵，直接造成了老百姓生存的艰难。老子目睹世道的衰退，对统治者的行为方式提出了警告，主张他们的权力应该受到节制[1]，故多以否定性的方式来规范统治者的行为，如"是以圣人处无为之事，行不言之教；万物作焉而不辞，生而不有，为而不恃，功成而弗居。"（《第二章》）"是以圣人无为，故无败；无执，故无失。"（《第六十四章》）这些否定性行为体现了无为的观念，具有强烈的现实批判性。

综上所论，人之自然不同于物之自然，物之自然源于事物内在的本性，而人之自然本质上是一种自由。但人的自由并非不受限制，绝对的自由不仅不存在，亦不可能。如果人人皆按照自己的意志行事，则人与人之间的关系很难得到合适的调控，往往陷入紊乱之中。老子提出无为，旨在对人之自由意志进行规范，尤其是对掌握权力的统治者的行为进行控制。无为是对自然的规范与制约，对"自然"观念的诠释必须借助"无为"[2]。从治理层面来看，《老子》对两者的关系进行了深刻的论说。

> 太上，下知有之；其次，亲而誉之；其次，畏之；其次，侮之。信不

---

[1] 王博：《权力的自我节制：对老子哲学的一种解读》，载《哲学研究》，2010 年第 6 期。
[2] 刘笑敢指出："自然是老子哲学的中心价值和根本理想，无为则是实现这一理想和价值的原则性手段。"参见《老子：年代新考与思想新诠》，台北：东大图书出版公司，1997 年，第 120 页。

足焉，有不信焉。悠兮其贵言，功成事遂，而百姓曰："我自然也。"
（《第十七章》）①

"下知有之"一句，唯吴澄本、焦竑本等少数几个版本作"不知有之"，
恐误。有注家认为于义则作"不"为善②。一字之差，意蕴迥别。最后一
句，王弼本作"百姓皆谓我自然"；而傅奕本、范应元本、徽宗本、邵本、司
马光本、彭本、志本均作"百姓皆曰我自然"③。郭店楚简作"而百姓曰我
自然也"④，北大汉简作"百姓曰我自然"⑤，今从郭店楚简。老子总结了
统治者治理天下的不同层次，认为最好的治理状态是老百姓仅仅知道有
个统治者而已，但感受不到统治者的压制，因而可以自由地生活。那么
要如何才能达到这种理想的治理状态呢？老子认为统治者必须以无为
的方式来治理天下，所谓"贵言"，也就是"希言"，意即很少发号施令，不
以繁杂的政令措施来控制老百姓，只有这样才能达到"功成事遂"。那么
老百姓如何看待这种状况的形成呢？此章最后一句的理解向来有分歧，
"我"究竟指谁？刘笑敢认为是指圣人⑥，而传统注解通常认为"我自然"
乃百姓自谓也。如河上公注曰："百姓不知君上之德淳厚，反以为己自当
然也。"⑦王弼注曰："居无为之事，行不言之教，不以形立物，故功成事遂，
而百姓不知其所以然也。"⑧高亨曰："我者，盖百姓自谓也。功成事遂，百
姓皆曰'我自然'，不知其君之力也。"⑨蒋锡昌则认为，"功成事遂"，百姓
皆谓我自然，谓人民功成事遂，百姓皆谓吾侪自成，此即古时所谓"帝力

---

① 最后一句据郭店楚简本改。
② 马叙伦曰："论义则作'不知'为长。"参见《老子校诂》，北京：中华书局，1974 年，第 203 页。朱
　谦之曰："作'不'义亦长。"参见《老子校释》，北京：中华书局，1984 年，第 69 页。
③ 高明：《帛书老子校注》，北京：中华书局，1996 年，第 300 页。
④ 荆门巿博物馆编：《郭店楚墓竹简》，北京：文物出版社，1998 年，第 121 页。
⑤ 北京大学出土文献研究所编：《北京大学藏西汉竹书》（贰），上海：上海古籍出版社，2012 年，
　第 152 页。
⑥ 刘笑敢：《老子古今：五种对勘与析评引论》，北京：中国社会科学出版社，2006 年，第 208—
　209 页。
⑦ 王卡点校：《老子道德经河上公章句》，北京：中华书局，1993 年，第 69 页。
⑧ 楼宇烈校释：《老子道德经注校释》，北京：中华书局，2008 年，第 41 页。
⑨ 高亨：《重订老子正诂》，北京：中国书店，1988 年，第 42 页。

何有于我哉"也。① 根据郭店楚简的"而"字,我们认为这里的"我"是指老百姓。统治者以无为的方式治理天下,最终达到百姓安居乐业、上下相安无事的状态。但是老百姓并不认为是统治者使之而然,而是自己而然。换言之,在此状态中,统治者并没有对老百姓进行积极的控制与管理,老百姓也没有把自己与统治者对立起来,他们按照自身的需求努力自由自在地工作与生活,任何成就的取得都被看做是自己努力的结果,因而不需要来自任何方面的恩赐或施舍。② 由此可知,首句"下知有之"表明老子的政治主张并非无政府主义,但他明显强调最小的政府,最小的干涉,其实质是一种自治型社会③,只有在这种社会中,个体的自由才能得到最大的保障。

老子既然承认统治者的存在,则功成事遂的理想状态的实现显然离不开统治者的无为方式,或曰,统治者的无为而治是老百姓能够真正实现自然的必要条件。从《老子》经文的形式上来看,确实存在着"主体→客体"、"原因→结果"的模式,即主体(圣人)的无为才能实现客体(老百姓)的自然④。如:

> 故圣人云:"我无为,而民自化;我好静,而民自正;我无事,而民自富;我无欲,而民自朴。"(《第五十七章》)

老子主张统治者应规范自己的行为,不应放纵自己的欲望,将自己的意志强加于老百姓。只有这样老百姓才能真正按照他们自己的愿望来谋求生存与发展,自己而然。但同时我们也应该看到,这种"圣人无为"促成"百姓自然"的"原因→结果"模式只是形式上的,而自然的真实

---

① 蒋锡昌:《老子校诂》,成都:成都古籍书店,1988 年,第 113 页。
② 萧汉明:《道家与长江文化》,武汉:湖北教育出版社,2005 年,第 85 页。
③ 萧公权曾指出,老子的政治主张倾向于"虚君民治"。参见《中国政治思想史》,沈阳:辽宁教育出版社,1998 年,第 160 页。王中江曾以"自治主义"、"政治自治"来分析老子的政治哲学。参见《道家自由思想的两种形态》,载陈明、朱汉民主编《原道》第 7 辑,贵阳:贵州人民出版社,2002 年,第 99、104 页。
④ [日]池田知久:《道家思想的新研究:以〈庄子〉为中心》(下),郑州:中州古籍出版社,2009 年,第 547—561 页。

意蕴恰恰是超越这种主客对立式的二元归因。自然作为一种理想的治理状态，作为一种普遍的价值追求，绝不仅仅是老百姓的自然，同时也是统治者的自然。即统治者通过无为的方式来治理天下，一方面客观上促成了老百姓的自然，另一方面他们自身亦实现了真正的自然。老子批判现实政治状况，主要强调统治者的无为，实际上是警醒统治者自身的责任，主张规范统治者的自由意志与行为，尊重老百姓的自由意愿。

三、小国寡民的理想社会

儒家的政治理想是"大道之行，天下为公"的大同社会；墨家所标榜的是人与人"兼相爱，交相利"的理想生活状态；道家所设想的是"小国寡民"的理想社会。老子的理想社会模型基于其强烈的现实批判。

> 天下多忌讳，而民弥贫；民多利器，国家滋昏；人多伎巧，奇物滋起；法令滋彰，盗贼多有。（《第五十七章》）

天下禁忌越多，老百姓的生活就越容易陷入贫困，如果老百姓纷纷使用各种利己之器物，国家就会动荡不安。"人多伎巧"，帛书《老子》甲本作"人多知"，郭店楚简和北大汉简《老子》均作"人多智"，可见"伎巧"也就是"智巧"、"机巧"的意思。在智巧之心的驱使下，各种巧伪、邪僻的物事纷纷涌现。"法令"，河上公本、帛书甲本、郭店楚简本均作"法物"，珍好罕见之物滋生，盗贼也就兴起。在老子看来，人类社会的发展积累了日益繁杂的名物制度，人心也被各种欲望遮蔽，各种智巧诈伪之术盛行，人与人之间的关系恶化，国家动荡不安。在批判现实社会的基础上，老子设计了一个小国寡民的理想社会。

> 小国寡民，使有十百人器而勿用，使民重死而远徙。又（有）周（舟）车无所乘之，有甲兵无所陈之。使民复结绳而用之。甘其食，美其服，乐其俗，安其居。邻国相望，鸡犬之［声相］闻，民至老死不相往来。①

---

① 马王堆汉墓帛书整理小组编：《马王堆汉墓帛书老子》，北京：文物出版社，1976 年，第 44 页。

何谓小国寡民？河上公注曰："圣人虽治大国，犹以为小，俭约不奢泰。民虽众，犹若寡少，不敢劳之也。"①可见"小国寡民"的真实含义应理解为"小其国，寡其民"②，这是从治理者的角度来理解的，体现了统治者的"慈"、"俭"的修养。在这段理想社会的设计中，老子集中表达了简化人与人之间以及人与物之间复杂的交往方式的主张。在他看来，正是因为人与人之间的频繁交接，使用各种技巧、器具，才使得人的欲望膨胀，人心紊乱，从而导致各种纷争。所以老子反复强调不崇尚贤良，不贵难得之货，不见可欲，其目的就在于止息人们的争名逐利之心，使人性复归于质朴。具体做法是，放弃十倍百倍于人力的器械而不用③，使老百姓珍视生命，远离迁徙。虽有舟车、甲兵等便利的器具，但已不再作为处理人与人之间以及人与物之间的工具，因而闲置不用，也就不会危害人与物的生存。老百姓安于各自的生活方式，不会因为饮食、服饰、住所、习俗等问题而产生欲望与纷争。在这样的社会里，治理者"恒无心，以百姓之心为心"④，"为天下浑其心"（《第四十九章》），摒弃了文明发展中累积的智伪诈巧之术，使得百姓都归于质朴的状态，此正所谓"其政闷闷，其民淳淳"（《第五十八章》）。显然，"小国寡民"的理想社会是老子批判现实社会的产物，其价值并不在于真正实现这种社会，而在于反思人类文明进程中的种种弊端，检讨人性，为病态社会疗伤，从而促成人类文明的健康发展。

第四节　知识论

知识论有一些基本问题，如我们能知道什么？我们可否认识外部世界？语言在认识外部世界过程中有何作用？知识的价值何在？等等。

---

① 王卡点校：《老子道德经河上公章句》，北京：中华书局，2008 年，第 303 页。
② 参见白奚：《"小国寡民"与老子的社会改造方案——〈老子〉八十章阐微》，载《安徽大学学报》（哲学社会科学版），2000 年第 4 期。
③ 参见高明：《帛书老子校注》，北京：中华书局，1996 年，第 152 页。
④《老子·第四十九章》。王弼本作"圣人无常心，以百姓心为心"。今从帛书本。

具体到先秦哲学的背景中，《老子》一书探讨了名与实的关系，批判经验知识的局限性，主张超越对物的知识性把握，去体认万物之本原的"道"。

一、道与名

名实问题是先秦诸子学派常常探讨的一个哲学问题，其实质触及语言在描述外部事物过程中的作用，老子通过对道与名的关系的探讨，深入地考察了名实关系。

首先，我们看《老子》第一章的"道可道，非常道"。此句的理解向来众说纷纭。当我们第一次遭遇"道"时，显然存在着多种理解，而通过考察第 25 章可知，被称作"道"的那个"物"原本是混沌未分的，"道"首先是老子"命"出来的一个"名"。关于"名"，《说文解字》曰："名，自命也。从口夕，夕者，冥也，冥不相见，故以口自名。"所谓"冥不相见，故以口自名"，大概意指"在天黑得彼此都看不见对方的情况下，大家只能采取以口发号的方式来互通其信息，使彼此互知其对方存在的情况。"[①]进而言之，"名"从口，意味着"名"必须通过言说，以口自明之后，自命者便有了固定的"名"。换言之，"名""就认识论而言，是表现内在观念的外在声音或符号，乃讲述思想的工具"[②]。《释名·释言语》曰："名，明也。名实事使分明也。"《荀子·正名》曰："名定而实辨。""故知者为之分别，制名以指实。"《庄子·逍遥游》曰："名者，实之宾也。"王弼《老子注》亦曰："名以定形。"由此可知，在中国古代哲学语境中，"名"总是与"实"或"形"相对而言。"名"意味着对"实"的辨析与区分，通过"命名"使"实"（形）界限分明。因此，"名"的功能恰恰是为了避免"混"的出现，是对"混"的存在状态的一种反抗。在经验世界里，当我们以"名"来指称一个对象时，此对象必然可以为我们的经验所感知。然而，一旦我们去为一个经验之外的

---

① 周可真：《"体道"的必要性、原理及方法——〈老子〉道篇首章新解》，载《江南大学学报》（人文社会科学版），2011 年第 6 期。

② 张振东：《中西知识学比较研究》，台北："中央文物供应社"，1983 年，第 46 页。

混成之物命名时，我们就越界了，所以老子为"道"命名时却表现出了勉强，因为老子"不知其名"①。不知其名而又去为之命名，必然会遭遇以下困境之一：其一，被命名者本有其名，但老子不知其名，那么重新命名就面临与其本名是否一致的问题，以及可否"异名同谓"的问题；其二，被命名者从未被命名，即无名，那么第一次为之命名，则面临着"名"是否符合其"实"的问题，甚至"名"下是否有"实"的问题。对于第一个问题，老子曰："道常无名"（《第三十二章》）。可知被命名者本无名。对于第二个问题，老子说："道之为物，惟恍惟惚。惚兮恍兮，其中有象；恍兮惚兮，其中有物。窈兮冥兮，其中有精；其精甚真，其中有信。"（《第二十一章》）可见他真诚地相信被命名者的真实存在，这就保证了老子将要给出的"名"不是一个空洞的概念。但被命名者自身本无名，因而老子不仅"不知其名"，甚至也无法通过一个合适的"名"来进一步"知"其"实"。但为了要讲清楚被命名者，老子勉强借用"道"这个词来指称那个"物"，并且将之作为天地万物之始，于是"道"自此成为一个专名。

回到"道可道，非常道"。此两句仍然是围绕着传统的名实关系在进行讨论，同时名实关系在老子的哲学中又集中体现为人为与自然的关系，认知与存在的关系。第一个"道"指什么？学界多认为是通名，指人们习称之道，即今人所谓"道理"②，或一般之道理③。我们认为此"道"正是老子哲学的核心概念，但这个"道"是作为"名"（哲学概念）的"道"，而非"道本身"。第二个"道"作动词解，为言说④，作为"名"的"道"当然可以"道"（言说），并且正是言说（道）的产物。"道可道"从认知的角度展开，表明"道"首先是"名"，在言说中生成。"可"是对言说（道）的一种肯定，不通过言说，"道"这个"名"无法形成，其背后的自然之道（实）更无法为

---

① 帛书与郭店楚简《老子》均作"未知其名"。
② 陈鼓应：《老子今注今译》，北京：商务印书馆，2006 年，第 73 页。
③ 高明：《帛书老子校注》，北京：中华书局，1996 年，第 222 页。
④ 也有一些学者主张将第二个"道"解读为"行走"，"可道"即"可行"，从共相与殊相角度来解读首句。参见田文军：《〈老子〉"道"论新探》，载《社会科学》，2011 年第 8 期。黄克剑亦提出老子之"道"有"导"和"导向"的意蕴，参见《孔老之辨》，载《哲学研究》，2007 年第 9 期。

人所"知"。因此,"道"可言说,为了知"道",我们必然要去"道"(言说)。哲学必然要通过言说,离开语言,就没有可能讲出任何真理,而作为哲学文本的《老子》正是言说的产物。

但老子提醒我们要警惕命名活动的局限性①,即所命之"名"并不是"名"所指之"实"。"非"意味着作为"名"的"道"并非"常道"。何谓"常道"?通常认为"常道"即永恒不变之道。其实这是对"常"的一种误解。"常"并非不变化,而是从存在角度而言,常道即真实存在却不可名状的永恒之道,亦即自然之道。换言之,虽然"常道"也只是一个"名",但其实质是指"道自身"。"非常道"表明"言说之道"是从认知角度确立的"道",非自然实存之道,自然之道是指恒常自存的不依赖于"名"的本真之"实"。"非"是对以"名"言"道"之"实"的一种否定,表明言说并不能完全真实无碍地呈现道自身。

如果说"道可道"表明言说是一种必然,"道"首先在"言说"中生成,那么"非常道"则是对"道可道"这种人为活动的一种反思,表明言说之道(作为名的"道")并不是自然之道(常道),即"名"并非"实"。老子开篇即指出言说之道(名)与自然之道(实)之间的张力,这种张力实质上又是认知与存在之间的张力,完全是因为人的言说活动造成的。由于我们执着于追求万物之始,并且试图通过言说来讲清楚这回事,结果适得其反,我们通过言说设置的"名"("道")划开了与自然之道之间的鸿沟。既然常道存在,而言说之道又不是自然之道(常道),那么我们注定只能以"非常"的方式去认知"道","道"的神秘性自此而出。

其次,我们看"名可名,非常名"。北大汉简《老子》作"名可命,非恒名也"②。"名"亦通"命",但也有学者认为北大汉简"名"作"命",意

---

① 王邦雄认为,依老子的反省,认为可以言说的道,已经过人的语言概念所规定,其真精神,真生命就在语言概念中被限制住了。参见《老子的哲学》,台北:东大图书公司,1983 年,第15 页。
② 北京大学出土文献研究所编:《北京大学藏西汉竹书》(贰),上海:上海古籍出版社,2012 年,第144 页。

味深远。① "可命"凸显出命名活动的主体色彩,因此"名"作为一种活动必然是人为。"名可名"表明不仅"道"这个"名"源于人之所命,一切"名"都是人为创设的结果。那么人为创制的各种"名"是否就是"名"之所指呢?"非常名"是一种否定。那么何谓"常名"? 通常认为"常名"即永恒不变之名。既然"名"源于人之所命,是人为创造出来的,则必然有其存续的时段,因而不存在所谓的"永恒不变之名"。事实上,"常名"虽然也是一个"名",但其意义却是指自然之名,而自然之名实质不是言说出来的"名",而是指自然存在之"实"。这个结论的得出实受河上公注的影响。河上公注释"非常名"曰:"非自然常在之名也。常名当如婴儿之未言,鸡子之未分,明珠在蚌中,美玉处石间,内虽昭昭,外如愚顽。"②河上公注表明"常名"其实是一种自然的、浑然一体的本真状态,"常名"虽然也是一个"名",但在句中的意义却是通过其意谓来呈现的,实质上是自然之"实"。一旦我们辨析了这种浑然一体的状态,并为之命名,则明珠与蚌相分,美玉与石相别,各种繁杂的"名"得以形成。通过命名的方式去认知事物,虽然使事物清晰可见,界限分明,但同时又损害了事物的本真存在状态,正如《庄子·应帝王》中的混沌开窍而死。由此可知,老子提出"非常名",其实已经蕴含了对事物自然存在状态的向往,一切人为创制之名并不能表达自然本真之实,自然与人为之间的对立由此产生,名与实之间的张力亦再次彰显。如果说"道可道,非常道"具体阐明了作为哲学概念的"道"(名)与自然之"道"(实)之间的张力,那么"名可名,非常名"则从一般意义上阐明一切事物通过言说所产生的"名"与事物自然本真状态(实)之间的张力。

最后,"道"以"名"的形式存在。既然"道"只是老子所命之"名",那么道本身是否可名? 老子说:"绳绳不可名,复归于无物。"(《第十四章》)

---

① 曹峰、廖名春持此说。参见曹峰:《〈老子〉首章与"名"相关问题的重新审视——以北大汉简〈老子〉的问世为契机》,载《哲学研究》,2011 年第 4 期;廖名春:《〈老子〉首章新释》,载《哲学研究》,2011 年第 9 期。
② 王卡点校:《老子道德经河上公注》,北京:中华书局,2008 年,第 1 页。

老子认为"道"不是像"物"一样的存在者，通过感官无法把握"道"，因此"不可名"乃是指不能以为"物"命名的方式来为"道"命名。正是在这个意义上，老子认为"道常无名"。在这个命题中，"道"形式上仍然是一"名"，但实质上是指"道"本身，道本身无名。道虽无名，但道本身恒常存在，故老子曰："自今及古，其名不去，以阅众甫。吾何以知众甫之状哉，以此。"（《第二十一章》）① 这里的"名"显然是指"道"之名，和"道常无名"之"道"一样，仍然是指道本身②。此句的理解，借用胡适的说法是，个体的事物尽管生死存灭，那事物的类名却永远存在。③ 但在老子看来，"类名"也仍然是"名"，因此真正亘古长存的不可能是"名"，而只可能是未被命名却不能质疑其存在的"实"。进而言之，万物虽然生灭变化，但万物之本根的道自身亘古长存，无时空之限制，我们正是借助"道"之名来解释天地万物的存在依据。

总之，道本身虽然无名，但并不意味着道本身不可名，如果道本身完全不可名，那么老子就无法言说。但老子还是为之命名，只是在为道命名时很谨慎，因为命名本身即意味着分析，而"道"这个名已经不符合道自身，如果再进一步分析这个"名"，我们就会离"道"本身越来越远。而人类文明的进程就是一个不断命名的过程。命名意味着辨析与区别，人类通过命名活动使得天地万物不断地呈现，这一过程就是老子所说的"朴散则为器"。"朴"借喻为无名之"道"，"道""散"为各种有形之"器"，由"道"向"器"的转变过程其实正是由无名向有名的转向过程。"名"不断生成，物不断被分析，为物命名的活动使得我们遗忘了"道"，本根之道就隐于器物之中，故老子曰："道隐无名。"通常我们循名责实，只有当我们追问万物的本原以及存在依据时，我们才以"道"之名去探求"道"之

---

① 王弼本作"自古及今"，今据马王堆帛书本、北大汉简本改。

② 严灵峰认为，此"不去"之"名"者，乃"混成"之"先天的"本质，为老子哲学中之另一特有术语，也就是"常名"之"名"，它的确切的意义是"存在"。参见《老庄研究》，台北：中华书局，1979年，第 66 页。

③ 参见胡适：《中国哲学史大纲》，上海：上海古籍出版社，1997 年，第 43 页。

实。而《老子》一书旨在通过为"道"命名并进而言说"道"来提醒我们道自身真实地存在着，是天地万物得以可能的根据，更是人类生存活动的原则。

二、体"道"的工夫与境界

既然"道"真实存在，那么我们要如何才能知"道"呢？这就必然涉及认知"道"的工夫以及方式问题。老子在第一章中明确地提出认知"道"的两种方式："故恒无欲也，以观其眇；恒有欲也，以观其所噭。"①我们将这两种方式分别概括为"虚静以观"与"名言以析"。

首先，虚静以观的方式。在"故恒无欲也，以观其眇"这句话中，"欲"在此处不应简单理解为贪欲，而应指认知欲，即通过命名的方式来认知事物，"欲"的主体与"观"的主体一致，都是指认知主体。"其"是指万物之初始阶段，即自然之道。"妙"，马王堆帛书本、北大汉简本均作"眇"，马叙伦曰："妙为秒讹，字当作秒，《说文》：'秒，木标末也。'"②引申为微妙。"妙"是承上文"无名万物之始"而言，只有在虚静的心灵状态下，自然之道的本真状态才得以呈现，这是一种十分微妙的存在。这种"妙"实际上是不可形容的，因为形容就必须借助语言，而语言必定会形成各种概念，各种概念只会肢解与限制这种"妙"。因此，"常无欲"就是要摒弃言说，放弃各种概念的、分析的认知方式，而是以虚静的心灵直观自然之道，具体而言就是通过"涤除玄鉴"、"致虚守静"等方法。

在老子看来，"道"本身是原始浑朴、混沌未分、深远精微、连绵不绝的状态。故老子曰"道常无名"、"道隐无名"、"大象无形"。道无名、无知、无欲、无为，无形、无象、无声、无体，乃"无状之状"、"无物之象"。用"无"来描述本体的"道"，除表明"道"与现象世界的差别之外，更表明"道"以虚无为用，亦表明老子的表述方式是否定式的、负的方式，不是肯

---

① 王弼本作："故常无欲以观其妙，常有欲以观其徼。"今据马王堆帛书本。
② 马叙伦：《老子校诂》，北京：中华书局，1974 年，第 90 页。

定式的、正的方式。因此，对于道的体认，务必要使心灵减负：

> 涤除玄鉴，能毋有疵乎？……明白四达，能毋以知乎？（《第
> 十章》）①

"鉴"，通行本多作"览"，马王堆帛书乙本作"监"，通"鉴"，北大汉简本作"鉴"。高亨认为"览"读为"鉴"，"览"、"鉴"古通用。② "鉴"亦即镜子，"玄鉴"即幽深的镜子。扫除心中的任何成见、知识与欲望，使心灵像一块幽深的镜子那样，观照万物而无私见，无瑕疵。这就是庄子所说的"顺物自然而无容私焉"③。宇宙万物作为一个整体存在状态，印入人的心灵，个体与宇宙万物融贯为一体，老子称这种状态为"明白四达"，这是一种直观宇宙万物的存在状态，不需要借助任何具体知识。在达到这种状态后，就可以实现"不出户，知天下；不窥牖，见天道"（《第四十七章》）。所谓"不出户"、"不窥牖"就是"塞其兑，闭其门"，圣人隔断与外界的感觉认知途径，不再借助直接的经验知识，但却能达到知天下的效果。值得指出的是，这并非神秘直觉，而是经过长期的修炼，逐步地意识到"人"（小宇宙）与"天"（大宇宙）、个体小生命与自然大生命乃是同质同构、互涵互动的。④ 老子认为经验知识是不完整的认识，因而积累再多仍然是片面的，只有从整体上体认了宇宙万物的一体性，才能达到对道的体认。圣人达到这种天人相通的状态后，能够通过对自身的认知推及天地万物的存在状态，因而畅行无阻，事半功倍。

关于致虚守静，老子曰：

> 致虚极，守静笃。万物并作，吾以观复。夫物芸芸，各复归其
> 根。归根曰静，是谓复命。复命曰常，知常曰明。不知常，妄作，凶。

---

① 王弼本"明白四达，能无为乎"，通行本多作"明白四达，能无知乎"，马王堆帛书乙本作"能毋以知乎"，今据改。
② 高亨：《重订老子正诂》，北京：中国书店，1988 年，第 24 页。
③《庄子·应帝王》，四部备要本。
④ 参见萧萐父：《吹沙二集》，成都：巴蜀书社，1999 年，第 190 页。

知常容，容乃公，公乃王，王乃天，天乃道，道乃久，没身不殆。（《第十六章》）

郭店楚简《老子》此章作："至虚，恒也。守中，笃也。万物方作，居以须复也。天道云云，各复其根。"尽管文本上有差异，但此章所反映的基本思想差异不大。老子主张让人的内心恒常处于虚静状态，不让太多现存的、人云亦云的知识、规范、利害、技巧等等充塞了头脑，要用否定的方式排除这些东西，使自己保持灵性、敏锐，有自己独立运思的空间。"守中"也是"守虚"、致虚。"守静"即保持闲静的、心平气和的状态，排除物欲引起的思虑之纷扰，实实在在地、专心地保持宁静。在此精神状态下，我们才能从"万物并作"的现象中观察到宇宙间循环往复的规律，在物极必反的归途和去处中来体会、把握道的真理。① "观"就是整体的直观、洞悉，身心合一地去体验、体察、观照。"复"就是返回到根，返回到"道"。体悟到"物"的运行其实正是大道流行的体现，才能叫"明"。反之，不识常道，轻举妄动的，必然有灾凶。体悟了"道"的秉性常则，就有博大宽容的心态，可以包容一切，如此才能做到廓然大公，治理天下，与天合德。与"道"符合才能长久，终身无虞。通过"致虚"、"守静"的修养工夫，人们达到与万物同体融合、平等观照的大智慧，即与"道"合一的境界。故"至虚"、"守静"、"观复"等，既是修养工夫，又是人生境界。

其次，"名言以析"的方式。"常有欲"意味着人在自觉追问万物之本原，对万物之初始阶段进行命名。"有欲"的状态就是一种知性认知方式，已经开始命名并且尝试通过"名"去把握对象。这时我们首先接触的只是通过"名"所呈现的"初始"，而非无名的自然之始（实）。帛书本的"噭"，王弼本作"徼"，朱谦之认为"徼"当从敦煌本作"曒"，"曒"者，光明之谓，与"妙"为对文，理显谓之曒也。② "常有欲"意味着通过为无名的天地万物之始命名的方式去认知"道"，命名的结果当然是使认知对象清晰

---

① 参见郑开：《道家形而上学研究》，北京：宗教文化出版社，2003 年，第 217 页。
② 朱谦之：《老子校释》，北京：中华书局，1984 年，第 6—7 页。

化、明确化，将对象的各种性状（边际、界线）充分呈现，然而命名只会造成"名"与"实"的分立，这种认知方式呈现的只是人为设置的"名"的边界，而非自然之"道"（实）的本真状态。那么这种名言以析的认知方式对于认知自然之道是否有效呢？如果完全放弃言说，即各种命名活动，那么我们如何可能认识本根之道呢？《老子》五千言本身实际上表明对道的言说是可能的，关键是如何去言说。

老子采取的是一种特殊言说方式。《老子·第一章》曰："此两者，同出而异名，同谓之玄，玄之又玄，众妙之门。"如果说"常无欲"与"常有欲"是指在两种不同的心境下观万物之初始阶段，因而分别有"妙"与"徼"之分，那么这几句显然是承接上文的不同命名而来。"妙"与"无名之始"相对应，"徼"与"有名之母"相对应，故此两者应是指"始"、"母"两名。此两者之"同"源于"始"、"母"两名的意谓相同，这种"同"是本原之同。正是因为人的命名才导致"异名"，这种差异体现为老子借用"始"与"母"两个不同的"名"来指称宇宙万物的自然之始。既然差异源于人为，而非自然，那么在命名之前的自然之始应当是无名的混沌之"一"[1]，由此老子消解"始"、"母"两名，而同谓之"玄"。[2] "玄"，《说文解字》曰："幽远也。""玄"意味着自然之始是一种幽远混沌的存在。那么老子为何要放弃"始"、"母"两个名？为何不使用"初"、"元"、"祖"、"首"、"基"、"胎"[3]等能够清晰表明初始、开端的词呢？显然，万物之初始超越经验，无法辨析，一旦我们勉强使用各种表意清晰的概念（名）去标明这个开始，那么我们终究会陷入《庄子·齐物论》中所提到的困境。[4] 但是我们不禁还要追

---

[1]《庄子·齐物论》曰："既已为一矣，且得有言乎？"这里的"一"是实存之"一"，是从存在论角度而言，其意义是指万物本源的统一性，亦即无名的自然之始。

[2]《庄子·齐物论》曰："既已谓之一矣，且得无言乎？"这里的"一"是作为名的"一"，是从认识论角度而言，也就是老子混同"始"、"母"而所给出的"称谓"："玄"。

[3]《尔雅·释诂》曰："初、哉、首、基、肇、祖、元、胎、俶、落、权舆，始也。"

[4]《庄子·齐物论》曰："有始也者，有未始有始也者，有未始有夫未始有始也者。"如果为万物之始命名，按照知性的追问方式，我们还可以不断地去追溯这个开始之前的状态，这一过程永无尽头，由此必然陷入知性的悖论。

问，老子使用"玄"这个"名"去统称"始"与"母"，不也是在命名吗？不也是在言说吗？那么这一言说又有何特别呢？诚然，"玄"也是一个"名"，被老子借用来指称"始"、"母"之所指，但"玄"这个"名"的意义模糊不清，老子使用"玄"这个名看重的正是它的意义，而不是它的意谓。"玄"的意义恰恰在于消解"玄"这个名对"玄"的意谓（无名的自然之始）可能造成的辨析、区分作用，而还自然之道本身以幽远玄妙、混沌不分、不可言说的本来面目。故他又曰"玄之又玄"，进一步削弱"玄"这个"名"对无名之始的命名功能，强化自然之始的幽远、混沌意义。这种不可言说的幽远玄妙之始是万物之所出，故曰"众妙之门"。

总之，"常道"（自然之道）必须要"道"（言说），如果完全放弃言说（名），保持沉默，则自然之道无法彰显。但"道"（名、言说）这种方式所具备的辨析功能又使得言说只会造成对道本身的割裂，那么老子如何面对这种两难困境？老子终究还是选择了言说，这才有了《老子》一书的形成。那么老子如何看待言说本身的局限呢？一方面，老子采取了一种特殊的言说方式，即使用很多意义模糊、含混不清的"名"（词汇）来描绘道或体道的境界①，试图在言说中，通过"名"的模糊含混意义来弱化"名"的区分、辨别功能，从而保存自然之道的浑然一体性，这就意味着言说可以达到"常道"，或者说常道可以在言说中被认知。另一方面，老子明确主张"不言"、"希言"、"贵言"，同时提出"涤除玄鉴"、"致虚守静"等超越言说的体道方式，或许在老子看来，静默直观才是体道的理想方式。但言说是沉默的前提，正如冯友兰在探讨形上学的方法论时所说："人必须先说很多话然后保持静默。"②

---

① 纵观《老子》，以下词汇都可视为表意模糊、晦涩："寂"、"寥"、"渊"、"湛"、"恍"、"惚"、"冥"、"昏"、"夷"、"希"、"微"、"玄"、"绳绳"、"无状之状"、"无物之象"、"混"、"妙"、"奥"、"绵绵"、"几"、"豫"、"犹"、"涣"、"浊"、"澹"、"荒"、"泊"、"沌沌"、"闷闷"、"珞珞"、"昧"、"冲"、"浑"、"玄鉴"、"玄德"、"玄同"、"恢恢"等。

② 冯友兰：《中国哲学简史》，北京：北京大学出版社，1996 年，第 295 页。

三、知识的价值

人类文明的进展必然伴随着知识的增加，知识解决了人类生存发展中的诸多问题，但知识能否最终解决人生的问题？知识是否必然带来幸福？拥有知识是否就拥有智慧？老子对这些问题实抱怀疑的态度，因为现实生活中到处充斥着知识的消极作用。老子批判曰：

> 五色令人目盲，五音令人耳聋，五味令人口爽，驰骋田猎令人心发狂，难得之货令人行妨。（《第十二章》）

通过辨析各种颜色、味道以及声音，我们获得了不同声色味的知识，但知识分化越繁杂，积累越多，人们往往沉溺于知识所直接导向的无穷物欲之中而不知返，进而危及生命与健康。既然知识会带来这些消极作用，那么应该如何避免知识的消极作用呢？老子主张从知识根源上进行解决。人类知识从何而来？老子认为人类获得知识靠积累，要用加法或乘法，一步步肯定，由此他提出了"为学日益"的命题。"学"多指经验性的学习，如儒家主张学习六艺，包括各种技艺、道德规范、历史文献等。通过学习不断增加知识与技能，以适应社会的发展，如孔子曰："不学礼，无以立。"（《论语·季氏》）但这种经验知识的增加并不能真正解决人生问题，庄子就明确提出："吾生也有涯，而知也无涯。以有涯随无涯，殆已。"（《庄子·养生主》）要解决人生困惑，必须要体验道，或曰从道的角度来观照人生，才是智慧的人生。老子认为体验或把握"道"要用减法或除法，要一步步否定。在他和他的后学看来，真正的哲学智慧，必须从否定入手，一步步减损掉对外在之物占有的欲望及对功名利禄的追逐与攀援，一层层除去表面的偏见、执着、错误，穿透到玄奥的深层去。由此老子提出了"为道日损"的命题。为道要以"损"的方式，减损知、欲、有为，才能照见大道。"损"，是修养的工夫，是一个过程。我们面对一现象，要视之为表相；得到一真理，要视之为相对真理；再进而层层追寻真理的内在意蕴。宇宙、人生的真谛与奥秘，是剥落了层层偏见之后才能一步步见到的，最后豁然贯通在我们人的内在的精神生命中。因此"为道日损"意味着不再崇尚经验知识的增加，而是强调心灵的减负，降低各种成见的干扰，从而以虚灵的心境达到对宇宙人生的整体性认知。要体悟道，就不能停滞在经验知识的认知方式上，故老子主张："塞其兑，闭其门，终身不勤。开其兑，济其事，终身不救。"（《第五十二章》）关闭获取感觉经验知识的渠道，则终生不会疲敝，开启各种感官经验的门户，则终身不可救治。"为道日损"发展到庄子那里便是坐忘与心斋。庄子曰："堕肢体，黜聪明，离形去知，同于大通，此谓坐忘。"（《庄子·大宗师》）"唯道集虚。虚者，心斋也。"（《庄子·人间世》）放弃一切聪明智巧之知，甚至忘记自己的形体，使内心达到虚静的状态，虚以待物，则近于道。

此外，老子明确提出"绝学无忧"。这是老子对知识之价值的怀疑与批判，要求摒弃各种智巧之学及其带来的各种知识。

> 绝学无忧。唯之与阿，相去几何？善之与恶，相去若何？（《第二十章》）

值得注意的是，"绝学无忧"一章在郭店楚简《老子》中紧接着"为学日益"章，可见《老子》早期文本在逻辑上确实有一些考虑。"绝学"就是要摒弃礼乐政教之学，反对知识的积累。知识来源于人对物的不断辨析与划界，强调事物之间的严格界限，于是繁杂的"名"得以产生。如"唯"与"阿"，两者本质上都是一种应答声，然而我们却辨析出前者为敬诺之词，后者为慢应之词，然后再进一步区分"唯"与"阿"应答声调的高低、应答对象的身份贵贱、应答场合的差异等等，名目繁杂，自此以往，巧历不能得也。再如"美"与"恶"，老子说："天下皆知美之为美，斯恶已。"（《第二章》）事物本身无所谓美丑，"及人类有了分别心，然后斤斤然分别此为善，彼为不善"[1]，始有美与恶之"名"的形成。美丑之名具有相对性，同一事物因参照的对象不同，既可能是美好的，又可能是丑恶的。然而常人

---

[1] 胡哲敷：《老庄哲学》，上海：中华书局，1935 年，第 84 页。

却不知名的相对性，为此辨析不止，进而陷入无穷的纷争之中，带来各种
人生困惑。故老子说："俗人昭昭，我独昏昏。俗人察察，我独闷闷。"
(《第二十章》）大多数人都拘执于这种经验知识，并自认为很明晰、很严
密，铢分毫析，分星擘两，然而老子采取的是暗昧不明，质朴混沌的处理
方式，并且认为只有尽可能地减少"名"的干扰，我们才能更好地认识物
自身，才能接近道。针对现实中的各种智巧诈伪之术盛行，老子批判道：

> 绝智弃辩，民利百倍；绝伪弃诈，民复孝慈；绝巧弃利，盗贼无
> 有。此三者以为文，不足，故令有所属：见素抱朴，少私寡欲。(《第
> 十九章》）

郭店楚简《老子》的"绝智弃辩"、"绝伪弃诈"，通行本多作"绝圣弃
智"、"绝仁弃义"。楚简《老子》可能是受到邹齐儒者影响的《老子》文本，
或者最早的《老子》文本处于儒道两家并未分化的时代，其"道德"的主
张，可以融摄"仁义"。以庄子为代表的道家哲学，批评儒家把"仁义"放
在"道德"之上，主张"道德"统摄"仁义"。庄子以后，道家意识越强，对
《老子》文本则愈加强了"绝圣弃智"、"绝仁弃义"的说法。老子提出"绝
智弃辩"旨在批判各种知识的负面作用，尤其是反对通过智巧、辨析方式
获得的各种技术知识，因为这种知识在现实中极易将人导入虚伪、欺诈
的状态。《庄子》中描写的"抱瓮而出灌"的丈人就是对技术知识进行怀
疑与批判之人，其言曰："有机械者必有机事，有机事者必有机心。……
吾非不知，羞而不为也。"(《庄子·天地》）这是对老子思想的继承。

当然值得指出的是，老子并不绝对地排斥圣、智、仁、义、学问、知识，
但昭而易见的是，他十分警惕知、欲、巧、利、圣、智、仁、义对于人之与生
俱来的真正的智慧、领悟力、德性的损伤与破坏，他害怕小聪明、小知识、
小智慧、小利益的计较以及外在的伦理规范影响了人之天性的养育，戕
害了婴儿赤子般的、看似懵懂无知实则有大知识、大智慧、大聪明、大孝
慈、大道德的东西。这是我们在理解老子对待知识的态度问题上必须留
意的地方。

第五节　人生智慧

　　《老子》一书既有玄之又玄的形而上学，又有对现实政治的批判，同时也有深层的生存智慧，直接反思人生问题，是为老子的人生哲学。

一、反者道之动

　　老子通过静观万物之生成演化，总结出归根复命的恒常规律，这种规律被他概括为"反者道之动"。所谓"反"，通"返"，指的是返回，回归。返回的方向往往又是与先前的发展方向相反，因此"反"又有相反的意蕴。老子认为事物发展到一定的阶段，总会向生命的原初状态回归，即"复归于朴"。这与"归根"、"复命"表达的意思一致。可以说，"反"是所有创造力之源泉①，举凡自然、社会、人生，各种事物现象，无不向相反的方向运行。既如此，柔弱往往会走向雄强，生命渐渐会走向死亡。但老子认为死亡并非走向虚无，而是一种回归，向自然回归，向生命之道回归。② 换言之，万物的演变没有终点，根据天道循环反复的发展规律，万物的发展始卒若环，人的生命亦复如此。由此可见，老子在生命观上体现出一种超然的精神旨趣，并且直接影响到庄子的生命观。

　　作为史学家的老子，通过考察人类社会的历史发展，观察到事物相互依存、彼消此长的状况，由此总结出很多有益的法则。老子说：

> 图难于其易，为大于其细；天下难事，必作于易，天下大事，必作于细。（《第六十三章》）

> 其安易持，其未兆易谋。其脆易泮，其微易散。为之于未有，治之于未乱。合抱之木，生于毫末；九层之台，起于累土；千里之行，始于足下。（《第六十四章》）

---

① 参见［英］葛瑞汉：《论道者：中国古代哲学论辩》，张海晏译，北京：中国社会科学出版社，2003年，第 262 页。
② 参见李霞：《生死智慧：道家生命观研究》，北京：人民出版社，2004 年，第 163 页。

老子主张从细小、容易的事情做起，注意观察事物发展变化的征兆、程度，把握契机，以免招致大的困难和祸患。老子认为，当事情还在稳定时，容易维持；事情还未显露出迹象时，容易打主意；事情在脆弱时，容易分解；事情在微小时，容易消散。要在事情还未发生时进行预防；要在事情还在未紊乱之前进行整治。合抱的大树，生于细小的嫩芽；九层的高台，起于第一筐泥土；人生的道路，从脚下第一步开始。在现实的生活中，老子更是洞察出祸福相倚的规律：

> 祸兮福之所倚，福兮祸之所伏。孰知其极？其无正。正复为奇，善复为妖。人之迷，其日固久。（《第五十八章》）

祸福相依，没有恒常的祸，也没有不变的福，变化才是正道。老子批评俗世之人看不到事物发展中的这种规律，因而容易迷失在光怪陆离的现象世界中。只有洞悉"反者道之动"的规律，才能在运动变化中把握事物的真实存在，才能"深根固柢，长生久视"（《第五十九章》），这正是老子哲学中的高深智慧。

既然万物的发展都要遵循这一规律，那么人作为万物之一，也必然要循此规律，否则便是违背了天道，难以持久。人类的生存必须要效法天道，放弃过分的欲求，不去追逐事物发展的顶峰以及亢奋状态，而是适时地保持一种中道状态，这就是"守中"。守中就是要反对持盈：

> 持而盈之，不如其已；揣而梲之，不可长保；金玉满堂，莫之能守；富贵而骄，自遗其咎；功遂身退，天之道。（《第九章》）

老子提出不应持守盈满的状态，而应保持一种虚的状态，过于盈满，往往容易向相反的方向转化，真正的生存智慧在于"功遂身退"，这才是符合天地万物生存演化的恒常之道。这种守中、不盈的观念集中体现在早期《老子》文本中，郭店楚简《老子》甲篇曰："至虚，恒也；守中，笃也。"[1]

---

[1] 荆门市博物馆编：《郭店楚墓竹简》，北京：文物出版社，1998 年，第 112 页。

二、上善若水

道家特别注重"水"这一特殊事物的存在状态，郭店楚简中，与《老子》一起出土的文献《太一生水》明确将水确定为宇宙演化过程中的一个重要阶段。水是最能代表道家哲学特点的物质形态，如果《太一生水》真是关尹遗说①，则道家对水的重视确实一脉相承，乃固有的传统。《老子》中一书多次提及水，主张效法水之德。水的本性及其存在状态在老子看来主要是"柔弱"与"不争"，而这两种品格都是老子的无为观念的体现。

首先，老子主张柔弱胜刚强。

> 天下莫柔弱于水，而攻坚强者莫之能胜。（《第七十八章》）
> 天下之至柔，驰骋天下之至坚。（《第四十三章》）

在现实经验中，我们往往可以发现水滴石穿，洪水所至，无坚不摧。老子显然对这些经验现象有深入的观察与思考，他认为柔弱并不等于软弱，柔弱是一种德性。"弱者道之用"，表明柔弱的存在状态恰恰是"道"发挥作用之处，柔弱蕴含着至刚至强之力。从万物生存演变之道来看，柔弱的存在状态正好是生命发展最为兴盛的时机，而刚强则意味着生命走向了终结，他说："人之生也柔弱，其死也坚强。草木之生也柔脆，其死也枯槁。"（《第七十六章》）柔弱代表着新事物发展的初始阶段，尽管呈现出柔弱的特征，但内在的生命力十分强大。通过观察人与物的存在状态，他得出一个结论："故坚强者死之徒，柔弱者生之徒。"（《第七十六章》）老子进一步提出了婴儿之喻。他说："含德之厚，比于赤子。"（《第五十五章》）"专气致柔，能婴儿乎？"（《第十章》）婴儿是人的最初发展阶段，保持着一种纯朴的原初本性，蕴含着强大的生命力。老子主张通过修炼，保持像婴儿那样旺盛的生命力。

其次，老子主张不争而善胜。

---

① 李学勤等学者持此说，参见《荆门郭店楚简所见关尹遗说》，载《中国文物报》，1998 年 4 月 29 日。

上善若水。水善利万物而不争，处众人之所恶，故几于道。
（《第八章》）

最好的善乃是像水一样，无私利人，不与人相争。老子认为水的存在特性之一是处下不争，人应效法水的这种存在方式。"争"这个词本身即意味着至少存在对立的两方，并且形成了对待。而老子主张不争，实际上是要消解对待，不让这种对待形成。故他主张"不自见"、"不自是"、"不自伐"、"不自矜"。因为自见、自是、自伐、自矜等均以贬低其他对象为前提，意味着自己与他人进行比较，处于对待之中，从而形成相争的双方。如果主体不凌驾于他者之上，不与他者形成对立，则主客对立消解了，而超越主客对立的存在者自身的真实存在状态得以呈现①，这是一种无对的卓然独立的状态，故老子曰："夫唯不争，故天下莫能与之争。"（《第二十二章》）这种生存智慧有很强的现实价值，所以老子说："是以圣人后其身而身先，外其身而身存。非以其无私邪？故能成其私。"（《第七章》）统治者如果不与民争利，不将自身放置于老百姓之上，而是以言下之，以身后之，反而能够得到百姓拥护，这正体现了"善用人者为之下"的道理。圣人没有狭隘的一己之私，将自己与天下百姓连成一体，故反而能成就自己的私。一直以来，这些都被看做是老子的君主南面之术，其实都忽视了老子的这些主张有普世的价值，是具有深厚哲学基础的生存智慧。

三、有余以奉天下

道家哲学既反对役物，又反对役于物。如前所述，天地万物总是处在一个不断地生成变化的过程，因此任何事物的当下存在状态都只是暂时的，这一思想后来被庄子发展成"物化"的观念。而老子明确指出，外物变化不已，人不应追逐外物而丧失自我。他说："故物或行或随，或歔

---

① 刘笑敢认为，老子的这种思想，可理解为一种"超二元的一元论"。参见《老子：年代新考与思想新诠》，台北：东大图书出版公司，1997年，第201—202页。

或吹，或强或羸，或挫或隳。是以圣人去甚，去奢，去泰。"（《第二十九章》）圣人生存在世，不拘执于外物，摒除对外物的过分欲望与要求。老子认为，人的各种欲求与人自身的精神生命相比较，应有不同的取舍：

> 名与身孰亲？身与货孰多？得与亡孰病？是故甚爱必大费，多藏必厚亡。（《第四十四章》）

各种名誉、财货都是身体的附属物，而非生命的本真，得到更多只会更加迷惘，老子主张珍惜生命的本真，进而提出了两种生存策略，首先是知足。

> 知足不辱，知止不殆，可以长久。（《第四十四章》）
>
> 咎莫大于欲得，祸莫大于不知足。故知足之足，常足矣。（《第四十六章》）

现实中往往由于不知足而导致各种纷争及灾难，只有知足才能保持生命本身的东西，才能长久。不知足，贪求财货，厚积聚，横征暴敛，往往损失也多。老子认为我们不应陷入到物欲之中而不可自拔，"得与亡孰病"，老子显然主张"亡"。损失或许并不是坏事，但在这个语境中的"亡"还只是被动的亡失财货，而老子更是明确地提出主动地奉献。这便是老子主张的第二种生存策略。他说：

> 天之道，其犹张弓与？高者抑之，下者举之。有余者损之，不足者补之。天之道，损有余而补不足。人之道则不然，损不足以奉有余。孰能有余以奉天下？唯有道者。（《第七十七章》）

老子提出，天道始终保持着一种均衡，就像"飘风不终朝，骤雨不终日"（《第二十三章》），有余与不足之间总能通过变化来进行调整，从而保持大致的均衡，而不会导致两极分化。"损有余以补不足"，体现了天道的公正与常态，也是老子提出"多藏必厚亡"的根据。老子主张"有余以奉天下"，其实质正是依据这种天道观，主张积极地奉献，付出，而不是一味地索取，占有。只有这样才能消除人类社会中的种种不平等，才能符合天道均衡的原则，也才是长久之道。同时老子亦指出，这种奉献与付出并不会导致个体生存的艰难，相反从整体世界的角度来看，个体正是在不断地付出之中积聚生存发展的条件，他认为："圣人不积，既以为人己愈有，既以与人己愈多。"(《第八十一章》)圣人不是为一己之私而聚敛财富，而是不断地施舍付出，不断地帮助他人，通过这种方式，自己最后才能收获更多。"有余以奉天下"连同"报怨以德"的思想，是老子哲学中极富宗教精神的部分，后世道教正是继承了老子的这一思想。

第六节　老子哲学的历史影响

老子是中国重要的哲学家之一，由他开创的道家学派是中国传统文化中的重要一支，他留下的五千言《道德经》不仅是道家哲学的经典，更是中国传统哲学中的瑰宝，对后世道家哲学乃至整个中国传统哲学的发展起过十分重要的作用。

在中国古代哲学中，老子哲学较早进行了形而上的探索，确立"道"作为最高哲学范畴，并构建一套完整的哲学体系，形成了中国古代哲学中颇具特色的形而上学。在老子哲学中，"道"不仅仅是宇宙论的范畴，更是一个存在论范畴，"道"贯通了宇宙论与存在论，打通了形上之无与形下之有。

老子洞察到人类文明进程中积累的弊端，尤其是深切感受晚周礼乐文明的崩塌，这些促使老子哲学必然以批判为主题。他深刻地反思了礼乐文明的繁荣中隐藏着人性的失落与异化，进而怀疑并批判了知识的价值，因而采取了"绝智弃辩"之类的极端批判之词，这些需要现代人的理性分析与辩证解读，我们绝不能简单地否认这种批判哲学的价值。

老子哲学对人性修养提出了一些重要主张，反对人类沦为物的奴隶，主张人应理性节制欲望，为精神减负，通达宇宙万物的生存之道，从而保证人与自然的和谐共处，长久发展。庄子哲学进一步探讨了人的精神自由以及天人合一境界，后世道教则对人性修养提出更为详细具体的戒规,皆以不争、节俭、崇善、"报怨以德"等为核心,主张过一种自然质朴的生活,这些思想无不肇始于老子哲学。

老子的政治哲学思想同样影响深远。老子有强烈的现实关怀,对现实政治的混乱状况深有感受,尖锐地批判了统治者穷奢极欲的心态,主张对统治者的权力进行节制,倡导无为而治,反对过多地干涉,主张尊重老百姓的自主权利,从而保障最大限度的自由。这一思想对庄子以及黄老学派影响深远,黄老道家在汉初积极地推行无为而治的政策,促成了汉初政治的清明与社会的安定。在当代政治实践中,海内外的一些著名政治家,如里根、潘基文等都表达了对老子政治哲学思想的极大兴趣,并主张将这些积极的古训贯彻到现实政治活动中去。

《道德经》一书在先秦已开始流传,历朝历代注疏不断。韩非是历史上最早注解《老子》的人,今有《解老》、《喻老》传世。据《汉书·艺文志》记载,汉代有《老子邻氏经传》、《老子傅氏经说》、《老子徐氏经说》,以及刘向《说老子》,可惜都已亡佚。流传下来的汉代《老子》注本最重要的当属河上公的《老子河上公章句》以及严遵的《老子指归》,三国时期魏国的王弼注《老子》,影响深远,成为流传最广的老子版本之一。隋唐之后,老子注本日益增多,元朝张与材在杜道坚的《道德玄经原旨·序》中曰:"道德八十一章,注者三千余家。"现代学者丁巍搜集整理了二千五百年来中外老学典籍文献,仅汉语言体系的老学典籍就有 2048 种①,由此可见老子及其思想在中国文化中的地位与影响。

老子哲学在海外影响深远。大概从 16 世纪开始,西方人就开始将《道德经》翻译成了拉丁文、法文、德文、英文等。② 据西方学者的统计,从 1816 年到上个世纪 80 年代末,《老子》的西语译本超过了 250 个。③ 据

---

① 丁巍:《老子典籍考:二千五百年来世界老学文献总目》,详见 http://hxd. wenming. cn/kyjjcg/2005 - 07/12/content_39819. htm.

② 苏联学者杨兴顺曾综述了西方学者对《道德经》的研究,认为罗马的天主教士波捷是《道德经》的第一个译者。参见《中国古代哲学家老子及其学说》,杨超译,北京:科学出版社,1957 年,第 80 页。

③ 北辰:《老子在欧洲》,载《宗教学研究》,1997 年第 4 期。

联合国教科文组织统计,《道德经》成为仅次于《圣经》而被翻译成他国文字最多的经典。西方哲学史上一些重要哲学家都曾论及老子及其哲学,如康德、黑格尔、谢林、尼采、罗素、雅斯贝尔斯、海德格尔等[①],尤其是海德格尔还曾一度与中国学者萧师毅一起尝试翻译老子。此外,他的一些著作中都曾引用《老子》[②],体现了对老子哲学的极大兴趣。

[①] 可参看 R. 艾尔柏菲特:《德国哲学对老子的接受——通往"重演"的知识》,朱锦良译,载《世界哲学》,2010 年第 6 期。

[②] 马琳:《圣人不远游——海德格尔对〈道德经〉的征引》,载冯俊主编《哲学家》2008 年卷,北京:人民出版社,2009 年。

第六章　墨子的哲学

第一节　墨子与墨家

一、墨子其人

墨子，名翟，是战国前期思想家，墨家学派的创始人。与历史上对孔子记述详备的情形不同，墨子生卒年月、里籍、事迹均无确切记载，甚至连其名字也颇有争议。《史记》无墨子传，只是在《孟子荀卿列传》后附了寥寥二十四个字："盖墨翟，宋之大夫，善守御，为节用。或曰并孔子时，或曰在其后。"《汉书·艺文志》班固注曰："名翟，为宋大夫，在孔子后"，也语焉不详。我们只能从十分有限的文献记录中，稽考出墨子言行的大致情形。清人孙诒让推定墨子的生卒年，按公历计，约为公元前 468 年至公元前 376 年。[①] 其后，梁启超、胡适、钱穆、侯外庐、冯友兰、任继愈等诸家之说[②]，略有差异，但确认墨子生活在战国前期，则大致相同。学术

---

① 详见孙诒让：《墨子年表》，载《墨子间诂》，北京：中华书局 1986 年，第 642 页。
② 详见梁启超《墨子学案》、胡适《中国哲学史大纲》（卷上）、钱穆《先秦诸子系年考辨》、侯外庐主编《中国思想通史》、冯友兰《中国哲学史新编》、任继愈主编《中国哲学发展史》对墨子生卒年代的考辨。

界现在比较通行的看法是,墨子生于公元前 476 年左右,卒于公元前 390
年左右。墨子的里籍,也有争议。《史记·孟子荀卿列传》说他是"宋之
大夫",《吕氏春秋·当染》认为他是鲁国人,也有的说他原为宋国人,后
来长期住在鲁国。据清末孙诒让与近人张知寒的详尽考订①,墨子为鲁
人无疑。

　　墨子自称"上无君上之事,下无耕农之难"②(《墨子·贵义》,以下引
《墨子》只注篇名),但他又以"贱人"自许。其身分可能是有一定文化知
识,接近"农与工肆之人",并具有相当丰富的生产工艺技能的"士"。墨
子早年"学儒者之业,受孔子之术",后因不满周礼的繁文缛节,"故背周
道而用夏政"③,从儒家中分化出来,创立了墨家学派。和孔子一样,墨子
也曾周游列国,"日夜不休,以自苦为极"④,奔走于齐、鲁、宋、楚、卫等国,
宣传自己的主张,但也始终未被当权者所重用。他同样也从事授徒讲学
活动,师徒之间组成了准宗教性与政治性的团体。其弟子弥众,著名的
有禽滑釐、县子硕、公尚过、随巢子、耕柱子、胡非子等。⑤ 墨家是战国时
期的一个重要学派,徒属遍天下,与儒家一道被称为"显学"。

　　据《墨子·公输》记载,公输般为楚国制造了攻城云梯,准备攻打宋
国。墨子听到这一消息后,从齐国出发,裂裳裹足,星夜兼程,十天赶到
楚国郢都,与公输般辩论,并向楚王宣传"兼爱"、"非攻"思想。他在楚演
示了自己的守城方法,公输般比不过他。墨子告诉楚王:"臣之弟子禽滑
釐等三百人,已持臣守圉之器,在宋城上而待楚寇矣。"(《公输》)最后楚
王不得不放弃了攻宋的打算。这就是历史上著名的"止楚攻宋"的故事。

---

① 详见孙诒让:《墨子传略》,载《墨子间诂》,北京:中华书局 1986 年,第 630 页。又见张知寒等
　 著:《墨子里籍考论》,济南:山东人民出版社,1996 年。
② 《墨子》引文均据孙诒让著《墨子间诂》,北京:中华书局,1986 年。
③ 高诱注:《淮南子》,载《诸子集成》第七册,北京:中华书局,1954 年,第 375 页。
④ 王先谦:《庄子集解》,载《诸子集成》第三册,北京:中华书局,1954 年,第 466 页。
⑤ 关于墨子弟子、再传弟子、三传弟子,详见孙诒让:《墨学传授考》,载《墨子间诂》(下册),北
　 京:中华书局 1986 年。又见方授楚:《墨学源流》第七章"墨学之传授",中华书局、上海书店
　 联合出版,1989 年。

此外，他还阻止了鲁阳文君攻郑、攻宋。墨子后又南游至楚，献书楚惠王，惠王赞叹为"良书"，然不用其道。他拒绝了惠王的封赐而去，并说"道不行不受其赏，义不听不处其朝"①（《贵义》）。晚年到齐国，企图劝止项子牛伐鲁，未成功。越王邀墨子做官，并许以五百里封地。他以"听吾言，用我道"为前往条件，而不计较封地与爵禄，目的是为了实现他的政治理想。他曾向各国统治者举荐弟子出仕，也是为了同样的目的。不难看出，墨家不避危难困苦，积极救世，具有高度的献身精神。连孟子也承认："墨子兼爱，摩顶放踵利天下，为之。"（《孟子·尽心上》）《淮南子·泰族训》篇也说："墨子服役者百八十人，皆可使赴火蹈刃，死不还踵。"②

二、墨子思想的渊源

儒墨两家同样尊崇尧舜，都以《诗》、《书》为经典，但取舍不同。孔、墨的弟子在当年充满天下，皆以仁义之术教导百姓。与孔子不同，墨子作为平民阶级的代表，批判周代礼乐制度奢侈靡财的负面，"背周道而用夏政"，发掘原始夏文化中的博爱、互利、民主、平等、节俭为公的精神，创造了与当时农民、手工业者等劳动民众生活相协调的"兼相爱，交相利"、"志功合关"、"贵义"、"兴利"统一等重要思想。

面对"三代圣王既没，天下失义"的大背景，老子、孔子、墨子追溯着不同的思想根源，创造了不同的思想范型，以应对当时的社会和思想危机。就思想的回溯而言，老子回溯得最远，是结绳记事、小国寡民的伏羲、神农的时代。墨子回溯得次远，是古朴勤力、生不歌死无服的夏禹之世。孔子回溯得最近，乃人文发皇、礼乐鼎盛的文王、周公之"周文"。他们心中的榜样，诉诸的权威，各不相同。这种资源借取，来自他们对人文、对文明的态度：老子取一种批判文明或超越人文的态度，孔子取一种张大文明或弘扬人文的态度。墨子介乎二者之间，取一种扬弃文明与人

---

① 《贵义》篇原无此句，据孙诒让补。
② 高诱注：《淮南子》，载《诸子集成》第七册，北京：中华书局，1954 年，第 357 页。

文的态度，即从平民阶级的利益出发，对文明或人文做出选择，既拥抱又批评，既肯定又否定，既保留又克服。

三、《墨子》其书

墨子有著作传世。《汉书·艺文志》著录《墨子》有七十一篇，后亡佚十八篇，故今本《墨子》仅五十三篇。学术界一般认为《墨子》是由墨子的弟子及其后学在不同时期记述编纂而成，反映了前期墨家和后期墨家的思想。其中较能代表墨子学说和思想的有《尚贤》、《尚同》、《兼爱》、《非攻》、《节用》、《节葬》、《天志》、《明鬼》、《非乐》、《非命》、《非儒》等二十四篇。《耕柱》、《贵义》、《公孟》、《鲁问》、《公输》等五篇，记述墨子及其弟子的言行，体裁类似儒家的《论语》。研究墨子和前期墨家思想当以这两组文献为主要依据。《亲士》、《修身》、《所染》、《法仪》、《七患》、《辞过》、《三辩》等七篇，头两篇颇有些儒家的韵味，且《亲士》、《所染》又谈及墨子身后之事，不可能是他所自著，疑为墨家后学中某些受儒家思想影响之人所作。《经上》、《经下》、《经说上》、《经说下》、《大取》、《小取》等六篇，一般称为《墨辩》，亦称《墨经》，以讨论认识论和逻辑学等问题为主，集名辩之大成，为后期墨家所作。《备城门》至《杂守》等十一篇，专论器械与城守之术，记录了墨家善守御的事证，但与墨子哲学思想关系不大。[①]

四、墨子与墨家

墨家学派并不是一个松散的学术派别，而是一个组织严密、纪律严明的政治团体。墨家首领由精于墨理者担任，号曰"巨子"。"巨子"在墨家学派内享有绝对的权威，徒属若有过犯，"巨子"可依墨家之法处置。"巨子"死则另传他人。《庄子·天下》篇说，墨者"以巨子为圣人，皆愿为

[①]《墨子》五十三篇的"五组"分类法，源自胡适与梁启超，他们相继以此为依据，考证《墨子》诸篇的真伪，详见胡适《中国哲学史大纲》、梁启超《墨子学案》。

之尸。冀得为其后世,至今不决。"①从先秦典籍中可考证的墨家巨子有三人,即孟胜、田襄子和腹䵍,见于《吕氏春秋》的《去私》篇与《上德》篇。② 楚悼王死后,阳城君反对吴起而失败,孟胜效忠于阳城君,其徒属八十三人都和他一道殉难。但是,在墨子故后,特别是孟胜死于阳城后,墨家学派出现分化,东方有田襄子一系的墨者,西方则有"秦墨"。孟胜死后,田襄子匆匆继任。其后,"秦墨"声势渐大,腹䵍成为墨家巨子。③

墨家在发展演变的过程中,不仅思想取得了突破,他们的群体也日益壮大,而且活动范围也更加广泛。其中有不少墨家徒属得到了君王的信任和看重,"显荣于天下者众矣,不可胜数"④。鼎盛之时,他们的行踪所及甚广,据《吕氏春秋》记载:"孔墨之弟子徒属充满天下"⑤,"从属弥众,弟子弥丰,充满天下"⑥。墨家的影响之大,由此可见一斑,以至于孟子不得不站出来力辟杨墨,说"杨朱、墨翟之言盈天下","天下之言,不归杨则归墨。"(《孟子·滕文公下》)显荣天下的状况,也加剧了墨家学派的分化,此前思想统一、组织统一、行动统一的情形被打破。代之而起的是各地徒属自立派系,争相"维利为求",甚至自相排斥、自相倾轧的局面。《庄子·天下》篇说墨家分成几派:"相里勤之弟子,五侯之徒,南方之墨者苦获、已齿、邓陵子之属,俱诵墨经而倍谲不同,相谓别墨,以坚白同异

---

① (清)王先谦:《庄子集解》,载《诸子集成》第三册,北京:中华书局,1954 年,第 467 页。
② 《上德》记载孟胜传"巨子"位于田襄子;《去私》篇说:"墨者有巨子腹䵍居秦。"分别见(汉)高诱注:《吕氏春秋》,载《诸子集成》第六册,北京:中华书局,1954 年,第 243、10 页。方授楚认为,墨子是墨家第一任巨子,禽滑釐是第二任巨子,孟胜为第三任弟子,见氏著《墨学源流》第七章"墨学之传授",中华书局、上海书店联合出版,1989 年,第 118 页。冯友兰也认为,"墨子是第一个'巨子'",见氏著《中国哲学史新编》(上卷),北京:人民出版社,1998 年,第 226 页。但此说并无确凿的证据,仅是据理推测的结果,参见张永义:《墨—苦行与救世》,广州:广东人民出版社,1996 年,第 128 页。
③ 墨家学派的分化与演变,详见孙诒让:《墨学传授考》,载《墨子间诂》(下册),北京:中华书局,1986 年;方授楚:《墨学源流》第六章"墨家之组织",中华书局、上海书店联合出版,1989 年;郑杰文:《中国墨学通史》第一章"墨学的形成与墨家的发展",北京:人民出版社,2006 年。
④ (汉)高诱注:《吕氏春秋》,载《诸子集成》第六册,北京:中华书局,1954 年,第 21 页。
⑤ (汉)高诱注:《吕氏春秋》,载《诸子集成》第六册,北京:中华书局,1954 年,第 321 页。
⑥ (汉)高诱注:《吕氏春秋》,载《诸子集成》第六册,北京:中华书局,1954 年,第 20 页。

之辩相訾,以觭偶不仵之辞相应。"①韩非子也说墨子死后,墨家分为三派,"有相里氏之墨,有相夫氏之墨,有邓陵氏之墨",三家"取舍相反不同",而皆自谓真墨。② 学术界通常将由墨家分化而产生的,活动于战国中后期的学术流派,称为后期墨家,用以区分战国前期以墨子为代表的前期墨家。③

第二节　墨学的研究

一、墨学的衰微

墨家在先秦时期是显学,曾盛极一时,秦汉之后却迅速衰微,以致完全归于沉寂。秦始皇统一中国之后,以吏为师,以法为教,禁百家之学,墨家亦未得幸免。逮至汉代,文禁松弛,墨学稍有复苏的迹象。淮南王刘安生时,"山东儒墨,咸聚于江淮之间"④。武帝后期,罢黜百家,独尊儒术,法、道、阴阳等学派被儒学吸收改造,惟有墨学被当成异端邪说而遭摒弃,墨学的学术传统即告中断。

墨家衰微的原因,可以概括为如下几个方面:就学术思想而言,墨学倡言功利主义,历来对儒家持批判态度,与已升为正统的儒家学说多有抵牾。就政治现实而言,墨者尚游侠之风,重个人义气,均为宗法专制制度所不允许。就社会环境而言,秦汉以后,上层文化的主流有重政轻技、重道轻器的倾向,致使墨家的自然科学思想,尤其是几何学、力学、光学、机械制造原理和技术,以及逻辑学等没有发展的适宜土壤。就内部原因而言,墨家自身有很多缺陷使它中绝:第一,墨子去世后,墨家缺乏德业

---

① (清)王先谦:《庄子集解》,载《诸子集成》第三册,北京:中华书局,1954 年,第 467 页。
② (清)王先慎:《韩非子集解》,载《诸子集成》第五册,北京:中华书局,1954 年,第 351 页。
③ 此说亦发端于胡适,他最早提出"墨辩"六篇为战国中后期的墨者所作,详见氏著《先秦名学史》、《中国哲学史大纲》(卷上)。冯友兰继之在氏著《中国哲学史》(1930 年版)中,第一次把墨家分为前期墨家与后期墨家。
④ (汉)恒宽:《盐铁论》,载《诸子集成》第七册,北京:中华书局,1954 年,第 10 页。

兼备的领袖，缺乏像孟、荀之于儒家，庄子之于道家那样的大师级人物。第二，墨家组织内部缺乏民主，加上它的苦行主义、自我牺牲，使人们难以接受，其理想也很难实现。第三，墨家后世的墨侠集中在秦国，有"拥秦"的嫌疑，在士人中名声不好。第四，墨家后学有的诡辩过于微妙。①从这几个方面，我们不难看出墨学式微乃至湮没的历史必然性。

墨家思想的中绝，并不意味着墨学精神的彻底消亡，其实它仍在历史中潜在地发生作用。在科学方面，《墨经》对魏晋时期的数学家刘徽影响颇深。在道德方面，墨家刻苦耐劳、勤俭节约、兼爱互利思想也为我国劳动人民所继承与发扬，其救世献身精神和意志的磨练，构成了中华民族对理想人格追求的有机组成部分。墨家重视实践、强调践履的作风也影响了清初颜元、李塨学派。此外，墨子思想对我国道教的兴起和农民起义也有一定的影响。但是墨家作为一个学术派别，已经不复存在了。

二、墨学的兴起

魏晋时期，随着玄学的兴起、佛教的输入及道教的勃兴，儒术独尊的局面被打破。西晋时期的鲁胜首为《墨经》作注，创其滥觞。唐人乐台曾为《墨子》作注，据郑樵载："《墨子》十五卷，又三卷，乐台注。"但此注今日只字无存。赵蕤作《长短经》，其中论墨或引他人论墨 12 则，虽较为重视墨学，但所论仅寥寥数语。韩愈多次论及墨学，并作专文《读墨子》一篇，他同情墨家，但对墨家思想并不真正了解，对墨家的认识亦多有矛盾之处。在其后漫长的历史过程中，墨学几乎无人问津，长期湮没无闻。直到清朝中叶，至乾嘉之世，墨学研究才开始活跃起来，踏上复兴之途。这一时期墨学研究的兴盛，主要在于《墨子》文本的整理，它与整个乾嘉时期以校注、考据为代表的学术繁荣是一致的。近代以来，在西学的剧烈冲击下，儒学独尊的局面日渐松弛，长期遭受压制的子学悄然兴起。墨

---

① 参见韦政通编：《中国哲学辞典》，台北：水牛出版社出版；北京：世界图书出版公司北京公司重印，1993 年，第 712—715 页。

学正是在这样的思想文化背景下，以其特有的思想魅力而广受关注，由潜而显，由微而著，在近代文化大潮中占据着重要的地位。

考据学兴起前，明清之际的思想家傅山撰有《大取篇释义》，他是近代以来注释《墨经》的第一人，为乾嘉时期《墨经》乃至《墨子》全书的校注开创了先河。汪中是乾嘉时期校注《墨子》全书的第一人，此书虽亡佚，但序文却在，从中我们不难勾勒出汪中墨学思想的大致情形。据汪中《述学·墨子序》所载，他对墨学推崇备至，认为"孔子鲁之大夫也，而墨子宋之大夫也，其位相埒"①，在他看来，孟子诬墨过枉，墨子乃是真正积极救世的仁人才士。汪中的此番褒墨之论，也引发了一些学者的反弹，如翁方刚指斥汪中是名教的罪人。这种或褒或贬的争论一直延续到嘉庆、道光年间。与汪中差不多同一时期的著名学者毕沅，在卢文弨、孙星衍二人所校《墨子》的基础上，"遍览唐宋类书、古今传注所引，正其讹谬，又以知闻疏通其惑"②，为《墨子》全书作注，并指出《墨子》作为一种古代典籍，不可轻忽，公开为墨子辩护。到了同治、光绪时期，中国学者较多地接触到了西方的自然科学、逻辑学，因此对《墨子》的研究有了新的视角，对其评价也大为改观。有清一代，《墨子》校注的集大成者是孙诒让。梁启超说，孙诒让"'覃思十年'，集诸家说，断以己所心"，特别是其《附录》和《后语》"考订流别，精密阂括，尤为向来读子书者所未有"，此书一出，"然后《墨子》人人可读。现代墨学复活，全由此书导之。"③当然，《墨子间诂》也存在一些不足，特别是孙氏对西学缺乏系统的了解，因此在《墨经》的校释中，遗漏和错误之处颇多。墨学研究新范式的开创，只能由其后精通西学的梁启超、胡适等人来完成。

清末至民国，随着时代对科学、论理精神的日益推崇，墨家思想特别是其逻辑学思想备受关注。这一时期的墨学研究者中，最有影响的当推梁任公与胡适之。梁氏是对墨家思想及其影响做出全面、系统研究的第

---

① （清）汪中：《述学·墨子序》，载《墨子间诂》，北京：中华书局，1986 年，第 620 页。
② （清）毕沅校注，吴旭民标点：《墨子》，上海：上海古籍出版社，1995 年，第 1 页。
③ 梁启超：《中国近三百年学术史》，北京：东方出版社，1996 年，第 255 页。

一人。他于 1904 年在《新民丛报》上陆续发表《子墨子学说》和《墨子之论理学》两文，尝试用西方近代社会科学方法来阐释墨学，把墨学研究推向新的阶段。在《子墨子学说》一文中，梁启超根据西方近代社会科学，将墨子学说分为宗教思想、实利主义、兼爱主义、政术、墨学之实行及其影响等几个方面，对墨学做了较为完整和系统的研究。虽然梁氏多将西方近代思想同墨学作机械的比附，但他毕竟开了风气之先，影响深远。《子墨子学说》后又扩展为《墨子学案》出版。

到了五四时期，科学被推上了至高无上的地位，墨学中的科学与逻辑思想，因与当时的时代精神契合颇多，因此成了这一时期墨学讨论的焦点与核心。胡适是新文化运动时期中国思想界鼓动风潮的人物。氏著《先秦名学史》和《中国古代哲学史》中，墨学研究均占很大的篇幅，前者原为胡适留学美国哥伦比亚大学时用英文写成的博士论文，后者初刊于五四运动前夕的 1919 年 2 月。胡适的墨学研究以实用主义哲学思想为指导，以西方近代社会科学体系为参照系，不仅以历史的眼光将先秦墨家分为"宗教的墨学"和"科学的墨学"，而且还以逻辑的方法，剔除其中外在的成分，将墨家思想演化的脉络梳理出来。显然，正是胡适完成了墨学研究方法的近代化转向。新的研究方法决定了新的学术思想的产生，在这个意义上，近代墨学研究的历程也就是墨学研究方法由传统方法向近代方法转变的历程。如果说孙诒让的墨学研究代表传统墨学研究方法的终结，那么，梁启超则初步奠定了近代墨学研究方法，而胡适最终完成了这种方法的转化。① 20 世纪 30、40 年代的墨学研究，大体上是沿着梁启超、胡适所确立的方向和开启的研究路径而进行的，研究的重心主要放在对墨家逻辑思想的发掘和探究方面。这一时期墨学史研究的代表性著作，是方授楚的《墨学源流》，1937 年由上海商务印书馆印行。

新中国成立后，墨学研究不仅在规模和数量呈现出繁荣之势，而且

① 参见解启扬：《近代墨学研究简论》，载《广西师范学院学报》（哲学社会科学版），2004 年第 3 期。

在研究的广度和深度上也取得了显著的进展，不断有高质量的论著刊行。除了各种关于《墨经》逻辑思想的研究论著之外，众多系统研究墨家的论著也不断涌现。其主要成就可以概括为以下几个方面：

首先是以哲学为中心墨子思想的系统性研究。任继愈 1956 年出版的《墨子》一书，是第一部用马克思主义的观点和方法来研究墨子的专著，该书全面论述了墨学产生的社会历史条件、墨学的阶级性及墨子的历史地位，对其思想及其价值进行了具体的评析；詹剑峰的《墨子的哲学与科学》（人民出版社，1981 年）一书，着重对墨家的哲学和科学思想进行了详尽的探究；孙中原先后出版了系统全面地研究墨家各个方面思想的《墨学通论》（辽宁教育出版社，1993 年）、《墨者的智慧》（生活·读书·新知三联书店，1995 年）和从文化学的视野透视墨学及其现代意义的《墨学与现代文化》（中国广播电视出版社，1998 年）等多部论著；张永义著有《墨：苦行与救世》（广东人民出版社，1996 年），讨论了墨子到墨家再到墨学的演变过程。此外，还有谭家健的《墨子研究》（贵州教育出版社，1995 年）、邢兆良的《墨子评传》（南京大学出版社，1993 年）、徐希燕的《墨学研究》（商务印书馆，2001 年）、杨俊光的《墨子新论》（江苏教育出版社，1992 年）等。

其次表现在墨学研究的方法论自觉，墨学学、墨学史得到全面的回顾和系统的梳理。郑杰文的《中国墨学通史》（人民出版社，2006 年）就是这方面的代表性论著。此书将"学案式"研究和"通论式"研究结合起来，在充分掌握大量原始文献的基础上，系统梳理了从墨子到墨家的形成发展过程，钩稽出墨学形成史，通过对汉代至清代墨学流传史的详尽考证，以及对近百年来《墨子》整理和墨学研究史的系统清理，勾画出了墨学流传和影响的历史轨迹，并深入探讨了墨学演变的规律，对今后墨学的研究方向也做出了预测，是我国第一部系统研究墨学史的专著。薛柏成的《墨家思想新探》（黑龙江人民出版社，2007 年），探讨了墨家思想的渊源与历史影响。

第三是关于墨学现代化的探讨。如何在继承批判前人成果的基础上，顺应新的时代要求，在更广阔的视域中，实现墨学的现代化，这是当今墨学研究所关切的主题之一。孙中原在《墨学与现代文化》等一系列论著中指出,所谓墨学现代化的实质,就是要实现墨学研究范式的现代转型。墨学研究者的使命就在于,在认识把握墨学原典的基础上,将其原用的古代汉语创造性地转化为作为当今人类思维工具和知识载体的现代语言,继之以现代哲学和现代科学为工具性元理论,对其展开现代诠释、引申和发挥,超越其局限性,发掘其所隐含的积极的启示意义,并最终使之融入现代文明体系之中,服务于当今社会。在以《近代〈墨辩〉复兴之路》为代表的墨学论著中,张斌峰认为现代新墨学,既要突破将墨学比附于西方逻辑的近代墨学研究模式,也要超越当代墨学研究中依然占主导地位的文字校勘、校注、白话今译和分类辨析的"传统汉学"的老路,而转而以对墨家文献的文化上的整体把握和语义上的深层透视为基础,展开创造性解释,以阐发、引申、激发出其所蕴涵的现代意义,将墨学中潜存的抽象的和普遍的文化价值和具体的文化价值转化为现实价值,最终实现科学精神与人文价值、价值理性与工具理性的有机统一,在更新、更高的层面上,达到古代墨学与现代社会价值追求的"视域融合"。

最后是大型墨学研究文献集成出版。任继愈主编的《墨学大全》,收录了战国至 2002 年间有关墨学著作 210 种,分为古代部分、近代部分、现代部分三编,共计 100 册。第一编古代部分(战国至清末)20 册,第二编近代部分(1911—1949)30 册,第三编现代部分(1949—2002)50 册。《墨子大全》汇辑历代《墨子》版本及墨学研究学术成果之精华,是后继者研究墨学的文献基石。在台湾地区,严灵峰编有《无求备斋墨子集成》46 册,古墨学论著 17 册 35 种,今墨学论著占 29 册 56 种。蔡尚思主编的《十家论墨》(上海人民出版社,2004 年)将墨学大家们的论墨文章编集在一起,是研究墨学和墨学学的重要资料之一。

第三节　墨子思想的核心

一、兼　爱

墨子生当战国前期礼崩乐坏的年代,"诸侯力政,强侵弱,众暴寡,兵革不休，士民罢敝”（贾谊《过秦论》），与春秋末期相比，诸侯国之间的战争更加频仍和残酷，民众的生活愈发困苦，“天下无道”的混乱局面有过之而无不及。为了救治列国社会病态，墨子以“兴天下之利，除天下之害”为主旨，提出了尚贤、尚同、节用、节葬、非乐、非命、兼爱、非攻、天志、明鬼等十大主张。针对某国某地，视其具体情况对症下药。墨子曾教导弟子：“凡入国，必择务而从事焉。国家昏乱，则语之尚贤、尚同；国家贫，则语之节用、节葬；国家憙音湛湎，则语之非乐、非命；国家淫僻无礼，则语之尊天、事鬼；国家务夺侵凌，即语之兼爱、非攻。故曰择务而从事焉。”（《鲁问》）不难看出，墨子的五项、十事并非平列的，亦非同时使用的，而是以兼爱为本。①

墨子针对当时国与国互相攻伐，家与家互相抢夺，人与人互相残害，强凌弱、富侮贫、贵傲贱、智诈愚等一系列罪恶的社会现象，认为这些都是“天下之大害”，决心加以救治。他认为，“凡天下祸篡怨恨”，都是由于“不相爱”引起的。人人都知道自爱其身、自爱其家、自爱其国，而不爱他人之身、他人之家、他人之国。“相爱”指国与国、家与家、人与人之间相互爱护，所以又叫“兼相爱”，即不分人我、彼此，一同天下之利害、好恶。墨子以爱人若己、为人犹为己的“兼爱”思想解释仁德，将“兼相爱”看成是“仁者”所追求的最高道德观念。在墨子看来，“仁者”就是能够“兴天下之利，除天下之害”之人。

---

① 这是基于墨子思想的内在逻辑，以问题为中心而得出的结论，而不是对墨子思想产生、演变的历史考察。本节的论述均遵循前一研究思路。就后一思路而言，郑杰文认为：“墨子从儒家分化出来时首先关注社会经济问题，欲在民间纠正儒家‘三年之丧’和繁礼淫乐对社会生产的阻滞和社会资财的浪费，因而墨子提出‘节葬’、‘节丧’、‘非乐’诸‘节用’学说。又因主‘节用’而取得社会支持并形成学派后，墨家首先针对世人最为关注的社会问题——攻占侵夺而提出‘非攻’学说。非攻学说自墨子中年从事‘非攻’活动起，经过了以‘义’游说，以‘义’、‘利’游说，以‘义’、‘利’、‘天志’游说三个阶段，至晚年才最终形成今《墨子·非攻》所载的完善理论。墨子提出‘节用’学说和‘非攻’学说的基本出发点是‘兼爱’众生，由此生发出墨家的‘兼相爱，交相利’学说。为贯彻‘节用’和‘非攻’学说，墨子提出‘天志’说；为威慑弟子内部加强纪律性以洁身自好，墨子提出‘明鬼’说。”见氏著《中国墨学通史》“绪言”，北京：人民出版社，2006年，第2页。

墨子反对战争，反对亏人以自利，认为一切灾害都产生于"别"。所谓"别"，即偏爱、自私。人人都从偏爱出发，亏人以遂其私，所以导致了"交相恶"的不良局面。墨子提出的拯救办法是"以兼易别"。所谓"兼"，即每个人都毫无分别地爱一切人。"兼"字在金文中像手持二禾，《说文解字》释"兼"为"并"，即隐喻平等之意。"兼爱"不同于孔子的"仁爱"。儒家"仁爱"是有差等的爱，如对父母的爱与对兄长的爱不同，对自己父母的爱与对别人父母的爱不同。儒家主张从亲情出发，推己及人，并主张"亲亲而仁民，仁民而爱物"。墨子的"兼爱"是"爱无差等"。他要求人们对别人的爱与对自己父母的爱、对自己亲人的爱，没有差别，一视同仁。"故圣人以治天下为事者，恶得不禁恶而劝爱？故天下兼相爱则治，交①相恶则乱。故子墨子曰：'不可以不劝爱人者，此也。'"(《兼爱上》)"子墨子言曰：'以兼相爱，交相利之法易之。'然则兼相爱，交相利之法将奈何哉？子墨子言：'视人之国若视其国，视人之家若视其家，视人之身若视其身。'是故诸侯相爱则不野战，家主相爱则不相篡，人与人相爱则不相贼，君臣相爱则惠忠，父子相爱则慈孝，兄弟相爱则和调。天下之人皆相爱，强不执弱，众不劫寡，富不侮贫，贵不敖贱，诈不欺愚。凡天下祸篡怨恨，可使毋起者，以相爱生也，是以仁者誉之。"(《兼爱中》)由是可见，"兼相爱"与"交相利"是一体两面的，此乃墨子主张重建社会秩序和道德准则的首要思想。

墨子以兼为善，以兼为仁义，其"兼爱"的背景是"互利"。"夫爱人者，人必从而爱之；利人者，人必从而利之；恶人者，人必从而恶之；害人者，人必从而害之。"(《兼爱中》)墨子出生贫贱，他站在下层民众的立场上，将小生产者互爱互利的道德原则推广为天下普遍的原则，提倡互利互惠的功利主义交换原则。与儒家的"己所不欲，勿施于人"相比，实际上他主张的是"己所欲，施于人"。显然墨子的主张融合了义利，因此易被人接受。墨子劝诫"有力者疾以助人，有财者勉以分人，有道者劝以教

---

① 旧本脱"交"字，据王念孙补。

人"(《尚贤下》)，盼望建立一个"饥者得食，寒者得衣，乱者得治"(《尚贤下》)的公平合理社会。他不满于王公大人的骄奢淫逸，控诉了争夺战乱给人民带来的痛苦，表达了劳动者要求自食其力、过安定生活的愿望。墨子"兼爱"带有绝对平均主义的原始平等思想的痕迹。

二、非　攻

墨子"兼爱"思想在社会政治方面体现为"非攻"说。他详细分析了攻战的"不义"、"不利"。在墨子看来，杀一人谓之不义，必有一死罪，杀百人，百重不义，必有百死罪。然而，"今至大为不义攻国，则弗知非，从而誉之，谓之义"；"知义与不义之辩乎？是以知天下之君子也，辩义与不义之乱也。"(《非攻上》)墨子揭露无义的攻伐"夺民之用，废民之利"。"春则废民耕稼树艺，秋则废民获敛。今唯毋废一时，则百姓饥寒冻馁而死者，不可胜数。"(《非攻中》)在准备武器装备，筹集、运送粮草或辎重的过程中，百姓死者不可胜数。开战之后，兵士死者不可胜数。"攻伐无罪之国，入其国家边境，芟刈其禾稼，斩其树木，堕其城郭，以湮其沟池，攘杀其牲牷，燔溃其祖庙，刭杀其万民，覆其老弱，迁其重器……夫无兼国覆军，贼虐万民，以乱圣人之绪，意将以为利天乎？夫取天之人，以攻天之邑，此刺杀天民，剥振神之位，倾覆社稷，攘杀其牺牲"，"百姓离散"，"竭天下百姓之财用"，"则此上不中天之利矣"，"中不中鬼之利矣"，"下不中人之利矣"(《非攻下》)。墨子谴责武力兼并的战争是"不义"的，其根据是对人民、百姓"不利"。他同时又借助于天、神来说服王公大人、诸侯，指出战争也扰乱了天、神，影响了天、神之利。

三、尚贤尚同

在"兼爱"的原则下，墨子提出了"尚贤"的主张。墨子的"尚贤"要求冲破"王公大人骨肉之亲无故富贵"的世袭制度，主张政权向"农与工肆之人"开放。他提出"官无常贵，而民无终贱，有能则举之，无能则下之"(《尚贤上》)，认为凡有才能者都可以得到官禄，以德就列，任之以事，以劳行赏，量功分禄。在"尚贤"的前提下，墨子又设计了"尚同"的社会蓝图。他主张"选择①天下之贤可者，立以为天子"（《尚同上》）。天子以下，从三公、诸侯到乡长、里长，也都选拔贤者担任。选出各级政长是为了克服天下之乱，克服一人一义，十人十义，自以为是，以人为非的"交相非"状态。人们要以上级政长的是非为是非，自下而上地逐层统一，做到"天下之百姓皆上同于天子"（《尚同上》）。墨子提出"上同而不下比"的原则，"上之所是必皆是之，所非必皆非之"（《尚同上》）。他主张"一同其国之义"，"一同天下之义"（《尚同中》），"天子又总天下之义，以尚同于天"（《尚同下》）。这反映了小生产者对社会统一安定的希望，但这种"尚同"，反对多元多样，必然导致"伐异"。因此，在先秦诸子的"和"与"同"之辩中，史墨、晏子、孔子"和而不同"、"和实生物，同则不继"的主张，比之"尚同"有更大的意义。当然，墨子的"尚贤"、"尚同"主张是针对国家昏乱而言的。

四、节用节葬

本着兴利除害的功利主义原则，墨子还主张在经济和社会生活中"节用"（反对奢侈浪费）、"节葬"（反对"厚葬久丧"）、"非乐"（反对"弦歌鼓舞，习为声乐"），并将人民基本物质需求的满足放在首位。有鉴于当时的统治阶层穷奢极欲，而民众生活苦不堪言的局面，墨子提倡"节用"。他认为"用财不费，民德不劳，其兴利多矣"，又主张"去大人之好聚珠玉鸟兽犬马，以益衣裳、宫室、甲盾、五兵、舟车之数，于数倍乎！"（《节用上》）墨子还注意到了儒家提倡的"厚葬"、"久葬"所造成的危害，因此又提出"节葬"的主张，尤其是对"天子杀殉，众者数百，寡者数十；将军大夫杀殉，众者数十，寡者数人"（《节葬下》）的殉葬制度，持激烈的批评态度。

---

① 今本脱"择"字，据王念孙补。

五、非　乐

关于"乐"，儒墨两家形成了重乐与非乐的对立。儒家重视音乐的审美功能和道德教化功能的统一，主张以"尽美""尽善"作为评价标准，孔子教授弟子的"六艺"之中就包括"乐"。而墨子之所以非乐，"非以大钟鸣鼓、琴瑟竽笙之声，以为不乐也，非以刻镂华文章之色，以为不美也"，而是以"万民之利"的标准衡量之，制造钟鼓琴瑟等乐器以及供养歌舞队伍"将必厚措敛乎万民"，"亏夺民衣食之财"，而且君子听之有碍政事，百姓听之有碍生产，所以"为乐非也"（《非乐上》）。这种尚俭抑奢的价值观正是他的"兼相爱，交相利"平民哲学的反映，但显然也带有质朴、狭隘的历史局限性。荀况曾经批评墨子，说他"蔽于用而不知文"（《荀子·解蔽》）。

第四节　墨子思想的矛盾

墨子思想的主旨是"兴天下之利，除天下之害"，具有明显的功利主义思想倾向。但是，如果以狭隘的功利眼光来看待政治伦理与社会道德，可能会导致在理论上不相容的观点同时存在，显示出其思想的不周延性。在墨子的思想中，一方面，他肯定"天志"和"鬼"的存在及其作用，以"天"的意志作为衡量统治者的最高准则和尺度来规范其行为，以鬼神之"明智"的赏善罚恶来警戒统治者行善除恶，藉以保证社会理想的实现。另一方面，墨子又强调"非命"、"尚力"，激烈地批判命定论，认为决定人们不同遭际的不是"命"，而是"力"。在墨子看来，人之异于禽兽者，"赖其力者生，不赖其力者不生"，充分肯定"人力"作用，表现出了冲破传统天命思想束缚的倾向。此外，他出于现实功利的考量，极力反对"厚葬久丧"，主张"节葬"。这两方面的矛盾正是墨子思想自相乖舛的主要体现。

一、天　志

墨子肯定意志之天的存在，认为天是自然、社会和人民的主宰，能赏善罚恶。墨子亦肯定鬼神的存在，认为鬼神能在冥冥之中监视人们的行为，能赏贤罚暴。墨子"尊天事鬼"的主张，源于夏殷周的文化。他说："昔三代圣王禹汤文武，欲以天之为政于天子明说天下之百姓，故莫不犓牛羊，豢犬彘，洁为粢盛酒醴，以祭祀上帝鬼神，而求祈福于天。"（《天志上》）

墨子的宗教观与前代的宗教观相近之处，是把宗教政治化与道德化。他指出："顺天意者，义政也；反天意者，力政也。"（《天志上》）符合天意的"义政"就是处大国不攻小国，处大家不篡小家，强不劫弱，贵不傲贱，诈不欺愚；违逆天意的"力政"则是相反。前者上利于天，中利于鬼，下利于人，谓之圣王；后者上不利于天，中不利于鬼，下不利于人，谓之暴王。墨子说："今天下之君子之欲为仁义者，则不可不察义之所从出。"（《天志中》）他指出："义不从愚且贱者出，必自贵且知者出。"因为"义者，善政也"。"天下有义则治，无义则乱，是以知义之为善政也。"（《天志中》）"义"就是"善政"，它从哪里来的呢？它来自"贵且知者"——天。墨子在这里把高贵而全知的"天"作为"义政"或"善政"的根源。"天为贵、天为知而已矣。然则义果自天出矣。是故子墨子曰：'今天下之君子，中实将欲遵道利民，本察仁义之本，天之意不可不慎也。'""吾所以知天之贵且知于天子者，有矣。曰：天子为善，天能赏之；天子为暴，天能罚之。"（《天志中》）

就"天"作为"仁义"、"善政"的终极源头、"天"是良好的政治和良好的道德行为的终极根据而言，就"天"能主宰天子、"天"的意志即是"民"的意志，以"天"能赏善罚恶来警告、控制为政者而言，就仁义道德包括有"君臣上下惠忠，父子弟兄慈孝"，子之事父、弟之事兄、臣之事君、天下仁祥等内涵而言，墨子思想和早期儒家思想并没有多大的区别。两家的区别在于：第一，墨子的"天志"主要反映了劳动人民的利益和要求，是平民意志的外化；第二，墨子的论证方式，是以"利"为枢纽的。"天必欲人之相爱相利，而不欲人之相恶相贼也。""爱人利人者，天必福之；恶人贼人者，天必祸之。"（《法仪》）"爱人利人，顺天之意，得天之赏者有矣；憎人贼人，反天之意，得天之罚者亦有矣。"（《天志中》）前者如三代圣王尧、舜、禹、汤、文、武者，后者如三代暴王桀、纣、幽、厉者。

墨子以"天"为宇宙和人类社会的最高主宰，以"天志"为最高准则和尺度，用以衡量天子、王公大人、卿、大夫、士的刑政和言论。在"天志"面前，人人平等。"子墨子置立天之，以为仪法，若轮人之有规，匠人之有矩也。今轮人以规，匠人以矩，以此知方圜之别矣。"（《天志下》）他试图借助于"天志"迫使为政者心存敬畏，随时警戒自己，规范自己的行为，"为天之所欲，而去天之所恶"（《天志下》），给予天下百姓以生存的可能和起码的利益。

"天"的意志是道德判断、品评的最高权威。王公大人乃至天下万民的言行、举止、政事，是善是恶，一切由天的意志来裁决。"观其行，顺天之意谓之善意①行，反天之意谓之不善意行；观其言谈，顺天之意谓之善言谈，反天之意谓之不善言谈；观其刑政，顺天之意谓之善刑政，反天之意谓之不善刑政。故置此以为法，立此以为仪，将以量度天下之王公大人卿大夫之仁与不仁，譬之犹分黑白也。"（《天志中》）以天的意志为法为仪，衡量裁判一切。而天的意志是"仁也、义也、爱人、利人"。墨子不仅在寻找"天"作为道德的根据，道德的评价标准和道德的赏罚力量，而且在观照天、地、人、物、我的关系时，明确表示了以天为宗，以天为法的思想。天是人之道的源头。天善良无私，滋养万物。天创造了日月、星辰、大地、四时，促进五谷麻丝生长，为人类提供衣食之财，"天兼天下而爱之，撽遂万物以利之"（《天志中》）。法天，首先因为天的性格为"仁"，天最公平、公正。墨子认为，父母、君、师都有不仁者，不可以为法。最可靠的"莫若法天。天之行广而无私，其施厚而不德，其明久而不衰，故圣王

---

① 孙诒让说："'意'疑当作'悳'，与'德'通。"

法之。既以天为法，动作有为必度于天，天之所欲则为之，天所不欲则止。"(《法仪》)墨子"尚同"思想最后也追溯到"天"，强调天子总天下之义，以尚同于天。墨子意在效法天之道来治理人事，规定人之道。

二、明　鬼

墨子"明鬼"论的目的也是如此。他论证鬼神实有，认为鬼神有除暴安良、主持正义、威慑警戒的功能。"是以吏治官府之不洁廉，男女之为无别者，鬼神见之；民之为淫暴寇乱盗贼，以兵刃毒药水火退无罪人乎道路，夺人车马衣裘以自利者，有鬼神见之。是以吏治官府不敢不洁廉，见善不敢不赏，见暴不敢不罪。民之为淫暴寇乱盗贼，以兵刃毒药水火退无罪人乎道路，夺车马衣裘以自利者，由此止。是以莫放幽间拟乎鬼神之明显，明有一人畏上诛罚，是以天下治。"(《明鬼下》)墨子以鬼神之无所不在，无所不能，赏贤罚暴，使百官和小民都心存畏惧，不敢胡作非为，因此肯定祭祀活动"上以交鬼之福，下以合欢聚众，取亲乎乡里"(《明鬼下》)。总之，"天志"、"明鬼"之说，是借用超越的神秘的力量来治理现实社会的病态，以"兴利除弊"，并塑造、规范一个合理化的、理想化的社会。墨子论证鬼神的存在，也是为他的兼爱理论作张本。

三、尚力非命

墨子相信意志之天说，又主张"尚力"、"非命"。他说："执有命者之言曰：'命富则富，命贫则贫，命众则众，命寡则寡，命治则治，命乱则乱，命寿则寿，命夭则夭。命，虽强劲何益哉?'上以说王公大人，下以阻①百姓之从事，故执有命者不仁。"(《非命上》)他认为，命定论是帮助暴君来欺骗百姓的，使百姓安于接受现实，无所作为；决定社会治乱和人们命运的，不是"命"，而是"力"。"世不渝而民不易，上变政而民改俗"。"天下之治也，汤武之力也；天下之乱也，桀纣之罪也。若以此观之，夫安危治

---

① "阻"原作"殂"，据毕沅校改。

乱，存乎上之为政也，则夫岂可谓有命哉？"（《非命下》）从王公大人的听狱治政到农夫农妇的稼穑织纴，都靠各尽其力，因为"强必治，不强必乱"，"强必贵，不强必贱"，"强必饱，不强必饥"（《非命下》）。人必"赖其力者生，不赖其力者不生"（《非乐上》）。在这里，他又肯定了人有能力掌握自己的命运。墨子曾批评儒家"以命为有，贫富寿夭，治乱安危有极矣，不可损益也"（《公孟》）。其实，儒家所讲的天命，具有道德价值的根源与不可抗拒的非道德性命运两个含义。在前一点上，儒墨两家是相同的，正如上文所言。在后一点上，两家是有分歧的。墨子"非命"，反对的正是儒家认为有"贫富寿夭，治乱安危"不可改变的命运。墨子认为，如果执此命定说，那么，"为上者行之，必不听治矣；为下者行之，必不从事矣。此足以丧天下。"（《公孟》）

四、节　葬

墨子一方面相信鬼神，祭祀鬼神，肯定人鬼同利，另一方面他又主张"薄葬"，这表现出了墨子思想中右鬼与薄葬的矛盾。[1]　王充在《论衡·薄葬》中指出："墨家之议，自违其术，其薄葬而又右鬼，右鬼引效，以杜伯为验。杜伯死人，如谓杜伯为鬼，则夫死者审有知。如有知而薄葬之，是怒死人也。情欲厚而恶薄，以薄受死者之责，虽右鬼其何益哉？如以鬼非死人，则其信杜伯非也，如以鬼是死人，则其薄葬非也。术用乖错，首尾

---

[1] 冯友兰先生认为这是"一种似是而非的矛盾"，他说："不论墨家、儒家，在对待鬼神的存在和祭祀鬼神的态度上，都好像是矛盾的。墨家相信鬼神存在，可是同时反对丧葬和祭祀的缛礼，固然好像是矛盾的。儒家强调丧礼和祭礼，可是并不相信鬼神存在，同样也好像是矛盾的。"但冯先生认为，"儒家、墨家这些好像是矛盾的地方，都不是真正的矛盾。"因为，对儒家而言，"行祭礼的原因不再是因为相信鬼神真正存在，当然相信鬼神存在无疑是祭礼的最初原因。行礼只是祭祀祖先的人出于孝敬祖先的感情，所以礼的意义是诗的，不是宗教的"；对墨子而言，"证明鬼神存在，本来是为了给他的兼爱学说设立宗教的制裁，并不是对于超自然的实体有任何真正的兴趣"，这正是其"极端功利主义"的表现。（见氏著《中国哲学简史》，涂又光译，北京：北京大学出版社，1985 年，第 50、51 页。）按照冯先生的逻辑，"天志"与"非命"之间也不存在真正的矛盾，因为墨子提出"天志"说同样是基于功利主义的考虑。由墨子功利主义的偏狭性，而导致的其思想的不周延性，这一点正是我们要指出并分析的。因此，冯先生的论说与我们的观点之间并非扞格不通的。

相违,故以为非。非与是不明,皆不可行。"①肯定鬼神的存在,理应重视祭祀活动,提倡厚葬。何况儒家即使对鬼神存而不论,也提倡三年之丧,但墨子却提倡薄葬。在他看来,厚葬久丧并不能富贫众寡,定危治乱,不是什么"仁也、义也、孝子之事",而是辍民之事,靡民之财,足以使国家由富变贫,人民由众变寡,刑政由治变乱。他从百姓的利益出发,反对厚葬。他又重视祭祀上帝鬼神,认为:"若苟贫,是粢盛酒醴不净洁也;若苟寡,是事上帝鬼神者寡也;若苟乱,是祭祀不时度也。"(《节葬下》)祭祀当然也要浪费财力、物力、人力,但墨子为什么不反对祭祀呢? 这与他的"天志"、"明鬼"学说有关。他必须保留上帝和鬼神作为超越的力量,控制人事。另一方面,从《墨子》一书中可以看出,当时厚葬的奢靡之风已达到无以复加的程度;相形之下,祭祀的浪费要小得多。按墨子的设想和当时的习俗,祭品一般都给家人、亲族、乡里的人共享(详见《明鬼下》),而祭祀对安定社会人心起的作用较大。由此可见,墨子考虑问题,仍是从国家人民的实利出发的,他的天志明鬼说仍是出于功利主义的考量。墨子思想的矛盾,正是其功利主义的偏狭性所导致的。

第五节　墨子的认识论

一、知识的起源

墨子认为知识来源于"耳目之情②"、"耳目之实"(《明鬼下》),这是墨子认识论的出发点。在他看来,"天下之所以察知有与无之道者,必以众之耳目之实知有与亡③为仪者也。请惑④闻之见之,则必以为有,莫闻莫见,则必以为无。"(《明鬼下》)墨子认为,判断事物存在与否,必以众人的闻见为依据。能被众人感知到的就存在,反之则不存在。在《论语·季

---

① (汉)王充:《论衡》,载《诸子集成》第七册,北京:中华书局,1954 年,第 226、227 页。
② "情"原为"请",据毕沅校改。
③ "亡"本作"无",据孙诒让。
④ 孙诒让说:"请,当读为诚","惑,与或通。"

氏篇》中，孔子曾说："生而知之者，上也；学而知之者，次也；困而学之，又其次也；困而不学，民斯为下矣。"虽然孔子说自己并非"生而知之者"（《论语·述而》），只是"学而不厌"、"发愤忘食"的"好学"①之人，但他在理论上承认有天资极高的生知者。墨子认为，圣人的认识能力的确高于一般人，在这一点上与孔子是一致的。但他认为其原因并不在于圣人生而知之，而在于他们"能使人之耳目助己视听，使人之吻助己言谈，使人之心助己思虑"（《尚同中》），在这一点上又与儒家不同。在《非命》篇中，墨子还以众人的闻见为标准，否定"命"的存在。墨子说："我所以知命之有与亡者，以众人耳目之情知有与亡。有闻之，有见之，谓之有；莫之闻，莫之见，谓之亡。"（《非命中》）不难看出，墨子的认识论具有明显的经验主义的倾向。

但墨子并非狭隘的经验论者，他还提出了"谋"这种重要的认识方法。墨子说："古者有语：'谋而不得，则以往知来，以见知隐。'谋若此，可得而知矣。"（《非攻中》）"谋"即思考之意，这是墨子认识论思想中逻辑推理的面向。用现代学术话语来说，"耳目之实"属于感性认识的范围，"谋"则属于理性认识的范畴。只不过墨子并没有将二者适当结合起来，他有时片面夸大感觉经验的作用，以致直接从虚幻的闻见与离奇的记载中，引出"鬼神存在"的错误结论。

二、知识的性质

名实之辩是先秦哲学的重要争论之一。在名实关系的问题上，墨子主张"取实予名"，认为应根据事物的实际情况，给予相应的名称。"名"是能够指称事物并反映其本质的概念。名的根据在于实，而不是相反。墨子指出："今天下之诸侯将犹多皆②攻伐并兼，则是有誉义之名，而不察其实也。此譬犹盲者之与人同命白黑之名，而不能分其物也，则岂谓有

---

① "好学"语出《论语·公冶长》："子曰：'十室之邑，必有忠信如丘者焉，不如丘之好学也。'"
② "皆"后本有"免"字，俞樾说："'免'字衍文。"

别哉？"(《非攻下》)在《贵义》篇中，墨子又说："今瞽曰：皑①者白也，黔者黑也。'虽明目者无以易之。兼白黑，使瞽取焉，不能知也。故我曰瞽不知白黑者，非以其名也，以其取也。今天下之君子之名仁也，虽禹汤无以易之。兼仁与不仁，而使天下之君子取焉，不能知也。故我曰天下之君子不知仁者，非以其名也，亦以其取也。"盲者不能分辨黑、白之物，并非他们不知道黑、白的名称；统治者不知何为"仁"，也并不是他们不知道"仁"这个名称。

在墨子看来，只知其名，还不算真正的知识；既知其实，又知其名，且名实相合，才是真正的知识。因此检验某种言论，并不在于语言本身，而在于言行是否相掩。据《公孟》篇，公孟子主张："君子必古言服，然后仁。"墨子反驳道："昔者商王纣卿士费仲为天下之暴人，箕子、微子为天下之圣人，此同言而或仁不仁也。周公旦为天下之圣人，关叔②为天下之暴人，此同服或仁或不仁。然则不在古服与古言矣。"判断一个人是否是仁人，并不在于他是否将"仁"挂在嘴边，而在于他的实际行为是否达到了"仁"的效果，也就是墨子说的"仁人之事者，必务求兴天下之利，除天下之害。"(《兼爱下》)利天下之人就是仁人，害天下之人，即使念兹在兹，亦非仁人也。

三、知识的分类

关于知识的分类，墨子提出了"察类明故"的主张，这是其认识论思想中的又一理性因素。墨子在中国逻辑史上，第一次提出了"辩、类、故、理"等概念。"辩"是指论辩之术，"类"是指事物的类别、类推，"故"是指事物的原因或行动的目的，"理"则是取舍是非的根据。"察类明故"，是说在认识和辩论的过程中，要对事物进行合理的分类，分析各类事物的同异、因果及其根据。墨子在反驳别人的观点时常说"子未察吾言之类，

---

① "皑"原为"钜"，据俞樾校改。
② "关叔"即"管叔"，据孙诒让。

未明其故者也。"(《非攻下》)他以"明故"作为辩论的基础，重视自己的"故"，以揭发论敌的"无故"。墨子又说："仁人以其取舍是非之理相告，无故从有故也，弗知从有知也，无辞必服，见善必迁。"(《非儒下》)他将"无故从有故"，即不合理的服从合理的作为论辩的原则。在《非攻下》中，墨子根据不同的故，明确区分了"攻"、"诛"两类不同的战争。在他看来，好战之国，以坚甲利兵，"攻伐无罪之国"，其"故"是侵略者为了满足自身的贪欲而进行的掠夺，这是"攻"；讨伐无道有罪之"君"，其"故"并非为自己求富贵享乐，而是为天下万民兴利除害，这是"诛"。墨子赞同"诛"而反对"攻"，因为"诛"是"兴天下之利，除天下之害"的仁义之举，"攻"则相反。墨子的"察类明故"为其后学开了重视认识论和逻辑学的先河。后期墨家在"察类明故"的基础上，提出了"名、实、合、为"、"以名举实"、"以辞抒意"、"以说出故"等重要思想。

四、知识的标准

墨子认为知识必须要有统一的标准，否则将无法辨别是非得失，他称之为"言①必立仪"。为此，墨子提出了检验知识的三条标准："何谓三表？子墨子言曰：有本之者，有原之者，有用之者。于何本之？上本之于古者圣王之事。于何原之？下原察百姓耳目之实。于何用之？发②以为刑政，观其中国家百姓人民之利。此所谓言有三表也。"(《非命上》)墨子强调将"事"、"实"、"利"三条标准统一起来，以检验认识的真伪。"上本之于古者圣王之事"，即以古代圣王的历史经验为依据。"下原察百姓耳目之实"，即以众人的普遍经验为依据。前者是间接经验，后者是直接经验。"废(发)以为刑政，观其中国家百姓人民之利"，即以整体社会效果来衡量理论学说的是非曲直。在中国哲学史上，"三表法"第一次对知识标准问题作出了系统的论述，尤为可贵的是它认为社会效果也是衡量诸

---

① "言"字原无，据孙诒让补。
② "发"原为"废"，据孙诒让校改。

种学说是非曲直的重要标准。显然，墨子经验主义和功利主义的思想特色也都在"三表法"中得到了体现。在"三表法"中，知识之真与道德之善是统一的，真知既是"是非"之是，又是"利害"之利。

"三表法"是墨子对哲学史的杰出贡献，但也有其狭隘经验主义的局限性。如墨子同样依据"以众之耳目之实"的标准，论证了鬼神的存在。墨子说："闻之见之，则必以为有；莫闻莫见，则必以为无。若是，何不尝入一乡一里而问之，自古以及今，生民以来者，亦有尝见鬼神之物，闻鬼神之声，则鬼神何谓无乎？ 若莫闻莫见，则鬼神可谓有乎?"（《明鬼下》）"入一乡一里而问之"，是十分有限的经验，并不能简单地以此为依据得出鬼神存在的结论；"尝见鬼神之物，闻鬼神之声"，是没有将经验中的真实感觉与错觉、幻觉区分开来。王充曾批评墨子说："墨议不以心而原物；苟信闻见，则虽效验章明，犹为失实。"因为只相信耳目"闻见于外"，而不"诠订于内"，则可能以"虚象"为实。王充认为，"是非者，不徒耳目，必开心意。"①认识不能停留在感性阶段，必须上升到理性阶段。

第六节　儒墨异同论

先秦儒墨两家同源，在诸多问题上又有着严重分歧并展开辩论。儒墨两家的争论主要体现在"孝"、"三年之丧"、"爱"及功利观上。儒墨两家都肯定孝敬父母。墨家直接从"互利互惠""回报"的向度讲"孝"，儒家则不然；"孝"在墨家是"兼爱"系统中的一环，在儒家则是"仁爱"系统中的一环。墨家批判儒家主张的厚葬久丧对社会生产与人的生活造成损害，浪费资源。儒家则从人的真情实感与人文价值出发，认为在制度上规定守丧的仪节规范，有助于人性、人情的养育与社会风气的淳化。墨家主张"爱无差等"，批判社会不公及爱的不周遍；儒家则主张"爱有差等"，意即爱人爱物总是要从身边做起，推而广之。仁爱是普遍的，仁爱

---

① （汉）王充：《论衡》，载《诸子集成》第七册，北京：中华书局，1954 年，第 225 页。

的实行与推广是具体的普遍。"爱有差等"是一种实践性的美德、智慧。儒墨两家都重功利、效果，但墨家强调志功合一，凡事以利为根本着眼点，而儒家多讲义利之辨，并最终以道德心性立论。

一、关于"孝"

"孝"是儒家的核心价值之一。墨子也肯定孝道，并以兼爱讲"孝"。墨子批评王公大人赏罚不当，"则是为贤者不劝，而为暴者不沮矣。是以入则不慈孝父母，出则不长弟乡里，居处无节，出入无度，男女无别。"（《尚贤中》）从这一批评中，我们可知墨子对"慈孝"、"长弟（悌）"价值的赞同与肯定。墨子又说："昔者三代圣王禹汤文武方为政乎天下之时，曰：'必务举孝子而劝之事亲；尊贤良之人而教之为善。'是故出政施教，赏善罚暴。"（《非命下》）这是从正面对事亲之"孝"与尊贤之"义"（善之一）的肯定。

在《兼爱》三篇的记载中，墨子较为集中地讨论了孝道。墨子说："臣子之不孝君父，所谓乱也。子自爱不爱父，故亏父而自利；弟自爱不爱兄，故亏兄而自利；臣自爱不爱君，故亏君而自利。此所谓乱也。虽父之不慈子，兄之不慈弟，君之不慈臣，此亦天下之所谓乱也。父自爱也，不爱子，故亏子而自利；兄自爱也，不爱弟，故亏弟而自利；君自爱也，不爱臣，故亏臣而自利。是何也？皆起不相爱。"（《兼爱上》）墨子将"慈""爱"与"利"等同起来，自有其合理性，但我们知道，"慈""爱"是不能与"利"打上等号的。这是儒墨之争的一个伏笔。

墨子主张孝慈，肯定父子间相爱，尤其是鼓励事亲，推广父慈子孝兄友弟恭，但肯定这种爱亲即是利亲。墨子是在"兼爱"或"兼相爱，交相利"的系统中来讨论"孝亲"的。也就是说，即使在亲人之间，视人或爱人如己，从效果上看，也是互惠互利的。墨子以"爱人者必见爱也，而恶人者必见恶也"（《兼爱下》），以"善有善报，恶有恶报"的方式来讲"孝"道，肯定交兼孝子的作用。这是从功利论、效果论上立论的。当然，其主要倾向是以爱利人之亲为先。由此可见，墨家是在兼爱互利的基础上界定

"孝"的，以有实效的"利亲"为主要内容，尤其主张爱利人之亲，交相利亲。

在儒家看来，孝顺父母，敬爱兄长，是行仁的基础。君子做事抓住根本，根本既立起来了，人间道路自然畅达，所有其他的事都生生不已地得到发展。孔子弟子有子说："君子务本，本立而道生。孝弟也者，其为仁之本与？"(《论语·学而》)这里说的是行仁从孝弟开始。在儒家看来，亲情是人的所有情感中最真诚最美好最重要的感情。爱敬父母为孝，爱敬兄长为悌。爱我们的亲人，是爱社会上其他人的基础。儒家提倡的孝道是合乎人之常情，平易合理的。孝道很重要，因为在正常、和谐家庭的氛围中，家庭成员之间的关爱、养育、陶冶了我们的爱心。长期在这样的情感滋养、浸润下，人的心灵与心理渐趋健康而有了沟通性、包容性与责任感。人们对家庭成员的接纳、关爱、包容与责任，也会自然推之于他所服务的事业、团体。

对比儒墨"孝道"的不同，不难看出：儒家不直接从功利、效果的向度讲"孝"，墨家直接从"互利互惠"、"回报"的向度讲"孝"；"孝"在儒家是"仁爱"系统中的一环，在墨家则是"兼爱"系统中的一环。儒家重视爱亲、敬长、孝慈，是把这些作为人性本有的道德情感、知识与意志，希望进一步加强，通过训练、重复、习惯，自然地推己及人，由爱亲人推到爱他人，由私领域中尽己之心，推到公共领域中的负责、敬业。墨家不特别重视父子兄弟之爱敬、孝慈等，不认为是人的特有之性，以为这种爱是人与人相爱的一种，墨家更重视利他、爱他，爱利天下之人，为了推广这种爱，增加说服力，则说爱利他人也会导致他人爱利自己。儒家的"推己及人"，是由爱亲人推到爱大众；墨家也讲"推"，爱人如爱己，其实也是从爱自己推到爱他人，爱己之亲推到爱天下人之亲；墨家又从爱他人推回到爱自己，这是为说服众人都去爱人之亲，因为爱利他人（和他人的亲人）可能的效果是他人也爱利自己（和自己的亲人）。我们虽不必严分儒家是德性论、动机论的，墨家是功利论、效果论的，但从墨子关于"兼相爱、交相利"与"交孝子"的论证来看，墨家的确倾向于功利论与效果论。

二、关于“三年之丧”

在《公孟》篇中，墨子曾批评儒家说：“儒之道足以丧天下者，四政焉。儒以天为不明，以鬼为不神，天鬼不说，此足以丧天下。又厚葬久丧，重为棺椁，多为衣衾，送死若徙，三年哭泣，扶后起，杖后行，耳无闻，目无见，此足以丧天下。又弦歌鼓舞，习为声乐，此足以丧天下。又以命为有，贫富寿夭，治乱安危有极矣，不可损益也。”不难看出，儒墨两家在“三年之丧”上有严重的分歧。

据《淮南子·要略》：“墨子学儒者之业，受孔子之术，以为其礼烦扰而不说，厚葬靡财而贫民，服伤生而害事，故背周道而用夏政。”①墨家直陈“厚葬久丧”的弊病：“今唯无以厚葬久丧者为政，国家必贫，人民必寡，刑政必乱。若法若言，行若道，使为上者行此，则不能听治；使为下者行此，则不能从事。上不听治，刑政必乱；下不从事，衣食之财必不足。”（《节葬下》）儒家提倡三年之丧，墨子以为儒家所提倡的厚葬，将贻误社会、家庭等公私事务，使农人、手工业者、妇女等从事的物质生产劳动及各级官吏的社会治理活动，乃至日常生活、人口蕃衍等都受到影响。厚葬久丧靡费社会资源，可能导致国家贫穷，人口减少，身体素质下降，社会管理紊乱，增加了亲人间与社会上的矛盾与斗争。其实，儒家所强调的是，子女在真心诚意地哀悼、感怀父母的守丧过程中，使自己的心性情才也受到锻炼与陶冶，假如社会上层人士都这样去做，可以感化周围，整齐风俗，使民风淳厚。墨子的批评是从一时一地的社会功利出发的；而孔子所重视的是丧礼的文化意义与长时期的效益。

墨子与墨家的批判，不仅从社会功效的角度出发，而且试图分析儒家学说的逻辑矛盾，例如亲疏与尊卑在丧礼上的矛盾等。“儒者曰‘亲亲有术，尊贤有等。’言亲疏尊卑之异也。其《礼》曰：‘丧父母三年，妻、后子

---

① （汉）高诱注：《淮南子》，载《诸子集成》第七册，北京：中华书局，1954 年，第 375 页。又，高诱注云：“说，易也。”

三年,伯父叔父弟兄庶子其①,戚族人五月.'若以亲疏为岁月之数,则亲者多而疏者少矣,是妻、后子与父同也。若以尊卑为岁月数,则是尊其妻子与父母同,而亲伯父宗兄而卑子②也,逆孰大焉。"(《非儒下》)墨家认为,丧妻与长子服三年,同于父母,而丧伯父宗兄才服一年,兄弟之妻则弗服,而其宗兄守其先宗庙数十年,如此对待,不是太偏于其妻、子了吗?"为欲厚所至私,轻所至重,岂非大奸也哉!"(《非儒下》)从尊卑上讲,父母、伯父宗兄为尊,妻与长子为卑,而服妻与长子丧与父母同,且长于(重于)伯父亲兄,这当然不合于尊卑,是以亲疏关系取代尊卑关系。墨家认为,儒家亲亲、尊尊、贵贵原则有矛盾,儒家的制度,包括丧礼制度,又是区别并固定某种贵贱、亲疏关系的,然而丧礼表达上出现了如此不合情理的状况,这反过来说明其前提是有问题的。墨家以这种方式驳斥儒家,这一批评不仅涉及三年丧,而且涉及差等之爱及其制度化。

墨家认为,厚葬久丧对社会、家庭、个人的生产与生活造成损害,浪费资源。从这一视域来看,墨家的看法是合理的。儒家从人的情感的自然流露与表达出发,认为亲人死后,不可能立即忘怀,在制度上规定守丧的仪节规范,有助于人性、人情的养育与社会风气的淳化,有长远的人文价值蕴于其中。同时,儒家肯定的守丧是从真情实感出发的,然而后世守丧一经提倡与规定,就有了作伪,就有了负面效应。儒家中人也认为心丧更为重要。从这一角度来看,儒家的看法也有合理性。综合两家的看法,我们认为,内心真诚地怀念死去的亲友、尊长,并以人性化的方式去安葬、追悼、祭祀死者,不仅是对死者的尊重,也是对生者的尊重,安葬、追悼、祭祀的时间与方式也要适度,不能浪费社会资源,耽误生事。

三、关于"爱"

《墨子》书中有《非儒》篇,开篇就批评"儒者曰:亲亲有术,尊贤有

---

① 毕沅说,"其"与"期"同。
② 王念孙说,"亲"当为"视";孙诒让说,"卑"当为"婢"。

等"。"术"通"杀",即是差等之意。墨家则主张"爱无差等",爱己之亲与爱人之亲没有厚薄之别。《墨子·耕柱》还记载了墨子与孔门巫马子的辩论：

> 巫马子谓子墨子曰："我与子异,我不能兼爱。我爱邹人于越人,爱鲁人于邹人,爱我乡人于鲁人,爱我家人于乡人,爱我亲于我家人,爱我身于吾亲,以为近我也。击我则疾,击彼则不疾于我。我何故疾者之不拂,而不疾者之拂？故有我有杀彼以利①我,无杀我以利彼②。"子墨子曰："子之义将匿邪,意将以告人乎?"巫马子曰："我何故匿我义？吾将以告人。"子墨子曰："然则一人说子,一人欲杀子以利己;十人说子,十人欲杀子以利己;天下说子,天下欲杀子以利己。一人不说子,一人欲杀子,以子为施不祥言者也;十人不说子,十人欲杀子,以子为施不祥言者也;天下不说子,天下欲杀子,以子为施不祥言者也。说子亦欲杀子,不说子亦欲杀子,是所谓经者口也,杀子③之身者也。"

巫马子以他的爱从自身、亲属、族人、乡人、鲁人、邹人、越人,由近而远的个人感受来驳兼爱,墨子驳之。巫马子的理由是"近我",论证则围绕"利"来说。巫马子其实是以墨家的方式来说的。墨子不正面回答,只是抓住巫马子引申的话(为自利而杀人)予以驳斥,说这必然引起别人为自利而杀你,赞成你的人将杀你以利己,不赞成你的人也将杀你以除不祥。其实,爱的差别缘自人与人之间远近亲疏关系的不同,在实际日常生活中产生了不同的情感,并不只是利之有厚薄的问题。

墨子兼爱论的背景是功利主义的。他以互利互惠的社会功效立论,遵循从"爱利人之亲",到"人报我以爱利吾亲"的逻辑(《兼爱下》),得出了对人之亲和对己之亲同等爱之的结论。儒家则从人的非功利性的内

---

① "利"字本无,据俞樾补。
② "彼"字本无,据俞樾补。
③ "子"原为"常",据孙诒让校改。

在道德情感立论,它以最切近的亲亲之情为其端绪,由此加以扩充而达到"泛爱众",因此儒家的"爱人"是施由亲始,随着人际关系的远近亲疏而爱有厚薄。在爱有差等和爱无差等的问题上,儒、墨两家形成尖锐的对立。

四、关于义利观

儒墨两家的另一个争论体现在义利观上。《吕氏春秋·不二》篇说"孔子贵仁,墨翟贵兼",意思是说孔子以"仁者爱人"为最高价值,墨子以"兼相爱,交相利"为最高价值。儒、墨两家都讲"爱人",但分歧在于墨家更注重物质生活方面的功利性,即由"兼相爱"所产生的互利互惠的社会功效;而儒家则讲义利之辨,虽不排斥社会公利,但却认为人的道德心性具有超越外在事功的内在价值。孔子说:"君子喻于义,小人喻于利"(《论语·里仁》),提出了义利对立的思想。当然儒家思想中也有很多责任伦理资源,不能以存心伦理一概而论,但是儒家更为看重道德理性,这一点是没有疑义的。[①] 墨子主张天下人"兼相爱,交相利",即把义寓于天下之功利之中,主张义利、志功统一。墨子有以"仁义"并举,有以"仁"、"义"分说。并举时指最高的道德。分说时以"仁"指"爱人",以"义"指"利人"。可以说,承不承认"有利之义"为义,是儒家与墨家的一大分歧。

与儒家一样,墨子也重义,认为"万事莫贵于义"(《贵义》)。他将"义"界定为"正",指出"义者正也"(《天志上》,又见《天志下》)。墨子以"义"为正,"义"含有行为正当、正义的内涵,是社会道德的准则,也是利益分配的标准,乃至治理国家的重要原则。在墨子看来,"义"之所以为贵,正在于"义"的社会功利。墨子说:"义者正也。何以知义之为正也?天下有义则治,无义则乱。我以此知义之为正也。"(《天志下》)他又说:

[①] 关于存心伦理学、责任伦理学与儒家思想的关系,详见李明辉著:《存心伦理学、责任伦理学与儒家思想》、《存心伦理学、形式伦理学与自律伦理学》、《儒家政治哲学与责任伦理学》,均收入氏著《儒家视野下的政治思想》,北京:北京大学出版社,2005 年。

"今用义为政于国家，人民必众，刑政必治，社稷必安。所为贵良宝者，可以利民也。而义可以利人，故曰：义，天下之良宝也。"（《耕柱》）天下有义则治，无义则乱，"有义则富，无义则贫"（《天志上》）。义可以利人，所以义为正，义可贵。儒家讲义利之辨，墨家讲义利之合，两家之相同是都排斥个人的自私自利，而分歧在于儒家认为道德有其内在价值，而道德正是人之异于禽兽者，道德生活的价值高于"饱食暖衣"的物质生活。与儒家中道德的非功利性与内在性不同，墨家将道德正义原则与人民的利益接挂上了。墨子的义利统一观，指向老百姓的衣食温饱。他的最大忧患就是："饥者不得食，寒者不得衣，劳者不得息。三者，民之巨患也。"（《非乐上》）"义"的首旨就是要解除这三患。而且为了申言社会正义的权威性，他认为"义"行又是"利天"、"利鬼"的，借助上帝、天、鬼的力量肯定道德行为的正当性、正义性、合法性。

墨子评价人的行为注重动机（"志"）与效果（"功"）相一致，相符合。这是墨子"贵义"与"兴利"统一论的必然结果。其实儒家也讲责任伦理，也重功利、效果，但相对而言，墨家更为务实，而儒家更重长久的人文价值，没有局限于功利论与效果论。儒家坚持德性论，不因实务功利而偏离絜矩之道。墨家主张义和利是一致的，倾向于功利主义。但是，墨子并没有动机与效果对立起来看待，而是对二者都予以重视。可问题在于，如果只按行为的结果来判定行为的正当性，并不能恰当地反映人们之间的道德关系的实质。行为的道德评价如果被个人利益的权衡所代替，就会拒绝道德义务。而墨子道德思想主张以"公利"和"义"来对行为作出指导和评价。但当我们拿墨子的伦理学与孔子的伦理学相比较时，我们就会发现墨家的特点是重视行为的"效用"和道德动机与道德效果的统一，就这一点来说，也不妨说它是功利主义的。墨子强调对公众有效用，有益处，才是有价值的。虽然并不是一切有公利有公益的行为（例如对小团体有利的行为）都是道德的，但墨子"兼爱交利"的指向是社群整合和全体人民的生存发展，因此，这种功利主义是值得称道的，在一定意义上，可以作为儒家道德哲学的补充。

第七章　孙子的军事哲学

第一节　孙子与兵家

一、兵家与兵法

兵家是春秋、战国直至汉初研究军事理论、从事军事活动的学派。那一时期各国之间战争频繁，威武壮阔，出现了许多著名的军事家、战例和兵书，而且兵器日益精良，兵制日臻完善，兵法日渐系统。兵家主要代表人物有孙武、司马穰苴、孙膑、吴起、尉缭、庞涓等，汉初有张良、韩信等。今存兵书，有北宋神宗元丰年间政府编定的《武经七书》中的《孙子兵法》、《吴子兵法》、《六韬》、《黄石公三略》、《尉缭子》、《司马法》、《唐太宗李卫公问对》，以及 1972 年山东临沂银雀山汉墓出土的《孙膑兵法》等。此外，著名的还有唐李筌的《太白阴经》，宋仁宗时官方编修、曾公亮领衔、丁度主编的《武经总要》，南宋陈规、汤璹撰《守城录》，南宋陈傅良撰《历代兵制》等。兵家不仅在我国，而且在世界的军事史、学术史、科技史、文化史上都占有重要的地位，具有深远的影响。兵家的思想、谋略早已超出了国界，超出了时代，也超出了军事本身。

《汉书·艺文志》将"兵书略"与"六艺略"、"诸子略"等并举，足见当时兵书之多和地位之高。该志记录的兵书共有五十三家，七百九十篇，图四十三卷，这当然不包括两汉之际已佚失而又不知书名、篇名者。《汉志》说："兵家者，盖出古司马之职，王官之武备也。"《周礼》夏官司马，实掌军政。其后历代多以司马主兵，所以《汉志》说兵家出于古之司马。《汉志》又说："自春秋至于战国，出奇设伏、变诈之兵并作。汉兴，张良、韩信序次兵法，凡百八十二家，删取要用，定著三十五家。诸吕用事而盗取之。武帝时，军政杨仆捃摭遗逸，纪奏兵录，犹未能备。至于孝成，命任宏论次兵书为四种。"汉初有张良、韩信清理、编次兵书，选定三十五家。武帝时杨仆纪奏兵录。成帝命步兵校尉任宏校理兵书。任氏和刘歆《七略》校定五十三家，大体上即《汉志》所录者。据《汉书·王莽传》，王莽也曾征天下兵法六十三家，惜不传。《汉志》沿袭任宏分兵书为四类：兵权谋家、兵形势家、兵阴阳家、兵技巧家。兵权谋十三家，二百五十九篇。"权谋者，以正守国，以奇用兵，先计而后战，兼形势，包阴阳，用技巧者也。"兵形势十一家，九十二篇，图十八卷。"形势者，雷动风举，后发而先至，离合背乡，变化无常，以轻疾制敌者也。"兵阴阳十六家，二百四十九篇，图十卷。"阴阳者，顺时而发，推刑德，随斗击，因五胜，假鬼神而为助者也。"兵技巧十三家，百九十九篇。"技巧者，习手足，便器械，积机关，以立攻守之胜者也。"（《汉书·艺文志》）

兵家思想与诸子百家有密切联系。如前引《汉志》"权谋者，以正守国，以奇用兵"，即《老子》所谓"以正治国，以奇用兵"，《孙子》所谓"凡战者，以正合，以奇胜"。老子思想与孙子思想的辩证智慧可以相通。又，述及兵权谋家，班固自注："省《伊尹》、《太公》、《管子》、《孙卿子》、《鹖冠子》、《苏子》、《蒯通》、《陆贾》、《淮南王》二百五十九种，出《司马法》入礼也。"《伊尹》、《太公》、《管子》、《鹖冠子》见道家；《孙卿子》、《陆贾》见儒家；《苏子》、《蒯通》见纵横家；《淮南王》则见杂家。足见以上各家著作中都有兵法之论，《汉志》为避免重复，特注明，便参见。《司马法》列入"六艺略"礼类，为《军礼司马法》。《汉志》兵家总论引《洪范》八政及孔子"足食足兵"等语，又说"下及汤武受命，以师克乱而济百姓，动之以仁义，行之以礼让,《司马法》是其遗事也。"可见兵家与儒家的关联。更不用说儒家荀子有《议兵》专论了。又兵技巧类班固自注"省《墨子》"而编入他书,因《墨子》已录入墨家类,而《墨子》守城等兵技巧者十二篇,任宏曾抽出来编入兵家类。可见墨家亦与兵家有关。《汉志》兵权谋类有"《公孙鞅》二十七篇"。公孙鞅即商鞅,法家著名代表,亦善于用兵。今《商君书》中多篇论兵之语,甚为精要,可见奖励耕战之法家与兵家亦有不解之缘。杂家著作中亦多保留了兵家思想资料。

春秋战国至汉初,兵书卷帙浩繁,据《汉书·艺文志》记载,《吴孙子兵法》有八十二篇、图九卷,《齐孙子》八十九篇、图四卷,《吴起》(今《吴子》)四十八篇,《尉缭》三十一篇,《伍子胥》十篇,《楚兵法》七篇等等。而列入道家实含兵家之论的有《伊尹》五十一篇,《太公》二百三十七篇(其中《谋》八十一篇、《言》七十一篇、《兵》八十五篇)。列入"六艺略"礼类的《军礼司马法》也有一百五十五篇之多。

兵书在后世佚亡甚多,加上唐宋以后,文人相率轻易怀疑古籍,斥为伪书,兵家人物和著作更是遭到厄运。《孙子兵法》(即《吴孙子》)十三篇传世本,屡遭怀疑,以为后人伪托,或指曹操重新删编,甚至怀疑历史上是不是有孙武其人。[①]《孙膑兵法》(即《齐孙子》)佚亡,《隋志》亦不载,其人其书虽《史记》有明确记载,但后世怀疑者更多,或以为两孙子为一人,两书为一书,《吴孙子》为齐孙子所写,或以为根本就没有齐孙子其人其书。直到 1972 年山东临沂汉墓(墓葬年代在汉武帝初期,公元前 140 年至前 118 年间)出土两《孙子兵法》,诸种怀疑才涣然冰释。《孙子兵法》残简三百枚,整理近六千字,分为上下编,上编为《孙子》十三篇,篇名与十二篇的内容,与宋刻本《十一家注孙子》基本相同,下篇为《孙子》佚文,有《吴问》、《四变》、《黄帝伐赤帝》、《地形二》、《见吴王》等,为传世本所

---

① 宋代陈振孙《直斋书录解题》和叶适《习学记言》,因孙武之名不见于《左传》,疑孙武未必有其人,认为《孙子》之书是春秋末、战国初山林处士所为。又,唐代杜牧《注孙子序》:"武所著书,凡数十万言,曹魏武帝削其繁剩,笔其精切,凡十三篇,成为一编。"(吴在庆校注:《杜牧集系年校注》,中华书局,2008 年,第 784 页。)以上诸说均不确。

无。特别令世人瞩目的是，《孙膑兵法》失传二千一百年后复现于世。有关竹简约四百四十余枚，字数达一万一千多字，整理为上下编，计三十篇，虽非全本，亦有规模。简文避汉高帝名讳而不避惠、文、景、武帝名讳，缮写当在高帝时。墓主可能是一位博学的兵家人物，姓司马，或许是司马穰苴的后代，又生活在具有兵家传统的齐地。与两《孙子》同时出土的，还有长期被目为伪书的《尉缭子》和《六韬》。《尉缭子》简文中有相当于今传本《兵谈》、《攻权》等多篇的篇章文字，证明今传本《尉缭子》是基本可信的先秦古籍。《六韬》竹简中有《文韬》、《武韬》、《龙韬》，与宋本内容相同。首章《文韬》宋本作"太公曰"，《六韬》则作"吕望曰"。1973 年在河北定县汉墓（墓葬年代为汉宣帝五凤三年，公元前 55 年）出土了《太公》竹简，在十三个篇题中，《治乱之要》等三篇，篇题与内容均同于传本，另有六篇内容与传本同，但未见篇题。宋本与《太公》竹简在许多地方是相同的。定县出土的《太公》竹简，有的标明出自《六韬》，有的标明出自《金匮》，有的标明出自《阴符》，有一部分竹简题冠以"方"字，可能指《太公术》。据推测，《太公兵法》（即《汉志》"《太公》兵八十五篇"）可能是包括《六韬》、《金匮》、《阴符》等之总集。总之，银雀山和定县出土的这些竹简，为兵家乃至诸子百家研究提供了极其珍贵的资料，使得诸兵家典籍的真伪疑案得以澄清。

二、孙武其人其书

孙武，字长卿，春秋末期人，生卒年月不详，约与孔子同时。孙武是陈国公子完的后裔。公元前 672 年陈国发生内乱，陈完（敬仲）逃难奔齐，受到齐桓公重用。陈完（后改称田完，陈、田二字，古同音通用）后代在齐国累世为官。孙武的祖父田书为齐国大夫，因伐莒有功，齐景公赐姓孙氏，并封地乐安（今山东惠民）。孙武因田家族人谋反作乱，不得不逃往吴国。据《吴越春秋》记载，孙武奔吴后，避隐深居，世人莫知其能，因伍员（子胥）的推荐，得以见到吴王阖闾。据《史记·孙子吴起列传》："孙子武者，齐人也。以兵法见于吴王阖庐。阖庐曰：'子之十三篇，吾尽观之矣……'"又说:吴国"西破强楚,入郢,北威齐晋,显名诸侯,孙子与有力焉。"

孙武何时向吴王献兵法十三篇,尚待考释。据银雀山出土汉简《孙子》逸文《吴问》,吴王与孙武讨论晋国六卿"孰先亡,孰固成"问题。孙武对答为:赵氏可以代晋固国,因为赵氏实行了改革,亩大税轻,公家贫,置士少,主佥臣收,以御富民,故可固国。而另几家亩小税重,公家富,置士多,主骄臣奢,冀功数战,故先亡。败亡的次序是:范氏、中行氏、智氏,最后是韩、魏。孙武对分晋之前晋国政治经济形势的分析,虽与后来的历史发展不尽一致(后来是韩、赵、魏三家分晋),但仍可见他作为新兴阶级一员的改革意识和一定的战略眼光。

公元前512年,孙武受吴王重用,被任命为将,与伍员共同协助吴王经国治军。吴王阖闾接受了伍、孙的建议,确立了攻楚计划,并组织三支军队轮番袭扰楚国。他们一面扰楚、疲楚,一面从经济上和军事上准备更大的战斗。吴阖闾九年(前506),伍、孙随吴王率部由水路北上,转陆路,争取了蔡、唐两国,通过它们的境内,潜行千余里迂回到楚国东北部,出楚不意,从侧面袭击楚虚弱之地,五战五胜以三万人破楚二十万众,直抵楚国郢都。① 吴夫差十二年(前484),吴军在艾陵之战胜齐军。两年后的黄池会盟上,吴国又取代了晋国的霸主地位。前引《史记》本传,司马迁说到吴国地位的崛起,西破强楚,北威齐晋,显名诸侯,孙武的贡献甚大。但关于孙武的具体作为,《史记》没有留下详细史料。阖闾去世后,伍员被伯嚭排挤。又由于在对待越国的态度上意见不合,吴王夫差渐渐疏远了伍员,并赐剑让他自杀。这一段时间孙武的命运如何,亦缺乏史料。一说孙武借机引退,从事讲学和著述,总结战争成败之经验。之后,经他的门生或再传弟子口传笔录,渐渐形成了《汉志》所说的《孙子》八十二篇。② 《韩非子·五蠹》说:"境内皆言兵,藏孙、吴之书者家有

---

① (汉)刘向:《新序》;又详见郭化若:《孙子译注》,上海:上海古籍出版社,1984年,第2—3页。
② 见郭化若:《孙子译注》,上海:上海古籍出版社,1984年,第32页。

之。"可见孙子、吴子《兵法》在战国已广为流传。战国兵书《吴子》、《孙膑兵法》、《尉缭子》等，均引用并发挥了《孙子》的军事思想。

张守节《史记正义》："《七录》云《孙子兵法》三卷。案十三篇为上卷，又有中、下二卷。"章学诚曰："杜牧谓魏武削其数十万言为十三篇者非也。盖十三篇为经语，故进于阖庐，其余当是法度名数。有如形势、阴阳、技巧之类，不尽通于议论文词，故编次于中下，而为后世亡逸者也。十三篇之自为一书，在阖庐时已然。而《汉志》仅记八十二篇之总数，此其所以益滋后人之惑矣。"顾实说："盖十三篇以吴王言而得名，故世多传之。"①

传世本《孙子兵法》十三篇，是孙武一派兵家的著作，其主要内容和核心思想属于孙武，但经过他的门生和战国兵家的整理补充。其中描写的战争规模之大，似是战国时代的情况。又全书内容有重复，前后体裁也不尽一致，当系后人整理留下的痕迹。这十三篇是：《计篇》、《作战篇》、《谋攻篇》、《形篇》、《势篇》、《虚实篇》、《军争篇》、《九变篇》、《行军篇》、《地形篇》、《九地篇》、《火攻篇》、《用间篇》。每篇篇名就是本篇的主题，篇首有"孙子曰"三字。

《孙子兵法》传世本最好的注解本为《孙子十一家注》（又名《十一家注孙子》、《孙子集注》），宋代吉天保辑成。十一家指魏至唐宋主要的《孙子》注家曹操、李筌、杜佑、杜牧、王皙、张预、贾林、梅尧臣、陈皞、孟氏、何延锡。但清代毕以珣认为杜佑没有如其余十家那样作注，只是在作《通典》时对所引《孙子》书中文句作了训释（吉天保将这些训释当作注纳入书中），因而排除了杜佑。孙星衍、毕以珣将是书书名改为《孙子十家注》。是书有南宋庆元、嘉定间刻本，明刻《道藏》本，清乾嘉时兰陵孙氏刻"岱南阁丛书"本。宋刻本，上世纪 60 年代有中华书局上海编辑所、70年代有上海古籍出版社校点排印本。明《道藏》本，民国间有上海商务印书馆影印《道藏举要》本，改题为《孙子注解》。清孙氏刻本，后收入《二十二子》、《诸子集成》、《丛书集成初编》、《四部备要》等，这些版本都是宋吉

---

① 张、章、顾语俱见张舜徽：《汉书艺文志通释》，武汉：湖北教育出版社，1990 年，第 234 页。

天保辑，清孙星衍、吴人骥校，并附清毕以珣《叙录》一卷、宋郑友贤《遗说》一卷。还有明谈恺刻本，民国间上海商务印书馆据此影印《四部丛刊》及其缩印本。此外，还有《武经七书》的各种版本。1957 年人民出版社出版了郭化若《今译新编孙子兵法》；1959 年中华书局出版了杨炳安《孙子集校》；1976 年文物出版社出版了银雀山汉墓《竹简孙子兵法残卷释文》。尔后，军事科学院《孙子兵法新注》（中华书局 1977 年 1 月第 1 版），郭化若《孙子译注》（上海古籍出版社 1984 年 9 月第 1 版，原名《孙子今译》，此为修订本）等，都吸收了银雀山《孙子兵法》残简整理的成果。此外，1974 年台湾学生书局出版了郑良树《孙子斠补》，1976 年台北星光出版社出版了孙一之译述的《武经七书》。约在 7 世纪，《孙子兵法》就传入日本，日本关于《孙子兵法》的译注和研究专著十分丰富，有一百六十余种之多。18 世纪以后，《孙子兵法》陆续有了法、英、德、捷、俄、韩、越等文译本，受到世界各国军事界、学术界，甚至商界的重视。

三、孙膑其人其书

孙膑，战国中期杰出的军事家。齐国人，孙武的后代。约与商鞅、孟子同时，出生于齐国。《史记·孙子吴起列传》云："孙武既死，后百余岁有孙膑。膑生阿鄄之间，膑亦孙武之后世子孙也。孙膑尝与庞涓俱学兵法。庞涓既事魏，得为惠王将军，而自以为能不及孙膑，乃阴使召孙膑。膑至，庞涓恐其贤于己，疾之，则以法刑断其两足而黥之，欲隐勿见。"孙膑因被庞涓施以膑刑（去掉膝盖骨），因之人们叫他孙膑，真名反被人忘记。后来在齐国使者的帮助下，孙膑得以秘密地回到齐国，为齐将田忌所礼重，并推荐给齐威王，威王奉以为师。孙膑任军师期间，辅助齐将田忌计谋用兵，数破魏军。最著名的是公元前 353 年的齐魏桂陵之战和公元前 341 年的齐魏马陵之战。① 前一战，孙膑用"批亢捣虚"、"疾走大梁

---

① 《史记》在记述桂陵之战时，没有提及庞涓，而在记述马陵之战时，称庞涓被杀或自杀，魏太子申被虏。但竹简《孙膑兵法·擒庞涓》记载，庞涓在桂陵之战时被擒。

（魏都，今河南开封）"、"攻其必救"的战法，围魏救赵，在桂陵大破魏军；后一战，当魏攻韩之际①，齐军"直走大梁"，魏军"去韩而归"，孙膑用减灶示寡，诱敌深入，夹道伏击，在马陵大破魏军。以上战役显示了孙膑卓越的军事才能，从此孙膑"名显天下，世传其兵法"（《史记·孙子吴起列传》）。司马迁说："齐威王、宣王用孙子（膑）、田忌之徒，而诸侯东面朝齐。"（《史记·孟子荀卿列传》）马陵之战后，原为中原强国的魏国乃至三晋（韩、赵、魏）都被削弱了。三晋原为秦国进入中原的强大屏障，它的被削弱，为一百二十多年后秦国进入中原预作了准备。

《孙膑兵法》在战国至汉代颇为流行。《汉书·艺文志》著录"齐孙子八十九篇，图四卷"，然《隋志》已不著录。1972 年在山东临沂发掘银雀山汉墓时，发现《孙膑兵法》竹简，系孙膑言行之杂录，有孙膑本人的著述，也有弟子、后人的辑录。经今人整理后，简文分为上下两编，各十五篇。凡写有"孙子曰"的编入上编，有：《擒庞涓》、《见威王》、《威王问》、《陈忌问垒》、《篡卒》、《月战》、《八阵》、《地葆》、《势备》、《兵情》、《行篡》、《杀士》、《延气》、《官一》、《强兵》；下编有：《十阵》、《十问》、《略甲》、《客主人分》、《善者》、《五名五恭》、《兵失》、《将义》、《将德》、《将败》、《将失》、《雄牝城》、《五度九夺》、《积疏》、《奇正》。由于简文残缺不全，有些篇题是由整理者根据内容补加的。现有竹简整理小组编、文物出版社 1975 年 2 月出版的《孙膑兵法》，张震泽撰、中华书局 1984 年 2 月出版的《孙膑兵法校理》，邓泽宗撰、解放军出版社 1986 年 3 月出版的《孙膑兵法注译》，荣挺进、李丹译注，中国书店 1994 年 9 月出版的《孙膑兵法白话今译》等。② 1976 年，日本东京东方书店出版了金谷治的《孙膑兵法译注》，台北黎明文化公司出版了徐培根的《孙膑兵法注释》。1985 年 9 月，文物出版社根据专家们的意见，在《银雀山汉墓竹简》第一辑，对所录《孙膑兵

---

① 据《史记》，马陵之战的背景为魏、赵同攻韩国，但据郭化若从历史关系和战场方位上的研究，似应为魏、韩共同攻赵才对。郭氏怀疑《史记》此处有字误。详见郭著《孙子译注》，上海：上海古籍出版社，1984 年，附图 4"齐魏马陵之战示意图"。

② 本节参考了以上四种著作。

法》进行了调整，原上编十五篇分别作了补充和删节，并另补入《五教法》一篇，成十六篇。原下编十五篇文章，则抽出另编入"先秦论政论兵之类"中。按这一看法，后十五篇似不能完全属孙膑及其学派。

第二节　兵制的演变与《孙子兵法》的时代

《孙子兵法》的核心在于对人力与物力的合理统筹、调配及利用。所谓："用兵之法，驰车千驷，革车千乘，带甲十万；千里馈粮，则内外之费，宾客之用，胶漆之材，车甲之奉，日费千金，然后十万之师举矣。"（《作战篇》）在孙武看来，战争的要素并非决战于疆场或逞血气之勇，而在于兵制、政令、军备的整顿规划。因此，战争的成败是可以预估（庙算）的，故其说"善用兵者，屈人之兵而非战也"（《谋攻篇》），其目的便是善于制造"势"。善于打仗的人在开战之前已经让自己占据了绝对优势。所谓"古之所谓善战者，胜于易胜者也"（《形篇》）。而立于不败之地的原因，首先在于具体的几种数据对比产生的优势，如国土的大小、物产的多少、人口的众寡、敌我力量的强弱等。一旦在开战前形成悬殊的差异，克敌制胜自然如"决积水于千仞之溪"（《形篇》）。在作战当中，也需要构造不同的"势"，孙子一再强调，善战者不是迫使士兵拼命，而是能够"择人而任势"（《势篇》），只要能有效地对各种资源进行调配，即使人数不占优势，仍能发挥最大的效能，避实击虚，因敌而制胜。实则这种兵法思想的产生与春秋时期军事形态的转变息息相关，因此有必要纵观商周到春秋整体的社会与兵制变革，进而理解兵法产生的时代语境及其思想内涵。

一、商周时期的军事形态及其演进

殷商时期，国家主体军事力量的构成以"族"为单位。林沄先生根据王室卜辞发现，商王朝的常备武装主要来自两方面。一方面是效命商王的"多臣"、"多马羌"，其虽类似后世的职业武装，但不过是战争俘获的异族奴隶，且常有叛逃的现象。另一方面，就是从各家族征调人员，充当对四方征伐的军事主力。① 换言之,商王并不直接统辖地区性的武装力量,而是依据各家族族长从而征调其族人与奴隶,这些分散的"族"实际便组成商代的军事组织。丁山先生通过研究殷墟甲骨与传世文献也认为,"族"不同于具有同一图腾的小诸侯,而是诸侯的子孙或卿大夫再受封食邑的大夫之家②,"族字从㫃,从矢,矢所以杀敌,㫃所以标众,其本谊应是军旅的组织。"③实际上,在后代的文献中也可见"族"的军事组织含义,如《左传·宣公十二年》:"知庄子以其族反之。"杜预注:"族,家兵。"又如《国语·楚语上》:"楚师可料也,在中军王族而已。"韦昭注:"族,部署也。"再如《成公十六年》:"栾、范以其族夹公行。"这里的栾、范之族便是由其"宗族丁壮构成的队伍"④,同时兼具部属和宗亲两种身份。李学勤先生指出凡有"王族,多子族"等词的,都是有关军事的卜辞。可见,"多子族"、"王族"便分别指隶属于诸侯、殷王的亲族。这都表明直至春秋时期,一个"族"即作为一个独立的军事战斗单位,并且这种军事单位无疑也是一种血缘性的生产生活组织,其治权自然属于本族族长。

林沄先生根据卜辞推测,商朝早期的边防能力颇弱,这种局面的转变正是由于"武丁后期军事联盟的发展,商本土的周围均有联盟方国为其屏障。"⑤这种推论是合理的,实际上,后来的周朝抑或是诸国,均重视"守在四夷"的防守方式。如矢令方彝便有:"众诸侯:侯、甸、男,舍四方令。"(《殷周金文集成·修订增补本》9901,后简称《集成》)可见"四方"是由诸侯充斥。又如楚国沈尹戌曰:"慎其四竟,结其四援。"(《左传·昭公二十三年》)这种战略一方面是借助四境的关隘、河流充当防线,另一方

---

① 参考林沄:《从武丁时代的几种"子卜辞"试论商代的家族形态》,载《古文字研究》(一),北京:中华书局,1979 年,第 331 页。

② 如《左传·隐公八年》即载:"天子建德,因生以赐姓,胙之土而命之氏。诸侯以字为谥,因以为族,官有世功,则有官族,邑亦如之。"

③ 丁山:《甲骨文所见氏族及其制度》,北京:中华书局,1988 年,第 33 页。

④ 李学勤:《释多君多子》,载胡厚宣编《甲骨文与殷商史》,上海:上海古籍出版社,1983 年,第 20 页。

⑤ 林沄:《甲骨文中的商代方国联盟》,载《古文字研究》(六),北京:中华书局,1981 年,第 80 页。

面也表明早期国家政权往往无足够的兵力藩守国土，只能通过与周边小国结盟以维护安全。所谓"古者畿内之兵不出，所以重内也。卒有四方之役，即用诸侯人耳"（《文献通考卷一四九·兵考一》）。周的分封制即类似商朝方国联盟的强化，只是周以血缘网络纽带取代了商朝武力威慑的兵力征调，实则这些居于交通要冲的侯伯与方国的伯长共同构成"外服"，军事上听从商王调遣，内部则保持独立性。于省吾通过考察商代祭祀也发现，商王仅仅让本部落内的臣僚或氏族长祭祀先祖或父兄，而对于没有血缘关系的酋长则从无司祭之举。这其实正如《左传·僖公十年》所言："神不歆非类，民不祀非族。"而若进一步考察祭祀环节，更可发现："商王往往占卜本部落各地受年与否，包括已并吞或归降的各部落土地在内，但对于其它外族部落则从无某地受年之占。"①这均可证明商王无权过问外族的内部事务。除了在统一的军事行动中尊商君为"王"外，日常的兵员管理、生产活动以及司法裁判权均属于族内自治。

总而言之，商代的军事武装来源于分族的小宗以及方国各族的支持，族长（族尹）受商王的"呼"、"令"，统帅族邑的族人，其族被编成师、旅等不同的作战单位参与战斗。这种临时组建的军事模式无疑也就构成了特定的作战规模与战斗方式。一方面，军事组织与基层生活组织是统一的。以"族"为单位，便不同于什伍制下的编户齐民，其内部由血缘纽带建立起生产生活组织，本身便形成独立自保性的"军事—行政"共同体，因此占据边关要塞的族邑本身便对商王畿形成藩守之势。另一方面，商王朝与各族属的联盟却仅仅依靠商王族自身的武力威慑，由于利益的分离性，自始至终商王需要应对各族产生的离心力。换言之，族军附庸与否完全视商王与族长的关系决定。因此，商代后期商王势必提拔任命下层阶级以确保王朝的稳定性。所谓"乃惟四方之多罪逋逃是崇是长，是信是使，是以为大夫卿士"（《尚书·牧誓》）。但是，在血缘家族时代，这种中央集权化的改造必然会触及原有利益集团，最终导致商王朝

---

① 于省吾：《从甲骨文看商代社会性质》，载《东北人民大学人文科学学报》，1957 年第 1 期。

的覆灭。

周代借鉴殷亡的教训，建立起血缘纽带为主体的分封制，规避了商代诸侯的离心力。正如王国维先生所言："新建之国皆其功臣、昆弟、甥舅，本周之臣子，而鲁、卫、晋、齐四国，又以王室至亲为东方大藩，夏、殷以来古国，方之蔑矣。由是天子之尊，非复诸侯之长而为诸侯之君。"①伴随着血缘分封，周王更通过册命仪式强化天子诸侯之间的君臣权力义务关系，建立起稳固的军事同盟。周的分封制有畿内、畿外两种诸侯，畿内贵族作为周王直接支配的臣属分布在周王直接治理的区域内，其实无论是从公族析出的亲族集团，抑或"西六师"、"成周八师"，其军队组织仍然是以"族"为单位。② 这是由于贵族的军队不仅是作为周王朝的国家军事武装，很大程度是在自己的封建区域内，为了对土著居民保持足以震慑的武力或为了实现对封土的近似于自治的政治统治，于是形成的武士集团。③ 金文中不少以"族"征伐的铭文，如明公簋有"遣三族伐东国"（《集成》4029），班簋有"遣令曰：以乃族从父征"（《集成》4341），又如兵器上也常见为某族所造的铭文，如"宋公佐之所造不易族戈"（《集成》11289）、"秦子作造公族元用"（《集成》11353）等，这均表明"族"仍作为一个作战单位而存在。因此，商周时期的兵制大致有以下两种特点：

首先，族的生产与生活方式决定了军制形态。军赋源于田制，这点古人讨论甚多。对于商周时期而言，班固便曾说过："殷、周以兵定天下矣。天下既定，戢臧干戈，教以文德，而犹立司马之官，设六军之众，因井田而制军赋。"（《汉书·刑法制》）又如《周礼》中遂人的职责便是"使各掌其政令刑禁，以岁时稽其人民，而授之田野，简其兵器，教之稼穑"。在《国语》中亦有"美金以铸剑戟"、"恶金以铸锄、夷、斤、斸"，可见初期农业生产活动本身便与军事组织配套而存。此外，军事编制也与农业发展相关，商代已产生众人协作的农牧业活动，"协田"、"耦耕"等均显示需三人

---

① 王国维：《殷周制度论》，载《王国维全集》（八），杭州：浙江教育出版社，2009年，第312页。
② 参考罗琨、张永山：《中国军事通史》（一），北京：军事科学出版社，1998年，第316页。
③ 参考朱凤瀚：《商周家族形态研究》，天津：天津古籍出版社，2004年，第396页。

或两人合作进行。其农业与军事则设置有统一的管理人员，如卜辞中既有"令禽裒田于京"又有"令禽伐邛方"，显然商王不是让"禽"这类人员亲自执耜踏耒而耕或一人去征讨敌人，而是负责该地的裒田工作与作为将领率兵。① 正是由于这种生产形态，商周形成兵农统一的管理机制。所谓"在家为比，在军为伍"。其内涵亦如郑玄所言："此皆先王所因农事而定军令者也。欲其恩足相恤，义足相救，服容相别，音声相识。"（《周礼注疏》卷十一）其基层政权机构乡里之长——"里君"应是由族尹担任的。出征等事由族长带领族众进行。② 西周金文中常有"里君"与"百姓"或"诸侯"并提的现象，可见政令的传达的对象仍然需要面对各氏族家长。因此，也可说即使出现乡、邑、里等基层单位，但是其实体仍然是与族重合的。

这种行政单位与宗族结合的情况，自然就决定了兵役的征发、战斗的模式等内容。《周礼·地官司徒》记载："乃会万民之卒伍而用之：五人为伍，五伍为两，四两为卒，五卒为旅，五旅为师，五师为军，以起军旅，以作田役，以比追胥，以令贡赋。"而军队建制与家族区域结构相对应，如下表所示：

周礼中的兵农系统表，附郑玄《周礼注》职官（1 军共 12500 兵）

进制	5	5	4	5	5	5	
在家	家	比（伍长）	闾（闾胥）	族（族师）	党（党正）	州（州长）	乡（大夫）
在军	人	伍（伍长）	两（两司马）	卒（卒长）	旅（旅师）	师（师帅）	军（军将）

可见，尽管《周礼》这种整齐完整的层级建制未必为周代军制实存，但其所透露出的地方兵农防御共同体却符合商周以族军为主体的军事形态。即使从字源讨论，除"族"一级外，其余基层组织也多含有氏族制的因素。如"党"字，《周礼》有"五族为党"，《礼记·杂记》有"其党也食之，非其党

---

① 杨升男：《商代经济史》，贵阳：贵州人民出版社，1992 年，第 189 页。
② 参考罗琨：《商代战争与军制》，北京：中国社会科学出版社，2010 年，第 369 页。

弗食也"。郑玄注:"党,犹亲也。""乡"字则"像两人相向对坐,共食一簋的情况。其本义应为乡人共食","是用来指自己那些共同饮食的氏族聚落的"。①　"比"字本意有"相亲密"之义,在殷商卜辞中更常被用为诸侯协助辅佐商王进行军事行动。因此,《周礼》文本的创作者很可能是在战国时期所确立的地方基层组织观念下,选取商周的族属概念建构起一套杂糅型的理想体制。此后《毛诗正义》援引《周礼》政制注《诗经·周颂·良耜》"以开百室"一语便说道:"一族同时纳谷,见聚居者相亲,故举少言也。又解族、党、州、乡皆为聚属,独以百室为亲亲之意,由百室出必共洫间而耕,入必共族中而居,又有同祭醑合醵之欢也,故偏言之也。"可见,尽管《毛诗正义》接受了《周礼》叙述的地方职官系统,但仍能意识到"族"在整个系统中的特殊性,即尽管族、党、州、乡都有人员聚居的含义,但百室所构成的"族"则是一个相对独立的"血缘—耕作—祭祀"共同休。

其次,商周以族为单位兵农合一的方式也就使得族军的规模取决于族本身的大小,军队以族为单位,规划不整;族内军事职官建制不明确;农业工具、井田制、国野之别等因素又使得甲士有贵族的身份限制,继而限制了公族有效调配的军事力量,并无法形成训练有效的常备军事武装。而在车乘与步兵的配属方面,商代的军队以徒兵为主,这不同于西周春秋时的车战。从考古遗址推断,商代也尚未形成适于车战成组合的兵器,马车中的兵器明显缺乏用于格斗的长兵器,用于杀伤敌人的有效手段只有弓箭。②　如果以"族"作为商周基本的作战单位,覆验殷墟甲骨可知,一个族的人数基本固定在一百名男子,出自一百家。此后,无论是郑玄注《周礼》所云"百家为族",还是西周晚期禹鼎记载的"公戎车百乘,斯驭二百,徒千"(《集成》2833),抑或是《左传》中的"齐侯使公子无亏帅车三百乘,甲士三千人,以戍曹"、"以什共车必克"、"百两必千人",《周礼·小司徒》注所引《司马法》的"三百家,革车一乘,士十人,徒二十人",

---

① 杨宽:《"乡饮酒礼"与"飨礼"新探》,载《古史新探》,北京:中华书局,1965 年,第 288、289 页。
② 罗琨:《商代战争与军制》,北京:中国社会科学出版社,2010 年,第 400 页。

《孙子兵法》的"驰车千驷，革车千乘，带甲十万"，都可见在西周和春秋早期，一辆战车配十名甲士是基本的作战单位。正是由于这些原因，决定了当时的军事规模并限制了军事机动性，最终迫使春秋时期各国进行改制。

二、春秋战国时期军制改革趋势

军制改革初期的核心内容是从户籍整理展开。《国语·齐语》中记载管子的"作内政而寄军令"便是显明的例证。在管子的语境中，对基层设置职官予以管理便等同于对军事的改革。至于建制后的进一步措施，管仲则用"春以搜振旅，秋以狝治兵。是故卒伍整于里，军旅整于郊。内教既成，令勿使迁徙"概括之。在他看来，齐国如欲崛起，惟有施行这种策略，才既可以进行内政的改革，又不会被诸侯所察觉。所谓"君若欲速得志于天下诸侯，则事可以隐令，可以寄政。"在《国语》中也清晰地记载了这一民兵新制的组织形态，如下表：

《国语·齐语》中管仲的兵农系统表（1 军共 10000 兵）

进制	5	10	4	10	5	
在家	家	轨（轨长）	里（有司）	连（连长）	乡（大夫）	帅
在军	人	伍（轨长）	小戎（有司）	卒（连长）	旅（大夫）	军（乡帅）

以往对《国语》中管仲新制与《周礼》差异的讨论多关注在兵制的人数上，如苏轼着眼于阵法、奇正变化之数，认为《周礼》司马法是"八阵之中，宜其有奇而不齐者，是以多为之曲折"。而对管仲每军整一万人则是"如贯绳，如画棋局，疏畅洞达"，是"简略速胜之兵"（《管仲论》）。实际上，除去阵法切入的分析外，《国语》所载的管仲兵制至少可从"变"与"不变"两方面讨论：

首先，对于《周礼》和《国语》中管仲军制的记载，虽然未必确为周代和齐桓公时代的制度实存，但倘若将其视为两种不同时代的制度构想，仍能发现其中变化转型的趋势。虽然"管仲军制"与《周礼》兵制一军的兵员的总数有差别，但并非是要害所在。关键之处在于《周礼》中一军的统帅（军将）是由乡大夫直接担任，也就是说身为地区最高职官的乡大夫同时兼任最高军事统帅，可以直接调配 12500 人的军队。而"管仲军制"则截然不同，其乡大夫并非为军级的统领，而仅为旅长，所统辖兵员仅有 2000 人。在乡大夫之上则另由中央委任"卿"担任以五个乡为单位的"乡帅"。简言之，撰写"管仲军制"的作者与《周礼》的军制理念不同，其用意在于大大缩减乡大夫所能调配的兵力，乡大夫管制的人数仅约为《周礼》的 1/6，这显然体现了国家对乡里职官赋权的削减。倘若说在商周时期，乡长官本身即为族长兼任，那么"管仲军制"的创作者显然有意削弱族群的规模，其目的自然是要将族军逐渐收编中央。实际上，这一改制正是春秋诸国的共识。如晋惠公时"作州兵"，孔颖达就解释说："周礼卿大夫以岁时登其夫家之众寡，辨其可任者，州长则否。今以州长管人既少，督察易精，故使州长治之。"（《左传·僖公十五年》）在《周礼》职官中，州长一级所辖为 2500 人。因此，这里的"作州兵"跟管仲的兵制一样，都是缩减地区长官所能控制的人数。管仲采取保留乡大夫的名号改革层级人员进制，而晋惠公则是沿袭原进制，但直接剥夺乡大夫的兵权，让州长作为一级军事单位。其实，两者的共同点都在于缩小基层族群自治单位的规模而已。

其次，尽管《国语·齐语》中记载的管子兵制不同于《周礼》，但其对地区治理的核心却秉承着周封建制区域自治的传统，而绝然不同于战国时期文献中所凸显的律令制集权统治。如在《国语》"作内政而寄军令"一段叙述后，便对这一政策的意义阐述道：

> 伍之人祭祀同福，死丧同恤，祸灾共之。人与人相畴，家与家相畴，世同居，少同游。故夜战声相闻，足以不乖；昼战目相见，足以相识。其欢欣足以相死。居同乐，行同和，死同哀。是故守则同固，战则同强。

可见，在管子所设立的军令系统中，其要义仍在于构建地方共同体的自保相救机制，而非国家对基层组织的管控。管子的基层是以五家为一个单位，其内部事务主要有共同祭祀、丧葬协助、抵御自然灾害等。其根本在于培养五家内部的情义联结与空间纽带。因此，即使文中包含"战则同强"的军事行动，其用意也在于凸显抵御外敌时所形成的熟人协作。值得注意的是，在管仲的设计中，国君的管控仍仅限于乡一级，而乡大夫仅每年正月向朝廷述职。这无疑仍是秉承《周礼》的政制结构。《周礼》"乡大夫"一职位，正是"各掌其乡之政教禁令。正月之吉，受教法于司徒，退而颁之于其乡吏，使各以教其所治，以考其德行，察其道艺"(《周礼·地官·乡大夫》)。换言之，中央行政系统尽量让地方各级进行自治。所谓"国子、高子退而修乡，乡退而修连，连退而修里，里退而修轨，轨退而修伍，伍退而修家"(《国语·齐语》)。这里各级行政单位所"修"的，自然不是用律法对基层进行什伍制的监管，而是基于亲族内部的伦理，故乡大夫所审验的事务中，首列便是"不慈孝于父母、不长悌于乡里"之徒。因此可说在《国语》所记载的管仲兵制与《周礼》的内核是一脉相承，正如王文清所论："其大小相维，本枝相属，居游相习，缓急相倚之势，不犹然先王之意哉。"①总而言之，可以说管仲兵制的"变"与"不变"正预示着春秋时期军制转型的开始。

其实，编户齐民是春秋以后各国内政变革的大趋势。一般认为成书在战国时代的兵书《尉缭子》便能看到对户籍管理与军事的关系。可以说，兵制建设并非仅仅施用于军事行动，更兼涉土地垦殖及流民收拢等一系列民政事务。如《尉缭子》中对"禁舍开塞"的重视便保留着这种意涵。如其说：

> 明乎禁舍开塞，民流者亲之，地不任者任之。夫土广而任则国富，民众而治则国治。富治者，民不发轫，甲不出暴，而威制天下。
>
> (《尉缭子·兵谈》)

---

① 王文清撰，黄守红校点：《考古略》，载《王文清集》，长沙：岳麓书社，2013年，第769页。

可见，这里虽然言治兵，但其实着眼于人力资源的整合以及土地资源的配置。"禁舍开塞"的内涵更偏重于一整套施政方略，而非具体的军事行动。在《兵教下》中作者更明确对"开塞"一词进行定义，所谓"分地以限，各死其职而坚守也"。显然作者就是要求在国君管控的疆域内部划分不同的区域作为防区，由此促使一地的民众肩负起守土之责。而这里的"塞"或源于要塞，正如《踵军令》中所言："兵有什伍，有分有合，豫为之职，守要塞关梁而分居之。"由此观之，前文所言的"分地"也就侧重于强调那种依据战略形势而形成的战区。所以，对编户民的管理实际也等同于对地区军政的治理与防御体系的建立。而在《原官》中更将"开塞"同官吏的考核体系相贯通，不仅要求臣下做到"守法稽断"，更要求主上能够"明法稽验"，这无疑是与战国时期各国兴起的律令制建设紧密相关，故其曰："明赏赉，严诛责，止奸之术也。审开塞，守一道，为政之要也。"如果结合"开塞"所包括的划分区域、明晰权责等内容而论，这里便是要求进一步在具体区域治理中建立一套赏罚严明的行政机制。事实上，律令制国家的建设，本身便意味着中央集权对血缘共同体的冲击。而"禁舍"二字，则直接指向对原有周封建制内部亲亲相隐的冲击。如其载：

> 令百人一卒，千人一司马，万人一将，以少诛众，以弱诛强。试听臣言，其术足使三军之众，诛一人无失刑，父不敢舍子，子不敢舍父，况国人乎？（《尉缭子·制谈》）
>
> 夫什伍相结，上下相联，无有不得之奸，无有不揭之罪，父不得以私其子，兄不得以私其弟，而况国人聚舍同食，乌能以干令相私者哉。（《尉缭子·伍制令》）

"舍"字通"赦"，有赦免的含义。如《诗经·小雅·雨无正》便有"舍彼有罪，既伏其辜"的诗句。《逸周书·王佩》有"施舍在平心。不幸在不闻其过"。孔晁注便说："舍谓赦罪。"而在《尉缭子·兵教下》也有"此十二者教成，犯令不舍"。显然，"舍"也当做赦免讲。由此反观"父不敢舍子"的"舍"字，虽不能直解为赦免，但也可以引申出容隐、首匿的含义，而这则更接近"舍"字本意。《说文》认为舍字"从亼，中象屋也。口象筑也"。由字形本身的房屋、居室的涵义而言，此处讲父子不敢相舍，很大程度是说明中央集权与律令制推进中对基层的控制，延伸到对共居的独立家庭内部互相容隐的限制。这从"聚舍"的国人到共居的父子，也正显示出战国时期集权体制与兵制构建的层层推进。可见，《尉缭子》的"禁舍"也就相当于《管子》中的"禁藏"，其核心内容都是强调国家对基层人力资源的统辖与管控。所以春秋晚期与战国时期的兵书都隐约透露出法家的趋势，其根本目的便是通过律令制度达到"制民"的要求。如《管子·禁藏》中便载："夫善牧民者，非以城郭也，辅之以什，司之以伍。伍无非其人，人无非其里，里无非其家，故奔亡者无所匿，迁徙者无所容。不求而约，不召而来，故民无流亡之意，吏无备追之忧。故主政可往于民，民心可系于主。"显然，这里的"牧民"就是强调户籍的管理与什伍制的建立，这自然是中央集权趋势下的产物。又如《商君书》所言：

> 强国之民，父遗其子，兄遗其弟，妻遗其夫，皆曰："不得，无返。"又曰："失法离令，若死我死，乡治之。行间无所逃，迁徙无所入。"行间之治，连以五，辨之以章，束之以令，拙无所处，罢无所生。是以三军之众，从令如流，死而不旋踵。（《商君书·画策》）

这就明显看出军事建制、户籍制与律令制并行的意涵。而户籍控制的结果也使得兵员身份从贵族向平民转移，此前一辆战车十名徒，之后徒的数量不断增加，到后期有时需要每甸提供兵车一乘，步卒七十二人。除了人口增长的因素外，更主要的原因是由于兵役征发范围的扩大，这自然是由多种因素所导致。首先，生产力的发展导致社会结构变化与兵器制造技术的提高，伴随"国"、"野"界限的打破，兵役征发的对象自然从国人扩展到野人。其次，春秋之后，国际形势的转变导致战争不单单是正面的阵战。当诸侯完成前期对平原领土的整合后继续向山地区域扩张，北方诸侯同吴楚等国作战所应对的多样性地貌，以及围攻、伏击、奇袭等新作战方式的产生，这一系列因素均需使用大规模徒兵来取代车兵。再次，如前所叙，伴随着国家权力对基层的渗透，原先属于族长控制的族兵逐渐编户齐民化，卿大夫在采邑内设置的一系列无血缘性的职官有效地控制了基层人口，这使得诸侯能更大规模地调动人力资源。而战争的扩大化与兼并战的推行，必然形成徒兵数量的剧增。因此，春秋以后的从军制与户籍产生的变革，便可视为《孙子兵法》产生的核心背景。

三、时代变革中的《孙子兵法》

通过考察先秦时期的军制演变规律，可以更深入地理解《孙子兵法》的内涵。

首先，兵法中的"道"、"法"思想与春秋社会形态的变化密切相关。商周时期，作战军队主要是按氏族集团组成，因此，"王权自然要受到诸氏族集团的显贵（特别是军事贵族）'共政'的制约，而且有当兵资格的一般公民也不可能被剥夺对国家重大政务的发言权。"①然而随着春秋兵制的改变与职业士兵的产生，这种状况必然改变，如《孙子兵法·计篇》开篇就言"经之以五事"，除了天（天时）、地（地形与地势）、将（将领）的客观因素外，其中首列"道"，并解释说："道者，令民与上同意也。"这显然体现着春秋变制后的军事思想，这种集权性的统一兵员管理需要建立政策的独断性与强制性。因此，第五项的"法"，则强调曲制（军队的组织架构）、官道（管理制度）、主用（物资调遣），这也是春秋以来整合族军后建设常备军的核心。可见，兵法的内核与行政制度的变革息息相关，在中央政府层面体现为对基层的控制，在兵法上则体现为建立将帅领导者的个人决策性，同时要求国君对将帅信任并赋权，继而建立了一套兵家的思想，如所谓："夫将者，国之辅也，辅周则国必强，辅隙则国必弱。"（《孙子兵法·谋攻篇》）又如："将听吾计，用之必胜，留之；将不听吾计，用之必败，去之。"（《孙子兵法·计篇》）更或是直接说"上下同欲者胜"、"将能而君不御者胜"（《孙子兵法·谋攻篇》），"君命有所不受"（《孙子兵法·九变

---

① 林沄：《商代兵制管窥》，载《古文字研究》（一），北京：中华书局，1979 年，第 156 页。

篇》），这些语句都属于这一意涵。可见，春秋时期的军队已经从商代和西周早期具有自保与协作性质的族军逐渐向职业军人过渡，经济形态的变化与地域组织的建立也促成了新型兵役的征发，编户齐民使得兵役征发具有半强制性。因此《孙子兵法》中便凸显了这一转型，故其谓："善用兵者，役不再籍，粮不三载，取用于国，因粮于敌，故军食可足也。"（《孙子兵法·作战篇》）事实上，对粮草转运的重视本身便是军队动员机制的体现，如前文所叙，商周族军时期结盟或分封诸侯的地理位置便决定了其具有藩屏中央的职能，其扼守要塞，并不经常进行大规模与长距离的移徙作战，仅需巩固据点。但春秋时期诸侯的战争已转变为不同地域间的征伐，其目的在于调动兵员攻城略地，这自然就迫使国家需要有极强的动员力，而大规模人力调动无疑会影响到地区的经济行为，故《作战篇》中又出现了："国之贫于师者远输，远输则百姓贫；近于师者贵卖，贵卖则百姓财竭，财竭则急于丘役。力屈财殚，中原内虚于家。"

其次，兵法中的治兵思想与春秋以来基层管理制度转变有关。兵法中重视"分数"，这里的分数即指古代军队的编制组织。如前所叙，族军时代的军制以族为单位，尽管在"族"下还有比、间等机构，但内部自然也是遵从亲亲的血缘关系，并未形成整齐规划的编制，这也就限制了军队的战斗力。到了春秋时期，随着战争性质的变化与规模的扩大，亟需建构一种军队基层的智慧系统。故《兵势》有："凡治众如治寡，分数是也。斗众如斗寡，形名是也。三军之众，可使必受敌而无败者，奇正是也。兵之所加，如以碫投卵者，虚实是也。"可见此时面对的问题已是如何保证政令传达与执行的有效性，如何控制军队并形成变化阵型，以施用于不同的地形、构成不同的进攻优势。《地形篇》便列举了六种兵败的情形，分别是"走"、"弛"、"陷"、"崩"、"乱"、"北"，实际上很大程度都与军队内部管控失调产生出的危机相关。如"弛"指士兵不听军官的调遣；"陷"指军官冲锋陷阵而士兵无法跟上；"崩"指副将怨怒不服从指挥，遇敌擅自出战，而主将不了解其能力，最后导致崩溃；"乱"更是直接指士兵列阵时内部横冲直撞杂乱无章。故《军争篇》中引用如今已散佚的《军政》一书并引申说道："夫金鼓旌旗者，所以一人之耳目也；人既专一，则勇者不得独进，怯者不得独退，此用众之法也。故夜战多火鼓，昼战多旌旗，所以变人之耳目也。"这正可见当时作战组织的规模化已不同于族军时代。商周时期的战事很大程度有着自保的倾向，贵族组成的军队也不需面对勇怯与否的问题。只有春秋后期的大规模"合军聚众"型的作战才需要顾及士气、军心、兵容等方面的问题，才需要考虑用何种策略手段激发出兵士的战斗力。例如《九变篇》所言："屈诸侯者以害，役诸侯者以业，趋诸侯者以利。"又如《行军篇》中观察分析种种敌我双方兵士的细节情态以制定相应的战略。因此可说兵法中所描述的种种形势，如"激水之疾至于漂石"、"鸷鸟之疾至于毁折"乃至"浑浑沌沌，形圆而不可败"均非虚构造作，这都是缘于将帅对部队每个分支战斗集团的有效指挥。此外，在族兵时代，兵制与基层行政合一，其目的在于形成互保的秩序。在春秋以前，军事行动、政教系统与律令制度是三位一体的，这一本质正如《周礼·地官·大司徒》郑注所言："使之者，皆谓立其长而教令使之。"但是只有伴随着规模化战争，封赏的对象才普及到广大的个体兵员，战争之后贵族内部的权利分割演变成一种激励下层士兵攻占的手段。故在《作战篇》有"杀敌者怒也，取敌之利者货也。故车战，得车十乘以上，赏其先得者。"这种奖励的细节化与程式化自然是由于奖励行为的普及性使然。而《行军篇》又说："卒未亲附而罚之，则不服，不服则难用也。卒已亲附而罚不行，则不可用也。"而在对敌我双方情况的审查中，自然也包括"法令孰行"、"赏罚孰明"。这就俨然是将军纪法律作为一种治理的手段。这其实跟春秋以后什伍制与兵制的改进紧密相关。由此，律令本身的政教色彩逐渐退化，成为了兵家和法家体制中的一环。

再次，兵法中的作战观念与春秋以来的诸侯内政形势转变有关。正如前文所言，《孙子兵法》的思想在于将战争词义的范畴从兵刃对接泛化为一种广义的备战策略，更关注如何制造一种压倒性的军备或人力的"势"。在春秋时期，谴责灭国绝祀不仅是因为礼法不容，更主要的原因在于春秋时期人少地多，战争行为本身便不在于灭国，而在于如何扩充一国之民力，用以开垦荒地增加赋税来扩充国力。而对人口的掌握与控制也正是户籍制产生的原因。这一因素体现在兵法之上，便是兵法"不战而屈人之兵"的最高准则。显然，这并非是要规劝将帅施行仁义，而是缘于实际的考量，即"卒善而养之，是谓胜敌而益强"（《孙子兵法·作战篇》），是以人力资源的吸纳为核心准则。又如《兵争》篇说道："掠乡分众，廓地分利，悬权而动。"这正可见《孙子兵法》的撰写时代下，战争的目的在于占有人力与土地资源。由此反观先秦诸子论调，如孟子说："王如施仁政于民，省刑罚，薄税敛，深耕易耨。壮者以暇日修其孝悌忠信，入以事其父兄，出以事其长上，可使制梃以挞秦楚之坚甲利兵矣。"朱熹注曰"尊君亲上而乐于效死"（《孟子集注·梁惠王章句上》），更是直白地道出，在现实上，各诸侯国把民众充作抗击秦楚的战斗力。荀子就说得更显白，所谓"裕民则民富，民富则田肥以易，田肥以易则出实百倍"。其落脚点仍在于扩充国力。因此，与其说这是诸子的施政之策，不妨将此理解为当时社会形态的一种现象实存。

第三节　吴、齐《孙子兵法》的核心思想

一、经之以五，较之以计

《孙子兵法·计篇》："孙子曰：兵者，国之大事，死生之地，存亡之道，不可不察也。""故经之以五事，校之以计而索其情：一曰道，二曰天，三曰地，四曰将，五曰法。道者，令民与上同意也，故可以与之死，可以与之生，而不畏危。天者，阴阳、寒暑、时制也。地者，远近、险易、广狭、死生也。将者，智、信、仁、勇、严也。法者，曲制、官道、主用也。凡此五者，将莫不闻，知之者胜，不知者不胜。故校之以计而索其情，曰：主孰有道？将孰有能？天地孰得？法令孰行？兵众孰强？士卒孰练？赏罚孰明？吾以此知胜负矣。"战争是国家大事，关系到生死存亡。首先应当明白的

是战争的规律,决定战争胜负的主客观条件和因素。

孙子提出了五个方面:道——战争的正义性,人心的向背,百姓民众支持与否,是否与君上同心并有牺牲精神。天——自然气候条件,昼夜、晴雨、寒热、四时的变化。地——自然地理条件,路程、地形、地势、地貌等等。将——将帅的指挥才能、智慧谋略,信义、慈爱、果敢、严明等品质。法——组织编制、管理、职责、军需供应等规章制度和军纪。只有真正深刻把握并具备这五方面的条件,才算是奠定了打胜仗的基础。同时,还要进一步分析比较以下七因素,才可以判断战争的胜负:主上是否贤明,将帅是否有才,天时地利是否占有,纪律是否严明、法令能否贯彻,军队实力强否,士卒训练如何,赏罚是否分明等等。①

以上是《孙子兵法》开宗明义强调的原则。"道",作为"经"的五事之首,尤显重要。在这里,狭义的"道"指政治,特别是百姓与国君愿望的一致。因为战争总是一定政治的继续,战争必须依赖民众进行。广义的"道",则指整个战争的规律,包括战争与自然条件,与社会政治、经济、文化等各方面的联系和战争自身的客观规律,以及在把握这一规律的基础上制定的战略战术原则。"经之以五事"的其他四方面和"校之以计"的七方面,都可以视为广义的"道"的展开。

孙子说:"古之所谓善战者,胜于易胜者也。故善战者之胜也,无智名,无勇功。故其战胜不忒。不忒者,其所措必胜,胜已败者也。故善战者,立于不败之地,而不失敌之败也。是故胜兵先胜而后求战,败兵先战而后求胜。善用兵者,修道而保法,故能为胜败之政。"(《孙子兵法·形篇》)这里的"修道而保法",可以释为修明政治、严守法纪。但从上下文看,善用兵者之道,取胜之道,首先是审慎分析客观条件,包括兵力的众寡强弱,立足于容易胜利的条件下战胜敌人,作十分周密、万无一失的部署,使己方立于不败之地,而不放过使敌失败的机会。胜利的军队,总是充分利用并准备了胜利的各方面条件,然后再求战。

------

① 本节多处参考了郭化若的《孙子译注》(上海:上海古籍出版社,1984 年)。

《孙子兵法·地形篇》研究了"通"、"挂"、"支"、"隘"、"险"、"远"六种地形与作战的关系和应对的措施、方法，指出："凡此六者，地之道也；将之至任，不可不察也。"这是从地形的不同特点出发而研究的战争对策，充分考虑到敌我双方对地形的占领和攻、守、挑战与否及诱敌的方略。该篇又指出，凡军队发生"走"、"弛"、"陷"、"崩"、"乱"、"北"六种情况，不是由于天灾，而是由于将帅的错误。"凡此六者，败之道也；将之至任，不可不察也。"该篇又指出："夫地形者，兵之助也。料敌制胜，计险阨远近，上将之道也。知此而用战者必胜，不知此而用战者必败。"(《孙子兵法·地形篇》)地形是用兵的辅助条件，准确地判断敌情，相应制定御敌用兵之计，考察地形险阨，计算道路的远近，是上将军必须把握的原则。这里突出了将帅的指导作用。"故战道必胜，主曰无战，必战可也；战道不胜，主曰必战，无战可也。故进不求名，退不避罪，唯人是保，而利合于主，国之宝也。"(同上)一切从战争的实际情况和发展规律出发。必能取胜的，虽然君主说不打，将帅可以坚持去打；不能取胜的，虽然君主一定要打，将帅可以不打。这是从国家整体利益出发的，因而从根本上有利于君主。这种将帅，才是国家的宝贝。

除了提出"上将之道"、"战道"之外，孙子还提出了"知胜之道"、"安国全军之道"。他指出："故知胜有五：知可以战与不可以战者胜，识众寡之用者胜，上下同欲者胜，以虞待不虞者胜，将能而君不御者胜。此五者，知胜之道也。"(《孙子兵法·谋攻篇》)有判断能力，能判明敌我情况，知道能打胜就打，不能打胜就不打的可以胜；懂得指挥小部队，也懂得指挥大兵团的可以胜；国中军中上下利益与共的可以胜；随时备战，以有准备的军队等待无准备的军队的可以胜；将有指挥才能，国君不强加干预的可以胜。"明主虑之，良将修之。非利不动，非得不用，非危不战。主不可以怒而兴师，将不可以愠而致战；合于利而动，不合于利而止。怒可以复喜，愠可以复悦；亡国不可以复存，死者不可以复生。故明君慎之，良将警之；此安国全军之道也。"(《孙子兵法·火攻篇》)对于战争，明智的君主和优秀的将帅必须慎而又慎，不是十分有利，没有胜利的把握，不用兵；不是迫不得已，不作战。对于战争，国君和将帅切不可意气用事，一定要对国家有利才行动，对国家不利就停止。国亡了不能复存，人死了不能复生。因此，对于战争一定要持负责、审慎、警惕的态度，这是安定国家和保全军队的根本。

孙子还指出用兵之道的奇妙、灵活、辩证，把战争看作是不停的运动变化过程。因此，《孙子兵法》所说的"道"，即战争本身运动变化的过程与规律，包含着这一运动过程的辩证性。"兵者，诡道也。故能而示之不能，用而示之不用，近而示之远，远而示之近。利而诱之，乱而取之，实而备之，强而避之，怒而挠之，卑而骄之，佚而劳之，亲而离之。攻其无备，出其不意。此兵家之胜，不可先传也。"（《孙子兵法·计篇》）用兵是神奇的行动，必须善于伪装、欺骗、麻痹敌人，声东击西，诱敌骄敌，以逸待劳，随机应变，攻其无备，出其不意。

孙子还十分重视"势"。"势"有位势、动势、能量、物质的运动等等含义。《孙子兵法·势篇》指出："激水之疾，至于漂石者，势也；鸷鸟之疾，至于毁折者，节也。是故善战者，其势险，其节短。势如彍弩，节如发机。""故善战者，求之于势，不责于人，故能择人而任势。任势者，其战人也，如转木石。木石之性，安则静，危则动，方则止，圆则行。故善战人之势，如转圆石于千仞之山者，势也。"这里强调在战略上任势、造势，形成巨大的势能，以猛烈的冲击速度和强大的攻击力打击敌人。"势者，因利而制权也。"（《孙子兵法·计篇》）"势"就是利用有利的位势、位能，作机动灵活的变化，形成动势、动能。"造势"就是创造群体优势、力量与速度，如湍急的流水迅猛奔流，如无数圆石突然从万丈高山上滚滚而来。

"孙子曰：'凡用兵之法，全国为上，破国次之；全军为上，破军次之；全旅为上，破旅次之；全卒为上，破卒次之；全伍为上，破伍次之。是故百战百胜，非善之善者也；不战而屈人之兵，善之善者也。'"（《孙子兵法·谋攻篇》）使敌人全部屈服为上策，消灭其一部分则差一些了。百战百胜还不算是最好的谋攻。最高明的办法，是运用谋略，不战而使敌人瓦解或屈服。"故上兵伐谋,其次伐交,其次伐兵,其下攻城。攻城之法为不得已。"(同上)首先考虑的是政治、外交上的计谋。"故善用兵者,屈人之兵而非战也,拔人之城而非攻也,破人之国而非久也,必以全争于天下,故兵不顿而利可全,此谋攻之法也。"(同上)这就表现了孙子的政治家的智慧,在备战的前提下,以非战的方式获得"全"胜,是为上策。

在战术上,则必须根据敌我双方兵力众寡强弱的不同,采取不同的方针。"故用兵之法,十则围之,五则攻之,倍则分之,敌则能战之,少则能逃之,不若则能避之。故小敌之坚,大敌之擒也。"(同上)我方在兵力上占绝对优势,至少多于两倍以上,才可以包围或进攻敌人。我方兵力只多于敌方一倍,还不够,应设法使敌人兵力再分散一些。敌我兵力相等,不期遭遇,则应果断勇猛地打击敌之薄弱部。我兵力少于敌方,则应迅速避开。敌强我弱,则避免决战。能打就打,不能打就走。弱小的军队如果固执坚守,就会被强敌所虏。

《孙子兵法》实际上把这些灵活的战略战术都上升到"道"与"法"即规律的高度。"故曰:知彼知己,百战不殆;不知彼而知己,一胜一负;不知彼,不知己,每战必殆。"(同上)"知彼知己",对敌我双方的情况有全面深入的了解,是用兵的最一般的规律和法则。"知吾卒之可以击,而不知敌之不可击,胜之半也;知敌之可击,而不知吾卒之不可以击,胜之半也;知敌之可击,知吾卒之可以击,而不知地形之不可以战,胜之半也。故知兵者,动而不迷,举而不穷。故曰:知彼知己,胜乃不殆;知天知地,胜乃可全。"(《孙子兵法·地形篇》)不仅要深透地了解敌方和己方,而且要懂得天时地利,掌握用兵规律,才不会被敌方所迷惑,并以无穷的变化克敌制胜。《孙子兵法》强调对敌情的了解,认为吝惜爵禄和金钱,以致不能了解敌情,是最不仁慈的人。"故明君贤将,所以动而胜人,成功出于众者,先知也。先知者不可取于鬼神,不可象于事,不可验于度,必取于人,知敌之情者也。"(《孙子兵法·用间篇》)这都表现了作为军事家的孙子的智慧与对于军事规律的强调和把握。

二、避实就虚，奇正相生

《孙子兵法》闪烁着军事辩证法的光辉。孙子学派对于战争中的己彼、主客、虚实、奇正、利害、进退、攻守、勇怯、治乱、安动、久速、迂直、劳逸、众寡、强弱、胜败等一系列矛盾运动都有精到的动态分析。

《孙子兵法》强调"五行无常胜，四时无常位"，指出："夫兵形象水，水之形避高而趋下，兵之形避实而击虚，水因地而制流，兵因敌而制胜。故兵无常势，水无常形，能因敌变化而取胜者，谓之神。"(《孙子兵法·虚实篇》)战争中的机动性很强，必须随时依据敌情的变化而变化，因敌制胜。作战要善于避开敌人的精锐坚实部分，避开敌人的锋芒、动势，巧妙地迫使或诱使敌人分散兵力，造成他们的弱点，我方则集中兵力，乘虚而攻之。"孙子曰：凡先处战地而待敌者佚，后处战地而趋战者劳。故善战者，致人而不致于人。"(同上)我方要先于敌方到达并占领要地，以逸待劳，调动敌人而不被敌人调动。"能使敌自至者，利之也；能使敌不得至者，害之也。故敌佚能劳之，饱能饥之，安能动之。"(同上)我方牢牢地掌握主动权，诱敌以利，使敌方贪利而就我，扰乱敌方，调动敌方。

"出其所不趋，趋其所不意。行千里而不劳者，行于无人之地也。攻而必取者，攻其所不守也；守而必固者，守其所不攻也。""故善攻者，敌不知其所守；善守者，敌不知其所攻。"(同上)"进而不可御者，冲其虚也；退而不可追者，速而不可及也。故我欲战，敌虽高垒深沟，不得不与我战者，攻其所必救也；我不欲战，虽画地而守之，敌不得与我战者，乖其所之也。"(同上)这就是在进退、攻守的问题上采取灵活的方式，出其不意，攻其所不守，突然袭击敌方弱点；同时又巩固所守，守住的是敌方所不攻或无力攻下的地方。我进攻时，敌防御不住，我退却时，敌始料不及。此外还采取围点打援的方式，在运动中歼灭敌人，破坏敌人的防御，或迷惑、干扰敌方的进军路线，使之不能进攻我方。

"孙子曰：'凡用兵之法，将受命于君，合军聚众，交和而舍，莫难于军争。军争之难者，以迂为直，以患为利。故迂其途，而诱之以利，后人发，先人至，此知迂直之计者也。"（《孙子兵法·军争篇》）这里提出了迂与直、利与患的关系。两军对阵，以夺取先机制敌为最难。以迂回的方式，出其不意到达战略要地，比正面走直路要有利得多。弯路迂回，再诱以小利，可以比敌方更主动。

"故兵以诈立，以利动，以分合为变者也。"（同上）用兵作战要以奇异多变的方法，不断地用兵力的分散和集中来变换战术。"故三军可夺气，将军可夺心。是故朝气锐，昼气惰，暮气归。故善用兵者，避其锐气，击其惰归，此治气者也。以治待乱，以静待哗，此治心者也。以近待远，以佚待劳，以饱待饥，此治力者也。无邀正正之旗，勿击堂堂之阵，此治变者也。"（同上）这里提出"治气"、"治心"、"治力"、"治变"的方针，争取主动，先立于不败之地。"夫兵久而国利者，未之有也。故不尽知用兵之害者，则不能尽知用兵之利也。"（《孙子兵法·作战篇》）这里是说旷日持久的战争对国家不利，用兵者必深思战争的利弊。"是故智者之虑，必杂于利害。杂于利，而务可信也；杂于害，而患可解也。"（《孙子兵法·九变篇》）聪明的将帅周全地审视部队在战场上利害的各方面，一面鼓舞士气，增强信心，一面积极预防可能发生的祸患或意外。"故用兵之法，无恃其不来，恃吾有以待也；无恃其不攻，恃吾有所不可攻也。"（同上）做好充分的准备，立足于敌人来进犯，使敌人攻不破，打不垮。

《孙子兵法·势篇》说："凡战者，以正合，以奇胜。故善出奇者，无穷如天地，不竭如江河。终而复始，日月是也。死而复生，四时是也。声不过五，五声之变，不可胜听也。色不过五，五色之变，不可胜观也。味不过五，五味之变，不可胜尝也。战势不过奇正，奇正之变，不可胜穷也。奇正相生，如环之无端，孰能穷之？"这是说，敌情千变万化，战术也应千变万化。所谓千变万化，其实主要是正奇交变。"正"是正面对阵的常规战术，"奇"是旁出奇袭的灵活战术。"正"是常规常道，"奇"是非常规非常道。孙子以五声、五色、五味的变化作比喻，强调多变，指出正奇之间相互转变，不可胜穷，强调在正面钳制敌人的同时，出奇兵攻击敌人侧后部弱点。

"乱生于治,怯生于勇,弱生于强。治乱,数也;勇怯,势也;强弱,形也。"(《孙子兵法·势篇》)在战争中,由于多重因素或突发事件对士兵的影响,严明整齐的部队也会发生混乱,士气高昂也可能变成一蹶不振,强盛会变得懒散、衰弱,亦可能发生相反的变化。"投之亡地然后存,陷之死地然后生。夫众陷于害,然后能为胜败。"(《孙子兵法·九地篇》)在万不得已的情况下,士兵陷入危险的境地,反而能拼死奋斗、转败为胜。

"故备前则后寡,备后则前寡,备左则右寡,备右则左寡,无所不备,则无所不寡。寡者备人者也,众者使人备己者也。""故知战之地,知战之日,则可千里而会战。不知战之地,不知战之日,则左不能救右,右不能救左,前不能救后,后不能救前,而况远者数十里,近者数里乎?"(《孙子兵法·虚实篇》)无论是戒备,还是出征,都处在矛盾变化之中,被动地戒备敌人,处处分兵,造成兵力薄弱,反不如兵力集中,使敌人被动地戒备我军。作战出征,往往又不能预料在什么时间、什么地点打,这就容易造成前后左右不能相应的困局。兵不厌诈,"佯北勿从,锐卒勿攻,饵兵勿食。"(《孙子兵法·军争篇》)"敌近而静者,恃其险也;远而挑战者,欲人之进也。""辞卑而益备者,进也;辞强而进驱者,退也;轻车先出居其侧者,陈也;无约而请和者,谋也;奔走而陈兵者,期也;半进半退者,诱也。"(《孙子兵法·行军篇》)这是说,千万不要被敌方的假象所迷惑,而要冷静地看清其企图。

孙子以全面的、联系的观点看待战争,特别是考虑到政治、外交、财政、粮秣、物资、运输、道路,天时、地利、人和,君主贤明与否、将帅才能素质、士兵训练情况和士气等等,因此能明察战争之胜负。《孙子兵法》又特别突出地分析了战争中各种矛盾运动的变化,反对墨守成规,主张灵活机动的作战方针。同时,孙子在批评军事指挥员轻率、冒进、随意、主观等病症时,又强调了将帅的主观能动性,特别是他们的计谋策划、战争经验,使他们多谋善断,制造假象,陷敌方于错误,始终把握战争的主动权。总之,《孙子兵法》从多方面探讨了军事规律,尤其以整体、综合和动态流衍的方式把握战争全局,显现了灵活机动的战略战术和谋略权变,充满了辩证的智慧。《孙子兵法》是我国古代兵学的奠基性著作，对春秋时期的战争经验作了哲学层面的总结，有着极其深刻、丰富、精辟的军事思想，在我国和世界的军事思想史上都占有重要的一席。

三、贵势重道，盈虚相变

孙膑认为，战争不是可以永远使用的手段，不能靠战争强国，胜方尚且未必能从中获益，败方就更不用说了。他指出："夫兵者，非士恒势也。此先王之傅道也。战胜，则所以在亡国而继绝世也。战不胜，则所以削地而危社稷也。是故兵者不可不察。然夫乐兵者亡，而利胜者辱。兵非所乐也，而胜非所利也。"（《孙膑兵法·见威王》）这里强调了用兵打仗的严肃性，不可轻易用兵。好战者，指望靠战争获得利益者，终究会自取灭亡。接着，他又阐述了战争的必要性，指出："曰我将欲责仁义，式礼乐，垂衣裳，以禁争夺。此尧舜非弗欲也，不可得，故举兵绳之。"（同上）意即，五帝、三王、周公，并不是不想用仁义礼乐来制止战争，只是不能达到目的，所以不得不以战争来纠正暴虐、争夺、混乱。要治天下，不得不"举兵绳之"。他指出，战争有正义与非正义的性质之区分，战争要取得胜利必须做充分的准备。"事备而后动。故城小而守固者，有委也；卒寡而兵强者，有义也。夫守而无委，战而无义，天下无能以固且强者。"（同上）如果防守没有物质准备，进攻没有正当的理由，那么，天下找不出能守能攻、战无不胜的军队来。

与孙武一样，孙膑也很重视"道"这个范畴。孙膑指出，战争胜负的根本条件是知"道"。知"道"胜，不知"道"则不胜。他说："恒胜有五：得主专制，胜。知道，胜。得众，胜。左右和，胜。量敌计险，胜。""恒不胜有五：御将，不胜。不知道，不胜。乖将，不胜。不用间，不胜。不得众，不胜。"（《孙膑兵法·篡卒》）也就是说，将帅得到君主信任，有指挥权，懂得战争规律，得到士卒拥戴，彼此团结一致，充分掌握敌情并善于分析者能取胜，相反就不能取胜。他说："兵之胜在于篡卒，其勇在于制，其巧在于势，其利在于信，其德在于道，其富在于亟归，其强在于休民，其伤在于数战。"(同上)篡卒即精选士卒。他强调，军队里制度、纪律要严明，作战时要掌握战争的主动地位并有很强的实力，治军必须赏罚有信，将帅都明了战争的道义和规律，速战速决，养精蓄锐，这些都是取胜的条件。孙膑指出，克敌制胜的条件还包括主观意志、技术准备、兵将气势、后方支援等等。

这里"其德在于道"，讲兵德、兵道。《孙膑兵法·八阵》曰："不知道，数战不足，将兵，幸也。夫安万乘国，广万乘王，全万乘之民命者，唯知道。知道者，上知天之道，下知地之理，内得其民之心，外知敌之情，阵则知八阵之经，见胜而战，弗见而诤，此王者之将也。"不懂战争规律，没有战争经验的人带兵打仗，是凭侥幸取胜。要维护大国的安全，必须懂得战争之"道"。"道"包含了天道、地理、民心、敌情、阵法，即整个战争的全体要素、过程及其内在规律。用兵合于此道，上知天文，下察地理，体知民情与民心向背，了解敌情，洞悉阵法的变换，不打无把握之仗，即是有兵德。"……所循以成道也。知其道者，兵有功，主有名。"（《孙膑兵法·兵情》)尊重、遵循战争的规律，可以取得战争的胜利，使主上更有威名。孙膑还从战略的高度指出，"强兵之急"在于"富国"，即只有国家富强了，才是增强军事力量的根本。

孙膑很重视"势"。《吕氏春秋·慎势》："孙膑贵势。"前引《孙膑兵法·篡卒》有"其巧在于势"。《孙膑兵法》专有《势备》篇，强调"阵"、"势"、"变"、"权"四事准备之重要，指出："凡兵之道四：曰阵，曰势，曰变，曰权。察此四者，所以破强敌，取猛将也。"阵法是孙膑十分用心的，他深知八阵之法，用阵三分，每阵有锋，斗一守二，如此等等。权变之事更是孙膑所注重者。但本篇在这四者中，独取"势"字名篇，可见其更加重要。势是动势、力量。孙膑把兵势比喻为弓弩。箭突然发射出去，射杀敌兵于百步之外，敌人还不知箭从何处来的。箭是士卒，弩是将领，发射的人好比君主。孙膑主张造成有利的动势，形成高屋建瓴之势，造成险势，抓住有利时机，以迅雷不及掩耳之势扑向敌人。

孙膑具有丰富的军事辩证法思想。他善于根据敌我双方的兵力对比，根据不同的敌情和地理条件，提出不同的作战方案。他善于排兵布阵、分析敌情、畅己塞敌、五恭五暴、奇正互用。他指出，善用兵的人，面对敌兵实力的优势，却有能力调动他们，使之分散间隔而不能互相照应。敌兵深沟高垒，也不把它看成牢不可破的；敌人战车精良，也不被它所吓倒；敌军士卒勇猛，也使它无法逞强。因为善用兵的人，能利用地势的险易，作战时进退自如。"敌人众能使寡，积粮盈军能使饥，安处不动能使劳，得天下能使离，三军和能使柴（訾）。"（《孙膑兵法·善者》）在《五名五恭》这篇文章中，孙膑学派认为，要用五种方法对付五种不同的敌军。对耀武扬威者，则示弱；对高傲蛮横者，则谨慎而持久；对刚愎自用者，取诱敌深入之法；对贪婪狡猾者，就迫进其正面，袭扰其两翼，断其粮道；对于迟疑软弱者，就用恐吓威慑，它出来就打击，不出来就围困。至于我军进入敌境，则要交叉使用五次宽柔、五次强制，才能避免陷入困境并掌握主动权。孙膑学派也发挥了孙武"奇正相生"的思想。他们指出，世界有常有变，有正有奇。用兵也是这样，必须了解敌我双方的长处、短处、有利、不利等各个方面的情况。以有利的形势去对付不利的形势，是正或常道；没有有利的形势而创造有利的形势，是奇或变通；常与变、正与奇相辅相成，没有穷尽之所。世间没有千篇一律的攻守模式。"以一形之胜胜万形，不可。""同不足以相胜也，故以异为奇。是以静为动奇，佚为劳奇，饱为饥奇，治为乱奇，众为寡奇。发而为正，其未发者奇也。奇发而不报，则胜矣。有余奇者，过胜者也。"（《孙膑兵法·奇正》）用同样的战法，不能取胜，采用不同的战法才能出奇制胜。动静、劳逸、饥饱、治乱、众寡等，互为常变，互为奇正。面对面的交锋，是正是常；背对背的交锋，是奇是变。表现出来了的、被敌方觉察的，是正是常；未表现出来的、未被敌方觉察的，是奇是变。出敌不意，方法多样，就能取胜。

《孙膑兵法》善于主动打破平衡，避免双方僵持，如说："〔积〕胜疏，盈胜虚，径胜行，疾胜徐，众胜寡，佚胜劳。"（《孙膑兵法·积疏》）以集中胜分散、充实胜薄弱、捷径胜大道、迅速胜迟缓、兵多胜兵少、安逸胜疲劳，也可以相互为胜，相互为变。"毋以积当积，毋以疏当疏，毋以盈当盈，毋以虚当虚，毋以疾当疾，毋以徐当徐，毋以众当众，毋以寡当寡，毋以佚当佚，毋以劳当劳。"（同上）必须从绝对中看到相对，从相对中看到绝对，必须看到敌我彼此间的相对性与相关性，以促成转化。因此，不能以集中对集中，以兵多对兵多，以快对快，以慢对慢。要学会避免"以盈当盈"，要善于在"以盈当虚"和"以虚当盈"中，以小局的牺牲，换取全局的胜利。孙膑及其学派不仅看到了这些转化的规律与特点，指出"至则反"、"盈则败"的道理，还主张因将、因兵、因人制宜，因敌、因地、因阵制宜，以灵巧的战术和主动的精神，创造战争史上的奇观。他们还提出了"必攻不守"的原则；在"敌众我寡、敌强我弱"时，主动"让威"，即先后退一步，后发制人；在势均力敌时，则"营而离之，我并卒而击之"（《孙膑兵法·威王问》）；对于固守险阻之敌，则"攻其所必救，使离其固"（《孙膑兵法·十问》）。总之，《孙膑兵法》是我国军事科学和军事辩证法的极其宝贵的资源。

第八章　孟子的哲学

　　孟子，名轲，战国中期邹国人，约生于周烈王四年（前372），卒于周赧王二十六年（前289）。孟子是鲁国孟孙氏的后代。"三桓"衰微，子孙四散，孟子祖上从鲁迁至邹。孟子幼年丧父，靠慈母仇氏含辛茹苦，抚养成人。有"孟母三迁"、"断机教子"等故事流传至今。司马迁在《史记·孟子荀卿列传》中说孟子"受业子思之门人"。①

　　孟子出生时，已距孔子之卒近百年。孟子一生之际遇与孔子相似。他亦曾周游列国、游说诸君，传尧舜之道，倡仁义之政，悯人间疾苦，惜其终不得见用。晚年退而与弟子公孙丑、万章等"序《诗》、《书》，述仲尼之意，作《孟子》七篇"（《史记·孟子荀卿列传》）。孟子所处之时势已有别于孔子。孔子生当春秋末世，其时已有礼崩乐坏之势，故作《春秋》以揭大义，当世无有与之相抗者。孟子在世时，杨朱、墨翟之说盈天下，周公、孔子之道遭遇严峻挑战。孟子奋而自起，辟杨墨，息邪说，距诐行，放淫辞，以承往圣之教。孟子的哲学思想主要由心性论、修养论及政治论三部分组成。

　　关于孟子哲学思想研究，近代以至当下学界都有相当的成果，兹列

---

① 参见郭齐勇编著：《中国哲学史》，北京：高等教育出版社，2006年，第72页。

举有代表性的研究成果如下：

胡适在《中国哲学史大纲》中对孟子有专章介绍。他认为，性善论是孟子哲学的中心问题。孟子把官能、善端及一切良知良能都包含在"性"里。孟子人性皆善的说法有一种平等主义。孟子的政治哲学带有尊重民权的意味，也含有乐利主义的意味。

梁启超在《先秦政治思想史》中有专章探讨孟子。他认为，性善论是孟子人生哲学、政治哲学之总出发点。胡适认为孟子主张功利，而与之相反，梁启超则认为孟子之最大特色在排斥功利主义。孟子言政，所予政府权限并不大，消极的保护人民生计之安全，积极的导引人民道德之向上。

冯友兰在《中国哲学史》中亦有专章论述孟子。他认为，孟子所主张的政治经济制度虽然表面上仍是"率由旧章"、"遵先王之法"，而实际上已将"先王之法"理想化、理论化了。如孟子就原有井田制度转移观点，将其变为含有社会主义性质的经济制度。冯友兰还认为孔子讲仁及忠恕，只及于"内圣"，而孟子则更及于"外王"。[1]

当代新儒家代表人物牟宗三在《心体与性体》、《圆善论》、《康德的道德哲学》等著作或译著中皆有论述孟子哲学的篇章。他尤以康德的自律伦理学诠释孟子的道德哲学，开启了中西哲学比较的新视野。与之齐名的唐君毅、徐复观亦有关于孟子的相关研究，然仍以牟宗三为最卓著。劳思光在《新编中国哲学史》（一卷）中辟专节论述孟子及儒学之发展。当代新儒家后起新秀刘述先、杜维明等亦有一些关于孟子的研究成果问世。

李明辉在《康德伦理学与孟子道德思考之重建》一书中通过引入英国哲学家波蓝尼的"隐默之知"一概念来比较康德与孟子的道德哲学。李明辉还有《孟子重探》一书，探讨了孟子的心性论与工夫论。作者在书

---

[1] 以上参见任继愈主编：《中国哲学发展史》（先秦卷），北京：人民出版社，1983 年，第 343—344 页。

中讨论的一些方法论问题，值得我们重视。

杨泽波有《孟子性善论研究》一书，作者通过性善论的涵义、性善论的方法、性善论的道德形上学建构、性善论的影响等四部分展开相关问题的讨论。

笔者本人亦有研究孟子的相关文章，近来研究重点侧重于孟子的正义论。①

第一节　仁义内在，性由心显

"孟子道性善，言必称尧舜"②，性善说是孟子心性论的核心。孟子心性论的特征即是"仁义内在，性由心显"③。孟子乃以四端之心来说性善，并力证仁义内在兼驳告子义外之说。

一、性善说

人性问题历来是人类文明发展过程中不可回避且讨论激烈的话题，古今中外皆然。孟子所处的战国时期，关于人性之说也是歧说纷纭。在《孟子·告子上》所载弟子公都子的提问中，提到了当时关于人性的有代表性的几种观点：一是告子主张的"性无善无不善"，二是"性可以为善，可以为不善"，三是"有性善，有性不善"。及至后来又有荀子所谓性恶之说。王充在《论衡·本性》篇中对以上诸说尝论及之。

告子主张"生之谓性"，盖古代"生"字与"性"字可互训，取"生质"之

---

① 相关研究参见郭齐勇：《孟子与儒家的正义论》，载《儒林》第三辑，济南：山东大学出版社，2006 年；郭齐勇：《原始儒家的正义论——以〈孟子〉为中心》，载氏著《中国哲学智慧的探索》，北京：中华书局，2008 年。

②《孟子·滕文公上》，引自杨伯峻《孟子译注》，北京：中华书局，2010 年，第 102 页。下引《孟子》皆为此本，只注篇名及页码。

③ 牟宗三先生认为，中国正宗儒家对于"性"的规定大致可分两路：一是《中庸》、《易传》所代表的一路，中心在"天命之谓性"；二是孟子所代表的一路，中心思想为"仁义内在"，即心说性。参见牟宗三：《中国哲学的特质》，上海：上海古籍出版社，2007 年，第 50 页。

义,此义为战国中期至两汉之通识①。然此生质之义难以区分人禽之别,
是以孟子与告子就此而辩:

> 告子曰:"生之谓性。"孟子曰:"生之谓性也,犹白之谓白与?"
> 曰:"然。""白羽之白也,犹白雪之白;白雪之白犹白玉之白与?"曰:
> "然。""然则犬之性犹牛之性,牛之性犹人之性与?"(《告子上》,第
> 235 页)

牟宗三先生认为,"生之谓性"所表明的"性"只是个事实概念,不足
以表现人与犬马在价值上的本质差异。孟子虽不反对人的自然食色之
性或形色之性,但这种生质之性并不足以体现人之为人之所在。牟宗三
先生说:"孟子主性善是由仁义礼智之心以说性,此性即是人之价值上异
于犬马之真性,亦即道德的创造性之性也。"②人与禽兽的本质差异,就在
于人有内在的道德性,这种内在的道德性则通过四端之心来表现,具体
表现为仁义礼智之实。因此,性善突出表现了人的一种价值意识。劳思
光先生也是从这方面来理解孟子性善说的。在他看来,孟子之性善,"质
言之,即价值根源出于自觉之主体。"③四端之心即自觉主体之所在也。

有学者根据胡塞尔的概念分级理论指出,"白"与"性"属于两类不同
的概念。"白"属于普遍化的概念,这种概念是从具体事物中抽象出来
的。而"性"则属于"形式化"的概念,这种概念不指示某种实质性的东
西,而只表示一种关系项。告子的错误就在于将"性"这种形式化概念理
解为"白"这种普遍化概念,从而认为"生之谓性"。④ 然则,犬之性终不同
于牛之性,牛之性终不同于人之性。人与犬牛之性的不同就在于他们各

---

① 参见丁四新:《"生"、"眚"、"性"之辨与先秦人性论研究之方法论的检讨:以阮元、傅斯年、徐
　复观相关论述及郭店竹简为中心》(下),载《中国哲学与文化》第七辑"明清儒学研究",桂林:
　广西师范大学出版社,2010 年,第 194 页注 135。
② 牟宗三:《圆善论》(全集本第 22 册),台北:联经出版社,2003 年,第 130 页。
③ 劳思光:《新编中国哲学史》第一卷,桂林:广西师范大学出版社,2005 年,第 121 页。
④ 参见唐文明:《隐秘的颠覆——牟宗三、康德与原始儒家》,北京:生活·读书·新知三联书
　店,2012 年,第 50—51 页。

自与天的关系不同所致。人受命于天，有天命在身。而犬牛则只受生命，且生命之形态亦不同，无所谓天命在身。是故，人之性、犬之性、牛之性各不相同。并且，犬之性与牛之性之不同，乃在于生质材料之不同。而人之性之不同于犬牛之性，乃在于人受仁义礼智之性，有所谓天命在身。此即孟子所说"人之所以异于禽兽者几希，庶民去之，君子存之"之谓。

上述诠释虽然新颖，但是乃是从外在的人与天的关系处讲人性，类似于牟宗三所谓《中庸》、《易传》所代表的一路，即"宇宙论的进路"（Cosmological approach）这一讲法。但究其实，孟子之论性乃直接从四端之心论性，而非绕到天命处论性。这一进路即牟氏所谓"道德的进路"（Moral approach）。① 当然，两种进路亦可通过孟子"尽其心者，知其性也。知其性，则知天矣"（《尽心上》，第 278 页）一说得以统一。尽管如此，孟子之指陈性善仍直接从道德主体即本心或四端之心上立论，此则不容置疑。

告子更以湍水比喻人性，湍水引向东方则东流，引向西方则西流。而人性之不分善不善与此湍水相类，完全由外在环境与条件决定。这一说法类似于王充《论衡·本性》篇中所举周人世硕的观点。孟子则认为，水虽然无分于东西，但水总是向下流。而人之性善犹水之就下。水之向上乃形势所致，非其本性如此。人之为不善亦犹水之向上，非其本性如此也。是以孟子曰："乃若其情，则可以为善矣，乃所谓善也。若夫为不善，非才之罪也。"（《告子上》，第 239 页）

孟子论性善乃从正面直接指示，非如孔子之笼统言之。《离娄下》：

> 孟子曰："天下之言性也，则故而已矣。故者以利为本。所恶于智者，为其凿也。如智者若禹之行水也，则无恶于智矣。禹之行水也，行其所无事也。如智者亦行其所无事，则智亦大矣。天之高也，星辰之远也，苟求其故，千岁之日至，可坐而致也。"（《离娄下》，第

---

① 参见牟宗三：《中国哲学的特质》，上海：上海古籍出版社，2007 年，第 50—51 页。

180—181 页）

人之性善本极自然，无奈世人穿凿附会，令人茫然不知所措，失去自家本心，是以孟子批评之。孟子以水之就下形容人之性善，即是"行其所无事"，亦即"尧舜性之"之谓。

总之，孟子之性善乃从人之所以为人处立论，而非从生质之性上立论，即从本心处论性，而非从气质处论性。人之气质有善有恶，而本心则纯乎善，要之在于能扩充之。《告子上》：

> 孟子曰："恻隐之心，人皆有之；羞恶之心，人皆有之；恭敬之心，人皆有之；是非之心，人皆有之。恻隐之心，仁也；羞恶之心，义也；恭敬之心，礼也；是非之心，智也。仁义礼智，非由外铄我也，我固有之也，弗思耳矣。故曰：'求则得之，舍则失之。'或相倍蓰而无算者，不能尽其才者也。《诗》曰：'天生蒸民，有物有则。民之秉彝，好是懿德。'孔子曰：'为此诗者，其知道乎！故有物必有则；民之秉彝也，故好是懿德。'"（《告子上》，第 239—240 页）

性乃人之为人之所在，亦是万物生生之机。人性虽善，但要充分发挥这一善性，便要从本心上出发。因为本心是主宰处，扩充其本心，也就是扩充其善性，扩充此生生之机以致成己成物。因此，孟子之论性善即从四端之心上立论。

二、以四端之心论性

孟子坚持性善说。他对性善论的辩护既体现在与告子的论辩中，也体现在他通过四端之心对性善的直接论证上。孟子论性善，直接从本心上说，从四端之心上来论证：

> 孟子曰："人皆有不忍人之心。今人乍见孺子将入于井，皆有怵惕恻隐之心——非所以内交于孺子之父母也，非所以要誉于乡党朋友也，非恶其声而然也。由是观之，无恻隐之心，非人也；无羞恶之心，非人也；无辞让之心，非人也；无是非之心，非人也。恻隐之心，

仁之端也；羞恶之心，义之端也；辞让之心，礼之端也；是非之心，智之端也。人之有是四端也，犹其有四体也。有是四端而自谓不能者，自贼者也；谓其君不能者，贼其君者也。凡有四端于我者，知皆扩而充之矣，若火之始然，泉之始达。苟能充之，足以保四海；苟不充之，不足以事父母。"（《公孙丑上》，第72—73页）

"乍见孺子入井"乃孟子指点人本心之呈现处，亦是说明人之道德实践不夹杂任何功利因素，以此明性善之旨。"内交于孺子之父母"、"要誉于乡党朋友"、"恶其声"皆是有所为而为，或者是说皆是有利而为。而由怵惕恻隐之心而发的道德实践则是无所为而为，此即是孟子所说的"行其所无事"。这是一种当身的自我立法、自我实践。它建立在"应然"的基础上，而排除了任何利害的考虑。

这是孟子从四端之心上来直接论证仁义礼智之性。人之所以为人，乃在于人之有四端之心，四端之心即为仁义礼智之性的端绪。陈澧说："孟子所谓性善者，谓人人之性，皆有善也，非谓人人之性，皆纯乎善也。"[1]人之性善即在人之四端之心上见。人皆有此善端，要在人能扩充之，能扩充之即能成圣成贤，以至于"人伦之至"，故人人皆可成圣成贤。而人不知扩充之，自以为"吾身不能居仁由义"，即"谓之自弃也"，即无异于禽兽也。唯圣人能践形，扩充此本心。而凡人则不知扩充耳。此即人人虽性善、皆有善端，但仍有凡圣之别：

公都子问曰："钧是人也，或为大人，或为小人，何也？"孟子曰："从其大体为大人，从其小体为小人。"曰："钧是人也，或从其大体，或从其小体，何也？"曰："耳目之官不思，而蔽于物。物交物，则引之而已矣。心之官则思，思则得之，不思则不得也。此天之所与我者。先立乎其大者，则其小者不能夺也。此为大人而已矣。"（《告子上》，第249—250页）

---

[1] 陈澧：《东塾读书记》（外一种），北京：生活·读书·新知三联书店，1998年，第35页。

大体为人之本心，小体为人之耳目之官。耳目之官乃人之自然生命一面，此不足以别人禽之异，不足以表现人之为人一面。唯人之本心能思，能思即能知人性之本善。唯能尽心之思，方能尽仁义礼智之性。思者，主宰之谓也。阳明先生尝论及之：

> 惟乾问："知如何是心之本体？"先生曰："知是理之灵处。就其主宰处说，便谓之心，就其禀赋处说，便谓之性。孩提之童无不知爱其亲，无不知敬其兄，只是这个灵能不为私欲遮隔，充拓得尽，便完；完是他本体，便与天地合德。自圣人以下不能无蔽，故须格物以致其知。"①

"孩提之童无不知爱其亲，无不知敬其兄"即其良知良能之表现，良知良能即人之本心的发用，由此本心之发用可知人之性善。良知良能自然知孝知悌，此在圣人与凡人皆同，是故孟子说"圣人与我同类者"。孟子曰："尧舜之道，孝弟而已矣。"（《告子下》，第 255 页）凡人只须尽此孝弟之义使充其极即为圣人、大人。否则，弊于耳目之欲而不能从其本心则趋于小人之流也。

孟子以四端之心论性，那么，在孟子那里心、性到底是一种什么关系呢？它们是一还是二，是同还是异呢？其实，在孟子，心、性实则为一。孟子曰："尽其心者，知其性也。知其性，则知天矣。存其心，养其性，所以事天也。夭寿不贰，修身以俟之，所以立命也。"（《尽心上》，第 278 页）善性为人禀赋于天，然须由本心方能觉知此善性。此即孟子所谓尽心知性。尽一份人心方能知一分人性，尽恻隐、羞恶、辞让、是非之心，方知仁义礼智为人之性。阳明先生曰："理一而已。以其理之凝聚而言，则谓之性；以其凝聚之主宰而言，则谓之心；以其主宰之发动而言，则谓之意；以其发动之明觉而言，则谓之知；以其明觉之感应而言，则谓之物。"②理者，仁义之理也。仁义之理内在于人即为人之性。以其主宰此仁义之理，自

---

① （明）王阳明：《传习录中》，载《王阳明全集》，上海：上海古籍出版社，1992 年，第 34 页。
② （明）王阳明：《传习录中》，载《王阳明全集》，上海：上海古籍出版社，1992 年，第 76—77 页。

我立法、自我实践而言则谓之心，由此本心践行此仁义之理，即所谓"尽心知性"。本心之发用即显为恻隐、羞恶、辞让、是非之四端，此心之四端乃意之正者。"心之官则思"，思即本心之明觉，亦即知也。明觉之感应即物，此即孟子"万物皆备于我"之"物"，推扩其本心即能成己成物。

总之，孟子以四端之心论性，意在使性善之说有其着落，而不致落于空疏。本心乃一身之主宰，身有主宰始可言道德主体之建立。人即在本心上建立道德主体之地位，有本心之主宰才可以言道德自律与道德实践。人人皆有本心，"求则得之，舍则失之"，在此基础上始可言性善。由此可知，孟子性善之说绝非高远之理想，而实在是为人之根本。而从四端之心上言性善，更可使其说落实为一种可以当下把握的道德实践。人人只须扩充此四端之心，扩充此善端，便可印证孟子性善之说。

三、义内义外之辩

四端之心乃人性之基础，是故孟子以心著性，以心善说性善，即所谓"性由心显"。此外，孟子不但坚持性善说，严辨人禽之别，且力主"仁义内在"，力辟告子义外之说。

牟宗三根据康德的道德哲学把孟子仁义内在的道德学说诠释为自律伦理学。他说："孟子的基本义理正好是自律道德，而且很透辟，首发于二千年以前，不同凡响，此则是孟子的智慧，虽辞语与思考方式不同于康德。"[1]那么，何谓自律道德呢？ 在《实践理性批判》中，康德说："意志自律是一切道德律和与之相符合的义务的唯一原则；反之，任意的一切他律不仅根本不建立任何责任，而且反倒与责任的原则和意志的德性相对立。……道德律仅仅表达了纯粹实践理性的自律，亦即自由的自律，而这种自律本身是一切准则的形式条件，只有在这条件之下一切准则才能与最高的实践法则相一致。"[2]

---

① 牟宗三：《圆善论·序》（全集本第 22 册），台北：联经出版社，2003 年，第 11 页。
② ［德］康德：《实践理性批判》，邓晓芒译，杨祖陶校，北京：人民出版社，2003 年，第 43—44 页。

　　孟子坚持仁义内在之旨即其自律道德的鲜明表现。判断孟子仁义内在之说是否是自律道德，关键要看其是否符合自律道德所要求的两个要素。自律道德的两个要素，一是道德主体的建立，二是纯粹的道德律或道德法则的建立。在牟宗三看来，孟子主仁义内在之说，且仁义内在于超越的道德心，此道德心就是道德实践之先天的根据或超越的根据，这可称为自律道德所要求的道德主体的一面。此道德主体在康德是从"自由意志"讲，而在中国的传统则是从本心或四端之心讲。其次，在康德，由自由意志所确立的先验的道德律是道德行为之准绳。而在中国儒家传统，道德律则是义理当然之"义"。此义理当然之"义"在宋明儒即发展为"天理"一说。孟子或宋明儒所谓的"义"或"天理"虽不是康德道德律所谓的形式原则，但这不能抹杀他们所肯定的道德主体所确立的"义"或"天理"之先验性与普遍性。孟子曰："生亦我所欲也，义亦我所欲也；二者不可得兼，舍生而取义者也。生亦我所欲，所欲有甚于生者，故不为苟得也；死亦我所恶，所恶有甚于死者，故患有所不辟也。"（《告子上》，第245页）又曰："非礼之礼，非义之义，大人弗为。"（《离娄下》，第172页）在牟宗三看来，这些话均表示在自然生命或耳目之欲以上，外在的伦理规范之外，有一超越的道德理性之标准。牟宗三说："人的道德行为、道德人格只有毫无杂念毫无歧出地直立于这超越的标准上始能是纯粹的，始能是真正地站立起。这超越的标准，如发展为道德法则，其命于人而为人所必须依之以行，不是先验的、普遍的，是什么？"[1]"乍见孺子入井"一例即体现了道德主体服从纯粹的道德律，服从内在的仁义法则，排除任何实际的利害考量，而当身实践道德本身之意。孟子的仁义内在之说，"由仁义行，非行仁义也"（《离娄下》，第176页）的实践品格都足以表现孟子学不失为一种自律伦理学，而孟子与告子等关于义内义外的论辩更突出了孟子自律道德中所强调的道德主体之自主性与义理之内在性、纯粹性的特征。

---

[1] 牟宗三：《心体与性体（一）》（全集本第5册），台北：联经出版社，2003年，第123—124页。

关于人性与仁义的关系，孟子与告子有"杞柳与杯棬"之辩：

> 告子曰："性犹杞柳也，义犹杯棬也；以人性为仁义，犹以杞柳为杯棬。"孟子曰："子能顺杞柳之性而以为杯棬乎？将戕贼杞柳而后以为杯棬也？如将戕贼杞柳而以为杯棬，则亦将戕贼人以为仁义与？率天下之人而祸仁义者，必子之言夫！"（《告子上》，第 234 页）

对于此辩，朱熹说："孟子与告子论杞柳处，大概只是言杞柳杯棬不可比性与仁义。杞柳必矫揉而为杯棬，性非矫揉而为仁义。"[1]对于孟子的诘难，赵岐解释为："子能顺完杞柳，不伤其性而成杯棬乎？将斧斤残贼之，乃可以为杯棬乎？言必残贼也。"[2]在孟子看来，杯棬乃戕贼杞柳之本性而成，从杞柳到杯棬是逆成的。而人性与仁义的关系则不然。仁义即人性之实，从人性而发的仁义是人性本然的表现。从人性而仁义呈顺成之势。由人性而仁义犹如水之就下，乃性之本然，非逆成之也。仁义内在于人性之中，而非外在认取而成。因此，孟子反对告子把人性与仁义的关系比拟为杞柳与杯棬的关系，否则必成义袭之论，祸害仁义而不自知也。由此可知，仁义根于心，内在于人性之中，斯成道德主体之自主性原则，而非仅仅服从外在规范也。

告子主仁内义外之说，与孟子主仁义内在之说不同。两人义内义外之说不同自不待言，即便两位同样坚持的"仁内"之说亦有其本质区别。其实，告子仁内之说与义外之说相连，终将沦为仁义皆外之说，而不复知仁义内在之实。

> 告子曰："食色，性也。仁，内也，非外也。义，外也，非内也。"孟子曰："何以谓仁内义外也？"曰："彼长而我长之，非有长于我也；犹彼白而我白之，从其白于外也，故谓之外也。"曰："异于白马之白也，无以异于白人之白也；不识长马之长也，无以异于长人之长与？且

---

① （宋）黎靖德编：《朱子语类》第四册，王星贤点校，北京：中华书局，1986 年，第 1375 页。
② （清）焦循：《孟子正义》（下），沈文倬点校，北京：中华书局，1987 年，第 734 页。

谓长者义乎？长之者义乎？"曰："吾弟则爱之，秦人之弟则不爱也，是以我为悦者也，故谓之内。长楚人之长，亦长吾之长，是以长为悦者也，故谓之外也。"曰："耆秦人之炙，无以异于耆吾炙，夫物则亦有然者也，然则耆炙亦有外与？"（《告子上》，第 236 页）

在告子，仁为内，仁表现为一种仁爱，此仁爱皆由自我决定，斯为仁内之旨。不过，细思之，告子仁内之说仍不同于孟子。告子之仁爱仅限于自我及自我之亲，而不遍及他人及他物，是以"吾弟则爱之，秦人之弟则不爱也"。如此，自我终将封闭而难免有沦为小我之嫌，而不能包容万物，终将成仁外之说。而孟子仁内之说则不然，孟子倡导"万物皆备于我"，尝言："君子之于物也，爱之而弗仁；于民也，仁之而弗亲。亲亲而仁民，仁民而爱物。"（《尽心上》，第 298 页）由亲亲而仁民，由仁民而爱于物，此真仁内之说也。

此外，告子义外之说，更是不能得义之实。要之，孟子义内之旨可摄告子义外之说，而告子义外之说终不能涵孟子义内之旨。在告子，无论"白"或"长"皆客观之事实，吾人"白之"或"长之"皆因为此外在之事实而如此也。而在孟子，事物之白尚且不论，但"长之"之对象不同，其"长之"之性质便不一样，不可如事物之白一样而一律"白之"。所以孟子说："且谓长者义乎？长之者义乎？"旨在说明"长之"在我，而义在内也。而告子又以"长楚人之长"与"长吾之长"而"长"皆在外，以明义外之说。孟子便更以耆炙之例以反驳之，说明耆炙亦是出于内，以此喻义内之旨。孟子尝曰："口之于味也，有同耆焉；耳之于声也，有同听焉；目之于色也，有同美焉。至于心，独无所同然乎？心之所同然者何也？谓理也，义也。圣人先得我心之所同然耳。故理义之悦我心，犹刍豢之悦我口。"（《告子上》，第 241—242 页）是故，孟子主理义内在于心之旨，而力辟告子义外之说。至于公都子与孟季子之辩，仍不出孟子与告子之辩的范围。孟季子强调吾人之敬随外在之客观情境而变，因此"敬之"在外。然不论"敬之"之对象与情形如何变换，吾人之敬皆出于内，此则不变也。

第二节　仁政学说与民本思想

一、仁政学说

　　孟子的政治思想以其性善说为前提。他把道德仁义之实由人性推广到社会、国家的治理之中，斯有所谓仁政之说。孟子曰："人皆有不忍人之心。先王有不忍人之心，斯有不忍人之政矣。以不忍人之心，行不忍人之政，治天下可运之掌上。"（《公孙丑上》，第 72 页）他主张"亲亲而仁民，仁民而爱物"（《尽心上》，第 298 页）的推恩原则，"推恩足以保四海，不推恩无以保妻子"（《梁惠王上》，第 15 页），将推恩充其极则"万物皆备于我"。孟子反对"以力服人"的"霸道"，反对杀伐征战、与民争利及以暴力对待百姓，主张"以德服人"的"王道"，主张保民、教民，以民为本。

　　仁政学说的目的是为民，其最基本的要求则是"保民"，即解决百姓的民生问题，安顿他们的生命与生活。为此，孟子明确提出为民制产，以为人民只有在丰衣足食的情况下才能安分守己，从善如流。他说："无恒产而有恒心者，惟士为能。若民，则无恒产，因无恒心。苟无恒心，放辟邪侈，无不为已。及陷于罪，然后从而刑之，是罔民也。焉有仁人在位罔民而可为也？是故明君制民之产，必使仰足以事父母，俯足以畜妻子，乐岁终身饱，凶年免于死亡；然后驱而之善，故民之从之也轻。"（《梁惠王上》，第 16 页）孟子把百姓的生命看得至高至上，因此极力反对当时诸侯国之间的杀伐征战，以为善阵善战乃大罪，而"国君好仁，天下无敌焉"（《尽心下》，第 301 页）。好仁最基本的要求即不嗜杀人。在孟子，只要执政者不嗜杀人，能行仁政，则天下之民即可往归之。孟子曰："今夫天下之人牧，未有不嗜杀人者也。如有不嗜杀人者，则天下之民皆引领而望之矣。诚如是也，民归之，由水之就下，沛然谁能御之？"（《梁惠王上》，第 12 页）孟子不但反对杀伐征战，也反对与民争利。孟子曰："今之事君者皆曰：'我能为君辟土地，充府库。'今之所谓良臣，古之所谓民贼也。

君不乡道，不志于仁，而求富之，是富桀也。'我能为君约与国，战必克。'今之所谓良臣，古之所谓民贼也。君不乡道，不志于仁，而求为之强战，是辅桀也。由今之道，无变今之俗，虽与之天下，不能一朝居也。"（《告子下》，第 271 页）国君果能好仁，不嗜杀人，便可"保民而王"，使百姓"养生丧死无憾"。

孟子的仁政思想其始在于保存百姓生命，解决其生活温饱问题，其终则在教育人民以人伦。所以孟子主张"谨庠序之教，申之以孝悌之义"（《梁惠王上》，第 16—17 页），使百姓"明人伦"，由此形成"人伦明于上，小民亲于下"（《滕文公上》，第 108 页）的社会风气。人伦者，人伦生活之准则，即所谓父子有亲、君臣有义、夫妇有别、长幼有序、朋友有信，由此百姓人人皆可居仁由义，日渐德化矣。"子适卫，冉有仆。子曰：'庶矣哉！'冉有曰：'既庶矣，又何加焉？'曰：'富之。'曰：'既富矣，又何加焉？'曰：'教之。'"（《论语·子路》）可见，孟子仁政思想与孔子"富之教之"的思想一致。百姓人人皆得保命、生活，"养生丧死无憾"，此王道之始也。然必使百姓人人皆能受教育、"明人伦"，方为王道之终。由此可知，行仁政必待教化而始完备，而善教亦是执政者得民心之不可或缺的手段。孟子曰："善政不如善教之得民也。善政，民畏之；善教，民爱之。善政得民财，善教得民心。"（《尽心上》，第 283 页）良好的教育，方能使百姓心悦诚服，有如七十子之服孔子。而再好的政治手段也不过与民争利、得民财而已，达不到征服人心、使百姓衷心拥戴的效果。可见，不管是执政者自身还是百姓，皆应注重德性之培养、礼义之化成，否则，"上无礼，下无学，贼民兴，丧无日矣。"（《离娄上》，第 148 页）上无道揆，下无法守，上下交征利，国之亡可立而待也。

孟子之仁政即以"仁"为政治之原则，由此而衍生出德治之理念。①所以说，孟子仁政思想是对孔子"德治"思想的发展。孟子以及儒家之德治思想包含两个层面，即修己与治人两个层面，且两者标准不同。修己

---

① 劳思光：《新编中国哲学史》第一卷，桂林：广西师范大学出版社，2005 年，第 136 页。

即执政者德性之培养以及民之教化，治人即以仁德惠泽于民。在德治的两个层面中，执政者德性之培养又是其关键，因为仁政或曰不忍人之政即由此而发。德治与法治相对而言，言德治者，以为治乱之道，系乎执政者之德性。[①] 执政者能善推其仁德，斯有仁政之建立，比之徒恃法治者不可同日而语。两者孰轻孰重，可参较荀子下面的一段话：

> 有乱君，无乱国；有治人，无治法。羿之法非亡也，而羿不世中；禹之法犹存，而夏不世王。故法不能独立，类不能自行，得其人则存，失其人则亡。法者，治之端也；君子者，法之原也。故有君子则法虽省，足以遍矣；无君子则法虽具，失先后之施，不能应事之变，足以乱矣。不知法之义而正法之数者，虽博，临事必乱。[②]

孟子尝谓"徒善不足以为政，徒法不能以自行"（《离娄上》，第 148 页），善心与善法两者相辅相成，缺一不可。然执政者之德性或善心则更为根本。只有在执政者善心或仁心的基础上，仁政之具体措施才会有的放矢，此即所谓"君子者，法之原也"。是故得其人则得其法，执政者必先有其德性，而后据此德性或仁心施行仁政，有此仁政之大方略，然后天下方能得治。

此外，执政者德性之培养总是仁义为先，即义先于利。但这一原则不能应用于百姓。换句话说，即不能以修己的标准去治人。当代新儒家徐复观先生即认为，儒家修己与治人的标准不同，两者不容混淆。"孔孟乃至先秦儒家在修己方面所提出的标准，亦即在学术上所立的标准，和在治人方面所提出的标准，亦即在政治上所立的标准，显然是不同的。修己的学术上的标准总是将自然生命不断底向德性上提，决不在自然生命上立足，决不在自然生命的要求上安设价值。治人的政治上的标准当然还是承认德性的标准，但这只是居于第二的地位，而必以人民的自然生命的要求居于第一的地位。治人的政治上的价值，首先是安设在人民

---

① 劳思光：《新编中国哲学史》第一卷，桂林：广西师范大学出版社，2005 年，第 136 页。
② （清）王先谦：《荀子集解》，沈啸寰、王星贤点校，北京：中华书局，1988 年，第 230 页。

的自然生命的要求之上，其他价值必附丽于此一价值而始有其价值。"①作为德治的两个层面，修己与治人的标准是不同的，此乃先秦儒家之通义，且一直相沿至两汉。这种区分非常重要，因为若以修己的标准去治人，则可能造成以道德礼义杀人的悲剧。汉儒董仲舒亦持此论：

> 《春秋》之所治，人与我也。所以治人与我者，仁与义也。以仁安人，以义正我，故仁之为言人也，义之为言我也，言名以别矣。仁之于人，义之与我者，不可不察也。众人不察，乃反以仁自裕，而以义设人。诡其处而逆其理，鲜不乱矣。是故人莫欲乱，而大抵常乱。凡以暗于人我之分，而不省仁义之所在也。……是故内治反理以正身，据礼以劝福。外治推恩以广施，宽制以容众。孔子谓冉子曰："治民者先富之，而后加教。"语樊迟曰："治身者，先难后获。"以此之谓治身之与治民，所先后者不同焉矣。《诗》云："饮之食之，教之诲之。"先饮食而后教诲，谓治人也。又曰："坎坎伐辐，彼君子兮，不素餐兮。"先其事，后其食，谓治身也。②

上文所谓治身即修己，治身与治人之不同即修己与治人之不同。治人则以仁安人，治身则以义正我，而不能反其用以逆其理。治人则先富后教，治身则先其事后其食，先后之序亦不能颠倒。可见，治人与治身（修己）之标准不可混同。孔孟从不拿执政者修己的标准去治人，去要求百姓。对执政者之修己而言，总是道德礼义为先，即所谓"以义正我"。而针对百姓之治人而言，则是养生先于教化，即所谓"以仁安人"。孟子曰："此惟救死而恐不赡，奚暇治礼义哉?"（《梁惠王上》）此即是把百姓的生命、生活放在道德礼义之前。

总之，孟子的仁政学说既强调执政者德性的重要，又强调执政者以民为本的理念，强调仁政的一切施设皆是为民而设，百姓之生计及其礼

---

① 徐复观：《释〈论语〉"民无信不立"——儒家政治思想之一考察》，载《学术与政治之间》，台北：学生书局，1985 年，第 299 页。
② （清）苏舆：《春秋繁露义证》，钟哲点校，北京：中华书局，1992 年，第 249—254 页。

乐教化既是政治的起点，亦是其最终的目标，是故在此基础上发展出了孟子的民本思想。

二、民本思想

仁政的基础是德治，而其归宿则是为民，这就发展出了孟子的民本思想。孟子的民本思想大致体现在如下三方面，一是民生方面；二是尊贤使能、尊重民意方面；三是政权基础及其转移方面。下面我们一一论述。

首先，孟子的民本思想以解决民生为急务，即所谓"民事不可缓也"。上文提到，仁政的基础首先是解决百姓的生活，在孟子当时所处的社会环境下，百姓能保命并维持基本的生活已是非常难得了。面对梁惠王，孟子严厉批判了当时的社会不公："庖有肥肉，厩有肥马，民有饥色，野有饿莩，此率兽而食人也。"（《梁惠王上》，第 8 页）并批评秦、楚等国"夺其民时，使不得耕耨以养其父母。父母冻饿，兄弟妻子离散"（《梁惠王上》，第 10 页）。在战乱频仍之际，孟子反对不顾人民的死活，通过驱民耕战来满足人君的私欲。为了能让百姓保命，解决其生活问题，孟子以为执政者应施行仁政，而仁政应从划分经界开始。"夫仁政，必自经界始。经界不正，井地不钧，谷禄不平，是故暴君污吏必慢其经界，经界既正，分田制禄可坐而定也。"（《滕文公上》，第 108 页）百姓依赖土地生活，正经界乃尊重百姓私有财产的必要措施，经界既正，百姓可以无后顾之忧了。除了正经界，孟子还提出了一些非常科学地促进农副业生产的具体措施，以为这才是百姓合理的生活：

> 不违农时，谷不可胜食也；数罟不入洿池，鱼鳖不可胜食也；斧斤以时入山林，材木不可胜用也。谷与鱼鳖不可胜食，林木不可胜用，是使民养生丧死无憾也。养生丧死无憾，王道之始也。
>
> 五亩之宅，树之以桑，五十者可以衣帛矣。鸡豚狗彘之畜，无失其时，七十者可以食肉矣。百亩之田，勿夺其时，数口之家可以无饥

矣。谨庠序之教，申之以孝悌之义，颁白者不负戴于道路矣。七十
者衣帛食肉，黎民不饥不寒，然而不王者，未之有也。(《梁惠王上》，
第 5 页)

保存百姓的生命、解决他们的温饱只是民生的第一步，为了彻底贯
彻民本思想，孟子主张执政者在治其田畴的同时，还要省刑罚、薄税敛，
如此百姓才能渐次致富：

> 市，廛而不征，法而不廛，则天下之商皆悦，而愿藏于其市矣；
> 关，讥而不征，则天下之旅皆悦，而愿出于其路矣；耕者，助而不税，
> 则天下之农皆悦，而愿耕于其野矣；廛，无夫里之布，则天下之民皆
> 悦，而愿为之氓矣。(《公孙丑上》，第 70 页)

能行此五者，则邻国之民仰之如父母，皆往归焉。

总之，民生关乎百姓的生命、生活，是仁政的第一步。仁政首先要解
决民生问题，在养民、富民，安顿百姓的生命与生活的基础上，孟子首次
明确提出为民制产，认为人民只有在丰衣足食的情况下才不会胡作非
为，并接受教化。仁政以土地制度为基本保障，这还是生存权问题、民生
问题。小民的基本口粮，核心家庭的基本温饱，老人的赡养均是仁政的
主要内容。这里多次提到要保证黎民不饥不寒，粮食如水火那么多，五
十岁以上的人有丝棉袄穿，七十岁以上的人有肉吃等。[1] 凡此种种，皆可
看出孟子的民本思想以民生为起点，切实而具体，皆是为民之生存与发
展而设也。

其次，孟子的民本思想还体现在尊贤使能、尊重民意方面。百姓的
生计解决了还不够，还须施以教化，如此方能调治民心，和谐人伦关系，
安定社会秩序。"设为庠序学校以教之。庠者，养也；校者，教也；序者，
射也。夏曰校，殷曰序，周曰庠；学则三代共之，皆所以明人伦也。人伦

---

[1] 郭齐勇：《原始儒家的正义论——以〈孟子〉为中心》，载《中国哲学智慧的探索》，北京：中华书
局，2008 年，第 178 页。

明于上，小民亲于下。"(《滕文公上》，第 108 页)"壮者以暇日修其孝弟忠信，入以事其父兄，出以事其长上。"(《梁惠王上》，第 10 页)"谨庠序之教，申之以孝悌之义，颁白者不负戴于道路矣。"(《梁惠王上》，第 5 页)百姓皆能亲其亲、长其长，则国益安矣。对百姓施以教化或教育不单单在于使其"明人伦"，更在于能在民众中选贤与能，使其参与到国家政权的管理中去。孟子曰："贵德而尊士，贤者在位，能者在职。"(《公孙丑上》，第 68 页)"尊贤使能，俊杰在位，则天下之士皆悦，而愿立于其朝矣。"(《公孙丑上》，第 70 页)荀子亦主"尚贤使能"，他说："君人者欲安则莫若平政爱民矣，欲荣则莫若隆礼敬士矣，欲立功名则莫若尚贤使能矣。"①尊贤使能凸显了平民参政的特色，是民本思想在政治上的重要体现。

此外，民本思想还体现在尊重民意上。孟子论民意与察举：

> 国君进贤，如不得已，将使卑逾尊，疏逾戚，可不慎与？左右皆曰贤，未可也；诸大夫皆曰贤，未可也；国人皆曰贤，然后察之，见贤焉，然后用之。左右皆曰不可，勿听；诸大夫皆曰不可，勿听；国人皆曰不可，然后察之，见不可焉，然后去之。左右皆曰可杀，勿听；诸大夫皆曰可杀，勿听；国人皆曰可杀，然后察之，见可杀焉，然后杀之。(《梁惠王下》，第 38 页)

由此可知，对于上述各种政治权力，孟子主张参考民意，在充分尊重民意的基础上进行裁决。知民之好恶，充分尊重民意，"所欲与之聚之，所恶勿施"(《离娄上》，第 156 页)，正是以民为本的鲜明体现。

最后，孟子的民本思想还体现在政权基础及其转移方面。孟子很看重民心向背，认为民心乃政权之基础，民心向背是政治上成功与否的决定因素。"桀纣之失天下也，失其民也；失其民者，失其心也。得天下有道：得其民，斯得天下矣；得其民有道：得其心，斯得民矣。"(《离娄上》，第 156 页)行仁则得民心、得天下，不行仁则失民心、失天下，故孟子曰："三

---

① （清）王先谦：《荀子集解》，沈啸寰、王星贤点校，北京：中华书局，1988 年，第 153 页。

代之得天下也以仁，其失天下也以不仁。国之所以废兴存亡者亦然。"
（《离娄上》，第 152 页）孔子以前之古代思想，虽有民本观念之萌芽，但此种思想之大成则待孟子之说始见。旧说本以"天命"解释政权之转移。孟子则直以"民心"释"天命"。①

> 万章曰："尧以天下与舜，有诸？"孟子曰："否。天子不能以天下与人。""然则舜有天下也，孰与之？"曰："天与之。""天与之者，谆谆然命之乎？"曰："否；天不言，以行与事示之而已矣。"曰："以行与事示之者，如之何？"曰："天子能荐人于天，不能使天与之天下；诸侯能荐人于天子，不能使天子与之诸侯；大夫能荐人于诸侯，不能使诸侯与之大夫。昔者，尧荐舜于天，而天受之；暴之于民，而民受之；故曰，天不言，以行与事示之而已矣。"（《万章上》，第 201—202 页）

孟子提出"天与"的观念乃在否定执政者以政权为私产，而以民心向背为政权转移之根据。"以行与事示之"即以民心所向示之，因此孟子尝引《泰誓》之文"天视自我民视，天听自我民听"以明其义。"天命"中虽有人力所不能及者，但仍主要表现于民心。总之，民心乃政权转移之关键。在此基础上，孟子进而肯定汤武之革命：

> 齐宣王问曰："汤放桀，武王伐纣，有诸？"孟子对曰："于传有之。"曰："臣弑其君，可乎？"曰："贼仁者谓之'贼'，贼义者谓之'残'。残贼之人谓之'一夫'。闻诛一夫纣矣，未闻弑君也。"（《梁惠王下》，第 39 页）

此即表明执政者倘失仁义之道即是独夫民贼，民可以推翻其政权而诛杀之，这就是传统政治上的革命论。这就明确表示政权可以转移，而转移之依据即在民心向背。民心之重要有如斯，故孟子更有"民贵君轻"的著名思想。"民为贵，社稷次之，君为轻。是故得乎丘民而为天子，得乎天子为诸侯，得乎诸侯为大夫。"（《尽心下》，第 304 页）在治理国家、统

---

① 劳思光：《新编中国哲学史》第一卷，桂林：广西师范大学出版社，2005 年，第 131 页。

一天下的问题上，百姓是最重要的，国家政权是次要的，国君是更次要的。孟子的民本思想对历代批判君主专制的思想家影响很大，成为中国乃至东亚重要的政治资源。①

第三节　修养工夫与人格境界

孔孟儒学是生命的学问，是为己之学，成就德性是为学的目的，此即所谓"成德之教"。为此，孟子倡存心养气的修养工夫，通过存养本心、集义养浩然之气，以期达至德性至上的人格境界。

一、存心养气的修养工夫

孟子道性善，以四端之心论性，以此为道德实践之基。人人皆有善端，要在能存养、扩充，否则便无异于无，此所以孟子曰："学问之道无他，求其放心而已矣。"（《告子上》，第 247 页）人心不知存养，则流于放失、梏亡：

> 孟子曰："牛山之木尝美矣，以其郊于大国也，斧斤伐之，可以为美乎？是其日夜之所息，雨露之所润，非无萌蘖之生焉，牛羊又从而牧之，是以若彼濯濯也。人见其濯濯也，以为未尝有材焉，此岂山之性也哉？虽存乎人者，岂无仁义之心哉？其所以放其良心者，亦犹斧斤之于木也，旦旦而伐之，可以为美乎？其日夜之所息，平旦之气，其好恶与人相近也者几希，则其旦昼之所为，有梏亡之矣。梏之反覆，则其夜气不足以存；夜气不足以存，则其违禽兽不远矣。人见其禽兽也，而以为未尝有才焉者，是岂人之情也哉？故苟得其养，无物不长；苟失其养，无物不消。孔子曰：'操则存，舍则亡；出入无时，莫知其乡。'惟心之谓与？"（《告子上》，第 243 页）

---

① 郭齐勇:《原始儒家的正义论——以〈孟子〉为中心》，载《中国哲学智慧的探索》，北京:中华书局，2008 年，第 183 页。

孟子以牛山之木喻仁义之心。牛山之木尝美，但若斧斤不断伐之，其美亦渐失矣。而人之放失良心者，犹斧斤之于木，如不知操存保养，则离禽兽不远矣。万物之生，皆需养护、培植，否则便趋于消亡，人心亦不能外。正所谓"苟得其养，无物不长；苟失其养，无物不消。"人之习气、欲望便有使良心、夜气桔亡之险，因此孟子曰："养心莫善于寡欲。其为人也寡欲，虽有不存焉者，寡矣。其为人也多欲，虽有存焉者，寡矣。"（《尽心下》，第 315 页）此处存与不存皆就良心、夜气而言，欲望之多少于善性之存养有重要影响。另，人不但要知操存本心，还要能扩充之，能扩充则能使己之仁义之性得以充分发挥，而仁义之实则不可胜用矣。孟子曰："人皆有所不忍，达之于其所忍，仁也；人皆有所不为，达之于其所为，义也。人能充无欲害人之心，而仁不可胜用也；人能充无穿逾之心，而义不可胜用也。人能充无受尔汝之实，无所往而不为义也。"（《尽心下》，第 313 页）"达"者，通达、推扩之谓，人能善推其本心，"亲亲而仁民，仁民而爱物"，至其极则"万物皆备于我"。孟子曰："尽其心者，知其性也。知其性，则知天矣。存其心，养其性，所以事天也。夭寿不贰，修身以俟之，所以立命也。"（《尽心上》，第 278 页）尽心即推扩此本心，由此方知人之仁义之性，知此性本于自然（天）。存心养性即保任此本心，使其不放失。修身立命即坚守此本心而不动摇，夭寿不二，顺逆如一，如是则无往而不利也。

孟子主存心养性，而其具体的实践工夫则在持志养气，成就浩然之气，以逐步达至"不动心"的境界：

> 曰："敢问夫子之不动心与告子之不动心，可得闻与？""告子曰：'不得于言，勿求于心；不得于心，勿求于气。'不得于心，勿求于气，可；不得于言，勿求于心，不可。夫志，气之帅也；气，体之充也。夫志至焉，气次焉。故曰：'持其志，无暴其气。'""既曰：'志至焉，气次焉。'又曰：'持其志，无暴其气'者，何也？"曰："志壹则动气，气壹则动志也，今夫蹶者趋者，是气也，而反动其心。"（《公孙丑上》，第 56 页）

告子先于孟子"不动心"，而孟子之"不动心"亦有其道，且不同于告子，此颇值得探讨。告子曰："不得于言，勿求于心；不得于心，勿求于气。""不得于言"之"言"即"知言"之"言"，即言辞、辞气之谓。至于"不得于言"之"得"，劳思光先生释为"得理"之谓。① 告子所谓"不得于言，勿求于心"，乃谓于外在言辞有所不契、不达，则不必求之于主观内在之心。"不得于心，勿求于气"，则谓心志有不合义、不得理者，即不当求之于身体之气。孟子谓"不得于心，勿求于气，可"，盖心志未能得理、达义，切勿徒恃意气以矜其勇，此为孟子所许。即不得于心，应反求诸己而不可徒恃其气。但孟子又谓"不得于言，勿求于心，不可"，此孟子不同意告子处，亦两人不同处。对此，徐复观先生认为，"告子的不得于言，勿求于心，是对于社会上的是非得失，一概看作与己无关，不去管它，这便不致使自己的心，受到社会环境的干扰。"②告子的"不得于言，勿求于心"之说显然与其"义外"之旨相关。告子以为外在客观之事理与己心无关。告子之"不动心"即是隔断此心与外在言辞、事理之关系，以求此心不为其所累，从而达到"不动心"的境界。然孟子之"不动心"则不如是。孟子主"义内"之说，因此未尝隔断心志与外在事理之关系。"不得于言"者，即于外在之言辞、事理不能得其正者，此时正须求之于己之心志，以心正之，如此方是仁义之道。以心格义，以义正言、断事，如是则心理一如、心事一如，如此方是真正的"不动心"，此是孟子"不动心"之真意。

次论"志"与"气"。"志"者，心之所向，相应于孟子所谓"大体"。"气，体之充也。""气"即指人身上的一股生命力，相应于孟子所谓"小体"。"夫志，气之帅也"，即以"大体"统帅"小体"。"夫志至焉，气次焉"，即孟子所谓"先立乎其大者，则其小者不能夺也"（《告子上》，第 250 页）。既如此，然孟子又谓"持其志，无暴其气"，引公孙丑质疑，则为何也？孟子的回答是"志壹则动气，气壹则动志也"。"壹"即专一，有主宰义。这

---

① 劳思光：《新编中国哲学史》第一卷，桂林：广西师范大学出版社，2005 年，第 126 页。
② 徐复观：《孟子知言养气章试释》，载《中国思想史论集》，台北：学生书局，1983 年，第 147 页。

句话是说,心志若为主宰则可支配气,气若为主宰亦可支配心志。其间之主从关系并无定准,是故又须"持其志,无暴其气"。"持",持守、操持之谓。"持其志"即持守此心志而不为气所动。"暴",暴乱之谓。因气易散乱干扰心志,故"持其志"之余又须无暴乱其气。如此持守、操存方能逐渐养就浩然之气。

> "敢问夫子恶乎长?"曰:"我知言,我善养吾浩然之气。""敢问何谓浩然之气?"曰:"难言也。其为气也,至大至刚,以直养而无害,则塞于天地之间。其为气也,配义与道;无是,馁也。是集义所生者,非义袭而取之也。行有不慊于心,则馁矣。我故曰,告子未尝知义,以其外之也。必有事焉,而勿正,心勿忘,勿助长也。"(《公孙丑上》,第 56—57 页)

浩然之气乃集义所生,配义与道之气方为浩然之气。心志、道义虽很重要,然气亦不可废,所以朱熹说:"'养气'章,道义与气,不可偏废。虽有此道义,苟气不足以充其体,则歉然自馁,道气亦不可行矣。"[1]集义即是要做到处处皆合道义,且此道义皆从心志而发,以此心志统帅气,"持其志,无暴其气",非如告子义袭而取也。集义与义袭乃两种不动心之工夫。王阳明说:"告子是硬把捉着此心,要他不动;孟子却是集义到自然不动。"[2]两者之差距何啻天壤。"必有事焉"即念念不忘集义,不忘义之所在,此即孔子所谓"君子无终食之间违仁,造次必于是,颠沛必于是"(《论语·里仁》)。然此亦不能过于穿凿,所以须"勿正"。马一浮先生谓"勿正"之"正"可作"凿"解。"凿"即"所恶于智者,为其凿也"(《离娄下》,第 180 页)之"凿"。他说:"心勿忘勿助,乃是绵密无间功夫,无一毫矫揉造作,实与无相行同义。"[3]此即"行其所无事",乃真由仁义行,而非行仁义也。后世禅家修行,亦不过如此。至于"必有事焉,而勿正,心勿

---

① 黎靖德编:《朱子语类》第四册,王星贤点校,北京:中华书局,1986 年,第 1256 页。
② (明)王阳明:《传习录上》,载《王阳明全集》,上海:上海古籍出版社,1992 年,第 24 页。
③ 马一浮:《尔雅台答问》,南京:江苏教育出版社,2005 年,第 78 页。

忘,勿助长也"一句,顾炎武《日知录》引倪文节谓:"当作'必有事焉而勿忘'。忽忘,勿助长也。传写之误,以'忘'字作'正心'二字。言养浩然之气,必当有事而勿忘。既已勿忘,又当勿助长也。叠二勿忘,作文法也。"①可备一说。

对于何谓知言,孟子曰:"诐辞知其所蔽,淫辞知其所陷,邪辞知其所离,遁辞知其所穷——生于其心,害于其政;发于其政,害于其事。圣人复起,必从吾言矣。"(《公孙丑上》,第57页)知言是为了辨志,"言为心声",依其言则可知其心之所之,从而不为其言所蔽。知言亦是养心的工夫。在孟子,"持志"、"养气"、"知言"乃三位一体之关系,皆为孟子存养本心之工夫。

孔孟儒学是自得之学,修养渐深即可达于自得之境。孟子曰:"君子深造之以道,欲其自得之也。自得之,则居之安;居之安,则资之深;资之深,则取之左右逢其原,故君子欲其自得之也。"(《离娄下》,第174页)能时时操存本心,持志养气,必有事焉而勿忘、勿助长,斯可渐至不动心,养就浩然之气,无往而不自得矣。

二、德性至上的人格境界

孟子私淑孔子,其学有所承续于孔子。孔子尚"仁",孟子更是仁义并举。在生死存亡之际,在义利冲突之时,孟子总是以仁义为先,更有所谓义利之辨。他还极为重视人的独立与操守,他有古代士人的风骨与气节,有"舍我其谁"的气魄与承当。此外,他继承孔子之道,追求德性至上的人格境界。

首先,为了说明人之为人,孟子严辨人禽之别。而为了表现君子人格,孟子又有所谓义利之辨。孟子曰:"仁,人心也;义,人路也。"(《告子上》,第247页)又曰:"仁也者,人也。合而言之,道也。"(《尽心下》,第305页)秉承孔子的仁学,孟子处处标举仁义,以此为做人第一义谛。在

---

① 陈垣校注:《日知录校注》,合肥:安徽大学出版社,2007年,第408页。

《孟子》一书开篇，面对梁惠王"以利吾国"的发问，孟子对曰："王！何必曰利？亦有仁义而已矣。"(《梁惠王上》，第 1 页)，为《孟子》一书的思想定下了基调。古时"利"有"义之和"之训。盖上古风俗淳厚，世人多能行义以共利。然后世礼坏乐崩，人多不顾礼义，怀利以相接，义利之冲突遂愈演愈烈。子曰："君子喻于义，小人喻于利。"(《论语·里仁》)孟子义利之辨亦有所取于夫子也：

> 鱼，我所欲也，熊掌亦我所欲也；二者不可得兼，舍鱼而取熊掌者也。生亦我所欲也，义亦我所欲也；二者不可得兼，舍生而取义者也。生亦我所欲，所欲有甚于生者，故不为苟得也；死亦我所恶，所恶有甚于死者，故患有所不辟也。如使人之所欲莫甚于生，则凡可以得生者，何不用也？使人之所恶莫甚于死者，则凡可以辟患者，何不为也？由是则生而有不用也，由是则可以辟患而有不为也，是故所欲有甚于生者，所恶有甚于死者。非独贤者有是心也，人皆有之，贤者能勿丧耳。(《告子上》，第 245—246 页)

义利冲突中之最突出者莫过于人的自然生命与人的德性尊严之间的冲突。孔子有所谓"杀身成仁"之说，而面对上述困境，孟子亦主张"舍生取义"。生与义有时难以得兼，要在人之如何抉择。梁启超说："所谓二者不得兼，即神明与躯干利害相冲突之时也，其冲突之甚，乃至神明与躯干不能并存，此等境遇，本非人世间所常有，吾侪或终身不一遇焉，万一遇之，则势必须舍其一乃能取其一，孰取孰舍，即人禽所攸分也。禽兽所欲无更甚于生，所恶无更甚于死。人决不然，然舍彼而取此则为人，舍此而取彼，遂禽兽矣。孰舍孰取，视平日所养何如耳，此养大体养小体之义也。"[1]关于大体小体，孟子曰，"体有贵贱，有小大。无以小害大，无以贱害贵。养其小者为小人，养其大者为大人。"(《告子上》，第 248 页)朱熹集注云："贱而小者，口腹也；贵而大者，心志也。"[2]仁义礼智之心志即

---

① 梁启超：《梁启超论孟子遗稿》，载《学术研究》，1983 年第 5 期，第 88 页。
② (宋)朱熹：《四书章句集注》，北京：中华书局，1983 年，第 334 页。

"大体"、"良贵",亦即人之为人之所在,它表现了一种对小体即自然生命的超越义。孟子"舍生取义"的道德选择即表现了一种超越生命的价值追求,表现了人为人格尊严而牺牲的殉道精神。

此外,义利之辨又常表现于人伦日用之中,而这正是人们所常经历与面对的,因此也是最切要的。孟子主张君臣、父子、兄弟之间应当"怀仁义以相接",而非"怀利以相接"。在利益与仁义发生冲突时,他也是主张以"仁义"为先,先义后利,以为如此方能达于王道之治。

其次,孟子除通过义利之辨以凸显君子人格外,还追求一种独立不倚、弘大刚毅的气节与情操,更有所谓"舍我其谁"的气魄与承当,这些都表现了孟子大丈夫式的气节与操守。因为德性自足、独立不倚,因此他有"说大人,则藐之,勿视其巍巍然"(《尽心下》,第 315 页)的气概。他引用曾子的话说:"彼以其富,我以吾仁;彼以其爵,我以吾义,吾何慊乎哉?"(《公孙丑下》,第 81 页)这句话是说:彼有其富贵、爵位在身,而我之仁义自足,我并没有比对方缺少什么。此真有子路"不忮不求"之风。说到"爵",孟子亦有天爵人爵之辨。他说:"有天爵者,有人爵者。仁义忠信,乐善不倦,此天爵也;公卿大夫,此人爵也。古之人修其天爵,而人爵从之。今之人修其天爵,以要人爵;既得人爵,而弃其天爵,则惑之甚者也,终亦必亡而已矣。"(《告子上》,第 250—251 页)孟子主张追求天爵而非人爵。天爵即人自身所具有的道德原则与人格品质,操存舍亡皆在我者也。而人爵即功名利禄则是求在外者,得与不得皆有其命,不可强求也。是故孟子说:"求则得之,舍则失之,是求有益于得也,求在我者也。求之有道,得之有命,是求无益于得也,求在外者也。"(《尽心上》,第 279 页)

孟子倡导大丈夫精神,他说:"居天下之广居,立天下之正位,行天下之大道;得志,与民由之;不得志,独行其道。富贵不能淫,贫贱不能移,威武不能屈,此之谓大丈夫。"(《滕文公下》,第 128 页)在孟子,"仁"即天下之广居,"德"即天下之正位,"义"即天下之大道,居仁、由义、立德皆是大丈夫之所为。他还提倡独善其身与兼善天下的统一:"得志,泽加于民;不得志,修身见于世。穷则独善其身,达则兼善天下。"(《尽心上》,第

281 页）又曰："待文王而后兴者，凡民也。若夫豪杰之士，虽无文王犹兴。"（同上）孟子的这种大丈夫精神与豪杰之气曾激励过后世无数的仁人志士。

最后，继承孔子之道，孟子亦追求一种德性至上的人格境界。孔孟儒学的人格境界论有两个要点：一个是它的终极至上性，即与天道相联系的"圣"的境界；另一个是它的经世致用性，即与人道相联系的"凡"的现实。前者是最高的理想，后者是理想的实现，两者之间密切沟通，不可脱离。有的论者只看到儒学的世俗伦理的一面，不承认它的超越性；有的论者又只看到儒学的高明理想的一面，不承认其所具有的普适性、现实性。关键的问题是要理解天道与人道、神圣与凡俗的贯通。这是传统知识分子的人格理想和行为模式。①

孟子的人格境界论以"圣"为至上，以"诚"为中心。太史公在《史记·孟子荀卿列传》中说孟子"受业子思之门人"，《中庸》一书又与子思相关，因此《中庸》中的思想对孟子产生了很大的影响，这尤其表现在"诚"的观念上。《中庸》："自诚明，谓之性；自明诚，谓之教。诚则明矣，明则诚矣。唯天下至诚，为能尽其性；能尽其性，则能尽人之性；能尽人之性，则能尽物之性；能尽物之性，则可以赞天地之化育；可以赞天地之化育，则可以与天地参矣。""自诚明"即天之道，"自明诚"即人之道，然殊途同归，至诚即可通达为一。故孟子曰："是故诚者，天之道也；思诚者，人之道也。至诚而不动者，未之有也；不诚，未有能动者也。"（《离娄上》，第 158 页）唯至诚才能"动"，能"动"才能尽人物之性，能尽人物之性才能参赞天地之化育。此种境界孟子亦尝论及之。如《中庸》中"赞天地之化育"即孟子所谓"万物皆备于我"，而"与天地参"即孟子所谓"上下与天地同流"。

孟子以"诚"为修身之本，以"圣"为修身之依归。他把修身之进阶简述为："可欲之谓善，有诸己之谓信，充实之谓美，充实而有光辉之谓大，

---

① 郭齐勇：《中国儒学之精神》，上海：复旦大学出版社，2009 年，第 271 页。

大而化之之谓圣,圣而不可知之之谓神。"(《尽心下》,第 310 页)这里列出了修身的六个层次:善、信、美、大、圣、神,可谓层层递进。他说:"形色,天性也;惟圣人然后可以践形。"(《尽心上》,第 295 页)践形即把"诚"完全化于己身,从而成己成物,可谓修身之极致。践行者,德蓄其身,英华发外:"君子所性,仁义礼智根于心,其生色也睟然,见于面,盎于背,施于四体,四体不言而喻。"(《尽心上》,第 286 页)

孟子的人格境界论虽有其极高的超越性,但又"极高明而道中庸",它总是展现在最平实的日用伦常之中。他说:"尧舜之道,孝弟而已矣。子服尧之服,诵尧之言,行尧之行,是尧而已矣。"(《告子下》,第 255 页)孝悌之义,虽愚夫愚妇亦能行也。圣凡之别即在能否善推此孝悌之义。孟子曰:"老吾老以及人之老,幼吾幼以及人之幼,天下可运于掌。《诗》云:'刑于寡妻,至于兄弟,以御于家邦。'言举斯心加诸彼而已。故推恩足以保四海,不推恩无以保妻子。古之人所以大过人者,无他焉,善推其所为而已矣。"(《梁惠王上》,第 15 页)可见,孟子的人格境界论即凡即圣,一以贯之,要在能以德性为至上,以至诚之仁义为根本也。

第四节　辟杨、墨、许行与孟子的地位

一、辟杨、墨、许行之说

孟子生当战国中期,此前已是"世衰道微,邪说暴行有作。臣弑其君者有之,子弑其父者有之"。其时孔子出,作《春秋》,而乱臣贼子惧。值孟子之时,"圣王不作,诸侯放恣,处士横议,杨朱、墨翟之言盈天下。天下之言不归杨,则归墨。杨氏为我,是无君也;墨氏兼爱,是无父也。无父无君,是禽兽也。……岂好辩哉?予不得已也。能言距杨墨者,圣人之徒也。"(《滕文公下》,第 141—142 页)又曰:"逃墨必归于杨,逃杨必归于儒。归,斯受之而已矣。今之与杨、墨辩者,如追放豚,既入其苙,又从而招之。"(《尽心下》,第 310—311 页)孟子以圣人之徒自居,当仁不让,

以"舍我其谁"之气概，力辟杨、墨、许行之说，依归于圣人之道。

辟杨朱。杨朱之说，于今已不可详考。关于杨朱思想及其学派归属，侯外庐等先生在《中国思想通史》（第一卷"古代思想"）中做了详细的考察。我们在此主要考察孟子对杨朱的批评。关于杨朱其人，先秦典籍《孟子》、《庄子》、《韩非子》等尝提及之。而对杨朱学派及其思想，在颇具学术史意义的《庄子·天下》与《荀子·非十二子》中却未明确提及。① 关于其说，今可查考者，有如下数则材料②：

> 孟子曰："杨子取为我，拔一毛而利天下，不为也。"（《尽心上》，第 289 页）

> 阳生贵己。（《吕氏春秋·不二》）③

> 兼爱、尚贤，右鬼、非命，墨子之所立也，而杨子非之。全性保真，不以物累形，杨子之所立也，而孟子非之。（《淮南子·泛论训》）④

由以上材料可知，杨朱学派的思想主旨为"为我"、"贵生"。"为我"即"贵己"，"贵生"即"全性保真"。孟子以为，"杨氏为我，是无君也"。上文提到，孟子严辨义利，认为应先义后利，而杨朱则"为我"、"贵己"，以"己"为中心。《列子》一书中有杨朱篇。《列子》虽向来被视为伪书，但因其为后人所辑，多少宜保留了先秦时的一些材料，因此仍有可参考之价值。在《列子·杨朱篇》中，杨朱曰："古之人损一毫利天下不与也，悉天下奉一身不取也。人人不损一毫，人人不利天下，天下治矣。"⑤对此，吕思勉先生说："夫人人不损一毫，则无尧舜；人人不利天下，则无桀纣；无

---

① 参见侯外庐、赵纪彬、杜国庠：《中国思想通史》第一卷"古代思想"。北京：人民出版社，1957年，第 337 页。
② 参见劳思光：《新编中国哲学史》第一卷，桂林：广西师范大学出版社，2005 年，第 155—156 页。
③ 许维遹：《吕氏春秋集释》，梁运华整理，北京：中华书局，2009 年，第 467 页。
④ 何宁：《淮南子集释》，北京：中华书局，1998 年，第 939—940 页。
⑤ 杨伯峻：《列子集释》，北京：中华书局，1979 年，第 230 页。

桀纣，则无当时之乱；无尧舜，则无将来之弊矣。故曰天下治也。杨子为我之说如此；以哲学论，亦可谓甚深微妙；或以自私自利目之，则浅之乎测杨子矣。"①如是说来，孟子果浅视杨朱了吗？其实不然。杨朱之说，自有其甚深微妙之处，然惜其只见一端，而未及大全。杨朱"为我"之说只得孟子"独善其身"之义，而未及"兼善天下"之大本，是以孟子批其"无君"。儒家主张"己欲立而立人，己欲达而达人"、"博施于民，而能济众"（《论语·雍也》，倡导"达则兼善天下"，此皆儒家仁本之说，乃人君之所当为。杨朱只知全一己之生、遂一己之性，而不知"物之不齐"，难免成己遗物，而未达至儒家"成己成物"、"各正性命"之旨。此外，杨朱"贵生"，这又与孟子舍生取义之说相违。"全性保真，不以物累形"即"贵生"之义。"不以物累形"则专注于全其"天性"之"形"，而不知尚有圣人"践形"一事在焉，是以孟子批评之。

辟墨翟。孟子批评墨翟，以为"墨氏兼爱，是无父也"。孟子通过批评墨者夷之来展开对墨翟的批评：

> 夷子曰："儒者之道，古之人若保赤子，此言何谓也？之则以为爱无差等，施由亲始。"徐子以告孟子。孟子曰："夫夷子信以为人之亲其兄之子为若亲其邻之赤子乎？彼有取尔也。赤子匍匐将入井，非赤子之罪也。且天之生物也，使之一本，而夷子二本故也。"（《滕文公上》，第 123 页）

墨者夷之以为"爱无差等，施由亲始"，孟子则斥其为二本之说。"爱无差等"即墨氏兼爱，兼爱即视己之亲同于途人，如此则无所谓"孝悌"，因此孟子斥其为无父之论。夷之既主"爱无差等"，又主"施由亲始"，如此则成二本之论。而儒家则主亲亲，有子曰："孝弟也者，其为仁之本与！"（《论语·学而》）天之生物，使之一本，如此方可言"孝悌"。朱子说："且人物之生，必各本于父母而无二，乃自然之理，若天使之然也。故其

---

① 吕思勉：《先秦学术概论》，上海：上海书店，1992 年，第 43 页。

爱由此立，而推以及人，自有差等。"①此即孟子所谓"亲亲而仁民，仁民而爱物"，本末先后之序不可躐等也。不过，程子云："仁者以天地万物为一体"。阳明先生的弟子尝问及乃师，程子云"仁者以天地万物为一体"，为何墨氏"兼爱"反不得谓之仁？先生回答曰：

> 此亦甚难言，须是诸君自体认出来始得。仁是造化生生不息之理，虽弥漫周遍，无处不是，然其流行发生，亦只有个渐，所以生生不息。如冬至一阳生，必自一阳生，而后渐渐至于六阳，若无一阳之生，岂有六阳？阴亦然。惟有渐，所以便有个发端处；惟其有个发端处，所以生；惟其生，所以不息。譬之木，其始抽芽，便是木之生意发端处；抽芽然后发干，发干然后生枝生叶，然后是生生不息。若无芽，何以有干有枝叶？能抽芽，必是下面有个根在。有根方生，无根便死。无根何从抽芽？父子兄弟之爱，便是人心生意发端处，如木之抽芽。自此而仁民，而爱物，便是发干生枝生叶。墨氏兼爱无差等，将自家父子兄弟与途人一般看，便自没了发端处；不抽芽便知得他无根，便不是生生不息，安得谓之仁？孝弟为仁之本，却是仁理从里面发生出来。②

亲亲者，乃人之常情，亦是仁心之发端处。墨氏兼爱是堵塞其发端处，此便如无源之水、无本之木，善行、仁爱何得推扩？在先秦典籍中，墨氏与杨氏常并提，且观点相对立，为两极端之说。在孟子看来，两家皆不识中道，不懂变通。孟子曰："杨子取为我，拔一毛而利天下，不为也。墨子兼爱，摩顶放踵利天下，为之。子莫执中。执中为近之。执中无权，犹执一也。所恶执一者，为其贼道也，举一而废百也。"（《尽心上》，第289页）此孟子所以主张自得之学之故也，唯自得之学则可左右逢其源，而免于一端之说之弊也。

辟许行。孟子通过驳斥许行之说以论"社会分工"及合理社会结构

---

① （宋）朱熹：《四书章句集注》，北京：中华书局，1983年，第262页。
② （明）王阳明：《传习录上》，载《王阳明全集》，上海：上海古籍出版社，1992年，第25—26页。

之必要，并将之上升到夷夏之辨的高度，以为应从"周公、仲尼之道"。有从神农之说者名许行，自南方而来，其徒"皆衣褐，捆屦，织席以为食"。有陈良之徒陈相者，闻许行之说而大悦，尽弃其所学而学焉。陈相得见孟子，道许行之言曰："滕君则诚贤君也；虽然，未闻道也。贤者与民并耕而食，饔飧而治。今也滕有仓廪府库，则是厉民而以自养也，恶得贤？"（《滕文公上》，第112页）许行之观点"触及社会结构之根本问题"①。他认为君与民应"并耕而食"，更无须设"仓廪府库"，否则便是"厉民"。果如许行所说，则君民无所区别，其设想之社会结构类似空想之无政府主义，这显然为孟子所不容，因此孟子贬之为夷狄之论。孟子继而反诘陈相"许子必织布而后衣乎？""许子以釜甑爨，以铁耕乎？"陈相辞穷，言许子并非自为，皆以粟易之。孟子即言："以粟易械器者，不为厉陶冶；陶冶亦以其械器易粟者，岂为厉农夫哉？且许子何不为陶冶，舍皆取诸其宫中而用之？何为纷纷然与百工交易？何许子之不惮烦？"（《滕文公上》，第113页）此即表示陶冶与耕作乃平等之职业分途，并无彼此相"厉"存在，无所谓谁损害谁。陶冶与耕作之事如此，百工之事莫不如是。由此，孟子提出了治人与治于人的大分工原则：

> 然则治天下独可耕且为与？有大人之事，有小人之事。且一人之身，而百工之所为备，如必自为而后用之，是率天下而路也。故曰，或劳心，或劳力；劳心者治人，劳力者治于人；治于人者食人，治人者食于人，天下之通义也。（《滕文公上》，第113页）

孟子认为，治天下不可仅靠耕作之事。他提出有大人之事，有小人之事，实即指出有所谓君民之别，此乃社会治理之大原则，亦即最基本的社会结构。盖社会发展，人们为便于生活计，未可事事亲为，于是有百工之事起，有货殖之事兴焉。然此皆劳力之事，而社会之存在与发展尚须劳心之事。劳心与劳力以及治人与治于人之分即表示，"社会发展中，必

---

① 劳思光：《新编中国哲学史》第一卷，桂林：广西师范大学出版社，2005年，第137页。

有不属于直接生产之工作，且此种工作之重要性实胜于直接生产工作"①，此所以为大人之事也。孟子以古人为例说此大人之事，如禹之治水，解除民之灾患；后稷教民稼穑，使民得食五谷；契教民以人伦，使之别于禽兽、明于五伦。凡此皆表示此大人之事亦是一种工作，其重要性实胜于一般生产劳动。此所以孟子说："尧舜之治天下，岂无所用其心哉？亦不用于耕耳。"（《滕文公上》，第 114 页）孟子更将许行之言比作夷狄之论，以为陈相背弃其师陈良之说转学许行是由夏变于夷，乃"下乔木而入于幽谷"，为不善变矣。至于陈相所言许行所谓市贾之道，更为孟子所不许。从许行之道，则不论布帛之长短、麻缕丝絮之轻重、五谷之多寡、履之大小皆量同而价同。这便否认了"质"之一层而只取量之一端。对此，孟子曰：

> 夫物之不齐，物之情也；或相倍蓰，或相什百，或相千万。子比而同之，是乱天下也。巨屦小屦同贾，人岂为之哉？从许子之道，相率而为伪者也，恶能治国家？（《滕文公上》，第 115 页）

许行实不懂货殖规律，不识交换原则，强不齐于一、比而同之，是真乱天下。百工技艺之不同，类于货殖品色之各异，不可强不同于同，否则便乱市贾之道。孟子深谙"物之不齐"之理，有所分于大人、小人之事，使百工、百货各从其类，乃真从"周公、仲尼之道"也。

二、孟子的地位

孟子是继孔子后儒家学派中又一位集大成者。其初有周孔并称，其后有孔孟并称，孟子并被后世尊为"亚圣"，其影响可见一斑。冯友兰先生说："孔子在中国历史中之地位，如苏格拉底之在西洋历史，孟子在中国历史中之地位，如柏拉图之在西洋历史，其气象之高明亢爽亦似之。"②《史记·儒林列传》：

---

① 劳思光：《新编中国哲学史》第一卷，桂林：广西师范大学出版社，2005 年，第 138 页。
② 冯友兰：《中国哲学史》，北京：中华书局，1961 年，第 140 页。

自孔子卒后，七十子之徒散游诸侯，大者为师傅卿相，小者友教士大夫，或隐而不见。故子路居卫，子张居陈，澹台子羽居楚，子夏居西河，子贡终于齐。如田子方、段干木、吴起、禽滑釐之属，皆受业于子夏之伦，为王者师。是时独魏文侯好学。后陵迟以至于始皇，天下并争于战国，儒术既绌焉，然齐鲁之间，学者独不废也。于威、宣之际，孟子、荀卿之列，咸遵夫子之业而润色之，以学显于当世。①

孔子没后，能以学显于当世者唯孟子、荀卿。《韩非子·显学》云："自孔子之死也，有子张之儒，有子思之儒，有颜氏之儒，有孟氏之儒，有漆雕氏之儒，有仲良氏之儒，有孙氏之儒，有乐正氏之儒。"②孟氏之儒即孟子一派，孙氏之儒即荀卿一派。孟子于当时"后车数十乘，从者数百人，以传食于诸侯"（《滕文公下》，第133页），其声势也如此。司马迁在《史记·孟子荀卿列传》中说：

孟轲，驺人也。受业子思之门人。道既通，游事齐宣王，宣王不能用。适梁，梁惠王不果所言，则见以为迂远而阔于事情。当是之时，秦用商君，富国强兵；楚、魏用吴起，战胜弱敌；齐威王、宣王用孙子、田忌之徒，而诸侯东面朝齐。天下方务于合从连衡，以攻伐为贤，而孟轲乃述唐、虞、三代之德，是以所如者不合。退而与万章之徒序《诗》《书》，述仲尼之意，作《孟子》七篇。③

太史公说孟子"受业子思之门人"，赵岐在《孟子题辞》中又说孟子"长师孔子之孙子思，治儒术之道，通《五经》，尤长于《诗》、《书》"④，可见孟子实承子思之学以续孔门学脉，思孟学派其来有自。

韩愈在《原道》言："尧以是传之舜，舜以是传之禹，禹以是传之汤，汤以是传之文、武、周公，文、武、周公传之孔子，孔子传之孟轲。轲之死，不

---

① （汉）司马迁：《史记》第十册，北京：中华书局，1982年，第3116页。
② （清）王先慎撰：《韩非子集解》，钟哲点校，北京：中华书局，1998年，第456页。
③ （汉）司马迁：《史记》第七册，北京：中华书局，1982年，第2343页。
④ （清）焦循：《孟子正义》，沈文倬点校，北京：中华书局，2004年，第7页。

得其传焉。"①韩愈以孟子为孔子正传，此道统之说所由起。他又说："孔子之道大而能博，门弟子不能遍观而尽识也，故学焉而皆得其性之所近。其后离散，分处诸侯之国，又各以其所能授弟子，源远而末益分。惟孟轲师子思，而子思之学出于曾子。自孔子没，独孟轲氏之传得其宗。故求观圣人之道者，必自孟子始。"②可见，孔子后能传圣人之道者非孟子莫属。孟子曰：

> 由尧舜至于汤，五百有余岁；若禹、皋陶，则见而知之；若汤，则闻而知之。由汤至于文王，五百有余岁，若伊尹、莱朱，则见而知之；若文王，则闻而知之。由文王至于孔子，五百有余岁，若太公望、散宜生，则见而知之；若孔子，则闻而知之。由孔子而来至于今，百有余岁，去圣人之世若此其未远也，近圣人之居若此其甚也，然而无有乎尔，则亦无有乎尔。(《尽心下》，第 320 页)

"然而无有乎尔，则亦无有乎尔"即显示孟子隐然以继孔子之业为己任。③ 孟子尝言："乃所愿，则学孔子也。"(《公孙丑上》，第 58 页)又曰："夫天未欲平治天下也；如欲平治天下，当今之世，舍我其谁也？"(《公孙丑下》，第 100 页)孟子真当世之豪杰，自觉担当以承周公、孔子之志。然每一时代有每一时代之责任，所谓"易地则皆然"，孟子自有其新命。他说："昔者禹抑洪水而天下平，周公兼夷狄、驱猛兽而百姓宁，孔子成《春秋》而乱臣贼子惧。……我亦欲正人心，息邪说，距诐行、放淫辞，以承三圣者；岂好辩哉？予不得已也。"(《滕文公下》，第 142 页)辟杨、墨、许行是不得已而为，乃时势使然，亦孟子知命、立命之所在也。

与荀子侧重礼论等政治建构不同，孟子更重视心性修养，开出了后世心学一脉。宋明陆王心学实直承孟子而来。心学一脉打开了儒学极尽精微的一面，使其足可以融摄佛老。孟子道性善，性善说是心学的核

---

① (唐)韩愈：《韩昌黎集》(三)，上海：商务印书馆，1930 年，第 63 页。
② 转引自(宋)朱熹《孟子序说》。参见《四书章句集注》，北京：中华书局，1983 年，第 198 页。
③ 参见冯友兰：《中国哲学史》，北京：中华书局，1961 年，第 141 页。

心。在《孟子》七篇中有对性善说的详细说明与论证。孟子以四端之心论性，使人之善性有其着落，落于身之主宰——人心处。孟子的性善说奠定了中国古典人性论的基调，且早已深入到了民族文化心理之中，影响着一代代国人。孟子主张大丈夫气节，提倡养浩然之气，强调培养德性至上的人格境界，这些思想都鼓舞着后世一代代学人。孟子不但重视内圣之学，且同样重视在内圣之学基础上开出的外王思想。孟子在"不忍人之心"的基础上提出了"不忍人之政"即仁政学说，指出为政者要善扩充此"不忍人之心"，如此方能保四海、王天下。他指出为政者要省刑罚、薄税敛，不违农时，此皆是为民计。他提出"民贵君轻"一说，肯定汤武革命，其诛独夫的革命论对后世的政治变革影响深远。他提出的尚贤思想、选才于民的主张，进一步优化了后世的政治结构。他指出为政者要听取民意，主张限制君权，提出以德位对抗爵位，凡此皆影响着后世的政治格局。此外，孟子的人禽之辨、义利之辨、王霸之辨对宋明儒学有很大影响，这些争辩一度成为当时争论的焦点话题。

总而言之，孟子在中国哲学史上起到了承前启后的作用。起初，其地位或高或低，其影响或明或暗，直至宋代《孟子》位列四书之一，孟子地位一跃而升，与孔子并列，其思想始大兴。其后孟子之影响从未中绝。与宋代新儒家相区别，近世有所谓现当代新儒家一派，熊十力、牟宗三等是其代表人物。此派新儒家更是深受孟子心学之影响而兴起，旨在发掘孟子思想的现代意蕴，以此挺立当下人之生命，并努力开出新的外王思想，以与当下西方进步思潮相激荡、相发明。于此可见，孟子思想于当下或可又有一兴。

第九章　庄子的哲学

第一节　庄子与《庄子》

一、庄子及其时代

　　庄子，名周，也被称为"南华真人"（如梁代梁旷《南华论》、唐代成玄英《南华真经疏序》）。庄子约与梁惠王、齐宣王同时。据钱穆先生的考证，"庄子生年当在周显王元年十年间。若以得寿八十计，则其卒在周郝王二十六年至三十六年间也。"[①]所以，我们大致可以说他生活在战国中期。《史记·老子韩非列传》中记载庄子曾为"蒙漆园吏"，但"蒙"地所属何国，前人有过宋、梁两种说法。大体说来，汉代学者（如刘向《别录》、《淮南子》高诱注、《汉书·艺文志》等）均认为蒙地属于宋国。但由于蒙县在汉代属梁国，因此一些隋唐的学者也说庄子为梁人。其实，庄子的同时代学者韩非子便曾征引过《庄子·庚桑楚》的部分语句，并明言是取自"宋人语"（《韩非子·难三》）。因此，我们按照汉代学者的说法，称庄子为宋国蒙地人。对于庄子所处的时空，如今缺乏史料文献，《史记》所

---

① 钱穆：《先秦诸子系年》，石家庄：河北教育出版社，2002 年，第 304 页。

叙也仅寥寥数字，但《水经注》曾有简略的叙述，其载：

> 汳水又东径蒙县故城北，俗谓之小蒙城也。《西征记》：城在汳水南十五六里，即庄周之本邑也，为蒙之漆园吏。郭景纯所谓漆园有傲吏者也。①

根据《水经注》记载，在庄子家乡蒙县（位于今河南商丘市区东北）以东，当时还有湿地沼泽，称为蒙泽，获水（即丹水）流经此地。在庄子之前，该地见载于史籍是因南宫长万弑君。《春秋·庄公十二年》记载南宫长万在宋鲁交战中战败被俘，返国后受到宋闵公的嘲弄，因而心生怨恨，最终弑杀宋闵公，事件的发生地就是庄子的家乡。而在蒙泽东边还有砀水，该地曾流传有赵人琴高的神异之事。《水经注》载其"行彭、涓之术，浮游砀郡间二百余年，后入砀水中取龙子，与弟子期曰：皆洁斋待于水旁，设屋祠。果乘赤鲤鱼出，入坐祠中，砀中有可万人观之，留月余，复入水也"②。而事实上，即使在北魏郦道元游访时，该地仍不乏"黎民谓藏有神"、"有兽噬其足"等志怪传闻，甚至还记载砀山中有"大鲤鱼"的传说。可见，在庄子的时代，河南商丘附近保留着大片未经垦殖的山林沼泽，由此滋生出奇异的幻想。我们不难设想，庄子自幼就伴随着这些曾在家乡发生的故事长大，这些故事中既有春秋以来宋国臣弑君的僭乱史事，也有神仙异兽等超脱于凡俗的记载，这为我们理解庄子思想世界提供了一些珍贵的线索。

当然，对于《庄子》历史语境的讨论绝不止于对当时自然环境及那些神异故事进行还原。《庄子》既名之为寓言，自然是借这些"谬悠之说，荒唐之言，无端崖之辞"（《庄子·天下》，本章下引《庄子》只注篇名）叙述当时自身的处境。如果说《庄子》全文在于诉求逃避世俗、返归自然的生命状态，我们当然要追问是什么迫使一个哲学家产生这样的思想。因此，就至少需要从庄子所处的历史语境中展开思考。

---

① （北魏）郦道元注，陈桥驿校证：《水经注校证》，北京：中华书局，2007 年，第 557—558 页。
② （北魏）郦道元注，陈桥驿校证：《水经注校证》，北京：中华书局，2007 年，第 560 页。

首先，庄子的出身，前人已有讨论。在郑樵《通志·氏族略》曾论及庄氏渊源，其说道："周人以讳事神，谥法所由立。生有爵，死有谥，贵者之事也。氏乃贵称，故谥亦可以为氏。庄氏出于楚庄王。"而在"以谥为氏"中更以庄子为例说道："庄氏，芈姓，楚庄王之后，以谥为氏。楚有大儒曰庄周，六国时尝为蒙漆园吏，著书号《庄子》。"①若依此而论，则庄子或为楚庄王公族的后裔。而事实上，即从文风观之，前代学者也多认同庄子与楚人有着密切的关系。比如朱熹即说："庄子自是楚人，想见声闻不相接（笔者按：此指庄子与孟子二人一南一北）。大抵楚地便多有此样差异底人物学问。"②刘师培也认为："老子为楚国苦县人。庄为宋人，列为郑人，皆地近荆楚者也。"③朱自清更直言庄子："宋国人，他的思想却接近楚人。"④我们认为蒙县位于战国时宋、楚、魏三国之间，无论是庄子浸染楚风抑或庄子为楚公族之后都是有很大可能的。

其次，如果我们承认庄子同楚国有着密切的关系，那么我们有必要对楚国的概况进行一番简要的讨论。清代学者高士奇总结说："春秋灭国之最多者，莫楚若矣。"⑤换言之，伴随着拓张和发展，楚国也在寻求一种管辖庞大国土的政制形态。初期，楚国在灭国之后，多将其改为附庸，并曾以"县"的方式予以管辖。比如《左传·宣公十一年》前记载，楚庄王"县陈"之后，"诸侯县公皆庆"。又如在楚师围郑后，郑伯曾肉袒牵羊，示服为臣仆，请求楚王"使改事君，夷于九县"。然而这一阶段虽名为县，实际上仍作为楚国异姓公族势力存在。换言之，楚国一度其实是依靠公族势力维持君王的权势。比如《左传·昭公十四年》记载：楚平王上台后，便"礼新叙旧，禄勋合亲，任良物官"。杜注便说："新，羁旅也"、"勋，功也。亲，九族。"可见这种举动的目的就是"在新、旧、勋、亲之间寻找平

---

① （宋）郑樵：《通志二十略》（影印本），北京：中华书局，1987 年，第 6—7、161 页。
② （宋）黎靖德编：《朱子语类》卷一二五，王星贤点校，北京：中华书局，1986 年，第 2989 页。
③ 刘师培：《南北文学不同论》，载《清儒得失论》，北京：中国人民大学出版社，2004 年，第 226 页。
④ 朱自清：《经典常谈》，上海：上海古籍出版社，2006 年，第 60 页。
⑤ 高士奇：《左传纪事本末》，北京：中华书局，1966 年，第 779 页。

衡，通过‘任良物官’调整权力体系中的宗族构成”①。然而，正如周振鹤先生所总结，县的意义在春秋战国时期曾经历过从县鄙之县到县邑之县，并最终到郡县之县的转变。而在后期，郡县之县“不是采邑，而完全是国君的直属地”②。因此，大致在楚悼王时期，当楚国原有封君的政策导致“上偪主而下虐民”（《韩非子·和氏》）的情况下，楚悼王遂任用吴起进行变法。《史记·孙子吴起列传》记载当时的政策是：“明法审令，捐不急之官，废公族疏远者，以抚养战斗之士。”这意味着楚国公族分封政体的权力发生转移。而伴随着公族分封制的削弱，楚国的县制则逐渐推扩。徐少华先生认为：“楚县起初大多设在边境地区，具有明显边防重镇的作用”，且“楚县非封邑，而是楚王的直属领地”、“县公一般不世袭，而是由楚王随时任免”③，这即意味着楚国集权的强化，而集权的目的很大程度就在于使所辖民众转换为编户齐民，且“县中的土地只能用于抽取兵赋，供应军队抵御来自境外的进攻。否则，不但楚县将沦为敌国的鱼肉，而且失去战略上有利的地形”④。据一些学者研究，庄氏家族作为楚国的公族，很大程度就是在吴起变法事件中遭到驱离。⑤ 我们认为，这种推测的思路是值得重视的。即使庄子祖上未必与吴起变法相关，但是无法否认庄子必然曾面对战国中后期封君制向县制转型这一大的社会变革。而庄子所在蒙地处于宋、楚、魏三国的边界，按照县制最先在边境推行，那么庄子所处的环境应深受这一社会变动的冲击。

再次，如果我们承认战国时代楚国县制的发展对当时社会形态产生了极大的影响，那么我们应将此作为理解庄子论述的一条线索，最终理解庄子哲学的超越境界。倘若说县制的发展冲击着原有周封建制下族内自治的社会秩序，那么宗族的衰落与游民的增长所导致的社会组织紊

---

① 田成方：《东周时期楚国宗族研究》，武汉大学博士学位论文（2011 年），第 194 页。

② 周振鹤：《中国行政区划通史·总论·先秦卷》，上海：复旦大学出版社，2009 年，第 249 页。

③ 徐少华：《周代南土历史地理与文化》，武汉：武汉大学出版社，1994 年，第 284—286 页。

④ 王准：《春秋时期晋楚家族比较研究》，华中师范大学博士学位论文（2008 年），第 102 页。

⑤ 杨义：《庄子还原》，北京：中华书局，2011 年，第 12—17 页。

乱与社会失范必然触动着庄子的神经。事实上，《庄子》文中不乏对理想社会形态的怀念以及对国家蓄民征战的批判。由此，对于庄子和孔子的思想差异，我们或许可以提供一种解释。孔子处于春秋末期，尽管当时从秦、楚、晋等国兴起的县制隐约透露出中央集权的倾向，但大多数周封建兄弟与姻亲之国还固守着原有的社会形态，形成一个个权力中心并依靠血缘维系着族群内部的治理。而在战国中后期庄子的时代，社会已然急剧分化，伴随着各诸侯国拓张与兼并，原有的血缘族群式社会已被中央集权取代，县制迅速推广。伴随着君主对地方的有效统驭，社会组织逐渐趋于解体，国民变为散沙化的原子个体。倘若说孔子还希冀通过推扩亲族原始的感情（仁爱）来重建周代温情脉脉的社会，那么在庄子所处的时代，这种重建亲族社会的可能性已逐渐破灭。当个体脱离族群沦为编户齐民，成为君王所驱使的游民，这种内在的恐慌与不安定感促成庄子对个人生命安立等问题展开思考。正如李泽厚所言：庄子是从个体角度"意识到人作为血肉之躯的存在与作为某一群体的社会存在以及作为某种目的的手段存在之间的矛盾与冲突"①。也正是因其预感到整个社会结构愈趋崩解，因此，他放弃了儒家那种汲汲于重构周代礼乐王制的努力，而倾向于个体的超越境界，这或许正是庄子所言"知其不可奈何而安之若命"的原因。

如果我们承认庄、老之间有着共同的政治理念——即虚心弱志的无为之道，那么我们不妨看看二人如何建构理想中的政治运行机制的。在老子那里便明确地提出：

> 小国寡民。使有什伯之器而不用，使民重死而不远徙。虽有舟舆，无所乘之，虽有甲兵，无所陈之。使人复结绳而用之，甘其食，美其服，安其居，乐其俗。邻国相望，鸡犬之声相闻，民至老死，不相往来。（《老子·第八十章》）

---

① 李泽厚：《中国古代思想史论》，北京：生活·读书·新知三联书店，2008 年，第 191 页。

这里，老子虽然标以"小国寡民"，然而其核心并不在于强调组织的规模，而在于向我们呈现共同体内部"一幅高度自治的局面"。而在《庄子》一书中，除了像《胠箧》等篇中所称颂的"至德之世"与老子一致外，庄子更倾向一种内在的解脱之道。实际上，我们不难发现自治的核心恰恰在于唤醒个体之于群体的意识。正如叶海烟先生的分析：

> 自治即是由人心之能动性与主动性开启芸芸生机，并通过素朴的文化思维与行动所达致的生活境界，其间，个人意志之造作及足以干预文化方向的工具理性是必须受到相当严厉的限制。①

这一分析十分精当，不仅解释了老子自治的政治构想向庄子个人超越之境的过渡，更揭示了庄子内圣与外王之学内部的联系。正如叶海烟所言：老子阐扬主体性最大的现实意义"不外乎圣人无为而治的政治理想所直接作用于人民身上的多方效应"，正因这一架构，所以要为每一个个体"寻找一个能顾全主体际的生活机体"。而在"道"的论述中，老子也是为"解决思想专断与行动高压而呈现而发扬的"。庄子不仅承接了老子的"道"，更"通过'常自然'、'为无为'等观照工夫对权力意识或主宰意识"②予以化解，从而使得我们获得内在且真实的自由。由此观之，庄子的哲学向主体性演进绝非偶然，而是社会转型与学术发展的必然趋势。换言之，正由于宗族自治秩序的崩解，庄子深入且透彻地反思如何在社群之外重新"安其性命之情"（《在宥》），为个体找到一个归宿。由此，庄子脱离了制度的进路，而转向上古的天人混同的境界，转向在宇宙中安放人生。故庄子言："彼是莫得其偶，谓之道枢。枢始得其环中，以应无穷。"（《齐物论》）钱穆的解释甚妙，他说："宇宙是无限的，所以每一个'是'，莫非站在此大无限之中心。一切皆站在此大无限之中心，即一切平等，而非一切相对。……这是把此有限安放在无限之中心，既无相对，

———

① 叶海烟：《老庄哲学新论》，台北：文津出版社，1997年，第23—24页。
② 叶海烟：《老庄哲学新论》，台北：文津出版社，1997年，第142、147页。

又非绝对，才能'应无穷'。一切皆中心，一切是无穷。"①这无疑是《庄子》全书的轴心宗旨。

通过以上对庄子所处环境的梳理，我们不难理解庄子的精神。庄子在《大宗师》中借颜回之口道出"忘仁义"，很大程度在于当时仁义已成为互相标榜的符号。儒家预设了一套以礼仪为核心的社会运转秩序，并希图通过礼仪培养人在族群中的孝亲、差等、尊卑等意识，从而维系整套机构的运行。当处于社会平稳运行之时，这套方法无疑是适用的。然而，庄子处于"礼崩乐坏"的时代，原有礼乐文明的土壤已经发生根本性颠覆，社会形态已从亲族转变为散沙化的原子个体，形式性的礼节不仅无益于维系社会秩序，更不足以激发内心的崇敬。由此，庄子不得不思考一套安身立命之道，他惟有向礼乐之前的社会形态予以追溯，"其中所关涉的主要是人的文化思维如何能不自限，而且又能自反其本、自溯其源、自立其根的双向运作。"②因此，庄子并非是反文化秩序与规范，而只是希望复原本真的存在价值。我们看到庄子"道"的境界是"离形去知"，融通于宇宙造化之流，顺应四时昼夜之流转，最终消除哀乐等情感，回归到洪荒之初万物的自然状态，即所谓"入于寥天一"。正如《大宗师》"以天为宗"，就无疑是给当时迷茫的个体指引一条解脱之道，即生命那超乎人世间的依据。所以，倘若如果无法恢复亲亲的伦理社会，那么不妨重新探寻一种更本真的存乎天地之间的凭借，显然，返本、法天的生活才是生命真正的依归。

二、《庄子》及其考辨

《汉书·艺文志》载"庄子五十二篇"③，据《经典释文》所载，此五十二篇版本的《庄子》是"司马彪、孟氏所注"。而今天我们所见的传世本《庄

---

① 钱穆：《中国思想史》，北京：九州出版社，2012 年，第 42 页。
② 叶海烟：《老庄哲学新论》，台北：文津出版社，1997 年，第 29 页。
③ （汉）班固：《汉书》卷三十《艺文志》，北京：中华书局，1964 年，第 1730 页。

子》是由郭象所编注，包含有《内篇》七，《外篇》十五，《杂篇》十一。换言之，今日所见三十三篇传世本的结构、排序很大程度体现的是郭象的旨趣，我们已不能依据这些篇目的外部特征揣测庄子的原初意旨。对此，初学者不妨了解《庄子》一书是如何形成的。在《世说新语·文学》中记载：

> 初，注《庄子》者数十家，莫能究其旨要。向秀于旧注外为解义，妙析奇致，大畅玄风。唯《秋水》《至乐》二篇未竟而秀卒。秀子幼，义遂零落。然犹有别本。郭象者，为人薄行，有俊才。见秀义不传于世，遂窃以为已注。乃自注《秋水》《至乐》二篇，又易《马蹄》一篇，其余众篇，或定点文句而已。后秀义别本出，故今有向、郭二庄，其义一也。①

通过这段记载我们可知以下两点：

首先，今日我们所见的郭象注本，很大程度是郭象援引向秀的成果。文中刘义庆所提及的向秀原注，今已不存。但四库馆臣做《庄子》提要时曾借《列子》张湛注与陆德明《经典释文》中所引的向秀义校郭注，发现刘义庆所言非虚。② 因此，我们下文在讨论郭象时，有必要清楚其很大程度也代表着向秀的观点。

其次，我们明白，在向秀之前注庄者已经有数十家，并没有统贯性的主流意趣。而如今所形成"玄风"解《庄》的印象是由向秀所开创的。对此，陆德明《经典释文·庄子序录》所记载的情况恰恰能补充这一说法。《释文》载：

> 然庄生弘才命世，辞趣华深，正言若反，故莫能畅其弘致。后人增足，渐失其真。故郭子玄云："一曲之才，妄窜奇说，若《阏奕》、《意修》之首，《危言》、《游凫》、《子胥》之篇，凡诸巧杂，十分有三。"③

---

① （南朝宋）刘义庆著，余嘉锡笺疏：《世说新语笺疏》，北京：中华书局，1983 年，第 206 页。
② （清）永瑢、纪昀等：《四库全书总目》，北京：中华书局，1965 年，第 1246 页。
③ （唐）陆德明撰，吴承仕疏证：《经典释文序录疏证》，北京：中华书局，2008 年，第 141 页。

可见，在向秀、郭象之前的本子中掺杂着大量庄子后学增入的异怪之文，比如我们今日已不能见到的《阏奕》等篇章。并且，如果按五十二篇记，那么其中至少有十五六篇都是这类文字。而这个版本的风格特征是："言多诡诞，或似《山海经》，或类占梦书。"因此，在向、郭注之前，《庄子》确实不是今日所见的风格。正因这种情况，向、郭进行了删减。《释文》载："故注者以意去取。其《内篇》众家并同，自余或有外而无杂。唯子玄所注，特会庄生之旨，故为世所贵。"倘若按这里陆德明的说法，那么向、郭当时的删减去取并没有明确的文献考证和版本依据，而仅凭己意，除了当时诸家公认的内七篇未经删减外，今日所见的外篇和杂篇均是按照向、郭的意向和内在体悟整理形成。再根据上文所载《世说新语》的说法，我们有理由推测郭象最终的三十三篇定本正是在向秀"大畅玄风"的注解影响下进行的文献整理，其自然也应以"玄风"为核心进行了去取。因此，这次对《庄子》的整理工作具有明确的价值导向。正如顾颉刚所分析的："至类似《占梦》、《山海》者，当是秦汉风尚神仙，好事者寖以神仙家语附益之。至于晋代，不尚神仙而贵玄谈，则其诡妄立显，故崔向诸家并加刊落耳。"[1]如今看来，岳麓秦简《占梦书》等文献的发现，无疑验证顾先生的推理。至于晋代尚玄，传世文献亦多见载。因此，向、郭这种非出自文献考订的整理工作无疑对当时的学风产生了影响，比如《晋书·向秀传》所言：

> 秀乃为之隐解，发明奇趣，振起玄风，读之者超然心悟，莫不自足一时也。惠帝之世，郭象又述而广之，儒墨之迹见鄙，道家之言遂盛焉。[2]

倘若按《晋书》所言，在惠帝时郭象的注疏造成了当时儒墨学风的下移与道家的兴起，那么我们也有理由怀疑传世本《庄子》外杂篇中那些对儒墨

---

① 顾颉刚:《庄子外杂篇著录考》，载《顾颉刚古史论文集》第 11 卷，北京:中华书局，2011 年，第 739 页。
② (唐)房玄龄等:《晋书》卷四九《列传第十九》，北京:中华书局，1974 年，第 1374 页。

的攻伐，未必是庄子的本意，而是向、郭个人思想主导下的删减去取后所保留的庄子及以假托庄子名的学者所撰写的文章。后者影响后世更深。正如明代学者郭良翰所言："昔之人至谓非郭注《庄》，乃《庄》注郭。迨于今，玄风大畅，辩囿竞驰，朝假筏于丹基，夕乞灵于灵鹫，谈之烨然，按之窅然。"①所以，正因传世本是在"玄"学的主观倾向下整合而成，并非依赖一套客观的文献考察标准，那么我们就应正视外杂篇内部的种种讹伪与差异，将其视为非一时一人所作。此外，《庄子》书中对儒家的看法是庄学研究的公案，尽管我们无法得知郭象删去的其它篇章是否保留着截然相反的"儒墨之迹"甚至是尊儒的思想，但至少我们应承认现存外杂篇中对儒墨等家的态度并非一贯，这也就要求我们以公允的视角审视这种差异性，抛弃那种强做统贯的解说风气。

对于庄子外杂篇真伪的分析，前贤学者多有讨论。这里，我们仅选取一些比较重要的观点。其中对庄子全书宏观性的分判以王夫之的说法最被学界称述。他认为：

> 外篇非庄子之书，盖为庄子之学者，欲引伸之，而见之弗逮，求肖而不能也。以内篇参观之，则灼然辨矣。②

可见，王夫之是以内篇作为基点，由此展开的比较分析。他提出了五点差异。其一是从篇章内部的文意连贯性而言，认为："内篇虽参差旁引，而意皆连属；外篇则踳驳而不续。"其二是从内外篇文风的格调而论，"内篇虽洋溢无方，而指归则约；外篇则言穷意尽，徒为繁说而神理不挚。"其三则比较内外篇的论证方式，发现内篇有立有破，而外篇则太过极端，"内篇虽极意形容，而自说自扫，无所粘滞；外篇则固执粗说，能死而不能活。"其四则从内外篇对尧舜、孔子的看法入手进行揣摩，发现"内篇虽轻尧舜，抑孔子，而格外相求，不党邪以丑正；外篇则忿戾诅诽，徒为轻薄以

---

① （明）郭良翰：《南华经荟解》，载《无求备斋庄子集成初编》第 13 册，台北：艺文印书馆，1972 年。

② （清）王夫之：《庄子解》，北京：中华书局，1964 年，第 76 页。

快其喙鸣。"其五则从内外篇与老子的出入进行审视，认为"内篇虽与老子相近，而别为一宗，以脱卸其矫激权诈之失；外篇则但为老子作训诂，而不能探化理于玄微。"由此，他对外篇做出判断，认为：

> 故其可与内篇相发明者，十之二三，而浅薄虚嚣之说，杂出而厌观；盖非出一人之手，乃学庄者杂辑以成书。其间若《骈拇》、《马蹄》、《胠箧》、《天道》、《缮性》、《至乐》诸篇，尤为愔劣。读者遇庄子之意于象言之外，则知凡此之不足存矣。①

而对于杂篇，王夫之则较外篇稍为赞赏。他认为，如果比较外篇和杂篇，可以看出外篇文义虽然前后一致，但是多为"浮蔓卑隘之说"，而杂篇言辞虽然不纯，但"微至之语，较能发内篇未发之旨"。因此，他下断语说："内篇皆解悟之余，畅发其博大轻微之致，而所从入者未之及。则学庄子之学者，必于杂篇取其精蕴，诚内篇之归趣也。"②不过尽管如此，他仍对个别篇章多所强调，在他看来，除《庚桑楚》、《寓言》、《天下》以外，其他篇章内部多为每段自成一格系统，互不相属，不是内篇那种首尾一致的文风。此外，《让王》以下的四篇，他更是否定，他认为"观其文词粗鄙狼戾"，应是"忿戾之鄙夫所作"。其中《说剑》更是"战国游士逞舌辩以撩虎求荣之唾余"，《渔父》、《盗跖》则是"妒妇詈市瘈犬狂吠之恶声"。这种观点其实也是学界主流的看法。

我们认为，虽然《庄子》一书杂乱，但其中除去内七篇外，外杂篇中的《天下》、《秋水》、《寓言》三篇也多受前人赞誉，是可以作为理解庄学的核心的。譬如前代学者对于《天下》即认为其如同《淮南子·要略》、《史记·太史公自序》、《汉书·叙传》的类型，是《庄子》全书的自序。③且"浩博贯综，而微言深至，固非庄子莫能为也"④。对于《秋水》则认为总体"自

---

① （清）王夫之：《庄子解》，北京：中华书局，1964 年，第 76 页。
② （清）王夫之：《庄子解》，北京：中华书局，1964 年，第 196 页。
③ 梁启超：《庄子天下篇释义》，载《饮冰室专集》，北京：中华书局 1936 年，第 1 页。
④ （清）王夫之：《庄子解》，北京：中华书局，1964 年，第 277 页。

《内篇·齐物论》脱化出来，立解创辟，既踞绝顶山巅；运词变幻，复擅天然神斧。此千古有数文字，开后人无数法门"①。对于《寓言》篇则认为其能统摄《庄子》全书寓言、重言、卮言三种写作手法，为"庄子著书的凡例"②。其余外杂诸篇，前人多有怀疑。我们把前人对外杂篇的一些主要看法略陈于下。

对于外篇，前人多通过文义进行判断。比如吴澄认为："庄氏书瓌玮参差，不以觭见。唯《骈拇》、《胠箧》、《马蹄》、《缮性》、《刻意》五篇自为一体。"由此，他怀疑此五篇作为一个整体，如非庄子所作，则应为"周秦间文士所为"③。而郑瑗也认为《马蹄》、《胠箧》诸篇文义相近，但又与内篇《逍遥游》、《大宗师》判然有别，因此他怀疑此为"其徒所述，因以附之"④。换言之，在前人看来，外篇的一些文章，虽然与内篇大义不相吻合，然而部分篇章也可看到内在的一致性，故它们很有可能也是成于一手，但是如今我们已经很难考证出具体的作者乃至其所处的时代，只能通过大致的旨趣判断其针砭。比如，王夫之认为《骈拇》一文亦"为善无近名，为恶无近刑"之旨，文中的"至正"、"常然"与"缘督为经"相近。但是此篇"徒非斥仁义，究竟无独见之精"。又如王夫之对于《胠箧》中引用老子"圣人不死，大盗不止"的话，他判断这应是"惩战国之纷纭，而为愤激之言"，因此他判断这是"学庄者"已有的成心。至于《缮性》、《至乐》等篇，王夫之也认为是"语多杂乱"，或"学于老庄，掠其肤说，生狂躁之心者所假托也"。此均见船山真知灼见。⑤ 此外，如《天地》篇，也被学者疑为"好事者窜入"，不仅"其词颇近时趋"，而且诸如伯成子高一段"浅率直遂"、"子贡南游于楚"一段"绝无停蓄酝藉，中间又有纰缪之语"。⑥ 至于杂篇，其中的《让王》、《说剑》、《渔父》、《盗跖》四篇一致被学者所怀疑。比如苏轼统

______

① (清)林云铭：《庄子因》，上海：华东师范大学出版社，2011年，第183页。
② 张默生：《庄子新释》，济南：齐鲁书社，1993年，第19页。
③ (元)吴澄：《吴文正集》卷一《老庄二子叙录》，清文渊阁四库全书本。
④ (明)郑瑗：《井观琐言》卷一，清文渊阁四库全书本。
⑤ (清)王夫之：《庄子解》，北京：中华书局，1964年，第76、85、135、149页。
⑥ (清)林云铭：《庄子因》，上海：华东师范大学出版社，2011年，第125、130页。

观全书，认为《庄子》对于孔子不过是"阳挤而阴助之"，惟"《盗跖》、《渔父》则若真诋孔子者，至于《让王》、《说剑》则浅陋不入于道"。① 沈一贯也说："观此四篇者，文气卑弱，视他作固已天渊，而旨趣又浅陋不伦，与庄子学问全无交涉，稍有识者皆以为赝无疑矣。"②清儒姚际恒更直接认为其"直斥嫚骂，便无义味，而文辞俚浅，令人厌观，此其所以为伪也"③。总体而言，外篇虽不合内篇中庄子意境，但不至于泛滥谩骂，部分篇章仍可归为一类，或成于一手。而杂篇的部分篇章，则如前代学者所言，实在不似庄子文风。除此之外，其他篇章也有零碎的可质疑之处。比如《天运》篇出现的"六经"之称，或非庄子当时所能称述。而《秋水》篇中出现的之、哙让国与孟子同时，但庄文中却称其为"昔者"。又如《胠箧》篇中言田成子代齐后"十二世有齐国"，有学者据此推理，"撰作时间不得早于齐襄王五年（公元前 279 年），不得迟于齐襄王末年（公元前 265 年）。"④此类零散的可疑之处散见于《庄子》全书，我们这里就不一一列举了。

　　尽管外杂篇有诸多的争论，然而瑕不掩瑜，因此我们讨论庄子，并不限于内七篇，而是将《庄子》全书作为一个整体加以分析，故不妨说我们要分析的是庄子学派的思想。当然，对于一些篇章出现的明显的内在冲突与相悖之处，我们应有所辨析。比如《在宥》篇末尾一段对仁、义、礼条目的肯定，所谓"会于仁而不恃，薄于义而不积，应于礼而不讳"，以及该篇所强调的依仗人民、但不轻用民力（"恃于民而不轻"），明显同《庄子》书中主流意趣冲突。又如《天道》篇中强调名分、礼制以及上下、尊卑、主从等关系，也与庄子齐一万物、绝圣弃智、虚静无为、摒弃仁义的讲法不甚一致。王夫之即判定《天道》篇是"秦汉间学黄老之术以干人主者之所

---

① （宋）苏轼：《庄子祠堂记》，载《苏文忠公全集》卷三二，明成化本。
② （明）沈一贯：《庄子通》卷九，明万历刻本。
③ （清）姚际恒：《古今伪书考》，清知不足斋丛书本。
④ 王葆玹：《试论郭店楚简的抄写时间与庄子的撰作时代——兼论郭店与包山楚墓的时代问题》，载《哲学研究》，1999 年第 4 期。

作也"①。这自然是有道理的。又如在《达生》篇中明确提出"夫欲免为形者，莫如弃世"，然而在《天道》等篇却讨论了在治国中运用贯行道家思想的一套切实方法。再如在《天运》论及仁义，既有温和委婉，又有言辞激烈，一篇之中参差至此，足见绝非一人一时之作。至于琐碎的细节处则有更多明显相悖的判断，如在《胠箧》中以祝融氏、伏羲氏等三皇时代为"至治"，然而在《缮性》篇中却又说"及燧人、伏羲始为天下，是故顺而不一"。对此，我们不做强解，而承认这种差异性可能是由于庄子的后学内部进行调适所导致。同前贤学者一样，我们承认它们是《庄子》的"后续文字"②。这样也可以从学术的角度客观地审视古代的思想变化与流转，无疑也是对庄子后学思想贡献的一种尊重。对于此，我们不妨理解为庄子之后，其学派衍生出的淑世情结。正如唐君毅所强调："中国哲人之立言，罕有如西方哲人之一以纯粹真理为鹄的者，恒系为应付当时之社会文化之问题，补偏救弊，为求善而求真。"③因此，我们有理由相信庄学逐渐从形上超越向外王学演进是当时一种时代趋势。正如《庄子·缮性》篇所言古之隐士，并非刻意而隐，而是时机和命运不当使然。倘若遇着时机，自然会推行道学使世俗回返到至德纯一的时代，所谓：

> 隐，故不自隐。古之所谓隐士者，非伏其身而弗见也，非闭其言而不出也，非藏其知而不发也，时命大谬也。当时命而大行乎天下，则反一无迹；不当时命而大穷乎天下，则深根宁极而待。此存身之道也。（《庄子·缮性》）

诸如这类思想，尽管其在《庄子》全书中略为孤立，但仍不难窥见庄子后学之发心。因此，不应以其非庄子所作而忽视。所以，我们姑且把《庄子》全书视为庄子及其学派的思想资料，故本文所说的庄子，是庄子及其

---

① （清）王夫之：《庄子解》，北京：中华书局，1964 年，第 114 页。
② 张默生：《庄子新释》，济南：齐鲁书社，1993 年，第 292 页。
③ 唐君毅：《略论作中国国哲学史应持之态度及其分期》，载《学灯》，1940 年 12 月。

学派的代称。①

第二节　庄学研究

关于先秦道家的另一位奠基性的代表人物庄子哲学思想的研究，大致遵循着与老子研究同样的演进模式，即在关于庄子其人其书的考据上，基本沿习传统的路径，在关于其义理的解释评判上则随着时代的变化而不断变换着研究范式。在具体过程中，也曾先后出现过两次研究高潮，即"文化大革命"之前的关于庄子哲学性质之辩和"文化大革命"后的多元化研究浪潮。

一、关于《庄子》的文献学研究

一直以来，关于庄子的考据工作都主要是针对《庄子》一书进行文献考辨，而其中心又集中于关于《庄子》中内外篇与杂篇的甄别、对各篇形成时间的考证及归属判定上。关于这一问题的探究也同样是建国后庄子研究的重要内容，学者们在继承前人观点的基础上，从新的思路发掘新的论据，进行了很多有益的探索，取得了一系列积极的成果。

在这一问题上，大多数学者致力于为传统的论断寻求新的论据，证明内篇最能代表庄子自身的思想、外（杂）篇为后人所附的后期庄学思想。高亨从历史事件时序、思想深度和题旨等角度列举出六条不同的论据，以证明庄子的主要思想都体现于内七篇中，而外杂篇皆内篇之余论。② 张恒寿则从思想内容、名物制度、文体风格三个层面结合起来对《庄子》内、外、杂各篇加以分析考察，在判别其相互差异、思想归属和形成时间的同时，揭示出其中所蕴涵的庄子思想的发展线索。③ 沿着这一

---

① 本文的《庄子》引文与释文，多出自郭庆藩辑：《庄子集释》（全四册），北京：中华书局，1961 年；张默生原著，张翰勋校补：《庄子新释》，济南：齐鲁书社，1993 年。

② 参见高亨：《庄子新笺》，载《诸子新笺》，济南：山东人民出版社，1962 年。

③ 参见张恒寿：《庄子新探》，武汉：湖北人民出版社，1983 年。

思路，刘笑敢进一步从语言的演变、思想的继承、文章的体例、词汇的使用等方面展开新的考辨，其中以先秦时期语词形成演变线索为据所进行的考证尤有新意。该著认为，在《庄子》书中，内篇虽有道、德、命、精、神这样的概念，却没有道德、性命、精神这样的复合词，而在外篇和杂篇中，道德、性命、精神这三个复合词都出现了，而古代汉语的词汇发展规律是单音词在前复音词在后，这说明《庄子》书中只有内篇才可能总体上是战国中期的作品，即早于外、杂篇，因而研究庄子思想应以内篇为主要依据。而外、杂篇中虽可能含有可供研究庄子思想的资料，但从总体上看则不可能是庄子本人的作品。①

而与此截然相反，任继愈在题为《庄子探源》的系列论文中，以司马迁的记载、荀子的评价、篇名的特征，特别是立场原则的差异等为论据，提出外篇才代表着庄子自身的思想，体现出庄子以及道家所特有的思想原则和主张，而内篇恰恰是庄周后学的思想之汇集，具有相对主义和不可知论的倾向。② 对于任继愈的这一特异之见，从提出之日起，就少有赞同，更多的则是持质疑态度。

以冯友兰与严北溟等为代表的一派则提出应突破这种传统的界限，撇开这种形式之争，着重就思想义理本身进行探究。冯友兰认为，《庄子》内篇未必全为庄子所著，外杂篇亦未必全无庄子之作；庄子之所以为庄子者，突出地体现于《逍遥游》和《齐物论》两篇之中，因此，研究庄子哲学应以这两篇为标准，鉴别他篇，打破郭象本所谓内外篇的界限，以思想本身为中心。严北溟的判断是，《庄子》本质上就非一人所著，是以庄子思想为主的、包括庄子及其后学的著作总集，是先秦道家各派的集大成者。因此研究分析庄子思想应从整部《庄子》出发，反对片面割裂开来，只根据内篇或外杂篇，甚或限定某一思想原则、某一种文章风格作为评判庄学的标准。偏离这一原则，而执著于考证各篇先后、轻重之别，反而

---

① 刘笑敢：《庄子哲学及其演变》，北京：中国社会科学出版社，1988 年，第 20 页。
② 任继愈：《庄子探源——从唯物主义的庄周到唯心主义的"后期庄学"》，载《北京大学学报》，1961 年第 2 期。

有误入歧途之虞。

尽管分歧并未完全消失，但这一研究终究取得了显著的成果，基本上形成了一系列共识：《庄子》是庄子本人及其后学思想的汇集，内篇成书时间应早于外、杂篇，最能代表庄子的思想；外、杂篇中除极少数篇章外，亦应为庄子及庄子后学中的嫡派所撰写，基本上属于庄子思想的范畴。其中有一些在继承庄子思想的同时又有了发展和改造，其中融合了老子、儒家、法家的一些思想成分，研究时宜加以辨析。

二、庄子哲学思想研究

与文献考据相比，对庄子哲学思想本身的研究就显示出更鲜明的时代色彩。在马克思主义哲学范式的统一指导下，对庄子哲学性质的具体评判却相互歧异，争议一直不断。

任继愈对庄子哲学的认识与其前期关于老子哲学的观点基本一致，将庄子哲学视为对老子唯物主义哲学的继承和发展。根据他的研究，与老子一样，庄子也认为宇宙万物有其固有的、独立于人的意识之外的客观秩序和规律，这种规律即是"道"。作为物质实体，"道"是万物形成、变化的最终根源，是人与万物的物质基础；在认识论上，庄子也吸收了古代朴素唯物主义的反映论观点，将人的认识喻为照镜子，主张在认识过程中务必使心保持"静"、"虚"，不杂有主观的成见或偏见，而且将认识过程理解为感性认识与理性认识的统一。

冯友兰对庄子哲学性质的认识前后也有一个演变过程。上世纪50年代初，他先是认为庄子在宇宙论方面是唯物主义，人生观方面具有唯心主义倾向。随着他对庄子"道"的研究的深入，转而将庄子哲学归为彻底的主观唯心主义。根据他的分析，庄子的"道"的概念既是对老子的"道"的思想的继承，更有变化和发展，它具有四大特征：其一是"无有"，而不止是老子的"无名"；其二是"非物"；其三是不可知；其四是"抽象的全"。老子的"道"也有"全"的含义，但是一种具体的"全"，其中既包括"无"，也包括"有"，即精、气和天地万物，而庄子的"道"不包括"有"，因而是一种抽象的"全",一种逻辑的概念。它作为一种绝对,超越于自然界之上。冯友兰据此将庄子的"道"定性为一种主观意境和逻辑的虚构。而庄子将这样的"道"作为万物的根本,即"物物者",而"物物者非物",这意味着庄子哲学是一种彻底的虚无主义,因而属于典型的主观唯心主义;同样,其"道"的本质特征也决定了庄子在认识论上必然走向相对主义和不可知论。

与冯友兰的论断不同,严北溟提出,庄子的真正失足之处,在于由唯物主义陷入客观唯心主义,而不是由客观唯心主义转化为主观唯心主义。他的论据是,庄子始终崇尚无为之道,贬低人的主体能动性;其对生死的超脱态度,以及"无己"和"忘我"的思想同"唯我论"的主观唯心主义恰恰是直接对立的;且从哲学史和内在逻辑上说,相对主义与不可知论并不与主观唯心主义具有内在联系。① 虽然严北溟后来对自己的观点有所修正,但这一论证本身的确有令人深思之处,因而为一些学者所响应。

这种由于基点与视角的差异所造成的观点分歧或争议,正如庄子早就警示过的那样,就它们本身而言,不可能自觉地相互融合、统一起来,而是各自坚持自己的合理性,又不能令对方信服。这一进程及其所造成的僵持局面在促进关于庄子的认识深化的同时,更启示后来的研究者必须克服这种片面性认识的局限,用更全面的眼光来审视评判庄子哲学及其意义。

新一代研究者们认真总结吸取了这一历史教训,在对庄子哲学思想的内在矛盾性的深刻认识基础上,开始区分问题的不同层次,进行具体分析。刘笑敢认为,正确理解庄子之"道"的关键在于辨明其"道"的两种不同意义,即自然观意义上的"道"和认识论意义上的"道"。二者之间当然有很多共同的特点,如抽象性、绝对性、神秘性、无差别性等等,这一切使人常常忽视"道"的两种意义之别,将二者等同起来,以为生天生地的"道"就是主观的认识状态或精神境界,因而导致很多混乱和自相矛盾。

---

① 严北溟:《应对庄子重新评价》,载《哲学研究》,1980 年第 1 期。

同样，庄子的"天"也有两层含义，一指自然界，另一指天然。《庄子》中之所以既有天人相对，又有天人一致，乃是就不同意义上的"天"而言的。这种差异决定了庄子哲学乃是一个融汇了安命与逍遥、"无己"与重生、自由与必然等对立面的矛盾综合体，既有至高无上的道，又有通于万物的气，其中充满着内在矛盾。就其整体性质而言，由于庄子以观念性的道作为世界的本原，所以可以说他是客观唯心主义者，庄子哲学虽有强调主观精神的作用的一面，但他并没有否认客观世界的独立性和实在性，所以我们不能说庄子是主观唯心主义者。对庄子哲学的意义也应该一分为二地加以评价，任何片面的简单化的做法都不可能令人信服。这种分清问题层次进行探索评价的方法，在很大程度上的确有助于澄清一些认识的含混错误，促进了庄子研究的深化，对后来的研究者具有很强的启迪意义。[1]　熊铁基等的《中国庄学史》(湖南人民出版社，2008 年)，对此前庄学研究的情况，有全面总结。

三、庄子研究的新趋势

随着关于老子与庄子哲学研究的不断拓展和深入，更加上对中国传统文化认识的深化，引发出一系列新的问题和理论主张，成为道家研究的新的内容，其中最引人关注的便是关于道家在中国文化形成发展过程中的作用、地位以及对未来发展的意义的重新认识和评价问题。

李泽厚在《美的历程》中，通过对中华民族文化—心理结构的形成过程和内在结构的总结分析，提出了所谓"儒道互补"之说。根据他的研究，庄子的泛神论，实质上也源自于孔子世界观中的怀疑论因素和积极的人生态度，孔子对个体人格的弘扬，既发展出孟子的伟大人格理想，也孕育出庄子的遗世绝俗的独立人格理想。"表面看来，儒、道是离异而对立的，一个入世，一个出世；一个乐观进取，一个消极退避；但实际上它们刚好相互补充而协调"，二者共同奠定了汉民族的文化—心理结构。"儒

---

[1] 参见刘笑敢《庄子哲学及其演变》(北京：中国社会科学出版社，1987 年)一书中的相关内容。

道互补是两千年来中国美学思想一条基本线索。"①

包括台湾学者陈鼓应及大陆学者在内的另一些学者一反传统的"儒家主导说"，针锋相对地提出"道家主干说"——认为中国传统文化的形成发展过程实质上是以道家为主干的。② 他们一方面深入到先秦思想形成演变的浩瀚史料中发掘、考证道家影响和启示儒家的历史资料，如孔子曾问道于老子、庄子对荀子的启迪等，以此作为史实依据；另一方面，从逻辑上分析道家哲学对儒家哲学的深刻影响，如奠定儒家哲学本体论基础的《易传》思想，就源于原始道家。陈鼓应明确提出了整个中国哲学始于老子的论断。其依据是，老子道论不仅建立了中国哲学史上第一个系统、完整的本体论与宇宙论体系，而且构成中国哲学内在联系的一条主线，这足以说明"中国哲学的概念、范畴以及哲学体系的建立，始于老子"。与这一主张相呼应，很多学者也都认定道家学说对中华民族的文化—心理结构及思维方式有着极其深刻的影响，它与儒家学说共同构成了中国传统文化的主干。为了更好地弘扬和交流这一主张，当然更是为了促进道家研究，传播道家文化，他们创办了《道家文化研究》系列丛刊。持之不懈的努力，使该丛刊积累至今，已蔚为大观，俨然已成为道家研究的主流园地，对繁荣和拓展道家研究，确实发挥了重要的作用，这一意义也许已远超于"道家主干说"之上。

其实，所谓"道家主干说"与其说是对历史事实的澄清和还原，不如更确切地说是表达了一种主张，是一种重构道家的尝试。前者只是一种前导和方式，后者才是其实质所在。沿着这一方向，一些学者更鲜明地亮出了其旗帜，提出了建立新道家的主张。董光璧的《当代新道家》（华夏出版社，1991 年）算是这一方面的代表作。他们坚信，经过积极的发掘、改造和发展，道家宝贵的思想资源能够为人类文明的健全发展做出

---

① 李泽厚：《美的历程》，北京：文物出版社，1981 年，第 53、49 页。
② 参见干春松：《道家是中国哲学史的主干——访陈鼓应先生》，载《哲学动态》，1994 年第 11 期。另参见陈鼓应《老庄新论》（上海：上海古籍出版社，1992 年）、《易传与道家思想》（北京：商务印书馆，2008 年）等著作。

自己独特的贡献。

更值得重视的一种全新趋势是，越来越多的学者开始积极借鉴运用包括现象学、哲学解释学在内的现代西方哲学的视域或方法，在中西哲学的对比互释中挖掘道家思想的更深层内涵，为道家研究开启出全新的生面，涌现出包括崔大华《庄学研究》（人民出版社，1992 年），张祥龙《海德格尔思想与中国天道》（生活·读书·新知三联书店，1996 年，2007 年修订重版），刘笑敢《老子古今》（中国社会科学出版社，2006 年），陈少明《〈齐物论〉及其影响》（北京大学出版社，2004 年），王博《庄子哲学》（北京大学出版社，2004 年）等在内的诸多优秀成果，且这种研究已呈现燎原发展之势，正在形成为一种新的范式。同样值得关注的还有从生态哲学角度对道家思想的探索，即基于对当今人类发展模式根本缺陷的反省，着力阐发道家关于人与自然和谐发展的哲学思想，从中发掘有益于未来价值重构的思想资源，以促进人类的健全而可持续地发展。

第三节　庄子的道论、知论与人格

一、道　论

我们可以从本体论的路数与宇宙生成论的路数去理解庄子的"道"。首先，庄子的"道"是宇宙的本源，又具有超越性。

> 夫道有情有信，无为无形；可传而不可受，可得而不可见；自本自根，未有天地，自古以固存；神鬼神帝，生天生地；在太极之先而不为高，在六极之下而不为深，先天地生而不为久，长于上古而不为老。（《大宗师》）

这表明了"道"是无作为、无形象而又真实客观的，是独立的、不依赖外物、自己为自己的根据的，是具有逻辑先在性与超越性的，是有神妙莫测的、创生出天地万物之功能与作用的本体。这个"道"不在时空之内，超越于空间，无所谓"高"与"深"，也超越于时间，无所谓"久"与"老"。

"有先天地生者，物邪？物物者非物，物出不得先物也，犹其有物也。犹其有物也，无已。"（《知北游》）"道"先于物并生成各物，是使万物成为各自个体的那个"物物者"，即"本根"。它不是"物"，即"非物"，即"道"。由于"道"之生物，万物得以不断生存。这个"道"是"未始有始"和"未始有无"的，"有始也者，有未始有始也者，有未始有夫未始有始也者。有有也者，有无也者，有未始有无也者，有未始有夫未始有无也者。俄而有无矣，而未知有无之果孰有孰无也。"（《齐物论》）宇宙无所谓开始，亦无所谓结束，这是因为"道无终始"。

在《渔父》篇，作者借孔子之口说："且道者，万物之所由也，庶物失之者死，得之者生，为事逆之则败，顺之则成。故道之所在，圣人尊之。"道是万物的根本，是各物的根据。"夫昭昭生于冥冥，有伦生于无形，精神生于道，形本生于精，而万物以形相生……天不得不高，地不得不广，日月不得不行，万物不得不昌。此其道与！"（《知北游》）明显的东西产生于幽暗的东西，有形迹的产生于无形迹的，精神来自于道，形质来自于精气，万物以不同形体相接相生。天没有道不高，地没有道不广，日月没有道不能运行，万物没有道不能繁荣昌盛，所有的东西都依于道，由道来决定。

其次，庄子的"道"具有普遍性。

"夫道，覆载万物者也，洋洋乎大哉！君子不可以不刳心焉。无为为之之谓天，无为言之之谓德，爱人利物之谓仁，不同同之之谓大，行不崖异之谓宽，有万不同之谓富。"（《天地》）刳，去的意思。刳心即去掉自私用智之心。崖，岸也，界限之义。这里讲不自立异，物我无间，是谓宽容。整句表示道的广大包容及任其自然。包容万物，以无为的方式行事，没有偏私的君子，具有道的品格，庶几可以近道。

"夫道，于大不终，于小不遗，故万物备。广广乎其无不容也，渊渊乎其不可测也。"（《天道》）"道"大无不包，细无不入，贯穿万物，囊括天地，周遍包含，巨细不遗，既宽博又深远。万物都具备"道"，"道"内在于一切物之中。没有道，物不成其为物。

道无所不在。道甚至存在于低下的、不洁的物品之中："东郭子问于庄子曰：'所谓道恶乎在？'庄子曰：'无所不在。'东郭子曰：'期而后可。'庄子曰：'在蝼蚁。'曰：'何其下邪？'曰：'在稊稗。'曰：'何其愈下邪？'曰：'在瓦甓。'曰：'何其愈甚邪？'曰：'在尿溺。'"（《知北游》）道无所不在。这里颇有点泛道论了。

第三，庄子的"道"是一个整体，其特性为"通"。

"夫道未始有封，言未始有常，为是而有畛也。"（《齐物论》）"道"是浑成一体的，没有任何的割裂，没有封界、畛域。"道"是圆融的、包罗万有的、无所不藏的，可以谓为"天府"。同时，"物固有所然，物固有所可。无物不然，无物不可。故为是举莛与楹，厉与西施，恢恑憰怪，道通为一。其分也，成也；其成也，毁也。凡物无成与毁，复通为一。"（《齐物论》）这是说，世间的事物，都有其存在的原因、合理性与价值，每一个体的禀性与命运千差万别，但无论有什么差别，或成或毁，这边成那边毁，在道的层面上，却并无亏欠，万物都是可以相互适应、沟通并在价值上齐一的。也就是说，莛虽小而楹虽巨，厉虽丑而西施虽美，只要不人为干预，因任自然，因物付物，任万物自用，可各尽其用，各遂其性，都有意义与价值。凡事在不用中常寓有其用，所日用的即是世俗所行得通的，而世俗所通行的必是相安相得的。"道"是一个整体，通贯万物。庄子所谓"一"、"通"、"大通"，都是"道"。万物在"道"的层面上"反于大通"、"同于大通"。正如张默生所言："老聃、关尹，仍注意于道的精粗体用，还是有分别的迹象；而庄周则不期于精粗体用的分别，浑然与造物同体。"[1]

第四，庄子的"道"是"自本自根"的。

除前引《大宗师》所说"自本自根，未有天地，自古以固存"外，《知北游》亦有大段论说："今彼神明至精，与彼百化。物已死生方圆，莫知其根也。扁然而万物自古以固存。六合为巨，未离其内；秋毫为小，待之成体。天下莫不沉浮，终身不故。阴阳四时运行，各得其序。惛然若亡而存，油然不形而神，万物畜而不知，此之谓本根。可以观于天矣。"此处讲

---

[1] 张默生：《庄子新释》，济南：齐鲁书社，1993年，第20页。

造化神妙莫测，使万物变化无穷。万物或死或生或方或圆，都不知其本根。天下万物没有不变化的。阴阳四时的运行又有其秩序。这些变化也好，变化之中的秩序也好，源于模糊的、似亡而存的"道"。"道"的妙用不见形迹，万物依赖它畜养而不自知。"道"是一切的本根。"道"不依赖于任何事物，自己成立，创生万有；天下万物依凭着道而得以变化发展。天地之大，秋毫之小，及其浮沉变化，都离不开"道"的作用。"道"参与天地万物的千变万化，道在其中为根本依据。可见，"道"自己是自己的原因，又是生成宇宙的原因。从万有依赖着"道"而生成变化，可知"道"是宇宙的"本根"。

第五，庄子的"道"不可感知与言说。它不仅是客观流行之体，又是主观精神之境界，其自然无为、宽容于物的特性，也是人的最高意境。

《知北游》中，作者假托泰清、无穷、无为、无始四人的对话，暗喻道体。泰清，故名思义，尚不足以知浑沌的道体。在此段对话中，无为先生只是知道"道"运行的节律。真正理解道无终始、不可感知、不可言说的是无穷、无始先生。泰清问："子知道乎？"无穷曰："吾不知。"无始曰："道不可闻，闻而非也；道不可见，见而非也；道不可言，言而非也。知形形之不形乎，道不当名。"又曰："有问道而应之者，不知道也。虽问道者，亦未闻道。道无问，问无应。无问问之，是问穷也；无应应之，是无内也。以无内待问穷，若是者，外不观乎宇宙，内不知乎太初。"不可问而硬要问，叫"问穷"，穷就是空。不能回答而勉强答，叫"无内（容）"。同篇又有托名知（智）、无为谓、狂屈、黄帝四先生的对话。智先生提问："何思何虑则知道？何处何服则安道？何从何道则得道？"意即怎样思索怎样考虑才能懂得道？怎样处事怎样实行才契合道？依循什么通过什么途径才得到道？面对如是三问，无为谓先生一言不发，"非不答，不知答也"。智先生一头雾水，见到狂屈先生，亦如是三问。狂屈先生说，我知道，让我告诉您。狂屈嗫然而止，"中欲言而忘其所欲言"。智先生返回帝宫，请教黄帝先生。黄帝回答："无思无虑始知道，无处无服始安道，无从无道始得道。"智先生高兴地说，我们两人懂了，他们还不懂。黄帝则说，无为谓是真懂，狂屈近似，我们俩其实没有沾边。可见道体自然，道本无为，不可用语言来表达与限定。

但道是可以用人的生命来体证的。以上无穷、无始、无为谓先生，以及《大宗师》中的真人，《逍遥游》中的天人、神人、至人、圣人等，都是道体的具体化。因为道不仅仅是宇宙万有的终极根源，同时也是人的精神追求的至上境界。《天下》称颂关尹、老聃为"古之博大真人"，因为他们恬淡无欲，独自与神明住在一起，理会古之道术的全体，"建之以常无有，主之以太一。以濡弱谦下为表，以空虚不毁万物为实"。"常宽容于物，不削于人。可谓至极。"《天下》称颂庄子"独与天地精神往来，而不敖倪于万物；不谴是非，以与世俗处……上与造物者游，而下与外死生无终始者为友。其于本也，弘大而辟，深宏而肆；其于宗也，可谓调适而上遂矣"。歌颂的关尹、老子、庄子，即为道的化身。

二、知　论

庄子认为，人们往往执定、拘守于"一偏之见"，彼此纷争，妨碍了关于完整的"道"与天地之理的领悟。因此，必须破除"成心"，反对师心自用。世界上有些所谓大小、久暂的差别相，其实是因时间、空间的相对观念而产生的。细小的草茎与粗大的屋柱，不知晦朔的朝菌、春生夏死或夏生秋死的蝉虫与以数百、千年为春，数百、千年为秋的神龟、大椿，确有差别，这些差别是在"物观"的视域中产生的。站在高山上俯视地面，原来在地面上认为差别较大的东西，已没有什么分别了。若把"以物观之"换成"以道观之"，参考系一变，大小、夭寿的差别也会显得微不足道。以无限的整全的"道"去省视，很多区分都不存在了。故在《秋水》篇作者借海神之口说："以道观之，物无贵贱；以物观之，自贵而相贱；以俗观之，贵贱不在己。以差观之，因其所大而大之，则万物莫不大；因其所小而小之，则万物莫不小。知天地之为稊米也，知毫末之为丘山也，则差数睹矣。"人们很容易观察与分析现象界的差别相，即有关事物之差异、矛盾、特质等。庄子意在打破由此而产生的执着，认识到事物的迁流变化；主张换一个角度(或参照系,或视域)再去省视事物,会看到不同的面相;直至以道观之,有些差别则完全可以忽略不计。

关于是非之争执,"既使我与若辩矣,若胜我,我不若胜,若果是也?我果非也邪? 我胜若,若不吾胜,我果是也? 而果非也邪? 其或是也?其或非也邪? 其俱是也? 其俱非也邪? 我与若不能相知也。则人固受其黮闇。吾谁使正之? 使同乎若者正之,既与若同矣,恶能正之? 使同乎我者正之,既同乎我矣,恶能正之? 使异乎我与若者正之,既异乎我与若矣,恶能正之? 使同乎我与若者正之,既同乎我与若矣,恶能正之? 然则我与若与人,俱不能相知也,而待彼也邪?"(《齐物论》)论辩双方如果都以自己的标准,那么永远没有是非可言。不管请双方之外的哪一位第三者来判断,第三者或与此同,或与彼同,或另立标准,只徒增更多的是非而已,仍然莫衷一是。

"道隐于小成,言隐于荣华。故有儒墨之是非,以是其所非,而非其所是。欲是其所非,而非其所是,则莫若以明。"(《齐物论》)庄子认为,执着偏见、小成的人,仅凭一得之见去分剖大道,大道因此而隐没、遮蔽;不明事理的人,靠浮华的词藻与辩说去分割真理,真言亦因此而隐没、遮蔽。儒墨两家的争论也是这样的。庄子首先提出"明"(或"以明"、"莫若以明")的认知方法,以此明彼,以彼明此,跳出各自的藩篱,洞察彼此,理解对方,消解己见,以客观平常之心洞察彼此之事实,进而理解现象或概念之彼此的联系,破除对一切相对待的概念的执着。莫如用"明"的方法,这是关于是非真相之认辨的初步。

接着,庄子提出了更为根本的体认绝对真理的方法,即把握"道枢"、"天钧"的方法。这是更深一层次的"明"。庄子认为,是非与彼此一样,是同时并存、相待而生的,这也叫"彼出于是,是亦因彼,彼是方生"。然则"方生方死,方死方生,方可方不可,方不可方可,因是因非,因非因是。是以圣人不由而照之于天,亦因是也。是亦彼也,彼亦是也,彼亦一是非,此亦一是非,果且有彼是乎哉? 果且无彼是乎哉? 彼是莫得其偶,谓之道枢。枢始得其环中,以应无穷。是亦一无穷,非亦一无穷也。故曰：莫若以明。"（《齐物论》）彼与此、是与非、可与不可、（理由之）成立与不成立，只是各人依自己所看到的事理的一面所做的推测，或依各人的立场、经验、知识结构、信息甚至兴趣、爱好，在当下所作出的判断。这的确有很大的片面性。圣人站在更高的层面，首先是以中立者的姿态，保留、"因任"自然的分际或人为的界限，其次是超越是与非、可与不可等等的对待，理解彼此之间的是非及由彼此而生的是非，洞悉彼此与是非的复杂联系，进而体悟天地自然的大道正是统合是非彼此的枢纽。最高真相、客观真理是所谓"道枢"或"天钧"（亦称"天均"、"天倪"），它是承认、包含了各种事物、现象的认知以及层次、系列不同的相对真理的。它在最高的位置上，居于正中，其他的事物及有关的认知、判断及层层相对真理，均环绕在由它辐射的轴线的周围。超越客观的天、道（道枢、天钧）观照、洞悉一切，没有偏弊。人们修养自己，也可以上达圣人的境界，与道枢、天钧相照应、相冥合，无时不得其中。既然"道通为一"，"是以圣人和之以是非，而休乎天钧，是之谓两行。"（《齐物论》）如上所说，圣人与道同体，存异又超越于异，使各种知识、各种相对真理及其系统各安其位，并行不悖。物与我、是与非、可与不可、潜在与现实、现实与理想、肯定与否定、形下与形上两不相妨碍，是谓"两行"。如此可谓条畅自得于自然均平之地，使各相对待的方面、力量、动势或价值系统各得其所。

一般教科书误以为庄子是所谓的"不可知论"者，其实并非如此。庄子肯定闻、见、言、知及其作用，依其"道通为一"与"两行之理"，又肯定不可闻、不可见、不可言与不知之知，即把对形下世界的了解与对形上世界的体悟结合了起来，兼收并蓄。他希望人们由浅知到深知，由知外到知内。《知北游》假托无始曰："不知深矣，知之浅矣；弗知内矣，知之外矣。"作者是在肯定现象之知的基础上，又主张人们去"体道"，并且认定形而上之"道"也是可以体知的。

庄子说："吾生也有涯，而知也无涯。以有涯随无涯，殆已！"（《养生主》）宇宙间的知识无穷无尽，以个体有限的生命去追求无穷的知识，是很危险的。所谓危险，是指个体人不知深浅，私自用智，一味在知识的层面讨生活，以有限面对无限，容易丢弃生命的其他层面，时常产生焦虑，甚至可能把性命都搭上。在"知"的方法论上，庄子主张学习养生的"缘督以为经"。缘是顺的意思；督指督脉，在身背后脊椎里，是身后之中脉，指中空之意；经即是常。懂得养生之道的人，善于调理主管呼吸的任、督二脉（任为身前之中脉），持守中空之常道。大凡有繁琐的物事来，处之以虚，即以弹性的管理智能，虚虚实实，无为与有为相济，调理得当，不至劳累过度。以这样的方式来面对无限的知识，首先是要区分对于天的认识与对于人的认识，区分对现象世界的认知与对本体世界的体悟，进一步由"物观"上升到"道观"，把握"道枢"、"天钧"，然后再返回到现象世界。

所谓"天"、"人"，即自然与人为，简言之："天在内，人在外……牛马四足是谓天，落（络）马首，穿牛鼻是谓人。故曰无以人灭天，无以故灭命。"（《秋水》）庄子认为，天机藏于内，人事着于外，而德与天然相合，所以不要用人事去毁坏天然，不要用有心造作去损害性命。《大宗师》开宗明义说："知天之所为，知人之所为者，至矣！知天之所为者，天而生也；知人之所为者，以其知之所知，以养其知之所不知，终其天年，而不中道夭者，是知之盛也。虽然，有患。夫知有所待而后当；其所待者，特未定也。庸讵知吾所谓天之非人乎？所谓人之非天乎？且有真人而后有真知。"意思是说，知天与知人是人生的极致。天之所为出于自然，人之所为出于智力。但智力也是人生来就有的，也是"天之所为者"。人不应当谋求智力的增长，而应以智力所及的养生之道，保养智力所不及的寿命之数，庶几能尽其天年，不至中道夭亡。这就算尽了智力的能事了。追求其他的知识也是如此。知识非常丰富，但人如只靠知识，还是有所牵累。因为智力、知识，必有所待的对象。但所待的物件却是飘忽不定、难以把握的。你怎么知道我所说的天不是人，人不是天呢？我们所谓天然的东西，其实掺杂了人为的成分；我们所谓人为的东西，其实有不少天然的成分。所以专凭人的知识、智力去度量事理，是靠不住的。要达到"真知"与"知之圣"，一定要修养到"真人"的境界，这样才能与"道枢"相照应。这是说，天道以下，人事层面的问题都是可知的，但人的智力是有限的而且人是极不相同的，人们关于现象世界之复杂面相的真伪与正确与否的问题非常复杂，因此在肯定可知的基础上还要善于破除我执，虚怀理解不同的认知，求得真理性的认知。至于关于天与天道层面的认识，不是靠人的智力所能达到的，它需要全身心的修养，靠人生体验的积累，庶几可以达到"与道同体"的境界。

庄子提倡怀疑、批判的精神，但并不归结为所谓的"怀疑论"。他对人的认知能力、对人所执定的知识或真理的可靠性提出挑战，但他并不主张废弃对于"真知"与"知之至"的追求，只是希望减少盲目性，告诫人们由分析上升到综合，由认知上升到体验，由"小智"上升到"大智"。《齐物论》假借尧时贤人啮缺与王倪的对话，幽默、恢谐地表达了这一智慧："啮缺问乎王倪曰：'子知物之所同是乎？'曰：'吾恶乎知之？''子知子之所不知邪？'曰：'吾恶乎知之？''然则物无知邪？'曰：'吾恶乎知之？虽然，尝试言之，庸讵知吾所谓知之非不知邪？庸讵知吾所谓不知之非知邪？"《庄子》一书往往是把疑问抛给读者去判断，而答案就在疑问中转为肯定。王倪的三次回答，"第一次是对肯定知识的怀疑，第二次是对'不可知'或'不知'的怀疑，第三次是对一切知识的真假可能性的假设与疑问。理由是，一物的然否判断'同是'主观的，即使有暂时的普遍性，亦不能肯定永久的普遍性。其次，物之知，与被知之物本身真假，有绝对是，也有相对是，是不是，然不然，庄子以为'然乎然'才是真是、真然；道是不可言诠的，一说便差失（亏）了。故曰：'吾恶乎知之？'物之可知者，真假然否已难定于一，更何况'所不可知''不知'者？这是第二次疑问更广袤的'不知'之正确性。最后王倪以反面疑问作为正面的回答，即逻辑上的反问疑问。因为'吾所知'中当有'不可知'性，而吾'所不知'亦不必然非'知'，所以说'庸讵知吾所谓不知之非知邪？'（孔子也说：'不知为不知，是知也。'）"①

---

① 邱棨鐊：《庄子哲学体系论》，台北：文津出版社，1999 年，第 35 页。

　　庄子的"心",是虚静的心,其作用是观照。他主张返回灵台明觉之心,来体悟道,与道契合为一。"夫体道者,天下之君子所系焉。"(《知北游》)从以上论述看,庄子的道论、人生修养论(理想人格论)与知论是相通的。

三、理想人格论

　　庄子提出了"逍遥无待之游"——"至人无己,神人无功,圣人无名"的理想人格论。我们在这里着重讨论《庄子》内篇中的《大宗师》、《齐物论》、《逍遥游》三篇文章。

　　《大宗师》指"道"或"大道"。大是赞美之词,宗即宗主,师就是学习、效法。篇名即表达了"以道为师"的思想。也就是说,宇宙中可以作为宗主师法者,唯有"大道"。这个大道也称为"天",即自然而然的生命流行之体。"道"是客观存在的,又是看不见摸不着的,其存在不以他物为条件,不以他物为对,在时空上是无限的。但这个"道"不是造物主、上帝或绝对精神本体,而是一无始无终的大生命(宇宙生命)。万物的生命,即此宇宙大生命的发用流行。既然道的生命是无限的,那么在一定的意义上我们也可以说万物的生命也是无限的。所谓生死,不过如昼夜的更替,我们不必好昼而恶夜,因而勿须乐生而悲死。这才算领悟了生命的大道,也可以说是解放了为形躯所限的"小我",而成为与变化同体的"大我"了。庄子认为,人们通过修养去体验大道、接近大道,可以超越人们对于生死的执着和外在功名利禄的系缚。但这不需要人为地去做什么。他的修养原则是"不以心损道,不以人助天",依此而可以达到"寥天一"的境界。其生命体验、审美体验的方式是直觉主义的"坐忘"。

　　"何谓坐忘? 颜回曰:堕肢体,黜聪明,离形去知,同于大通,此谓坐忘。"(《大宗师》)该篇假借孔子与颜回的对话,通过颜回之口表达修养工夫。"坐忘"即通过暂时与俗情世界绝缘,忘却知识、智力、礼乐、仁义,甚至我们的形躯,达到精神的绝对自由。"坐忘"的要点是超脱于认知心,即利害计较、主客对立、分别妄执，认为这些东西（包括仁义礼乐）妨碍了自由心灵，妨碍了灵台明觉，即心对道的体悟与回归。《大宗师》作者认为，真人或圣人体道，三天便能"外天下"（遗弃世故），七天可以"外物"（心不为物役），九天可以"外生"（忘我）。然后能"朝彻"（物我双忘，则慧照豁然，如朝阳初起），能"见独"（体验独立无对的道本体），然后进入所谓无古今、无生死、无烦恼的宁静意境。这里强调的是顺其自然，不事人为，以便与道同体，与天同性，与命同化。与"坐忘"相联系的另一种实践工夫是"心斋"。"若一志，无听之以耳，而听之以心；无听之以心，而听之以气。听止于耳，心止于符。气也者，虚而待物者也。唯道集虚。虚者，心斋也。"（《人间世》）此处也是假孔颜对话，托孔子之口表述作者之意。以耳来感应，可能执定于耳闻，不如听之以心。以心来感应，期待与心境相符，尽管上了一层，仍不如听之以气。气无乎不在，广大流通，虚而无碍，应而无藏。所以，心志专一，以气来感应，全气才能致虚，致虚才能合于道妙。虚灵之心能应万物。心斋就是空掉或者洗汰掉附着在内心里的经验、成见、认知、情感、欲望与价值判断，自虚其心，恢复灵台明觉的工夫。

《齐物论》与《大宗师》相辅相成，互为表里。《齐物论》表述了庄周的"天地与我并生，而万物与我为一"的思想，强调自然与人是有机的生命统一体，肯定物我之间的同体融合。"齐物"的意思即是"物齐"或"'物论'齐"，即把形色性质不同之物、不同之论，把不平等、不公正、不自由、不和谐的现实世界种种的差别相、"不齐"，视之为无差别的"齐一"。这就要求我们以不齐为齐一，即提升自己的精神境界，在接受、面对真实生活的同时，调整身心，超越俗世，解脱烦恼。此篇希望人们不必执定于有条件、有限制的地籁、人籁之声，而要倾听那自然和谐、无声之声、众声之源的"天籁"，以消解彼此的隔膜、是非和有限的身体生命与有限的时空、价值、知性、名言、概念、识见及烦、畏乃至生死的系缚，从有限进入无限之域。庄子以道观的视域，反对唯我独尊，不承认有绝对的宇宙中心，反对各是其是，各非其非，主张破除成见，决不抹杀他人他物及各种学说的生存空间，善于站在别人的立场，更换视域去理解别人，而不以己意强加于人。《齐物论》有"吾丧我"之说。"丧我"与"心斋"、"坐忘"意思相近，"身若槁木"即"堕肢体"，"心若死灰"即"黜聪明"，也就是消解掉由形躯、心智引来的种种纠缠、束缚。"丧我"的另一层意思是消解掉"意、必、固、我"，消解掉自己对自己的执着，走出自我，走向他者，容纳他人他物，与万物相通。与"心斋"、"坐忘"一样，人们通过"丧我"工夫最后要达到"物我两忘"的地步，即超越的精神境界，以便与"道"相契合。

《逍遥游》是《庄子》的第一篇，它反映了庄子的人生观。他把不受任何束缚的自由，当作最高的境界来追求，认为只有忘绝现实，超脱于物，才是真正的逍遥。本篇宗旨是"至人无己，神人无功，圣人无名"。"无功"、"无名"也就是"无己"，"无己"也就是《齐物论》所说的"丧我"，《天地》所说的"忘己"。作者指出，"逍遥"的境界是"无所待"，即不依赖外在条件与他在的力量。大鹏神鸟虽可以击水三千，背云气，负苍天，飘然远行，翱翔九万里之高，然而却仍有所待，仍要依凭扶摇（飙风）羊角（旋风）而后始可飞腾。有的人才智足以胜任一方官吏，行为足以称誉一乡一地，德行足以使一君一国信服，按儒家、墨家的观点，可称得起是德才兼备的人，但庄子认为他们时时刻刻追求如何效一官，比一乡，合一君，信一国，仍有所待。宋荣子略胜一筹。宋荣子能做到"举世而誉之而不加劝，举世而非之而不加沮，定乎内外之分，辩乎荣辱之境"，已属不易，然而他能"存我"而未能"忘我"，更未能物我兼忘，仍不是最高境界。列子略胜一筹。列子日行八百，任意而适，无所不顺，更不多见，但他仍有所待。他御风而行，飘飘然有出尘之概，可是没有风他就无能为力了，仍不能谓为逍遥之游。"若夫乘天地之正，而御六气之辩，以游无穷者，彼且恶乎待哉？"就是说，有比列子境界更高的人，他们顺万物本性，使物物各遂其性，没有丝毫的造作，随大自然的变化而变化，物来顺应，与大化为一，即与道为一。如此，随健行不息的大道而游，还有什么可待的呢？因其"无所待"才能达到至人、神人、圣人的逍遥极境。这个境界就是庄子的"道体"，至人、神人、圣人、真人都是道体的化身。庄子的人生最高境界，正是期盼"与道同体"而解脱自在。

"各适己性"的自由观的前提是"与物同化"的平等观。逍遥无待之游的基础正是天籁齐物之论。庄子自由观的背景是宽容，承认自己的生存、利益、价值、个性自由、人格尊严，必须以承认别人的生存、利益、价值、个性自由、人格尊严为先导。这种平等的价值观肯定、容忍各种相对的价值系统，体认其意义，决不抹杀他人的利益、追求，或其他的学派、思潮的存在空间。这样，每一个生命就可以从紧张、偏执中超脱出来，去寻求自我超拔的途径。章太炎《齐物论释》正是从庄子"以不齐为齐"的思想中，阐发"自由、平等"的观念。"以不齐为齐"，即任万事万物各得其所，存其不齐，承认并尊重每一个体自身具有的价值标准。这与儒家的"和而不同"、"己所不欲，勿施于人"的恕道正好相通。

儒家的理想人格是圣贤人格。儒家心目中的圣人或圣王，有着内圣与外王两面的辉煌。虽然"内圣外王"一说出自《天下》，然而后来却成为儒家的人格标准。内圣指德性修养，外王指政治实践。儒家强调在内圣基础之上的内圣与外王的统一。因此，儒家人格理想不仅是个体善的修炼，更重要的是责任感和担当意识，是济世救民，努力为国家、民族和人民建功立业，即使遭到贬谪也以深沉的忧患系念天下百姓的疾苦和国家的兴亡。儒家也有其超越精神，穷居陋巷，自得其乐，安贫乐道。道家庄子的真人、圣人、神人、至人、天人的理想人格，与儒家有别，其特性是：独善其身，超然物外，一任自然，遂性率真；与风情俗世、社会热潮、政权架构、达官显贵保持距离。这是庄子和道家的神韵情采。与儒家积极入世的现实品格相比较，道家凸显的是超越和放达，以保持距离的心态，批评、扬弃、超越、指导现实。

《大宗师》从人人关系中把握"真人"之境。何谓"真人"？在庄子看来，所谓"真人"是天生自然的人，不在徒劳无益的人为造作中伤害自己的天性，专心做心灵虚静的修养工夫，以达到"天人合一"之境。"真人"能去心知之执：不欺凌寡少，不自满于成功，不凭借小聪明耍小把戏，纵然有过失也无追悔，行事得当也不自以为得意，登高不怕下坠，入水不怕溺毙，蹈火不怕烧死，在得失、安危之际，能够坦然自处。"真人"能解情识之结：睡时不做梦，醒来无忧虑，没有口腹耳目之欲；呼吸深沉，直达丹田，直通脚跟。"真人"与俗人的区别在于，俗人生命气息短浅，呼吸仅及咽喉，嗜欲甚深，精神无内敛涵藏，心知欲求缠结陷落，天然的根气自然寡浅。"真人"能破死生之惑：不执着生，不厌恶死；一切听其自然，视生死为一来一往，来时不欣喜，去时不抗拒。"真人"深知生命的源头，故不忘其所自来；又能听任死的归结，故不求其所终极。当他受生为人时，自在无累；当他一旦物化时，又忘掉自身，任它返于自然。也就是说，不以自己的心智去损害大道，不以自己的作为去辅助天然，这才叫做"真人"。真人的心悠然淡泊，可以清冷如铁，也可温暖如春，生命感受与四时相通。真人之心虚静无为，与天地万物有自然感应。真人之境是"天人合一"之境："故其好之也一，其弗好之也一，其一也一，其不一也一。其一与天为徒，其不一与人为徒，天与人不相胜也，是之谓真人。"（《大宗师》）俗人的好恶总不免偏颇，真人则超越于好与不好之上，摆脱了人间心智的相对分别，既忘怀于美恶，又排遣于爱憎，冥合大道，纯一不二。真人守真抱朴，与天为徒；同时又随俗而行，与人为徒；既不背离天理，又不脱离人事。为此，天与人不相排斥、不相争胜而冥同合一。达到物我、主客、天人同一境界的人，才是真人。

庄子之真人、至人、神人、圣人，都是道的化身，与道同体，因而都具有超越、逍遥、放达、解脱的秉性，实际上是一种精神上的自由、无穷、无限的境界。这深刻地表达了人类崇高的理想追求与向往。这种自然无为、逍遥天放之境，看似玄秘莫测，但实际上并不是脱离实际生活的。每一时代的类的人、群体的人，尤其是个体的人，虽生活在俗世、现实之中，然总要追求一种超脱俗世和现实的理想胜境，即空灵净洁的世界。任何现实的人都有理想，都有真、善、美的追求，而道家的理想境界，就是至真、至善、至美的合一之境。

第四节　庄子的政治哲学

一、对战国之时现实政治的批判

庄子在先秦思想家中极为另类，如果说诸子普遍对政制建构有着关注情怀，渴望纾解当时政制危机。那么庄子则恰恰相反，他希望逃遁于政治之外保全其性。庄子除曾做过"漆园吏"外，终生并无任其他官职。《史记》载楚威王曾因庄子贤达，"使使厚币迎之，许以为相。"然而庄子却对使者道出"祭之牺牛"的譬喻。在庄子看来，入朝为官正如待祭祀的牺牲，虽"养食之数岁，衣以文绣"，终将不免于"入大庙"的命运，因此他宁愿在污渠之中曳尾自快，而不愿身为他人所羁绊。这也与庄子文章的意旨一脉相承。在《山木》篇中便记载庄子曾"衣大布而补之，正緳系履而过魏王"。当魏王见故问其情状，庄子却取猿猴为譬喻，认为猿猴在楠、梓、豫章高林间穿梭，"虽羿、蓬蒙不能眄睨也"。然而一旦到了荆棘的灌木丛中，则"危行侧视，振动悼栗"。可见，庄子并非是生来抵触政治，而是借此说明适遭昏君与乱臣的时代，他宁愿"曳尾于涂中"（《秋水篇》）以保生，而不愿陷自己于囹圄。因此，他并没有像其他学者一样汲汲于提出一套平息列国纷争的政治哲学，而是更关心生命安立等问题。他所呈现的姿态始终游离于政治边缘，并从"道"的境界俯瞰诸子争辩，寻求超然于世的境界。在《在宥》篇中，他即对"宥天下"和"治天下"进行分辨，说道：

> 昔尧之治天下也，使天下欣欣焉人乐其性，是不恬也；桀之治天下也，使天下瘁瘁焉人苦其性，是不愉也。夫不恬不愉，非德也。（《在宥》）

庄子认为尧和桀一样，都是损害人之性，未能秉持虚寂无为、静持心性，任万物于自然的思想，因此人的本性得不到舒畅。而在《马蹄》篇中，庄子更以治马与埴木为喻说道："夫埴木之性，岂欲中规矩钩绳哉？然且世世称之曰：'伯乐善治马，而陶匠善治埴木。'此亦治天下者之过也。"在庄子看来，既然陶土和树木的本性不愿合于规矩勾绳，那么世人称道善于治马、烧陶和培育树木的人，也就犹如赞许矫枉人民的本性之人。显然，庄子所隐喻的正是当时以仁义蛊惑君王的游士，与其相对，庄子则诉诸保全人民的德、性。如其所言：

> 及至圣人，蹩躠为仁，踶跂为义，而天下始疑矣；澶漫为乐，摘僻为礼，而天下始分矣。……道德不废，安取仁义！性情不离，安用礼乐！……毁道德以为仁义，圣人之过也。（《马蹄》）

在庄子看来，当世所称道的圣人不过是用己意来矫正民众性情，所谓仁爱的教化和义理的法度都是圣人竭心力所造作的，殊不知此恰恰有损于原始的天然物性。故其又常取马为譬喻，认为马性原本仅止于喜怒之时或擦颈或踢踏而已，然而自从驾马之人将横木加在马身上，反而使得马匹欲脱其扼，甚至猛戾抵突、吐衔窃辔。其实，这种对儒家基本价值的否定并非是知识层面思辨的结果，更主要是源于庄子所面临的现实困境。《胠箧》篇中的一个例子足以说明这点，庄子言：

> 所谓圣者，有不为大盗守者乎？何以知其然邪？昔者齐国邻邑相望，鸡狗之音相闻，罔罟之所布，耒耨之所刺，方二千余里。阖四竟之内，所以立宗庙社稷，治邑、屋、州、闾、乡曲者，曷尝不法圣人哉！然而田成子一旦杀齐君而盗其国。所盗者岂独其国邪？并与其圣知之法而盗之。（《胠箧》）

这里庄子否定了齐国社会运行的结构，在他看来，无论是宗庙、社稷这些儒家礼法中最重视的场所，邑、屋、州、闾、乡等各级地方的治理组织，乃至在此基础上呈现的鸡犬相闻、黎明耕作的景象，这些圣人所立之制度统统都应该废弃。在庄子眼中，圣人所用心营造之物，恰恰是被窃国者所觊觎之物，故"世俗之所谓知者"不过是在为盗贼做积蓄。这种颠覆性思维正源自于当时的社会实情。不难设想，庄子曾目睹过不少攻城劫掠的场景，更曾目睹过民众被役使去耕种来储存战备，那些欣欣向荣的景象在庄子眼中瞬间坍塌，激起了庄子对一切用心力建构社会秩序的反思。既然那些被儒墨等信徒称颂的圣王事业最终不过是世间攘夺的资材，那么如此损耗物性又有何益处？换言之，正是圣人扰乱了民性，正因民性不平，才使得万物产生差异，故解决之道则在于消解这种后设的差异性，如能"川竭而谷虚，丘夷而渊实"，则能退返到无争之世。故庄子感叹欲使"天下平"惟有"圣人已死，则大盗不起"。所以《天地》篇即大声疾呼道："垂衣裳，设采色，动容貌，以媚一世，而不自谓道谀，与夫人之为徒，通是非，而不自谓众人，愚之至也。"庄子先肯定"孝子不谀其亲，忠臣不谄其君"的正确，进而暗指当时游士设制度以治天下，其实是取媚当世，以致造成世人的大愚大惑。因此在庄子这里，所谓的"惑"并非是对知识的不解，而是对德性的迷乱。在庄子看来，宣扬仁义之说恰恰是惑乱和谄谀世人，而这正是现实政治危乱的渊薮所在。

不得不说，这里庄子的看法确实有其高明之处。在战国之世，君主莫不希冀招揽民众，充实己国之国力。正如梁惠王所患"邻国之民不加少，寡人之民不加多"（《孟子·梁惠王上》）。对此，诸子无不迎合君王，诠说一套富国之策。如孟子所言："王如施仁政于民，省刑罚，薄税敛，深耕易耨。壮者以暇日修其孝悌忠信，入以事其父兄，出以事其长上，可使制梃以挞秦楚之坚甲利兵矣。"（《孟子·梁惠王上》）又如荀子所言："裕民则民富，民富则田肥以易，田肥以易则出实百倍。"（《荀子·富国》）换言之，所谓的施行仁政、简省刑罚、轻徭薄赋不过是一套驭民之策，并非为天下忧，而实为君主忧。正如清代学者张芳所言："天下之言儒者众矣。儒以仁义正天下，俗儒徒名其仁义而行之，伪儒且利其仁义而窃之，吾安知儒者之果不为世祸也？"[①]而庄子一眼便窥见其实质，所谓民，不过是充当国家兵源和财富收入的来源。庄子将游士的谋略轻易地道出，他说人民是不难聚集的，无非是"爱民"、"利民"和"誉民"。在庄子这里，这三个词均为贬义，庄子窥见战国之世君主各种行为的终极虚妄，故在《徐

---

① （清）张芳：《南华经解序》，载宣颖《南华经解》，清同治六年半亩园刊本。

无鬼》中,庄子直言:"夫民不难聚也,爱之则亲,利之则至,誉之则劝,致其所恶则散。"这不是庄子推衍自己的治国之道,而是要揭穿游士游说帝王的谋略说辞。庄子更揭示出这一套伪诈的手段,在他看来,正由于人君偏离无为,增加了行事的困难,才迫使民众铤而走险、虚伪造假、欺骗、偷盗。所谓:"民知力竭,则以伪继之,日出多伪,士民安取不伪!夫力不足则伪,知不足则欺,财不足则盗。"(《则阳》)因此,战国时候讲"仁义",不过是把这一合法性依据交给贪得无厌的君主,此即"且假乎禽贪者器"。但是庄子也并没有在根本上否定仁义,他说仁义的核心在于"诚",当仁义丧失了"诚",便从原本的圣王之道沦为一种手段,所谓"夫仁义之行,唯且无诚,且假乎禽贪者器。是以一人之断制利天下,譬之犹一觌也。"(《徐无鬼》)这不啻为对当时奸诈行为的猛烈抨击。

徐克谦考察发现,"诚"字是在战国中后期才开始普遍出现在诸子著作中。从《中庸》观之,诚也关系到整个天地万物之化育,带有明显的形而上的色彩。① "诚"与"真"一样,都指的是那种本然的存在,同时意味着对人为造作的拒斥与否定。因此,庄子对"诚"的称引,无疑表明他厌恶的是"仁义"沦为虚伪造作及名相化,而非对仁义内存的本根的否定。在《渔父》一篇也阐发着这种意旨,庄子虚构了孔子向渔父请教的情境,渔父话语的核心即在于"谨修而身,慎守其真",而对于"真"则引申为"精诚之至也",实际上,这与《徐无鬼》中庄子对诚的标榜一以贯之。所谓"不精不诚,不能动人。故强哭者虽悲不哀,强怒者虽严不威,强亲者虽笑不和。真悲无声而哀,真怒未发而威,真亲未笑而和。"(《渔父》)总而言之,无论是"真"还是"精"、"诚"都是诉求将内在感情如其本然地释放。由此,无论是严肃、亲热还是悲伤、愤怒,惟有守其内在之诚,才能表现在外。可见,庄子的"真在内者,神动于外"与《礼记·大学》"诚于中,形于外"并不相悖。所以,庄子对礼乐的批判,并非是对儒家仁本体的彻底蔑视,而在于对愚者"不能法天而恤于人"、"禄禄而受变于俗"的悲哀。

---

① 参见徐克谦:《庄子哲学新探——道·言·自由与美》,北京:中华书局,2005 年,第 68 页。

而在《说剑》中叔齐和伯夷的话更能凸显出庄子对"诚"的态度。当武王求二人佐助时，曾许其以"加富二等，就官一列，血牲而埋之"。但叔齐二人却答曰："昔者神农之有天下也，时祀尽敬而不祈喜；其于人也，忠信尽治而无求焉。"其实，在这个故事中，庄子要凸显的重心已不是传统所追捧"不食周粟"的忠义与道义，而在于"敬"。在庄子看来，无论是封官加富甚至是血牲，但凡内心无虔敬之心，则所行不过为伪诈。而上古之世，神农按时祭祀，并非索求，而仅为中心诚敬。在庄子看来，这一"忠信尽治"恰恰就是古今的差别所在。所以我们也可说，庄子非"仁义"，非非"仁义"，所非者，不过是战国之时借"仁义"来游说帝王戕民的游士。他所要追求的，是一种本然纯真的社会秩序，而非靠虚伪狡诈所营构的社会状态。

由此，我们也便不难理解庄子的历史观。在孔、孟、荀那边，均悬设了三代的正义性，并由此展开论述。譬如《论语·卫灵公》中所言的："吾之于人也，谁毁谁誉？如有所誉者，其有所试矣。斯民也，三代之所以直道而行也。"而孟子在讨论三年之丧的问题上，也说："三年之丧，齐疏之服，飦粥之食，自天子达于庶人，三代共之。"（《孟子·滕文公上》）在设庠序的问题上更援引三代为例："夏曰校，殷曰序，周曰庠，学则三代共之，皆所以明人伦也。"（《孟子·滕文公上》）至于单举三代中一代或文王、周公之类更不需多举。即使被认为成文较晚的《礼记》，亦多见"三代之礼"、"三代之英"、"三代明王之政"、"三代之德"等字眼。而极端地宣称要以三代为法则的恐怕还数荀子，如其说："道不过三代，法不二后王；道过三代谓之荡，法二后王谓之不雅。"（《荀子·王制》）相比之下，庄子恰恰是要返归三代之前。故其言：

自三代以下者，天下莫不以物易其性矣。小人则以身殉利，士则以身殉名，大夫则以身殉家，圣人则以身殉天下。故此数子者，事业不同，名声异号，其于伤性以身为殉，一也。（《骈拇》）

今世之仁人，蒿目而忧世之患；不仁之人，决性命之情而饕贵富。

> 故意仁义其非人情乎！自三代以下者，天下何其嚣嚣也？（《骈拇》）

可见庄子是以三代以下为今。并且他更追溯了一条自黄帝以来至儒墨时代的衰乱史。在《天运》篇中他说："三皇、五帝之治天下，名曰治之，而乱莫甚焉。"正是由这个端绪开始，使得"民心变，人有心而兵有顺，杀盗非杀，人自为种而天下耳，是以天下大骇，儒、墨皆起"。不难看到，这针对的正是战国之世儒者所构建的史学叙事。又如《胠箧》中则说：

> 故绝圣弃知，大盗乃止；擿玉毁珠，小盗不起；焚符破玺，而民朴鄙；掊斗折衡，而民不争；殚残天下之圣法，而民始可与论议。擢乱六律，铄绝竽瑟，塞瞽旷之耳，而天下始人含其聪矣；灭文章，散五采，胶离朱之目，而天下始人含其明矣；毁绝钩绳而弃规矩，攦工倕之指，而天下始人有其巧矣。（《胠箧》）

这则对战国时儒者所建构的一套礼乐治理法则提出批判。不仅是抵触儒家的圣王观，而且要求烧掉符契，打碎印章，打破斗和秤，搅乱音调、销毁竽瑟等乐器，塞住师旷的耳朵，封住离朱的眼睛，锤断工匠的手指。这俨然是一套激进的反礼乐路线，要恢复到此前的洪荒时代。然而，倘若我们结合上文对庄子真、诚、敬等观念的理解，我们便明白这种激愤的言论不过是对当时社会伪诈的一种反动。正因三皇五帝通过"仁义"与"刑罚"搅得人心不得安宁，因此才促生庄子思考如何"安其性命之情"的方法。所以当庄子说："故天下诱然皆生，而不知其所以生；同焉皆得，而不知其所以得。故古今不二，不可亏也。"（《骈拇》）其中便流露出他对"古今"的看法。在此，庄子认为古今不二，完全是相对于儒家的古今之变，儒家在先秦以来目睹到的是从三代以降的衰亡史，因此要退返至尧舜之际的粹美王道。而庄子却截然否定了这点，他认为古今是贯通的，然而他的贯通并非对现实差异的磨灭，而是强调民性的一致，强调"道"的恒常，强调内在的通贯性。这种历史观的差异，不过是庄子用来批判现实的独特叙事方法，而非一套客观的历史推衍。庄子欲向世人揭明的，正是游士的伪诈与君主驭民的真相。因此，也就理解了庄子的"道"论，他正在于将"道"提升为一种个体自由的契机。"道"不仅被悬设为世俗权力之上的准则，更在于指引一条逃离权势所遮蔽世界的途径。所以，道"正是为了解决思想专断与行动高压而呈显而发扬的"，无为而自由，"是吾人心灵世界中无所依傍无可企求的自足状态，它超乎任何实用的意图，并因此得以自全自保，而摆脱任何之危险与灾难。"①而在《则阳》里面所悬设的圣人观念，其中有一个目的也是要劝谕君王，希望君王无为而治天下。故他说："圣人达绸缪，周尽一体矣，而不知其然，性也。"（《则阳》）其核心是希望君王放弃被游士以各种名目的学说蛊惑，最终戕害民众。所以，如果我们强制性地将《庄子》全书的意旨剖分为二，则其中一支是求自己的超越与解脱，有逃遁方外的情结。那么另一支则是希望将随顺自然的理念贯彻于治国之道中，要求与时偕行。比如他强调圣人最终是足以在世间应事接物，所行周备，不至于陷溺其中（"与世偕行而不替，所行之备而不洫"）。由此，也就展开了庄子的外王学向度，下文我们也会予以分析。

二、无为与顺应物性的治国之道

在《庄子》一书中不乏对理想政制的构想。如《胠箧》篇中便标以"至德之世"，其情状是"民结绳而用之，甘其食，美其服，乐其俗，安其居，邻国相望，鸡狗之音相闻，民至老死而不相往来。若此之时，则至治已"。显然，该段的记叙与老子"小国寡民"的描述并无二致。然而，在《马蹄》篇中，庄子则进行了另一段关于"至德之世"阐述，若将两文予以比照，则不难窥见庄子之用意，其言曰：

> 彼民有常性，织而衣，耕而食，是谓同德；一而不党，命曰天放。……
> 夫至德之世，同与禽兽居，族与万物并，恶乎知君子小人哉！同乎无知，其德不离；同乎无欲，是谓素朴。素朴而民性得矣。（《马蹄》）

---

① 叶海烟：《老庄哲学新论》，台北：文津出版社，1997 年，第 123、126 页。

显然，这里庄子所凸显的并非一种外在的政制形态，更在于强调这种理想政制的"内核"，其重视的是民众的"性"与"德"是否能够保全。由此，两相比照，如果说老子那段文字更倾向于建构共同体内部自治的组织形式，那么庄子则是要借助这种外缘政治形态维护人性的恒常与质朴。正如其所言"一而不党，命曰天放"，这无疑是强调混一不偏、任天自在、物性自足的状态。借此，庄子得以泯灭君子小人的道德判断，最终消解掉贤愚不肖的分别心，由此得以静持心性，任万物于自然，这就是"寓诸庸"、"因是已，已而不知其然"（《齐物论》）之道。而在《在宥》篇中，我们同样能看到类似的表述，其载：

> 故君子不得已而临莅天下，莫若无为。无为也，而后安其性命之情。故贵以身于为天下，则可以托天下；爱以身于为天下，则可以寄天下。故君子苟能无解其五藏，无擢其聪明，尸居而龙见，渊默而雷声，神动而天随，从容无为而万物炊累焉。（《在宥》）

庄子的治理之道就在于无为，然而他尊奉无为的核心自然是围绕着安定"性命之情"而谈的。故他正是要保存生命的本性，而不被美色、乐声乃至儒家所宣扬的仁义礼智圣等价值所裹挟。君王要能够不肢解民众的本性，重视自身而胜过天下，随顺万物而安静无为，方能达至庄子的理想之境。正如钱穆所言，庄子"注重在藏与独善，不注重到行与兼善"。并认为这种重视个体的精神或渊源自杨朱。然而，钱穆又强调庄子毕竟异于杨朱，因为"庄子之藏，是把此有限人生，妥善地藏在无限的大宇宙中。这点，决然为杨朱所未经阐发的"①。其实，庄子所赞许的就是一种自然的生存状态，因此他否定儒家依据道德名目所推扩的一系列法则秩序。在他看来，当圣人揭橥"圣、勇、义、知、仁"等条目来建立社会运行秩序时，其实也就损害了人本具之"性"。而这些条目恰恰使得盗跖之徒窃国。庄子口中的"盗跖"即指当时的诸侯，他们正是以圣王贤君为口号希

---

① 钱穆：《中国思想史》，北京：九州出版社，2012年，第48页。

图收拢游民、壮大国力、开疆拓土。我们不难想象，庄子曾无数次目睹了民众因仰慕"贤者"而带上粮食、抛弃双亲去侍奉别国的君主。（"民延颈举踵曰：'某所有贤者'，赢粮而趣之，则内弃其亲而外去其主之事，足迹接乎诸侯之境，车轨结乎千里之外。"）而在庄子看来，这何其可笑、可悲，当世的学者不明此理，相反却"为之仁义以矫之"，其结果无异于"并与仁义而窃之"（《胠箧》）。由此观之，庄子所愤恨的并非是德目所寓有的那套从修身上推至治国的理念，而是对当时现状的直接斥责。在他看来，仁义本为"国之利器不可以示人"，但在他身边，曾参、史鰌、杨朱、墨翟等人却将此治国之道公诸于世，由此使得天下攘夺相争，当世的诸侯与权贵挟持了"仁义"的名目，仁义和圣知成为"诸侯门内"的玩物。（"彼窃钩者诛，窃国者为诸侯，诸侯之门，而仁义存焉，则是非窃仁义圣知邪？"）当此之世，倘若再讲仁义，无疑是"重利盗跖，而使不可禁"（《胠箧》）。

当诸国争相殖民拓土之时，庄子已深切地感受到这种趋势不会退返。如果说孔子之时尚能尊王攘夷，尚有退返到原有列国血缘政治同盟框架的希望，那么当庄子处于地缘兼并态势愈演愈烈、苏张之徒纵横捭阖的时代中，政治格局已然无法再退返至周代宗法体制。因此，他只能向更早的"无争之世"予以回溯，他退返出仁义的建国框架，回溯至尧、舜、禹、周公等圣王之前的洪荒时代，故他归结道："圣人生而大盗起。掊击圣人，纵舍盗贼，而天下始治矣。"（《胠箧》）由此不难理解庄子借"黄帝"之口来向广成子问修养之道的原因。当黄帝询问"养民人"、"遂群生"的至道时，广成子不屑于回答。而当黄帝"捐天下，筑特室，席白茅"，静养参悟之后，再探寻"治身"之道时，广成子才乐意地揭示了天地本有自然运行的法则，所谓"天地有官，阴阳有藏"、"慎守女身，物将自壮"（《在宥》）。按前文所论，"黄帝"正是庄子"衰古史"叙述体系的开端人物，他自然是希望从黄帝时便遏制住"以仁义撄人之心"的念头，如此则不至于遭此乱世。在《在宥》篇中，还有云与鸿蒙的对话，云同样是希望能"育群生"，而鸿蒙最终又阐明那套随顺之道。在庄子看来，万物尽管千变万化，最终仍将回归本性，惟有不窥探万物之真情，任凭自然，方能自全其生理。（"万物云云，各复其根，各复其根而不知。浑浑沌沌，终身不离；若彼知之，乃是离之。无问其名，无窥其情，物故自生。"）这里庄子正是劝谕当世的游士放弃淑世的希求。由此观之，与其说庄子借广成子之口向黄帝道出了治道，毋宁说他借此抒发其悲叹，因为这清净无为、顺应自然的方法本身就无法在人世间推广，更无法在战国之世向楚威王或是其他君王觐见，不过是适用于个体逃遁世外，保养其本性，最终在山野之间与鸟兽共居，浮游猖狂于天地之间，不知所求而自得，不知所往而自适。这就是庄子眼中身处战国之世的最佳归宿。

如果接着庄子的逻辑推衍，我们发现庄子将丧乱的根源归结为"好知"。这在《胠箧》中有一段表述：

> 知诈渐毒、颉滑坚白、解垢同异之变多，则俗惑于辩矣。故天下每每大乱，罪在于好知。故天下皆知求其所不知而莫知求其所已知者，皆知非其所不善而莫知非其所已善者，是以大乱。……甚矣夫，好知之乱天下也！自三代以下者是已。舍夫种种之民而悦夫役役之佞，释夫恬淡无为而悦夫啍啍之意，啍啍已乱天下矣。（《胠箧》）

庄子将这种"去智"的理念施用于君王治国之术上，如在《天地》篇中便借许由批评啮缺的话彰显他对智慧的态度。在许由看来，啮缺不可作为天子的原因在于其"聪明睿知，给数以敏，其性过人"。而这些特点恰恰出现在儒家对君主的赞誉中，如《中庸》的"唯天下至圣，为能聪明睿知"，又如《荀子·乐论》的"耳目聪明，血气和平，移风易俗，天下皆宁"。然而，庄子却提出截然相反的判断，认为太过聪明最终将会以人的智慧加之于天（"以人受天"），最终的结果必将是以人道而违背天道（"乘人而无天"），其恶果则会使得万物乖异、背道而驰、为琐事所奴役而惶惶不可终日。对此，他在《天地》篇中一口气列出了七点恶果，所谓：

> 方且本身而异形，方且尊知而火驰，方且为绪使，方且为物絯，方且四顾而物应，方且应众宜，方且与物化而未始有恒。（《天地》）

可见庄子对"聪明睿智"保持着极度的警惕，然而这种警惕并非是针对知识本身，更主要的是指运用知识的欲求以及用知识改造世界——即"治"的意图，如其所言："治，乱之率也，北面之祸也，南面之贼也。"（《天地》）因此，我们不难发现，当《天地》篇叙述为君之道时，其实更贴合《中庸》的理路。譬如其言曰："夫王德之人，素逝而耻通于事。"所谓"素逝"便是追求一种随顺万物治国之道，既然物性不同，却均能自然随道而存在生长，那么人君便无需以私意而矫正，而这也隐约与《中庸》"君子素其位而行"相吻合。郭象即阐发其中微旨说道："任素而往耳，非好通于事也。"①由此，再体味庄子对"知"的寓意，在《缮性》篇中即有"古之治道者，以恬养知"，显然，庄子绝非出于一种主观性的反智主义。但庄子又强调"生而无以知为也，谓之以知养恬"。可见，在知论中，庄子其实始终隐含着对"治"的警惕，正由此，他最终推阐出"道"的价值。比如《知北游》言："且夫博之不必知，辩之不必慧，圣人以断之矣。"在庄子看来，博读经典，未必有知识；能言善辩，不一定有智慧。而圣人所保有的，恰恰是对无形无际的"道"的把握。因此，随顺天性的治国之道更是《庄子》全书的主流。这种顺应物性的思想可说是贯穿庄子政治论始终的。所以在外篇中庄子不断地劝谕着君王放弃那恒守执着的贪恋之心。比如《山木》篇中便提出那有名的"刳形去皮，洒心去欲"的说法。在庄子看来，君主倘若想免于忧愁，唯有抛弃已有的国家权势，进而"去国捐俗，与道相辅而行"。然而，这与其说是劝谏君王修道，去君之累，除君之忧，毋庸说是为百姓谋得一线生机。所以统观《山木》前后则不难看到，庄子除却说尧不利用人民图自己的私利（"尧非有人"），并且举南越建德之国为例，说该国之民能"猖狂妄行，乃蹈乎大方"，此足矣见庄子之发心。而这也是郭象说的："泰然无执，用天下之自为，斯大通之涂也。"②又譬如在最为世人所知的《秋水》一篇中，作者便借北海若之口道出了理想的治国理念，所谓：

---

① （晋）郭象注，（唐）成玄英疏：《南华真经注疏》，北京：中华书局，1998 年，第 236 页。
② （晋）郭象注，（唐）成玄英疏：《南华真经注疏》，北京：中华书局，1998 年，第 391 页。

> 以道观之，何贵何贱，是谓反衍，无拘而志，与道大蹇。何少何
> 多，是谓谢施，无一而行，与道参差。严乎若国之有君，其无私德；繇
> 繇乎若祭之有社，其无私福；泛泛乎若四方之无穷，其无所畛域。兼
> 怀万物，其孰承翼？是谓无方。万物一齐，孰短孰长？（《秋水》）

庄子在这里提到了两个概念，即"反衍"和"谢施"，均在于强调贵贱
和多少不过是相反而生、代谢互驰。正由于此，我们不应固执自己已有
的成见或执着于自己的行动，乃至同道相违背。故身为人君，则应对人
民没有偏私。普施庇佑于四方之民众，兼容并包且泯灭物类的差别。可
以说，庄子正是参悟万物变动不居的天理，正因此生生不息，若骤若驰的
无常，庄子要求我们废除狭隘的分辨，而顺物"自化"，故他又说："知道者
必达于理，达于理者必明于权，明于权者不以物害己。"（《秋水》）换言之，
顺着自然变化并非是刻意为之的一套道家律令，而是通达物理后自然呈
现的姿态。如郭象注曰："达乎斯理者，必能遣过分之知，遗益生之情，而
乘变应权，故不以外伤内，不以物害己而常全也。"[1]对君王而言，顺物而
行政，也就如庖丁解牛般游刃有余。

三、《庄子》中的外王学倾向

如果我们把《庄子》全书视为庄子及其学派的思想资料，那么我们可
以发现，在外杂篇部分篇章中却隐约透露出保性与外王并重的治世理
念，而非一味地对"治"进行批判。事实上，倘若窥诸《齐物论》、《应帝王》
等内篇作品，无论是强调"《春秋》经世先王之志，圣人议而不辩"（《齐物
论》），还是直接道出"顺物自然而无容私焉，而天下治矣"（《应帝王》），其
本意均旨在强调"圣人不由而照之于天，亦因是也"（《齐物论》）的治国方
法，可见庄子并未纯然逃遁于政治之外。而这种内圣与外王双彰的理念
或许更接近《庄子》内篇的旨趣。

---

[1] （晋）郭象注，（唐）成玄英疏：《南华真经注疏》，北京：中华书局，1998 年，第 341 页。

譬如在《天地》篇尧与华地封人的对话中，庄子先借尧之口说道："多男子则多惧，富则多事，寿则多辱。是三者，非所以养德也。"反观荀子《富国》、《王制》、《荣辱》等篇章中均强调"足国之道，节用裕民……裕民则民富，民富则田肥以易，田肥以易则出实百倍"、"王者富民"、"乐易者常寿长"、"百姓之寿，待之而后长"，其核心理念莫不在使王者通过善待民众而增加国用。因此，《天地》篇中尧贬斥"寿、富、多男子"等话语，诉求于乱世之中保全自身性命的思路，似乎更接近上节所描述的庄子形象。然而，《天地》篇显然未在此打住，而是通过华地封人道出了更高的治世准则，其斥责尧不应随顺这种状态，既然民众多，就该予以相应的职分（"天生万民，必授之职"）。富有的话则应跟人们分享财富（"富而使人分之"）。最终，封人道出了治世的准则，所谓"天下有道则与物皆昌，天下无道则修德就闲"。可见，这里并不主张"游方之外"、"与禽兽居"的境界。相反，是通过分别"有道"与"无道"两种状态，将随顺万物的理念延伸为"与物皆昌"的积极态度。同样的隐喻还见于间蒉与季彻的对话，当我们审视间蒉对鲁君所言的"必服恭俭，拔出公忠之属，而无阿私"（《天地》），不难发现，这正是荀子的准则，所谓"恭俭、敦敬、忠信而不楛"（《荀子·强国》），"公道达而私门塞矣，公义明而私事息矣"（《荀子·君道》），毫无疑问是荀子论政中的几大核心价值。而《天地》篇并未彻底地否定这套外王学的正当性，审查季彻的回应，他的批判显然只是针对其施用效应而展开，认为其会使得君主事务增多，最终不胜其烦（"必不胜任矣……观台多物，将往投迹者众"）。换言之，他并未以"随顺自然"的态度否定"公"、"忠"本身的价值。由此反观他给出的策略，恰是强调"成教易俗"、"举灭其贼心而皆进其独志"，而其发语更是直言"大圣之治天下也"。不难发现，这恰恰背离了《在宥》篇中将"宥天下"与"治天下"一分的观点。所以，我们可说《天地》篇正是想从"外王"学的向度撑起庄学的整全架构。

因此，如果我们将《庄子》全书理解为庄子与庄子后学在不同时期的作品集，我们也可说那种返还三代之前非政府主义式的理念也仅仅出现在部分篇章中，如外篇的《骈拇》、《马蹄》、《胠箧》、《在宥》，而诸如《天地》等篇则俨然是另一种气象。其中对君王为政提供了一套具体的施政之道。我们可以揣测，在庄子之后，不乏学者希冀将庄子的道论转换为施政的资源，并在朝堂之上付诸践行。比如在《天地》篇中，君便获得了德性所赋予的天然的合法性地位（"君原于德，而成于天"），此外还赋予了君主治人的职能（"人卒虽众，其主君也"）。而作者也巧妙地将道家"无为"的治理思想融合进君王的治国理念中，如言"上治人者，事也"，这正是要求君王应因人之本性使其从事适宜的事务。又如所言"古之畜天下者，无欲而天下足，无为而万物化，渊静而百姓定"，这则俨然是将道家离群与鸟兽居、万物并作的自然状态予以折衷，更强调道家在实际国家运行状态中可提供的思想资源。这种折衷式的话语屡屡出现，比如当提及"无为"时，其语辞的外延则可推扩至君子"爱人利物"上，显然透露出向外作为的倾向。又如其言"无为言之之谓德，爱人利物之谓仁"，更是将"德"同"仁"列于对等的地位，这更是直接与《在宥》等篇明确崇"德"而黜"仁"（如："说仁邪，是乱于德也"）的态度相对。因此，这种外王学的倾向，终究是庄子身后的一种难以避免的趋势。所以，在前贤学者公认为成篇较晚的《说剑》中，庄子俨然要靠伪装成剑士来向赵文王献策，如其谓："天子之剑，以燕溪、石城为锋，齐、岱为锷，晋、卫为脊，周、宋为镡，韩、魏为夹，包以四夷，裹以四时，绕以渤海，带以常山，制以五行，论以刑德，开以阴阳，持以春夏，行以秋冬。"这显然是一派纵横者夸夸其谈的气象，而标榜阴阳五行更见其鄙陋，更远逊逍遥之境的气象。至于后文说"此剑一用，匡诸侯，天下服矣"，则俨然是欲兼并天下的意思，这离那个重生命、轻功业的庄子形象就更远了。

如果我们考察老子之后的思想演变，会发现从文子到稷下道家再到《吕氏春秋》与《淮南子》，或可视为道家重"术"的一派。如以同样的视域体察庄子，如果我们承认庄子学派的其中一支从主体的自由转而讨论治国之道，那么他们就必需建立一套合理的国家运转秩序。由此，则需由无为向外转出，而《天道》篇即为一例。《天道》篇对君王同臣下进行分判，认为"上无为也，下亦无为也，是下与上同德，下与上同德则不臣；下有为也，上亦有为也，是上与下同道，上与下同道则不主。"由此，建立一套统治架构，所谓："上必无为而用天下，下必有为为天下用，此不易之道也。""本在于上，末在于下；要在于主，详在于臣。"无为从脱离朝纲与政治框架的一种大自在反转成为一套君主南面之道。原本是超脱俗世、乘天地之正的境界，这里反倒成为一套向上劝谕君王的说辞。又譬如《天道》篇更提及"君先而臣从，父先而子从，兄先而弟从，长先而少从，男先而女从，夫先而妇从"一套尊卑次序。故我们有理由相信，外篇的这些篇章无疑已潜移默化接受了儒学的价值。而一些段落更凸显出庄学内部因外王分裂而论辩的意涵，如所谓：

> 夫天地至神，而有尊卑先后之序，而况人道乎！宗庙尚亲，朝廷尚尊，乡党尚齿，行事尚贤，大道之序也。语道而非其序者，非其道也；语道而非其道者，安取道！（《天道》）

这俨然是一种质问的语气，不难设想，当作者在上文提出"五伦"的儒家观念后，必然遭受到保守派庄学的反驳。譬如在《齐物论》、《天下》和《秋水》等篇中，庄子均凸显万物形色性质虽不同，然而归根仍在："万物一齐，孰短孰长？""齐万物以为首"。因此如何在庄子原有框架内部赋予尊卑秩序以合法性地位，此无疑是《天道》篇作者所面临的最大的困境。而该篇作者的手法显然简短直接，他从天地之德的角度承认"人道"的差异性，由此彻底将儒家亲亲尊尊的理念抛出，并通过"道"本具的秩序性反诘质问者。在该段之末，作者更通过《书》和"古人"进行辅证，虽然现存《尚书》中并无其所征引的"有形有名"话语，且"礼法数度，形名比详，古人有之"一句也可看出其并不敢直接依托三代圣王名号，仅以含混的"古人"代之。但是，可以感受到作者已转由外部文献支撑其论述的合理性，而非借卮言来直陈道体。这显然是由于惧空言不足以服人所进行的折衷之策，这也体现了庄子之后其学术向秩序构建的转移。

由此反观《天运》提出"礼义法度者，应时而变者也"，我们不由得赞叹这种"时变"观正是自孔孟以至两汉的核心命题。如果说殷周之际是一个大变革，那么自东周以降学者无不身处不间断的小变革（或变法）中，直至秦汉的更替，变革的节奏方暂告一段落。这段时期内，从《论语·卫灵公》中的"行夏之时，乘殷之辂，服周之冕"到《孟子·万章下》中赞誉孔子是"圣之时者"，无论是《管子·心术》的"与时变而不化"还是《淮南子·泛论训》"因时变而制礼乐"与《文子·上义》的"圣人法与时变，礼与俗化"，从秦代建国时李斯的那句"时变异也"到汉代刘向《说苑·辨物》的"考天文，揆时变"与董仲舒《三代改制质文》中的"昭五端，通三统"，无疑均表明这种古今的差异性是悬置在先秦两汉学者心头的关键问题，而庄子学派内部也逐渐调整庄学"弃世"（《达生》）的这种极端思维。所以《天运》中大胆地举猿猴与周公为例，认为使猿猴穿上周公的衣服，必然会咬碎撕裂全部丢弃。如谓："今取猨狙而衣以周公之服，彼必龁啮挽裂，尽去而后慊。观古今之异，犹猨狙之异乎周公也。"这段文字看似是批判孔子推行周制不达时变，但其结论恰恰将《庄子》部分篇章（如《骈拇》、《胠箧》、《在宥》）中那种返还洪荒时代的理念予以矫正。值得注意的是，当论者竭力地调和庄子和儒家时，无疑将治道向更微妙的层面推进，譬如在《天运》篇中即突破传统以三代前后和"治天下"与"宥天下"分判的臧否标准，反而凸显三皇五帝的礼义法度的异曲同工之妙，即对"治世"的重视。（"故夫三皇、五帝之礼义法度，不矜于同而矜于治。"）因此，对《庄子》文本中具有外王倾向的篇章客观审查也有助于我们理解战国后期学术与政治之间的关系。

第五节　庄子的超越之境

一、从"避害"到超越死生

　　《天下》篇中论述庄子学术："死与生与！天地并与！神明往与！芒乎何之？忽乎何适？万物毕罗，莫足以归，古之道术有在于是者。庄周闻其风而悦之。"可见，生死问题是庄周面临的首要问题，这自然与战国之世国家对民众的迫害有关。在《庄子》书中即不断流露出"避害"的意识，比如"避矰弋之害"（《应帝王》），"夫失性有五……此五者，皆生之害也"（《天地》），"大人之行，不出乎害人"（《秋水》），"人能虚己以游世，其孰能害之！""外人卒不得害"（《山木》），"不仁则害人"（《庚桑楚》），"害民之始"（《徐无鬼》），"跐则众害生"（《外物》），"夫天下至重也，而不以害其生"（《让王》），"无有相害之心"，"辞其害，而天下称贤焉"（《盗跖》）。实际上，这种避难与惧死的心态恰恰是理解庄子逍遥之境的核心，正如徐克谦先生所言："凡一切不怕死的旷达思想，其实都是以死亡恐惧的先在为前提的。庄子的思想也不例外。不仅不例外，恐怕还是特别怕死的一个。"[1]因此，我们讨论庄子的生死观，也是试图理解庄子在写作时所面临的生命危机，更是理解庄子异于孔子的关键所在。

在《山木》篇"孔子围于陈蔡"一段中最能体现庄子内心的惶恐与孔子的气象。时孔子南下陈蔡，蔡遗民被楚叶公屯于负函，充当楚国北扩的边防卫戍，而孔子南下游说，实际上欲劝楚王息兵。然而南下之后碰见的遗民却大都颓丧不振、沦为隐者，无论是长沮桀溺，还是荷蓧丈人，意志不可不谓为消沉，多欲保全其生，楚狂接舆即为庄子哲学之先驱。所以在《庄子·人间世》里，狂接舆吟诵的是"来世不可待，往世不可追也"。而再看《论语·微子》，则说的是"往者不可谏，来者犹可追"，一个"不可"，一个"犹可"，孔子仅易一字以抒己志，气象大变。倘若窥诸《儒行》，儒者气象更俨然喷涌而出，所谓"往者不悔，来者不豫"。坚毅果决，判然两种精神面貌。同样的案例又见于《庄子·山木》篇，同样是叙孔子困于陈蔡，《论语·卫灵公》记载的是"在陈绝粮，从者病，莫能兴。子路愠见曰：'君子亦有穷乎？'子曰：'君子固穷，小人穷斯滥矣。'"司马迁记载的是"孔子讲诵弦歌不衰"。而再看《山木》篇所载，庄子托名任道，劝勉孔子随顺自然保和性命，所谓"进不敢为前，退不敢为后；食不敢先尝，

---

[1] 徐克谦：《庄子哲学新探——道·言·自由与美》，北京：中华书局，2005 年，第 139 页。

必取其绪"。又说老子曾言"功成者堕，名成者亏"。孔子应回返至跟众人相同的境地，不追求功名，不显露自己。并且杜撰了孔子离开学生，逃进野泽，吃野果，跟鸟兽居的故事。（"辞其交游，去其弟子，逃于大泽；衣裘褐，食杼栗；入兽不乱群，入鸟不乱行。"）俨然是假孔子之形诉说自己的理想。殊不知，孔子游行天下，全然无一己之功名，纯然践行大道，所谓"天生德于予"，慨然以一己之身肩负道义传承的使命，生死了然物外，这是何等境界。对于庄子相比孔子呈现出的这种畏难保生的倾向，我们认为应置于其历史语境中进行理解。

庄子所追求的是在乱世之中保全其德，正如王先谦所言："人间世，谓当世也，事暴君，处污世，出与人接，无争其名，而晦其德，此善全之道。"①所谓的养全，也就是回归事物本然的状态，正凭借此恰能各安其份，保全其身。于个体而言则在于内保性、德，于诸侯而言则在于各守疆土，那么纵横家则无法假仁义之名争民拓土。正如叶海烟所阐释的："在物物自立自治，自主自理的自然状态中，权力已无处可肆虐，如此，那在彼此或主客的架构中所经营出来的是非便不至于成为权力作恶的帮凶，因为吾人在物物齐一和同的无穷的脉络中已经获致了真实而足够的存在意义。"②换言之，孔子是知其不可为而为之，而庄子则是知其不可为即退而保全其身，是从"摆脱人际关系中来寻求个体的价值"③。正如在《山木》篇中庄子见魏王所言："今处昏上乱相之间，而欲无惫，奚可得邪？"在他眼中，如今就如同猿猴在柘、棘、枳、枸之间，谨言慎行保全其身，绝非是因为"筋骨非有加急而不柔"，而是因为"处势不便，未足以逞其能也"。当庄子目睹了更多的仁人志士如比干一般，遂只能选择退保其生的手段。

因此，我们说庄子的初衷正是因其目睹世衰道微，无力回天，因此以保全黎民与自己的德、性为鹄的。故而当庄子之妻过世，庄子却在惠子

---

① （清）王先谦：《庄子集解》，北京：中华书局，1987 年，第 32 页。
② 叶海烟：《老庄哲学新论》，台北：文津出版社，1997 年，第 148 页。
③ 李泽厚：《中国古代思想史论》，北京：生活·读书·新知三联书店，2008 年，第 201 页。

的面前踞坐且敲盆而歌。在庄子眼中，人是合于天道的，因此无论生命、形体还是气质，原本并不存在。他自己推衍了一套生死观念，所谓："杂乎芒芴之间，变而有气，气变而有形，形变而有生，今又变而之死，是相与为春秋冬夏四时行也。"（《至乐》）如此，既然人的形体同四季的运行一样，不过是顺着自然变化，那么如今安详地复归天地之间的"巨室"，又何须悲伤？但我们又不能说庄子无视死生，相反，庄子是重生的，然而他的"生"绝非是肉体的保养，他追求的是"性"之整全。如他说："世之人以为养形足以存生，而养形果不足以存生，则世奚足为哉！"（《达生》）因此在《至乐》篇中，他便说道："至乐活身，唯无为几存。"在他看来，最真的快乐和保全性命的方法只有清静无为。庄子爱取鸟为比喻，譬如他讲道鲁侯以"养人之道"养鸟，将海鸟"御而觞之于庙，奏九韶以为乐，具太牢以为膳"，最终海鸟却死掉。可见，他的生死观在意的是各随其性。所谓"故先圣不一其能，不同其事。名止于实，义设于适，是之谓条达而福持"。换言之，正因为现实中太多的生死，庄子最终得以超越生死。其所追求的是人与宇宙大化同存并生的境界，由此个体生命得以超越形骸的拘束。正如《列御寇》所记载：

> 庄子将死，弟子欲厚葬之。庄子曰："吾以天地为棺椁，以日月为连璧，星辰为珠玑，万物为赍送。吾葬具岂不备邪？何以加此！"
> （《列御寇》）

事实上，庄子之所以能超越生死的核心，正在于其内德充盈而如如不动的境界。一旦处于道的境域中，则外物的迁灭流转与本真的心灵无关，其关键就在于能守其宗。所谓"死生亦大矣，而不得与之变，虽天地覆坠，亦将不与之遗。审乎无假，而不与物迁，命物之化，而守其宗也"（《德充符》）。由此观之，庄子所重视的在于通过守住元气而不被外物扰乱心智，他所追求的是藏息，既藏神于无首无尾的大道之中，又游息于万物并生的大道之境。心性纯一而不杂，德性与宇宙的法则相通。所谓"藏乎无端之纪，游乎万物之所终始"。唯有处于这种境界之中，方能"死生惊惧不入乎其胸中"、"遻物而不慑"（《达生》），最终能够全生、保身、养亲和尽年。所以在庄子看来，"那种对生的执着就成了结，横亘在胸中。这就需要解。而解的办法仍然是经由对物理的透彻了解，达到安而处之的态度。"①故庄子又借孔子之口道出死生的观念，在他看来，死生实际同寒暑、贫富、饥渴一样，不过是天命流行循环而已，正因于此，人无需揣度其由来，也就"不足以滑和，不可入于灵府。使之和豫通而不失于兑，使日夜无郤而与物为春"（《德充符》）。这里庄子追求的是泯灭物我，处于纯粹的静观状态，如此方可称为"才全"。这种境界实已契合佛教四法印之"诸漏皆苦"，并入于"究竟涅槃"的境界。由此，世间的那些纷争已不足动心，个体的性命最终得以安立。正如叶海烟所言，"是将死生之连续状态放在平等地位，并超乎心理好恶及人间各种价值判断，对死生一体无殊的真实意涵作最直接的含摄与体认，而成就其极其高明亦极真实的人格。"②这实际上就是《齐物论》所言"死生无变于己，而况利害之端乎"的意涵。正因为勘破世间一切，庄子不因外物而患得患失，更不会汲汲于重建社群的秩序。在《达生》篇中，他以赌注为譬，讲"以瓦注者巧，以钩注者惮，以黄金注者殙。"换言之，一旦有了惜物之心，则不免"有所矜"。其实，庄子借此要讲的便是"外重者内拙"的含义。惟有舍弃外物，方能内心无扰，由此才能无往而不适。因此，也可说庄子的生死是"通过吾人对根源性伦理的解悟与体证，人与天地同在（或并生），并不是纯然的幻想，而是可以不断向'非我'或'超我'开放的真实的思考与笃实的履践"③。

二、"保性"与"养德"

　　理解了庄子的生死之境，进而则回返至庄子的修养论。窥诸庄书，

---

① 王博：《庄子哲学》，北京：北京大学出版社，2004年，第57页。
② 叶海烟：《老庄哲学新论》，台北：文津出版社，1997年，第163—164页。
③ 叶海烟：《老庄哲学新论》，台北：文津出版社，1997年，第51页。

"保性"与"养德"无疑是庄子的两大核心。正如本章首节所论,庄子绝非是蹈空诠释一套形而上的性、德观,而是对战国社会转型中孤独无依的个体进行救赎。徐克谦先生将庄子当时所面临的冲突总结为三点:其一是个人自由与社会政治礼法之间的冲突,其二是人的自然本性与道德理性之间的冲突,其三是生命本身的意义与世俗功利的目标之间的冲突。实际上,这三点均可归纳为一点,即战国之际以楚国为首、以中央集权为核心的县制改革对原有周代封国宗法自治体制的冲击。首先,随着中央集权的加强,楚国北扩欲消化征服区民众,并控制边境新拓城邑,必然借用刑法削弱原有封建公族权势并加强对地方掌控,因此庄子哀叹"自三代以下者,匈匈焉终以赏罚为事,彼何暇安其性命之情哉!"(《在宥》)即由此而发。其次,伴随着仁义所依托的血缘社会土壤消退与编户齐民的形成,庄子必然深感仁义成为虚文,正由此庄子退返至三代之前,在宇宙大化中寻求个体存在世上的依据。且自然本性的提出,无疑与县制推扩后古代贵族解体产生的一批"隐君子"生化状态息息相关。第三,县制建构本身就是受世俗功利的目标驱使,是以富国、多民为根源的君王欲求,伴随着国家形态的转移,民众沦为国家势力壮大的工具,在个体原子化的过程中必然会产生生存的惶恐,由此引发出探寻生命本身意义的问题。正如徐克谦先生所言:"庄子对人间的关切以及对人生苦难的正视,则颇有近似儒者的忧患意识。不过,庄子终究是儒家的批判者,他反对世俗儒者的态度更直接显示了他游心自然,通同大道的道家立场。"①所以,我们认为庄子论"德"、"性"更像是在社群之外为人的主体寻求一大根大本的依据,是要在宇宙中安立人心。是要"建构一完全属己之生命,以回复生命之本真,由超经验而再入于世俗,由无人之情再生发人性理趣,由反意念之造作而终投入　大口的中"。②

　　若论"德"与"道"的关系,或许正如《知北游》中所言:"调而应之,德

---

① 参见徐克谦:《庄子哲学新探——道·言·自由与美》,北京:中华书局 2005 年,第 135—137 页。
② 叶海烟:《老庄哲学新论》,台北:文津出版社,1997 年,第 13、106 页。

也;偶而应之,道也。"如果说调和顺应自然是"德",那么"道"更倾向于一种"从心所欲不逾矩"的境界。所以在庄子眼中,道无所不在,可翱翔于天地间放任无穷冥契于道,而难以指出道究竟在何处,这是无法用言语道出的境界("所以论道而非道也"),故庄子描述为"无往焉而不知其所至;去而来而不知其所止,吾已往来焉而不知其所终;彷徨乎冯闳,大知入焉而不知其所穷"。而这也是庄子眼中"帝之所兴,王之所起"的根本端绪,同样也是《天下》篇对天人、神人、至人、圣人、君子分判的依据所在。在庄子的话语体系中,前三者的境界在于"不离",无论是"不离于宗"、"不离于精"还是"不离于真",都强调的是无为而至的一种状态。然而在圣人处则从"不离"变成了"以",其凸显的无疑是主观的一种努力,所谓"以天为宗,以德为本,以道为门"。因此,在庄子叙述中,"道"近乎于从心所欲、无为而至的境界,而仅次于"道"的"德"则是可下工夫予以保全的,且"德"又与其"安性命之情"的意图息息相关。因此,既然"德"蕴含着主观能动性,则势必有一系列分辨取择。对此,《在宥》篇即说道:

> 说明邪,是淫于色也;说聪邪,是淫于声也;说仁邪,是乱于德也;说义邪,是悖于理也;说礼邪,是相于技也;说乐邪,是相于淫也;说圣邪,是相于艺也;说知邪,是相于疵也。天下将安其性命之情,之八者,存可也,亡可也;天下将不安其性命之情,之八者,乃始脔卷、猎囊而乱天下也。(《在宥》)

在庄子这里,即使是为治天下而倡行的"明、聪、仁、义、礼、乐、圣、知"八点要则,也被视为拘束且扰攘天下之物。从出土简帛《五行》篇来看,仁、义、礼、智、圣五者正是孔门后学的核心观念。而在这八条中,其中淫于声、色,相于技、淫、艺、疵等六点在于描述所引致的负面效应,庄子所肯认的正面价值惟有"德"与"理"两点,足见"德"在庄子论述中的地位。而考察《庄子》所提及"全德"的文字,更足以明白庄子"养德"的意涵。在《庄子》书中"全德"之称凡五见,分别见于《德充符》、《天地》、《田子方》、《盗跖》。"德全"则三见,分别于《天地》、《达生》、《刻意》。在《德充符》篇

"全德"两见，在"鲁有兀者叔山无趾"一段中为孔子自譬，然前人按文理推测，此处庄子应是借叔山批评孔子仅有全角而无全德，故不足为据。而在"鲁哀公问于仲尼"一段中，"全德"者应指哀骀它，虽仲尼评其"才全而德不形"，实则指其内德具足。凡内德具足，则忘其形体。正所谓上德不德，是以有德，又如"行贤而去自贤之行"（《山木》）。因此，体味该篇中孔子的赞誉，即为庄子对全德之人的概括。正因天命流行、日夜循环无法推测其来源，因此全德之人则听任大化，所谓"使之和豫通而不失于兑，使日夜无郤而与物为春，是接而生时于心者也"。而在《天地》篇"子贡南游于楚"一段中，子贡于汉阴遇灌园老人，在外杂篇中，庄子多针砭墨家，此段中灌园老人所言"有机械者必有机事，有机事者必有机心。机心存于胸中，则纯白不备；纯白不备，则神生不定；神生不定者，道之所不载也"，应为庄子批判墨子，然而后文借子贡之口所推阐之"全德"之人则更直接表明庄子的看法，所谓"虽以天下誉之，得其所谓，警然不顾；以天下非之，失其所谓，傥然不受。天下之非誉，无益损焉，是谓全德之人哉！"可见，全德之人更在于去毁誉之心，无为虚诞，返回淳朴的本原。这也正是道家抱朴守真的思想，倘能精神守一，自然不被外物机心所扰。而在《田子方》一文中所称赞的"全德之君子"则是指田子方的老师"东郭顺子"，在田子方的表述中，有如下几个关键词："真"、"虚"、"清"，其后借魏文侯之口将其落实，这几点所对应的正是儒家学说所重视的"圣知之言、仁义之行"。所以，这里的全德更强调应符合自然与道的规律，持无为的心态，因顺自然，保持真性。至于《盗跖》一篇所言"黄帝尚不能全德"，仅为贬斥黄帝等儒家所尊奉的圣贤，并没有提出全德的内涵。然考全文，仍不出纵情任性的意味。而在《达生》篇中出现的"德全"则是巧妙地以斗鸡为喻，强调养斗鸡在于养神，惟有精神凝寂，方能战而必胜。至于《刻意》篇中出现"德全"的一段，几近于对《庄子》全德的总结性概括，无论直接表述"恬惔寂漠，虚无无为"、"不思虑，不豫谋"，还是强调圣人"天行"在于任凭自然而运动，随同阴阳而无心（"静而与阴同德，动而与阳同波"），其根本均不出"虚无恬惔"四字，他所要推阐的就是要求心中不要杂糅一点污浊的人欲,虚静专一而不变动,即使动也以"天行",即所谓"养神之道",这也正是《庄子》书中对于"全德"的主要概括。正如叶海烟先生所总结的:"生命自由之自我成全端视生命自身属己之德,而生命之德之首要意义即在其相对于生命存在条件的超越性——此超越,旨在解脱生命之有限性,亦即在反转生命存在之结构,以开放生命内蕴之无穷之精神自由。"①

庄子对德的态度与"保性"密切相关。与此同时,庄子进而抵触仁、义对德、性的残害。《骈拇》一文最能体现这几种概念之间的关系。譬如:

> 多方乎仁义而用之者,列于五藏哉! 而非道德之正也。(《骈拇》)
>
> 多方骈枝于五藏之情者,淫僻于仁义之行,而多方于聪明之用也。(《骈拇》)
>
> 枝于仁者,擢德塞性以收名声,使天下簧鼓以奉不及之法非乎?而曾、史是已。骈于辩者……故性长非所断,性短非所续,无所去忧也。意仁义其非人情乎! 彼仁人何其多忧也?(《骈拇》)
>
> 彼正正者,不失其性命之情。(《骈拇》)
>
> 且夫待钩绳规矩而正者,是削其性也;待绳约胶漆而固者,是侵其德也;屈折礼乐,呴俞仁义,以慰天下之心者,此失其常然也。(《骈拇》)
>
> 伯夷死名于首阳之下,盗跖死利于东陵之上。二人者,所死不同,其于残生伤性均也。(《骈拇》)
>
> 有君子焉,有小人焉;若其残生损性,则盗跖亦伯夷已,又恶取君子小人于其间哉?(《骈拇》)

在庄子看来,战国之时的儒者过去偏狭,所谓"淫僻"便是说其行仁义过诡于正。而枝于仁义便会蔽塞本性,其原因就在于仁义非从诚、敬

------

① 叶海烟:《老庄哲学新论》,台北:文津出版社,1997 年,第 102 页。

而发，只是君主南面俘获民心之道，倘若一心收罗名声，自然所行仁义就会削性、侵德。故周旋礼乐、假仁假义来安慰天下人心的，恰恰是失掉了古今不二的常理。由此而观，曾参、史鳅、杨朱、墨翟等人骈于诡辩、改窜文句、锤炼辞藻，游荡心思于辩论，分外用力地吹捧一些辩题，无疑也正是扰乱性命之情。庄子所言的"性命之情"，更在乎保全各自的独特性情。相反，多谈仁义则会蔽塞原初的性情，那就是以名声乱法式。而在《在宥》中所分辨的"宥天下"与"治天下"也是在呼吁君主应任凭天下自然存在，目的便在于避免天下人"淫其性"、"迁其德"。在他看来，无论是过度欢喜还是过度愤怒，都会损伤阴阳之气。可以看到庄子这里已隐微流露出《中庸》的意味，所谓"使人喜怒失位，居处无常，思虑不自得，中道不成章，于是乎天下始乔诘卓鸷"。因此，也就不难理解，为何无论是儒家的仁义治国还是法家的刑罚驭民均在庄子的批判之列，因为庄子"归根结底是为了给生命更好的安顿，使形体和心灵免于无谓的劳顿"①。所以，如果能达到这个终极目的，自残形体又何足惜！

正如前文所论证的，倘若说儒家借助执守三代以下的衰亡史，从而批判战国诸侯背离了三代圣王之治，希望借此规劝天下返归王道。那么庄子反其道而行之，将根源归咎于三王本身。换言之，在他眼中，战国的丧乱是必然的，他直接跳出儒家圣王的叙事窠臼，重新在礼乐文明的发端处探寻世间万物运行的根本状态。其根源则在于从德、性上重新安立人心，如《则阳》所谓"今人之治其形，理其心，多有似封人之所谓：遁其天，离其性，灭其情，亡其神，以众为"。可见无论是德、性，还是天、性、情、神，都是指某种本来存有的价值。在庄子看来，正由于后代君王粗疏地对待本性，恰恰造成了欲求和憎恶的滋生。相对于此，庄子便回到《天地》篇那段描述中，所谓"泰初有无，无有无名，一之所起，有一而未形。物得以生，谓之德；未形者有分，且然无间，谓之命；留动而生物，物成生理，谓之形；形体保神，各有仪则，谓之性。性修反德，德至同于初"。从

---

① 王博：《庄子哲学》，北京：北京大学出版社，2004 年，第 70 页。

性到德到道，这一层层回返正在于探究生命之本根，返本复源。这正是要说明生命和德性成于自然，故修养浑然无为的德性，实与天地的自然本性相遂顺。若反而言之，则用心用智，也便有违德性，有悖于天地万物的本然。因此，在诸子百家之中，庄子是纯然退返到内在的自身，欲以激发本有的超越性，而这正是庄子异于诸子的卓绝之处。

第十章　名辩思潮与惠施、公孙龙

惠施（约前 370—约前 310 年）又称惠子，相传生于宋而活动在魏。《史记》无传，《汉书·艺文志》班固自注："名施，与庄子并时。"惠施活动的时期是战国中期，一生主要在魏国从事政治活动。惠施很有学问，《庄子·天下》说"惠施多方，其书五车"。又说："惠施日以其知与人辩"，南方有个怪人叫黄缭，"问天地所以不坠不陷，风雨雷霆之故。惠施不辞而应，不虑而对，遍为万物说。"《庄子·天下》对惠施是批评的，说他"其道舛驳，其言也不中"，"益之以怪"，"以反人为实，而欲以胜人为名，是以与众不适也。弱于德，强于物，其涂隩矣。由天地之道观惠施之能，其犹一蚊一虻之劳者也。其于物也何庸！"这里批评惠施专注辩术，颇为怪诞，偏离大道，自逞其才，于事无补。

《汉书·艺文志》著录《惠子》一篇，已佚，隋、唐《志》已不著录。今有马国翰辑佚一卷。其学说、行迹散见《庄子》、《韩非子》、《吕氏春秋》、《说苑》、《战国策》等书中。

公孙龙，姓公孙，名龙，战国时辩士。生卒年约为公元前 325—前 250 年间。籍贯为赵人，或长期生活在赵国。公孙龙大约活动在赵武灵王、惠文王至孝成王中，与平原君、燕昭王、魏公子牟、孔穿、邹衍、虞卿同时。公孙龙稍晚于惠施，是与惠施同时的辩者的弟子。

公孙龙是著名的"辩士"，"少学先王之道，长而明仁义之行，合同异，离坚白，然不然，可不可，困百家之知，穷众口之辩"（《庄子·秋水》）。中年主要在平原君赵胜家当清客，约有二十余年。公孙龙曾与孔子六世孙孔穿辩论"白马非马"问题。孔穿说，请您放弃"白马非马"学说，我就来当您的学生。公孙龙说："先生之言悖。龙之所以为名者，乃以白马之论尔。今使龙去之，则无以教焉。且欲师之者，以智与学不如也。今使龙去之，此先教而后师之也。先教而后师之者，悖。"（《公孙龙子·迹府》，下引《公孙龙子》只注篇名）公孙龙的著作，《汉书·艺文志》著录"十四篇"，今《公孙龙子》传世本只有如下六篇：《迹府》、《白马论》、《指物论》、《通变论》、《坚白论》、《名实论》。除《迹府》为门人辑录公孙龙生平事迹外，其它五篇都是公孙龙本人的作品。其书今有单行校注本。

第一节　惠施的十大命题

惠施的学术思想主要保存在《庄子·天下》，有所谓"历物"十事，即十个主要论点。

其一："至大无外，谓之大一。至小无内，谓之小一。"意思是，真正大的东西（"大一"），无所不包，没有边际，应为"无外"，即无限大；真正小的东西（"小一"），不能再分割，应为"无内"，即无限小。"大一"是宏观世界的无限性和整体性，"小一"是微观世界的无限性和整体性。《管子》中的《内业》、《心术》，也指出精气是"其细无内，其大无外"。《庄子》、《中庸》等也有类似命题。

其二："无厚，不可积也，其大千里。"这里揭示的是几何"平面"的概念，指没有厚度，只有大小，不反映体积，只反映面积的抽象概念或图形。其中也包含了质点之有无的问题和有无极微的问题。

其三："天与地卑，山与泽平。"《荀子·不苟》记载为"山渊平，天地比"。这看起来是违反常识的，但恰恰说明中国古代逻辑中关系逻辑的思想较为丰富。从"至大无外"的观点来比照，天与地、山与泽的高低关系只是相对的。某山只是相对于它旁边的某泽来说有高低之别，但从宇宙角度来看，不能说它比所有的泽都高。天与地的差别也是如此，换一个参考系来看，天与地一样高。

其四："日方中方睨，物方生方死。"睨，侧视。这句话意思是：太阳刚升到正中，就开始西斜了；生命刚刚开始，同时也走向死亡。惠施体会到了，从运动的观点看，事物在同一瞬间的空间位置和时间序列处在矛盾变化中，即既是中又是斜，既是生又是死。这并不意味着否定中与斜、生与死的界限和确定性。

其五："大同而与小同异，此之谓小同异；万物毕同毕异，此之谓大同异。""大同"是"同而有异"，"小同"是"异而有同"，这两方面的综合叫"小同异"，即同中可以辨异，异中可以求同。宇宙中的万物都有同的一面，有共性，叫"毕同"；万物都有异的一面，有个性，叫"毕异"。

其六："南方无穷而有穷。"当时人们认为南方极其遥远。惠施指出，南方既是有限的，又是无限的，两者不相排斥。推而广之，四方亦如此。

其七："今日适越而昔来。"意思是说，今日去越国，然而昨日就已经到了。这反映了"现在"和"过去"等时间上的相对性。

其八："连环可解也。"解连环，解闭结，是当时辩者的一大话题。常识认为，连环是不可解的。惠施是怎么解开的，不得其详。他可能是通过概念的辨析来解此谜的。

其九："我知天下之中央，燕之北，越之南是也。"这也是地理、方位上的无限性和相对性观点。当时人们习惯于以中原为天下之中央，从空间无限或地圆说的观点看，北方之燕国之北，南方之越国之南，都可以成为天下之中央。

其十："泛爱万物，天地一体也。"这是从"大一"的视域来看世界，肯定天地万物彼此是一和谐的整体，人们对待万物（包括人）都要有爱心。

从以上十个命题来看，惠施强调了世界的整体性和普遍联系，反映在概念论上，既承认确定性（如"大一"、"小一"、"无厚"），又肯定相对性，既看到差别性，更看到同一性。他尤其重视空间、时间概念的相对性、流动性和转化。他对于大与小、至大与至小、高与卑、山与泽、天与地、今与昔、不可积与大千里、有穷与无穷、中与睨、生与死、同与异、大同异与小同异、同中有异与异中有同、闭与解、中央与边缘等相对关系的概念，基本上是从关系逻辑的视域来把握的。后者可以转化为前者的宾词。如果说，墨家逻辑是一上来就抓住二元谓词的侔式的关系逻辑的话，那么惠施的逻辑则是辩证的关系逻辑，这都与西方亚里士多德从简单的直言命题等一元谓词逻辑问题入手的方式不同。

《庄子·天下》还保留了与惠施声应气求、相互辩难的一批辩士们提出的二十一个命题，称为"二十一事"。辩者以这些命题与惠施相应，终身无穷。他们之间的讨论十分活跃、愉悦。这些命题是：（1）卵有毛。（2）鸡三足。（3）郢有天下。（4）犬可以为羊。（5）马有卵。（6）丁子有尾。（7）火不热。（8）山出口。（9）轮不蹍地。（10）目不见。（11）指不至，至不绝。（12）龟长于蛇。（13）矩不方，规不可以为圆。（14）凿不围枘。（15）飞鸟之景未尝动也。（16）镞矢之疾而有不行不止之时。（17）狗非犬。（18）黄马骊牛三。（19）白狗黑。（20）孤驹未尝有母。（21）一尺之棰，日取其半，万世不竭。这些命题有的表达了世界的无限性，有的表达了生命的发生与运动，更多则表现了概念的辩证法思想。

第二节　公孙龙的白马论与坚白论

一、白马非马

"白马非马"是公孙龙的成名论题。他说："马者，所以命形也。白者，所以命色也。命色者，非命形也，故曰'白马非马'。"（《白马论》）"白马非马"中的"白马"和"马"都是概念词。这里指出，"马"与"白马"的内涵是不同的，"马"只含有形体的规定性，而"白马"又包含了颜色（白）的规定性，所以"马"、"白马"是不同的两个概念，表达两个固定的、确定的共相。

　　他进而从概念的外延上加以论证："求马，黄、黑马皆可致；求白马，黄、黑马不可致。"(同上)"马"的外延广，可以包括白、黄、黑马，而"白马"的外延狭，不能包括黄、黑马。这就区分了种属概念的差异。他设问反驳说，如果白马非马，那么黄、黑等一切有颜色的马都非马，岂不是天下无马了吗？他回答道："马固有色，故有白马。使马无色，有马如已耳，安取白马？故白者非马也。白马者，马与白也。马与白马也，故曰白马非马也。"(同上)这是说，马本来是有颜色的，因此才有白马。如果马没有颜色，那就只有马而已，怎么会有白马？但称呼某物为白的东西，只是标明其颜色，不会是马。所谓"白马"的概念，是马与白的结合。马既已与白结合了，还算马吗？

　　"马者，无去取于色，故黄、黑皆所以应；白马者，有去取于色，故黄、黑马皆所以色去。故唯白马独可以应耳。无去者，非有去也，故曰白马非马。"(同上)"无去取于色"并不是"无色"，而是不取其确定的颜色。公孙龙并不否定马是具有颜色的，之所以强调"白马非马"，是说"白马"是"有去取于色"(即有确定的白色)的，而"马"是不取其确定的颜色的。他并没有把"白马"与"马"的内涵完全对立起来，而且肯定了"白马"与"马"是同属"马"类中的一色(白色)与各色(任一色)、小类与大类的种属包含关系。无论从外延上或内涵上都找不到、也推不出"白马"全异于"马"的排斥关系。也就是说，"白马非(异于)马"并不否认"白马是(属于)马"中的逻辑包含关系；这一"非"字，只是表示"有异"，不表示"全异"。① 公孙龙提出这一命题，从外延与内涵两方面论证了一般与特殊、属名与种名所指对象(范围)和属性(内容)是不相等的。这就肯定了不同概念的确定性和不矛盾性。他承认了"白马非(异于)马"，又承认了"白马是(属于)马"，表达了关于个别与一般的辩证洞识。

―――――――――――――――――

① 参见周云之、刘培育：《先秦逻辑史》，北京：中国社会科学出版社，1984 年，第 89—91 页。

二、离坚白

公孙龙的《坚白论》也是颇有特点的。他设问曰：说坚硬、白色和石头为三者，可以吗？回答说：不可以。又问：说它们为两者，可以吗？答曰：可以。问曰：为什么呢？答曰：当感知到白色而未感知到坚硬时，这是两者；当感知到坚硬而未感知到白色时，也是两者。问曰：既然感知到白色，就不能说没有白色；既然感知到坚硬，就不能说没有坚硬。拿这块石头来说，它也就是这样，这不是三者吗？答曰：看的时候，看不到坚硬，只看到白色，那就是没有坚硬；摸的时候，摸不到白色，只摸到坚硬，那就是没有白色。公孙龙在这里肯定不同的感官，经过思维抽象，产生不同的名，反映事物不同的属性和共性。但他认为，首先必须把事物（石）与其属性（坚白）区分开来，而不是混淆起来，故说"坚白石二"，而不能说"坚白石三"。

公孙龙指出，不同的属性（如白色、坚硬）是相互独立的，不是相互包容的，所以是分离的，也就是"藏"起来。他又说"物白焉，不定其所白；物坚焉，不定其所坚。不定者兼，恶乎甚（当作"其"）石也?"（《坚白论》）白色和坚硬，在其它的物体上都可以感知到，不专属于石头所有，而是一切白物和坚物所共有的属性。公孙龙又承认有"白石"和"坚石"，"于石，一也；坚白，二也，而在于石。"（同上）这就肯定了"白"与"坚"都是属于石的。也就是说，"白"与"坚"既属于石，又不专属于石，既是主体的感官和思维通过名相所把握的石的不同属性，又是主体所把握的天下所有白物、坚物的共性（共相）。

在事实的层面上，公孙龙承认坚白石是一块具体的石头，整合在一起。从语言分析的角度来说，他指出坚性、白性、石性三种抽象的规定性是互相分离的。作为共相，"坚"、"白"具有独立性，未与石、物相合时，是独立的，但隐藏着。这样，"坚"与"白"相离，"坚"、"白"又与"石"（物）相离。说它们三者分离，是就它们隐藏着而言。如何理解公孙龙的坚白论呢？他表现出这样一种既离又合的智慧，即现象或性质总是在特定的关系中显现的。如以一个复杂的，至少是二元函数的关系式 $Y_r = f_r(x, r)$ 来表示，Y 为现象即显现出来的性质或性质的集合，x 表示变量，f 表示这些因素或变量之间的关系，r 是相应的关系参量。若将"坚"、"白"看作潜存在 x 中的共相（"指"），它们既离又藏，叠加而无定所。关系参量 r 表示不同类型的感官（手或眼），而显相 Y 则是殊相（即"物指"）坚或白。如果说共相、抽象属性的"指"是一元谓词，那么具体属性的概念"物指"则是关系谓词，这是理解公孙龙的一个关键所在。由公式可见，当且仅当 r 同时代入"手"和"眼"，作为物指的坚白才相与。显然，这只是一种情况，一种解，即"常识解"。公孙龙的理解允许人们超出常识，考虑到更复杂、更抽象的情况，从而与两种性质问题（如"坚"性、"白"性，或"波性"、"粒性"等）内在地关联起来。①

第三节　公孙龙的指物论与名实论

一、指物论

在《指物论》中，公孙龙进一步阐述了他的"共相"观。此文反复论证"物莫非指，而指非指"的命题。他以"指"与"物"（实物、现象、个体）相对，"指"含有动词"指认"、"称谓"和名词"名称"的意思，这里主要指概念、共相。如果细分，"指"又分为指抽象属性、共性的，如白性、坚性等共相，也有指具体事物属性的概念，如白马之白，坚白石之坚等，后者在有的地方也称为"物指"，即"定于物"之指。公孙龙强调，概念和所指谓的物是不同的。天下有物，而人用概念去指谓它。另一方面，没有物是不由概念来指谓的：

> 天下无指，而物不可谓指也。不可谓指者，非指也。非指者，物莫非指也。天下无指而物不可谓指者，非有非指也。非有非指者，

____

① 参见罗嘉昌：《关系实在论：纲要和研究纲领》，载《场与有》（一），北京：东方出版社，1994 年，第 96 页。

物莫非指也。物莫非指者，而指非指也。（《指物论》）

天下并没有指，所以"物不可以说就是指谓它的指"，也就是"指所指谓的物并不就是指谓物的指"。但是，万物皆由指来指谓。所谓"天下并没有指，物不可以说就是指谓它的指"，并不是说存在着不由指来指谓的物。不存在不由指来指谓的物，也就是万物皆由指来指谓。所以说，万物皆由指来指谓，但所指谓的物并不就是指谓物的指。

公孙龙强调了概念对于物的独立性。"指，非非指也。指与物，非指也。""且夫指固自为非指，奚待于物而乃与为指？"（同上）指就是指；用指去指谓物，这里所指谓的物才不是指。况且，指本来自己就去指谓物，哪里是要等到与物结合了，才成为指谓物的指呢？这里包含有共相是不变的，知性概念以确定性为根本表征的思想。

《公孙龙子》采取主客对话的体裁。"客问"代表一种对语言应用的常识观点，认为作为概念的语言外壳的名字只不过是"物"的符号而已，肯定"物"、"实"的自在性和"指"、"名"的消极性、寄生性。如客说，指的产生只是为了使万物各有其名，但物并不是指谓它的指。把不是指的东西叫做指，就没有东西不是指了。公孙龙作"主答"，则通过分析"指"对"物"的指谓关系表明，"物"是存在的，但"物"的存在对于人来说，又是在被概念因而也被语言指谓时才有意义。对认识主体来说，"物"的存在有着语言的贡献。因此，对人来说，不存在不由"指"来指谓的"物"。也就是说，"物"的存在，对人来说是取决于语言的。"且指者，天下之所无。天下无指者，物不可谓无指也。不可谓无指者，非有非指也。非有非指者，物莫非指。"（《指物论》）指是天下所没有的，尽管天下没有指，但没有指就无法指谓物。既然没有指就无法指谓物，那么就不存在不由指来指谓的物。不存在不由指来指谓的物，也就是万物皆由指来指谓。

公孙龙强调"指"是对事物本质的把握，可以超越经验世界。"天下有物"、"天下无指"的"天下"是经验世界、事实世界。"指"所把握的事物本质是现象世界中所没有的。《坚白论》中，代表常识的客说，坚硬、白色和石头三者互不分离，乃是本来如此，永远如此。公孙龙指出，这是在"物天下"中感性所了解的现象，而在知性洞见的共相世界里，三者是分离而独立自在的，它们对于现象世界是隐藏着的。公孙龙的贡献在于由现象认识进到共相认识，由事实分析进到语言分析。人类用心智借助知性概念去认识"物"背后的共相，语言则凝结着知性对共相的认识。①

二、名实论

《名实论》说："天地与其所产焉，物也。物以物其所物，而不过焉，实也。实以实其所实，[而]不旷焉，位也。出其所位非位，位其所位焉，正也。""物"就是天地及其化生的万物，"实"是物之所以为物的那个"形而上"的本体，或该物所以为该物的本质属性。对"实"的规定一定不能"过"，超出其范围，该物之实就要发生变化。例如，欲知"马"之"实"，举"白马"为例，就"过"了，因为这里多出了一个"白"。这样的形而上的或质的规定性的"实"，不能感知，易被人认为不存在，认为"旷"。为此，公孙龙提出了"位"的范畴。他说，"实"并不空缺，"位"是使"实"得以为实的界限。"位"就是位置，这里指物的本质在它所应有的范围内得到充分表现。公孙龙认为，物之实虽不可感知，但确有自己不可移易的位置，它保证了实的定在。不出位，在其位，就叫"正"。

公孙龙接着说："以其所正，正其所不正。不以其所不正，疑其所正。其正者，正其所实也；正其所实者，正其名也。"（《名实论》）"正名"就是"正其所实"；"所实"就是"位"。如何正名？依据《坚白论》"离也者，天下故独而正"这句结论，"离"是"正"的前提。为了准确理解天地万物及其属性与共性，准确把握"指"与"物"的关系，必须厘定概念词的内涵与外延，因此莫如先个别、独立地把握概念、共相，如白是白，马是马，白马是白马，坚自坚，白自白，坚白不共盈于石。"物"只有被语言指谓才有意义。但语言指谓必须严格，"名"必须自身绝对同一，人们才能交流对话，

---

① 详见周昌忠：《公孙龙子新论》，上海：上海社会科学院出版社，1991 年，第 49—54 页。

否则"指"、"名"无法指谓物，就容易造成逻辑混乱。"夫名，实谓也。知此之非此也，知此之不在此也，则不谓也；知彼之非彼也，知彼之不在彼也，则不谓也。"（《名实论》）已知这个名（或那个名）不是指的这个东西，或者知道这个名（或那个名）现在已不指这个东西了，就不要再称呼了。名、指谓，都必须专一、恰当。名实的统一所以重要，是因为"名"有其独立性，凝结着一定的文化、认知方式对共相的认识，还可以反过来影响人们的思维和生活。公孙龙的名实观与指物论是统一的。

公孙龙的《通变论》也重申上述原则。他设问曰："二有一乎？"自答："二无一！"问："二有右乎？"答："二无右。"问："二有左乎？"答："二无左。"这也就是上述正名、定位之说。"二"是指的复合概念，如"白马"。复合概念本身是一个独立的共相了，与复合前的两名相的指谓不同。整体一旦合成便不可分割，例如"白马"既不是"白"，又不是"马"，不是左"一"，也不是右"一"。"羊牛有角，马无角；马有尾，羊牛无尾（指无毛尾）。故曰羊合牛非马也。""羊与牛唯异，羊有齿，牛无齿（指牛无上齿），而牛之非羊也、羊之非牛也，未可。是不俱有而或类焉。""羊有角，牛有角，牛之而羊也，羊之而牛也，未可。是俱有而类之不同也。"（《通变论》）这里从"正名"的原则出发，提出了类的概念和分类原则。如牛与羊都有角，所以是同类；马无角，有尾；牛羊有角，无尾，所以马与牛羊不同类。这里根据对同一特性之"偏有"或"偏无"来区分类的同异。类同必须具有共性，类异必须以同一特征之偏有偏无为标准。虽然羊和牛在有齿、无齿这一点上是"偏有"和"偏无"的，但不能因此而断定牛和羊不是同类。同样，羊牛虽在"有角"这一点上是共同的，但并不能确定它们就是同类。这是说，人们不能只根据表面特征的偏有偏无，还必须依据于类之所以为类的特有属性（或本质属性）之偏有偏无，来作为类之同异的标准。

公孙龙认为，辨识是建立在对各"名"的标志性规定的区别上的。"羊"与"牛"，"羊牛"与"马"，这些指之上的区别也就是各"名"在特征性规定上的区别。比较方便的是，弄清楚与所辨识的"名"最相近的

“名”的标志性规定，从而使它们相区别。所以，公孙龙说，要识别“牛羊”，不应与“鸡”相比，而应与“马”相比，如此等等。这都是正名指实的方法。

公孙龙把名实等问题作为真正的逻辑问题而不是作为社会政治伦理问题独立地进行研究，在中国哲学史上占有重要的一席。可是在秦汉以后，《公孙龙子》被视为“诡辞”而不受重视，难得解人。魏晋南北朝时期，文人以谈“名”相标榜，但大都未能深入研究名学。晚清以后，对公孙龙子的研究才大兴于天下。

第十一章　后期墨家的哲学

第一节　后期墨家与《墨经》

《墨子》一书中《经上》、《经下》、《经说上》、《经说下》、《大取》、《小取》六篇，文字自成一体，通常被合称为《墨经》或《墨辩》。晋人鲁胜为研究《墨辩》的第一人，作有《墨辩注》一书。他将《墨辩》视为一部关于论辩的经典，用现代的学术语言来说，就是将其视为逻辑学著作。此书虽"遭乱遗失"，但其序存于《晋书·鲁胜列传》中。这篇序文大致保留了鲁胜对《墨辩》的研究评说，序中说道："《墨辩》有《上下经》，《经》各有《说》，凡四篇，与其书众篇连第，故独存。今引说就经，各附其章，疑者阙之。"[1]值得注意的是，鲁胜认为《墨辩》是墨子本人的著作。后来有人将《大取》、《小取》也算进去，名之曰《墨经》。清人汪中在《墨子序·述学》中说："《经上》至《小取》六篇，当时谓之《墨经》。"[2]其后孙诒让认为，"《墨经》即《墨辩》，今书《经》、《说》四篇，及《大取》、《小取》二篇，盖即相里子、邓陵子之

---

[1] （晋）鲁胜：《墨辩注叙》，载（清）孙诒让著，孙以楷点校：《墨子间诂》（下），北京：中华书局，1986年，第611页。以下注引《墨子间诂》皆为此本。
[2] （清）汪中：《墨子序·述学》，载《墨子间诂》（下），北京：中华书局，1986年，第619页。

伦所传诵而论说者也。"①哲学史上通常将鲁胜所言的《墨辩》，即《经上》、《经下》、《经说上》、《经说下》视为狭义的《墨经》；而将《经上》至《小取》六篇称为广义的《墨经》。

关于《墨经》的作者，历来聚讼纷纭。大致说来，可归为两类。一类意见认为《墨子》书中《经上》、《经下》、《经说上》、《经说下》、《大取》、《小取》六篇，全部或部分为墨子自著。持这类观点的人，除鲁胜之外，较有代表性的还有毕沅、梁启超、栾调甫、高亨、詹剑峰等人。如毕沅认为"今惟《亲士》、《修身》及《经上》、《经下》，疑翟自著"，余下诸篇"则是门人小子记录所闻"。② 梁启超也认为"《经》上下当是墨子自著"，但他认为《经说上》、《经说下》，"当是述墨子口说，但有后学增补。《大取》、《小取》，是后学所著"。③ 栾调甫说："《经》上下篇，墨子所著。"④高亨也认为"《墨经》初本当是墨翟自作。"⑤詹剑峰认为《墨经》"大体是墨子自著，但其中不无墨家后学增益和引申的部分。"⑥总的说来，即便他们或有承认《墨经》中有墨子弟子增补的成分，但认为这六篇的基本内容却是墨子本人的思想。

另一类意见认为上述六篇是后期墨家的作品，是墨者依靠集体智慧写成的，成书约在战国中后期。汪中首倡此说，他认为《墨经》六篇并非墨子所著，成书年代约在战国中后期。⑦ 针对毕沅之说，孙诒让在《经上》题注中指出："据《庄子》所言，则似战国之时墨家别传之学，不尽墨子之本旨。毕谓翟所自著，考之未审。"⑧他认为《墨经》为后期墨家所作。胡适指出，"这六篇的文体、句法、字法，没有一项和《墨子》书的《兼爱》、《非

---

① （清）孙诒让：《墨子后语》，载《墨子间诂》（下），北京：中华书局，1986 年，第 666 页。
② （清）毕沅：《墨子注叙》，载《墨子间诂》（下），北京：中华书局，1986 年，第 612 页。
③ 梁启超：《墨子学案》，上海：商务印书馆，1921 年，第 14 页。
④ 栾调甫：《墨子研究论文集》，北京：人民出版社，1957 年，第 116 页。
⑤ 高亨：《墨经校诠·自序》，《高亨著作集林》（第七卷），北京：清华大学出版社，2004 年，第 4 页。
⑥ 詹剑峰：《墨家的形式逻辑》，武汉：湖北人民出版社，1979 年，第 229 页。
⑦ 参见（清）汪中：《墨子序·述学》，载《墨子间诂》（下），北京：中华书局，1986 年，第 619 页。
⑧ （清）孙诒让著，孙以楷点校：《墨子间诂》（上），北京：中华书局，1986 年，第 279 页。

攻》、《天志》……诸篇相像的";而且二者的思想主旨也不同,"墨子的议论,往往有极鄙浅可笑的",这六篇之中,"全没有一句浅陋迷信的话,全是科学家和名学家的议论",因此认为"这六篇书,决不是墨子时代所能做得出的"。① 冯友兰认为,"《墨子》书中《经》及《经说》等篇,乃战国后期墨者所作",因为《墨经》为经之体裁,"战国前期,则尚无此体裁之著作也","《大取》、《小取》篇皆为据题抒论之著述体裁,亦非墨子时代所有也";从学术史的角度来看,因为受到辩者的影响,《墨经》立论"较前精确",壁垒"较前森严",将"《墨子》六篇(即《墨经》)与《墨子》中之他篇比,以《荀子》与《论语》、《孟子》比,便可见矣"。②

我们认为《墨经》当为后期墨家的著作,它代表了墨家发展的新阶段。这可从学术文化的历史发展,以及《墨子》一书的内在逻辑两个角度加以说明。就学术思想发展的历史进程而言,《墨经》所论述的坚白、同异、是非、无厚、五行相胜等问题,大都属于战国中、后期争论得最激烈的问题。虽然这些问题的最初提出可以追溯至更早的年代,但是只有学术思想的争论发展到了相当的程度,才有可能出现《墨经》这样的总结性论著,这是思想学术历史发展的一般规律。《墨经》集各家逻辑思想之大成,提出了中国哲学史上第一个较为完整的逻辑学体系,从学术史的角度来看,前期墨家不可能做到这一点。

就《墨子》一书的内在逻辑而言,《墨经》的有些见解,是对墨子思想的发展或修正,并且更为逻辑化,在思想上表现出了时代进展的痕迹,符合思想演进的一般逻辑。从《尚贤》、《尚同》、《兼爱》、《非攻》,《节用》、《天志》、《明鬼》等十余篇,到《经上》等六篇,表现出思想前后相续、认识由低到高的发展过程。例如,《墨经》在继承墨子兼爱学说和功利主义思想的基础上,对其有明显的修正与发挥;又如《墨经》具有特别丰富的自然科学知识,不再讲墨子津津乐道的天志鬼神,这也表现出墨学思想自

---

① 胡适:《中国哲学史大纲》,上海:上海古籍出版社,1997 年,第 134、135 页。
② 冯友兰:《中国哲学史》(上册),上海:华东师范大学出版社,2000 年,第 67、68、187 页。

身的发展。具体说来，《经上》将墨家学说凝结为概念的体系，提出一系列概念的精辟定义；《经下》是墨家学说的各种原理汇集；《大取》今本文句错乱颇多，但仍可看出它是墨家学说的一种归纳和总结；《小取》则是墨家一贯重视的逻辑思想的系统化；《经说上》和《经说下》不同于一般注释，是对于经文的阐明和补充。若不经过长期的理论探索，《墨经》这样系统性、总结性的理论成果是无法形成的。因此，《墨经》六篇绝非一人一时之作，而是整个学派不断补充、陆续完成的，其成书经历了相对漫长的历史过程。①

第二节　《墨经》的研究

墨学中绝之后，《墨经》首先在魏晋时期受到关注。魏晋玄学家们崇尚清谈，考究形名，论辩玄理，后期墨家的逻辑思想与论辩术得到了重视。西晋学者鲁胜为已绝亡五百余载的墨经作注，并将其定名为《墨辩》，开了墨经专门整理研究的先河。虽然他所作的《墨辩注》后来佚亡，但《墨辩注叙》完整地保存在了《晋书·隐逸传》中。用现代学术话语说来，鲁胜是以逻辑学来范围后期墨家的。只是，《墨经》的内容虽以逻辑学思想为主，但自然科学也是其重要的组成部分。此外，它对宇宙观、认识论、社会政治思想亦有涉及。由此可见，鲁胜仅以"墨辩"来概括其全部内容，并不完整，但他于墨学仍可谓功莫大焉，在中国哲学史上，鲁胜称得上是一位兴微继绝的人物。他强调逻辑学的重要性，并将墨经放在先秦名辩思潮的整体背景下加以考察，认为名学"别同异，明是非"，因此是"道义之门，政化之准绳"。② 在鲁胜看来，先秦诸子虽与墨家观点相异，但是他们的"辩言正辞则与墨同"。就墨经的研究而言，鲁肵是"引说

---

① 参见任继愈主编：《中国哲学发展史》（先秦卷），北京：人民出版社，1983 年，第 518 页；又见侯外庐、赵纪彬、杜国庠：《中国思想通史》第一卷，北京：人民出版社，1957 年，第 478、479、487 页。

② （晋）鲁胜：《墨辩注叙》，载《墨子间诂》（下），北京：中华书局，1986 年，第 610、611 页。

就经”的第一人。所谓"引说就经"，就是将经与经说搭配起来，使经文与说文相对应，以说解经。墨经在流传过程中，因其经与说的分离而引起了众多纷乱，历来号称难治。鲁胜的方法可谓找到了研究墨经的方便之门，"引说就经"也因此成为后继者研究墨经的重要原则和方法。

墨学的研究虽活跃于乾嘉之世，但是近世墨经研究再兴的源头，则要追溯到明末清初的思想家傅山。氏著《墨子·大取篇释》是墨经研究史上的第一篇《大取》注释，是为清人注墨之始，为乾嘉诸子的工作奠定了基础。有清一代，单就《墨经》而言，主要成就如下。毕沅的主要贡献是发现了《墨经》的编写体例和研读方法，即梁启超说到的，毕沅"据《经上》篇有'读此书旁行'一语，于篇末别为新考，定《经上》篇分上下两行横列。最初发见此《经》旧本写法，不能不算毕氏功劳。"① 在《墨子》诸篇作者考辨方面，毕沅认为《墨子》书中"惟《亲士》、《修身》及《经上》、《经下》"等少数篇目为墨子自著，多数则是"门人小子记录所闻"②，持论较为平实公允。张惠言著有《墨子经说解》，从此《墨经》才有独立的注本。张氏沿用鲁胜"引说就经"之体例，将《墨经》四篇逐条拆开，基本恢复了鲁胜《墨辩著》的面貌。孙诒让的《墨子间诂》是清代墨学研究中最为卓著的成果。孙诒让对西方逻辑和自然科学有了一定的了解，他对《墨经》有关逻辑理论的文字做出了较为准确的校注，认识到了《墨经》中也有类似西方逻辑与自然科学的思想。虽然，因时代条件的限制，他并未完成《墨经》研究从传统的"文本校注"范式，到现代的"逻辑研究"范式的彻底转换，他对《墨经》六篇的校释也不及《墨子》其它各篇精审，阙疑和错注之处仍有不少。但是，孙诒让鼓励梁启超去开创《墨经》逻辑、因明逻辑和西方逻辑的比较研究，因此对《墨经》研究范式的现代转化指明了方向。

现代意义上的墨经研究正是从 20 世纪初，由梁启超、胡适、章太炎等人开启的，他们藉西方逻辑、印度因明等工具，在现代学术范式下，揭

---

① 梁启超：《中国近三百年学术史》，北京：东方出版社，1996 年，第 256 页。
② （清）毕沅：《墨子注序》，载《墨子间诂》（下），北京：中华书局，1986 年，第 612 页。

示了《墨经》的思想内容和体系结构。这一时期，西方哲学、逻辑学和自然科学的著作被大量迻译至中土。《墨经》中科学和逻辑思想得到不少学者的重视，他们认为这些思想可以与西学相参证，能够启发愚昧、解放思想，一时间治墨论墨成为学术界的潮流。特别是梁启超、胡适二人，受过比较全面的西方教育，掌握了近代科学和哲学中的相关知识，这使得他们的墨学著作能摆脱考据学家的烦琐和经学家的偏见，使用现代逻辑分析方法，抽丝剥茧，条分缕析，对《墨经》进行了开拓性的研究，取得了重要的思想成果。胡适的《中国哲学史大纲》（卷上），梁启超的《墨子学案》《墨经校释》，不仅将《墨经》内容加以分类，列出社会政治思想、认识论、逻辑学、自然科学等若干方面，并突出了《墨经》的认识论和逻辑学，而且对其在中国哲学史上的地位予以较高的评价。当然，他们的论述仍嫌粗略，他们的方法主要是"以西释中"，常将《墨经》与西方逻辑学、科学作机械的比附，难免有穿凿附会之处，因此他们的观点也有不少错误。章太炎的《墨经》研究同样具有开创性。1910 年章氏《国故论衡》在日本刊行，其中《原名》篇，首次将西方逻辑、印度因明与《墨经》逻辑加以比较研究，指出三者既有一致性，又各有其特殊性。逮至 20 世纪 20 年代至 40 年代，又有章士钊、谭戒甫、伍非百、栾调甫等人的进一步拓展，并取得了突破性的成果，如章士钊的《逻辑指要》，谭戒甫的《墨经易解》（20 世纪 50 年代易名为《墨辩发微》修订再版），伍非百的《中国古名家言》，高亨的《墨经校诠》，栾调甫则以《墨经》逻辑文本考订著称（其《墨经》研究论文，在 20 世纪 50 年代以《墨子研究论文集》为名集结出版）。

新中国成立后，《墨经》研究，特别是《墨经》逻辑研究不断朝纵深发展。20 世纪 50 年代中期，沈有鼎在《光明日报》连载的《墨经的逻辑学》（1980 年出版）考证精审，辨名析理，是《墨经》逻辑研究的经典之作。其他如詹剑峰的《墨家的形式逻辑》（湖北人民出版社，1956 年），任继愈的《墨子》（上海人民出版社，1956 年），汪奠基的《中国逻辑史思想史料分析》（中华书局，1961 年），罗根泽的《与张默生先生讨论名墨书》（载《诸子考索》，人民出版社，1958 年），以及这一时期出版的逻辑史、哲学史和思想通史的相关章节，但研究论著的总体数量略显单薄。

从 70 年代末开始，随着改革开放时期的到来，以及思想解放运动的蓬勃发展，这种局面有了很大的改观。80、90 年代，《墨经》的逻辑学研究水平大大提高，研究更为系统、全面和深入，问题意识亦更强，成果迭出。其成就主要体现在以下几方面：

首先，对墨子后学逻辑思想体系的认识逐渐成熟。建国前，伍非百的《墨辩解诂》（中国大学晨光社，1923 年），根据《墨经》文本顺序列出一个"《辩经》目录"，分"释故、正名、明辩"三编梳理《墨经》的思想体系，但受到条目移易过多和粗略繁琐的质疑；随后杨宽的《墨经哲学》（有多个版本）又分十五类归类《墨经》的内容，配合少量移易条目，划定墨子后学的逻辑体系。20 世纪 50 年代后，詹剑峰的《墨家的形式逻辑》与汪奠基的《中国逻辑思想史》分经为八章、二十章，也受到牵强附会的批评。[1] 相比伍非百"三编"的分类方法，詹剑峰、汪奠基等更像是对《墨经》知识论体系的划分。这种划分符合原文，与文本叙述、编制逻辑能大体一致，但也牵制了《墨经》逻辑思想前后的互相阐发和解释，相比之下属于初步的整理工作。詹剑锋的《墨经的形式逻辑》，虽在考证方面学者颇有微辞，但它基于《墨子》全书，已经初步总结出《墨经》的一套逻辑系统。周云之、刘培育《先秦逻辑史》已明确以《墨经》中"以名举实、以辞抒意、以说出故"为纲领来统率《墨经》的逻辑思想，并逐渐得到学者的认可，温公颐《中国逻辑史教程》、孙中原《中国逻辑史》（先秦）、周云之《中国逻辑史》、冯友兰《中国哲学史新编》和庄春波《墨学与思维方式的发展》等也采用了这一框架，它既区别于西方形式逻辑的概念，又具有形式逻辑意义上的普遍性，比较符合《墨经》逻辑的实际。

同时，也有学者借用"名辩之学"的划分，将墨学归为辩学。这一派的论者虽不否认《墨经》辩学与西方逻辑有相通之处，但主要着眼于二者的差异。如温公颐《先秦逻辑史》、《中国逻辑史教程》（与崔清田共同主

______

[1] 杨俊光：《墨经研究》，南京：南京大学出版社，2002 年，第 20—28 页。

编），书中指出墨家辩学虽与逻辑有某种联系，但是二者就整体而言是两门不同的学问，其对象、目的、性质并不相同。同样按名、辩学划分的还有崔清田主编的《名学与辩学》，其按照辩学的内涵、特征、原则和体系来建构《墨经》的逻辑体系，虽然其中着重强调了文献历史语境对加深逻辑思想的理解的意义，但具体分析中仍不可避免地借鉴了西方的形式逻辑的义涵和语汇。需要特别指出的是，崔清田《墨家逻辑与亚里士多德逻辑比较研究》（人民出版社，2004 年），书中虽就墨家用了"逻辑"之名，并承认中西方逻辑的共同性，但其主旨是基于二者特殊性的比较研究，论述的重点在于二者之异。毫无疑问，如果没有相同之处，比较根本无从谈起。实际上，研究者在《墨经》逻辑与西方逻辑关系上的分歧和论争，源自他们《墨经》研究的立场与视角的差异，因此歧见的出现是再正常不过的事情了。我们完全可以乐观地预计，这种论争恰好有助于避免出现片面化的倾向，并最终促进《墨经》研究不断趋向全面和深化，而不是相反。

其次，《墨经》四篇具有大量古代自然科学的文字记录，具有"隐微难懂，言此意彼"的特点，且经、说错简讹误繁多，字义模糊，极其影响对其逻辑思想的研究。因而，随着《墨经》、《墨子》文字训诂和版本校订方面的著作不断问世，对《墨经》中逻辑概念的释析和讨论越来越多，对逻辑体系整体的理解也大为提高。沈有鼎的《论〈墨经〉四篇的编制》、《〈墨子经上、下〉旁行本始于何时？》两篇论文（现收于《沈有鼎文集》），谭戒甫的《墨经分类译注》（1957 年稿成，中华书局 1981 年出版），周云之的《墨经校勘、注释、今译及其研究——墨经逻辑学》（甘肃人民出版社，1993 年），姜宝昌的《墨经训释》（齐鲁书社，1993 年）等对于《墨经》的训释都有重要创获。不少学者还就《墨经》中的类、故、理、止、辟、侔、援、推、名、实、意、端等概念及其逻辑范畴的演进进行深入的探讨，进而讨论其所在命题的义涵和对于《墨经》体系的意义。

再次，《墨经》的研究内容更加丰富，研究方法多样，产生了不少的成果：朱志凯的《墨经中的逻辑学说》（四川人民出版社，1988 年），杨向奎的

《墨经数理研究》(山东大学出版社,1993 年),孙中原的《墨学通论》(辽宁教育出版社,1993 年),邢兆良的《墨子评传》(南京大学出版社,1993 年),谭家健的《墨子研究》(贵州教育出版社,1995 年),杨俊光的《墨子新论》(江苏人民出版社,1995 年),任继愈的《墨子与墨家》(商务印书馆,1999 年),徐希燕的《墨学研究》(商务印书馆,2001 年),杨武金的《墨经逻辑研究》(中国社会科学出版社,2004 年),周昌忠的《先秦名辩学及其科学思想》(科学出版社,2005 年)等。单篇论文中讨论《墨经》的类比,《墨经》对周延的认识问题,对形式逻辑定律思想的表述,其"三物"的基础,"同异交得"的逻辑规律,以及"杀盗非杀人"的命题都激起学者们很大的兴趣。比较分析的方法被广泛运用于《墨经》的研究,《墨经》中的逻辑概念不仅可以与名家学派的逻辑概念相比较,还可以与其他诸子的思想相对照,与不同文化形态中的因明学、西方逻辑的同类概念相比较,所同所异凸显了墨学逻辑学说的普遍意义和独特性质。此外,人类学、语言学、符号学、现象学、解释学等方法的适当运用也对墨学逻辑学的发展大有裨益,只是应当注意其适用的范围,避免削足适履,弄巧成拙。对墨子后学和当时名家辩论,以及他们对谬论和诡辩的批判的研究,也促进了我们对《墨经》产生背景的进一步认识。

最后,学者们也在不断反思《墨经》逻辑的基础、研究方法、发展进程、历史命运和未来走向,张斌峰《近代〈墨辩〉复兴之路》(山西教育出版社,1999 年)即是一例。另外,一些墨学家或墨学史家,如汪中、孙诒让、郭沫若、梁启超、胡适、章太炎、沈有鼎、栾调甫等人也作为研究对象纳入到逻辑史的范围之内。

第三节　后期墨家的宇宙论

在宇宙论方面,虽然后期墨家没有建立系统的理论,但是他们提出了一系列重要的哲学范畴,如"物"(物质)、"久"(时间)、"宇"(空间)、"穷"(限度)、"动"(运动)、"止"(静止)等等,并给予了明确的定义。

　　名实关系问题是先秦哲学关注的焦点之一。在这个问题上，后期墨家主张"实"是第一性的，"名"是第二性的，肯定"名"是对"实"的摹拟。与前期墨家相比，后期墨家的宇宙论中并无神秘主义，他们扬弃了前期墨家"天志"、"明鬼"的思想，否认天能赏善罚恶以及有所谓"鬼神之所赏"和"鬼神之所罚"的神秘力量，承认物的客观实在性。《经说上》说："物，达也，有实必待之名①也。""物"作为一个"达名"，包括一切的存在；"物"作为"名"，必须以"实"为基础。《墨经》又说："物甚不甚，说在若是。"（《经下》）"物，甚长甚短，莫长于是，莫短于是，是之是也，非是也者，莫甚于是。"（《经说下》）物之甚与不甚，在于以众物比拟此物。物有甚长，有甚短。在众物之中，莫长于此物，则此物为甚长。在众物之中，莫短于此物，则此物为甚短。② 后期墨家认为物的长、短是由物与物相比较而决定的，有其客观标准，不能由人们主观随意地判定。

　　由此出发，后期墨家对"形神关系"做出了合乎科学的解释，正确地揭示了人类认识的生理机能，以及某些生理和心理现象：

　　　　生，刑③与知处也。（《经上》）

　　　　生，楹之生，商不可必也。④（《经说上》）

　　　　卧，知无知也……梦，卧而以为然也……平，知无欲恶也。（《经上》）

　　形体和知觉，二者莫不有，这就是人的生命。但是一个人的生命能持续多久，并不是事先被决定的，并非必然如此。睡眠时，人的知觉能力依然存在，但并不会感知事物。做梦则是睡眠者头脑中的活动，并非实有其事，而是睡梦者以为实有。"平"是指虽有知觉，但不动喜怒好恶感情时的情况。没有好恶，则心中恬淡。后期墨家对人的生理和心理活动

---

① "之名"原文为"文多"，据孙诒让校改。《墨经》原文及孙诒让校释语，均见《墨子间诂》（孙诒让著，孙以楷点校），北京：中华书局，1986 年，下同。

② 参见高亨：《墨经校诠》，载《高亨著作集林》第七卷，北京：清华大学出版社，2004 年，第319 页。

③ "刑"即"形"，据孙诒让。

④ 此句中"楹"当为"盈"，"商"当为"常"，据孙诒让。

状态的探讨，为后世解决"形神关系"问题，提供了可贵的借鉴。

后期墨家对时间、空间也做出了明确的定义，认为二者既是有限的，又是无限的，具有双重性质。《墨经》指出：

> 久，弥异时也。（《经上》）
>
> 久，古今旦莫。（《经说上》）
>
> 始，当时也。（《经上》）
>
> 始，时或有久，或无久，始当无久。（《经说上》）
>
> 久，有穷无穷。（《经说下》）
>
> 宇，弥异所也。（《经上》）
>
> 宇，东西家南北。（《经说上》）
>
> 穷，或有前不容尺也。（《经上》）
>
> 穷，或不容尺有穷，莫不容尺无穷也。（《经说上》）

"久"即时间，"异时"是指一切古往今来、昼夜晨昏等具体、有限的时间，遍及一切特定的时间就组成了无限的时间，即"久"（宙）。"宇"即空间，"异所"是指东西南北等具体、有限的场所，遍及一切特定的空间就组成了无限的空间，即"宇"。若用尺来测量某一空间到了有一处"前不容尺"（前面不够一尺）了，这空间就是有穷的。若是量下去处处"前容尺"，这空间就是无穷的了。① 这个"不容尺"的边缘，就是某个特定区域的限度；可是整个宇宙"莫不容尺"，所以是无限的。

后期墨家认为时间空间密切不可分割，并把两者放在物质的运动中统一起来考察。他们认为运动是物体在空间中的移动，静止是指物体受到阻挡而停止位移。《墨经》指出：

> 动，域徙②也。（《经上》）
>
> 止，以久也。（《经上》）

---

① 此处参考了沈有鼎的论述，见氏著《墨经的逻辑学》，北京：中国社会科学出版社，1982 年，第 72 页。

② "域"原作"或"，"徙"原作"从"，均据孙诒让校改。

　　宇域①徙，说在长宇久。(《经下》)

　　行修②以久，说在先后。(《经下》)

　　长宇，徙而有处，宇。宇，南北在旦有在莫，宇徙久。(《经说下》)

　　行者③，必先近而后远。远近修也先后久也。(《经说下》)

　　运动是时空中的运动，必定要经历一定的时间、占据一定的空间。所谓"徙而有处"，是说运动过程中的物体，在一个时间点上，既在一个空间的点上又不在一个空间的点上。④　不难看出，后期墨家认识到了运动和静止的辩证关系。运动，在空间上是由此处及彼处，如由南方移至北方；在时间上，是由此时到彼时，如由早晨至傍晚。因此，运动必然要经过先后、远近的变化。

　　关于物体与属性的关系，后期墨家认为没有孤立自存的属性，属性是物体的属性，不能与物体分离。公孙龙有"离坚白"之说，认为"坚"与"白"这些属性，可以脱离"石"这一具体实物而独立自存。后期墨家对此予以反驳："坚白，不相外也。"(《经上》)"无坚得白，必相盈也。"(《经说下》)一方面，坚与白作为石的属性，与石不可分离；另一方面，坚与白彼此之间是相互包含的关系，是一体而不是异体。人的感官分工有不同，一种感官主要感知一种属性，这本是感官的局限性，名家却据此推论出了"离坚白"的主张。后期墨家指出："不坚白，说在无久与宇。"⑤(《经下》)在他们看来，名家之所以会犯这样的错误，是因为他们对于时空关系无所知，没有将坚白石看成是一块占有一定空间、存在于一定时间之

---

① "域"原作"或"，据孙诒让校改。

② "修"原作"循"，据孙诒让校改。

③ "行者"原作"行者行者"，孙诒让说："张云'误重'。"据此校改。见《墨子间诂》，北京，中华书局，1986 年，第 349 页。

④ 此处参考了冯友兰的观点，见氏著《中国哲学史新编》(上卷)，北京：人民出版社，1998 年，第 583 页。

⑤ 原文"不坚白，说在"与"无久与宇"之间，尚有"荆之大，其沈浅也，说在具"十字，现据高亨改移它处。详见氏著《墨经校诠》，载《高亨著作集林》第七卷，北京：清华大学出版社，2004 年，第 202 页。

内的实际存在的石头。后期墨家认为，"于石①无所往而不得。坚白②异处不相盈，相非，是相外也。"（《经说上》）。"坚"与"白"只有在不同空间中才会相分离，如一石坚而不白，一石白而不坚，这种情况下坚与白当然是分离的；相反，具体存在的坚白石必然同时具有"坚"与"白"两种属性。后期墨家认识到了人的感官的局限性，他们指出："于一有知焉，有不知焉，说在存。"（《经下》）"于石一也，坚白二也，而在石。故有智③焉，有不智焉，可。"（《经说下》）人的感官与物接触，一种感官只能认识它的一种属性，如用手抚石只觉其坚，不见其白时，这只是人的感官的知与不知，是因为人们感官的分工不同而造成的，与石是否具有"坚"与"白"的属性无关，并非白不存在于石，"坚"与"白"当然同时存在于坚白石。

第四节　后期墨家的认识论

认识论是后期墨家哲学的主要内容之一，《墨经》认识论是对当时一些科学知识的概括与总结，具有反映论的特征。后期墨家对墨子认识论思想既有继承和发挥，也有扬弃和改造，他们沿着墨子认识论的经验主义路向，在强调感觉经验的同时，重视"心"的察辨作用，提出了系统化的认识论思想。

一、知识的形成

《墨经》开篇相邻数条，意义连贯地论述了人的认识能力、认识活动和认识过程，指出知识的形成包括四个要素：

> 知，材也。（《经上》）

> 知材，知也者；所以知也，而必④知，若明。（《经说上》）

---

① "石"原作"尺"，据孙诒让校改。
② "白"据孙诒让补。
③ "智"即"知"，下同，据孙诒让。
④ 胡适认为"必"字前脱"不"字，孙诒让、高亨、谭戒甫等认为原文亦通。

虑,求也。(《经上》)

虑也者以其知有求也,而不必得之,若睨。(《经说上》)

知,接也。(《经上》)

知也者以其知过物而能貌之,若见。(《经说上》)

恕,明也。(《经上》)

恕也者以其知论物,而其知之也著,若明。(《经说上》)

后期墨家首先肯定人类自身具有获取外部知识的能力。"知,材也"之"知",正是指人的这种认识能力。它是人天生所具有的禀赋,也是任何认识活动得以进行的必要前提。但是人具备了认识的才能,并不必然会获得知识。认识主体具备认识才能,认识对象也客观存在,但如果缺乏求知的动力,二者不结合起来,同样不能形成知识。"虑,求也",是指人应用自己的认识能力求取知识的过程,也可看作是认识活动的基本动力。不过,"虑"未必有得,譬如斜视,不正面仔细审视对象,未必看得清事物的本来面目。"知,接也"之"知"指的是一种知觉,属于认识过程中的感性阶段。在这个阶段,认识能力在"虑"的作用下与外物接触,而能描摹出事物的面貌。但是,感性认识只是认识过程的初步阶段,它所把握的只是事物的外表或形象,无法深入到事物的本质,要想由表及里,必须借助于"恕"的作用。也就是说,人的认识要从"过物"逐渐深化到"论物"的阶段。"恕"是古"智"字,是指人的心智活动。"知"下加"心"字,表示思维参与了认识活动,因此属于认识的理性阶段。思维对于知觉所得到的感性材料,加以分析比较、推论审度,以获得关于事物本质、规律的认识,因此与"过物"相比,"论物"具有深切著名的特点。

后期墨家认识到了感性认识的局限,他们承认并重视"心"的察辨作用,反复申述心智思维具有深化、超越感性认识的重要作用:

闻,耳之聪也。……循所闻而得其意,心之[1]察也。……言,口

---

[1] "之"原作"为",据毕沅校改。

之利也。……执所言而意得见，心之辩也。（《经上》）

知而不以五路，说在久。（《经下》）

智以目见，而目以火见，而火不见。惟以五路智，久不当。以目见，若以火见。（《经说下》）

后期墨家将眼、耳、鼻、舌、身等五种感官叫做"五路"。人的感官是认识的必要条件，如同光线的存在是物体得以显现的必要条件一样。但是，感性认识有自身的局限性，有些东西，如"久"（时间）仅凭感官"过物"是认识不到的。因此后期墨家在承认"五路"感官作用的基础上，还重视"心"（人脑）的思维能力。对于耳之所闻、目之所见，只有用心加以辨察分析，排除其虚幻部分，才能"得其意"。后期墨家感性与理性并重的认识论思想，纠正了墨子认识论的经验主义偏向，比墨子的认识论前进了一大步。

《墨经》还对知识和意见做出了明确的区分。《墨经·大取》篇说："知①与意异。"知即知识，意即意见。在后期墨家看来，知识是"摹略万物之然"（反映事物的存在），并察辨其"所以然"（认识事物的本质）。意见则是想象、臆测的产物，未必就是正确的知识。显然，知识和意见是不同的。《经下》、《经说下》还举例对二者的区分加以分析和说明：

以楹②为抟，于以为无知也，说在意。（《经下》）

以楹之抟也，见之，其于意也不易，先知③意相④也。若楹轻于萩⑤，其于意也洋然。⑥（《经说下》）

如果我们先前并未真正见过楹之为圆柱形，而仅凭主观想象来断定

---

① "知"原作"智"，据谭戒甫校改；沈有鼎认为"智"当为"恕"，以凸显理性认识，见氏著《墨经的逻辑学》，北京：中国社会科学出版社，1982年，第6、7页。

② "楹"原作"槛"，据孙诒让校改。

③ "知"原作"智"，据孙诒让校改。

④ "相"同"象"，即想象，据谭戒甫。

⑤ "萩"原作"秋"，据孙诒让校改。

⑥ 此条经说疑误颇多，综合各家注解，校改如上，并参考了沈有鼎的相关论述，见氏著《墨经的逻辑学》，北京：中国社会科学出版社，1982年，第6、7页。

它为圆柱形，那么这个"以为"是不可靠的，因此还不是知识。如果我们事先的确见过楹是圆柱形的，那么留存在心中的"意"就以所见为标准，不再任意改易，那便算作知识。空想如"楹轻于荻"之类的意，茫然而无所据，决不能算作是知识。

二、知识的种类

后期墨家不仅对认识的形成过程做出了精密的分析，而且还根据认识的来源和内容，分别将知识分为三类与四类：

> 知，闻、说、亲。名、实、合、为。（《经上》）
>
> 知，传受之，闻也。方不㢓①，说也。身观焉，亲也。所以谓，名也。所谓，实也。名实耦，合也。志行，为也。（《经说上》）

墨经按照人类获取知识在方式上的差异，或者说根据知识不同的来源，将知识分为闻知、说知、亲知三种类型；又根据知识内容的不同，将知识分为名、实、合、为四类。"亲知"是指由亲身经验得来的知识，即认知主体应用感觉器官（"五路"）感知外界事物，而获得的直接经验，因此具有直接现实性的品格。"闻知"是由传闻或传授得来的知识，属于间接知识。后期墨家又将"闻知"分为"亲闻"和"传闻"两类："闻，传、亲"（《经上》）；"或告之，传也。身观焉，亲也。"（《经说上》）不在场而由他人转告所得，是传闻；亲自在场听闻某说所得，是亲闻。显然，"亲闻"与"亲知"有同有异，同在二者均包含认知者亲自在场之意，且二者都需要凭藉感官的作用；异在前者是接受别人现成的知识，后者是亲身观察外界事物得来的知识，也即间接经验与直接经验的区分。"说知"是超越感官和时空的限制，从已知中推断未知而得到的新知识。"说知"之"说"，与《小取》"以说出故"之"说"同义，均是指逻辑的推理。显然，"说知"与"亲知"、"闻知"区分在于："说知"属于理性认识，而"亲知"、"闻知"属于感性

---

① "㢓"即"障"，障蔽也，据高亨。

认识。

当然，在后期墨家看来，"说知"离不开"亲知"与"闻知"，推理（"说知"，即理性认识）得以顺利进行，有待于经验（"闻知"与"亲知"，即感性认识，前者是间接经验，后者是直接经验）作为基础，并以直接经验（"亲知"）为其最终基础。《墨经》举例说明了三者之间的关系：

> 闻所不知，若所知，则两知之，说在告。（《经下》）
>
> 在外者所知也，在室者所不知也。① 或曰："在室者之色若是其色。"是所不智若所智②也。谓白若白，黑若黑也③，谁胜？是若其色也。若白者必白。今也智其色之若白也，故智其白也。夫名以所明正所不智，不以所不智疑所明。若以尺度所不智长。外，亲智也；室中，说智也。（《经说下》）

"说知"是推论之知，其特点是由已知推论未知。《经说下》举例说：假如有一人在室外，不知道室内是何种颜色，另外一个人告诉他室内之色与室外同。这个人便可由已知的室外颜色为白色，推论出室内的颜色亦为白色。对这个人而言，"室外颜色为白色"是"亲知"，"室内之色与室外同"是闻知，"室内的颜色也是白色"是"说知"。显然，"说知"正是建立在"亲知"和"闻知"的基础上的，而"闻知"最终也要归结到"亲知"，所以"亲知"才是一切知识的最终基础。《经说下》接着解释说：由已知（所明）推论未知（所不知），正如用尺子去测量未知的长度。尺子的长度是已知的，测量之后，未知的长度即可知。

根据知识内容的不同，后期墨家又将知识分为名、实、合、为四种类型，即"名、实、合、为"。具体而言，"名知"是关于语词、概念的知识；"实知"是关于实物的知识；名实相合，既知其实，又知其名的知识，则是"合

---

① 此句原为"在外者所不知也"，据高亨增补，见氏著《墨经校诠》，载《高亨著作集林》第七卷，北京：清华大学出版社，2004 年，第 306 页。

② 孙诒让说："以下智并与知同"，见氏著《墨子间诂》（上），北京：中华书局，1986 年，第351 页。

③ 此句原为"犹白若黑也"，据高亨增补，见氏著《墨经校诠》，载《高亨著作集林》第七卷，北京：清华大学出版社，2004 年，第 306 页。

知"；除此之外，还有一种关于人的自觉行动的知识，即"为知"，它是关于人们行为的目的（"志"）以及究竟如何行为（"行"）的知识。《墨经》特别对"为知"做出了分类：

> 为，存、亡、易、荡、治、化。（《经上》）
> 为，早台，存也。病，亡也。买鬻，易也。霄尽，荡也。顺长，治也。鼃买，化也。① （《经说上》）

制甲修台是救亡图存的行为；治病救人则是为了消除病患；买进卖出是交易的行为；消灭某物目的在于使其净尽；教化民众是政治的行为；"化"则是指利用自然变化的规律。"为"几乎囊括了当时各种重大的社会实践活动，大大超出了道德实践的范围。

第五节　后期墨家的逻辑学

古代中国的逻辑学是作为辩论术而发展起来的，后期墨家正是在与论辩对手的交锋中，建立起了自己的逻辑理论体系。《墨经》集各家逻辑思想之大成，不仅继承和发展了墨子的逻辑思想，而且也批判地吸收了其他学派的名辩学说，提出了中国哲学史上第一个相当完整的逻辑学系统。《墨经》逻辑学达到了我国古代逻辑理论的高峰，因此与亚里士多德逻辑学、印度因明学，并称为世界三大逻辑学传统。三者虽各有自身的特色，但其基本形式和规律是一致的、互通的。《墨经》虽然涉及到宇宙论、认识论、道德观以及自然科学知识，但却以逻辑学所占的比例为最大。毫无疑问，逻辑学是《墨经》的中心，具体而言：《经上》、《经说上》略相当于《墨经》逻辑学的概念论；《经下》、《经说下》略相当于《墨经》逻辑学的判断论；《大取》是对推理的精辟总结，《小取》则是《墨经》逻辑学的

---

① 此条经说脱误颇多，注家见解多有不同，如孙诒让认为"早"当为"甲"，高亨认为"霄尽"当为"削书"，毕沅认为"霄"当为"消"，谭戒甫认为"买"当为"鼃"，不一而足。此段译文综合了以上各家校注，以及冯友兰、任继愈的观点。

总论。①

《小取》是《墨经》逻辑学的纲领性文献，其内容大致包括四个方面：一是综论辩学的性质、作用及原则；二是专论"辩"的各种具体论式的不同特点；三是讨论辟、侔、援、推四种具体论式中的逻辑要求和逻辑错误；四是重点讨论了侔式推论中的正反情况及逻辑规则。② 后期墨家之所以重辩，是与他们对辩的功用和原理的理解密切相关的，《小取》开宗明义地对此作了总结性的概括：

> 夫辩者，将以明是非之分，审治乱之纪，明同异之处，察名实之理，处利害，决嫌疑。焉摹略万物之然，论求群言之比。以名举实，以辞抒意，以说出故。以类取，以类予。有诸己不非诸人，无诸己不求诸人。（《小取》）

"明是非"、"别同异"、"察名实"、"处利害"、"决嫌疑"、"审治乱"是辩的目的和功用。其中前三者是就认识目的而言的，后三者是就实际功用而言的。不难看出，后期墨家并未简单地将逻辑学视为纯概念的游戏，毋宁说它是为了解决认识真理的方法问题，并最终为改造社会服务的。③"摹略万物之然，论求群言之比"是讲辩的原则，既要反映事物的真相，又要分析比较各种不同的言论。"以名举实，以辞抒意，以说出故"是讲辩的程序和步骤，即用概念反映实在，用判断表达思想，用推理指明原因。"以类取，以类予"及"有诸己不非诸人，无诸己不求诸人"是讲辩的规则和方法，即辩论中的类比推论。"类"是指具有共同属性的事物或概念，

---

① 参见任继愈主编：《中国哲学发展史》（先秦卷），北京：人民出版社，1983 年，第 545 页。

② 参见周云之：《名辩学论》，沈阳：辽宁教育出版社，1996 年，第 79 页。

③ 后期墨家强调辩学的现实功用，有的学者便认为辩学只是墨家推行政治理想的特殊工具，而逻辑是探究科学真理的普遍工具，因此辩学不具备逻辑所应有的本质特征，有的论者甚至得出辩学不是逻辑的结论。我们认为这种观点是站不住脚的。与西方逻辑相比，墨经辩学当然有其特殊性，但并不能以此来否认二者的可通约性，普遍性正寓于特殊性之中。沈有鼎指出，正如中国古代语言中有其"表现方式上的特质"一样，中国古代逻辑"在表达方面具有一定的民族形式"，但本质上与西方逻辑与印度因明在某些方面具有惊人的相似之处，同样揭示了"人类共同具有的思维规律和形式"。见《沈有鼎文集》，北京：人民出版社，1992 年，第376、437 页。

"类取"、"类予"即按照类同的原则进行归纳和演绎。"有诸己不非诸人",是说自己的立论中包含有某种原则或判断,就不能非难对方也包含同样的原则或判断。"无诸己不求诸人",是指自己的立论中不包含某种原则或判断,也不能要求对方一定要包含这些原则和判断。

一、以名举实的概念论

《墨经》对"名"与"言"的关系有着正确的认识,并精研了"名"的性质和种类,对"名"的定义和分类做出了精密的解析,在逻辑学的概念论上作出了重要贡献。

1."名"与"言"

在逻辑学中,概念与语词既有着密切的联系,也有着本质的区别。在《墨经》中概念和语词分别被称为"名"和"言",后期墨家对二者的联系与区别都有着明确的认识。就"名"和"言"的联系而言,后期墨家认为"言"是"名"的语言形式,"名"是"言"的思想内容。《经上》说:"言,出举也。""举"是以概念反映事物,"出举"是将形成的概念表达出来。《经说上》释义说:"言也者,诸口能之,出名①者也。""言"是指语词,"名"是指概念,"言"是"名"借以表现的语言形式。所以《经上》说"执所言而意得见",意谓借助语词我们可以了解概念的内容。

后期墨家也注意到了概念与语词的区别。如不同语词可以表达同一概念,"狗"与"犬"这两个语词所表达的就是同一个概念。又如有时候概念已发生变化,但名称仍可不变。《经下》举例说:"域②,过名也,说在实。"《经说下》解释说:"知是之非此也,有知是之不在此也,然而谓此南方③,过而以已为然。始也谓此南方,故今也谓此南方。"某地以前被称为南方,现在它的相对地理位置已发生了变化,人们都知道它现在已不属

---

① "名"原作"民",据孙诒让校改。
② "域"原作"或",据孙诒让校改。
③ "方"原作"北",据高亨校改。

于南方,但旧有之名已约定俗成,故仍可沿用。还如有时候同一个语词既可以表示概念,又可不表示概念。《经说上》举例说,"犬"这个语词,既可用来称呼狗,这是对狗的命名;也可用来形容狗,这是以概念来反映狗的属性;还可用来呵叱狗,这是将不满情绪加于狗。

2. 名的性质

《墨经》将"名"的性质和功用概括为"以名举实"(《小取》),又说"举,拟实也"(《经上》),意思是说"名"是对"实"(具体事物)的摹拟、反映。实是第一性的,名是第二性的。因此墨经要求做到"名实耦",意即概念与事物相符合。《墨经》通过对"名"与"指"的比较,阐述了"名"的抽象、概括作用。《经说下》说:"或以名视人,或以实视人。举友富商也,是以名视人也;指是臛①也,是以实视人也。"描述一个不在眼前的对象,便用一般的概念来表达,如说"我的朋友某某是富商";如果这个对象在眼前,我们便指着这个对象以示人,如说"这是霍"。可见"名"是一种脱离个别事物的一般认识,而"指"则是一种不能脱离个别事物的感性直观。因此,"指"受时空的限制,而"名"则超越了时空的限制。《墨经》说:"所知而弗能指,说在春也、逃臣、狗犬、遗②者。"(《经下》)"所,春也,其执③固不可指也。逃臣不智其处,狗犬不智其名也。遗者,巧弗能两也。"(《经说下》)指的功用有时而穷,有些知识不能用手指着说,只能用概念加以表达。如已不复存在的对象(春这个人),虽存在但不知在何处的对象(逃亡的奴仆),根本无法用手指去指它。如果有人尚不知道有"狗"、"犬"等名,仅用手指指着实物,也无法区分这两个名称,必须分别予以解释。遗失的东西也指不出来,即使能工巧匠也很难制造出与原物完全一样的东西来。

后期墨家对"名"作为事物本质属性的强调,还反映在"名"的定义

---

① "臛"与"霍"通,是一种兽名,又为人的姓氏,据沈有鼎,见氏著《墨经的逻辑学》,北京:中国社会科学出版社,1982 年,第 18 页。
② "遗"原作"贵",据孙诒让校改。
③ "执"原作"执",据孙诒让校改。"执"与"势"同。

上。《墨经》在给概念下定义时，能用简洁的命题，将事物的本质特征表达出来。《墨经》列举了上百个概念及概念的定义，其中有些是内涵定义，揭示概念的质的规定性，有些是外延定义，揭示概念所概括的对象。如《经上》所说的"罪，犯禁也"，就是一个内涵定义。后期墨家将"罪"定义为"犯禁"，意即犯罪行为是指触犯法律禁令的行为，这就简要而准确地揭示了"罪"这个概念的本质特征。又如《经上》所说的"知，闻、说、亲"，则是一个外延定义。闻知、说知、亲知，囊括了具有"知"这个概念所反映的特有属性的事物。而且，后期墨家常将内涵定义与外延定义结合起来使用，既揭示了概念的本质属性，又讲明了概念所概括的对象。

3. 名的种类

名的种类很多。根据"名"的外延大小，《墨经》将"名"分为达名、类名、私名三种。"名，达、类、私。"（《经上》）"物，达也，有实必待之名①也。命之马，类也，若实也者必以是名也。命之臧，私也，是名也止于是实也。"（《经说上》）"达名"是最一般的概念，如"物"。"类名"是反映一类事物的概念，如"马"。"私名"是专有的单独概念，如"臧"这个特定的人。后期墨家又根据概念的属种关系，将名分为兼名与体名。《经下》说："牛马之非牛，与可未可②，说在兼。"《经说下》做了具体说明，牛马是兼名，反映了牛、马两种动物皆有四足的共性，所以说"牛马二"。牛和马是体名，彼此有别，各自分别反映一种动物，所以说"牛不二，马不二"。作为兼名，牛马不可以专指非牛（如马），也不可以专指牛，而是兼指牛与马。作为体名，牛不能指非牛，马不能指非马，但是牛马则兼指非牛、非马。指称总体（兼）的"兼名"与指称部分（体）的"体名"，二者是全体与部分、大类与小类、属名与种名的关系。

后期墨家还初步区分了"形貌名"与"非形貌之名"。前者反映实体

———————————

① "之名"原文为"文多"，据孙诒让校改。
② "未可"原文为"之同"，据高亨校改。

的存在，后者反映实体的属性。《大取》说："以形貌命者，必智是之某也，焉智某也。不可以形貌命者，唯不智是之某也，智某可也。诸以居运命者，苟入①于其中者，皆是也，去之，因非也。诸以居运命者，若乡里齐、荆者，皆是。诸以形貌命者，若山丘室庙者，皆是也。""形貌名"是指可以直接反映对象外貌特征的概念，因此可以由其"名"而知其"实"，如山、丘、室、庙。"非形貌之名"（如"居运名"），是指不知道对象的外貌特征，而以其属性命名的概念，如说齐人、楚人，是以其人是否住在齐、荆之地而命名的，因此只是反映了对象的属性，而非对象本身。《大取》还粗疏地论述了"量数名"："苟是石也白，败是石也，尽与白同。是石也唯大，不与大同"；"诸非以举量数命者，败之尽是也"。"量数名"是根据体积、数量等性征对事物的命名，因此它随着事物性征的改变而改变。如果一个事物的量数发生了变化，那么指称这一事物原有量数的名称便不再适用于它。而"非量数名"与事物数量大小的变化并无必然关系。如一块大白石破碎而成众多碎石，大白石变成了小白石，表示大小的"量数名"变了，但是白色并未随着石头的破碎而消失，因此白石之名不变。

二、以辞抒意的判断论

概念只限于反映事物的规定性，仅有概念并不足以表达思想。判断是断定事物情况的思维形态，它表现概念之间的关系，因此判断至少要由两个以上的概念组成。判断借助语句表达思想，《墨经》将其表述为"以辞抒意"。辞指语句，意指判断。《经上》云："闻，耳之聪也。……循所闻而得其意，心之②察也。……言，口之利也。……执所言而意得见，心之辩也。"言语和听闻分别是口和耳的功能，但离开了心智的察辩作用则毫无意义。说出语句是语言系统的功能，语句用以表达判断；做出判

---

① "入"原文为"人"，据孙诒让校改。
② "之"原作"为"，据毕沅校改。

断则是思维系统的功能，判断借助"言"将"意"表达出来。语句与判断不能分离，亦不可混同。二者的关系，类似于语词与概念的关系。

判断是对现实的反映。判断符合事实，语句符合判断，即语句如实地表达思想，那么语句自然也与事实相合。这种情形下，命题和判断都是真的。后期墨家将言实相合称为"当"。语句要符合实际，除了要求判断符合实际之外，还要求语句符合判断，即语句必须忠实地表达判断。后期墨家将言合于意的情形称为"信"。《经上》说："信，言合于意也。"《经说上》解释说："不以其言之当也，使人视城得金。"信即是指语句符合判断。语句符合判断，判断符合实际，语句就既信且当。语句符合判断，判断不合实际，语句就信而不当。显然信不以语句符合事实为必要条件，所以说信"不以其言之当也"。判断符合实际，语句不符合判断，这是说谎的情形，显然语句也不符合实际，因此既不信亦不当。判断不合于事实，语句也不合于判断，一般说来这种情形下语句也是既不信也不当。但有时语句虽不合于判断，却凑巧与实际相符。如某人骗别人说："城内藏有金。"被骗者进入城内查看，果然有金。但实际上，骗人者并不知道，只是信口胡说。这种情形下，语句虽当而不信。

在讨论语句与判断关系的基础上，后期墨家详尽地研究了各种判断的性质、特点与表达方式，并据此对判断进行了分类。《墨经》中讨论的判断形式，有"尽"、"或"、"假"、"必"和"且"等不同种类，其中既有类似逻辑学中非模态判断的内容，如"尽"、"或"、"假"；也有类似模态判断的内容，如"必"和"且"。具体而言，"尽"是指全称判断。《经上》说："尽，莫不然也。""尽"是全称量词，被释义为"莫不然也"，意即没有什么不如此，等值于全部都如此。《小取》说："或也者，不尽也。假者，今不然也。""或"含有特称、选言判断和选言推理的含义，如"时或有久，或无久"，"尺与端或尽或不尽"（《经说上》）等。

后期墨家还讨论了命题中词项的周延性问题。全称判断要求主项周延，特称判断的主项不要求周延。"白马，马也"，"车，木也"，"盗人，人也"，均为全称肯定判断；"马或白"，"牛之毛黄"，则是特称肯定判断。否定判断要求谓项周延，肯定判断的谓项不要求周延。《小取》说："乘马，不待周乘马，然后为乘马也。有乘于马，因为乘马矣。逮至不乘马，待周不乘马，而后为不乘马。"某人只要乘过一匹马，我们就可以断定他乘过马；只有当某人没有乘过任何一匹马的时候，我们才可以断定他没有乘过马。①《墨经》还注意到，主词相同的全称肯定判断同特称否定判断之间是矛盾关系，其中必有一真必有一假。《经说上》说："彼举然者，以为此其然也，则举不然者而问之。""彼举然者"，是指对方提出一个全称肯定判断；"以为此其然也"，即认为所论对象在其全称主词之内，因而具有宾词的属性；"举不然者而问之"，是指举出一个主词相同的特称否定判断加以质问，也就是说，只要我们能举出一个反例，对方的全称肯定判断便不成立。②

"假"是指假言判断，它是断定某一事物情况存在是另一事物情况存在条件的判断。条件又分为充分不必要条件、必要不充分条件、充分必要条件三种。相应地，假言判断也就有三种，即充分条件假言判断、必要条件假言判断、充分必要条件假言判断。《经上》说："故，所得而后成也"，将条件称为"故"。《经说上》又将"故"分为"大故"、"小故"，并释义说："小故，有之不必然，无之必不然"，"大故，有之必然，无之必不然。"③"大故"相当于充分必要条件，"小故"相当于必要条件。

《墨经》中也有关于模态判断的运用和讨论，包括必然判断、或然判

---

① 《小取》又说："爱人，待周爱人而后为爱人；不爱人，不待周不爱人，不周爱，因为不爱人矣。"有论者据此认为，后期墨家同时又错误地承认肯定判断要求谓项周延，否定判断不要求谓项周延。需要指出的是，在古代汉语的语境中，"爱人"既可以用来表达一个省略了主词的判断，又可用作一个伦理学的概念。"爱人"作为一个肯定判断，谓项不要求周延，《小取》说："获，人也；爱获，爱人也。臧，人也；爱臧，爱人也"，即是明证。"爱人"作为一个伦理学概念，在墨家看来，它的含义就是兼爱，意即要爱一切人才能叫做爱人；反之，只要不是爱所有的人或者只是爱一部分人，即是不爱人。这就形成了一周一不周的差别，因此《小取》说："此一周而一不周者也。"

② 参见任继愈主编：《中国哲学发展史》（先秦卷），北京：人民出版社，1983 年，第 552 页。

③ 此句原为"大故，有之必无然"，据孙诒让校改。

断和实然判断。《经上》："必，不已①也。""必"指必然判断，它是对事物情况必然性的断定。如"二必异"（《经说上》），"行者必先近而后远"（《经说下》），"民行修必以久"（《经说下》）等都是必然判断。对于"必"，《经说上》解释说："谓一执者也。若弟兄一然者一不然者，不必也，是非必也。"②必是必然而不改变之意，其否定便是"不必"（或"非必"、"弗必"）。比方兄弟四人根据年龄排序，由大至小依此为甲乙丙丁。甲对乙丙丁皆为兄，丁对甲乙丙皆为弟，这是固定不易的，是必然的。但乙对甲则为弟，对丙丁则为兄，丙对甲乙则为弟，对丁则为兄，此一然者一不然者，因此是不固定的，是不必然的。③ "不必"（或"非必"、"弗必"），作为必然判断的负判断（负必然判断），也即或然判断，它表示事物发展的可能性。《经下》说："无说而惧，说在弗必④。"《经说下》释义说："子在军，不必其死生；闻战，亦不必其死生⑤。"儿子在军队中，不能断定其生死；听到了战斗的消息，也不能断定其生死。因此这种情况下只能使用或然判断，不能使用必然判断。《经下》："物之所以然，与所以知之，与所以使人知之，不必同。"事物的本质，人们对它的认识，以及人们将这种知识转告他人，三者不一定互相符合，因此对此也只能下或然判断。

实然判断是对已经发生的事实作出断定。后期墨家专门定义了时间模态词"且"与"已"。《经上》说："且，言然也。"《经说上》释义说："自前曰且，自后曰已，方然亦且。"将要发生的事情称为且然，如《小取》所说的"且入井"、"且出门"，即将要入井，将要出门；已经发生的事情称为已然，如《经说上》所说的"为衣，成也"、"治病，亡也"，即衣服已经制成，治病已

---

① 高亨说"已当作己"，并说"墨书以己为改"，"墨家所谓必，即必然之必，亦即今语所谓固定也。固定者不变。"见氏著《墨经校诠》，载《高亨著作集林》第七卷，北京：清华大学出版社，2004年，第107、108页。现据高亨校改。
② 句中"一执"原为"台执"，"不必"原为"必不必"，均据高亨校改。
③ 释义参见了高亨的诠释，见氏著《墨经校诠》，载《高亨著作集林》第七卷，北京：清华大学出版社，2004年，第107、108页。
④ "必"原作"心"，据孙诒让校改。
⑤ 此句原作"亦不必其生"，据高亨校改。

经结束；正在发生的事情亦称为且然。《经下》又说："可无也，有之而不可去，说在尝然。"凡事物昔有而今无者，昔有不可去。方然、且然都不是实然，已然和尝然才是实然。实然判定反映已经发生的事实。用过去时间模态词已、已然、尝然，表达已经发生过的事实，因此相当于实然判断。

三、以说出故的推理论

在逻辑学中，概念反映事物的本质，判断表现概念之间的关系，推理则表现判断之间的关系。推理是根据一个或者一些判断，推导出另一个判断的思维过程。后期墨家称推理为"说"。《小取》："以说出故"，《经上》："说，所以明也。""故"是根据、理由。"说"就是将一个辞（判断）所以成立的理由和根据阐述出来的论证过程。仅有主张还不能说服别人；既有主张，又有论证，才能说服别人。后期墨家十分重视说的作用，《经说上》说："方不㢓，说也。""说"有助于克服感性经验的局限，由对事物的表象的认识深入到对事物本质的认识，由过去的经验推知事物未来的发展。《经下》除了极少数例外，每条都有"说在"字样，将论据或例证用少数几个关键字标出，并在《经说下》做出详细的说明。

1. 推理的基本范畴

关于推理，后期墨家提出了故、理、类三个基本逻辑范畴。《大取》说："三物必具，然后足以生。[1] 夫辞[2]，以故生，以理长，以类行也者。立辞而不明于其所生，妄[3]也。今人非道无所行，唯[4]有强股肱，而不明于道，其困也，可立而待也。夫辞以类行者也，立辞而不明于其类，则必困矣。"推理以故、理、类为基本前提。必须具备这三者，辞才可以成立。没有这三者，立辞就会陷入妄和困。质言之，故、理、类是立辞的根基，因而

---

[1] 此句据孙诒让移至此，孙诒让又说："三物，即指故、理、类而言之，谓辞之所由生也。"见氏著《墨子间诂》（下），北京：中华书局，1986 年，第 370、377 页。

[2] "夫辞"二字，据孙诒让补。

[3] "妄"原作"忘"，据孙诒让校改。

[4] 孙诒让说："唯与虽通。"

也是说的前提。《墨经》开篇即说："故，所得而后成也。"（《经上》）"故"是事物所能成的原因、条件和论题的根据与理由。其中包括"大故"和"小故"，"大故"相当于充分必要条件，"小故"相当于必要条件。"理"也即"法"。前期墨家有故、法、类之说，后期墨家发展为故、理、类，可见理与法对应。"诽之可不可，以理之可诽"（《经说下》），"法，所若而然也。"（《经上》）"理"和"法"是指事物之理和立辞的论据。《小取》说："效者，为之法也；所效者，所以为之法也。故中效，则是也；不中效则非也。""效者"，是指树立标准。"所效者"，是指使这个标准真正起到判定是非的作用。合乎这个标准就是正确的，不合乎这个标准则是错误的。"类"是"说"的基础。墨家逻辑推论非常强调"类"的同异，"以类取"，"以类予"，都是关于类的推演。因此在推论中，首先必须"明类"。

2. 推理的主要方式

《墨经》论及的推理方式，包括"辟"、"侔"、"援"、"推"、"或"、"假"、"效"等多种，对演绎推理与归纳推理均有涉及。现就"辟"、"侔"、"援"、"推"分别叙述之。"辟也者，举他物而以明之也。"（《小取》）"辟"同譬，比喻之义，是指举他物以明此物。"侔也者，比辞而俱行也。""侔"是指两个辞义齐等或并列之辞之间的推理。它依据两个"辞"之间的类同或齐等，实现由前提到结论的紧密连缀、并列推论。"援也者，曰子然，我奚独不可以然也？"（《小取》）"援"即援引对方承认的论点、命题来证明自己的观点。"推也者，以其所不取之，同于其所取者，予之也。是犹谓它①者同也，吾岂谓它②者异也。"（《小取》）"推"既指一般推论，又指用对方所取的命题，类同于对方所不取的命题，从而推知其结论：或者同为是，或者同为非，不能肯定一个，又否定一个。

3. 推理中的谬误

《小取》篇还注意到了推理过程中可能出现的谬误。《小取》说："夫

---

① "它"原作"也"，据谭戒甫校改，见氏著《墨辩发微》，武汉：武汉大学出版社，2006 年，第 437 页。
② "它"原作"也"，据谭戒甫校改，见氏著《墨辩发微》，武汉：武汉大学出版社，2006 年，第 437 页。

物有以同而不率遂同。辞之侔也，有所至而正。其然也，有所以然也。其然也①同，其所以然不必同。其取之也，有所②以取之。其取之也同，其所以取之不必同。是故辟、侔、援、推之辞，行而异，转而危③，远而失，流而离本，则不可不审也，不可常用也。故言多方，殊类异故，则不可偏观也。"两种事物可以有相同之处，而不一定完全相同。"辟"在这种情形下可能被误用。"侔"在运用时是有限度的。如果超过这一限度就会产生谬误。"援"是"子然，我奚独不可以然也"，但如果"所以然"不同，这一援例就是错误的。"推"是"以其所不取之，同于其所取者，予之也。"但有时"其所取"与"其所不取"只是表面上相同，背后的原因、条件却不相同，所以推也不能滥用。《小取》将"辟"、"侔"、"援"、"推"可能出现谬误的原因，概括为言多方、殊类、异故三类。言多方是指词有多义，推论中词义稍有转换（偷换）就可能变成诡辩。殊类是指类有同异、大小之别，而异类不能相比。异故是论据、条件等有大小、性质的差异。因此推理时要谨慎行事，且不可滥用公式。

四、逻辑规律及对逻辑谬误的批判

后期墨家对形式逻辑的三个基本规律均有论及，如"彼彼止于彼，此此止于此"之于同一律，"不俱当，必或不当"之于矛盾律，"谓辩无胜，必不当"之于排中律。

"彼彼止于彼，此此止于此，彼此不可。"（《经说下》）意思是说"彼"之名必须专指彼之实；"此"之名必须专指此之实。如果"彼"之名不同于"此"之名，以"彼"名为"此"名，或将"此"名混同于"彼"名，都是不可以的。这正是同一律所要求的逻辑原则。

《经说上》又指出："或谓之牛，或谓之非牛，是争彼也。是不俱当。

---

① "其然也"原脱，据孙诒让补。
② 原文无"所"字，据孙诒让补。
③ "危"与"诡"同，据孙诒让。

不俱当，必或不当，不当若犬①。"针对同一个动物，有人说"这是牛"，有人说"这不是牛"。这两个相互矛盾的判断，不可能同时为真，也不可能同时为假，必定是一真一假。假的判断就像将牛说成是犬。这正是关于矛盾律的基本规定。

"辩必有胜"的主张，则集中反映了后期墨家的排中律思想。《经说下》指出："辩也者，或谓之是，或谓之非，当者胜也。"意思是说，矛盾命题之间，必定只有一个符合事实，辩词符合事实的一方就是辩论胜利的一方。如果出现了"辩而不胜"的情况，此辩必为不当。这正是排中律原则的具体反映。

后期墨家还应用这些逻辑规律，批判了当时流行的各种逻辑谬误，如"学无益"、"言尽誖"②、"非诽者"、"辩无胜"等。前三者都是违背了矛盾律要求的悖论，后一个则违反了排中律。

"学无益"的意思是"学习是无益的"。《经说下》指出："学也，以为不知学之无益也，故告之也，是。使智③学之无益也，是教也，以学为无益也教，誖。"后期墨家认为，教与学是相互关联的。正因为不知"学之无益"，才告以"学之无益"。既然以"学之无益"为教，这个教的本身正好证明学是有益的。因此，"学无益"是自相矛盾的。

"言尽誖"的意思是说"一切言论都是荒谬的"。《经下》说："以言为尽誖，誖，说在其言。"《经说下》释义说："以誖，不可也。之人④之言可，是不誖，则是有可也。之人之言不可，以当，必不审。"后期墨家认为，言尽誖是不可以成立的，因为这句话也是言论。如果这句话成立，这就有了一条言论并不荒谬。如果这句话不成立，那它自然就是错的。因此，"言尽誖"也是自相矛盾的。

---

① "不当若犬"原为"不若当犬"，据高亨校改，见氏著《墨经校诠》，《高亨著作集林》（第七卷），北京：清华大学出版社，2004 年，第 128 页。
② "誖"，今作"悖"的异体字，为保留原义，不改。
③ "智"与"知"同，据孙诒让。
④ "之人"原作"出入"，据孙诒让校改。

"非诽者"的意思是"反对一切批评"。《经下》说："非诽者諄①，说在弗非。"意思是说，反对一切批评，是悖谬的，理由在于"弗非"，即不反对。《经说下》解释说："非②诽，非己之诽也。不非诽，非可非也。不可非也，是不非诽也。"后期墨家认为"反对一切批评"这句话本身，就已经在批评别人了，也就是说，它本身就承认了有的批评是不应被反对的，因此这就是在自己反对自己，也是自相矛盾的。如果不反对一切批评，那么有错误就可以批评了。如果坚持有错误但不可批评，这本身就是对"反对一切批评"的否定。

"辩无胜"是说"辩论中无人能获胜"。《经下》说："谓辩无胜，必不当。说在不③辩。"《经说下》解释说："所谓非同也，则异也。同则或谓之狗，其或谓之犬也。异则或谓之牛，其④或谓之马也。俱无胜，是不辩也。辩也者，或谓之是，或谓之非，当者胜也。"如果没有真正的争辩，根本就谈不上谁在辩论中获胜。如在同一对象的两个名称之间争论，某人说是狗，另一人说是犬，两者都是正确的。又如在两个不同对象上争论，某物被说成是牛，另一物被说成是马，双方并未形成真正的对立。这两种情况都不是真正的辩论，因为不是争"彼"，即不是在同一对象上争论是非，因此也就无所谓胜负。后期墨家主张，真正相互矛盾的判断必然一是一非，二者必有一真，这正体现了排中律的要求，因此他们主张"辩有胜"。

后期墨家还批评了"过"、"过名"与"狂举"。《经下》说："知狗而自谓不知犬，过也。说在重。"不懂得狗与犬乃二名一实，是犯了"过"的错误。"过"是指概念不清晰、名实关系不明确的逻辑错误。所以当某地沿用与实不符的旧名时，称为"过名"，若不知是过名，就会引起混乱。"狂举"与"正举"相对，源于公孙龙的《通变论》。《经下》说："狂举不可以知异，说在有不可。"《经说下》举例说，牛马为异物，但以牛有齿、马有尾作为区分

---

① "諄"原作"諱"，据孙诒让校改。
② "非"原作"不"，据孙诒让校改。
③ 原文无"不"字，据谭戒甫补。
④ "其"原作"牛"，据孙诒让校改。

牛、马为异物的根据，是错误的，因为牛与马均既有齿又有尾。牛马皆为四足兽，本为同类，而非异类，若以牛有角、马无角，作为区分牛与马为异类的根据，如认为牛为四足兽，而马不是四足兽，也是错误的。因为有角并不是四足兽全有，而非四足兽全无的特征。这两种做法都犯了不知异的"狂举"的错误。

总之，《墨经》当为后期墨家的著作，它代表了墨家发展的新阶段。有关墨辨的讨论，在近代成为显学。后期墨家彰显了我国有自己的知识论与逻辑学的传统，与西方有区别。后期墨家根据知识不同的来源，将知识分为闻知、说知、亲知三种类型，又根据知识内容的不同，将知识分为名、实、合、为四类。他们在"以名举实"的概念论、"以辞抒意"的判断论、"以说出故"的推理论及名、辞、说、辨上有自身的特色，有动态的、辩证的视域。

第十二章　《易经》与《易传》

　　《易经》与《易传》是《周易》这部书的两个组成部分,《易传》是对《易经》的解读和发挥。《周易》在中国传统哲学思想文化史上有着崇高的地位,被称为"五经之首"、"三玄之冠"和"大道之原"。"原"有二义,一是"源",意味着与其他先秦文献相比,《周易》的产生在时间上是最早的;二是本原、根本,意味着《周易》不仅在时间上产生最早,而且在思想观念上对后世社会和思想文化也具有根本性的影响。

　　传统易学属于经学的范畴,对《周易》的哲学思想的研究散见于对《周易》文本的诠释中,不曾单独构建出《周易》的哲学体系来。并且传统易学从总体上说是经传不分的,往往以传解经,以《易传》的思想为《易经》的思想。这不利于我们准确地把握《周易》哲学思想产生与发展的历史脉络。

　　进入现代,一批历史学家、古文献学家,如顾颉刚、郭沫若、闻一多、李镜池等人,以历史主义的眼光将本来就相距五六百年之久的《易经》与《易传》分开来进行研究,把它们视为不同历史时期的产物,反映了不同时代的社会生活状况。这样一种历史主义的态度和科学的研究方法开启了现代《周易》的研究之旅,影响很大。不过他们的研究主要集中在卦爻辞,而且主要是通过对卦爻辞进行归类和考释来研究其所反映的当时的社会生活各方面的情形，讨论《周易》的性质、撰成年代等问题，并不关注其中的哲学思想，对于卦画以及《易传》的哲学也不加关注。尽管与之同时略早有朱谦之的专著《周易哲学》面世，但《周易》的哲学研究并不曾在这个时候形成学术主流。

直到中华人民共和国成立十年后，60 年代初学界掀起了一场关于《周易》的学术讨论，讨论的主题之一就是《易经》与《易传》的哲学思想。冯友兰、李景春、李镜池、任继愈、高亨等人是代表。这段时期受马克思主义意识形态的影响，关于《周易》哲学的讨论主要围绕唯物唯心、辩证法形而上学之分的问题进行。尽管这些研究从总体上有贴标签的简单化之嫌，但是对于《周易》哲学具体内容的掘发、分析与讨论，依然是严肃认真的，有开拓性的意义和价值。

经过十年"文革"的沉寂，80 年代易学研究迎来了自己的春天，《周易》哲学研究的具体内容也进一步具体化和深化，在研究方法上也更加注重实证与逻辑分析。贴标签式的研究有所淡化。朱伯崑、余敦康、萧汉明、郑万耕等人是代表。尤其是朱伯崑先生出版了四卷本的《易学哲学史》，第一次对易学史上的哲学问题作了系统的整理。其他学者对于扬雄易学、船山易学、北宋易学等具体人物及其时代的易学哲学则有了更为深入的专门研究。

此一时期，刘大钧第一次正面肯定了一向不被学界重视的易学象数之学的价值，并且组织力量使易学象数学走上了严肃的学术研究的道路，为易学哲学中相对薄弱的易学象数哲学、科学哲学的进一步发展准备了条件。此一时期，在易学上还有两个重大事件值得重视，一是 70 年代末 80 年代初，考占界认定了商周文物上的"筮数"或"数字卦"，二是1973 年长沙马王堆出土了汉代帛书《周易》，有《经》有《传》，1984 年公布释文。这两件事把考古发现与易学研究结合起来，对于我们更具体而深入地了解《周易》的起源与形成等早期易学问题、对于我们更准确地理解卦爻辞以及《易传》文本的含义有极大的意义和价值。

90 年代以来的二十多年里，易学研究进一步百花齐放、全方位展开。

参与的学者人数和发表的论文数量激增，呈现出空前的繁荣。此一时期公布了多种出土易学文献，如湖北江陵王家台秦简《归藏》，安徽阜阳汉简《周易》，尤其是 1994 年由上海博物馆购藏、2003 年公布的战国楚竹书《周易》，引起了出土简帛易学研究的热潮。连同更早时期发现的望山、包山、天星观等地的易筮资料、长沙马王堆帛书《周易》，以及历史上西晋时期出土的汲冢战国竹书和东汉熹平石经中的《周易》材料，重新获得学界的关注和研究。不过从目前来看，出土简帛易学固然极大地繁荣了易学研究，为早期易学和卦爻辞解读问题解决了不少问题，但是它要影响到学界重新理解和构建《周易》经传的哲学体系，还有待时日。此一时期的易学哲学研究也更加深入，更加专门化，易学史上的重要易学家都得到了专门研究。关于《周易》经传的哲学研究，受到西方哲学思潮以及当代新儒家熊十力、梁漱溟、方东美、牟宗三、成中英等人的影响，也呈现出新的时代内容和特色。基本上形成了从宇宙论、人生论、生命哲学、道德论、知识论等方面来梳理《周易》经传的哲学思想。此外，在易学思维方式问题的研究上，以唐明邦、周山、刘长林、王树人等为代表，也有进一步深化的表现。下面，我们就在学界前辈和时贤研究的基础上，对《周易》经传的哲学思想作出简要的介绍和论述。

第一节　《易经》与《易传》的基本内容与成书问题

《周易》这一书名最早见载于《周礼》和《左传》。《周礼·春官·太卜》："太卜……掌三《易》之法，一曰《连山》，二曰《归藏》，三曰《周易》。其经卦皆八，其别皆六十有四。"《左传·庄公二十二年》："周史有以《周易》见陈侯者。"《周礼》记载的是周初及周之前的政治制度，鲁庄公二十二年即春秋时期公元前 672 年。这表明《周易》一名在周初及春秋前期就已存在。此时的《周易》只是指《易经》的内容，不包括《易传》。先秦只有"《周易》"之称，而无"《易经》"之名。"《易经》"之名始于汉武帝置五经博士，《易》冠群经之首。

《易经》的内容包括两大部分，一是卦爻画，二是卦爻辞。《易经》一共由 64 个卦组成。每个卦有一个符号表示。构成卦符的有两个基本符号，一个是"—"，一个是"--"，前者称阳爻，后者称阴爻。由三爻组成一个卦，共有八个卦，称八卦，或八经卦。它们是：

乾(☰)、坤(☷)、震(☳)、巽(☴)、坎(☵)、离(☲)、艮(☶)、兑(☱)。

八经卦两两相重，组合成 64 个卦，每卦由六爻组成，称六十四别卦。《易经》文本中的卦是由六爻组成的六十四别卦，而不是由三爻组成的八卦。现在通行的《易经》文本中，每卦六爻之间的距离是相等的，根本看不出八卦的影子。但是我们从目前所见最早的战国楚竹书《周易》上的卦画中①，可以直观地看到每个六爻别卦都是由上下两个八经卦构成，因为上三爻与下三爻之间留有明确的较大的距离。《易经》中每个卦符都有一句与之相应的话，叫卦辞。构成卦符的每一爻又各有一句与之相应的话，叫爻辞。所以，《易经》卦爻辞，一共有 64 条卦辞和 384 条爻辞，外加 2 条"用辞"，即《乾》《坤》两卦各多出的一句没有爻画与之相应的话，分别以"用九""用六"领首。这就是《易经》的内容，它的字数与《道德经》差不多，都是五千言。

《易传》有广义和狭义之别。狭义的《易传》专指"十翼"，即最早的一批解释《易经》的著作的结集，共十篇。"十翼"之称盖始于西汉《易纬·乾凿度》，意为《易经》之羽翼。"十翼"包括七种十篇：《彖传》上下，《象传》上下，《文言传》，《系辞传》上下，《说卦传》，《序卦传》，《杂卦传》。又称《易大传》或《周易大传》。其中《彖传》是专门解释六十四卦卦辞的，《象传》是逐条解释卦辞和爻辞的，《文言传》是专门解释乾坤二卦的。《易传》中的其他四种则属通论性质，不是以逐条解释卦爻辞的形式来组

---

① 战国楚竹书《周易》是目前所见最早的《周易》文本，只有《易经》，没有《易传》，由上海博物馆于 1994 年从香港文物市场上购藏，2003 年释文被整理出版。战国楚竹书《周易》是残本，共58 支简，涉及 34 个卦的内容，共 1806 字。详情参见陈仁仁：《战国楚竹书〈周易〉研究》，武汉：武汉大学出版社，2010 年。

织的。广义的《易传》则指所有对《周易》经传作解释与阐发的著作。有的易学家的注易作品即直接名为《某氏易传》，如西汉京房的《京氏易传》，东汉荀爽的《荀氏易传》，北宋程颐的《程氏易传》等。学界通常以《易传》指含七种十篇文字的"十翼"，字数一万九千。1973 年 12 月，长沙马王堆 3 号汉墓出土了帛书《周易》，其中有数篇与今"十翼"相近的文字。由此可知，最早对《易经》作解释和发挥的文字当不止七种十篇，"十翼"《易传》是选本。

关于《易经》和《易传》的撰成时代和作者问题，东汉班固的《汉书·艺文志》有个著名的说法："人更三圣，世历三古。"唐代训诂家颜师古（581—645）注曰："伏羲为上古，文王为中古，孔子为下古。"认为伏羲画八卦，文王演为六十四卦并作卦爻辞，孔子作《易传》。唐代孔颖达在《周易正义·卷首》中对《易经》的作者问题作了辨析，基本同意班固的说法，但通过接受东汉经师马融（79—166）的"周公作爻辞"说而有新的解释，即认为伏羲画八卦并重为六十四卦，文王作卦辞，周公作爻辞，孔子作《易传》。并解释道："所以只言三圣，不数周公者，以父统子业故也。"南宋理学家朱熹则干脆提出"人更四圣"说，明确地把周公单列出来。

《易传》有几处关于《周易》撰成时代与作者的说法：

> 古者包牺氏之王天下也，仰则观象于天，俯则观法于地，观鸟兽之文与地之宜，近取诸身，远取诸物，于是始作八卦，以通神明之德，以类万物之情。（《周易·系辞下传》）
>
> 《易》之兴也，其于中古乎？作《易》者，其有忧患乎？（《系辞下传》）
>
> 《易》之兴也，其当殷之末世，周之盛德邪？当文王与纣之事邪？（《周易·系辞下传》）

包牺氏也就是伏羲氏，是我国古籍记载中最早的一个圣王，是传说中的中华民族的人文初祖。伏羲画八卦虽为传说，但也可说明其来源之久远。而《周易》的完善，卦爻辞的撰成，其年代在商周之交的中古殆无疑义。现代历史学家余永梁、顾颉刚等通过挖掘考释卦爻辞中的故事论证了卦爻辞成于西周初年，也就是公元前 2000 年左右。这个看法得到了学界的普遍同意。① 司马迁《报任安书》载"西伯拘而演《周易》"，西伯就是周文王。《周易》的成书可能与周文王有关系，但关系到底有多大，是无法考证的。

关于《易传》各篇的成书年代与作者问题也是众说纷纭。② 孔子作《易传》这一传统说法，早在北宋时欧阳修的《易童子问》就提出了疑问。但是我们大概可以肯定的是，《易传》非成书于一时一人。其主体的成书时间当在战国中期，往前可溯至春秋后期，往后可能到了汉初。作者虽非孔子一人，但与孔子及其后学有莫大的关系。

第二节 《易经》的哲学

"《周易》是我国最古的一部书，也是最难理解的书。"③这里的《周易》就是指《易经》，《易经》难解的原因就在于它的古老和文字组织形式的独特。伏羲画八卦的传说就表明，八卦在人们的心目中是与中华文明的开

---

① 参见余永梁：《易卦爻辞的时代及其作者》，载黄寿祺、张善文编《周易研究论文集》第 1 辑，北京：北京师范大学出版社，1987 年；顾颉刚：《周易卦爻辞中的故事》，载顾颉刚《古史辨》第 3 册，上海：上海古籍出版社，1982 年。顾颉刚先生是这样得出结论的："作卦爻辞时流行的几件大故事是后来消失了的，作《易传》时流行的几件大故事是作卦爻辞时所想不到的；从这些故事的有与没有上，可以约略地推定卦爻辞的著作时代。它里边提起的故事，两件是商的，三件是商末周初的，我们可以说它的著作时代当在西周的初叶。"这个看法得到了学界的普遍同意。当然也有反对意见，比如李镜池先生就认为《周易》应该成书于西周晚期。参见李镜池：《周易探源》，北京：中华书局，1978 年，第 4、5 页。理由是卦爻辞中有两则故事，"箕子之明夷"与"康侯用锡马蕃庶"发生在文王之后，另外卦爻辞中反映政治黑暗的、隐遁思想和忧患意识，都不宜出现在西周之初、成康之世。我们知道，先秦文献没有我们现在这样明确的知识产权意识，往往是在流传过程中有些删改和变化，往往会添入一些后世的因素，但这并不影响主体内容成书在前。至于忧患意识之类在商周之交出现，是再合理不过的事了。《易经》大概也可以说，是总结商亡教训的一部大书。

② 关于《易传》的成书年代问题可参见张岱年：《论易大传的著作年代与哲学思想》，载黄寿祺、张善文编《周易研究论文集》第 1 辑，北京：北京师范大学出版社，1987 年；刘大钧：《周易概论》，济南：齐鲁书社，1986 年；杨庆中：《周易经传研究》，北京：商务印书馆，2005 年，等等。

③ 李镜池：《周易探源》"序"，北京：中华书局，1978 年，第 1 页。

端相伴随而出现的，它甚至早于文字的出现。不过八卦最初是什么样子的，与今天所见阴阳爻符号构成的八卦是否一样，我们是不清楚的。目前从出土的商周之际的一些青铜器和甲骨上，人们发现了一些"奇字"，根据张政烺等专家的研究，这些"奇字"可能是一种数字形式的卦，叫"筮数"或"数字卦"，可能是阴阳爻符号卦的萌芽。①

《易经》文字组织形式的独特性就在于，它既不同于《论语》式的问答体，也不同于《老子》式的格言韵文，更不同于《孟子》、《庄子》式的大段议论，它是由一个符号系统以及与此符号系统相应的卦爻辞构成的。卦辞与卦辞之间，爻辞与爻辞之间都具有相对独立性，卦爻辞之间在内容上的逻辑关系很多地方都难以理清，但由于它与卦爻符号相应，而卦爻符号又是一个整体性的系统，所以卦爻辞在形式上又是有条理有体系的。于是，卦爻辞的古奥与许多卦爻辞之间在内容上逻辑关系的模糊与在形式上的体系化，一方面为我们了解《易经》制造了障碍，另一方面又为我们解读《易经》提供了很大的空间。以至于"《易》道广大，无所不包，旁及天文、地理、乐律、兵法、韵学、算术，以逮方外之炉火，皆可援《易》以为说，而好异者又援以入《易》，故《易》说愈繁"②。但是，我们要了解《易经》的本来面目，还是得回到《易经》文本本身。

一、《易》本卜筮之书

毋庸讳言，《易经》首先是一部用来算卦的卜筮之书。《汉书·艺文志》："及秦燔书，而《易》为筮卜之事，传者不绝。"《汉书·儒林传》："及秦

---

① "筮数"或"数字卦"是张政烺先生在 20 世纪 70 年代末 80 年代初最早认定并加以系统论证的。关于这个问题可以参见李学勤：《谈安阳小屯以外出土的有字甲骨》，载《文物参考资料》，1956 年第 11 期；张政烺：《古代筮法与文王演周易》，载《古文字研究》第一辑，北京：中华书局，1979 年；张政烺：《试释周初青铜器铭文中的易卦》，载《考古学报》，1980 年第 4 期；张政烺：《易辨——近几年根据考古材料探讨周易问题的综述》，载唐明邦等主编《周易纵横录》，武汉：湖北人民出版社，1986 年；张亚初、刘雨：《从商周八卦数字符号谈筮法的几个问题》，载《考古》，1981 年第 2 期。

② （清）永瑢等：《四库全书总目》，北京：中华书局，1965 年，第 1 页。

禁学，《易》为筮卜之书，独不禁，故传受者不绝也。"这是史书对《易经》一书之性质的明确认定。从《易经》文本来看，这一性质也是非常明显的。卦爻辞中有大量的"吉"、"凶"、"悔"、"吝"之类的算卦用的占断之辞。《左传》、《国语》等先秦史书记载了大量的以《易经》占卦的筮例。

但是，随着《易经》地位的越来越高，对《易经》作象数和思想义理方面的解读越来越多，人们往往混同《易经》和《易传》，以《易传》解读出的思想为《易经》所本有。而实际上《易传》的成书离《易经》有五六百年之久，《易传》的作者亦恐不能完全理解《易经》了，怎么能够完全以《易传》的解读为《易经》所本有？所以，在易学经过千余年的充分而繁琐的发展之后，到宋代有大文豪苏轼重申了这么一个事实："《易》者，卜筮之书也。"①到南宋大理学家朱熹进一步从学理上充分论证了"《易》本卜筮之书"②，并且撰《周易本义》，力图恢复《易经》的本来面目，主张经传分观。朱伯崑先生指出，这"不仅对当时的义理学派，对象数学派的《周易》观也是一大冲击"③，其原因就在于无论义理派还是象数派都对《易经》作了过度发挥，并且把这种发挥加之于《易经》本身。朱熹并非反对对《易经》作发挥，而是主张把《易经》的本义与包括十翼《易传》在内的后世对《易经》的解读与发挥区分开来。这是一种合理的历史主义的态度，能使我们更准确地把握古人思想观念的历史发展过程。

不少学者不愿承认"《易》本卜筮之书"，以为这有损于《易经》的神圣性。实际上大可不必这样看。"《易》本卜筮之书"正表明《易》来源之古远。人类早在新石器时代晚期就懂得利用占卜来预测吉凶了，只不过占卜使用的道具和占卜之法各异。先民们想通过占卜来发现身边的现象及现象间的因果联系，来预知事情发展的结果，这里面正体现了人类理性思维的萌芽，即认为这个世界是普遍联系的，相信这个世界是有秩序的，是有规律可循的。而卜筮方法的历史变化也能体现这种理性思维的

---

① （宋）苏轼：《易论》，载《苏轼文集》（上），长沙：岳麓书社，2000 年，第 125 页。
② （宋）黎靖德编：《朱子语类》卷六十六，北京：中华书局，1994 年，第 1622 页。
③ 朱伯崑：《易学哲学史》第二卷，北京：华夏出版社，1995 年，第 418 页。

进步。我们知道，在周人用《周易》卜筮之前，商人主要是用龟卜之法来预测吉凶。即在龟甲或其他兽骨上经过刀削制作，以火烤之，从裂纹的形状来判断所问事项的吉凶。这种方法是十分烦琐的，同时又十分机械，只需要一一查对相应的兆纹所表示的吉凶就可以了。《周易》采用的是另外一种筮法体系，它是通过一定的程序揲数蓍草策数，得出一个六爻卦来，然后通过分析这个六爻卦的整体关系来判断所问事项的吉凶。龟卜之法不需要推演只需要查对吉凶，而易筮之法却需要通过数与理的推演才能明白吉凶。很明显易筮之法与龟卜之法比较起来，体现了先民理性思维的进步。

相传易筮之法亦非只有《周易》一种，而是有三种，即所谓的"三《易》"，一曰《连山》，二曰《归藏》，三曰《周易》。前两种筮书已经佚失，但从文献记载可知它们都是用八经卦和六十四别卦来进行占筮的，属同一筮法体系。大概前两者的优长均已被吸收于《周易》筮法中，《周易》无论从筮法还是从筮书文本来看，应该是前两者的完善与进步，是《易》类筮法体系发展的顶峰，也是我国先民们到那时为止理性思维水平发展的顶峰，意味着一个思维发展时代的终结和新发展时代的开端。它的发展水平和特征足以影响后世发展的路径。

所以，我们不要以为占筮里头没有思想观念。在那时代主持占筮者都是当时一流的学者，最有知识的人，他们利用最先进的易筮之法所作的占筮实践必定包含了他们的思想观念在其中。清代经学家皮锡瑞认为"伏羲画卦，虽有占而无文，而亦寓有义理在内"①。黄寿祺、张善文先生进一步指出："倘若《周易》的卦形、卦爻辞没有内在的哲学性质，无论哪一位'圣人'，都无法凭空阐发出其中的'义理'来。所以，我们必须认识到，尽管《周易》的出现是以卜筮为用，但其内容实质却含藏着深邃的哲学意义。"②

---

① （清）皮锡瑞：《经学通论》，北京：中华书局，1954年，第41页。
② 黄寿祺、张善文：《周易译注》（修订本），上海：上海古籍出版社，2001年，第18页。

下面，我们来具体了解《易经》文本的哲学思想。《易经》文本由两个部分构成，一是卦爻画，一是卦爻辞。我们先看卦爻画中的哲学思想。

二、卦爻画中的哲学思想

《易经》文本跟先秦其他文献一个最大的不同就在于，它有一套符号系统。每一个卦和每一爻都有相应的符号表示。这些符号随卦爻辞散置于《易经》文本中，是不容易看出它的系统性的。如果我们把这些符号放在一起排列出来，就是下面这个样子：

（乾）（坤）（屯）（蒙）（需）（讼）（师）（比）（小畜）（履）（泰）（否）（同人）（大有）（谦）（豫）（随）（蛊）（临）（观）（噬嗑）（贲）（剥）（复）（无妄）（大畜）（颐）（大过）（坎）（离）

（咸）（恒）（遁）（大壮）（晋）（明夷）（家人）（睽）（蹇）（解）（损）（益）（夬）（姤）（萃）（升）（困）（井）（革）（鼎）（震）（艮）（渐）（归妹）（丰）（旅）（巽）（兑）（涣）（节）（中孚）（小过）（既济）（未济）

上面这个排列法是通行本或今本《易经》的卦序。《易经》卦序有很多种，除了今本卦序，还有《序卦传》卦序、《杂卦传》卦序、长沙马王堆出土的汉初帛书《易经》卦序、京房八宫卦序等等。在所有这些卦序中，今本卦序是最早、最通行的一种卦序①。

卦爻画以及今本卦序是先于卦爻辞而存在的，并且在卦爻辞产生之后还依然为人们单独认识。2001 年，在陕西长安县西仁村发现了四件西

---

① 参见陈仁仁：《战国楚竹书〈周易〉研究》，武汉：武汉大学出版社，2010 年，第 116—118 页。

周时期的有字陶拍①。其中采集 2 陶拍柄部刻有四个数字卦，将数字卦按阳奇阴偶转换成阴阳爻符号，这四卦依次为：《师》、《比》、《小畜》、《履》。采集 1 陶拍柄部有两个数字卦，依前例可转换成既济与未济二卦。两件陶拍上的数字卦卦序正与今本《易经》卦序相合。而这个时候《易经》卦爻辞已经成型。可见，卦爻画和今本卦序是可以独立于卦爻辞而为人们单独使用和认识的。我们现在要了解《易经》的思想，不能忽视卦爻画和卦序中所包含的思想观念，而这一点又往往容易被人忽视。也有人过高地评价卦爻画和卦序中的思想观念，把后世的思想强加于其中，这也是不合适的。

比如，有人认为《易经》的卦画包含着一种关于宇宙的本原和世界运动一般规律的哲学思想。阴阳两爻就表示推动世界运动的两种对立的力量，八卦所代表的八种物质就是宇宙的根本构成要素。对这个观点任继愈先生主编的《中国哲学发展史》(先秦卷)已有深刻的批评。② 的确，单看这卦画本身而无文字说明，我们是看不出有这些思想观念的。这些思想观念需要通过形诸文字解说而衍生出来，而这正是《易传》要做的工作。不过我们还是可以通过分析卦画及其排列特征来看它内在包含的哲学思想观念的，这是直接的而无需以文字作衍生性的解释。

对今本《易经》卦序排列规律的经典认识是唐孔颖达概括的八个字："二二相耦，非覆即变。"孔颖达《周易正义》云："今验六十四卦，二二相耦，非覆即变。覆者，表里视之，遂成两卦，屯蒙、需讼、师比之类是也；变者，反覆唯成一卦，则变以对之，乾坤、坎离、大过颐、中孚小过之类是也。"③所谓"覆"，是指一卦倒置成为另一卦；所谓"变"，是指一卦之阴阳爻性全变成相反的阴阳爻性，从而变成另一卦。所谓"二二相耦"，是指

---

① 参见曹玮：《陶拍上的数字卦研究》，载《文物》，2002 年第 11 期；李学勤：《新发现西周筮数的研究》，载《周易研究》，2003 年第 5 期；廖名春：《长安西仁村陶拍数字卦解读》，载《周易研究》，2003 年第 5 期。
② 参见任继愈主编：《中国哲学发展史》(先秦卷)，北京：人民出版社，1983 年，第 590 页。
③ (唐)孔颖达：《周易正义》，载(清)阮元校刻《十三经注疏(附校勘记)》上册，北京：中华书局，1980 年，第 95 页。

六十四卦成对出现，这成对的两卦卦形具有相覆或相变的关系。

从这些卦画及其卦序中，我们固然无法直接看出其中是否有宇宙构成基本要素和动力之类的思想观念，但我们可以直接看出其中包含着一种整体和秩序的观念以及较强的抽象思维水平，说它体现了一种"宇宙秩序"观念，亦未尝不可。①

首先，每个别卦都由上下两个八经卦和六爻构成，由阴阳爻而八经卦而六画别卦，每个别卦的构成都是很有规律的一个整体。然后，六十四个卦又是一个大的整体，由统一的排列原则来排列。从而使得外表看上去杂乱无章的六十四个卦形有一种内在的秩序。宇宙事物在我们面前也是纷繁复杂的，把握这些事物，了解这个宇宙的内在秩序，难道不是人类理性想要做的事吗？先民们构造出这样一个卦爻画的系统，难道不能体现他们对这个世界整体秩序的探索？

以这样一个卦画系统来表达先民们对世界的看法，充分体现了先民们的抽象思维水平，而不是像劳思光先生说的，"画爻定卦，只属简单数字游戏"②。黑格尔是根本瞧不起中国哲学的，甚至认为中国根本就没有哲学，但他对"易经哲学"的评价还是比较高的，他尤其看重《易经》卦爻画的意义。他认为："易经包含着中国人的智慧。……那些直线是他们文字的基础，也是他们哲学的基础。那些图形的意义是极抽象的范畴，是最纯粹的理智规定。……我们必须注意——他们也达到了对于纯粹思想的意识。"③"那些直线"指的是阴阳爻，"那些图形"指的是卦画。令黑格尔感到可惜的是，这种抽象很快就与感性上的具体象征结合在一起了，而没有走向概念化的具体。其实这里正体现了中西哲学思维方式的不同，正是《易经》这样一种以卦爻来"取象比类"的思维方式深刻地影响

---

① 劳思光先生在他的《新编中国哲学史》第一卷中亦谈到"卦爻组织所表现的宇宙秩序观念"，可惜并没有明确地围绕卦爻画与卦序来论证。见《新编中国哲学史》第一卷，桂林：广西师范大学出版社，2005 年，第 62—63 页。

② 劳思光：《新编中国哲学史》第一卷，桂林：广西师范大学出版社，2005 年，第 65 页。

③ ［德］黑格尔：《哲学史讲演录》第一卷，贺麟、王太庆译，北京：商务印书馆，1959 年，第120 页。

了整个中国传统哲学的思维方式和思考的内容。这一点我们将在下文谈到。

三、卦爻辞中的哲学思想

《易经》卦爻辞不成于一时一人，它是历代史官或其他知识人根据长期流传下来的大量杂乱的"筮辞"和一些传说、民歌、民谚等材料编纂加工而成。

李镜池先生将《易经》卦爻辞分为三类①：一是象占之辞，例如《乾》卦"初九，潜龙"，"九二，见龙在田"；二是叙事之辞，例如《乾》卦"九三，君子终日乾乾，夕惕若厉"；三是贞兆之辞，例如《乾》卦卦辞"乾，元亨利贞"。我们也可概括为象辞、事辞、占辞。这三类，不一定每卦每爻全都具备，或有象辞无事辞，或有事辞无占辞。其次序大致是先象辞，次事辞，次占辞。

卦爻辞的系统性就不如卦爻画那么明确了，但由于卦爻辞是以语言文字的方式呈现的，因而其内容更具体，比抽象符号形式的卦爻画更多地反映了当时的社会情形和思想观念。现代史学界对卦爻辞内容的研究有一种新的方向，即从社会史的角度将卦爻辞进行分类和整理，研究《易经》时代人们的日常生活、社会结构和思想观念，如商旅、农业、工艺、政治、赏罚、刑讼、战争、祭祀、家庭、饮食、渔猎、畜牧、婚育、疾病、宗教、道德、艺术等方方面面的情形。② 在上古以上的历史缺乏文献记载的情况下，《易经》卦爻辞可以说是我们了解当时社会情形的百科全书，其片言只字都显得弥足珍贵。这样一种研究方式，以历史主义的态度将《易经》与《易传》分观，颇有助于我们客观地了解卦爻辞中所反映的哲学思

---

① 李镜池：《周易探源》，北京：中华书局，1978 年，第 108 页。

② 这类研究可参看郭沫若的《〈周易〉时代的社会生活》，载氏著《中国古代社会研究》，石家庄：河北教育出版社，2004 年；李镜池的《周易筮辞考》、《周易筮辞续考》，载氏著《周易探源》，北京：中华书局，1978 年；闻一多的《周易义证类纂》，载氏著《闻一多全集》第十卷，武汉：湖北人民出版社，1993 年，等等。

想观念。要了解《易经》中的哲学思想观念，我们除了要更多地关注卦爻辞中那为数不多的富于思想性的语句，还要了解卦爻辞的组织形式和结构特征。为此，我们可以从以下几个方面来了解卦爻辞中的哲学思想。

1. 信仰"天"、"帝"的宗教观念

殷人尚鬼神、重祭祀。目前出土发现的最早的成型的文字甲骨文，其内容主要是商王室祭祀占卜的记录。《易》本卜筮之书，《易》辞源于卜辞，因而不可避免地会染上殷人的宗教观念。从甲骨卜辞看，殷人信仰的至上神是具有祖先神位格的"帝"，凡事都要占问于"帝"，这在《易经》卦爻辞中也有体现，如"王用享于帝，吉"（《益》六二）。不过也就仅此一处，大概可以视作殷人宗教观念的遗存。另外两处为"帝乙"用作商王名，不具备至上神的意义。

《易经》卦爻辞在宗教观念上更多地体现了周人对"天"的信仰。比如："自天祐之，吉无不利。"（《大有》上九）"何天之衢，亨。"（《大畜》上九）"以杞包瓜，含章，有陨自天。"（《姤》九五）"翰音登于天，贞凶。"（《中孚》上九）还有一些关于祭祀的卦爻辞，也隐含着对"天"的信仰。但是从卦爻辞这些"天"的意义来看，与其说它是一种至上神、人格神，不如说它是一种终极性的价值理性、道德理性的源头，这是一种不同于殷商神性的人文精神。而周人对"德"的发现，正是这种人文精神的落实。所以说，卦爻辞其实更多地是体现了人对这个世界和对人自身之为人处世的看法。

2. 有关为人处世的道德观念

为人处世之道就是对"德性"的落实。《易经》是一部筮书，同时也是那一时代的百科全书，不可避免地要担负着教化民众的责任。南宋大理学家朱熹曾说："若庖羲氏之象、文王之辞，皆依卜筮以为教，而其法则异。至于孔子之赞，则又一以义理为教，而不专于卜筮也。"（朱熹《朱文公文集》卷八十一《书伊川先生易传版本后》）意思是，《易经》卦爻象与卦爻辞之设，乃是以卜筮的方式对民众进行教化；至孔子作《易传》则专讲义理，是以讲义理的方式来实施教化。所以，整部《易经》都可以看作一部教化之书。卦爻辞中"吉"、"凶"、"悔"、"吝"之类筮辞，实质上可以起到一个价值判断的作用。在如何做为"吉"，如何做为"凶"的判断中来引导人们的行为取向。比如，《乾》卦卦辞"元亨利贞"。朱熹注曰："元亨利贞，文王所系之辞，以断一卦之吉凶。所谓彖辞者也。元，大也；亨，通也；利，宜也；贞，正而固也。文王以为乾道大通而至正，故于筮得此卦而六爻皆不变者，言其占当得大通，而必利在正固，然后可以保其终也。"①意思是，《乾》卦是大通至正的吉卦，如果占到这一卦表示事情发展会顺利。但这个吉顺是有道德修养上的条件的，只有心中正直而又有原则的人，才能实现这种吉顺，否则依然不"可以保其终"，没有好结果。这不就是教化人们要"正而固"吗？又如，《坤》六五"黄裳，元吉"，意思是进入到人生辉煌境界的时候，就应该"居中"（"黄"色之位为"中"）、"处下"（裳处衣之下），如此才能"元吉"。

这也正表明了吉凶断辞的价值判断作用。某条爻辞之有无"断辞"，或断辞相异，会带来不同的价值导向。比如，《蛊》卦上九"不事王侯，高尚其事"，意思是不选择出仕以事奉王侯，而把在家侍奉父母的事看作更高尚的事。而这一爻帛书本《易经》作"不事王侯，高尚其德，兇（凶）"。有无"凶"字这一断辞，价值导向就完全不一样了。按通行本，无"凶"字，则强调对父母尽孝是一件十分高尚的事情，即使因此而不能为王侯效力也在所不惜。《象传》对此称颂道："不事王侯，志可则也。"认为这种不事王侯而孝敬父母的志向是值得效法的。按帛书本，加一"凶"字，则是对这种"不事王侯，高尚其德"的主张提出了警告，认为不能以崇尚德行修养而与为王侯效力相对抗。两种版本的这一差异，事实上反映了西周时期士人在尽孝与尽忠上的两难抉择。或者，帛书本反映了西周时期《易经》卦爻辞的面貌，在当时孝敬父母与效命王侯二者相比较，前者的地位在后者之下。通行本反映的是战国时期卦爻辞的面貌，这个时期，孝敬父母的观念经过儒家的倡导，已经被看作是效命王侯的前提，甚至还被

---

① （宋）朱熹：《周易本义》，引自萧汉明《〈周易本义〉导读》，济南：齐鲁书社，2003 年，第 80 页。

看作是士人独立人格的一种表现。所以，把帛书本的"兑（凶）"字给删掉了。①

《易经》中还有不少表达为人处世之道德原则的卦爻辞，大多有吉凶之类断语。比如《谦》卦，64 卦中唯独这个卦卦爻辞全都为吉利，其它的卦都会或多或少地有些不利的因素。这表明，《易经》的编纂者高度肯定了谦德的重要性。再如：《乾》九三"君子终日乾乾"，告诫人们要勤勉；《恒》九三"不恒其德，或承之羞"，教人有恒心；《兑》初九"和兑，吉"，教人为人和乐；《比》六二"比之自内，贞吉"与《比》六四"外比之，贞吉"，教人内外结交心诚以求；《临》六三"甘临，无攸利，既忧之，无咎"，告诫人们只是快快乐乐地去做件什么事还不够，还要能"临事而惧"，事情才做得完美；《节》九五"甘节，吉，往有尚"，教人以节俭为乐，等等。

除了具体的某一卦或某一爻表述了某种道德理念，通过分析卦爻辞与卦爻象的相应关系和卦爻辞的组织形式，我们还能发现《易经》从总体上有一种"尚中"的理念。《易经》每一卦上下两经卦的中爻，即第二、第五爻的卦爻辞所述之事，多是吉利的。这就是"尚中"观念的体现。这一点不从宏观上对卦爻辞作比较是看不出来的。

3. 崇尚发展变化的宇宙观念

《易经》卦爻辞大多过于具体，难以了解其中是否含有某种超越的哲学思想意义上的观念。但是，如果从总体上去看待和分析这些卦爻辞及其组织形式，似乎可以看出它确实体现了《易经》编纂者对这个世界的具有哲学意义的总体看法。

有学者认为，《易经》始于《乾》、《坤》二卦，乾坤表天地，它们总领 64 卦，象征着一种宇宙变化发展的观念。其实，这是到《易传》才有的观念，从《易经》卦画和卦爻辞我们还难以判断乾为天、坤为地。但是我们从 64 卦末尾两卦却可以很清楚地看到，这种卦序编排体现出《易经》编纂者有一种宇宙变化发展之为无穷的观念。《易经》最后两个卦为《既济》和《未

---

① 参见萧汉明：《上海博物馆藏战国楚竹书〈易经〉释卦二则》，载《周易研究》，2006 年第 2 期。

济》。"既济"是完成的意思,"未济"是未完成的意思。在最后一个卦的位置,在本来已经表示完成与结束意义的卦后面最后再排一个表示未完成意义的卦,这个意义很明显:完成并不意味着真正的完成,它意味着一个新的开端。这不就是变化发展之为无穷的观念吗? 这种卦序排列具有抽象意义,因而是可以适用于任何事物乃至整个宇宙的发展变化的。

如果只是把事物置于无穷的变化中,我们将无法真正认识某个具体的事物,要认识一个事物必须把它置于一定的时空范围之内,这一点也是《易经》卦爻辞的编纂者所认识到了的。64 卦就表示 64 种状态和情形,我们可以称之为"卦时"或"卦境"。每个卦又由六爻组成。这六爻由下而上就象征着事物在此情态中发生发展的六个阶段。比如《乾》卦爻辞依次讲"潜龙"、"见龙"、"跃龙"、"飞龙"、"亢龙",显然是借龙由潜伏幽隐,到崭露头角,到飞黄腾达,再到穷极而悔的起伏升降的过程,来象征着事物发展的阶段。因为几乎每一卦卦爻辞的内容都可以看作那一卦所表达的事物有一个由下而上的发展阶段和过程,所以我们可以说卦爻辞及其六爻组织形式,能够表示编纂者有一种关于事物发展阶段论的思想观念。

事物发展到最后阶段会"物极必反",这又是可以很明确地从《易经》卦爻辞看出来的思想观念。它可能是《老子》"反者道之动"思想的源头。一卦六爻,由下而上,最上面一爻也就是最后一爻,往往就走向了前面几爻所表示的事物发展方向的反面。劳思光先生从最后一爻的吉凶判断解释了卦爻辞中所包含的这种"物极必反"观念。① 卦象吉者,最后一爻多半反而不吉,比如《乾》上九"亢龙有悔",《坤》上六"龙战于野,其血玄黄";卦象凶者,最后一爻有时反而为吉,比如《否》上九"倾否,先否后喜",《损》上九"弗损益之,无咎,贞吉。利有攸往,得臣无家"。这似乎也可以理解为事物自身包含着自身的否定因素,这个否定因素终究要表现出来,使事物走向自身的反面。不是两个事物之间的对立统一,而是同一个事物与自身的关系,这才是《易经》卦爻辞的辩证法因素所在,只不

---

① 劳思光:《新编中国哲学史》第一卷,桂林:广西师范大学出版社,2005 年,第 63—64 页。

过它不是用理论性的语言表述出来的。

第三节 《易传》的宇宙论

《易经》是"卜筮之书",这一性质决定了它不是以理论性的语言系统地表达某种思想观念。我们在上文所谈到的《易经》的哲学思想,并非《易经》文本自身的理论表述,它需要我们从卦爻辞的片言只字背后挖掘其宗教信仰,从吉凶断辞背后挖掘其所具有的价值判断,从卦爻辞的组织形式背后挖掘其所具有的思想观念,等等。《易传》与《易经》的性质就不同了,它往往用理论性的语言来阐述某种思想观念,并且思想观念之间还体现出某种相关性和系统性,因而我们可以说《易传》是一部系统化的哲理性质的书。它集中阐述了宇宙论、生命哲学、道德哲学等方面的哲学思想。这些思想以及背后所运用的思维方法,对后世影响甚大。《易经》也由于有《易传》对它作哲学上的诠释,才拥有它在中国传统思想文化中的崇高地位,才渐渐形成一套广大而精深的专门学问——易学。下面,我们具体来论述《易传》的一些基本的哲学思想观念。

《淮南子·齐俗训》云:"朴至大者无形状,道至眇者无度量,故天之圆也不得规,地之方也不得矩。往古来今谓之宙,四方上下谓之宇,道在其间,而莫知其所。故其见不远者,不可与语大;其智不闳者,不可与论至。"宇宙的存在相对于人及其身边事物的有限存在而言,无论在时间上还是空间上,都具有无限性与超越性。从某种意义上我们可以说,古人的哲学观念开始于对宇宙这类具有无限性与超越性之存在的想象与思考。古希腊的哲学最初表现为自然哲学,开始于对宇宙之本原存在的思考,亦为此种哲学观念起源之明证。

下面我们要论述的是《易传》的宇宙论。简言之,《易传》的宇宙论可以概括为"自然的宇宙生成论"与"三才统一的宇宙结构论"。

一、自然的宇宙生成论

《序卦传》云:"有天地然后万物生焉。盈天地之间者唯万物。"这是

《易传》对宇宙的一个基本看法，即这个宇宙是自然的，是天地间充满万物的宇宙，而且万物是由天地自然生成而来。这是中国传统中影响极为深远的自然主义、物质主义宇宙论最早最典型的表述，与西方传统中的神创论的宇宙观迥然有别。

中国古代统治者和精英阶层往往以"神道""设教"教化民众、治国理邦。"神道设教"说就出自《易传·彖传》对《观》卦的解释。《观·彖传》曰："观天之神道，而四时不忒。圣人以神道设教，而天下服矣。"不过在这里，"神道设教"并没有鬼神崇拜的含义。这里的"道"指天地自然之道，"神"指天地自然之道具有的神妙的性质。也就是说，这里的"神道"是指神妙的天地自然之道，而非鬼神之道。"神道设教"本义是说，圣人通过效法和遵循神妙的天地自然之道，来治理天下。以"鬼神之道"来理解"神道"那是后世观念的变化。在其源头处，《易传》是以自然主义、物质主义宇宙论的立场来提出"神道设教"说的。

宇宙充满了万物，万物从天地生成。天地如何生成万物？通过乾阳与坤阴的作用。《乾·文言传》解释乾卦初九爻辞"潜龙勿用"，谓"阳气潜藏"。《乾》卦六爻全阳，故《乾》卦象征纯阳之气。相应地，《坤》卦六爻全阴，故《坤》卦象征纯阴之气。不过，毕竟《易传》只一处提到"阳气"，未提"阴气"，所以理论上具体的阴阳二气观念可能此时并未达到自觉，此时理论上的自觉是天地、乾坤、阴阳、刚柔的观念。

《易传》认为，乾阳与坤阴是生成宇宙万物的本原与动因。"大哉乾元！万物资始，乃统天。云行雨施，品物流形。"（《乾·彖传》）；"至哉坤元！万物资生，乃顺承天。坤厚载物，德合无疆。含弘光大，品物咸亨。"（《坤·彖传》）乾阳与坤阴这两大因素是宇宙万物的本原，乾阳为主动性的精神与物质的微粒及能量，坤阴为承接性的精神与物质的微粒及能量；阴阳合和，化生万物。乾元的运动变化，如云行于天，雨施于地，促成万物生长；万物依坤元凝聚成各各不一的形态而存在、发展。坤元柔顺，资生、包容、承载万物。地德与天德结合，作用广大无穷，能使万品物类无不亨通。乾元与坤元是共同作用生成万物的。"乾元是一个创生原则,乾元使万物存在"①,坤元则代表"终成原则",使万物的存在实现出来。

乾阳与坤阴的作用,即是"交感"。"交感"说由《象传》提出。《咸·象传》云:"咸,感也;柔上而刚下,二气感应以相与。……天地感而万物化生……观其所感,而天地万物之情可见矣。"即是说,天地刚柔二气的交感化生了万物,天地万物的情形就是通过天地交感实现的,所以,我们只要通过观察天地之气的交感,就可以把握天地万物的内在本质,理解天地万物的复杂变化。《泰·象传》云:"泰,小往大来,吉,亨,则是天地交而万物通也。"小,就是指阴;大,就是指阳;小往大来就是指天地的交感。天地交感就是通过刚柔二气的交感实现的。只有天地刚柔二气交感,天地间的万物才能顺遂生长。如果天地刚柔二气不相交通,那么万物也就无法顺遂生长。所以与《泰》卦相反对的《否》卦《象传》说:"否之匪人,不利君子贞,大往小来,则是天地不交而万物不通也。"《姤·象传》云"天地相遇,品物咸章也",亦是此意。

"乾,阳物也;坤,阴物也。阴阳合德,而刚柔有体,以体天地之撰,以通神明之德。"(《周易·系辞传下》)"是故阖户谓之坤,辟户谓之乾,一阖一辟谓之变,往来不穷谓之通,见乃谓之象,形乃谓之器,制而用之谓之法,利用出入,民咸用之谓之神。"(《周易·系辞传上》)阴阳合德就是阴阳交感;刚柔指阴阳的特性,刚柔有体与阴阳合德是互文见义,指阴阳交感可以产生有形可见的物体。天地不言而百物滋生,万象森然。通过自然现象,人们可以体会到天地生成万物好似鬼斧神工。《易》的卦爻之变就是模拟天地造化的,《易》之理即其中的神妙的智慧。一开辟一闭藏,一动一静就是变;往来无穷叫做通。显现出来的是象,有形体的是器。《周易》的智慧可以帮助人们效法自然,制裁象、器并加以利用。人们在利用时有出入、改动,百姓日用而不知其所由来,以为神奇。

这样一种宇宙论,我们称之为"自然的宇宙生成论",概括起来,它有

---

① 牟宗三:《周易哲学演讲录》,上海:华东师范大学出版社,2004 年,第 12 页。

四个方面的特征：

其一，这个宇宙是"自然的"，这意味着它不是"神性的"，其中没有"神"的存在，只有万物存在。《易传》中虽然有"神"字，但都不是指一种实体，而是实体的一种属性。这是《易传》作者及其时代的观念，不是《易经》所具有的。《易经》的成型年代在商周之交，其漫长的形成期则在殷商及更早，因而作为卜筮之书的《易经》，其观念不可避免会有鬼神崇拜的影子，或者说以鬼神崇拜为背景观念。不过这种观念自周初周公讲"德"、"制礼作乐"开始，到春秋战国年代，在精英阶层就慢慢淡化了。人们开始从人自身和自然界自身来寻求问题的答案。比如，据《国语·周语》载，西周末年的伯阳甫是用自然性的天地之气来解释那次大地震，而不是用神灵震怒来解释。这是一种哲学理性的思考方式，不是神学的。而《易传》以宇宙为"自然"之论，乃是对这样一种宇宙论在理论上的概括与提升。

其二，这个宇宙是"生成的"，意味着它不是神创的。宇宙之为神创意味着这个世界是由神在某个时刻从无到有一下子产生起来的，基督教的上帝创世说为典型。中国民间有"盘古开天地"的神话故事，但盘古毕竟只是一个神话人物，它在道教各派中受到信仰的情况比较复杂，不像基督教的上帝那样是唯一的最高的神。盘古只是把原始混沌的天地辟开，而不是创造天地。日月、山川之类是由盘古死后身体各部位所化，而非盘古凭着他自己的神性的超能力无中生有地创生。这些都还是属于自然主义和物质主义的思维，与基督教的上帝不一样，它并没有形成一套神创论的理论体系。再者，盘古的传说乃产生于东汉末，流行于三国。只能反映那时及以后的思想观念。《易传》时代没有这个观念，但显然这个观念中的自然主义和物质主义因素，是由《易传》的自然的宇宙生成论在理论上奠定的。

其三，天地是设定的。《易传》讲宇宙生成，其实并没有讲到天地如何生成，而只是讲到了万物如何由天地生成，即由天地阴阳刚柔之气的交感而生成。天地在《易传》的观念中是自然设定的，而非由另外一个什么更根本的存在生成或演化而来。《说卦传》说"天地定位"，《序卦传》说"有天地，然后万物生焉"，即是这种观念的明证。

《周易·系辞传上》有这么一段话："是故易有太极，是生两仪，两仪生四象，四象生八卦，八卦定吉凶，吉凶生大业。"这段话很重要，但由于"太极"、"两仪"、"四象"这几个概念的具体所指不明确，所以在易学诠释史上众说纷纭。主要有三种解释：一是以郑玄、虞翻为代表的天地起源说，二是以朱熹为代表的画卦说，三是以胡渭、李塨为代表的揲蓍说。任继愈先生认为："郑玄、虞翻的天地起源说，解释了这段话实际所指的内容，朱熹、胡渭、李塨的画卦说和揲蓍说，解释了这段话所依据的筮占的形式。"[1]而朱伯崑先生则认为："太极这一范畴，在《易传》中是作为解释筮法的易学范畴而出现的，从汉朝开始，演变为解释世界的始基和本体的哲学范畴。"[2]以天地起源说解释这段话，是把太极理解为"极中之道、淳和未分之气"[3]，即"天地未分之前，元气混而为一"[4]的状态。天地就是由这种混而为一的元气生成，即虞翻所谓"太极，太一。分为天地，故生两仪也"[5]。这就把"两仪"理解为自然的"天地"了。相应地"四象"就被解释为春夏秋冬四时。由"元气"而"天地"而"四时"，看上去是一个很好的有关宇宙的演化序列，但接下来的"四象生八卦"却不太好理解。人自身创制的八卦如何由自然的四时生出呢？所以这是解不通的。而朱伯崑先生的看法是对的。从天地起源的角度理解这一段文字是从汉朝开始，反映的是汉人的思想观念。这段话在《易传》里的本义是讲画卦或筮法的，而不是讲天地起源。因而《易传》的"宇宙生成"观念中，"天地"是设定的，并没有"天地由某种混而为一的元气所生"这样的观念。

其四，人及人类社会亦处于这个自然宇宙的生成序列中。《序卦传》说："有天地然后有万物，有万物然后有男女，有男女然后有夫妇，有夫妇然后有父子，有父子然后有君臣，有君臣然后有上下，有上下然后礼义有

① 任继愈主编：《中国哲学发展史》（先秦卷），北京：人民出版社，1983 年，第 629 页。
② 朱伯崑：《易学哲学史》"前言"，北京：北京大学出版社，1989 年，第 6 页。
③ （汉）郑玄：《易注》。
④ （唐）孔颖达：《周易正义》，载（清）阮元校刻《十三经注疏（附校勘记）》上册，北京：中华书局，1980 年，第 82 页。
⑤ （唐）李鼎祚：《周易集解》引。

所错。"错，通"措"，安置的意思。由天地而万物，由万物而男女。男女为万物之一，尚为自然情形。男女结为夫妇，就有了家庭关系，家庭关系本质上是一种社会关系。在这里，宇宙就由自然关系演化到社会关系了。有了夫妇，然后就会有父子关系产生。这还依然是家庭关系。家庭关系的本质虽然是社会关系，但其中依然包含着自然血缘的关系，而且必须以这种自然血缘关系为基础。而由父子关系到君臣关系，再到上下尊卑关系，以及礼义的安置，则显然是不断地超出自然血缘关系而一步一步地走向纯粹的社会关系。这样一种宇宙论是试图把自然和社会贯通起来，把它们统一在一个结构中。这个结构就叫"三才统一"的宇宙结构。《易传》对这个结构有非常明确和自觉的理论建构。下面详述之。

二、三才统一的宇宙结构论

三才，指天、地、人。意思是宇宙由这三大要素构成。万物都由天地生成，可归为天地的范畴。人本是万物之一，但由于人是有智慧的物种，得其秀而最灵，又构成了一个相异于自然界的人类社会，所以人能作为宇宙之一极，与天地为三。这是《易传》关于宇宙结构的一个基本观念。这个观念是以卦爻画的形式来表示和象征的。

《周易·系辞传下》云："《易》之为书也，广大悉备，有天道焉，有人道焉，有地道焉。兼三才而两之，故六。六者，非它也，三才之道也。"意思是《易》这部书讲的道理非常广大，所有道理都包含在其中，概言之，就是天道、人道、地道都包含了。可见，在《易传》的观念中，宇宙的结构只有天、地、人这三大要素，不存在其它，比如神。"兼三才而两之，故六"，是从卦爻画的形式来讲的。《易经》六十四卦，每卦六画，由上下两个三画的八经卦重叠构成。三画的八经卦，就象征着一个三才关系，最下面一画象征"地"，中间一画象征"人"，最上面一画象征"天"。"兼三才而两之"就是三画经卦中的每一画又叠加一画，于是形成六画卦。六画卦的初二两画象征"地"，三四两画象征"人"，五上两画象征"天"。于是，一个比三画卦更加复杂的六画卦同样象征着三才之道。所以，三才之道是最基本的，一切复杂事物的结构都可归结为三才之道。这里要注意一个问题，一个卦六画象征着三才之道，但并不意味着在解读卦爻辞时，每一个卦要一一对应地，把初二两爻之辞解读成讲地道方面的事，把三四两爻之辞解读成人道方面的事，把五上两爻之辞解读成天道方面的事。它只是一个象征，以卦爻画本身的直观的结构特征来象征整个宇宙的结构特征。

既然把天、地、人作为三大要素分开来讲，那么每个要素必有它独特的内容。《说卦传》云："立天之道曰阴与阳，立地之道曰柔与刚，立人之道曰仁与义。"这就对三才之道作了更具体的规定：天道即阴阳之道，地道即柔刚之道，人道即仁义之道。其中作为天道的阴阳之道是宇宙运行的根本原理。"一阴一阳之谓道"（《周易·系辞传上》），《庄子·天下》所谓"《易》以道阴阳"也是对这种根本之道的揭示。朱熹注"一阴一阳之谓道"云："阴阳迭运者，气也。其理则所谓道。"①阴阳，不论是阴阳之理还是阴阳之气，都是不可见、不可触，不可直接用感官觉知的。它要通过具体的形象或有形体的事物才能为人们感知，人们才能获得有关它的知识。作为自然万物运行的基本原则的地道，即柔刚之道，就是对天道阴阳的呈现。事物的柔和刚，是由人的感官感知到的。这样，遥远的天道就一步一步地靠近人了。而到了人和人类社会领域，就体现为人道，即人和人类社会组织、运行的基本原则，这个基本原则就是仁义之道。从《易传》把人道界定为仁义之道来看，它是受了儒家思想很深影响的。

虽然天道、地道、人道各有其具体的规定和内容，但三者之间又是密切相关的，构成一个三才统一的结构系统。首先，从形式上看，象征天地人三才的，无论是三画卦，还是六画卦，都是一个整体，也就意味着天地人三才是一个整体。其次，从三才之道具体内容的性质来看，阴阳之道、柔刚之道与仁义之道是一一对应的。阴、柔、仁的性质相应为一类，阳、刚、义的性质相应为一类。其三，从三才之道的相互关系来看，三者之间

---

① （宋）朱熹：《周易本义》，引自萧汉明《〈周易本义〉导读》，济南：齐鲁书社，2003 年，第 232 页。

又因"效法"的关系而关联为一体。人效法天地，地又是效法天的。《周易·系辞传上》说："天生神物，圣人则之；天地变化，圣人效之；天垂象，见吉凶，圣人象之；河出图，洛出书，圣人则之。"圣人是最高境界的人，也是人的最本质存在。所以，人对天地的效法，可以集中由圣人对天地的效法来体现。就天地两者而言，天是主动主施的，地是主静主受的。天所施、地所受，地是对天的接受、顺承和效法。即所谓"成象之谓乾，效法之谓坤"（《周易·系辞传上》），"坤道其顺乎，承天而时行"（《坤·文言传》）。《易传》通过效法的关系把天地人统一起来，这个思路与老子《道德经》第二十五章"人法地，地法天，天法道，道法自然"是一致的。把同为自然存在的"天地"合并为"天"，作一处表达，那么天地人三者统一的宇宙结构可以进一步归结为"天人合一"。与孔子同时略早的春秋时期郑国大夫子产称"天道远，人道迩"（《左传·昭公十八年》），意思是天人不相及，是相分的。而《周易·系辞传上》则说："夫《易》，广矣大矣！以言乎远则不御，以言乎迩则静而正，以言乎天地之间则备矣。"《易》"冒天下之道"（《周易·系辞传上》），无论远近，"广大悉备"（《周易·系辞传下》）。于是，产生于春秋，主体部分成于战国的《易传》通过吸取以前的一些零散的天人合一的观念，通过三才统一的宇宙结构思想，牢牢地奠定了天人合一观念的理论基础，对后世的思想文化和思维方式产生了极大的影响。

三、《易传》宇宙论的思维方式

一个民族的文化之所以能成为一种区别于其他民族的文化类型，最根本的原因在于这种文化背后所运用的思维方式。思维方式属于方法论的范畴。某种思维方式会体现在构成某种类型文化的方方面面，并决定这种类型文化的表现和各方面的思想主张。为了避免抽象地谈论《易传》的思维方式，下面我们通过对上文所述《易传》宇宙论的分析，来揭示其背后运用的思维方式。这些思维方式不仅仅存在于《易传》的宇宙论中，亦存在于下文要论及的《易传》的生命哲学、道德哲学等一切方面。

《易传》的宇宙论思想反映了多种思维方式，这里我们只论述其中体现得比较明显的两种思维方式，即直觉思维、系统的整体思维。易学中其它也很重要的思维方式，比如变易思维、类比思维等，我们将在下文讲《易传》的生命哲学和道德哲学时适当点明或论说。

1. 直觉思维方式

直觉作为人的一种认知能力，"一般指心灵无需感觉刺激之助，无需先行推理或讨论，就能看见或直接领悟真理的天生能力"[①]。直觉是每个人都具有的认知能力，但每个人对它的运用程度和多少不一样，在形成思想观念时所起的作用不一样。不同类型的文化亦是如此。如果某种类型的文化，其根本的表现和思想观念更多地是通过直觉思维方式来建构，那么直觉思维就可以称为这种类型文化在思维方式上的一个特点。上面提及的另外两种思维方式也是同样的情形。

直觉主要体现为对事物本质和规律的直接领悟，它无需通过明晰的逻辑推理来把握，因而直觉知识有别于由逻辑推理而获得的知识。直觉，可以分为经验的直觉、实践的直觉和理智的直觉。

经验的直觉是指经验的可感对象在心灵中的直接呈现。《易传》的宇宙论是一种自然的宇宙论，它以作为经验可感对象的自然万物的直接呈现为根据，断定天地之间唯万物，这样一种自然主义和物质主义的抽象原理就是由经验的直觉而获得的。在宇宙的三才结构中，超验的天道阴阳需要由地道的刚柔来体现，而地道的刚柔正是经验可感对象的呈现。此外，在《易传》的宇宙论中，还有一种独特的符号思维，也属于经验的直觉思维。比如，以卦画象征天地人三才，在上为天，在下为地，在中为人，三者又为一个整体，这是可感的经验直觉。

实践的直觉，则是对一个特殊情况是否符合普遍规则的直接意识。在《易传》的三才之道中，最为具体的人道表现为仁义之道，把仁义之道

[①] ［英］尼古拉斯·布宁、余纪元编著：《西方哲学英汉对照辞典》，北京：人民出版社，2001 年，第520 页。

置于这个三才的整体结构中,直接就让人意识到它是符合天的阴阳之道这个普遍规则的。在《易经》卦爻辞中讲到了许多具体的情境和事情,《易传》在解释这些具体情境和事情时,往往直接点明其普遍意义,这就是后来朱熹所指出的,《易经》虽然讲了许多具体的事,却只是个"空底物事"①,"只是空说个道理"②,不能执着于其具体含义,要把握其普遍原理,这个普遍原理又可以应用到无穷的具体事情上。这就是实践的直觉。冯友兰先生称《易经》哲学为"宇宙代数学"③亦通此意。

理智的直觉则是对本体概念、自明真理之类的直接把握。这种认知能力非常特别,它既是智性的,又是无须通过逻辑分析的直觉的。从《易传》的宇宙论来看,如何把握三才的整体结构? 如何把握"天道"、"人道"、"地道"之"道"? 对这些概念的把握都需要用到理智的直觉,不是逻辑分析可以达到的。牟宗三先生非常重视理智的直觉(即"智的直觉")这种思维方式和认知能力,他认为这是中西哲学的根本分歧之一,中国哲学是承认人有这种能力的,能够以智的直觉直接把握本体,而以康德为代表的西方哲学则否认人拥有这种直接把握本体的能力。

2. 系统的整体思维方式

刘长林先生把系统思维视作中国传统文化的基因和"中国传统思维方式的主干"④。并且认为,《易经》有着巨大魅力的一个重要原因是,"它集中了中国思维的主要特征——系统性原则。这也正是关注中国文化的西方学者特别瞩目《易经》的重要缘由之一"⑤。

系统思维也可称为整体思维。这种思维总是把各个要素看成一个相互联系的有系统性的整体。我们在上文谈到过,《易经》六十四卦的卦

①(宋)黎靖德编:《朱子语类》卷六十六,北京:中华书局,1994 年,第 1631 页。
②(宋)黎靖德编:《朱子语类》卷六十六,北京:中华书局,1994 年,第 1658 页。
③ 冯友兰:《代祝词》,载唐明邦等编《周易纵横录》,武汉:湖北人民出版社,1986 年,第 7 页。
④ 刘长林:《中国系统思维——文化基因探视》(修订本)"自序",北京:社会科学文献出版社,2008 年。
⑤ 刘长林:《中国系统思维——文化基因探视》(修订本),北京:社会科学文献出版社,2008 年,第 12 页。

爻画排列在一起就体现出了一种系统性，不过它没有以理论化的语言来表述这种系统性，只是以符号直观呈现。从这个意义上说，《易经》卦画的系统性具有经验直觉的特征。而《易传》进一步以理论化的语言来揭示这种系统性，则具有理智直觉的特征。可见，不同的思维方式可以是交杂在一起的。在《易传》的宇宙论中，整个宇宙的存在就表现为天地人三才的存在。天地人三才的存在虽各有其道，但从根本原则上说是一致的，都根源于天道阴阳。这种一致性又通过人效法天地，地效法天，这种"效法"的关系而实现。可见，这个三才统一的宇宙是一个系统的整体的宇宙，天地及万事万物包括人都在这个系统的整体宇宙中息息相关。这种思维方式是中国文化与重个体、重分析的西方文化的一个很重要的区别。当然这并不意味着，中国文化中没有个体和分析的思维方式，西方文化中没有整体和系统的思维方式，而只是说不同类型的文化在思维方式上各有侧重，如此才体现出在思维方式上的特点来。不过这种"侧重"确确实实地影响了不同文化，使不同文化之间呈现出巨大的差异。

第四节 《易传》的生命哲学

张岱年先生曾经这样概括中国古代哲学关于"生"的观念："'生'，是中国古典哲学的一个重要范畴。中国古典著作中所谓'生'，具有多层含义：有生成之生，亦即化生之生；有生命之生，亦称为生灵；有生存之生，亦即生养之生。"[1]我们在上文论述了《易传》的宇宙论，其中有一个重点观念是"生成"或"化生"，即这个宇宙是自然生成的。《易传》也有"生养"之"生"的观念。《序卦传》说："物稚不可不养也，故受之以需。需者，饮食之道也。"其实，张岱年先生指出的这三层"生"的含义，并非平列，而是有主次的。在中国古代哲学观念中，无论"生成"抑或"生养"，最内在、最核心处都要归结在"生命"这个观念上。这里存在中西哲学的一个重大

---

[1] 张岱年：《中国古典哲学概念范畴要论》，北京：中国社会科学出版社，1987年，第148页。

差异。正如牟宗三先生所言:"中国文化之开端,哲学观念之呈现,着眼点在生命,故中国文化所关心的是'生命',而西方文化的重点,其所关心的是'自然'或'外在的对象'(nature or external object),这是领导线索。"①西方文化与哲学把自然看作外在对象,中国文化与哲学则把自然看作与人融通为一体的存在,表现在《易传》的宇宙论中,即天地人三才统一。统一的内在本质即"生命"。《易传》讲宇宙是活泼泼有生命的宇宙,讲生命是以宇宙为大背景、宇宙中的生命。因为在《易传》的观念中,宇宙的本质就是生命。梁漱溟先生对中国古代哲学的这一特点有精辟的概括,他说:"宇宙是一大生命,了解生命就了解宇宙。"②所以,我们了解了《易传》的宇宙论,不能不进一步深入地了解《易传》的生命哲学。

生命哲学是中国古代哲学的核心内容之一,而正是《易传》为中国古代的生命哲学奠定了坚实的理论基础。《易传》的生命哲学对中国哲学的影响至为深远,无论儒家、道家乃至佛家的生命哲学思想,无论古代还是现当代的生命哲学思想,都与《易传》的生命哲学有着密切的关系。比如,现代新儒家开山宗师熊十力先生创立了新唯识论的哲学思想体系,其思想最深刻的来源就是《易传》。熊先生对此有十分自觉的意识,他说:"《新论》透悟本原(谓本体),明夫空寂虚静而有生生化化不息不测之健,虽融三家(儒佛道)而冶于一炉,毕竟宗主在《大易》。"③熊先生所宗主的《大易》精神是"生生化化不息不测之健",也就是一种"生化不息"、"生命不止"的精神。

19世纪末20世纪上半期,欧洲盛行一股生命哲学思潮,以德国哲学家狄尔泰、齐美尔、倭铿,法国哲学家柏格森等人为代表。这一思潮对民国时期的中国思想界产生了很大影响,许多本土文化主义者、现代新儒学大师如熊十力、梁漱溟、张君劢等都自觉地吸收其思想以激发

---

① 牟宗三:《中西哲学之会通十四讲》,上海:上海古籍出版社,1997年,第11页。
② 梁漱溟:《梁漱溟全集》第七卷,济南:山东人民出版社,1993年,第686页。
③ 熊十力:《摧惑显宗记》之附录"与诸生谈新唯识论大要",载萧萐父、郭齐勇主编《熊十力全集》第五卷,武汉:湖北教育出版社,2001年,第534页。

中国传统思想中的生命哲学。当然中西生命哲学的观念亦有很大差异。西方的生命哲学在生物进化论的影响下，通过研究生命现象背后生命的冲动与创造力，探讨作为主体的人的意志情感方面的心理活动、精神生活，并进而推及人的生命存在的历史、文化、价值诸维度，来揭示人的生命存在的意义。它凸显的是作为主体的人对自己心灵世界的内在冲动、活动及其过程的体悟和了解，以此来感受生命的存在。由《易传》奠定其思想基础的中国传统的生命哲学也凸显了作为生命主体的人，但它并不是通过强调生命个体的心理情感和精神活动方面的体验来凸显其主体性，而是通过把人这个有生命的物类投入到整个宇宙天地自然的生化活动中来凸显其主体性。这个主体性并非表现为人对宇宙天地自然的宰制，而是表现为人对宇宙生命法则的顺应，从而助成宇宙生命洪流的运行不息，在宇宙生生不息之中，达到人与宇宙天地自然的融通为一。

下面我们具体从"生命的本原"、"生命的表现"和"生命的主体"三个方面来论述《易传》的生命哲学思想。

一、天地之大德曰生：生命的本原是天地

《序卦传》说，"有天地然后有万物"、"盈天地之间者唯万物"，又说"有天地，然后万物生焉"。我们在上文已提到这是一种自然主义和物质主义的宇宙生成论。天地有上下四方，均指向无限，表示宇宙的空间维度；天地间的万物在前后相续的无限的时间之流中，实现自身的变化发展，表示宇宙的时间维度。所以，讲天地就是在讲宇宙，宇宙的实体就是天地。在《易传》的观念中，天地是设定的，无始无终地存在，没有更高的存在。

当我们认识到《易传》的这种观念是一种自然主义和物质主义的观念时，很容易由此认为，天地只不过为万物的生成和演化提供了一个物质的场所。这个场所是由山川土石之类无生命的物质搭建的，天地之间还存在风雨雷电之类无生命的自然现象，而这无生命的物质场所和自然

现象，是天地之间一切生物得以存在、长养的必不可少的条件。这正是我们现代人在西方哲学和科学思想的影响下，对宇宙天地自然的看法。《易传》当然也不否认这个看法，却并不停留于此。在《易传》看来，天地绝不仅仅止于为生命的存在提供物质场所和长养条件，天地本身乃至风雨雷电之类也都是有生命的，天地就是生命的本原。

天地对于生命而言，不仅作为万物生成的根本原因——逻辑在先，而且其本身就有生命，这是《易传》和中国古代哲学特有的观念。对于天地之有生命，有两种理解：一是天地本无生命，是有生命的人赋予了天地以生命；二是天地本就有生命，不依赖于其他生命的赋予。前者像是为了牵合现代关于天地自然的科学观念，后者可能更接近于古人的真实观念。我们似乎没有足够的证据来断言何者为是，何者为非。不过，不论天地之有生命是被赋予与否，《易传》都是把天地当作生命体来描述的。《周易·系辞传下》说："天地之大德曰生。"天地生成万物，这就是天地的伟大德性。德性是生命体乃至智慧生命体才拥有的，内含自觉。若非生命，谈何德性与自觉？

天地生成万物，还要有风雨雷电、日月运行、寒暑往来之类的条件。所以，《说卦传》说：

> 天地定位，山泽通气，雷风相薄，水火不相射。八卦相错，数往者顺，知来者逆，是故《易》逆数也。（《说卦传》）

> 雷以动之，风以散之，雨以润之，日以烜之，艮以止之，兑以说之，乾以君之，坤以藏之。（《说卦传》）

《易传》在论述天地生成万物时，总是将天地自然现象与八卦并提混用。在"天地定位"章，天地、山泽、雷风、水火属天地自然现象，同时又是八卦的八种最基本的物象，与八卦一一对应，所以讲完天地自然现象之相错，紧接着讲"八卦相错"。尤其看"雷以动之"章，雷、风、雨、日四种自然现象分别为震、巽、坎、离八卦中的四卦的基本物象，此章却不以四个卦名来论述之；而艮、兑、乾、坤分别象征着山、泽、天、地，此章却不以其物象来论述万物的生成。这里是互文见义，并非强为之分别，只是要表示，八卦及其自然物象是二而一、一而二的关系。天地属自然的范畴，八卦属易学的范畴，易学属人的认识的范畴。在《易传》看来，人的认识只要是从自然出发而来，认识的结果就可以回归自然，二者是合一的关系。认识是有生命有智慧的人作出的，认识的成果与自然合一，也就是生命的合一。

据《周易·系辞传下》的说法，八卦这种人的认识上的成果，是中国上古第一位圣王包牺氏（即伏羲氏）通过观察和仿效天地自然现象而创制出来的：

> 古者包牺氏之王天下也，仰则观象于天，俯则观法于地，观鸟兽之文，与地之宜，近取诸身，远取诸物，于是始作八卦，以通神明之德，以类万物之情。（《周易·系辞传下》）

因为八卦来自于自然，所以能"通神明之德""类万物之情"，能回归自然、解释自然。也就是所谓的"《易》与天地准，故能弥纶天地之道"（《周易·系辞传上》）。准，是准拟、效法的意思。弥纶，是包络、包含的意思。这句话的意思是：因为《易》是圣人通过效法天地的法则而创制的，所以它能包含天地所有的道理。于是，通过理解八卦的关系，就可以理解天地自然及其生成的关系。因为八卦与天地情形相似，不会违背天地自然的规律。这就是所谓的"与天地相似，故不违"（《周易·系辞传上》）。

《说卦传》谈到了八卦之间的关系，它说：

> 乾，天也，故称乎父。坤，地也，故称乎母。震一索而得男，故谓之长男。巽一索而得女，故谓之长女。坎再索而得男，故谓之中男。离再索而得女，故谓之中女。艮三索而得男，故谓之少男。兑三索而得女，故谓之少女。（《说卦传》）

这里把八卦讲成父母和子女的关系。乾为父、坤为母，其余六卦均为乾坤父母所生，三子、三女。震、坎、艮分别为长子、中子、少子；巽、离、兑分别为长女、中女、少女。这从卦爻之象上看，亦是十分形象和贴切的。乾（☰）为纯阳之卦，坤（☷）为纯阴之卦，象征父母。三子三女卦为乾坤父母卦交合而形成。其中震（☳）巽（☴）两卦，为乾坤两卦初爻相交换而得来，像最初的交合。震得乾卦初爻，是为阳性，故为长子卦；巽得坤卦初爻，是为阴性，故为长女卦。其他二子二女卦依此类推可得。由此可见，天地、雷风、水火、山泽这八种自然物在生成万物中所起的作用是不一样的。天地最重要，为父母，在先存在，并且依次生出雷风、水火、山泽这六种生成万物的必要条件。然后，天地与其他六种自然条件共同作用生成其他事物来。

为什么乾为父、坤为母呢？我们从上引《说卦传》"乾，天也，故称乎父。坤，地也，故称乎母"之说，可以看出其中的逻辑关系。因为乾卦三爻是圣人效法天而画出来的，所以称父；因为坤卦三爻是圣人效法地而画出来的，所以称母。我们进一步从这个"故"字所表示的因果关系可以看出这个观念背后有个前提，就是：天为父、地为母。是因为天为父，所以法天之乾才能为父；是因为地为母，所以法地之坤才能为母。八卦之有生命，或可以象征生命，不仅是由于它们由有生命有智慧的圣人所创制，更在于其所仿效的天地自然本身就是有生命的，如此才谈得上真正的生命融合为一。

天地是万物生成的必备条件，因而在万物生成中，天地具有根本性的本原的地位。《易传》在论述天地生成万物时，往往通过乾坤男女的象征意义来凸显天地本身的生命特征。

> 天尊地卑，乾坤定矣。……乾道成男，坤道成女。乾知大始，坤作成物。（《周易·系辞传上》）

> 天地絪缊，万物化醇。男女构精，万物化生。（《周易·系辞传下》）

《易传》在描述乾坤两卦的属性时，亦可见天地的生命特征：

> 夫乾，天下之至健也，德行恒易以知险。夫坤，天下之至顺也，德行恒简以知阻。能说诸心，能研诸侯之虑，定天下之吉凶，成天下

之亹亹者。(《周易·系辞传下》)

　　乾，健也；坤，顺也。(《说卦传》)

上文提到过，天地通过阴阳二气之相感化生万物，即"天地感而万物化生"(《咸·彖传》)。"感"的能力也是生命体所具有的能力。人与人之间相感，因为人有"心"。同样，天地相感，也因为天地有"心"。只要我们回过头去认识和把握天地本身就可以知道这一点，此即所谓"复，其见天地之心乎！"(《复·彖传》)

天地是生命的本原，赋予万物以生命，我们不得不问，天地的生命又从何而来？从根本上来说，是从天地阴阳的动静交合而来。"立天之道曰阴与阳"(《说卦传》)，阴阳是天道，也是三才之道的根本。阴阳的动静在《易》中又是由乾坤二卦集中来表现的：

　　夫乾，其静也专，其动也直，是以大生焉。夫坤，其静也翕，其动也辟，是以广生焉。(《周易·系辞传上》)

　　夫易，广矣大矣！(《周易·系辞传上》)

　　广大配天地。(《周易·系辞传上》)

朱熹解释说："乾坤各有动静，于其四德见之。静体而动用，静别而动交也。乾一而实，故以质言而曰大；坤二而虚，故以量言而曰广。盖天之形虽包于地之外，而其气常行乎地之中也。《易》之所以广大者，以此。"[1]《易》是模拟天地而来，所以《易》道之广大，实际上是由于天地之广大。因为《易》道的广大要由乾坤的广大来体现，所以乾坤的广大乃与天地相配。由天地的广大到易道的广大再到乾坤的广大，是逐层深入而具体的关系。"大"是乾的性质，"广"是坤的性质。乾坤"广大"的性质是通过阴阳二气的动静交合而产生出来的。所谓"大生"、"广生"，并非如唐孔颖达所谓"开生万物……广生于物"[2]的意思，而是乾坤自身性质的生成。

---

① (宋)朱熹：《周易本义》，引自萧汉明《〈周易本义〉导读》，济南：齐鲁书社，2003 年，第 234 页。
② (唐)孔颖达：《周易正义》，载(清)阮元校刻《十三经注疏(附校勘记)》上册，北京：中华书局，1980 年，第 79 页。

明人林希元正确地指出:"'大生'、'广生',皆就乾坤说。"①乾坤即天地。在《易传》的宇宙论观念中,天地是设定的,同时又是万物生成的本原,赋予万物以生命。赋予万物以生命的天地是广大的。"广大"从表面上看只是空间上的属性,但是在《易传》的观念中,"广大"也有在时间中不断生成的过程,是为"大生"、"广生"。天地以"大生"、"广生"之德体现出它自身的生命力来。

二、生生之谓易:生命的表现是变易

天地生成万物,万物若不能继续变化发展,那么这个宇宙依然是死板一块,谈不上有生命力。所以,宇宙的生命一定要表现为生而又生、生生不已,这就是所谓的"变易"。宇宙的"变易"不是一次两次,而是无穷,表现在具体事物上亦是如此,这是生命的特征。

通过下引《周易·系辞传上》的一段话,我们对此会有一个初步的总体上的理解:

> 显诸仁,藏诸用,鼓万物而不与圣人同忧。盛德大业至矣哉!富有之谓大业,日新之谓盛德,生生之谓易。(《周易·系辞传上》)

意思是说,宇宙天地,表现于外的是一种仁德外发,爱护、生养万物的"造化之功"②,又藏之于百姓日用之中,自然无为且无心地鼓动化育万物③,而不像圣人那样有忧虑之心。天地的"德"、"业"已经"盛"、"大"到了极致。天地富有天下、容纳万物,所以说它有"大业";天地能使处于天地间的事物日日更新,所以说它有"盛德"。天地间万物的更新,是生命的延续,生生不已,永无止境,这就是天地所表现出来的"变易"。所以,"变易"是宇宙天地生命不息的表现。

关于"盛德"、"大业"以及"生生"的主体问题,易学史上有争议。关

---

① (清)李光地:《周易折中》,刘大钧整理,成都:巴蜀书社,1998 年,第 861 页。
② (宋)朱熹:《周易本义》,引自萧汉明《〈周易本义〉导读》,济南:齐鲁书社,2003 年,第 233 页。
③ 朱熹引程子曰:"天地无心而成化。"

于"盛德"、"大业"的主体，一种观点认为是天地，另一种观点认为是圣人。关于"生生"的主体，一种观点认为是天地万物，另一种观点认为是阴阳。

张载曰："富有者，大而无外也；日新者，久而无穷也。"①业之大，"大而无外"；德之盛，"久而无穷"。显然指天地而言。唐孔颖达《周易正义》说："圣人为功用之母，体同于道，万物由之而通，众事以之而理，是圣人极盛之德，广大之业，至极矣哉！于行谓之德，于事谓之业。……生生，不绝之辞。阴阳变转，后生次于前生，是万物恒生，谓之易也。前后之生，变化改易。生必有死，《易》主劝戒，奖人为善，故云'生'不云'死'也。"②孔颖达认为"盛德"、"大业"的主体是圣人。我们认为，主体当指天地而非圣人。圣人要效仿天地自然之道，天地自然之道才具有终极的意义，圣人有心以忧，是不能跟天地的无心而为相比的，我们从天地"鼓万物而不与圣人同忧"这句话可以很明显地看出，圣人与天地之间的差距。但是圣人是可以通过效仿天地而达到与天地合一，即三才统一的境界的。这个过程正好体现了人的主体性。这一点我们将在下文详谈。

从孔颖达所谓"生生，不绝之辞。……万物恒生"来看，他显然是认为"生生"的主体是"天地万物"。而朱熹注"生生"为"阴生阳，阳生阴，其变无穷"③，则是认为"生生"的主体是"阴阳"，"生生"是指阴阳的转易相生。实际上，这两种理解都没错，只不过一个从外在表现说，一个从内在机制说。万物恒生，是外在表现。而万物之所以能恒生不已，乃是由于内在的阴阳恒生不已，是为内在机制。下面我们先来了解万物生生变易的表现，然后再看阴阳之为变易的内在机制问题。

中国先民很早就认识到了这个世界是变化发展的。《易经》以"易"名书，就是以"变易"为核心观念。不过，《易经》关于"变易"的观念可能

---

① （宋）张载：《横渠易说》，引自丁原明《〈横渠易说〉导读》，济南：齐鲁书社，2004 年，第 158 页。
② （唐）孔颖达：《周易正义》，载（清）阮元校刻《十三经注疏（附校勘记）》上册，北京：中华书局，1980 年，第 78 页。
③ （宋）朱熹：《周易本义》，引自萧汉明《〈周易本义〉导读》，济南：齐鲁书社，2003 年，第 233 页。

还不太自觉，真正使"变易"的观念在理论上达到自觉和提升，是《易传》完成和实现的。《易传》把"变易"视为宇宙生命生生不息的表现。它有"永恒"与"循环"两个方面的特征：

其一，变易是"永恒"的。

上文讲到，《易经》六十四卦，终之于《既济》、《未济》两卦，就包含着变化发展之无穷的观念，不过这个观念的自觉化和理论化是在《易传》中实现的。《序卦传》说："有过物者必济，故受之以既济。物不可穷也，故受之以未济终焉。""物不可穷"，就是事物的变化发展不可穷尽的意思。任何具体事物都要经历生、壮、老、死的过程，有生也就必有死，但《易传》是只讲"生"不讲"死"的，其原因恐怕并不局限于上文所引唐孔颖达"《易》主劝戒，奖人为善，故云'生'不云'死'"之说，更重要的原因在于，《易传》是站在一个更高的层面，也就是宇宙整体的层面来看待问题的。对于具体事物而言，固然有死，但它的死或者在死之前为新生命的开始创造了条件，于是具体事物的"死"就在新事物的产生面前具有了永恒的"生"的意义。所以，《易传》从宇宙事物无穷的变化发展中看到的是生命的永恒性，而不是生命的结束——死亡。

《易传》指出，《易经》就是体现这种宇宙的永恒变易的。《易经》中的卦是如何产生的呢？"观变于阴阳而立卦"（《说卦传》）。爻的意义何在呢？"爻也者，效天下之动者也"（《周易·系辞传下》）、"道有变动，故曰爻"（《周易·系辞传下》）。卦爻辞的意义何在？"鼓天下之动者，存乎辞"（《周易·系辞传上》）。总之，"《易》之为书也，不可远。为道也屡迁，变动不居，周流六虚，上下无常，刚柔相易，不可为典要，唯变所适。"（《周易·系辞传下》）《易》讲了变易屡迁的道理，这个道理是每个人在生活中都不可须臾离的。《易》的卦爻有上下六位，爻性有阴阳刚柔，从六十四卦来看，阴阳爻在上下六位中是没有固定位置的，总是变动不居，就象征着事物都是变动的，总是往变易的方向发展。

从身边看似静止的事物，看出其变动的永恒性，这是先民在思维方式上的一大进步。变易的永恒性也就成了易学的一种基本观念，对后世影响极大。不过这还比较抽象，需要在理论上进一步具体化。《易传》也做到了，所以说，《易传》是一部深刻的哲学性和理论性的著作。变动固然是永恒的，但也不能没有相对的静止。我们可以想象一下，如果事物都像幻象一般在我们面前一闪而过，我们有可能对事物形成客观的认识吗？我们的心也将处于永恒的不安之中。所以还是要有相对静止的时刻。这就对变易有了更深层次的了解。《易传》用了"变"和"化"这两个概念来表达绝对的变动和相对的静止这样一种思想。变完之后不变，不变的是性质，在同一性质之下还是有变易，只不过严格来说，它叫"化"。相对于"变"而言，"化"就是相对静止的，但"化"其实也在变。"变"相当于突变、质变，是显而易见的；"化"相当于渐变、量变，是隐微不显的。朱熹指出："变者，化之渐。化者，变之成。"①意思是，"变"是由"化"积累到一定程度而发生的；"化"则是在"变"发生完成之后悄悄地起作用。《周易·系辞传上》所谓"化而裁之谓之变"也就是这个意思。

我们知道，古希腊也有绝对的变动的观念。古希腊哲人赫拉克利特说："人不能两次踏入同一条河流。"他有个学生叫克拉底鲁，更进一步，说人连一次都不能踏入同一条河流。这就是诡辩了。事物就没有了任何稳定性。这就是只懂得"变"而不懂得"变"和"化"的道理。西方直到马克思主义出现才算把这个道理讲明白，使之清晰地表现出来。

只有"变"而没有"化"，万物不能生长，生命不能展开。《坤·文言传》说："天地变化，草木蕃。"《说卦传》说："故水火相逮，雷风不相悖，山泽通气，然后能变化既成万物也。"天地是凭借了水火、雷风、山泽等自然条件来实现变化，使万物生长的。《乾·象传》说："乾道变化，各正性命，保合太和，乃利贞。"乾道就是天道。乾在八卦中为首，天地就是乾坤，水火、雷风、山泽就是坎离、震巽、艮兑六卦，八卦也就是对生成万物的最基本的八种自然条件的模拟和象征。天道自然变化了，地上的万物就会有相应的变化，它们各自领受其天命，实现其质性，从而获得自身生命的展

---

① （宋）朱熹：《周易本义》，引自萧汉明《〈周易本义〉导读》，济南：齐鲁书社，2003年，第167页。

开，与天地万物和谐一体。所以《周易·系辞传上》说："知变化之道者，其知神之所为乎!"如果真正懂得了变化之道，那就能知道天地自然变化的神妙所在了。

其二，变易是"循环"的。

古人对事物"变化"的认识可能始于对"周行"（即"循环"运动）的认识。《周易·系辞传下》所谓"周流六虚"，就是指阴阳爻在一卦六爻中作循环的变化运行。"周"，就是周行、循环的意思。循环并不表示没有开端和结束，相反，我们必须找到开端和结束以便找到时间段，在一个时间段中才能正确地认识和把握事物的状态。《周易·系辞传下》说：

> 《易》之为书也，原始要终，以为质也。六爻相杂，唯其时物也。其初难知，其上易知，本末也。初辞拟之，卒成之终。若夫杂物撰德，辩是与非，则非其中爻不备。（《周易·系辞传下》）

意思是说《易》卦卦体六爻，是为了推原事物由始至终的发展过程，初爻代表始，上爻代表终，中间四爻代表事物发展的中间阶段。初爻表示刚刚"变"成当前的状态，它将往哪个方向发展，是不容易知道的，此即所谓"其初难知"。就像一个刚出生的小孩，他的未来如何，很难知道，因为有无限多的可能性。中间四爻就表示"变"为当前状态后的一个长期的渐变的"化"的过程。"化"的过程如何，就决定了最终的结局会如何。所以，认识和把握了事物发展的中间段，事物发展的结果就容易知道了。此即所谓"其上易知"。而处于一卦终爻上爻的阶段时，事物又将进入下一个"变"的阶段，如此循环不已。

循环不已正是天道运行的基本规律。《复》卦卦辞有"反复其道，七日来复"说。《复·象传》："反复其道，七日来复，天行也。"意思是七天一个周期，这是天道运行的规律。这个"七"不一定是实指，可以是象征，只表示天道运行是循环的，周期性的。西方也讲七天一个周期。每个礼拜七天。西方这个观念来自基督教《圣经》的上帝创世说。上帝花了六天的时间创造了这个世界，第七天休息。其实，这与《易传》中讲的以七天为一个周期是不一样的。《易传》中的第七天已经开始新的一个周期了。它实际上是六天一个周期，因为每卦有六爻。六爻尽头处又回到初爻。从六爻上讲周期这是京房和李鼎祚明确提到的。

《易传》对于周期性的天道循环运行规律的认识相当丰富和深入。

> 日往则月来，月往则日来，日月相推而明生焉。寒往则暑来，暑往则寒来，寒暑相推而岁成焉。（《周易·系辞传下》）
>
> 日中则昃，月盈则食，天地盈虚，与时消息。（《丰·彖传》）
>
> 天地节而四时成。（《节·彖传》）
>
> 无往不复，天地际也。（《泰·象传》）

事物是在循环当中生成的。一次日月往来形成一天，一次寒暑往来形成一年。时间就在一天又一天、一年又一年的循环里过去。每个人的一生也都在这一天又一天、一年又一年的循环里过去。每个人的一生是一个生死，有人生又有人死，有人死又有人生，人类就在无数人的生死相续中延续。产生这种观念已经很不容易了。这就不只是在一个静止的点上看待事物，而是能够在一个时间段里看待事物。在一个时间段里才看得到事物的变化，在一个时间点上是看不到事物的变化的。循环观念的产生，是一种进步，表示人们有了比较长的时间段的观念，从时间段里来看待事物的变化和发展。我们平常的观念中可能不太喜欢循环论，觉得那是与发展论相对的。循环就是没有发展，这是不对的。循环既是发展的前提和基础，也是发展的表现。没有循环事物都不可能产生和存在。事物的发展也是在循环中实现的。《周易·系辞传下》说："易穷则变，变则通，通则久。"易学讲的变易的道理就是，当事物发展到尽头时，它不会灭亡，而是变向其反面，并且渐渐地顺畅发展，发展畅通了自然能长久存在。当它再次走向尽头时，又会变通以长久地存在。生命的无限存在就在循环运行中实现。不是循环运行，恐怕无法实现生命的无限存在。所以，《易传》永恒的变易与生命生生不已的观念，是以运行的循环论为基础的。

　　事物及其生命之变易能获永恒和循环不已，其内在机制在于"阴阳"的运动。我们在上文引到《复》卦"反复其道，七日来复"说。那为什么在《复》卦的卦辞中讲这个周期呢？因为《复》卦的卦形比较特别，很有象征意义，上面五爻全是阴爻，只有初爻是阳爻，这就表示"一阳来复"了。阴的力量达到最盛之时，阳的力量开始生长。源于《归藏》而成型于汉的"十二辟卦"或"十二月卦"说，把十二个特殊卦的卦，按规律排列起来，配以十二月份，与十二月份的不同气候相应，就非常形象地把阴阳之间的消长和推移关系表现出来了。《周易·系辞传上》说："刚柔相推而生变化。"《周易·系辞传下》说："刚柔相推，变在其中矣。""刚柔者，立本者也。"刚柔，就是阴阳在具体事物上的具体表现，是具体事物变化发展之本。从上文我们讲到的三才之道可知，刚柔是地道，地道效仿天道。天道乃阴阳之道，所以阴阳之道最为根本。天地变化，万物生长。天地就是阴阳。天为阳，地为阴。日月往来，寒暑相推。日为阳，月为阴；暑为阳，寒为阴。《易传》主要是从宇宙论的角度来阐发阴阳之理的。天地阴阳相反相成，相互作用，造成了事物的生成、变化和发展。汉代之后真正从理论上把阴阳具体化为阴阳之气，以阴阳之气的对待关系、消长关系作为一切事物永恒变化发展的内在原因。

　　《易传》的"变易"思想，对中国传统思想影响极大，以致形成了一种变易的思维方式。因为万事万物都处在永恒的变易之中，从自然到人事莫不如此，所以凡事都可以从变易的观点来思考；因为变易是循环的，循环又表现为发展的阶段，所以凡事都可以从产生、壮大、衰败、终结和又一开端的阶段论来思考；因为变易的内在机制是阴阳之间的关系，所以任何事物变化发展的原因都可以从构成事物的两种对立因素去找。阴阳及阴阳之间相反相成、推移消长的关系是总原理，在思考具体事物时，哪种因素为阳，哪种因素为阴，阴阳之间的关系到了何种程度，则需要具体把握而无一定之规。所以，这是一种颇带主观性的相当灵活的思维方式，一方面它能使我们体悟到事物的抽象的本原存在，另一方面又难以使我们获取关于事物的具体而客观的知识。因为科学是追求具体而客观的知识的,而此种思维方式难以满足此要求,所以我国古代科学不发达,恐与此种思维方式有关系。

三、辅相天地之宜:生命的主体是人

在《易传》看来,整个宇宙就是一个生命的洪流,万物都有生命。在所有的生命形态中有一种特殊的生命,就是"人"。《易传》以天地人三才为宇宙的结构,这种观念和理论其实就已经凸显了"人"这种特殊的生命形态在宇宙中的特殊地位。与其他生命形态相比,人的特殊性何在呢?同为生命,何以说生命的主体是人,而不是其他生命? 人这种生命形态的特殊性就在于,他对自己的生命有一种自觉,他知道自己生活在这个世界上,他有自我意识,他有理性思考的能力,他能有目的、有计划地去从事许多事务,他还能赋予生命以意义与价值。这就是主体性。只有人这种生命形态,不仅仅是一个生命的实体,还是一个生命的主体。其他的生命形态只是一个自然的生命实体。其他生命形态是与自然直接同一,其本身就是自然。人这种生命形态虽然也来自天地自然,但他又能够与自然保持一定距离,观察、思考和认识自然。

《易》的创制本身就体现了人的主体性,因为它是人努力认识这个世界,把握自己的生命,走向自觉生活的产物。毕竟"《易》本卜筮之书",《易》产生于生产力水平低下,人们极度依赖自然力,宗教氛围浓厚的上古时代。在这样一种时代里,人们会完全相信卜筮的结果,完全按照卜筮的结果来行事,这时候人的生命的主体性就体现为人对自己主体性的放弃和让渡,让渡给了《易》,让渡给了鬼神与天命。而自主选择放弃与让渡自己的主体性何尝不是人的生命主体性的一种体现? 只不过这是一种消极的体现。

而人的主体性更需要的是积极的肯定与表达。随着生产力水平的提高和人们对这个世界包括自身认识的深入,人的主体性才不断地在积极的肯定与表达中被凸显。在这个过程中,《易》作为卜筮之书的力量也就相应减弱了,对它的解释与阐发就增强了。在解释与阐发中,人的思维得到了训练，对世界的认识得到了提高。《易经》也正是在这个过程中由"卜筮之书"变成了"哲学"之书。《左传》《国语》中记载了不少春秋时的筮例，可以反映当时的人们对《易经》和卜筮的一些看法。从这些筮例中，我们会发现，人们已经不再完全信赖《易经》卦爻辞的吉凶判断，而是倾向于通过理性地分析具体情形来判断事情的吉凶。比如，《左传·襄公九年》载有鲁宣公之妻、成公之母穆姜的一个筮例：穆姜与大夫叔孙侨如私通，并合谋欲废成公。事败，侨如奔齐，穆姜被迁东宫。穆姜初迁时，占卦遇《艮》之《随》。《随》卦的卦辞是："元亨利贞，无咎。""无咎"是断辞，表示没有灾咎。看上去是吉占，但穆姜却解释为凶占。她把"元亨利贞"解释为四种德性（与《乾·文言传》对"元亨利贞"的解释同），并认为自己无此四种德性，所以不能"无咎"。这是得吉占而不能获吉之例，表示人们认识到了决定吉凶的力量不是来自外在天命，而是来自自身的道德修为。《左传》《国语》中还有不少例子是根本不经过起卦，就直接引用卦爻辞来说理的。这些都表明，《易》的卜筮功能的减弱，和作为经典文本意义的增强。而这个过程正体现着人的主体性的增强。

《易传》真正把人的主体性地位在理论上确立起来。确立起人的主体性地位，并不意味着把人置于天地自然之上，把人当作宇宙的主宰，最多认为"天生百物，人为贵"（郭店楚简《语丛一》）。人只能贵过其他物和其他生命，不可能贵过天地，最高境界也就是与天地合为一体。《乾·文言传》这样描述"大人"的境界：

> 夫大人者，与天地合其德，与日月合其明，与四时合其序，与鬼神合其吉凶，先天而天弗违，后天而奉天时。天且弗违，而况于人乎？况于鬼神乎？（《乾·文言传》）

这跟西方近代哲学对人的主体性的凸显是不一样的。西方是通过突出人的理性的力量来突出人的主体性。而理性是一种对象化的思考方式，具有宰制的特征。把理性凸显到一定程度，它就高过天地自然了，它就可以征服和宰制天地自然了。这很容易造成主体与客体的冲突，造成自然生态的失衡。现代西方哲学有一股非理性主义的人文思潮，正是想揭示和纠正这种传统西方哲学片面突出人的理性所造成的危害。《易传》的哲学也肯定了人的理性，但它并不把人的理性突出到天地自然之上，而是主张人的理性应该运用到对天地自然的效法上。只要始终注意到这一点，人的主体性就不会变成一种凌驾于天地自然之上的、与之对抗的宰制性的力量，而是与之和谐的一种力量。

《周易·系辞传上》说：

> 圣人有以见天下之赜，而拟诸其形容，象其物宜，是故谓之象。圣人有以见天下之动，而观其会通，以行其典礼，系辞焉以断其吉凶，是故谓之爻。言天下之至赜而不可恶也，言天下之至动而不可乱也。拟之而后言，议之而后动，拟议以成其变化。（《周易·系辞传上》）

这段话是讲圣人如何作《易经》以及如何通过《易经》来认识和把握这个世界的。圣人看到了世界上事物的复杂性，于是用卦象来比拟事物的形态，象征事物各自相应的性质。圣人看到世界上的事物总在变动之中，于是通过爻来观察事物变动的交会贯通之处，找到运行的规律，并且撰系爻辞以断其吉凶，使人见一定之规而有所适从。圣人"论述天下事物之至杂，不可妄谈也。论述天下事物之至动，不可乱说也"①。圣人总是通过卦象比拟事物的形态，然后谈论事物，通过玩索讨论爻辞之义，然后付诸行动。通过把握事物之象和玩索爻辞之义，就可以助成事物的变化了。可见，圣人作《易经》只是在以卦爻来比拟和象征事物及其变化，来找到事物变化的规律以及对人的吉凶，然后助成其变化，使人趋吉避凶。在这个过程中，毫无疑问要用到人的理性认知能力，但是《易传》的作者并不凸显这种能力，而是凸显人的比拟、象征事物的能力。这是易学的一种最基本的思维方式，"《易》者，象也；象也者，像也"（《周易·系

---

① 高亨：《周易大传今注》，济南：齐鲁书社，1998 年，第 390—391 页。高亨先生疑"恶"借为"謣"。《说文》："謣，妄言也。"

辞传下》）。这种思维方式虽然也要以理性为基础，但是决定其性质的是对事物的直观或直觉能力。我们从圣人"见天下之赜"、"见天下之动"、"观其会通"所运用的"见"和"观"的方法，就可以知道这一点。而"见"和"观"以及比拟、象征之类的方法是以事物本身以及人合于事物本身为依归的。而且，圣人把自己的认识和把握通过卦爻辞谈论出来，也不可以因为是通过一己的观察而"妄谈"、"乱说"。人的言行都要在"拟"、"议"的范围之内进行。人与天地自然、事物本身的合一，都要通过《易》的卦爻之象与辞。那么，人的主体性如何体现呢？

首先，《易》的创制本身就是人的主体性的体现，不具备主体性的生命是不可能作《易》的。其次，依靠中介、工具或模型来认识和把握世界，也只有有主体性的人才具有这种能力，动物之类的生命是不能通过中介，不懂得利用工具或模型来与世界打交道的，它就是自然本身。再次，人原本从天地自然生成而来，但因人的主体性，而与天地自然有了一定距离，而正是因为有这个距离，人才可以站在另一个立场来看待天地自然，并且可以助成天地自然的变化。这是《易传》的生命哲学观念中人的主体性最集中的体现。

《泰·大象传》说：

> 天地交，泰。后以财成天地之道，辅相天地之宜，以左右民。（《泰·大象传》）

后，是君王的意思。财，借为"裁"，裁度的意思。唐陆德明《经典释文》："财，荀作裁。"左右，是支配、治理的意思。上引《大象传》的话意思是说：天地相交而万物通。君王以之为天地的一条规律来效法，辅助天地间的事物以最适宜的方式变化和发展，并以此治理天下百姓。在《易传》的观念中，毫无疑问，这种治理一定是成功的，因为它与天地自然之道是相符的。与天地自然之道相符，也就顺应了事物的本性。以顺应事物本性的规律来帮助事物变化发展，事物的变化发展就不会混乱，整个世界就会和谐，天地人就会合为一体。这与《中庸》的观念是一致的，《中庸》说：“能尽物之性，则可以赞天地之化育；可以赞天地之化育，则可以与天地参矣。”朱熹对此的注释是，“赞，犹助也。与天地参，谓与天地并立为三也。”①天地人三才并立为三，然后合为一体。

辅助事物的发展是什么意思呢？事物不是自然而然就在那里变化发展吗？何须人辅助？假如这个世界没有人的存在，那么一切都自然而然，不存在辅助的问题。正因为有了人的存在，人以其主体性必然要求达到生活的自觉，要求自己安排自己的生活，要求生活得更好、更和谐。而正是这样一个最简单的愿望，埋藏着破坏宇宙生态平衡的危险。人从天地自然而来，又与天地自然有一定距离。天地自然的变化和发展也未必都有利于人类自身的发展。这就需要人类自身去认识和把握天地自然的变化和发展。把握事物变化的关键在于把握事物变化的端倪，《易传》名之为“几”，“几者，动之微，吉凶之先见者也”（《周易·系辞传下》）。事物发展到非常显著的状态时，吉凶完全暴露出来，这时候想要改变事物发展的方向已经不易。事物后来表现出来的吉凶，其实早在事物变化发展的几微状态就存在了，只是因为它过于深远和微小，很难使人认识和把握到。而《易》正是要教人去认识和把握这个变化发展的几微状态的，“夫《易》，圣人之所以极深而研几也”（《周易·系辞传上》）。认识和把握了事物变化发展的几微状态，于是就可以把将发展为凶的那个状态扼杀在萌芽状态，把将发展为吉的那个状态培育起来，辅助它发展，使它能够有利于人类自身的生活。“知几其神乎！”（《周易·系辞传下》）能够真正认识和把握到“几”的人是进入了神妙境界的人。这样的人是“圣人”。《周易·系辞传上》说：“备物致用，立成器以为天下利，莫大乎圣人。”使事物的发展有利于人，并且创制器物以利天下，做得最好的就是圣人。圣人是一种理想人格，人的主体性的充分显示是靠圣人人格来实现的。圣人代表的是人这个类，而不是个体。这与现代西方生命哲学重视个体生命是有不同的。

---

① （宋）朱熹：《四书章句集注》，北京：中华书局，1983年，第33页。

从人能"辅相天地之宜"这样一种生命的主体性来看，里面包含着一些矛盾：一方面人要以自身为价值主导（吉凶是相对于人而言的，对于自然本身而言无所谓吉凶），另一方面又要以天地自然为依归，不能违背它自然的变化发展；一方面要有所为，另一方面又要无所为。所以圣人一方面要"为天下利"，另一方面又要"洗心退藏于密"（《周易·系辞传上》）。可以说，《易传》深刻地洞察到了主体性的人在天地人三才的宇宙结构中所处的矛盾境地。从某种意义上说，《易传》的生命哲学的根本任务就在于解决这个矛盾，使得从自然中来的人，重新回归自然，实现天人合一。

第五节　《易传》的道德哲学

从以上我们谈到的《易传》的宇宙论与生命哲学可知，在《易传》看来，这个世界的基本结构是天地人三才。人从天地自然而来，虽为万物之一，但以其生命的主体性而高于其他物类，得与天地并列为三才。人处天地之间，能"财（裁）成天地之道，辅相天地之宜"（《泰·大象传》），参赞天地之化育，这是人的生命主体性的集中表现。

毫无疑问，要参与并且辅助天地自然的变化发展，人必须具备认识和把握天地自然的能力。在《易经》的时代，上古先民就已经从纷繁复杂的认知活动中认识到了"认知"本身的重要，并且在思想中提炼出了表示"认知"的范畴——"知（智）"。《临》卦六五爻辞就说："知临，大君之宜，吉。"国君以"知（智）"来君临天下、治理百姓，就是合适的、吉利的。《易传》则进一步指出，做臣下的更要以"知（智）"来辅佐君王成事。《坤》卦六三爻辞有"或从王事，无成有终"语，《坤·小象传》解道："或从王事，知光大也。"意思是人臣当以其光辉宏大之"知（智）"随从君王行事。不过《易传》关注的并不是对具体某事某物的认知，而是对天地自然之整体和根本性存在之认知。比如，要"知变化之道"（《周易·系辞传上》），"知来物"（《周易·系辞传上》）。"来物"就是事物未来发展的样子，会有什么新的事物产生,要能预知。要能预知来物,就要"知几"(《周易·系辞传下》),知道事物在隐微的端倪状态会往哪个方向发展。《易传》的认知对象与目标是非常根本、宏大而又高远的,它要求"知幽明之故"(《周易·系辞传上》)、"知死生之说"(《周易·系辞传上》)、"知微知彰,知柔知刚"(《周易·系辞传下》)、"知至"(《乾·文言传》)、"知终"(《乾·文言传》)、"知通塞"(《节·小象传》)、"知进退存亡"(《乾·文言传》)、知"存亡吉凶"(《周易·系辞传下》)。幽明、死生、存亡之类,涉及到事物的终极存在;吉凶之类,涉及到人类的价值取向。这些问题都是哲学上具备根本性意义的问题。所以,《易传》的认知不是一般意义上的对于具体事物的认知,而是试图从根本上把握事物存在本身,以便解决天下所有的问题。也就是说,易道之"知(智)"试图"范围天地之化而不过,曲成万物而不遗"(《周易·系辞传上》),试图实现"知周乎万物而道济天下"(《周易·系辞传上》),并且"断天下之疑"(《周易·系辞传上》)。能"周乎万物"与"断天下之疑"之"知",显然不是一般的具体而客观的知识性认知,而是智慧本身,是"道"。智慧是以"道"而不是以具体事物为认识对象的。《易传》也正是在这个意义上来推崇"知"的:

> 易,其至矣乎!夫易,圣人所以崇德而广业也。知崇礼卑,崇效天,卑法地。天地设位,而易行乎其中矣。(《周易·系辞传上》)

这段话的意思是说,易的道理是最高的道理,圣人用这最高的道理来尊崇道德和推广事业。人的智慧是很崇高的,礼法规范是很卑下的。崇高效法的是天,卑下效法的是地。天地定位了,易的道理也就在其中流行开来了。要透彻理解这段话,有以下几个问题要弄清楚。

其一,德与知(智)的关系问题。在这里,德得到尊崇,知也得到尊崇,其实"德"与"知"就是一体的,它们都来自于对天的效法,而天是崇高的。在宋代道学里,有理学的"道问学"与心学的"尊德性"之争,其实就是"知识"与"道德"之争。这个争论也可以说贯穿于中国哲学史的始终。但由于中国传统中的认知并非如西方哲学史中那样是具体的客观的知识论意义上的认知,所以"尊德性"与"道问学"两者之间虽然在表面上有非常大的区别和冲突,而实际上最终都无不归之于"尊德性",从而使中国哲学史形成了区别于西方哲学史的一个鲜明的特色,那就是伦理道德的传统。而《易传》正是这个特色在理论上的源头之一。《易传》认为,知,表现为智慧,它要认识的是天道。因为天道是万物变化发展的总根源,所以把握这个总根源就把握了一切。《周易·系辞传下》说:"穷神知化,德之盛也。"认识和把握事物变化发展的神妙莫测的境地,也就是人的理性所认识和把握不到的境地,这就是大德了。于是在终极的意义上,知识走向了它的反面,不用把对象当作对象了,只能去体认,去顺应天道,去合乎天道,在行为中把天道实践出来。能做到这个境地的人就是大德之人,于是知识就成了道德。所以《易传》讲的智慧从最终的意义上讲就是道德智慧。这深刻地影响了中国哲学的传统。

其二,德与业的关系问题,也就是道德与事业的关系问题。这个事业不是一般意义上的个人要成就的某种使个人获得名利和满足的事业,而是涉及天下百姓生活安宁的事业。《周易·系辞传上》说:"举而错(措)之天下之民谓之事业。"意思就是要把天道推广于天下之民,使天下之民都能顺应天道行事。崇德就是推崇天道,推崇天道就要推广天道,推广天道就要顺应天道,顺应天道就要效法天道。所以"崇德"属于"效天"的范畴。而最能表现对天道的效法的是地道。人应该像地道那样效法天道,所以在"广业"的层面属于"法地"的范畴。天地是一体的,所以德与业也是一体的。天道一定会体现在地道中,所以道德一定要体现在人们和谐共存的"事业"中。而在《易传》看来,使人们和谐共存的直接因素就是"礼"了。每个人都能按礼法规范行事,各行己事,互不相妨,自然就和谐共存了,就像地上的事物纷繁复杂却又各从其类,按照自然规律和谐共存一样。

其三,知与礼的关系问题。"知"是道德智慧,"礼"是道德规范。道德智慧从属于天,道德规范从属于地。也就是说,德、知是同一类范畴,从属于天;业、礼是同一类范畴,从属于地。这里说"知崇礼卑",那是不是在知与礼之间有一个价值判断，"知"是高尚的，"礼"是卑下的，"知"更重要，"礼"没那么重要？其实不是这样的。因为知从属于天，礼从属于地，所以"知崇礼卑"的原因是"天尊地卑"（《周易·系辞传上》）。可是很多人认为"天尊地卑"本身就是一个价值判断，它导致了男尊女卑、阶级贵贱的观念。其实在中国传统社会中表现出来的具体价值判断意义上的尊卑贵贱是人类社会本身在其发展中形成的，是本原观念进入现实层面的异化。在本原的意义上，《易传》所谓尊卑贵贱只是表达天在上、地处下这样一个显而易见的事实，属于事实判断，而不是价值判断。天地必须共同作用才能生成万物，它们虽有分工的不同，但在重要性上是一样的。

由此可知，在《易传》看来，人类社会的道德规范来自于对天地之道的效法。"天地设位，而易行乎其中矣。"只要把握好了天地之道，易的最高道理即道德智慧就可以在人类社会中实现出来。这就是《易传》的道德哲学。人类社会道德的最终根据不在人类社会自身，而在天地之中。而因为天地人三才合一，人类社会也来源于天地，所以从根本的意义上讲，在天地之中其实也就在人类社会自身之中。从属于天道的是道德本体，从属于地道的是道德工夫，本体与工夫有不同又合为一体。这就是《易传》道德哲学的主要内容。下面我们详细地来了解一下这样一种道德哲学。

《说卦传》开篇是这样两段话：

> 昔者圣人之作《易》也，幽赞于神明而生蓍，参天两地而倚数，观变于阴阳而立卦，发挥于刚柔而生爻，和顺于道德而理于义，穷理尽性以至于命。（《说卦传》）

> 昔者圣人之作《易》也，将以顺性命之理。是以立天之道曰阴与阳，立地之道曰柔与刚，立人之道曰仁与义。兼三才而两之，故《易》六画而成卦。分阴分阳，迭用柔刚，故《易》六位而成章。（《说卦传》）

这两段话道出了《易传》道德哲学之形上本体的精义。圣人为什么要立卦生爻作《易》？就是为了"和顺于道德而理于义，穷理尽性以至于命"。这里的"道德"不是后世伦理道德意义上的"道德"，而是指"天道"与"天德"（《乾·文言传》）。"天道"是根本，"天德"是"天道"的体现，这个体现是说把"天道"引向"德性"方面来表示，它依然是形而上的，不是形下的具体道德品质。所以，这里的"道德"虽然不是具体的伦理道德，却是具体的伦理道德的形上根据。也就是说，这里的"道德"正是道德本体，道德本体源于"天道"。顺从于天道才能理清人的"仁义"之道。"理于义"的"理"不是一个哲学术语，而是一个一般的动词，是清理、理清、理解的意思；"义"指仁义，即《说卦传》下文所说的"人道"的具体内容。而"穷理尽性以至于命"正是由人道上达天道在理论上的具体展开。由人道上达天道，也就是把握人道在天道上的根据。要找到这种根据，就要穷究作为人道的具体表现的"仁义"之理，并进一步透彻理解人性、物性，以至于"天命"。万物的本性都来自于"天"之所"命"，是为"天命"。"天命"即天的规定和赋予，也就是说，天规定和赋予了万事万物各自的本性。这与《中庸》首章"天命之谓性"的观念是完全一致的。天对人性、物性的"规定和赋予"就如同"命令"一般不容违抗。违抗天命就是违背人性、物性。人性、物性不可违，只能"顺"，所以《易传》说要"顺性命之理"，"顺性命之理"才能合乎"天道"。这又与《中庸》所谓"率性之谓道"的观念是一致的。① 朱熹注"率"为"循"。② 循，就是"顺"的意思。

《易传》认为，圣人之所以要分立天地人三才之道而又"兼"之，正是为了"顺性命之理"。天地人三才之道各有具体表现，是为"分"；又统一以天道为最终根据，是为"兼"。人类万物各有其性，是为"分"；又都源自"天命"，是为"兼"。人类万物要"各正性命"（《乾·彖传》），是为"分"；性命各正又都由于"乾道变化"（《乾·彖传》），是为"兼"。"乾道"即"天道"。

在中国哲学发展史上，"天道"的观念比"天命"的观念后起。《尚

---

① 《易传》与《中庸》在一些根本性的观念上是一致的，大体体现了同一时代的思想，因而合称为"易庸之学"是有一定道理的。
② （宋）朱熹：《四书章句集注》，北京：中华书局，1983 年，第 17 页。

书·商书·汤誓》说:"有夏多罪,天命殛之。"夏朝末年的成汤就是以"天命"为号召伐桀的。"天命"最初就指政权的合法性,意味着世俗政权的合法性来自于"天"之所"命"。到商王朝将为周人所灭时,商纣王还在认为自己的统治"有命在天"(《尚书·商书·西伯戡黎》)。赋予"天"以能"命令"的功能,当是融合了古老的"帝"的观念的结果。"帝"是人格神,能施赏罚,能发号施令。周灭商之后,政权可以更替,天命可以改变之类的观念稳固下来。这就是所谓的"惟命不于常"(《尚书·周书·康诰》)、"天命靡常"(《诗经·大雅·文王》)。但是"天命"又根据什么来转移呢?根据"德性",即"皇天无亲,唯德是辅"(《尚书·周书·蔡仲之命》)。可见,在周初的时候,就把"德性"的观念注入了"天命"之中。政权合法性意义上的"天命"中,"德性"是对王者的要求,后来慢慢发展为对每个人的要求,每个人都应该以自己的"德性"来秉受各自的"天命"。可见,"天命"有宗教性的因素。宗教性的观念是任何民族在走向文明之初都具有的观念,只不过不同民族在走出宗教性观念上有迟速之异。中国很早就关注到这个世界的自然性,"天道"观念的产生就体现了走出宗教性观念的要求。春秋早期邓曼说:"盈而荡,天之道也。"(《左传》庄公四年)这个"天道"就是指的日月星辰自然运行的规律。后来子产所谓的"天道"也是指的天文自然现象。"道"的本义是路,可以引申为事物必须遵循的轨道,也就是事物自身运行的规律。而从"事物必须遵循"的意义上讲,后起的"道"或"天道"的观念是可以包含"天"、"天命"以及"天命"所要求的"德性"之类的观念的。而较早地实现这些观念之融合的正是《易传》。《易传》把这些观念融合起来,创立了道德形上学的思想基础。

"形上"、"形下"之分始自《易传》,"形而上者谓之道,形而下者谓之器"(《周易·系辞传上》)。形、形体,指有形体可感的事物。有形体可感的事物都是我们身边可经验到的事物,这就是"器"。《周易·系辞传上》说:"在天成象,在地成形,变化见矣。"又说:"见乃谓之象,形乃谓之器。"我们身边有形可感的自然事物是从属于地的,它们形体的变化是由于天象的变化。比如风云雷电之类从属于天,它们无形体可感,却有象可循。

地是效法于天的。天象所显示的变化，影响了地上事物的变化。比如，四时天气的变化是无形而有象的天象的变化，地上自然事物随四时变化而发生生死荣枯之类的形体变化。因而无形的天象乃地上有形事物变化的根据。这"无形而有象"的存在就是"形而上者"。因为它是地上事物存在的根据、变化的原因，所以"形而上者"就是"道"，它从属于"天"，具有超越的性质。这是一套自然的形上学。但《易传》的思想并没有止于此处，只要我们进一步具体而深入地了解这套自然形上学的内容，就会发现它必然地走向了道德的形上学。

《周易·系辞传上》说：

> 一阴一阳之谓道，继之者善也，成之者性也。（《周易·系辞传上》）

阴阳之道就是"天道"。《说卦传》就是把三才之道的"天之道"界定为"阴与阳"的，地道的"柔与刚"，人道的"仁与义"都是承继天道阴阳而来，顺从效法天道。因而万物只要是顺从效法天道，就是"善"的，否则就为"恶"。"恶"是由于违背天道造成的，顺从天道就必然会是"善"的。而且这种来自于天道的善自然而然地就会在万物的本性中得以完成和实现。也就是说，万物的本性来自天道自然，天生就是善的。人为万物之一，因而人性也来自天道自然，也是天生就是善的。"天道既构成了人道的历史前提，又表现为形而上的根据；人的价值创造被理解为天道的延续（继之者善也），而人格则被视为形而上之道在个体中的展开（成之者，性也）。"①这看上去是一种自然人性论，其实不然。

《说卦传》明确地说"立人之道曰仁与义"，结合这里的"继善成性"说，意思很明显，这里的"仁义"之德属于"道"的层次，它是继天道阴阳而来并与之相合的，它实现和完成于人性之中。也就是说人的本性就是仁义之德。所以，在《易传》看来人性不是指人的自然性，而是指人的德性。人的德性是来自于天道自然的。《诗经》的时代，人们就认为人天生就喜

---

① 杨国荣:《善的历程:儒家价值体系的历史衍化及其现代转换》,上海:上海人民出版社,1994年,第127页。

欢美德。《诗经·大雅·烝民》谓："天生烝民，有物有则。民之秉彝，好是懿德。"意思是不仅仅受天命的王者要讲美德，民众也要讲美德。民众喜欢美德是天生的，这种喜欢美德的能力来自于天。因为民众皆由天生，就跟天生一物必有一物的原则和天性一样，民众的原则和天性，就是喜欢美德。《诗经》还只是说人喜欢美德的能力来自于天，《易传》则进一步明确地将美德、善性说成源自于天道。天道，显然比天就更具抽象意味，更往"形而上"发展了。概言之，人道源于天道，人性源于天命，人的道德以及对道德的喜爱、信仰的力量与源泉都来自于"天"、"天道"、"天命"。这是《易传》道德哲学的根本观念之一。

卡西尔认为："在几乎所有伟大的宗教中，都发现了制约所有事件的普遍时间秩序与同样主宰所有事件的外在的正义秩序之间的相同关系——天文宇宙与伦理宇宙之间的相同关联。"①而与其他宗教文明不同的是，在《易传》的道德哲学中，所谓的"天文宇宙与伦理宇宙之间的相同关联"即"天人合一"只是理论上的基础性观念之一，它进一步认为"伦理宇宙"是来源于"天文宇宙"的。

以三才统一的宇宙结构为前提，《易传》以"仁义"为核心内容的人道、人性是通过顺从和效法天地之道而形成的，人也必须通过顺从和效法天地之道来使自身在这个宇宙中获得存在的位置。这里的天地之道正是对"天道"本原的展开，乾为天，坤为地，《易传》是通过乾坤易简之理来论说天地之道的：

> 乾知大始，坤作成物。乾以易知，坤以简能。易则易知，简则易从。易知则有亲，易从则有功。有亲则可久，有功则可大。可久则贤人之德，可大则贤人之业。易简，而天下之理得矣。天下之理得，而成位乎其中矣。（《周易·系辞传上》）

"乾知大始"，正是天的功能，创始之功；"坤作成物"，正是地的功能，

---

① ［德］卡西尔：《神话思维》，黄龙保等译，北京：中国社会科学出版社，1992年，第129页。

完成之功。天凭什么来创始万物呢？凭"易"的道理。地凭什么来成就万物呢？凭"简"的道理。天地之道"容易"且"简单"，万物才容易把握和顺从。天道才容易亲附，地道才容易收其载物之功。易于亲附，天道才可以永久存在；有载物之功，地道才可以不断扩大。贤人顺从效法天地之道，效法天道以进德，效法地道以修业。德日进，则人往亲附之；业日广，则能"容民畜众"（《师·大象传》）。实际上，对于人道而言，"仁"就是法天的"易"的道理，"义"就是法地的"简"的道理。因为以仁心爱人，是以人往亲附之；因为以道义相规，是以能容民畜众。易简之理具有根本性的意义，把握了它们，就可以把握天下之理，把握了天下之理，人就可以找到和安顿他在这个宇宙中的位置。"天地之大德曰生，圣人之大宝曰位。何以守位？曰仁。何以聚人？曰财。理财正辞、禁民为非，曰义。"（《周易·系辞传下》）圣人就是依靠"仁"与"义"来守住他在这个生生不息、变动不居的宇宙中的地位的。圣人是人格的最高境界，是榜样，每个人都应该效法圣人以仁义来守住自己的位，以仁义道德为自己的生命，是为道德生命。牟宗三先生认为："'乾以易知，坤以简能。'这是孔门义理，从《易传》讲的儒家道德形上学，最难讲但最重要的两句话。"[1]乾坤易简之理是从形而上的根源处说的，"最根源的地方最容易最简单"[2]，仁义道德在根源处就是"易"而"简"的。

但是，《易传》同时也认识到，根源处的"易简"并不意味着现实流行过程中的易简，相反，现实中是充满"险"与"阻"的。所以《周易·系辞传下》说：

> 夫乾，天下之至健也，德行恒易以知险。夫坤，天下之至顺也，德行恒简以知阻。（《周易·系辞传下》）

简言之，易简之德行属于道德本体的形上范畴，险阻之情则属于道德工夫的形下范畴。正因为有险阻之情，所以才有道德修养的必要。而

---

① 牟宗三：《周易哲学演讲录》，上海：华东师范大学出版社，2004 年，第 44 页。
② 牟宗三：《周易哲学演讲录》，上海：华东师范大学出版社，2004 年，第 45 页。

道德修养又必须以形上的易简为根据，最终回归到易简的境界。易简与险阻，本体与工夫，形上与形下，本是二而一、一而二的关系，不可截然分开。就道德而言，形上本体不可能停留于易简，它必须下贯于现实人生，体现在人的现实生活中，人必须在现实的道德实践中，通过遏恶扬善之类的修养工夫，来实现道德本体，达到道德的本原境界。就人的道德源自天道而言，道德本体从属于天道。就天道可以涵括地道而为天地之道而言，道德本体可以涵括道德工夫。道德工夫从属于地道，道德本体从属于天道，本体与工夫有不同又合为一体，是二而一、一而二的关系。牟宗三先生从天地乾坤的原则论证了《易传》道德哲学中道德本体与道德工夫的关系，他说："乾是创造性原则，是体。我们本身不是乾道，我们是要把这个乾道表现在我们的生活中，把这个'体'体现到我们的生命中来，这就要通过一个实践的工夫，这个实践的工夫统统是坤道。""坤是终成原则。法坤是照我们人生的修养之道讲，取法于坤就是做道德的修养工夫，道德的实践都是坤道。如何能成为圣贤君子呢？就是要法坤，取法于坤道。"①

在《易传》的作者看来，《易经》的每一卦都可以从道德修养工夫的角度来理解。《周易·系辞传下》以举例的方式，三次集中谈到九个卦的道德涵义，以九卦为修德之基，是谓"三陈九卦之德"。正如唐孔颖达《周易正义》所言："六十四卦悉为修德防患之事，但于此九卦最是修德之甚，故特举以言焉。"②下面是首陈九卦之德：

> 是故履，德之基也；谦，德之柄也；复，德之本也；恒，德之固也；损，德之修也；益，德之裕也；困，德之辨也；井，德之地也；巽，德之制也。（《周易·系辞传下》）

《履》卦的卦名"履"，长沙马王堆帛书《周易》作"礼"。《说文》云：

---

① 牟宗三：《周易哲学演讲录》，上海：华东师范大学出版社，2004年，第22页。
② （唐）孔颖达：《周易正义》，载（清）阮元校刻《十三经注疏（附校勘记）》上册，北京：中华书局，1980年，第89页。

"礼，履也。"《尔雅·释言》云："履，礼也。"履、礼古音同。《序卦传》说："物畜然后有礼，故受之以履。"《周易·系辞传下》说："履以和行。"因为"礼之用，和为贵"（《论语·学而》），所以履可以使人们言行和谐。这都是以履为礼，礼是道德行为的基础，故曰"履，德之基也"。要做到遵礼而行，必须有谦虚的德性。谦虚是道德的柯柄，即人必须谦虚乃能执德而行，骄傲则必失德而不能执德。要做到执德不失并施用于日常行为，就必须回复到源自天地自然之道的人性本来之善，把握到人性本来之善，就是把握了道德的根本。把握了道德的根本，还必须以恒心坚守，才能使德性稳固。"恶"是动摇德性的因素，所以必须减损恶念恶行，改正错误，这就叫"损，德之修也"。除了减损不善，还应该从正面扩充善念善行，这就叫"益，德之裕也"。"困，德之辨也。"辨，分别。李鼎祚《周易集解》引郑玄说："遭困之时，君子固穷，小人穷则滥。德于是别也。"所以说，困境是检验德性的准绳。德行不能只是个人的行为，还必须有益于他人，应该像井水一样，自我不断更新又养人无穷。所以，有德性的人应该居于像井那样的地方。巽，是申明号令的意思。"巽，德之制也。"也就是说，进入社会，道德不能仅仅依靠个人内心来维持，还必须以向社会反复申明的号令、规范和制度来维系。

这九卦之德看上去有些散乱无章，实则有其系统。礼与谦这两种德行是道德展开于人类社会最基本的表现，亦是每一个体进入社会而能表现出德性的最基本的表现。它们都很具体，两者之间又具有相关性。孟子就认为："辞让之心，礼之端也。"（《孟子·公孙丑上》）辞让之心就是谦让之心，就是对人表达敬意。《谦·象传》更是把谦敬之德理解为贯通天地人神的大原则。《礼记》开篇即说："毋不敬，俨若思，安定辞。""毋不敬"是本，能做到"敬"自然思俨辞定。所以郑玄说："礼主于敬。"[1]宋人范祖禹说："经礼三百，曲礼三千，一言以蔽之，曰：毋不敬。"[2]礼是社会和谐

---

[1] （清）孙希旦：《礼记集解》卷一，北京：中华书局，1989 年，第 3 页。
[2] （清）孙希旦：《礼记集解》卷一，北京：中华书局，1989 年，第 4 页。

发展的基础,孔子一生即以恢复周礼为职志。但是礼不能只是外在的礼仪形式,所以孔子说:"礼云礼云! 玉帛云乎哉? 乐云乐云! 钟鼓云乎哉?"(《论语·阳货》)礼固然需要玉帛钟鼓等礼器来建立一套规矩,但礼的本质不在于外在的礼器与规矩,而在于内心的"敬意",要把内心的"敬意"自觉而真诚地表现出来,不是"假敬",则又必须进一步深入到内在的"仁"与"义"。而"仁义"正是《说卦传》所规定的三才之道中"人之道"的根本内涵。孔子说:"人而不仁,如礼何? 人而不仁,如乐何?"(《论语·八佾》)《礼记·郊特牲》说:"礼之所尊,尊其义也。"《礼记·经解》说:"朝觐之礼,所以明君臣之义也。"仁,是人的道德情感,义,是人的道德价值,都内在于人心,是人性之本,是天生善的,它需要人返回到自己的内心去认识和把握。所以,道德就应该由外而内地去寻找它内在的根据,所以说:"复,德之本也。"《蹇·大象传》主张"反身修德",《复·象传》主张"复,其见天地之心",都是在讲返回"德之本"的问题。这也是儒家道德的一个基本思路,即"反身而诚"、"尽心、知性、知天"(《孟子·尽心上》)的内在超越的思路。这在孟子那里获得理论上的建立和完善,在宋儒那里获得充分的发展。所以,《履》《谦》两卦所表示的道德乃道德的基本表现,《复》卦所表示的道德乃道德的根本路径。

其它六卦之德又可大分为"持身"与"涉世"两类。马其昶认为:"履以持身,谦以涉世,履与谦皆所以复其性命之本。此三者进德之大端也。恒、损、益三卦,申言持身之道。困、井、巽三卦,申言涉世之方。"①《困》卦之德似乎以归入"持身"为妥,或者以《困》卦之德兼涉持身与涉世两方面。困境可以检验一个人德性之有无与厚薄。身处困境,重在自持,不为物诱,不为事摧,是为"持身"。而困境乃为世俗所起,身处困境,即是身处世俗,且往往视其与人交接之度而辨其德,是为"涉世"。《损》《益》二卦之德在自持之道中具有特殊的意义。马王堆帛书《易传·要》篇记

---

① (清)马其昶:《重定周易费氏学》,载《续修四库全书》第 40 册,上海:上海古籍出版社,2003年,第 494 页。

载孔子读易，"至于损益一（二）卦，未尝不废书而叹"。以朱熹为代表的宋儒特别看重《大象传》对损益二卦之德的陈述。"损"，是控制自身的情绪和克制自己的欲望，是为"惩忿窒欲"；"益"，是扩充自身的善念善行，改正自身的过错，改正过错亦是善的增益，是为"见善则迁，有过则改"。一正一反，一积极一消极，可以囊括道德自修的基本内容。具备了损益二德，持恒与处困就都有了坚实的基础。所以说，《损》《益》二卦之德是"持身"的核心。

我们也可以用"持身"与"涉世"两个方面来概括整个《易传》的道德修养工夫。它与曾子所理解的夫子一以贯之之道——"忠恕"（《论语·里仁》）亦为相通。朱熹将"忠恕"理解为"尽己之谓忠，推己之谓恕"①。尽己即是持身，推己即是涉世。关于道德修养工夫，《易传》里还有更高明和深刻的概括，即乾坤二卦的《大象传》所谓"自强不息"与"厚德载物"。两者亦可以从"持身"与"涉世"两方面来理解，"自强不息"是持身，"厚德载物"是涉世。王夫之就非常看重"自强不息"与"厚德载物"两类德性，乃以之为道德修养工夫之纲领。他说："六十二象自乾坤而出，象有阳，皆乾之阳也；象有阴，皆坤之阴也。学易者所用之六十二德，皆修己治人之事。道在身心，皆'自强'之事也；道在民物，皆'载物'之事也。'自强不息'非一德，'厚德载物'非一功。以'自强不息'为修己之纲，以'厚德载物'为治人之本，故曰：'乾坤者，其易之门户。'道从此而出，德从此而入也。"②

真正把每一卦都很明确地从道德修养工夫方面作出解读的是《易传》中的《大象传》。此篇所言道德修养的主体是君子、先王、后、大人、上之类的贵族、执政者，不是指一般士人。据金春峰先生统计，此篇很明确是讲政治伦理（旁涉经济、文化、军事等方方面面）的共 38 个卦，一般意义上谈执政贵族道德修养的共 26 个卦③。其所涉 64 个方面的道德修

---

① （宋）朱熹：《四书章句集注》，北京：中华书局，1983 年，第 72 页。

② （清）王夫之：《周易大象解》，载《船山全书》第一册，长沙：岳麓书社，1988 年，第 698 页。

③ 金春峰：《〈周易〉经传梳理与郭店楚简思想新释》，北京：中国言实出版社，2004 年，第 40—41 页。

养，亦可归为持身尽己方面的"自强不息"与涉世待人方面的"厚德载物"两类。前者如《蒙》卦的"果行育德"，《讼》卦的"作事谋始"，《小畜》卦的"以懿文德"，《否》卦的"以俭德辟难，不可荣以禄"，《大有》卦的"遏恶扬善，顺天休命"，《随》卦的"向晦入宴息"，《大畜》卦的"多识前言往行，以畜其德"，《颐》卦的"慎言语，节饮食"，《大过》卦的"独立不惧，遁世无闷"，《咸》卦的"以虚受人"，《恒》卦的"立不易方"，《大壮》卦的"非礼弗履"，《晋》卦的"自昭明德"，《家人》卦的"言有物而行有恒"，《蹇》卦的"反身修德"，《损》卦的"惩忿窒欲"，《益》卦的"见善则迁，有过则改"，《震》卦的"恐惧修省"等等。后者如《师》卦的"容民畜众"，《比》卦的"以建万国，亲诸侯"，《履》卦的"辩上下，定民志"，《泰》卦的"财成天地之道，辅相天地之宜，以左右民"，《同人》卦的"以类族辨物"，《谦》卦的"裒多益寡，称物平施"，《蛊》卦的"振民育德"，《临》卦的"教思无穷，容保民无疆"，《观》卦的"省方观民设教"，《噬嗑》卦的"明罚勅法"，《贲》卦的"以明庶政，无敢折狱"，《剥》卦的"上以厚下安宅"，《明夷》卦的"以莅众，用晦而明"，《解》卦的"赦过宥罪"，《夬》卦的"施禄及下，居德则忌"，《井》卦的"劳民劝相"，《渐》卦的"居贤德善俗"，《旅》卦的"明慎用刑，而不留狱"，《中孚》卦的"议狱缓死"等等。概言之，《大象传》的道德修养工夫，从持身尽己方面来说，涉及自强、节俭、制欲、多识、谨慎、独立、谦虚、守礼、持恒、反身、改过、迁善、敬畏等方面的德行；从涉世待人方面来说，涉及宽容、重民、裕民、尚贤、平等、明法、教化、轻刑等方面的德行。因为《大象传》道德修养的主体是贵族执政者，所以在涉世待人方面以政治、经济、文教等为主要内容。从这些内容中我们又可以看到，它实际上是儒家"仁政爱民"主张的一种体现。这方面的道德修养工夫较少地具备推广到一般民众道德生活中的性质，而持身尽己方面的道德修养则很容易推广到所有人的道德实践中。《易传》的道德修养理论更多地偏向于政治伦理意义上的统治者的修养，它没有《大学》"自天子以至于庶人，壹是皆以修身为本"那样的理念。《易传》的道德哲学，在道德本体论上，其道德主体是可以普遍涵括所有人的；但在道德工夫论上，其道德主体有其特指，而不具备普遍性。中国传统的道德工夫论，其道德主体有一个由特指到遍指的发展过程，这个过程在理论上的最终完成要到宋代儒学。

《易传》的道德哲学，无论是道德本体论还是道德工夫论，都是由极具中国特色的思维方式建构起来的。最重要的有两种思维方式：系统的整体思维方式，观象进德的思维方式。

关于系统的整体思维方式，我们在上文论述"《易传》的宇宙论"时已经谈到了，但只是在《易经》的卦爻画结构和《易传》的宇宙结构的意义上来理解其系统性和整体性。而传统的系统的整体思维方式不仅仅体现在宇宙论，也体现在本体论上。成中英先生认为中国人的宇宙观是宇宙与本体的合一。他说："中国哲学从《易经》哲学开始，就把宇宙与本体合为一体。宇宙即本体，本体即宇宙。……这个本体化的宇宙和宇宙化的本体还包括了人的生活世界。天、地、人是合一的，人永远贯穿在天地之间，成为参与天地的一个活动力量和创造力量。"①宇宙与本体的合一，正由于人贯穿其间，是参与天地的"一个活动力量和创造力量"。人的这种参与天地的力量使得宇宙结构各要素之间呈现出一种自觉的系统相关性与整体一致性，使得这个系统的整体充满着生命的力量，生生不息。而在《易传》的思想里，人的生命的力量并不在于来自于自然的自然生命的力量，而在于其道德生命的力量。人是把自身的道德生命融入到整个天地之间，从而使得整个天地之间在道德的意义上系统化与整体化。所以，我们也可以说，这个宇宙本体同时也是一个道德本体。这是与西方哲学自古希腊开始就产生的自然哲学、自然本体的思路很不一样的。并且这种道德本体下贯于道德工夫之中，使人在道德实践中时时处处都能感受到人与天地、宇宙是一个系统的整体，呈现出一种天人合一的状态。

在《易传》道德哲学的道德工夫思想中，有一种对后世哲学伦理思想影响极大的思维方式，就是观象进德的思维方式。《周易·系辞传上》主张"君子居则观其象而玩其辞"，又主张君子要"进德修业"（《乾·文言

---

① 成中英：《论中西哲学精神》，上海：东方出版中心，1991 年，第 334 页。

传》）。我们在上文已经讨论过，"修业"其实是"进德"的扩展。"观其象"指的是观卦爻之象，"玩其辞"指的是研玩体会卦爻辞的意味。卦爻辞本就是通过观卦爻之象而写下的，而卦爻之象又是圣人通过观天地人之象而创制的，所以"象"的本原在天地自然。"易者，象也；象也者，像也。"（《周易·系辞传下》）可以说，《周易》的一切思想都是在这个"象"的基础上形成起来的。因为在《易传》的观念中，这个宇宙是以道德为本体的宇宙，所以这个"象"也往往是与某种"德"紧密相关的，它就象征着某种"德"，使得人们在观察和玩索象征着天地自然之德的卦爻之象中实现德性上的进步，和道德生命上的完善，这就是所谓的"观象进德"。

"观象进德"的思维方式在《大象传》中体现得最为明显也最典型。《大象传》对每一个卦的解读都非常简洁，并且有统一的体例。往往是先解释卦象所象征的自然之象，然后君子看到这种自然之象有所感悟，从而在德性上获得某种进步。比如《蒙·大象传》如此解释《蒙》卦："山下出泉，蒙；君子以果行育德。"程颐解释道："山下出泉，出而遇险，未有所之，蒙之象也。若人蒙稚，未知所适也。君子观蒙之象，以果行育德：观其出而未能通行，则以果决其所行；观其始出而未有所向，则以养育其明德也。"①《蒙》卦的卦象是上艮下坎，艮为山，坎为水，所以此卦有山下涌出泉水之象。相对于大江大河而言，泉水的力量还很小，往往会在流的过程中遇到险阻，难以通畅，也难以预知它会往哪个方向流。人也是如此，在幼小的时候力量尚小，在成长过程中会遇到很多艰难，难以知道成长的方向。所以君子看到这样的景象，想到这样的问题，就应该"果行育德"，即在遇到困难时应该果决而行，在不知所向时应该从根源处培育自身内在本有的德性，这样才不会为外物所诱而迷失方向，才能坚持做正义道德的事情。《大象传》通篇都是这个思维方式，也是《易传》道德哲学的根本思维方式之一。

"观象进德"的思维方式，先观天地自然之象，后谈人效法以求道德

---

① （宋）程颐：《程氏易传》，引自梁韦弦《〈程氏易传〉导读》，济南：齐鲁书社，2003 年，第 73 页。

的进步,先观天道后谈人道,先观天文后谈人文,"观乎天文以察时变,观乎人文以化成天下"(《贲·彖传》),"推天道以明人事"①,实际上是通过"把人类外在的世界拉进来,在人类生命内部,心灵内部看世界……把外在的自然界以艺术、道德的精神点化了,成为富有'美'、'善'的价值世界……以道德人格的高尚处理这个道德世界"②,从而实现宇宙三才在道德本体上的统一,使整个宇宙成为一股活泼泼的具有审美意义的道德生命的洪流。

---

① (清)永瑢、纪昀等:《四库全书总目·易类》,北京:中华书局,1965 年。
② 方东美:《原始儒家道家哲学》,台北:黎明文化事业股份有限公司,1983 年,第 131 页。

第十三章 　《管子》与稷下学宫的学术

　　本章主要介绍《管子》一书。因《管子》的成书与战国中、后期齐国以"稷下学宫"为学术中心而展开的"百家争鸣"的学术大讨论有关，因而在介绍《管子》之前，先概述代表了"中国古代的思想自由和百家争鸣"（白奚语）的"稷下学"。学者们多认为，"稷下学"的主流是"黄老道家"，这一点不仅在《管子》书中有明显的体现，而且随着上世纪 70 年代"黄老帛书"（部分学者认为它们是汉人著录过但后来失传了的《黄帝四经》，本章姑且采用这一说法）的出土，包括《管子》在内的有关"黄老道家"学术脉络的研究成了人们关注的学术焦点。又因《黄帝四经》连同《老子》一起被一些学者们认为是"黄老学派"的奠基之作，其成书年代也被论证为早于《管子》①，因而很可能是包括《管子》在内的"稷下学"的思想源泉之一，所以本章最后部分也会大略介绍《黄帝四经》的基本内容。

第一节　稷下之学

　　刘向《别录》说："齐有稷门，齐之城西门也，外有学堂，即齐宣王所立

---

① 白奚：《稷下学研究——中国古代的思想自由与百家争鸣》，北京：生活·读书·新知三联书店，1998 年，第 97—114 页。

学宫也。故称为稷下之学。"自公元前 374 年齐桓公田午创立稷下学宫，至公元前 221 年秦灭齐稷下学宫终结①，该学宫作为齐国的学术中心，曾延集天下学者名士，极盛时（齐宣王在位期间）达数百人，其中有七十余人被封为上大夫，如邹衍、邹奭、淳于髡、田骈、慎到、接子、季真、兒说、环渊、田巴、鲁仲连、颜斶、王斗等；曾游学稷下的还有宋钘、尹文、孟轲、荀卿等。"稷下学"，一般指法家与道家学者慎到、彭蒙、田骈、接子、环渊、宋钘、尹文等。稷下学的特点之一，是学者们聚徒讲学，各著书言治乱之事，但基本上"不治而议论"，与政治权力结构保持一定的距离。稷下学的特点之二，是相互争鸣，兼容互补。

稷下学者慎到、彭蒙、田骈、接子、环渊、宋钘、尹文之属，或强调任法，或强调禁兵寝攻，或强调"仁义礼乐、名法刑赏"并用，然皆把"道"看作是超越法律、法规之上的规律、法则，要求用理性化的成文法则管理社会，使社会更加符合人们追求富裕安定的愿望。这一派崇"公"而去"私"，随顺万物，不追求智巧。"公而不当（党——引者注），易而无私；然无主，趣物而不两，不顾于虑，不谋于知，于物无择，与之俱往。"（《庄子·天下》）其次，他们亦主张"齐物"论，认为万物皆有所可，有所不可，只有大道才是无所遗漏。再者，他们皆重道而"尚法"。但其所谓"道"，不是庄子学派心目中的"道"，其所谓"法"，亦不是后期法家成熟的"法"，故被讥为"尚法而无法"（《荀子·非十二子》），"其所谓道非道"（《庄子·天下》）。而这正好也反衬出了作为稷下学之主流的黄老道家的主要特点——道法结合。

道法结合思想大背景下的稷下学者们对"道"和"法"有了更为丰富和具体的理解。这在《管子》书中体现得淋漓尽致。

第二节 《管子》

现存《管子》一书是刘向编定的。《汉书·艺文志》著录《管子》八十

<段>① 据白奚：《稷下学研究——中国古代的思想自由与百家争鸣》中"稷下大事表"，见该书第 303 页。</段>

六篇，入道家。《史记·管晏列传》张守节《正义》引刘歆《七略》："《管子》十八篇，在法家。"这十八篇可能是刘向校定前的传本。今本《管子》目录仍存八十六篇，其中十篇有目无文，实存七十六篇。《管子》一书内容复杂，近代以来，学者们对此书各篇的分类及各篇作者、派属的争论颇多。至今，学者们认为，《管子》一书多篇仍有相关性，其中以《牧民》为核心，有相当一些篇目成为一个系统，反映了管仲及其学派的治国理念，兼采礼与法，很可能是齐国推崇管仲的学者们编写的[1]，有儒、道、法家相杂的倾向。也有学者认为，《管子》一书有些篇目反映的是齐国稷下学宫的学者们的思想，是道家与法家的著作。[2]

《管子》一书内容的丰富庞杂恰是稷下学宫百家争鸣的结果。除了齐国本土丰富的思想文化资源可资利用之外，稷下学宫还吸引了当时天下列国的饱学之士前往聚徒讲学，著书立说，进而相互辩难，切磋琢磨，这当然也为学者们增益见闻、开拓视野创造了极好条件。另有学者如白奚则从齐国本土文化面对外来文化的"入侵"和挑战时而被迫"自卫"这个视角来看《管子》的成书，他认为，"面对如潮水般涌入的异国思想文化"，"许多齐国本土学者不甘于这种喧宾夺主的局面，于是，如何接受外来思想文化的挑战，弘扬齐国固有的思想文化，使其始终保持齐国特色，与外来思想文化争夺稷下学宫中的主导地位，便成了摆在他们面前的紧

---

[1] "《管子》一书的主体是战国百家争鸣时期一批尊崇管仲的齐国佚名学者的集体创作，是齐国本土思想文化的汇集与结晶。"白奚：《怎样读〈管子〉》，载《中华读书报》，2017 年 2 月 15 日。

[2] 有关《管子》的校释，可参考（清）戴望的《管子校正》（北京：中华书局，《诸子集成》本），郭沫若、闻一多、许维遹的《管子集校》（北京：科学出版社，1956 年），赵守正的《管子注译》（南宁：广西人民出版社，1982 年），谢浩范、朱迎平的《管子全译》（贵阳：贵州人民出版社，1996 年），姜涛的《管子新注》（济南：齐鲁书社，2006 年），等等。有关《管子》的研究，可参考任继愈主编的《中国哲学发展史》（先秦卷）中的"管仲学派"章，白奚的《稷下学研究——中国古代的思想自由与百家争鸣》中的"稷下齐地之学的代表作品《管子》"章，张固也的《〈管子〉研究》（济南：齐鲁书社，2006 年），张连伟的《〈管子〉哲学思想研究》（成都：巴蜀书社，2008 年），等等。另：早在上世纪 80 年代就已经有《管子》英译本（W. A. Richett, *Guanzi：Political，Economic and Philosophical Essays from Early China．A Study and Translation*，Princeton Uni. Pr.，1985.）可资参考。

迫课题"，因而他们把目光投向了大英雄管仲，"共同创作了《管子》一书"。① 这个说法用来解释《管子》一书为何托名管仲所作是有一定说服力的，但却也很容易掩盖一个思想史上基本的事实，即不同思想文化之间的碰撞和融合恰恰是精神翻新的真正动力和源泉。②

在集聚了天下学者百家争鸣之稷下学大背景下产生的《管子》，应该被视为彼时中国思想文化的一个综合陈列，而非仅仅代表齐国的学术成就，因为《管子》书中的丰富内容远远超出了因循守旧、固执陈说的思想"自卫"。这可以从如下三个方面体现出来：第一，《管子》"法治"思想周详而深刻；第二，《管子》书中有四篇专论"精气"的奇文；第三，阴阳与五行两大思想符号系统在《管子》书中有合流的轨迹。下文将就此三方面展开介绍，以见《管子》书之内容宏富。

一、《管子》"法治"思想之周详而深刻

《管子》书中有非常丰富的政治、经济、军事思想等等，内容显得相当庞杂。但其中心论述涉及"法治"，"以《任法》、《明法》、《法法》、《君臣》（上下）、《立政》、《七法》、《版法》、《法禁》、《重令》等篇为主。这些篇章在全书中所占比例最大。"③战国时期主流学术人物和团体的中心关怀都是"治国"，而"治国"则离不开对"法"的理解和运用。《管子》也不例外。

> 夫不法（废）法则治。法者，天下之仪也，所以决疑而明是非也，百姓所县（悬）命也。（《禁藏》）
>
> 圣君任法而不任智，任数而不任说，任公而不任私，任大道而不任小物，然后身佚而天下治。（《任法》）

---

① 白奚：《稷下学研究——中国古代的思想自由与百家争鸣》，北京：生活·读书·新知三联书店，1998 年，第 218—219 页。

② 任继愈主编的《中国哲学发展史》中"管仲学派"章的说法——"《管子》书很可能就是不曾掺杂稷下先生著作的管仲学派的论文集"——是值得商榷的。见氏著《中国哲学发展史》（先秦卷），北京：人民出版社，1983 年，第 354 页。

③ 白奚：《怎样读〈管子〉》，载《中华读书报》，2017 年 2 月 15 日。

法立令行，故群臣奉法守职，百官有常。法不繁匿，万民敦悫，反本而俭力。故赏必足以使，威必足以胜，然后下从。（《正世》）

如上文所引，《管子》书中论"法治"效用的言辞比比皆是。管子学派重法，以法为民众百官行为的标准与规范，但也强调，君主、百官与民众与法的关系并不相同："夫生法者君也，守[维护]法者臣也，法于法[遵照法律]者民也。"（《任法》）对君主而言，重要的是其尊贵的地位，因此对君主要从而贵之。虽然如此，法为群体社会共同遵守的行为规范，君主亦不例外。此派主张"君臣上下贵贱皆从法"，君主治国应"使法择人，不自举也；使法量功，不自度也"。（《任法》）法为规矩方圆，治国必赖此规矩方圆。圣人能够制定法，但不能舍此规矩而治理国家。无法，则民将无所措手足。"夫法者，上之所以一民使下也；私者，下之所以侵法乱主也，故圣君置仪设法而固守之。"（《任法》）法的功能在齐一民众之行为，便于统一号令。"威不两错，政不二门，以法治国，则举措而已。"（《明法》）

但是，管子学派对以刑罚为主要内容的法治的局限性，有清醒的认识。其曰："刑罚不足以畏其意，杀戮不足以服其心。"（《牧民》）外在强制性的规范并不足以驯服人心，那怎么办呢？《管子》认为应采取两个方面的措施。一方面，在立法上，君主必根据普遍的人情之好恶。"人主之所以令则行、禁则止者，必令于民之所好，而禁于民之所恶也。"（《形势解》）"夫民必得其所欲，然后听上。"（《五辅》）所以，立法必得顺乎民心。由此，《管子》提出要"利民、富民、取于民"的原则，谓"得人之道，莫若利之"（《五辅》）；"治国之道，必先富民"（《治国》）。另一方面，管子学派并没有因此忽略道德教化的作用。其称礼、义、廉、耻为"国之四维"；"四维张则君令行，教训成俗而刑罚省"；"四维不张，国乃灭亡"（《牧民》）。与"四维"相应的才是"常令"、"官爵"、"符籍"、"刑法"等法治手段的"四经"。"四维"与"四经"相辅以治国，乃说明道德名法是相通的，均为人们行为的规范与仪度。这里，《管子》是主张利义并重，礼法并施的。其曰："必先顺教，万民乡风"（《版法》）；"变俗易教，不知化不可"（《七法》）。

就顺乎民心与"四维"的关系，管子学派认为前者是更为重要的。利为民之所欲，顺民心即是要尽量满足人民的这种欲望，所谓"利民、富民"是也。至于礼、义、廉、耻，则是以一定的物质条件为前提的：

> 凡有地牧民者，务在四时，守在仓廪。国多财则远者来，地辟举则民留处，仓廪实则知礼节，衣食足则知荣辱。（《牧民》）

要治理好国家，首先要发展经济，使财富增长，富民富国。国家政治的安危主要在人心之顺逆。所以，《管子》的顺民心之意即是顺民心之所欲而不强民心之所恶。民欲富则富之，民欲安则安之。物质生活改善了，还要加强教化，促进社会道德的进步。无论是"四维"、"四经"还是顺民心，在管子学派都是为了"牧民"。顺民心之目的在"为之用者众也"（《法法》），最终是为"尊君"治国。

据以上论述我们可见，在"法治"问题上，《管子》书中蕴含了对儒家思想的吸收和超越。司马迁批评法家"严而少恩"，说法家"不别亲疏，不疏贵贱，一断于法"，这样的后果是"亲亲尊尊之恩绝矣"（《史记·太史公自序》）。时值"法律面前人人平等"之观念日益深入人心的今天，司马迁的批评已经没有力度。而真正提纲挈领把握了儒法思想对峙中儒家所欲指陈之法家根本弊端的，则见于《汉书·艺文志》："及刻者为之则无教化，去仁爱，专任刑法而欲以致治，至于残害至亲，伤恩薄情。"真正的法治，并不意味着"无教化，去仁爱"而一味刻板的"专任刑法"。

不同于三晋法家（以韩非为代表）的"机械"和"苛酷"，《管子》兼采儒家之长处，正可见于其虽主"法治"，但又深明在政治生活中不能忽视对"政教关系"的思考。正如上文已经论及的，《管子》强调"教化"的独特意义。"政"与"教"的目的都在于"治国"，但是"政教相似而殊方"。"政令"必系于"权力"和"刑罚"，而"教化"则若"秋云之远"、"夏云之起"、"皓月之静"，或"流水之荡荡"，"使人思之"，化育人于自觉奋发之中。（参见《管子·侈靡》）梁启超《管子评传》云："以秋肃之貌，而行春温之心，斯则管子之志也。"《管子》重法但却有孔子般的"春温之心"，这似乎也可以从另一个侧面印证《论语》中孔子对管仲的激赏。①

　　另外，也正如上文已经论及的，《管子》在吸收儒家长处时，也针对儒家的"性善论"和"义利之辩"提出了与之不同的独特务实的看法。法治的必要性正在于清醒的看到了人类实际社群生活中可能出现的一切混乱和堕落，同时也承认了人"趋利避害"以满足其可能不断膨胀的欲望的合理性。这不能不让我们想到"稷下学"最后的大师荀子，也正好可以帮助我们厘清"荀学"得以产生的思想史背景。这里必须强调的是，《管子》和《荀子》书中所指陈的人性可能呈现的各种"恶相"乃世所共知共见，孔、孟并非不知（孔、孟"辙环天下"，于世道人心见闻丰富）；孔、孟所谓之"性善"和管、荀等人所力陈之"性恶"并不是一个层面的话语和问题，借着《管子》一书的兼容和宏富，我们也正好可以来廓清一下有关"人性"的各种争执以及与之相关的"义利之辩"，此处暂不细论（详见其它相关章节）。惟管子治国的务实态度和措施，深得法治精神之精髓，不得不重点表彰，以见其精彩。

　　此外，在本章的开头我们就已经指明，要把《管子》放在黄老道家这个大的思想史框架中去研读，以见其"道法结合"的鲜明特点。《管子》论"法治"不惟有对儒家思想的吸收和超越，更为突出的则在于对道家思想的吸收和超越，正如白奚所指出的，"《管子》在道法结合、以道论法的理论模式上进行的探索最多，贡献也最大。"而且，"这种理论模式代表了战国中后期学术思想发展的大方向。"②

> 明王在上，道、法行于国。（《法法》）
>
> 百姓揖睦，听令道、法以从其事。（《任法》）
>
> 明君之重道、法而轻其国。（《君臣上》）

---

① 此处论述参考了白奚《稷下学研究——中国古代的思想自由与百家争鸣》（北京：生活·读书·新知三联书店，1998 年）中论述《管子》的"礼法并用，注重民心河道德教化"小节，见该书第 229—234 页。

② 白奚：《怎样读〈管子〉》，载《中华读书报》2017 年 2 月 15 日；另参见白奚：《稷下学研究——中国古代的思想自由与百家争鸣》，北京：生活·读书·新知三联书店，1998 年，第 225—227 页。

事督乎法，法出乎权，权出乎道。（《心术上》）

由此可见，《管子》书中常常道、法并提。"从道家学说发展的角度来看，道法结合、以道论法的理论模式把道家的'道论'应用于现实中的法治实践，是对道家学说的一个重大开拓，避免了道家学派因只谈抽象的哲理而在'皆务为治'的百家争鸣中被边缘化。"①正因如此，《管子》之所谓"道"，有不同于一般作为道家之代表的《老子》和《庄子》之处。例如，《老子》"小国寡民"，管仲辅佐齐桓公则"广土众民"；《老子》书中说"法令滋彰，盗贼多有"，《庄子》也揭露国家政权把持者乃是盗国的大盗，而《管子》则怀抱着治理天下国家的政治理想，积极推动与"道"相应的"法治国家"的建设，这是《管子》有别于以"养生"为主的"自然道家"的地方，而凸显了其"黄老道家"的特色，同时也丰富和深化了其所谓"道"与"法"的内涵。据上文所述，"法"乃"道"在政治生活中的显用，道法结合，相辅相成，故而也是二者内在的应有之意。因此，"不动以为道，齐以为行"的"避世之道"（《侈靡》）为管子所不取，因为如此则"不可以进取"，管子则崇尚"与时俱往"的进取精神。

根据以上分疏，我们似乎可以说作为齐国"稷下学"之"集大成"的《管子》，其"法治"思想中融会贯通了儒家、道家等学说的精粹，故而避免了所谓"纯粹"的儒家、道家等学说中可能出现的各种偏颇，显得格外的周正圆融。但是，《管子》一书有关"法治"的内容，是否也可以从另外一个侧面启发我们重新去看待先秦学术史，进而去思考，包括儒、道、法在内的所谓"九流十家"的提法是否太机械了？再者，从董仲舒时代开始，政治上所谓"独尊"之"儒"难道就是与其他"诸子百家"相对立、不相容的？具体地说，先秦哪家哪派又没有谈"天"论"道"呢？我们是否应该以更为宏阔的眼光，去感触先秦时代中国人的精神律动，而不是斤斤计较于所谓学派之间的异同？在这个意义上，所谓"黄老道家"的提法也只是一个权宜的引子，以便我们能逐步地深切体认中国先秦"天道文化"浑厚

---

① 白奚：《怎样读〈管子〉》，载《中华读书报》，2017 年 2 月 15 日。

磅礴的精神"整劲"所在。

二、旷世奇文"《管子》四篇"

现存《管子》书中《心术》上下、《白心》、《内业》四篇，以"精气"说为中心所涉及的、甚为独特的有关"内圣外王"（此一提法未见有学者援用，或显突兀，但确实能概括这四篇的实质内容，详见下文）的学问格外引人注目。① 因其内容上有相贯通之处，自成一体，学界认为是同一学派，即本书所说的稷下学派所写，简称"《管子》四篇"。关于这四篇的具体作者，有学者认为是宋钘、尹文，有学者则认为是慎到、田骈，目前尚未有定论。② 1973 年出土的《黄帝四经》"与《管子》尤其是《心术》等篇有太多的相似之处，这二者之间的内在联系引起学者们极大的兴趣"③，同时再次激发了有关这四篇的年代和作者问题的讨论。

《管子》四篇的作者继承、深化了中国先秦"天道文化"中广泛存在的有关"道"与"气"的思想，进一步明确地讲"道"即"精气"。所谓"精气"即最精细的气。《内业》篇说："精也者，气之精者也。"精也是气，是气之精粹、精致的部分。

> 凡物之精，比（或作"化"）则为生。下生五谷，上为列星；流于天

---

① "《管子》四篇"之奇，也可从以下事实看出：该"四篇"虽然很早就引起了古人的关注，但是古人或者"好取儒家心性之说"（例如宋代晁公武就据此四篇猜测管子"亦尝侧闻正心诚意之道"，见晁公武撰、孙猛校正《郡斋读书志校正》，上海：上海古籍出版社，1990 年，第 491 页）与之比附，或者目之为道学，皆不得要领，有无处安置，且无从消化之虞。这一点正好可以和上文的论述相契合，即现代一般学者面对先秦文献（尤其是哲学性很强的文本）的研究思路在根本上可能是有问题的。

② 自上世纪三四十年代以来，"《管子》四篇"的成文年代和作者问题是《管子》研究中的一大热点，罗根泽、日本学者武内义雄、蒙文迪、郭沫若（他认为"《管子》四篇"是宋钘、尹文的遗著，这一说法长期影响了国内学者对这"四篇"的解读，但今天已基本不被接受）、朱伯崑、裘锡圭等人都有相关讨论。参见张固也的《论〈心术〉等篇的著作年代》，载《管子》研究，济南：齐鲁书社，2006 年，第 275—286 页；张连伟的《〈管子〉四篇问题的由来》，载《管子》哲学思想研究》，成都：巴蜀书社，2008 年，第 172—178 页。

③ 张固也：《〈管子〉研究》，济南：齐鲁书社，2006 年，第 276 页；另参见张连伟：《〈管子〉四篇与黄老之学》，载《管子》哲学思想研究》，成都：巴蜀书社，2008 年，第 205—213 页。

地之间,谓之鬼神;藏于胸中,谓之圣人;是故名气。杲乎如登于天,杳乎如入于渊,淖乎如在于海,卒乎如在于己(当作"山")。是故此气也,不可止以力,而可安以德;不可呼以声,而可迎以音(当解为"意")。(《内业》)

这段话的意思是,万物因精气而生而成,五谷、星辰都是精气的产物。"鬼神"在这里是喻指精气流行变化的鬼斧神工。精气怀藏于胸中,才能成为圣人。精气运行不息,充盈于天地山川之间。对于每个人来说,这种气,不能以强力阻止它,倒是可以用德来安定它;不能以声音召唤它,倒是可以用意念来迎接它。

"四篇"的作者认为,"气"与"道"都是"至大"与"至小"的统一。《心术上》篇说:"道在天地之间也,其大无外,其小无内。"《内业》篇也说,"灵气"是"其细无内,其大无外"的。这即是说,精气是万物的最细微的单位,又充塞于天地之间,形成宇宙、万物。"道满天下,普在民所"(《内业》),无处不在,无时不有。"道""虚而无形","遍流万物而不变","万物皆得以然,莫知其极"。(《心术上》)这是作者对世界之统一性的体认。作者还进一步以气来解释生命、意识的起源与人们的精神活动,指出:"气,道(通)乃生,生乃思,思乃知,知乃止矣。"(《内业》)人们的思想、智慧也是精气运动的产物。

"四篇"作者从"天地之大观"中体认"道"(这是先秦时代诸子思想的普遍出发点),说"天之道虚,地之道静"(《心术上》),主张人应当法天地之道而虚静其心,以求得对万物的正确认识,提出"静因之道"的心性修养论。

无为之道,因也。因也者,无益无损也。(《心术上》)

因也者,舍己而以物为法者也。感而后应,非所设也;缘理而动,非所取也。(《心术上》)

"舍己"而"无为",尽量排除主观设想与盲动,才能"以物为法",真正实践"感而后应"的"静因之道"。"四篇"的作者认为,面对万物的纷扰,人应加强修养,使内心虚静、专一:

> 天之道虚，地之道静。虚则不屈，静则不变，不变则无过，故曰：不伐。洁其宫，开其门。宫者，谓心也，心也者，智之舍也，故曰宫……门者，谓耳目也。耳目者，所以闻见也。（《心术上》）

《心术上》中说："心之在体，君之位也。""心"居君位。人们修养好心灵，去掉杂念，保证心总是处于君位，才能制耳目之官以接万物，使认识的门户不会被阻塞，即所谓"洁其宫，开其门"。① "道"是虚的，"心"也应该是虚的。"虚者，无藏也。"（《心术上》）这是说，认识主体对于所知没有主观成见与情感好恶。虚而后能静。所谓"静"，就是"毋先物动，以观其则，动则失位，静乃自得"（《心术上》）；"静则得之，躁则失之"（《内业》）。有了冷静的态度，才能获得有关事物及其规律的正确认识，急躁妄动则不能达到目的。作者指出："血气既静，一意专心，耳目不淫，虽远若近。"（《内业》）"专于意，一于心，耳目端，知远若近。"（《心术下》）虚静使得内心平静、专一，集中注意力，聚精会神。《管子》四篇关于"心"之虚静、专一的思想，也容易让我们想起《庄子》、《孟子》以及后来的《荀子》等书中的相关论述。此点再一次提醒我们，不可脱离开为诸子百家所共享的、中国先秦"天道文化"这个更为浑厚的大渊源，而割裂地去考量各家各派的学说，这样的后果是亡失古书精义，甚至无法进入先秦诸子的思想脉络。②

---

① 另，《内业》篇把人的静定之心比作"精舍"；针对日常生活中的动乱之心而言，修养的功夫要落实在"敬除其舍"上。白奚在论述"四篇"之"精气理论"时，对此说之甚详。参见白奚：《稷下学研究——中国古代的思想自由与百家争鸣》，北京：生活·读书·新知三联书店，1998年，第222—225页。

② 因为先入为主的各种偏见而读不懂古书的现象比比皆是，试举一二例：荀子在《解蔽》篇中描述"大人""虚壹而静"进而"大清明"的内心境界，有学者解释说"这里的'大人'指统治者，荀况总希望他的政治哲学思想为统治者所采用"（见胡家聪：《稷下争鸣与黄老新学》，北京：中国社会科学出版社，1998年，第93页），这种解释实在是错失根本；另有学者把《管子·内业》中的"抟气如神，万物备存"说成是一种"企图驾驭万物的自我感觉"，进而展开说"奇怪的是，何以古人一旦习静养气，往往就会油然产生一种个人骎骎乎凌驾天地而控驭万物的虚幻感觉呢？"并把这种感觉看成"一种特殊的气功心理现象"，说"在气功静坐中，真气流转，百脉畅通，从而神完气足，身心欣悦，觉得天下事无不可为，无不易为，导致精神上的自我夸大，自我膨胀"。（见张荣明：《中国古代气功与先秦哲学》，上海：上海人民出版社，2011年，第205页。）这里，中国古代学术中的精髓部分被该学者视为"自我夸大，自我膨胀"。

《管子》一书貌似庞杂，但其对"心"的见解却十分细致而深刻，这不仅仅集中见于"四篇"之中，而且散见于《管子》全书。例如，《枢言》中强调，道之在人者乃"心"，"圣人用其心"，混混沌沌的，"纷纷乎若乱丝"，但又似乎总能理出个头绪；而"众人之用其心"，则逃不出"爱憎德怨"的藩篱。在《侈靡》篇中，"阳者进谋，几者应感"的说法更是表明，在《管子》那里积极主动的谋略和通过洁净身心而实现的随感而应（直觉）都得到了重视，从而可以丰富我们对"静因之道"理解。这也反过来启示我们，《管子》"四篇"固然称奇，但也不应把它们从《管子》书中割裂出来，只有这样我们才能从宏观上把握《管子》乃彼时中国学术的一部"百科全书"，虽然搜罗不全，结构也比较混乱（毕竟乃后人所汇编，不是现代意义上的系统化专著），但至少提醒我们，要用新的眼光去看待先秦学术史。

"《管子》四篇"与其他篇章的内在关联，促使我们去面对《管子》一书内容上的"整体性"，这一点突出的体现于它以"黄老道家"的风格表达了对"内圣外王"之学的理解。"内圣外王"一语初见于《庄子·天下》，后世往往用来说明儒家学术之宗旨。"内圣外王"之学的实质，在于凸显内心修养的学问与政治活动的内在联系。在这个意义上，"黄老道家"也是"内圣外王"之学的代表（后文论及《黄帝四经》时会再次涉及）。《管子》一书的政治、经济、军事等思想之所以不是空泛的"肤论"，而且它强调国君、人主要有德，公正无私，因民之心，因物之性，因天时地利等等，是有着深刻的哲学基础的，就在于全书是以道家道论思想（主要体现于对"心"的细致而深刻见解）为理论基础。白奚指出："《管子》精气论将通过内心修养而'得道'的学说运用于政治理论。"①故而《管子》所谓"心道"可以自然地类比于"君道"。正如《七臣七主》篇中所说："一人之治乱在其心，一国之存亡在其主。"再者，为君之道要崇尚"无为"，以静制动，这样才能最恰切的统领百官，使其各尽其职，也正如一人之心要静定，这样才

---

① 白奚：《稷下学研究——中国古代的思想自由与百家争鸣》，北京：生活·读书·新知三联书店，1998年，第225页。

能"无为而制窍",使四肢百骸各得其所,顺遂安康。①

这些线索都提醒我们,"四篇"所代表的乃是《管子》的"心学",但是作为"内圣"之基的"心学"却不局限于此"四篇",而是通贯全书,并且与其它有关"外王"的论述相为表里。

三、"阴阳"与"五行"在《管子》书中合流的轨迹

《管子》一书之内容,其特别醒目精彩处,除了刚刚讨论过的以"四篇"为代表的"精气"理论之外,还有以《幼官》、《四时》、《五行》、《轻重己》四篇为代表的阴阳五行思想。"学术界对《心术》等四篇的研究历来比较重视,成果颇丰,而对《幼官》等四篇的研究相比之下却显得较为冷落,不仅专门的论文寥寥无几,而且涉及于此的亦不多见。"白奚认为,"《幼官》等四篇在中国思想史上的地位相当重要,作为中国传统思维框架的阴阳五行模式就是在这几篇中定型的。"②因此,白奚在其《稷下学研究》一书中详细地梳理了阴阳与五行这两大思想符号系统在《管子》那里合流的轨迹。

《管子》书中有一类文章如《乘马》、《势》、《形势解》等,只涉及"阴阳"而不见"五行",另有一类文章如《水地》、《地员》等则与之相反,只涉及"五行"而不见"阴阳";然而,在《宙合》、《七臣七主》、《揆度》、《禁藏》、《侈靡》等文章中,则出现了"关键的变化","它们在阐发阴阳思想的同时,开始容纳五行思想,令五行思想与阴阳思想并行,甚至试探着将二者结合起来"③,如《侈靡》篇中说"阴阳进退,……天地之精气有五"等等。因此,阴阳与五行这两大思想符号系统在《管子》中的合流显现出一个生动的

---

① 《管子》所代表的黄老道家的这些见解,我们在秦汉时期的许多文献中都可以发掘出来,比如上述说法不能不让人联想到孟子所强调的"先立其大者";"四篇"中的"精气说"可与以《黄帝内经》为代表的中医理论相互发明。先秦学术虽显"杂乱无章"但其实"浑融一体",或许是《管子》给我们最大的启示。

② 白奚:《稷下学研究——中国古代的思想自由与百家争鸣》,北京:生活·读书·新知三联书店,1998年,第234页。

③ 白奚:《稷下学研究——中国古代的思想自由与百家争鸣》,北京:生活·读书·新知三联书店,1998年,第237页。

轨迹。这是有着巨大的思想史价值的。

阴阳五行两大思想符号系统究竟合流于何时，这是学术史上要解决的重要问题。在以往的学术探讨中，一般认为清晰可见的合流或实现于董仲舒，或实现于《吕氏春秋》，或实现于《淮南鸿烈》，或实现于战国末期的邹衍。与《管子》书中其它篇章或只论阴阳，或只论五行，或仅仅若隐若现的并提阴阳五行之不同（详见上文），《幼官》、《四时》、《五行》、《轻重己》四篇"通篇都是阴阳五行思想，他们是比较成熟的阴阳五行家作品，并各自配成了以五行相生为序的大同小异的宇宙图式。这些图式的配成标志着阴阳与五行合流的实现。"①

阴阳五行是最具有中国韵味的符号系统，成了后世以易学和中医为代表的、几乎所有传统学术的最典型的表达工具。但是，现代学者似乎很难再进入其内在理路。一般有关阴阳五行的介绍，站在狭隘的所谓科学主义或理性主义的立场，表现出多是不解和无奈；而"同情的理解"则又往往呈现为观念或事物的"堆砌"和"比附"。究竟如何显发阴阳五行符号系统中所蕴含的深沉的哲学意味，仍然是现代学者要去攻克的学术难关，不可等闲视之，更不可怀着所谓"哲学发展史"的成见视古人为肤浅和幼稚。在这方面，《管子》则给我们提供了更为源头性的资料，其弥足珍贵亦于此可见。②

第三节　《黄帝四经》

稷下学派中部分推崇老子学说的学者把老子的思想与法家思想加

---

① 白奚：《稷下学研究——中国古代的思想自由与百家争鸣》，北京：生活·读书·新知三联书店，1998 年，第 239 页。另，谢浩范、朱迎平认为："《周易》论阴阳而不及五行，《尚书·洪范》论五行而不言阴阳，《管子》中的《幼官》、《四时》、《五行》、《轻重己》诸篇则将阴阳和五行结合起来，将五行配于四时，并将时令、方物以至治国、用兵之道都与四时、五行相联系，论述了'阴阳至运'、'五行相生'、'天人感应'等思想。"（氏著《管子全译》"前言"，贵阳：贵州人民出版社，1996 年，第 5 页。）
② 张连伟《〈管子〉哲学思想研究》（成都：巴蜀书社，2008 年）中有专章讨论"《管子》阴阳五行思想"，可资参考。见该书第 68—102 页。

以整合而使道家向应用方面发展，并且把自己的著述托名于黄帝。于是，后人把他们称为"黄老学派"。但是，据传世文献，黄老学派的具体格局和发展脉络却并不易理出，因而上述关于稷下黄老之学的说法，也只能说是思想史上的假设。①

1973 年，湖南长沙马王堆出土了二十余组帛书，其中两组是后代一直流传不断的《老子》的两个不同传抄本，被称为《老子》帛书甲、乙本。在《老子》帛书乙本前有四篇后代未见流传的佚书，即《经法》、《十六经》（或称《十大经》、《经》）、《称》和《道原》。此四篇佚书最开始被称为"马王堆《老子》乙本卷前古佚书"，但因其书大旨颇类《老子》，出土时又和《老子》乙本为一组，且书中又称道黄帝（其实只有《十六经》直接提及黄帝），遂被诸多学者认为是西汉时期为司马迁所提及的"黄老"、"道家"学术系统中的"黄帝之书"。这一发现使黄老道家的面目变得清晰了许多。考古学界认为它们就是《汉书·艺文志》记载但已失传的《黄帝四经》（更为谨慎者则称其为"黄帝书"或者"黄老帛书"）。学界一般认为，《黄帝四经》是战国黄老之学的作品。它与帛书《老子》乙种合卷，正好说明两者有某种联系，当然也进一步印证了黄老思潮在汉初的盛行。②

《黄帝四经》和《老子》一起并提，被看作是"黄老之学"的奠基之作，是有着清晰可见的理据可寻的。此二书有颇多类似之处。首先，《黄帝四经》的很多表述方式与《老子》相近，如"实穀不华，至言不饰，至乐不

---

① 韩国学者金晟焕的《黄老道探源》是一个非常好的尝试，其视野宏阔，关注的是先秦两汉学术整体，并未局限于稷下学之黄老道家。参见《黄老道探源》，北京：中国社会科学出版社，2008 年。

② 有关《黄帝四经》的释文和研究可参考：余明光《黄帝四经与黄老思想》，哈尔滨：黑龙江人民出版社，1989 年；谷斌《黄帝四经今译·道德经今译》，北京：中国社会科学出版社，1996 年；白奚《稷下学研究——中国古代的思想自由与百家争鸣》中的"稷下的主流学派黄老之学"章，北京：生活·读书·新知三联书店，1998 年；魏启鹏《马王堆汉墓帛书〈黄帝书〉笺证》，北京：中华书局，2004 年；荆雨《自然与政治之间——帛书〈黄帝四经〉政治哲学研究》，长春：东北师范大学出版社，2007 年，等等。《黄帝四经》目前已经有英文、荷兰文、日文（部分）等译本。参见雷敦和：《关于马王堆黄帝四经的版本和讨论》，载《道家文化研究》第 18 辑，北京：生活·读书·新知三联书店，2000 年。

笑"(《称》),让我们想起《老子》书中的"信言不美"、"善者不辩"、"智者不博"等语。就思想层面而言,《黄帝四经》贵雌尚柔(如《经·雌雄节》),也一如《老子》。当然,最为根本的理由则在于,《黄帝四经》中的"道"论亦颇类于《老子》。和《老子》一样,《黄帝四经》以"道"为本源,建立起宇宙论。《道原》称:

> 恒无之初,迵(洞,即通)同大(太)虚。虚同为一,恒一而止,湿湿梦梦,未有明晦。神微周盈,精静不熙。故末有以,万物莫以。故无有形,大迵无名。天弗能覆,地弗能载。……万物得之以生,百事得之以成。人皆以之,莫知其名;人皆用之,莫见其刑(形)。一者其号也,虚其舍也,无为其素也,和其用也。

这个"恒无之初",上博楚简中为"恒先之初"。恒先之初是存在的,就是"道"。"道"为"虚"为"一",无形无名,万物却"得之以生",万事却"得之以成",它是宇宙世界的终极本原。《黄帝四经》这类说法,均类近《老子》。依这样的"道",如何用世,如何为治呢?《经法·道法》称:

> 虚无有,秋毫成之,必有形名。形名立,则黑白之分已。故执道者之观于天下也,无执也,无处也,无为也,无私也。是故天下有事,无不自为形名声号矣。形名已立,声号已建,则无所逃迹匿正矣。

"道"是"虚"的,得"道"者也应"虚无有",即没有任何主观执着,一切行事均依从于"形名"。所谓"形名"即是法家所讲的"循名责实":每个个人接受什么职位(名),就应该承担什么责任(实、形);上级官员或国君只依其职位(名)与业绩(实、形)是否相符,审核属下的是非优劣,不加任何主观的喜好。《经法》这里所说的"形名立,则黑白之分已",即指这种"循名责实"的审核方式。

"形"与"名"、"职位"与"责任",是以法令条文的形式公布于众的,是故以"道"治国实即以"法"治国。于此可征《黄帝四经》黄老道家的特点:

> 道生法。法者,引得失以绳,而明直者也。[故]执导者,生法而

弗敢犯也，法立而弗敢废［也］。（《经法·道法》）

　　法度者，正之至也。而以法度治者，不可乱也。……精公无私而赏罚信，所以治也。（《经法·君正》）

这些说法都明确认定，要以"法"作为唯一准绳治理国家。"道生法"者，即谓"执道者"唯依法行事，不添加任何个人的好恶。显见，黄老学实为以道家融摄法家形成的一个思潮。这种融摄一方面取道家清净无为的思想作为基本理念，另一方面使法家的某些措施作为治国的必要手段得以实行。此点可以和上文所论之《管子》相互发明。

总之，稷下黄老学派主张"道"是万物之本，无所不在，"道"表现为支配事物的法则和规律，只有顺应自然，因循法则和规律，才可以化"道之无为"成"法之有为"。他们的政治主张体现了法家之学，而哲学基础却与《老子》思想想通。

《黄帝四经》与《老子》一样，将养生、治国、用兵融为一体，体现了黄老道家的显著特点（这也是我们考察《老子》与《庄子》之不同的重要切入点）。其"内圣"（养生）与"外王"（治国、用兵）两个维度是二而一、一而二的相辅相成的关系。其网罗式、类比式的言说方式立足于阴阳范畴，"凡论必以阴阳明大义"（《称》），认为"万物负阴而抱阳"（《老子》），强调从阴阳、牝牡、刚柔等等可以无穷引申的对待关系中"得天之微"（《经·观》）。①

联系上文已经讨论过了的《管子》，我们还可以看到，后来黄老道家的发展演化，不惟在于"五行"思想符号系统的融入，也体现于其在阴阳范畴的基础上而展现出来的"时"的观念的丰富性。《老子》并未明确言及"时"，而《黄帝四经》和《管子》（以及《易传》等其它有黄老道家气息的众多先秦两汉文献）中则处处见"时"。如《管子》书中说"时者得天"、"人以时使"《枢言》、"以时事天"、"变其（之）美者应其时"（《侈靡》），《黄帝四

---

① 《荀子·解蔽》："微者，精妙之谓也"；《吕氏春秋·大乐》："道也者，至精也。"又，请参见魏启鹏：《马王堆汉墓帛书〈黄帝书〉笺证》，北京：中华书局，2004 年，第 102 页。

经》中说"当天时，与之皆断，当断不断，反受其乱"(《经·观》)等等，此等"时论"俯拾皆是。"时"者"四时"也；"四时"者，大化之流行也。四时变化似乎人所共喻，司空见惯，但"天地不可留"，"化故从新"，"天地若夫神之动"，"化变者也，天地之极也"(《管子·侈靡》)的微妙神奇及其与人类生命活动谜一样的内在关联，则是中国古代哲学所极力要在人的心中去唤醒去复苏的。也只有这样，我们才能理解，黄老道家为什么要强调阴阳刑德与"四时"的联系(政治上的赏善罚恶一如天地在四时变化中的生杀予夺)，以及其它方方面面与"天时"有关的论述。

如上所述，《黄帝四经》和《老子》有许多共同点，都体现了黄老道家的特点，但是《黄帝四经》也有一些思想，为《老子》所无，而且对照鲜明。一个很突出的例子就在二者对待"争"的见解不同。《老子》强调"不争之德"，而《黄帝四经》尽管承认"作争者凶"，但也明确了，"不争亦毋(无)以成功"(《经·五正》、《经·姓争》)。魏启鹏说这一思想"是对老子思想的修正和发展"，"在传世先秦诸子书中亦罕见"。[1] 面对动荡不安的天下大势，在大臣阉冉的启发下，黄帝认识到不惟治理天下，即使是养生也不能无争，因为"怒若不发，浸廪(淫)是为痈疽"(《经·五正》)。[2] 但是，即使认识到了战争局面不可避免，在对蚩尤的战争发动之前，黄帝还是过了三年"静修"以求实现"自知"的"隐居"生活。

此处有两点值得特别关注，从中我们可以以小见大，看出包括《黄帝四经》在内的黄老道家思想在整个中国文化中价值。

其一，黄帝和蚩尤之"争"的必要性虽然得到了承认，但黄老道家融合道法，其"养生以经世"的根本特点(黄帝在战争前的"隐居"和"静修")依然清晰可见，这不能不让人去思考，它和"修身以治国"的儒家理念之间的内在联系。汉武帝之后，尤其是朱熹将《礼记》中的《大学》篇特别表彰出来之后，"修身以治国"虽然成为整个中国政教文化之基石，但是没

---

① 魏启鹏：《马王堆汉墓帛书〈黄帝书〉笺证》，北京：中华书局，2004 年，第 116、140 页。

② 魏启鹏的疏解是"如果怒气被长期压抑不发，浸蚀蔓延就形成毒疮"，见氏著《马王堆汉墓帛书〈黄帝书〉笺证》，北京：中华书局，2004 年，第 123 页。

有"养生以经世"的"砥砺"和"颉颃"，"修身"之"身"恐怕会失去其"血肉"
而被完全"道德化"。"养生"时刻提醒人回归到本己的"血肉之身"，体认
"精神生活"的"身体渊源"，而这其实也是大学"修身"的应有之意，可惜
为后世所忽略。由此可见，黄老道家在中国文化中的意义在于，它总是
能在不经意间昭示世人去思考政治生活（"外王"）与精神生活（"内圣"）
之间的内在联系，去唤醒过度沉溺在"文化"之中的人去回归"自然"。

其二，黄老道家也在处理类似于儒家道统中的"革命天理化"问题，
而这也是与"内圣外王"相关的一个问题。《黄帝四经》中有关于黄帝对
蚩尤战争过程前前后后的描述，可以和《尚书》中的汤、武革命对观。两
个文本对"革命"的"天理化"为什么处理得如此"用心"？这种态度其实
和近现代社会中"革命热情"很不一样。两个文本对黄帝革命和汤、武革
命的反复铺陈、再三申辩，其实是在努力地面对一个在如火如荼的革命
中常常被刻意忽视的关键问题：每一政权之建立与运作都带着不可避免
的"恶"？① 这一疑问逼人直面政治、国家的"另一张脸"，对于现代民众积
极参与对国家政权的批判和监督，对于当下的中国不断完善自由、民主
国家的建设是有警示意义的。

《黄帝四经》的出土激发了学界对黄老道家的研究热情，为以黄老道
家为脉络更为深入地梳理中国文化提供了新的视角，其对我们现代人重
新契入中国文化，进一步理解自身、完善自身，过一种更为真诚的精神生
活是有重大意义的。

---

① 《易传》与黄老道家的关联多有学者提及。此处，与"革命"有关的疑问也可以帮助我们进一
步理解，《周易·系辞上传》中"聪明睿智，神武不杀者"一语，针对的其实就是"革命"、"政治"
生活中的杀戮而言。"外王"何其不易，也正可反证"内圣"之迫切，故而《易传》此章中频言
"洗心"（帛书作"佚心"，两者皆通）、"斋戒"，"退藏于密"以"神明其德言。

第十四章 《礼记》中的哲学思想

《礼》，在西汉时是五经之一，被称为《礼经》。《礼经》的一些内容是针对士阶层的，又被称为《士礼》。晋以后，《礼》、《礼经》、《士礼》之名被《仪礼》之名所取代。我们今天看到的《仪礼》十七篇，只是《礼》流传下来的一部分。根据《史记》、《汉书》的《儒林传》，鲁高堂生传《士礼》十七篇。在传衍中，经萧奋、孟卿、后仓、戴德、戴圣等学者整理，就有了今本《仪礼》。古人一般以《仪礼》为经，《记》则是解释经的传。如：《仪礼》有《士冠礼》、《士昏礼》、《乡饮酒礼》、《乡射礼》、《燕礼》、《聘礼》、《丧服》，《礼记》则有《冠义》、《昏义》、《乡饮酒义》、《射义》、《燕义》、《聘义》、《丧服小记》等，足见《记》的功用在于解经。其他各篇，不外乎修身化俗之道，别嫌防微之方，虽然不尽与《仪礼》相比附，所论都是治身治国之理。

《礼记》是儒家文献的辑录，有《大戴礼记》与《小戴礼记》两种，是汉代礼家抄录、整理诸《记》的集结。大戴是戴德，小戴是戴圣，汉宣帝时期人，是叔侄俩。《大戴礼记》原有八十五篇，现存四十篇。《小戴礼记》仍为四十九篇，其中《曲礼》、《檀弓》、《杂记》篇分上下，实为四十六篇。晋陈邵《周礼论序》说戴德删古礼二百零四篇为八十五篇，戴圣删《大戴礼》为四十九篇，清代学者通过考证认为此说不可信，因为二戴《礼记》篇目重复多，文字有异，很可能是依古本各自删定而成。二戴《礼记》的各篇，有的来自他们的老师后仓《曲台记》的内容（《汉志》有《后氏曲台记》九篇），但更多的是从多种《记》中抄合而成的。这些《记》流传于春秋末期至汉代，在西汉宣帝以前也被称为《礼》。①《大戴礼记》很重要，可惜这一书没有《小戴礼记》那么幸运。

1993 年 10 月湖北荆门郭店一号楚墓发掘出来，1998 年初步整理出版之后，以及 2000 年以来上博楚简整理出版之后，人们逐渐发现战国楚简中有很多与《礼记》相同、相近、相类似、可互证互通的材料。目前学者们倾向于认为《礼记》诸篇都是先秦时期的作品，有的篇目在流传过程中掺入了汉代人的少量的文字。可以参阅王锷《〈礼记〉成书考》、吕友仁《〈礼记〉研究四题》、丁鼎《礼记解读》等书。

论者以为，《礼记》诸篇章，"绝大部分形成于先秦时代，是由孔子的弟子、门人、后学传下来的，但流传中有所修改和增补。其修改有的牵扯到内容，有的则在传习中以当时之语述之，只字句有所变化而已。不能因为这部书中个别篇章产生于秦汉以后，即以全书为秦汉以后的著作。"②故我们把有关《礼记》的讨论放在先秦卷。

关键问题是《礼记》各篇章产生的时代与作者是谁？《礼记》的诠释，宜以各篇章为单位，原因在于《礼记》成书复杂，各篇内容十分丰富，以各篇，最好以各章为单位，比较具体。当然，《礼记》毕竟是一部经典，仍然可以统合而言之。

本章重点讨论《王制》、《礼运》、《大学》、《中庸》、《乐记》等篇，故先说说这几篇的时代与作者。在《礼记》四十九篇中，《王制》是第五篇，《礼运》是第九篇，《乐记》是第十九篇，《中庸》是第三十一篇，《大学》第四十二篇。

关于《王制》的写作时代与作者，众说纷纭，莫衷一是。郑玄认为在

———————————

① 参见杨天宇：《〈礼记〉简述》，载《礼记译注》，上海：上海古籍出版社，1997 年，第 11—14 页；吕友仁：《〈礼记〉研究四题》，北京：中华书局，2014 年，第 13、18 页。本章关于《礼记》的引文及解释，多从杨天宇《礼记译注》，特此致谢。
② 赵逵夫：《〈礼记〉成书考》"序"，载王锷《〈礼记〉成书考》，北京：中华书局，2007 年，第 15 页。

战国时，孟子之后。任铭善对郑说加以论证，认为是篇出于战国末期的深受孟子影响的儒者。卢植认为《王制》是汉文帝时博士所作，孔颖达认为《王制》作于秦汉之际。任铭善驳斥卢植、孔颖达说甚为有力。① 钱玄、杨天宇都支持郑玄、任铭善说。② 王锷则认为《王制》成于战国中期，在《孟子》之前。③ 我们取郑玄、任铭善说。

关于《礼运》的写作时代与作者，任铭善认为是子游记孔子之言，也有后人窜入的文字。④ 杨天宇认为此篇受战国末阴阳五行思想影响，可能是秦、汉时期的作品。⑤ 王锷认为，《礼运》全篇是孔子与子游讨论礼制的文字，主体部分是子游记录的，大概写于战国初期，在流传过程中约于战国晚期掺入了阴阳五行家言，又经后人整理而成为目前我们看到的样子。⑥ 我们取任铭善、王锷说。

如此看来，《礼运》、《王制》文本大体上定型于战国末期，基本上是儒家关于理想社会及圣王时代理想制度的讨论，其中有些制度对后世的制度建设发生过作用，有些理想社会的描述则启发了廖平、皮锡瑞、康有为、孙中山、毛泽东等。

关于《大学》的写作时代与作者。《大学》为宋代儒者推崇备至，成为"四书"之一。二程以《大学》为"孔氏之遗书"。朱熹认为《大学》首章是"孔子之言，而曾子述之。其传十章，则曾子之意而门人记之也。"（《大学章句》）今人李学勤结合马王堆帛书和郭店楚简的《五行》，认为朱子之说很有道理。王锷认为朱子、李学勤的看法很有根据，认定该篇是战国前期的作品。⑦

---

① 任铭善：《礼记目录后案》，济南：齐鲁书社，1982 年，第 11—14 页。
② 钱玄、钱兴奇编：《三礼辞典》，南京：江苏古籍出版社，1998 年，第 243—244 页；杨天宇：《礼记译注》，上海：上海古籍出版社，1997 年，第 192 页。
③ 王锷：《〈礼记〉成书考》，北京：中华书局，2007 年，第 184—188 页。
④ 任铭善：《礼记目录后案》，济南：齐鲁书社，1982 年，第 23—25 页。
⑤ 杨天宇：《礼记译注》，上海：上海古籍出版社，1997 年，第 362 页。
⑥ 王锷：《〈礼记〉成书考》，北京：中华书局，2007 年，第 241 页。
⑦ 参见王锷：《〈礼记〉成书考》，北京：中华书局，2007 年，第 59—62 页。

关于《中庸》的写作时代与作者。《史记·孔子世家》曰："子思作《中庸》。"《汉书·艺文志》著录"《子思》二十三篇"，班固注："名伋，孔子孙，为鲁缪公师。"东汉郑玄说："名曰《中庸》者，以其记中和之为用也。庸，用也。孔子之孙子思伋作之以昭明圣祖之德。"（《礼记正义》卷五二引）南朝梁沈约指出，《礼记》中的"《中庸》、《表记》、《坊记》、《缁衣》，皆取《子思子》"（《隋书·音乐志》引）。子思的著作已佚，"今可见而能确定者，惟此四篇耳"①。此四篇文风一致，多次引证《诗经》。当然，今本《中庸》在传衍过程中被后人附益，其修改写定当在战国中晚期，但其中的一些思想观点却源于子思。《中庸》中的"今天下车同轨、书同文、行同伦"，"载华岳而不重"等文字显然讲的是秦统一以后的事。《中庸》自宋仁宗、高宗提倡，二程、朱子等大儒详加注订，朱熹将它与《大学》、《论语》、《孟子》合为"四书"，便大行于天下。郭店楚简中有《鲁穆公问子思》、《五行》、《缁衣》等篇，以上诸篇是与子思子有密切关系的资料。

关于《乐记》的写作时代与作者，本章谈礼乐处再详说。

笔者对《礼记》的关切或诠释有这样几个重点：第一，《礼记》中所蕴含的终极性与宗教哲学的内容及其意义；第二，《礼记》中所蕴含的生态环保伦理的内涵与意义；第三，《礼记》中所蕴含的儒家政治社会哲学与社会治理方面的内容及其意义；第四，《礼记》中所论述的礼和乐是什么，两者的关系如何；第五，《礼记》中所蕴含的道德哲学，即修养身心性情、培养君子人格的内涵与意义。

第一节　《礼记》中的终极信仰与天人关系

一、"礼"的宗教性与超越性

关于"礼"的社会学起源，《礼运》详述了"夫礼之初，始诸饮食"云云，

---

① 张舜徽：《汉书艺文志通释》，武汉：湖北教育出版社，1990 年，第 100 页。张氏在同页又说："《太平御览》卷四百三引《子思子》曰：'天下有道，则行有枝叶；天下无道，则言有枝叶。'即《表记》文，足证沈约说可据。推之其他佚篇，亦当多在两戴《礼记》中，但不易识别耳。"

指出礼起于俗，与人们的衣食住行、葬祭活动方式有密切联系。由于葬礼、祭礼的仪式与意义本身涉及养生送死，事奉天神上帝，与神灵相沟通、相往来，因此关于"礼"的起源、发展、过程的讨论，肯定要追溯到"礼"的根源与根据。关于"礼"的终极根源与根据，《礼运》则假孔子之口回答言偃之问，谓"礼必本于天，殽（效）于地"：

> 孔子曰："夫礼，先王以承天之道，以治人之情，故失之者死，得之者生。《诗》曰：'相鼠有体，人而无礼。人而无礼，胡不遄死。'是故夫礼，必本于天，殽于地，列于鬼神，达于丧、祭、射、御、冠、昏、朝、聘。故圣人以礼示之，故天下国家可得而正也。"（《礼记·礼运》）

这里指出，"礼"是前代圣王禀承天之道，用来治理人情的，以"礼"治天下国家是十分重要的。"礼"根据于"天"，效法于"地"，具有神圣性。这里肯定了"礼"的形上根据，比荀子的"礼有三本"说更加重视终极性。《礼运》又指出，规范有序、庄严肃穆的祭祀，用以迎接上天之神与祖宗神灵的降临；祭礼的社会功能可以端正君臣，亲和父子兄弟的恩情，整齐上下关系，夫妇各得其所，"是谓承天之祜"，这即承受了上天的赐福。

《礼运》指出："故先王秉蓍龟，列祭祀，瘗缯，宣祝嘏辞说，设制度，故国有礼，官有御，事有职，礼有序。"即先王持各种蓍草、龟甲，依次安排各种祭祀，埋下币帛以赠神，宣读告神和祝福的文辞，设立制度，使国有礼制，官有统系，事有专职，礼有秩序。接着指出：

> 故先王患礼之不达于下也，故祭帝于郊，所以定天位也；祀社于国，所以列地利也；祖庙，所以本仁也；山川，所以傧鬼神也；五祀，所以本事也。故宗祝在庙，三公在朝，三老在学，王前巫而后史，卜筮瞽侑皆在左右。王中心无为也，以守至正。故礼行于郊而百神受职焉，礼行于社而百货可极焉，礼行于祖庙而孝慈服焉，礼行于五祀而正法则焉。故自郊、社、祖庙、山川、五祀，义之修而礼之藏也。（《礼记·礼运》）

这是孔子讨论先王通过各种祭礼，使礼下达于民众。这里也反映了我国古代有巫觋传统，诸先王本人就是最高祭司，又兼社会事务的领袖。天子在郊外祭祀皇天上帝，以确立天的至尊地位。在国都中祭祀社神，用以歌颂大地的养育之功。祭祀祖庙，体现仁爱。祭祀山川，用以敬礼鬼神。祭祀宫室的五祀神，用以体现事功。因此设置宗人与祝官在宗庙，三公在朝廷，三老在学校，天子前有巫官后有史官，卜人、筮人、乐官等都在左右，天子居中，无为而治，持守正道。因此在郊区祭祀天帝，天上群神都随上帝享祭而各受其职。祭祀社神，大地的各物资物产可以尽其用。祭祀祖庙，父慈子孝的教化可以施行。祭祀五祀，从而整饬各种规则。所以，从郊天、祀社、祭祖、祭山川至五祀，就是修养与坚守礼义。

> 是故夫礼，必本于大（按：即"太"）一，分而为天地，转而为阴阳，变而为四时，列而为鬼神。其降曰命，其官于天也。夫礼必本于天，动而之地，列而之事，变而从时，协于分艺。其居人也曰养（应为"義"），其行之以货力、辞让、饮食、冠昏、丧祭、射御、朝聘。（《礼记·礼运》）

"太一"指天地未分时混沌的元气，至大无垠。礼在总体上必以"太一"为根本。"太一"分离而为天地，转化为阴阳，变动为四时。四时更迭运转，在天地间布列了主管生成万物的种种鬼神。"太一"的气运降临到人世间就叫做"命"，"太一"对万物的主宰在于"天"。礼必根据于"天"与"天理"，运用于大地，分布于众事，并随四季而变化，配合十二月来制定事功的标准。礼在人叫做义，而礼的实行是通过财物、体力、谦让、饮食、冠礼、婚礼、丧礼、祭礼、射礼、御礼、朝觐礼、聘问礼等表现出来。

据《王制》，天子巡守时要拜五岳。巡视东方，要到泰山烧柴祭天，望祭山川。天子还要考察诸侯对山川之神是否祭祀，不祭祀就是不敬，就要削减其封地。对宗庙不顺的就是不孝，对不孝的国君要降其爵位。天子外出之前，要祭上帝、社神、祢庙。诸侯外出之前，要祭社神与祢庙。

从礼仪中抽绎出来的"礼"的新观念，淡化了宗教的意味，特别是许多道德观念，几乎都是由礼加以统摄的。徐复观先生从《左传》、《国语》

中找到很多资料，特别是关于"敬"、"仁"、"忠信"、"仁义"等观念，与"礼"紧密地联系在一起。徐复观先生进而指出，春秋时代以"礼"为中心的人文精神的发展，将古代宗教人文化了，使其成为人文化的宗教。他说："第一，春秋承厉、幽时代天、帝权威坠落之余，原有宗教性的天，在人文精神激荡之下，演变而成为道德法则性的天，无复有人格神的性质。""此时天的性格，也是礼的性格。""第二，此时的所谓天、天命等，皆已无严格地宗教的意味，因为它没有人格神的意味。"①他认为，春秋时代诸神百神的出现，大大减低了宗教原有的权威性，使诸神进一步接受人文的规定，并由道德的人文精神加以统一。

我们认为，尽管如此，从以上材料看，天、天命等仍有宗教、人格神的意味。先秦儒家祭祀最重视的是祭天祭地，祭天地就是追本溯源，尊重其所自出，在这层意义上，"天地"即人的父母。"天地"有着价值本体意涵，又具有宗教性意涵。从《礼运》、《王制》等文本看，这些篇的作者仍认为"天神"是至上神，对天神的崇拜要重于对地神的崇拜，然后就是对山川诸神的崇拜。除祭祀至上神与自然神灵外，还要祭祀祖宗神灵。这里反映出人文化的"礼"仍具有的"宗教性"与"超越性"。"宗教性"与"超越性"是不同的而又有联系的两个概念。通过读《礼记》，我们从精神信仰的层面肯定儒学具有"宗教性"。"天"是人文之"礼"最终的超越的根据。

二、人道与天道相贯通

同时，《礼记》诸篇，尤其是《中庸》，又特别强调人性、人道与天道的贯通。《中庸》开宗名义指出："天命之谓性，率性之谓道，修道之谓教。"这是全篇的纲。意思是说，上天所赋予人的叫做"本性"，遵循着本性而行即是"正道"，使人能依其本性而行，让一切事合于正道，便叫做"教化"。《中庸》以天道为性，即万物以天道为其性。人与万物的性是天赋的，这天性之中有自然之理，即天理。这实际上是说，天赋予人的是善良

---

① 徐复观：《中国人性论史·先秦篇》，台北：台湾商务印书馆，1987 年，第 51—52 页。

的德性。"率性之谓道","率"是循的意思,率性是循其性,而不是任性。一切人物都是自然地循当行之法则而活动,循其性而行,便是道。一切物的存在与活动,都是道的显现。如就人来说,人循天命之性而行,所表现出来的便是道。如面对父母,便表现孝。人因为气质的障蔽,不能循道而行,所以须要先明道,才能行道,而使人能明道的,便是教化的作用。一般人要通过修道明善的工夫,才能使本有之性实现出来。

《中庸》又曰:"喜怒哀乐之未发,谓之中;发而皆中节,谓之和。中也者,天下之大本也;和也者,天下之达道也。致中和,天地位焉,万物育焉。""中节"的"中",是符合的意思,"节"即法度。情感未发之前,心寂然不动,没有过与不及的弊病,这种状态叫"中"。"中"是道之体,是性之德。如果情感抒发出来能合乎节度,恰到好处,无所乖戾,自然而然,这就叫做"和"。"和"是道之用,是情之德。"中"是天下事物的大本,"和"则是天下可以通行的大道,谓之"达道"。君子的省察工夫达到尽善尽美的"中和"之境界,那么,天地安于其所,运行不息,万物各遂其性,生生不已。以上性、道、教的关系与"致中和"的理论,背景是对至上天神天道的终极性的信仰与信念。

关于天与人、天道与人道的关系,《中庸》是以"诚"为枢纽来讨论的。"诚"是《中庸》的最高范畴。"诚"的本意是真实无妄,这是上天的本然的属性,是天之所以为天的根本道理。"诚者,天之道也;诚之者,人之道也。诚者不勉而中,不思而得,从容中道,圣人也。诚之者,择善而固执之者也。"天道公而无私,所以是诚。"诚之者",是使之诚的意思。圣人不待思勉而自然地合于中道,是从天性来的。普通人则有气质上的蔽障,不能直接顺遂地尽天命之性,所以要通过后天修养的工夫,使本具的善性呈现出来。这是经由求诚而最后达到诚的境界的过程。

求诚的工夫是:"博学之,审问之,慎思之,明辨之,笃行之。"这是五种方法。广博地学习,详细地求教,谨慎地思考,缜密地辨析,切实地践行,这"五之"里面就包含有科学精神。《中庸》还强调"人一能之己百之,人十能之己千之"的学习精神。

《中庸》认为，由至诚而后明善，是圣人的自然天性；而贤人则通过学习、修养的功夫，由明德而后至诚。由诚而明，由明而诚，目的是一样的，可以互补。"自诚明谓之性，自明诚谓之教。诚则明矣，明则诚矣。唯天下至诚，为能尽其性。能尽其性，则能尽人之性。能尽人之性，则能尽物之性。能尽物之性，则可以赞天地之化育。可以赞天地之化育，则可以与天地参矣。"只有天下至诚的圣人，能够极尽天赋的本性，于是能够兴养立教，尊重他人，极尽众人的本性，进而尊重他物，极尽万物的本性，使万物各安其位，各遂其性。既如此，就可以赞助天地生养万物。这使得人可以与天地鼎足而三了，人的地位由此彰显。这也是首章"致中和，天地位焉，万物育焉"的意思。人体现了天道，即在道德实践中，见到天道性体的真实具体的意义。从上我们也不难看出《中庸》的天人合德的思想：天赋予人以善良本性，即天下贯而为人之性；人通过修养的工夫，可以上达天德之境界。由天而人，由人而天。《中庸》贯通"天道"与"人道"的"诚"以及对"诚"与"明"的讨论在中国哲学史上有典范意义。

第二节　《礼记》中的生态伦理思想

一、天地生物

"天地"是万物之母，一切皆由其"生生"而来。"天地和同，草木萌动"（《礼记·月令》），"和故百物皆化"（《礼记·乐记》），"草木"、"百物"的化生都是以"和"为条件的。"天地不合，万物不生"（《礼记·哀公问》），"天地合而后万物兴焉"（《礼记·郊特牲》），天地是万物化生的根源，生态系统的"生生大德"就是借"天"、"地"两种不同力量相互和合、感通而实现的。

《礼记·乐记》曰："天地相荡，鼓之以雷霆，奋之以风雨，动之以四时，暖之以日月，而百化兴焉。如此则乐者天地之和也。"《礼记》通过对"天地"生物与四时的描述，认为"乐"是"天地之和"的体现；反而观之，

"天地"通过雷霆、风雨鼓动宇宙间的阴阳二气而四时无息地展现其"生生大德"的景象，又何尝不是宇宙间最壮丽动人的生命交响的演奏！

《中庸》有言："故至诚无息。……天地之道，可壹言而尽也：其为物不贰，则其生物不测。……今夫天，斯昭昭之多；及其无穷也，日月星辰系焉，万物覆焉。今夫地，一撮土之多；及其广厚，载华岳而不重，振河海而不泄，万物载焉。今夫山，一卷石之多；及其广大，草木生之，禽兽居之，宝藏兴焉。今夫水，一勺之多；及其不测，鼋鼍、蛟龙、鱼鳖生焉，货财殖焉。"天地日月星辰是无限的宇宙，天地之间有山河大地，是一个大的具有无限性的生态空间系统，草木禽兽等万物在其中蕃衍，生生不息。这是人类赖以生存其间的一个大的生命共同体。

儒家对生态系统"生生大德"的认识，对"天"（阳）、"地"（阴）"和以化生"的认识，都是很深刻的。生态系统是一个不断创生的系统，这是儒家对"天地"这个大的生态居所的深切感悟，这在今天已经成为环境伦理学的普遍共识。

在"天人合一"理念下，"天"是一切价值的源头，而从"生物"而言，天、地往往须并举，且很多时候举"天"即统摄着"地"。所以，我们也可以说"天地"是生态系统中一切价值的源头。儒家有着人与万物一体同源的共同体悟，唯有如此，人才可能对万物都持有深切的仁爱、关怀，将整个天地万物都看作是与自己的生命紧紧相连的。在这种价值来源的共识之上，儒家的生态伦理可以建立范围天地万物的生态共同体，将生态系统真正视为人与万物共生、共存的生命家园。《礼运》指出：

> 故人者，其天地之德，阴阳之交，鬼神之会，五行之秀气也。故天秉阳，垂日星；地秉阴，窍于山川。
>
> ……
>
> 故人者，天地之心也，五行之端也，食味，别声，被色而生者也。故圣人作则，必以天地为本，以阴阳为端，以四时为柄，以日、星为纪，月以为量，鬼神以为徒，五行以为质，礼义以为器，人情以为田，

四灵以为畜。以天地为本，故物可举也。以阴阳为端，故情可睹也。以四时为柄，故事可劝也。以日、星为纪，故事可列也。月以为量，故功有艺也。鬼神以为徒，故事有守也。五行以为质，故事可复也。礼义以为器，故事行有考也。人情以为田，故人以为奥（犹主也）也。四灵以为畜，故饮食有由也。（《礼记·礼运》）

这里肯定了宇宙生态各层次中，人处在较高的层次；人体现了天地的德性，阴阳的交感，鬼神的妙合，荟萃了五行的秀气；人是天地的心脏，五行的端绪，是能调和并品尝各种滋味，创造并辨别各种声调，制作并披服各色衣服的动物。尽管人是万物之灵，但人仍从属于生态系统之整体。因此，圣人制作典则，必以天地大系统为根本，以阴阳二气交感为起点，以四时所当行的政令为权衡，以日、星的运行来纪时，以十二个月来计量事功，以鬼神为依傍，以五行的节律为本位，以礼义为器具，以人情为田地，以四灵为家畜。

因此，人在天地之中一定要尊重山川、动物、植物等。这种尊重与敬畏，通过祭祀山林川泽加以表达：

天子祭天地，诸侯祭社稷，大夫祭五祀。天子祭天下名山大川，五岳视三公，四渎视诸侯。诸侯祭名山大川之在其地者。天子、诸侯祭因国之在其地而无主后者。（《礼记·王制》）

二、因时取物

《礼记》强调，礼是符合时令，配合地的物产的。人取用动植物，依据于不同季节有不同的生物，不同的地理环境有不同的物产。

礼也者，合于天时，设于地财，顺于鬼神，合于人心，理万物者也。是故天时有生也，地理有宜也，人官有能也，物曲有利也。故天不生，地不养，君子不以为礼，鬼神弗飨也。居山以鱼鳖为礼，居泽以鹿豕为礼，君子谓之不知礼。故必举其定国之数，以为礼之大经，礼之大伦，以地广狭，礼之薄厚，与年之上下。是故年虽大杀，众不

匡惧，则上之制礼也节矣。(《礼记·礼器》)

可见制礼与行礼的原则是不违背自然的原则，故一定时空条件下不适于生长的物产，君子不用来行礼，鬼神也不会享用。以本地希罕的动物作为礼品，这种人是不懂礼的。行礼须以本国本地的物产，根据土地的大小、年成的好坏，量力而行。

《礼记·月令》有言，"(仲春之月)安萌芽，养幼少"，"毋竭川泽，毋漉陂池，毋焚山林"；"(孟夏之月)继长增高，毋有坏堕，毋起土功，毋发大众，毋伐大树"。人们取用动植物，必须考量时间，不可以在生长期、繁衍期滥砍滥杀，不砍伐小树，不射杀幼鸟兽与怀孕的兽，否则就是不孝：

> 曾子曰："树木以时伐焉，禽兽以时杀焉。夫子曰：'断一树，杀一兽，不以其时，非孝也。'"(《礼记·祭义》)
>
> 孟春之月……命祀山林川泽，牺牲毋用牝。禁止伐木。毋覆巢，毋杀孩虫、胎、夭、飞鸟、毋麛，母卵。(《礼记·月令》)

《王制》论述天子、诸侯田猎的礼，绝不能斩尽杀绝，竭泽而渔，如"田不以礼曰暴天物。天子不合围，诸侯不掩群。""草木零落，然后入山林。昆虫未蛰，不以火田。不麛，不卵，不杀胎，不夭夭，不覆巢。"

《礼记·郊特牲》："故天子牲孕弗食也，祭帝弗用也。"怀胎的牲畜，即便是天子也不得食用，郊祭的时候也不用，这都是对"天地"生养万物的礼敬。

《王制》又说："林麓川泽以时入而不禁。"此与《孟子》"泽梁无禁也"相类。"不禁"是不禁止老百姓进入林麓川泽取用动植物，但要注意时令。这里当然考虑到人取用的可持续性，但仍不止于此意。《礼记》诸篇都隐含着礼制秩序与自然节律的一致性，《礼记·月令》将春夏秋冬四季又各自分别出孟、仲、季三个时段，按不同季节时段详细规定了有关祭祀活动、农业生产、资源取用、政令发布的内容，这些都需要有相关的具体部门去执行完成。

从这里我们可知儒家以礼法保护生态资源有三个重要的内容：

（1）禁止灭绝性砍伐、捕猎；（2）保护幼小生命；（3）重"时"。禁止灭绝性砍伐、捕猎很好理解，因为这种行为与"天地"的"生生大德"背道而驰。保护幼小生命则与儒家重"养"的思想有关，"天地"生万物则必又养育之，此乃天道之自然，"天地养万物"（《易传·象》）。

三、取用有节

《礼记·乐记》："是故先王之制礼乐也，非以极口腹耳目之欲也，将以教民平好恶而反人道之正也。"饮食等礼节的制定不是为了满足人的欲望，而是为了让人返归"人道之正"。儒家有关生态保护的礼乐观念既是遵从天地的生养之道，也出于对人性物欲进行节制的目的。

儒家以"天地"为人与万物之祖，对"天地"的尊崇有着强烈的宗教性情怀，这是对它生养万物的敬畏、礼拜。先秦儒家一向认为生态资源是天地所赐，他们对此充满了虔敬的感情，《礼记·曲礼》："岁凶，年谷不登，君膳不祭肺，马不食谷，驰道不除，祭事不县。大夫不食粱，士饮酒不乐。"年岁不好的时候，儒家对饮食就特别要求节制，以体恤"天地"生养万物之不易。

儒家是人类中心主义者吗？由上可知显然不是。儒家是主张生态系统存在客观内在价值的，人有人性，物有物性，甚至人性中有神性，物性中也有神性。儒家对生态系统的价值判断基于"天地"对万物赋形命性的认识，万物在被缔造的"生生"过程中，都被赋予了"形"与"性"，这种赋予是普遍的、无遗漏的，差异只是阴阳创化的不同，然而无物不出于创化。从"天地"创生的赋形命性的普遍性去作价值的判断，价值自然不仅仅限于有机的生命体，万物和人一样具有客观的内在价值。因此，在儒家那里，"天地"的这种创生是具有价值本体论的意义的。事实上，先秦儒家对万物都是关爱的，而且是从其所具的内在价值去确定这种爱的，因为万物的内在价值都是"天地"所赋予的，与人的内在价值本同出一源。当然，万物的内在价值是有差异的。

古代中国的生态环保意识是被逼出来的。中国是自然灾害多发、频发的国家,据邓云特(拓)《中国救荒史》、竺可桢《历史上气候之变迁》等书,古代中国的自然灾害,如水、旱、蝗、雹、风、疫、霜、雪、地震等从未间断过,平均每半年即罹灾一次,其中水、旱灾平均每两年一次。古中国的灾荒状况不断,政府与社会不能不以应对灾荒作为主要职能之一,由此也积累了赈灾的方略,如赈济、调粟、养恤、除害、节约、蠲缓、巫术仪式等。

《礼记》中有很多灾害、疗救记忆的信息。据唐启翠研究,《礼记》中有关记载的文字段落,大旱及祈雨的记载凡十处,蝗疫之患一处,风雨水患两处,雪霜冰雹一处,日食一处。①

我们看几则材料:"岁旱,穆公召县子而问然,曰:'天久不雨',吾欲暴尪而奚若?曰:'天久不雨,而暴人之疾子,虐,毋乃不可与?''然则吾欲暴巫而奚若?'曰:'天则不雨,而望之愚妇人,于以求之,毋乃已疏乎?'"(《礼记·檀弓下》)鲁国遇大旱,穆公举行了一些禳灾仪式,试图祛旱祈雨,但没有应验,于是他想要暴晒尪者与巫者,让上天怜悯他们而降雨,就此请教县子。尪者是脊柱弯曲、面部向天的残疾人,巫是沟通人神的女性神职人员。儒者县子批评穆公,阻止了暴晒残疾人与女巫的非人道行为,但赞同了穆公为了求雨而罢市的设想。因祈雨不灵,鲁穆公拟处罚巫师,在西方人类学史上也有相似的例子。人间遇到自然灾害,巫师、祭司以巫术干预后仍不起作用,他们要承担责任,受到处罚。②

《月令》的"月"是天文、天时,其"令"是政令、政事。先秦时人认为王者必须承"天"以治"人",所以设计一套依"天文"而施行"政事"的纲领,其实是一种"王制"。"古代的天文知识曾被应用于阴阳五行说,故此月令亦可视为依据阴阳五行说而设计的王制,不过重点是放在天子身上。施行这种王制的天子,必居于明堂以施政,故此月令,又可称为'明堂月

---

① 唐启翠:《礼制文明与神话编码:〈礼记〉的文化阐释》,广州:南方日报出版社,2010 年,第271—273 页。
② 详见杨雅丽:《〈礼记〉语言学与文化学阐释》,北京:人民出版社,2011 年,第13—14 页。

令'或'王居明堂礼'。"①儒家坚持从礼的层面认识生态保护问题有重要的意义，他们的很多主张在后世被纳入到律法中，对生态资源的保护起到了切实的作用，如云梦秦简《田律》、汉代《使者和中所督察诏书四时月令五十条》中都有保护生态的律法条款，与《礼记·月令》主张非常接近。

《王制》有关节约粮食、储备粮食以防灾的"耕三余一"政策，是基于历史经常的一种荒政，防患于未然：

> 祭，丰年不奢，凶年不俭。国无九年之蓄曰"不足"，无六年之蓄曰"急"；无三年之蓄，曰"国非其国"也。三年耕，必有一年之食；九年耕，必有三年之食。以三十年之通，虽有凶旱水溢，民无菜色，然后天子食，日举以乐。（《礼记·王制》）

必须预防灾荒，使国家有足够的粮食储备。没有九年的储备叫"不足"，没有六年的储备叫"急"，没有三年的储备叫"国不成其为国"。三年的耕种，定要余存一年的粮食；九年的耕种，定要余存三年的粮食。以三十年来看，即使有大旱灾大水灾，老百姓也不会挨饿。这样天子才能安心用膳，日日听音乐。

先秦儒家以礼乐理顺生态资源，主要有三条原则：（1）人要生存不得不对生态资源有所取用，但应当顺应生态系统的生养之道，做到有理（"顺于鬼神，合于人心"）、有节（"合于天时，设于地财"），人类不能为了一己之私去日益竭尽天地之材，此其一。（2）《礼记·乐记》："是故大人举礼乐，则天地将为昭焉。天地欣合，阴阳相得，煦妪覆育万物。"以礼乐精神关照生态问题，就意味着对天地之道的清醒认识（"天地将为昭焉"）。"天地"默然运作而万物化成，因此，对于生态系统的保护，人类最有效的策略是尽可能少的去干预其完善自足的生养之道，只要人不去破坏生态环境，"天地"自然会让万物生化不已、充满生机，此其二。（3）《礼记·乐记》："揖让而治天下者，礼乐之谓也。暴民不作，诸侯宾服，兵革

---

① 王梦鸥注译：《礼记今注今译》（修订版）上册，台北：商务印书馆，1984年，第255页。

不试……大乐与天地同和，大礼与天地同节。和故百物不失。"生态问题的彻底解决（"百物不失"）并不只是一个生态问题，它在根本上也是一个政治问题，它需要人类的共同协作与努力，人类如果自身不能和睦共处，导致战争四起、社会动荡，那么讲生态保护只能是一种奢望，此其三。

《礼记》对生态系统的认识是在容纳天、地、人、神诸多要素的"天地"概念下展开的，这是一种整体论、系统论的观念，以"和"为条件的不断创生是他们对这个生态系统的根本认识。他们对"天地"的创生现象持有价值判断的观念，肯定天地万物皆有内在价值，要求一种普遍的生态的道德关怀，而他们对人性、物性的辨证认识又同时清楚地表明了一种生态伦理的等差意识，或曰不同伦理圈层的区分意识。儒家在从工具价值的立场取用生态资源的同时，并不忽视动植物等的内在价值。从儒家"天人合一"的理念看，生态伦理作为一种新的伦理范式其确立的基础必须建立于对人性的重新反思之上。①

第三节 《礼记》中的社会政治学说

一、宗法制度

从诸篇来看，《礼记》作者关于财产、权力的分配与再分配的制度诉求，主张的仍是西周的宗法封建制，即王静安先生总结的封邦建国制、宗庙祭祀制、嫡长子继承制、同姓不婚制等。礼制所维护的当然是统治阶级的财产与权力的继承秩序。尽管如此，对于下士及庶民，对社会的最不利者在经济与政治权力等方面的诉求，《礼记》作者亦有一定的呼应。

我们先看《礼记》记载、反映、诉求的宗法制度。《丧服小记》曰：

> 别子为祖，继别为宗，继祢者为小宗。有五世而迁之宗，其继高祖者也。是故祖迁于上，宗易于下。尊祖，故敬宗；敬宗，所以尊祖

---

① 参见崔涛、郭齐勇：《先秦儒家生态伦理思想探讨》，载邓正来主编《中国社会科学辑刊》2010年6月夏季卷，上海：复旦大学出版社，2010年，第1—17页。

祢也。庶子不祭祖者，明其宗也。庶子不为长子斩，不继祖与祢故也。……庶子不祭祢者，明其宗也。（《礼记·丧服小记》）

不仅天子，而且诸侯也由嫡长子继承君位，庶子为卿大夫，分出去另立新宗，为新宗的始祖，这叫"别子为祖"。新宗世代也由嫡长子继承，百世不改，永为新宗的大宗，这叫"继别为宗"。别子的庶子又分出去另立新宗为士，士又由其嫡长子继承，为其同父兄弟所宗，是为小宗，这叫"继祢者为小宗"。有超过五代就当迁徙的宗，即是上继高祖的玄孙之子。父亲是嫡子，是宗庙祭祀的主持者，如果其嫡长子死了，要为嫡长子服斩衰三年之丧，因为嫡长子是继承父祖的正体。如父亲是庶子，不为自己的嫡长子服斩衰三年之丧，因为不是继承祖和父的正体。庶子不得主持祖庙的祭祀，也不得祭祀父庙，也是为表明主祭权在宗子。这就是一层层大宗与小宗的区别。尊敬祖先，所以尊敬宗子；尊敬宗子，也是表明尊敬祖、父。《大传》中也有与上引《丧服小记》相似的内容，论宗统，即大宗与小宗的关系与尊祖敬宗的意义。

所有丧服、祭祀制度，背后是财产与权力的继承制度，丧服、祭祀是其表征。当然，权力继承或分配也很复杂，有宗统与君统两个不同范畴。在宗统的范围内，行使的是族权不是政权，族权是决定于血缘身份而不决定于政治身份；与宗统相反，在君统范围内，所行使的是政权，不是族权，政权是决定于政治身份而不决定于血缘身份。这两者既有联系又有区别。

前面说过，丧服制是宗法制的具体化。丧服依亲疏差等有斩衰、齐衰、大功、小功、缌麻的区别。斩衰是五服中之最重者。斩指衣裳边不缝，衰指上衣。衣裳用最粗三升布。子为父，父为长子，妻为夫，臣为君服，时间三年。在三月葬后，服逐步减轻，二十七月丧毕。齐衰，齐指衣裳边侧缏缝，用四升布。服期不同，如父卒为母，母为长子服齐衰三年，此外有服三月的。一般说，大功九月，小功五月，缌麻三月，也很复杂。

《大传》："服术有六：一曰亲亲，二曰尊尊，三曰名，四曰出入，五曰长幼,六曰从服。"这是服丧的六条原则:一是因亲爱自己的亲属而服,二是表示尊敬尊贵者而服,三是依据对于嫁到本家族的异姓女子的称谓而服,四是依据女子出嫁或未嫁而服,五是根据长幼关系而服,六是因从服关系而服。

《大传》:"上治祖祢,尊尊也;下治子孙,亲亲也;旁治昆弟;合族以食,序以昭穆。别之以礼义,人道竭矣。"意思是:对上整治好祭祀祖与父的次序,体现尊敬尊贵者的原则;对下整治好子孙们的远近亲疏的关系,体现亲爱血缘亲属的原则;从旁整治好同族兄弟的亲属关系;会合族人举行食儿,按照昭穆关系排列族人的次序。依据礼义来区别各种关系,人伦的道理就在这里了。

丧服制度体现的观念,以亲亲与尊尊最为重要。《丧服小记》:"亲亲,尊尊,长长,男女之有别,人道之大者也。"为父母服丧,为祖父、曾祖、高祖服丧,为兄弟与旁亲服丧,对其中的男人与妇女都要体现出区别来,这是人所应遵循的大原则。其中,男女之有别的原则,反映了社会的进化,特别是家庭、婚姻制度的变化。金景芳先生说:"我认为男女有别就是实行个体婚制。因为实行个体婚制以前,是实行群婚制,知有母不知有父,既谈不到夫妇,也谈不到父子。"①可见礼制是父权制的产物。

《大传》又说:"自仁率亲,等而上之,至于祖;自义率祖,顺而下之,至于祢。是故,人道亲亲也。亲亲故尊祖,尊祖故敬宗,敬宗故收族,收族故宗庙严,宗庙严故重社稷,重社稷故爱百姓,爱百姓故刑罚中,刑罚中故庶民安,庶民安故财用足,财用足故百志成,百志成故礼俗刑,礼俗刑然后乐。"亲爱亲属因此尊重祖先,尊敬祖先因此尊敬宗子,尊敬宗子因此团结族人,团结族人因此宗庙庄严,宗庙庄严因此社稷得以保重,保重社稷因此爱护百姓,爱护百姓因此刑罚公平,刑罚公平因此民众安定,民众安定因此财用充足,财用充足因此满足各种愿望,因此礼俗教化成功,

---

① 金景芳:《谈礼》,载陈其泰等编《二十世纪中国礼学研究论集》,北京:学苑出版社,1998年,第2页。

天下安乐。这就是当时儒者的由家而国，由亲推至非亲，由贵族而平民的社会治理的设计。

二、社会民生

关于宗法制度下老百姓的经济、政治权益，是我们所特别关心的问题。这里首先是对后世的土地制度极有影响力的"一夫授田百亩"的制度设计。"制农田百亩"，即制度规定一个农夫受田百亩。百亩土地按肥瘠分类，上等土地一个农夫可供养九人，次一等的可供养八人，依次递减为七人、六人、五人。庶人在官府任职者的俸禄，依这五等农夫的收入区分等差。诸侯的下士的俸禄比照上等土地的农夫，使他们的俸禄足以代替他们亲自耕种所得。中士的俸禄比下士多一倍，上士的俸禄比中士多一倍，卿的俸禄是大夫的四倍，君的俸禄是卿的十倍。俸禄显然是有差等的，但农夫有农田是最基本的生活保障。

《礼记》中有对社会弱者予以关爱与扶助的制度设计。关于养老制度，《王制》曰：

> 凡养老，有虞氏以燕礼，夏后氏以飨礼，殷人以食礼，周人修而兼用之。五十养于乡，六十养于国，七十养于学，达于诸侯。

> 有虞氏养国老于上庠，养庶老于下庠；夏后氏养国老于东序，养庶老于西序；殷人养国老于右学，养庶老于左学；周人养国老于东胶，养庶老于虞庠，虞庠在国之西郊。（《礼记·王制》）

上古虞夏殷周都有养老之礼，《王制》作者肯定综合前代的周制，强调实行养老礼的礼仪制度，也有专家说是对大夫及士庶人为官的退休者实行分级养老制。关于五十岁以上老人（包括平民）享受的优待，《王制》曰：

> 五十异粻，六十宿肉，七十贰膳，八十常珍，九十饮食不离寝，膳饮从于游可也。……五十始衰，六十非肉不饱，七十非帛不暖，八十非人不暖，九十虽得人不暖。五十杖于家，六十杖于乡，七十杖于

国，八十杖于朝。……五十不从力政，六十不与服戎，七十不与宾客之事，八十齐衰之事弗及也。（《礼记·王制》）

这里的"不暖""不饱"句显然与《孟子》相似。《王制》又说，三代君王举行养老礼后，都要按户校核居民的年龄。年八十的人可以有一个儿子不服徭役；年九十的人全家都可以不服徭役；残疾、有病，生活不能自理的人，家中可有一人不服徭役；为父母服丧者，三年不服徭役；从大夫采地迁徙到诸侯采地的人，三个月不服徭役；从别的诸侯国迁徙来的人，一年不服徭役。

关于对待鳏寡孤独与残疾人等社会弱者，孟子曰："老而无妻曰鳏，老而无夫曰寡，老而无子曰独，幼而无父曰孤。此四者，天下之穷民而无告者。文王发政施仁，必先斯四者"；"居者有积仓，行者有裹（囊）粮"；"内无怨女，外无旷夫。"（《孟子·梁惠王下》）

《王制》几乎重复孟子之说，指出：

> 少而无父者谓之孤，老而无子者谓之独，老而无妻者谓之矜，老而无夫者谓之寡。此四者，天民之穷而无告者也，皆有常饩。（《礼记·王制》）

"常饩"，即经常性的粮食救济或生活补贴。又说："喑、聋、跛、躃、断者、侏儒，百工各以其器食之。"对于聋、哑及肢体有残疾、障碍的人则有供养制度，即由国家养活。国家则以工匠的收入来供养他们。又曰："庶人耆老不徒食"，即老百姓中的老人不能只有饭而无菜肴。又曰："养耆老以致孝，恤孤独以逮不足"，即通过教化，形成风气，引导人民孝敬长上，帮助贫困者。

关于安居，《王制》曰："司空执度度地居民。山川沮泽，时四时，量地远近，兴事任力。凡使民，任老者之事，食壮者之食。"司空负责丈量土地使民居住。如果是山川沼泽地，要观察气候的寒暖燥湿，并测量土地的远近，来确定居邑与水井的位置，然后兴建工程。凡使用民力，让他承担老年人能干的活，而供给壮年人的粮食。关于民居，不同地区的人及少数民族都有不同的风俗习惯，可以因其俗而教，但不要改变。"凡居民，量地以制邑，度地以居民。地、邑、居民，必参相得也。无旷土，无游民，食节事时，民咸安其居，乐事劝功，尊君亲上，然后兴学。"这里说的是安置人民的居处，要根据地理条件、居邑建制、居民多少来调节，使之相称。没有旷废的土地，没有无业游民，节制饮食，遵守农时，可以使民众安居乐业。

关于土地、赋税与商业政策：《王制》说：

> 古者公田藉而不税，市廛而不税，关讥而不征，林麓川泽以时入而不禁，夫圭田无征，用民之力岁不过三日，田里不粥，墓地不请。（《礼记·王制》）

古时借助民力耕种公田而不征收民的田税；贸易场所只征收店铺税而不征收货物税；关卡只稽查而不征税；开放山林河湖，百姓可按时令去樵采渔猎；耕种祭田不征税；征用民力一年不超过三天；田地和居邑不得出卖；墓地不得要求墓葬区以外的地方。在《孟子》、《荀子》中都有类似材料。

涉及政治参与权、受教育权的有关选拔人才的制度，亦是中华文化优秀传统的一部分。《王制》对庶民中的人才的选拔、任用并授以爵禄予以肯定，并规定了步骤：

> 凡官民材，必先论之，论辨，然后使之。任事，然后爵之；位定，然后禄之。

> 命乡论秀士，升之司徒，曰选士。司徒论选士之秀者而升之学，曰俊士。升于司徒者，不征于乡；升于学者，不征于司徒，曰造士。乐正崇四术，立四教，顺先王《诗》《书》《礼》《乐》以造士。春秋教以《礼》《乐》，冬夏教以《诗》《书》。王大子、王子、群后之大子、卿大夫、元士之嫡子、国子之俊选，皆造焉。凡入学以齿。将出学，小胥、大胥、小乐正简不帅教者，以告于大乐正，大乐正以告于王。王命三公、九卿、大夫、元士皆入学；不变，王亲视学；不变，王三日不举，屏

之远方……。大乐正论造士之秀者，以告于王，而升诸司马，曰进士。（《礼记·王制》）

这里讲的是选士制度。各乡考察优秀人才，上报司徒，叫选士。司徒再考察选士中的优秀者，升于太学，叫俊士。选士、俊士均不服徭役，叫造士。乐正以《诗》《书》《礼》《乐》四种学术来培养人才。王太子、王子、诸侯的太子、卿大大和元士的嫡子，及俊士、选士，都要学习这四种课程。入学后按年龄安排课程。将毕业时，小胥、大胥、小乐正检举不遵循教育的子弟，上报大乐正，大乐正上报给王。王命三公、九卿、大夫、元士到学校去帮助教育这些子弟。如果不改变，王亲往学校视察，或三天用膳不奏乐，或把不遵循教育者摒弃到远方。大乐正考察造士中的优秀者，报告给王，把他们提拔到司马属下，叫进士。

《王制》又说："司马辨论官才，论进士之贤者，以告于王而定其论。论定然后官之，任官然后爵之，位定然后禄之。大夫废其事，终身不仕，死以士礼葬之。有发，则命大司徒教士以车甲。"司马辨别、考察、任用人才，考察进士中的优秀者，报告给王，由王下定论。然后委任官职，出任官职后授予爵位，爵位定后发给俸禄。大夫放弃职责的，终身不能再做官，死后以士礼埋葬。有战事，则命大司徒对士训练车甲之事。

关于各行各业技艺者的考察与任用，《王制》说："凡执技、论力：适四方，赢股肱，决射御。凡执技以事上者，祝、史、射、御、医、卜及百工。凡执技以事上者，不贰事，不移官，出乡不与士齿；仕于家者，出乡不与士齿。"考察力士、技艺者，并派他们到各地去。对于为王服务的技艺者，祝、史、卜、医生、弓箭手、驾车人及各种工匠，不可从事专业之外的事业，也不任官职，在乡在大大家可按年龄与士排列位次，出了乡则不可。

三、德法并重

关于社会治理，《礼记·乐记》提出德教为主的礼乐刑政四者相互补充的方略：

> 是故先王之制礼乐，人为之节。衰麻哭泣，所以节丧纪也。钟鼓干戚，所以和安乐也。昏姻冠笄，所以别男女也。射乡食飨，所以正交接也。礼节民心，乐和民声，政以行之，刑以防之，礼乐刑政四达而不悖，则王道备矣！（《礼记·乐记》）

古代礼乐刑政的配制，礼乐是文化，有价值。"礼"是带有宗教性、道德性的生活规范。在"礼"这种伦理秩序中，亦包含了一定的人道精神、道德价值。"礼"的目的是使贵者受敬，老者受孝，长者受悌，幼者得到慈爱，贱者得到恩惠。在贵贱有等的礼制秩序中，含有敬、孝、悌、慈、惠诸德，以及弱者、弱小势力的保护问题。

> 太上贵德，其次务施报。礼尚往来：往而不来，非礼也；来而不往，亦非礼也。人有礼则安，无礼则危，故曰'礼者，不可不学也'。夫礼者，自卑而尊人，虽负贩者，必有尊也，而况富贵乎？富贵而知好礼，则不骄不淫；贫贱而知好礼，则志不慑。（《礼记·曲礼上》）

这一交往原理包含如下内容：以德为贵，自谦并尊重别人，讲究施惠与报答，礼尚往来。无论富贵或贫贱，都互相尊重，互利互惠。这里提到对负贩、贫贱等弱者的尊重和对等的施报关系。过去我们对"礼不下庶人"的理解有误，据清代人孙希旦的注释，"礼不下庶人"说的是不为庶人制礼，而不是说对庶人不以礼或庶人无礼制可行。古时制礼，自士以上，如冠礼、婚礼、相见礼等都是士礼，庶人则参照士礼而行，婚丧葬祭的标准可以降低，在节文与仪物诸方面量力而行。

在社会治理上，儒家重视道德教化，同时重视法治。《王制》中也有刑罚制度的记录与设计。我这里只指出一点，即在审案、判案、处罚过程中如何审慎、认真，避免冤案，严格程序及对私人领域的保护问题。

关于司寇听讼治狱的法规与审理案件的程序，《王制》曰：

> 司寇正刑明辟，以听狱讼。必三刺，有旨无简不听，附从轻，赦从重。凡制五刑，必即天论，邮罚丽于事。凡听五刑之讼，必原父子之亲，立君臣之义，以权之；意论轻重之序，慎测浅深之量，以别之；

悉听聪明，致其忠爱，以尽之。疑狱，泛与众共之；众疑，赦之。必察小大之比以成之。成狱辞，史以狱成告于正；正听之，正以狱成告于大司寇；大司寇听之棘木之下，大司寇以狱之成告于王；王命三公参听之，三公以狱之成告于王；王三宥，然后制刑。凡作刑罚，轻无赦。刑者，型也。型者，成也，一成而不可变，故君子尽心焉。（《礼记·王制》）

这是说，司寇负责审查刑律，明辨罪法，以审理诉讼。审案时一定不能草率，要再三探讯案情。对于有作案动机而无犯罪事实的不予受理，对于从犯从轻量刑，对于曾宽赦而重犯的人则从重处理，定罪施罚一定要符合事实。审判案件中，要从体谅父子的亲情，确立君臣关系的大义的角度来权衡，要考虑犯罪情节的轻重程度，审慎分析，区别对待，要充分发挥聪明才智，奉献忠良爱民之心，来彻查案情。有疑问的案件，要广泛地同大家商量、讨论；众人疑不能决的，则赦免嫌疑人。审判案件要参考同类大小案件的已有案例来定案。经过审理核定嫌犯的供辞后，史把审案结果报告给正；正又审理一番，再把结果报告大司寇；大司寇在外朝棘树下再审理一番，然后把结论报告给王；王命三公参与审理；三公再把审案结果报告给王；王又对罪犯多次提出宽宥的理由，然后才判定罪刑。凡制定刑罚，人易犯的轻法不作赦免的规定。刑是成型的意思，人体一旦受刑成型就不可改变了，因此君子审理案件不能不十分尽心。

关于夷夏关系，《王制》指出：

凡居民材，必因天地寒暖燥湿，广谷大川异制。民生其间者异俗：刚、柔、轻、重、迟、速异齐，五味异和，器械异制，衣服异宜。修其教不易其俗，齐其政不异其宜。中国、戎夷五方之民，皆有性也，不可推移。东方曰夷，被发文身，有不火食者矣；南方曰蛮，雕题交趾，有不火食者矣；西方曰戎，被发衣皮，有不粒食者矣；北方曰狄，衣羽毛穴居，有不粒食者矣。中国、夷、蛮、戎、狄，皆有安居，和味，宜服，利用，备器。五方之民，言语不通，嗜欲不同，达其志，通其欲，东方

日寄,南方日象,西方日狄鞮,北方日译。(《礼记·王制》)

《王制》作者的这些看法,表明多元一体的中国形成过程之中,多民族融合是一个主流,儒家主张尊重不同地理环境下生长的不同性状的族群的生活习惯与民族性格。"修其教不易其俗,齐其政不异其宜"的方针在今天仍有现代意义。

《礼记·王制》中有关理念与制度安排中,体现了中国先民的原始人道主义,体现了中华民族以"仁爱"为核心的价值系统与人文精神。其中,有不少制度文明的成果值得我们重视。如有关应对灾荒、瘟疫,予以组织化救助的制度,有关对老弱病残、鳏寡孤独、贫困者等社会弱者的尊重与优待的制度,都是极有人性化的制度,且后世在理论与实践上都有发展,这都有类似今天的福利国家与福利社会的因素。有关颁职事及居处、土地、赋税、商业的制度与政策中对老百姓权利与福祉的一定程度的关注与保证,有关小民的受教育权与参与政治权的基本保障,有关对百姓施以道德与技能教育的制度,有关刑律制定与审判案件的慎重、程序化与私人领域的保护方面等,也都涉及到今天所谓社会公平正义的问题。只要我们用历史主义的观点去省视,同样是在等级制度中,以我国先秦与同时代的古希腊、古印度、古埃及的政治文明相比照,则不难看出中国政治哲学理念与制度中的可贵之处,这些资源至今还有进一步作创造性转化的价值与意义,希望国人不要过于轻视了。

《礼运》作者认为,政治权力之根源在天、天命,即"政必本于天"。

> 故政者,君之所以藏身也。是故夫政必本于天,殽以降命。命降于社之谓殽地,降于祖庙之谓仁义,降于山川之谓兴作,降于五祀之谓制度:此圣人所以藏身之固也。(《礼记·礼运》)

这里讲国政本于天理,要效法天理来下达政令。政令要符合地德,也要符合人的道德。

《礼运》开篇有关"大同之世"的社会理想是中国人的理想。"大同"之世与"小康"之世不同,这一理想包含着最高的政治正义的追求:

> 大道之行也，天下为公，选贤与能，讲信修睦。故人不独亲其亲，不独子其子，使老有所终，壮有所用，幼有所长，矜寡孤独废疾者，皆有所养；男有分，女有归；货恶其弃于地也，不必藏于己；力恶其不出于身也，不必为己。是故谋闭而不兴，盗窃乱贼而不作，故户外而不闭，是谓大同。（《礼记·礼运》）

这是儒家所设想的远古时期"天下为公"的"大同"之世，也可以说是古代中国人的梦想：天下为人民所公有，选举贤能的人来治理社会，人与人之间讲求信用，和睦相处。人们不只爱自己的双亲，不只抚养自己的子女，而使所有老年人都得到赡养，壮年人有工作做，幼儿能得到抚育，年老丧夫或丧妻而孤独无靠的人及残疾人都能得到照顾与优待；男人都有自己的职分，女子都能适时婚嫁；爱惜财物、民力，但绝不据为己有。因此，阴谋诡计不能得逞，盗窃和乱臣不会产生，外出不用关门，这就是大同社会。这就是"天下一家"、"中国一人"的社会理想。

儒家主张满足人民的基本公正合理的要求，强调民生，制民恒产，主张惠民、富民、教民，缩小贫富差距，对社会弱者、老弱病残、鳏寡孤独和灾民予以保护。其推行的文官制度、教育制度，为平民、为农家子弟提供了受教育及参与政治的机会。其天下大同、天下为公的社会理想与社会正义观、公私义利观是历代儒生的期盼，也是他们批判现实的武器。这一思想的前提是：一、人民是政治的主体；二、人君之居位，必须得到人民之同意；三、保民、养民是人君的最大职务。这即是"王道""仁政"。

第四节 《礼记》中的礼乐文明论

礼乐文明是孕育儒家的文化土壤。礼乐文明早于儒家的正式诞生。夏、商都有礼，西周礼乐制度完备。但西周的典章制度、礼仪规范，大都经过孔子之后的儒家改造、重塑、整理。杨宽先生《西周史》考证了西周春秋的乡遂、宗法、文教等各种制度、社会结构、贵族组织等，可见"三礼"及诸经典所说，确有其实，当然其中也有儒家的理想化、系统化的成分。

儒家与礼乐文明是密不可分的。徐复观先生说："通过《左传》《国语》来看春秋二百四十二年的历史，不难发现在此一时代中，有个共同的理念，不仅范围了人生，而且也范围了宇宙；这即是礼。如前所述，礼在《诗经》时代已转化为人文的表征。则春秋是礼的世纪，也即是人文的世纪，这是继承《诗经》时代宗教坠落以后的必然发展。此一发展倾向，代表了中国文化发展的主要方向。"①

《昏义》说："夫礼，始于冠，本于昏，重于丧祭，尊于朝聘，和于乡射，此礼之大体也。"礼之重大类别，如冠、婚、丧、祭、朝、聘、乡、射等，都有其具体含义。冠礼在明成人之责；婚礼在成男女之别，立夫妇之义；丧礼在慎终追远，明死生之义；祭礼使民诚信忠敬，其中祭天为报本返始，祭祖为追养继孝，祭百神为崇德报功；朝觐之礼，在明君臣之义；聘问之礼，使诸侯相互尊敬；乡饮酒之礼在明长幼之序；射礼可以观察德行。总之，这些古礼综合了宗教、政治、伦理、艺术、美学的价值，对于稳定社会，调治人心，提高生活品质都有积极意义。

礼包括礼义与礼数。礼数指礼仪条文，礼义指附着在礼仪条文上的意义与功能。黄侃先生的《礼学略说》特别强调"有礼之意，有礼之具，有礼之文"，也即礼的意义、礼的器具、礼的仪节的分别。他引用《郊特牲》所说"礼之所尊，尊其义也。失其义，陈其数，祝史之事也。故其数可陈也，其义难知也"云云，指出礼的仪节、礼数背后的意义更为重要。比如"三年之丧"，"原非过情，而毁之者不知礼意也。"又引《檀弓》子游回答有子"丧之踊"之问，言"礼道"之文，认为"丧礼有不可妄訾者"，"观此则《丧礼》仪文无不具有微意，后世虽不能尽行，而不可以是非古人也。"②季刚先生指出礼的细节中蕴含圣人微旨，其意在"远别禽兽，近异夷狄"。这就是今人所谓"文明"或"人文"。他所谓"礼具"指各种礼器，礼学中要辨

---

① 徐复观：《中国人性论史·先秦篇》，台北：商务印书馆，1987年，第47页。
② 黄侃：《礼学略说》，载陈其泰等编《二十世纪中国礼学研究论集》，北京：学苑出版社，1998年，第27页。

其名物。"三《礼》名物必当精究,辨是非而考异同,然后礼意可得而明也。"①他所谓"礼文"指"节文度数"。他指出:"丧虽主哀,祭虽主敬,苟无礼物、威仪以将之,哀敬之情亦无所显示矣。夫七介以相见,不然则已愿。三辞三让而至,不然则已蹙。礼有摈诏,乐有相步,皆为温藉重礼也。礼之失则或专重仪文而忘其本意,故传以为讥。"②礼具、礼文都很重要,不能偏废、减损,正是在细节中才能体会出礼意,但吾人又不能沉溺于礼具、礼文。相比较而言,礼意,即其中蕴含的价值更为重要。总之,一方面,仪式仪节很重要,人而无仪亦不可以行礼;另一方面,仪文度数只是礼之粗迹。

传统社会有关礼的系统与功能,还有一些讲法,例如讲礼防、礼治、礼制、礼教等。礼防即礼坊,《坊记》的坊,通"防",取堤防之意。"礼者,因人之情而为之节文,以为民坊者也。"礼防民邪辟,使情感欲望的表达有所节制,达到适中。礼治的治,有水治,有刀制,以礼治国是水治的治,涵盖面广,而礼制则是刀制的制,强调了制度、体制的层面,与礼中包含的成文与不成文的法有关。礼乐刑政四者协调配置,总体上叫礼治。礼教则凸显了礼之教化的层面,礼教又与乐教相配合,是礼文化中最重要的内容。礼教的积极意义现在被人们开始重视起来,当然还很不够。至于乐,则没有乐防的说法了。当然,乐也是礼乐刑政四种治理社会的方法之一,主要是乐的教化作用,也可叫礼乐之治。礼乐礼乐,还是礼为中心,乐为补充,当然是重要的补充。

礼乐文化中有知识系统,有价值系统,有信仰系统。知识系统即礼乐之器具、仪节等。价值系统即礼乐之意或礼义,如仁、义、礼、智、孝、悌、忠、信、诚、敬、恕、廉、耻、勇等,或如君仁臣忠、父慈子孝、夫义妇顺、兄友弟恭、朋友有信等。徐复观讲,从礼仪中抽绎出来的"礼"的新观念,

---

① 黄侃:《礼学略说》,载陈其泰等编《二十世纪中国礼学研究论集》,北京:学苑出版社,1998 年,第 27 页。
② 黄侃:《礼学略说》,载陈其泰等编《二十世纪中国礼学研究论集》,北京:学苑出版社,1998 年,第 29 页。

淡化了宗教的意味，特别是许多道德观念，几乎都是由礼加以统摄的。《左传》、《国语》中很多资料，特别是关于"敬"、"仁"、"忠信"、"仁义"等观念，是与"礼"紧密地联系在一起。关于礼中的信仰系统，本章第一节已经论述过了。

一、《乐记》的成书问题

以下我们集中谈乐，主要介绍《乐记》。

《乐记》是《礼记》的第十九篇，也是比较特殊的一篇。其特殊性一来体现在主题内容的相对独立，二来也体现在后世儒者对其关注的程度上。① 本章，我们就通过对"《乐记》的成书问题"、"《乐记》的主旨和'乐'的概念意义"、"'乐'如何成就德性教化"和"'礼乐'关系"等四个问题的解释，对《乐记》这个经典篇章做一个简单的介绍。

作为《礼记》的一篇，《乐记》的撰写、编定过程同样复杂。学术史对《乐记》成书的讨论很多，观念的不同最先来自于史书中对《乐记》之成书的两段内容有出入的记载：

> 周衰俱坏，乐尤微眇，以音律为节，又为郑卫所乱，故无遗法。汉兴，制氏以雅乐声律世在乐官，颇能纪其铿锵鼓舞，而不能言其义。六国之君，魏文侯最为好古，孝文时得其乐人窦公，献其书，乃《周官·大宗伯》之《大司乐》章也。武帝时，河间献王好儒，与毛生等共采《周官》及诸子言乐事者以作《乐记》，献八佾之舞，与制氏不相远。其内史丞王定传之，以授常山王禹。禹，成帝时为谒者，数言其义，献二十四卷记。刘向校书，得《乐记》二十三篇，与禹不同，其道浸以益微。（《汉书·艺文志》）②

> 窃以秦代灭学，《乐经》残亡。至于汉武帝时，河间献王与毛生

---

① 比如，宋儒朱熹对《乐记》兴趣甚厚，有过《〈乐记〉动静说》的讨论。参见《朱子全书》卷六十七，上海：上海古籍出版社，2002 年，第 3263 页。
② （汉）班固：《汉书》，北京：中华书局，1983 年，第 1712 页。

等共采《周官》及诸子言乐事者，以作《乐记》。其内史丞王定，传授常山王禹。刘向校书，得《乐记》二十三篇，与禹不同。向《别录》有《乐歌诗》四篇、《赵氏雅琴》七篇、《师氏雅琴》八篇、《龙氏雅琴》百六篇。唯此而已。《晋中经簿》无复乐书，《别录》所载，已复亡逸。案汉初典章灭绝，诸儒捃拾沟渠墙壁之间，得片简遗文，与礼事相关者，即编次以为礼，皆非圣人之言。《月令》取《吕氏春秋》，《中庸》、《表记》、《防记》、《缁衣》皆取《子思子》，《乐记》取《公孙尼子》。（《隋书·音乐志》）①

根据《隋书·音乐志》所记沈约的奏答来看，从"《乐经》残亡"到"以作《乐记》"，到"刘向校书，与禹不同"、"已复亡逸"，再到"《乐记》取《公孙尼子》"，有过三种不同版本的《乐记》前后问世。如此一来，除刘向《别录》所载《乐记》"亡逸"无考之外，今本《乐记》可能有两个来源：其一，是《汉书·艺文志》和《隋书·音乐志》都有记载的"武帝本"《乐记》，是汉武帝时期"河间献王与毛生等"以"《周官·大宗伯》之《大司乐》章"为纲，收集编撰先秦典籍中的相关讨论而形成；其二，是《隋书·音乐志》单独记录的汉初编成《礼记》本中的《乐记》部分，而"《礼记》本"的《乐记》可能是直接脱胎于战国后期存世的《公孙尼子》②一书。"武帝本"《乐记》与"《礼记》本"《乐记》来历的差异，便形成了今本《乐记》成书问题的争议。加之今本《乐记》之文本内容同时与《荀子·乐论》、《史记·乐书》有许多相似处，其与《荀子·乐论》相近的部分，使《乐记》文本有了明显的荀子后学

---

① 此段为《隋书·音乐志》引梁朝学者沈约之奏答，参见（唐）魏征等：《隋书》，北京：中华书局，1973 年，第 351 页。

② 《公孙尼子》一书现已佚失，而根据文献记载，唐代虞世南《北堂书钞》、马总《意林》、徐坚《初学记》、李善《文选注》等都引用过《公孙尼子》之语，或可说唐代学者见过《公孙尼子》一卷本。又，唐代张守节《史记正义》云："《乐记》者，公孙尼子次撰也。"如此看来，沈约"奏答曰《乐记》取公孙尼子"应是言有实据的。另，"六艺略之乐类记《乐记》二十三篇；诸子略之儒家类记《公孙尼子》二十八篇；杂家类《公孙尼》篇"。参见（汉）班固：《汉书》，北京：中华书局，1983 年，第 1721、1725、2741 页。

的影子①，而与《史记·乐书》内容的重合，则使《乐记》由"河间献王与毛生等"收集编撰的说法更可靠。总之，文本内容的相似性，对我们判定今本《乐记》的成书来源带来新的困扰。

随着近年出土文献的相关研究，《乐记》的成书问题有了新的解决办法。虽然《公孙尼子》一书现已亡逸，然而郭店出土的楚简《性自命出》篇，其前三十六支简重在论"乐"，恰能与今本《乐记》相互印证。② 我们或可以说今本《乐记》的主体思想在战国后期便已形成，而全书（篇）的段落编订完成应该还是靠"河间献王与毛生等"集中完成。这种看法虽不能给《乐记》的成书问题一个定论，却也不妨碍我们对《乐记》文本思想进行深入地研究，同时也可以兼顾《汉书·艺文志》"共采《周官》及诸子言乐事者以作《乐记》"和《隋书·音乐志》"《乐记》取《公孙尼子》"的记载。

二、《乐记》的主旨和"乐"的涵义

讨论《乐记》的成书问题，是为了更好地理解《乐记》的思想，而有关成书问题的说明，也引出汉儒编写《乐记》的目的和宗旨。我们再看《汉书·艺文志》这句话：

> 周衰俱坏，乐尤微眇，以音律为节，又为郑卫所乱，故无遗法。汉兴，制氏以雅乐声律世在乐官，颇能纪其铿锵鼓舞，而不能言其义。③

周代的"乐"、"乐教"传统在经历春秋战国的纷乱之后，已经衰坏。这种衰坏既包括"音律"等技艺层面失去规范，更包括"乐"的本质意义失传，

---

① 公孙尼子本就是荀子的弟子，今本《乐记》与《荀子·乐论》相似处也可以说是与《公孙尼子》相似之处。

② "'性感于物而生情'，强调乐有教化的作用，可以陶冶性情"，参见李学勤：《重写学术史·郭店简与〈乐记〉》，石家庄：河北人民出版社，2001年，第264页。

③ （汉）班固：《汉书》，北京：中华书局，1983年，第1712页。孔颖达注《乐记》时亦有此句，曰："周衰礼废，其乐先微，以音律为节，有为郑、卫所乱，故无遗法。汉兴，制氏以雅乐声律，世为乐官，颇能记其铿锵鼓舞，而不能言其义。"见（清）孙希旦撰，沈啸寰、王星贤点校：《礼记集解》（全三册），北京：中华书局，1989年，第975页。

直接导致汉代乐官"不能言其（乐）义"。所以，汉儒希望通过编写《乐记》，从传统文献的蛛丝马迹中重建"乐"的形象、意义与价值。鉴于这种编纂的目的，有学者就说《乐记》中呈现的思想繁杂，对于法家、道家、杂家的礼乐观点都有征引。① 然而，这种观点流于表面现象，并没有看到《乐记》在讨论"乐"、"乐教"等问题时，在观念和论述上的统一性。下面，我们就通过解释《乐记》中"声"、"音"、"乐"等概念的意义，看看汉儒如何通过《乐记》"言乐之义"，从这个侧面展现《乐记》思想体系的完整性和语言使用的准确性。

《乐记》开门见山地给出了对"声"、"音"、"乐"等概念的定义，文见：

> 凡音之起，由人心生也。人心之动，物使之然也。感于物而动，故形于声。声相应，故生变；变成方，谓之音。比音而乐之，及干戚、羽旄，谓之乐。②

"声"、"音"、"乐"等三个概念层层递进，其最初一层概念就是"声"。照《乐记》的解释，所谓"声"就是"生而静"的人心感受外物后产生的振动。推进一步，将这些看似杂乱、却能"相应"的"声"，依照某种规范（即"成方"）的变化交织在一起，便形成了"音"。再把不同的"音"排列起来，配合舞蹈、动作有顺序地表演所形成的艺术形式才是"乐"。

通俗地讲，《乐记》所谓的"声"，包括一切独立的声响。无论这一声响是人为发出，还是自然界发出而被人感知，都包含其中。将这些"声"有规律地排列起来就是"音"。这其中的规律可以表现为"音律"，也可以表现为"旋律"、"节奏"，甚至"音韵"。换言之，"声"经过规律的规范后，

---

① 如杨振良认为："《乐记》一文，吾人一方面处处可见儒家'礼乐不可斯须去身'、'礼有报而乐有反'、'所以官序贵贱各得其宜'、'所以示后世有尊卑长幼之序'。一方面又可见道家之语：'乐者，天地之和也'、'礼者，天地之序也'、'大乐与天地同和'，并又采取'阴阳五行'的宇宙观，将代表'音乐'之五声、六律，配以四时、五方……另外，"王后乐"的思想又是对《墨子·三辩》中"事成功立，无大后患，因先王之乐，又自作乐"说的继承。参见杨振良：《〈礼记·乐记〉音乐观初探》，载台湾花莲师范学院《教育学术论文集》，第 1093 页。
② （清）孙希旦撰，沈啸寰、王星贤点校：《礼记集解》（全三册），北京：中华书局，1989 年，第 976 页。

可以成为"曲调",可以成为"语言",也可以成为"诗辞"。如果再将这些"乐曲"、"诗辞"等按照某种设计(情节)排列起来演奏,辅助以舞蹈、动作等肢体语言加以生动表现,便形成了"乐"。从这个角度看,《乐记》里说的"乐"和我们日常说的"戏剧"更为接近。①

我们说《乐记》的概念使用具有准确性,在《乐记》对"声"、"音"、"乐"等概念上亦有所体现。"声"、"音"、"乐"等概念不仅在其定义过程中具有明晰性,亦在其使用中具备确定性。我们简单列举《乐记》中的三段文字对照说明:

> 钟声铿,铿以立号,号以立横,横以立武。君子听钟声则思武臣。石声磬,磬以立辨,辨以致死。君子听磬声则思死封疆之臣。丝声哀,哀以立廉,廉以立志。君子听琴瑟之声则思志义之臣。竹声滥,滥以立会,会以聚众。君子听竽笙箫管之声,则思畜聚之臣。鼓鼙之声讙,讙以立动,动以进众。君子听鼓鼙之声,则思将帅之臣。(《乐记·魏文侯篇》)

> 宽而静、柔而正者宜歌《颂》,广大而静、疏达而信者宜歌《大雅》,恭俭而好礼者宜歌《小雅》,正直而静、廉而谦者宜歌《风》,肆直而慈爱者宜歌《商》,温良而能断者宜歌《齐》。夫歌者,直己而陈德也。《乐记·子夏问乐篇》

> 宾牟贾侍坐于孔子,孔子与之言及乐,曰:"夫《武》之备戒之已久,何也?"对曰:"病不得众也。""咏叹之,淫液之,何也?"对曰:"恐不逮事也。""发扬蹈厉之已蚤,何也?"对曰:"及时事也。""武坐致右宪左,何也?"对曰:"非武坐也。""声淫及商,何也?"对曰:"非《武》音也。"(《乐记·宾牟贾篇》)

---

① "'乐'(古乐、雅乐),当以历代圣王功绩的历史情景为主题,以圣王德性生命的展开历程为宗旨,通过语言、诗辞、曲调、操作表演等方式,在舞台上构建起一个脱胎于历史情景的意义世界。"参见王顺然:《从"曲"到"戏":先秦"乐教"考察路径的转换》,载《儒学的当代理论与实践——汤一介思想国际学术会议论文集》,深圳,2016年11月。

引文一选自《乐记·魏文侯篇》，此一段之论述注重对"声"及其象征内容之关系的说明。既然"声"是一切声响之总称，那么，乐器之声自然也是"声"中一类。乐器之创造是为了满足人对声音之音响效果（比如，烘托、表现特定的氛围等）的需要。可以说，"钟"、"丝"、"竹"、"鼓"等乐器之制造，主要是为了促进听者的联想效果。引文二选自《乐记·子夏问乐篇》，此一段之论述偏向"音"与实践工夫之关系的描述。"音"是"声"有规律地编织，"诗辞"、"乐曲"皆是"音"的一种表现。师乙对歌诗（即诗辞配以乐曲而演唱）的论述，是解释歌诵、咏叹不同的诗辞对人心、情感之疏通产生不同的效果。而最后一段引文选自《乐记·宾牟贾篇》，其记录内容正是宾牟贾向孔子请教《武》乐的一段话。既然是在讨论"乐"，便不是局限在"声"、"音"之上。孔子对《武》乐的解释重在《武》乐之情节表现所映射之"武王伐纣"之历史情境上，即使提及音律、乐曲之事，也会点明"声"、"音"之别。

综上，我们可以说《乐记》对"声"、"音"、"乐"等概念有清晰的定义与明确的说明。通过这些概念的确定，《乐记》已初步地勾勒出先秦"乐"的基本结构。

三、"乐"的德性教化功能

那么，这种具备现代"戏剧"形态的"乐"又是如何成为个人修身、道德教化的手段呢？下面，我们来看看《乐记》如何解释这个问题。

《乐记》对"乐"的教化能力先有一个整体的评价，见曰：

> 是故乐在宗庙之中，君臣上下同听之则莫不和敬；在族长乡里之中，长幼同听之则莫不和顺；在闺门之内，父子兄弟同听之则莫不和亲。（《礼记·乐记》）

"乐"的教化是以"和"字为核心。"和"之意义可以因"乐"表演环境的不同而产生不同表现，如君臣是"和敬"、长幼是"和顺"、父子兄弟是"和亲"。"和"字落在"乐"中可以转出两层最基本的意义——与"天地"和、与"伦常"和。

所谓与"天地"和，便是说"乐"之律制、规范都要符合天地之秩序，《乐记》有正反两种表述：

> 夫古者，天地顺而四时当，民有德而五谷昌，疾疢不作而无妖祥，此之谓大当。然后圣人作为父子君臣，以为纪纲。纪纲既正，天下大定。天下大定，然后正六律，和五声，弦歌诗颂，此之谓德音；德音之谓乐。（《礼记·乐记》）

> 是故清明象天，广大象地，终始象四时，周还象风雨。五色成文而不乱，八风从律而不奸，百度得数而有常。小大相成，终始相生。倡和清浊，迭相为经。（《礼记·乐记》）

前者是正着说，因循着"天地顺而四时当"的秩序，才有了六律，才有了五声，才能配合着乐器、诗辞构成"乐"。而后者则是反着说，"乐"中之表象、表现、演绎都应该象征着天地合理的秩序。这一正一反便是强调了"乐"与"天地"相和的含义，也将"乐"引向了与"天地"相和的"美"。

所谓与"伦常"和，便是说"乐"之主旨、意向都要符合人伦之道德，《乐记》亦有正反两种表述：

> 今夫古乐，进旅退旅，和正以广。弦匏笙簧，会守拊鼓，始奏以文，复乱以武，治乱以相，讯疾以雅。君子于是语，于是道古，修身及家，平均天下。此古乐之发也。（《礼记·乐记》）

> 乐者德之华也。金石丝竹，乐之器也。诗言其志也，歌咏其声也，舞动其容也。（《礼记·乐记》）

前者取自《乐记·魏文侯篇》，是说古之君子借助"乐"的演奏对自身形成道德之熏陶，借助"乐"塑造修身以至均平天下的人格理想。而后者则是强调"乐"是君子用表达自家道德修养感受的途径，君子可以通过"乐"包含的不同艺术形式表达心志、情怀，也将"乐"引向了与"伦常"相和的"善"。

如此一来，"乐"中之"和"对赏乐者所形成之教化、熏陶便落在"美"和"善"两个面向。因循"天地"秩序一路，"和"表现于"乐"之表演中便是

"美"。与此相应,因循"人伦"纲常一路,"和"表现于"乐"之主旨中便是"善"。再以《武》乐为例,《武》乐是以周武王伐纣的历史情景为主题,以武王德性生命的展开历程为宗旨,通过语言、诗辞、曲调、操作表演等方式,在舞台上构建起一个脱胎于商末周初之历史情景的意义世界。如此一来,《武》乐恢弘之篇章、精彩之表演、绚丽之舞台、整齐之舞蹈等等都属于"美"之一面,而《武》乐讲述武王伐纣之思考、行为,周公辅佐一步步制礼作乐的艰辛等等便属于"善"之一面。对受众而言,观赏《武》乐便获得了"美"的熏陶,反思《武》乐便获得"善"的滋养。同时,"美"、"善"两端以人心相通,又形成相互夹持、相互修养的过程。我们不妨看看《乐记》中的说法,文见:

> 夫民有血气心知之性,而无哀乐喜怒之常,应感起物而动,然后心术形焉。(一)是故志微、噍杀之音作,而民思忧。(二)啴谐、慢易、繁文、简节之音作,而民康乐。(三)粗厉、猛起、奋末、广贲之音作,而民刚毅。(四)廉直、劲正、庄诚之音作,而民肃敬。(五)宽裕、肉好、顺成、和动之音作,而民慈爱。(六)流辟、邪散、狄成、涤滥之音作,而民淫乱。(《礼记·乐记》)

"音(乐曲)"是通过其效果,先对人性之"血气心知"的一面产生影响,这种"血气心知"之"性"一旦表现出来,便会形成"心"的一种表现形式,故而《正义》曰:"人由血气而有心知,故'血气'、'心知'连言之,其性虽一,所感不恒。"①"性"之"血气心知"一面容易受到外物的引动,例如乐曲中高亢的声音、激烈的旋律,会很容易使人激动、活跃。乐曲作为外物,可以通过不同的效果引动"血气心知"之"性",从而形成对"心"的不同表现。《乐记》总结"音"之不同效果主要有六种,可以引动人心产生六种不同变化一一与之对应。先人观察到"音"对人心影响之多样性和对应性,便强调:"先王本之情性,稽之度数,制之礼义,合生气之和,道五常之行,

---

① (汉)郑玄注,(唐)孔颖达疏:《礼记正义》,北京:北京大学出版社,2000 年,第 1316 页。

使之阳而不散，阴而不密，刚气不怒，柔气不慑，四畅交于中，而发作于外，皆安其位，而不相夺也。"（《乐记》）也就是说，想要使"乐"产生恰当的教化，就要借助合适的"音"。而其中所谓"恰当"，便要考虑到"乐之教化"是要在不同的影响表现中择取有针对性的效果对受众进行熏陶，使其性情趋于平和。

除了"音（乐曲）"的形式外，"乐"中的其它艺术元素也可以对受众产生教化、熏陶的作用，"歌（诗）"①便是常见的一种形式，《乐记》记曰：

> 子贡见师乙而问焉，曰："赐闻声歌各有宜也，如赐者，宜何歌也？"师乙曰："乙贱工也，何足以问所宜？ 请诵其所闻，而吾子自执焉：宽而静、柔而正者宜歌《颂》，广大而静、疏达而信者宜歌《大雅》，恭俭而好礼者宜歌《小雅》，正直而静、廉而谦者宜歌《风》，肆直而慈爱者宜歌《商》，温良而能断者宜歌《齐》。夫歌者，直己而陈德也。……明乎商之音者，临事而屡断，明乎齐之音者，见利而让。临事而屡断，勇也；见利而让，义也。有勇有义，非歌孰能保此？"（《礼记·乐记》）

子贡问师乙说："我听说唱诵诗歌要因循个人的性情，（那您说说）像我（子贡）这样的人，应该怎么选歌？"《正义》孔疏曰："是欲令师乙观己气性，宜听何歌也。"②子贡之问，也是间接地让师乙点评一下他的人品性格。故而，师乙答道："我就是一个普通的乐师，怎敢品评您的得失、给您指点方向？ 但我倒是听说一些方法，您还是自己决定吧。"师乙继而说明了六种性情与其对应适宜的六种唱诵内容，单就"广大而静、疏达而信者宜歌《大雅》"一句而言，《正义》谓："广大，谓志意宏大而安静。疏达，谓疏朗通达而诚信。《大雅》者，歌其大正，故性广大疏达，直歌《大雅》，但广大而不宽，疏达而不柔，包容未尽，故不能歌《颂》。"一个人之性情有"广大、疏达"的特点正是《大雅》之歌所表现的特点，人之性情与诗歌相

---

① "诗辞"与"乐曲"同属"音"之一层，参见前文对"声"、"音"、"乐"概念的说明。
② （汉）郑玄注，（唐）孔颖达疏：《礼记正义》，北京：北京大学出版社，2000 年，第 1337 页。

符,表演时更容易表达诗歌中的情感,反过来看,诗歌中的情感也最能够引发人之性情中相应的感动,这一正一反、相辅相成便成了修身的方法。当然,同样作为"音"之一种,"诗辞"、"歌诵"、"乐曲"等都需要通过恰当的选择,才能有针对性地给受众施以适当的教化。

以上所举只是"音"这一层对人性之教化、熏陶,与之相应,"声"、"乐"两层亦有教化功用。总而言之,《乐记》对"声"、"音"、"乐"三者对受众的教化熏陶有一个明确的区别:

> 乐者,通伦理者也。是故知声而不知音者,禽兽是也;知音而不知乐者,众庶是也。唯君子为能知乐。是故审声以知音,审音以知乐,审乐以知政,而治道备矣。是故不知声者不可与言音,不知音者不可与言乐。(《礼记·乐记》)

"声"、"音"、"乐"的教化作用直接对应于不同道德修养工夫的层面上:君子知"乐",便要统筹安排那些掌管"乐"的官员,以演奏、表现出"乐"的主旨;众庶知"音",则只关心诗辞、乐曲的效果,获得韵律的美感;禽兽知"声",就只能辨别声音的高下参差。反过来看,"声"能提高受众的辨识能力,"音"能提高受众的审美感受,而"乐"对于受众而言,才是获得道德教化的主要途径。每一位修习"乐教"的人,受"乐"中不同艺术形式的熏陶,对"美"、"善"都有了不同程度的体贴,获得不同程度德性修养的培养,使得"乐"之教化浸润其德性生命之中。

四、"礼"与"乐"的关系

正是因为"乐"表现出对个人道德修养、实践工夫有针对性的指引能力,方才有了"乐"在"移风易俗"、德育百姓的用途,"乐以成教"也自"客观性"走向了"普遍性",故《乐记》谓:"乐也者,圣人之所乐也,而可以善民心,其感人深,其移风易俗,故先王著其教焉。"正因为"乐"可以善民心,先王就将"乐"与"礼"配合形成一套切实可行的制度用以归正"人伦纲纪"。那么,《乐记》又是如何从"乐"的角度解释礼乐的关系呢?

首先，从客观形式来看，"礼乐"具有相对独立的"器"、"文"形式，《乐记》曰：

> 故钟鼓管磬，羽籥干戚，乐之器也。屈伸俯仰，缀兆舒疾，乐之文也。簠簋俎豆，制度文章，礼之器也。升降上下，周还裼袭，礼之文也。（《礼记·乐记》）

"乐"有乐器、乐仪、乐之规范，"礼"也有礼器、礼仪、礼之规范。故而，从形而下的角度看，"礼"、"乐"相互独立各具章法。

其次，从教化之工夫、境界等方面看"礼乐"，其关系便有互补且统一的特质。例如，《乐记》有言：

> 乐也者，动于内者也。礼也者，动于外者也。故礼主其减，乐主其盈。礼减而进，以进为文。乐盈而反，以反为文。礼减而不进则销，乐盈而不反则放，故礼有报而乐有反。（《礼记·乐记》）

> 穷本知变，乐之情也；着诚去伪，礼之经也。礼乐偩天地之情，达神明之德，降兴上下之神，而凝是精粗之体，领父子君臣之节。（《礼记·乐记》）

礼乐之工夫教化是一内一外、相互夹持。如前段所说，主于内的"乐"当不断丰富，旨在不断启发、唤醒内心仁爱之情；而主于外的"礼"当不断减损，旨在使人更加便宜地遵循其规范。"礼"在外，朝着不断消减的方向令人易于不断努力遵循；"乐"在内，朝着不断丰富的方向令人易于复归本性。有"礼"就使施报相得，有"乐"就使本末相彰，《乐记》也说"仁近于乐，义近于礼"，其所指便是"礼乐"这种内外夹持之工夫。这种内外夹持的作用在后一段话中再进一步、明确地说明："乐"既然是一种"返本"的工夫，将这种工夫推进便是"穷本知变"；"礼"既然是一种"减损"的工夫，将这种工夫推进便是"着诚去伪"。于内，可见天理下贯之性；于外，可知人伦道德之理。"礼乐"并用的工夫，可达到内外兼修的效果，如《乐记》曰：

> 故乐也者，动于内者也。礼也者，动于外者也。乐极和，礼极顺，内和而外顺，则民瞻其颜色而弗与争也，望其容貌而民不生易慢焉。故德辉动于内，而民莫不承听。理发诸外，而民莫不承顺。（《礼记·乐记》）

我们可以看到"礼乐"动内外之说是针对君子自我修身工夫而言，修习"礼乐"之工夫者，其面容、气象乃是内外相和，令人心生敬意。有"礼乐"修身的君子，普通百姓看到他的面色就不和他相争，看到他的容貌就不会产生轻慢的情绪。

当然，"礼乐"作为一种内外夹持的工夫、教化，并非一种强制性的命令。《乐记》看到了这一点，并认为"礼"、"乐"、"刑"、"政"之结合才是真正的治道：

> 礼节民心，乐和民声，政以行之，刑以防之，礼乐刑政四达而不悖，则王道备矣。（《礼记·乐记》）

《乐记》此句便是对"礼"、"乐"、"刑"、"政"之结合所形成之治道的描述。"礼"重在"节"，即用来节制民心之乱；"乐"重在"和"，即用来统一民声之杂；依靠政治制度来推行治国之纲纪；依靠刑罚来防止出格的行为。"礼"、"乐"、"刑"、"政"四者相结合而互有优长，强制性的手段还是依靠"刑"、"政"的辅助。这四者结合所形成的教化，就是《乐记》描述的"礼义立，则贵贱等矣；乐文同，则上下和矣；好恶着，则贤不肖别矣；刑禁暴，爵举贤，则政均矣。仁以爱之，义以正之，如此，则民治行矣。"一个有"礼"、"乐"、"刑"、"政"相配合的社会，就是"王道"之治。这样一个社会的状态，自然应该是有"仁爱"、有"天理"，更有处罚不义的刑罚，所以说"王道备"则"民治行"。

"礼乐"的密切关系，一方面解释了《礼记》中为何有《乐记》一篇的存在，另一方面也反应了"乐"之为教是落实于周代社会生活之中，而非仅仅是一个纯粹的构想、孤立的存在。这就要求我们在理解《乐记》、理解周代"乐教"传统时，将相关文段与其他传统文献结合起来看。例如，与

"乐"的创作相关的有"采风"制度,与"乐"的表演相关的有"乐官"制度,与"乐"的教育相关的有"学校"制度。以上这些周代社会的政治、文化制度,又在《周礼》、《礼记》、《春秋左传》、《国语》、《吕氏春秋》、《史记》等经典文献的相关篇章内有所记录,这些相关的段落反过来又和《乐记》相呼应,形成一个以《乐记》的思想体系为核心、反映先秦"乐教"传统和社会风俗的文化系统。在这个大背景下,我们再阅读《乐记》这短短数千字的经典篇章,便可深刻地体会《乐记》丰富的思想内涵。

第五节 《礼记》中的道德修养论

一、《大学》的修己治人

《礼记》中的《大学》,即王阳明所谓"古本《大学》",不是朱子重新整理、调整章节并补了一传的《大学章句》本。《大学》体大思精,以人为根本,以培养君子为目标。《大学》的道理,福国利民,又是人人成就功业、立身行道的根本指南。

《大学》的三纲领:"大学之道,在明明德,在亲民,在止于至善。"这里有三个"在",是递进的关系。大学即做大人之学,讲个人修身成德,和谐家庭,逐渐扩大到治国平天下的道理。"明明德",即不断地彰明人自己内在的光明的德性(仁义礼智信等),培养自己高尚的道德。人的德性是天赋予人的,人人都有的,不过并非人人都能自觉。"亲民",即亲和百姓,以百姓的好恶为好恶,爱护民众,也就是"治国"。程子、朱子讲"亲民"为"新民",即除旧布新,洗汰旧的不良的习惯,刷新自我,革新人民的精神面貌。王阳明则讲"亲民",强调爱百姓。"止于至善",追求最高最完美的意境,达到尽善尽美的境界。以上为《大学》的"三纲领"。

> 知止而后有定,定而后能静,静而后能安,安而后能虑,虑而后能得。物有本末,事有终始。知所先后,则近道矣。(《礼记·大学》)

"止",所达到的地方(或境界),人应当行其所当行,止其所当止。这里说,明白了要达到的境界,然后志向就能立定。志向确定了,然后心意才能宁静。心灵不浮躁,不妄动,然后情感才能安和。情性安和了,然后对事物才能详细考察。思虑周详了,然后处理事物才能恰当。此句讲:通过止、定、静、安、虑的修养工夫,能得到大学之道,得其所止。事物有根本与枝节,结局与开端。人应把握学问修养的主次先后、轻重缓急,即可接近大学之道,也就是至善之道。

三纲领从主体与客体、对己与对人两方面阐明大学之道。"明明德"是对己而言,彰明德性,培养仁德。"新民"是对人而言,不断以自己之德教化人民。目的是"止于至善",使人人能明辨善恶、是非、义利,达到大学的崇高理想。

《大学》的八条目:

> 古之欲明明德于天下者,先治其国;欲治其国者,先齐其家;欲齐其家者,先修其身;欲修其身者,先正其心;欲正其心者,先诚其意;欲诚其意者,先致其知;致知在格物。(《礼记·大学》)

古代想要把光明的德性彰明于天下的人,首先要治理好他自己的国家。要治理好自己的国家,首先要整齐他自己的家族。要和谐、团结自己的家族,首先要修饬他自己。过去的家族很大,家族内矛盾复杂,要摆平很不容易,这就要有牺牲与奉献,特别是主持家政的治家者,包括其长子长媳等人的牺牲与奉献,这就要修养自身。要修整自己本身,首先要端正他自己的心。要端正自己的心灵,首先要诚实他自己的意念。要诚实自己的意念,首先要充实他自己的知识。要充实自己的知识,在于穷究事物的原理。这里的"格物、致知、诚意、正心、修身、齐家、治国、平天下",就是《大学》的八条目,即八个步骤,一环扣一环,环环相扣。"八条目"的枢纽是修身,修身是中心环节。格、致、诚、正、修,是道德修养的内圣学;齐、治、平,是建功立业的外王学。

> 物格而后知至,知至而后意诚,意诚而后心正,心正而后身修,身修而后家齐,家齐而后国治,国治而后天下平。自天子以至于庶

人，壹是皆以修身为本。其本乱而末治者，否矣。其所厚者薄，而其所薄者厚，未之有也。此谓知本，此谓知之至也。(《礼记·大学》)

这是前面所讲八条目的逆推。壹是，即一切。厚，丰厚，引申为重视。薄，淡薄，引申为轻视。所厚者，即"本"也，指修身。所薄者，即"末"也，指身外之物，包括齐家、治国、平天下。这是说，从天子到普通百姓，一心所要行的，应当都是把修养自己作为根本。本已乱，末就不能得则治理。本立则道生，本乱则国乱。应该重视的是修身，切勿本末倒置，把修身放在末位。这就叫做知道根本的道理，这就是道德之知的极至。

以上是《大学》的总论，首论三纲领，次论八条目。其中也论及达到至善境界的方法与次序(知止、定、静、安、虑、得)，以及三纲领与八条目的关系。对内修己，格、致、诚、正、修，都是明德之事，不断达到至善的境界。对外治人，齐、治、平，都是新民之事。孙中山先生说欧美的政治文化还不如我们的政治哲学系统完备，所举的例子就是《大学》讲八条目的这一段话。他说："把一个人从内发扬到外，由一个人的内部做起，推到平天下止。像这样精微开展的理论，无论外国什么政治哲学家都没有见到，都没有说出，这就是我们政治哲学的知识中独有的宝贝，是应该要保存的。"[1]孙先生没有平面化地理解"内圣"—"外王"结构，试图揭示以"修身"为本位的由内省心性到外王事功的道德——政治学说仍有其现代意义，这是十分深刻的认识。有的论者认为由内圣(道德修养)推到外王(建功立业)，不合逻辑。这的确不符合形式逻辑，不宜于平面地、表层地顺推与逆推；但深层地说，这里确实含有一种深厚的生命理性或生命逻辑或生存体验。《大学》德化政治的八目，对治世者的道德素养的强调，完全可以与当代法治社会的要求相结合。现代法治不能没有伦理共识作为背景与基础，然而伦理共识离不开伦理传统。

《大学》强调修身为本，其中的工夫，首在"诚意正心"：

---

[1] 广东省社会科学院历史研究室等编：《孙中山全集》第九卷，北京：中华书局，1986 年，第247 页。

所谓诚其意者，毋自欺也。如恶恶臭，如好好色，此之谓自谦。故君子必慎其独也。小人闲居为不善，无所不至，见君子而后厌然，掩其不善而著其善。人之视己，如见其肺肝然，则何益矣！此谓诚于中，形于外，故君子必慎其独也。曾子曰："十目所视，十手所指，其严乎！"富润屋，德润身，心广体胖，故君子必诚其意。（《礼记·大学》）

这里讲，所谓诚实自己的意念，就是不要自欺。如"恶恶臭"，要像厌恶臭恶的气味一样。如"好好色"，要像喜爱美好的容貌一样。这就是说，首先要使自己心安。"自谦"，谦通"慊"，即自我满足。"慎其独"，根据朱熹的注释，"独者，人所不知而己所独知之地"。慎独之学，在儒家是一种自我修身的功夫，求善去恶，谨而慎之。君子独处时也十分谨慎，而小人在闲居时，什么不好的事都做得出来，等看见了君子才"厌然"，即掩饰躲藏，把不好的掩盖起来，把好的显露出来。其实，别人看他，正像看透他身体内的肺肝一样，躲藏掩盖又有何益呢？这说明，内心真实的意念，必然要表现在外面。所以君子必须谨慎，在独自一人才知道的地方也严格自律。曾子说："十只眼睛一齐向他看着，十只手一齐向他指着，这是多么严峻呀！"财富可以装饰房屋，德行才能装饰人身。心底无私天地宽，身体也安舒了。"胖"是舒泰安乐的样子。诚意的工夫在于慎独，而慎独的要领，在于胸中坦荡。君子坦荡荡，小人长戚戚。很多事情，与其事后遮掩，何不慎之于开始呢？所以君子必须诚实自己的意念。

《大学》修身工夫又强调"日新其德"：

汤之《盘铭》曰："苟日新，日日新，又日新。"《康诰》曰："作新民。"《诗》曰："周虽旧邦，其命惟新。"是故君子无所不用其极。（《礼记·大学》）

商汤在盥洗盆上刻有铭文警告自己："苟日新"，意即如每天能洗干净自己身上的污垢，那就应当天天清洗。此句以沐浴自新，比喻道德日进。"日日新，又日新"，谓精诚其意，修德无已。"苟日新，日日新，又日新"的意思是，诚然有一天能够获得新的进步，就要一天一天都有新的进步,还要再继续天天有新的进步。《康诰》说:振作精神,使商朝遗民改过自新,成为新民。《诗经·大雅·文王》说:"周虽是一个古老的邦国,但文王能够禀承上天之所命,革新进取。"所以君子用尽全力,不断奋斗。这一章讲道德的力量,以古人自新用力之勤,勉励我们进德修业,从近处小处下手,远处大处着眼,切忌好高骛远。《大学》强调道德的内在性、自主性与道德的感召力。

《大学》接着引用《诗经》说,国都所管辖的城区与郊区,广大千里,都是民众的止归、居所。又说,小小的黄鸟选择山丘角落里的丛林为止归。孔子解释说,黄鸟尚且知道选择自己的栖息地,难道人反而不如鸟么?作为人,一定要会选择。不仅要学会择业、择邻、择友,而且要学会选择自己的居处。我们应当选择居住在仁德中,以此为美。不选择仁德的境界,能算是智慧的人吗? 人的归乡与居所,应当是仁、敬、孝、慈、信等至善的境界!《诗经》又说,德行深远的文王呀,真是持久光明地致敬于他所向往的境界呀!

> 为人君,止于仁;为人臣,止于敬;为人子,止于孝;为人父,止于慈;与国人交,止于信。(《礼记·大学》)

做人君的归止在仁,做人臣的归止在敬,做人子的归止在孝,做人父的归止在慈,与都城中的熟人及陌生人交往,归止在信。仁、敬、孝、慈、信是传统文化核心的价值理念。

儒家讲"修己"与"治人"是有区别的。修己主要是对管理者的要求,不能用于治人。对管理层的君子而言,必须做到正己爱人,修身为本,推己及人,博施于民而能济众,泛爱众。然而对普通老百姓而言,则要体谅、宽容。王者,治世的君子,不仅首先要修德正自身,作为万民的道德楷模,而且要实现德政,设立学校,用礼乐文明、儒家经典教化百姓,使得人人懂得羞耻,且自觉生命的意义与价值。

二、《中庸》的成己成物

《中庸》强调修身的"五达道"与"三达德":"故君子不可以不修身;思

修身，不可以不事亲；思事亲，不可以不知人；思知人，不可以不知天。"这是说，治国君子不可不讲修身；想修身，不可不侍奉双亲；要侍奉双亲，不可不懂尊贤爱人；要懂尊贤爱人，不可不懂天理。本书托孔子之言，指出五伦为五达道，即人人共由之路，普遍之道；智慧、仁爱、勇敢为三达德，即实践五条大路的三种方法。"天下之达道五，所以行之者三。曰：君臣也，父子也，夫妇也，昆弟也，朋友之交也，五者天下之达道也。知（智）、仁、勇三者，天下之达德也，所以行之者一也。"（《礼记·中庸》）通过五伦关系的实践过程来修身，也即是通过日常生活来修养自己。

"所以行之者一"的"一"，是指的"诚"，即落在诚实、至诚上。在这一修身过程中，培养君子的三大美德：智、仁、勇。孔子说："仁者不忧，智者不惑，勇者不惧。"本书又引用孔子的话说："好学近乎知（智），力行近乎仁，知耻近乎勇。知斯三者，则知所以修身；知所以修身，则知所以治人；知所以治人，则知所以治天下国家矣。"喜好学习，接近智德；力行实践，接近仁德；懂得羞耻，接近勇德。这里指的是大智大勇大仁。智不是要小聪明，勇不是鲁夫莽汉，仁不是小恩小惠。根本上是要修身，此是内圣，治国平天下是外王事功。这与《大学》的主张是一致的，由内圣贯穿到外王。为政者懂得修养自己，才懂得治国平天下。

《中庸》肯定成己与成物，极高明而道中庸，"诚者自成也；而道自道也。诚者物之终始，不诚无物。是故君子诚之为贵。诚者非自成己而已也，所以成物也。成己，仁也。成物，知（智）也。性之德也，合外内之道也，故时措之宜也。"这里是讲人道。意思是说，诚是自己所以能实现、完成、成就自己，而道是人所当自行之路。诚是使物成其始终的生生之道，没有诚也就没有万物了。所以君子把诚当做最宝贵的东西。诚一旦在自己心中呈现，就会要求成就自己以外的一切人一切物。当人的本性呈现，即仁心呈现时，就从形躯、利欲、计较中超脱出来，要求向外通，推己及物，成就他人他物。仁与智，是人性本有的，扩充出来，成己成物，即是兼物我，合外内。人之本性圆满实现，无所不通，举措无有不宜。

凡俗生活中有高明的境界。《中庸》提出了"尊德性"与"道问学"的统一、平凡与伟大的统一："故君子尊德性而道问学，致广大而尽精微，极高明而道中庸，温故而知新，敦厚以崇礼。"既保护、珍视、养育、扩充固有的善性仁德，而又重视后天的学习、修养；既有远大的目标，而又脚踏实地，不脱离凡俗的生活世界，在平凡的日常生活中，在尽伦尽职的过程中追求真善美的合一之境，实现崇高。冯友兰先生自题堂联："阐旧邦以辅新命，极高明而道中庸"。高明的境界离不开凡俗的生活，就在凡俗的生活中实现。

三、成德之教与道德之治

《礼记》中有关人的教养与人格成长，特别是君子人格的养成的智慧，体现了儒教文明的特色。儒家教育是多样、全面的，其内核是成德之教，其目的是培养君子，成圣成贤，其方法是用礼乐六艺浸润身心，以自我教育与调节性情心理为主，其功能在于改善政治与风俗，其特点是不脱离平凡生活，达到知行合一、内外合一。在当代建设现代公民社会，培养平民化的自由人格的过程中，尤其需要调动儒家修养身心与涵养性情的文化资源。忠信是礼的基本精神，义理则是规矩仪式：

> 先王之立礼也，有本有文。忠信，礼之本也；义理，礼之文也。无本不立，无文不行。（《礼记·礼器》）
>
> 故礼义也者，人之大端也，所以讲信修睦，而固人之肌肤之会，筋骸之束也；所以养生送死，事鬼神之大端也；所以达天道、顺人情之大窦也。故唯圣人为知礼之不可以已也。故坏国、丧家、亡人，必先去其礼。（《礼记·礼运》）

《礼运》强调礼对于人的人格成长与治理国政的重要性。礼的功用首在治理人情，"故圣人修义之柄，礼之序，以治人情。故人情者，圣王之田也，修礼以耕之，陈义以种之，讲学以耨之，本仁以聚之，播乐以安之。"（同上）这里强调礼为义之实，义为仁之节，仁是义之本，肯定"治国不以礼，犹无耜而耕也；为礼不本于义，犹耕而弗种也；为义而不讲之以学，犹种而弗耨也；讲之于学而不合之以仁，犹耨而弗获也；合之以仁而不安之以乐，犹获而弗食也；安之以乐而不达于顺，犹食而弗肥也。"（同上）

《礼运》对于人的界定，如前所述，是把人放在天地之中的。尽管人是天地之最秀者，但人是具有终极信仰的人，人是在自然生态序列中的人。同时，人又是治理的主要对象（即"人情以为田，故人以为奥也"）。这里对人的界定，是以礼义、仁德为中心的，而人应当是道德的人。这里也强调了治国之本，正是礼，而礼的规范中，重要的是道德仁义的精神。

《王制》亦强调道德教化，指出司徒之官的使命是节民性与兴民德，推行六礼、七教、八政，强调"节民性"与"兴民德"，肯定人文教化，发挥退休官员、乡下贤达的作用，运用射礼、乡饮酒礼等，通过习礼对民众、青年进行持续不断的教化：

> 司徒修六礼以节民性，明七教以兴民德，齐八政以防淫，一道德以同俗，养耆老以致孝，恤孤独以逮不足，上贤以崇德，简不肖以绌恶。（《礼记·王制》）

司徒修习六礼（冠、婚、丧、祭、乡饮酒和乡射礼），来节制民众的性情，讲明七教（父子、兄弟、夫妇、君臣、长幼、朋友、宾客等伦理）来提高人民的德行，整顿八政（饮食、衣服、技艺、器物品类、长度单位、容量单位、计数方法、物品规格等制度和规定）来防止淫邪，规范道德来统一社会风俗，赡养老人来诱导人民孝敬长上，抚恤孤独的人来诱导人们帮助贫乏的人，尊重贤能的人以崇尚道德，检举、摒除邪恶，实在是屡教不改的人，再摒弃到远方。由此可见，王制就是道德之治。

在人与天道、人与自然、人与社会、人与人的交往关系，以及人自身的身心关系方面，儒家《礼记》有极其重要的资源。儒家强调主体性，特别是道德的主体性，但儒家的人己、人物关系是交互主体性的，成己、成人、成物等是仁心推扩的过程。这对今天的人生修养、人际交往与文明对话有其积极意义。

中国哲学的突破，人的觉醒的特点在于，并不斩断人与宗教神灵、自然万物的联系，人是宗教神性意义的天的产儿，人又是自然生态中的成员，这是连续性、整体性的中国哲学的题中之义。人特别是道德的人，人的道德性尤表现为在对自然物取用上的反思性，反思贪欲、占有欲，使人更加肯定动植物自身的价值，成为宇宙大家庭中自觉维护生态伦理的成员。人的道德性表现在社会治理上，则更加尊重庶民大众的权益，予不利者以最大的关爱，并有更多制度的保障，促成社会的和谐。这里包含了教育公平之于政治公平的基础性，促使阶级阶层间的合理流动，保证一定意义上的社会公正。这些都是礼学的真义。

人是有终极信念的人，人是自然大家庭与社会大家庭的成员，这都可以归结于人是有礼义仁德的人。君子对上天，对自然天地必须有敬畏之心，对社会底层的人应当有恻隐之心。人需要在人与天、地、人、物的关系中不断反思、治理、调节自身，更好地定位自己，不至于如西方近代以降，人不断自我膨胀，妄自尊大。

礼是宗教、社会、政治、法律、伦理、道德之综合体，我们从以上几个维度对《礼记》做出的诠释，尽可能使礼的一些要素创造性转化、创新性发展为现代社会与人的积极要素，为现代社会所用。

第十五章　郭店、上博楚简的思想

第一节　郭店楚简、上博楚简略说

一、简　介

20 世纪 70 年代以来，我国有诸多出土材料的重大发现，如 1973 年末至 1974 年初湖南长沙马王堆汉墓出土的帛书，1975 年湖北云梦睡虎地出土的秦简，1993 年湖北荆门郭店楚墓出土的竹简（以下简称郭店简），1994 年上海博物馆从香港文物市场购回的楚简（以下简称上博简）、2008 年入藏清华大学的清华简等。① 下面主要介绍郭店简与上博简。

1993 年 10 月，考古工作者在今湖北省荆门市郭店村郭店一号楚墓 M1，发掘出一批竹简，共计 804 枚。其中，有字简 730 枚，共计 13000 多字，用楚文字书写。郭店楚简包含多种先秦古籍，其中《老子》、《太一生水》、《语丛四》等三种，被认为是道家学派著作，其余多为儒家学派著作。这些文献绝大多数都是首次出现，意义重大，被鉴定为国家一级文物。

---

① 此外，近年新出现的重要简牍材料还有北京大学藏秦简、汉简，岳麓书院藏秦简，安徽大学藏楚简等。近两年发掘的西汉海昏侯墓也出土了大批简帛，内容尚待刊布。

郭店楚简的发现，为古文字学、早期中国哲学、思想史、简册制度和书法艺术等方面的研究，提供了宝贵的文献资料。

地不爱宝。就在郭店楚简发掘的翌年（1994 年）春，香港文物市场上出现一批用战国楚文字书写的竹简。上海博物馆得知这一消息后，在时任馆长马承源先生的主持下，通过斥资收购和接受捐赠的途径，共得简片 1200 余枚（部分为残简），经整理辨认，有 35000 余字，共计 80 余篇文献。上博楚竹书经过整理后，由上海古籍出版社出版，迄今已出版 9 册。从 2001 年到 2007 年，按照每年一册的频次出版，共刊 7 册。第 8、9 册则于 2011、2012 年出版。其余未刊布竹书内容，尚待后续整理出版。上博楚简内容十分丰富，牵涉面比郭店简更广，涉及到历史、哲学、宗教、文学、音乐、礼仪、军事等内容，具有重要的文献学意义和思想史价值。除此之外，上博楚简中的部分文献可与郭店楚简的部分内容相参证[①]，更加增强了这批竹简的研究价值。

众所周知，传世先秦文献因秦始皇"焚书坑儒"等文化浩劫，又经汉代学者编辑整理，已非原貌。[②] 长期以来，资料的缺乏给学术研究带来困难。试举一端，一般认为孔子修春秋、补易传、删诗书、兴礼乐，为中华文明早期典籍的整理作出了开创性的贡献。但在孔子殁后，从孔门后学曾子、子思等到孟子，长达一个世纪的历史，基本属于一片空白，被学界形容为"失落的片段"。[③] 而这段时间，又处于被思想史界誉为"黄金时代"的春秋战国之际，因此这段时期的出土资料，具有格外重要的价值。

郭店简、上博简的公布，被学界认为有助于重现这一"失落的片段"。孔门后学曾子、子思等长期以来缺乏可靠文献材料的关键人物，在这两批竹简中出现了内容比较丰富的材料（郭店简甚至出现了《鲁穆公问子

---

① 例如上博简《性情论》与郭店简《性自命出》、上博简《缁衣》与郭店简《缁衣》内容大致相同。

② 竹简的保存，还受到地理、气候等因素的影响。出土简帛多发现于两种环境：一种是极湿，如马王堆帛书及诸批楚简等；一种是极干，如居延汉简等。

③ 有学者认为这段时间，大约是公元前 467—前 334 年。见曹峰：《出土文献可以改写思想史吗?》，载《文史哲》，2007 年第 5 期，第 38 页。

思》），为相关的研究提供了便利。

在一定程度上恢复思想史的原貌，仅仅是这两批竹简的价值之一，它们所激起的波纹，已经扩散至文献学、学术史、思想史等众多领域。从横向来说，郭店简与上博简的内容包罗万象，相关研究可从政治、伦理、诗歌、礼仪、音乐、军事等方面展开，研究向度多样。从纵向来说，《五行》、《缁衣》、《性情论》等重要文献，为梳理先秦文献的历史衍变提供了非常重要的材料。另外如儒道对比、儒家人性论前史、孟荀差异等诸子学内部聚讼纷纭的问题，也得到了更清楚的揭示和较为稳妥的解答。

简而言之，郭店简与上博简，以诸多前所未见的新材料，为一些长期以来无从解决的思想史难题，提供了全新的参照。本章以儒家简研究为主，道家简只涉及《恒先》。当然，前面《老子》研究专章涉及到竹简《老子》。

二、研究现状

如果粗略以郭店简的公布年份（1998）为起点，以 2006 年哈佛燕京学社与武汉大学传统文化中心联合举办的"新出楚简国际学术研讨会"为中界①，郭店简与上博简的研究，大体可分为 1998—2006 年、2007 年迄今两个阶段。前一阶段，大体属于文献整理；后一阶段，大体属于文献阐释与发挥。前一阶段，主要从考据学、文献学、历史学角度展开，后一阶段，主要从学术史、思想史展开。当然，这两个阶段的划分，只是大体而言。事实上，有相当一部分研究，是同时结合文献整理与思想研究的。

简文整理公布后，数以百计的海内外学者发表了数量极其丰富的论文、专著，极大地推动了楚简、特别是书籍类楚简的研究，使其蔚为显学，在海内外都有广泛影响。下面分而言之。

---

① 此次盛会由哈佛燕京学社与武汉大学中国传统文化研究中心等单位联合举办，来自美、日、德、俄、韩、加拿大、比利时、匈牙利、马来西亚、新加坡等国家和中国大陆、港台地区共 100 余名学者共襄盛举，提交论文 80 余篇。其中海外汉学家 50 余位，超过半数。此次会议较为集中、深入地研讨了郭店简和上海博物馆藏战国楚竹书这两批楚简。详见刘体胜：《"新出楚简国际学术研讨会"会议综述》，载《中国哲学史》，2006 年第 4 期。

郭店楚简[①]:

（一）文献整理。主要是厘定楚简文字，并涉及音读训诂、版本校勘等。主要有：魏启鹏《楚简〈老子〉柬释》（万卷楼出版社，1999 年）；刘信芳《荆门郭店竹简老子解诂》（台北艺文印书馆，1999 年）；彭浩《郭店楚简〈老子〉校读》（湖北人民出版社，2000 年）；陈伟《郭店竹书别释》（湖北教育出版社，2002 年）；刘钊《郭店楚简校释》（福建人民出版社，2003 年初版，2005 年再版）；廖名春《郭店楚简老子校释》（清华大学出版社，2003 年）；李零《郭店楚简校读记》（增订本）（中国人民大学出版社，2007 年）；陈伟等著《楚地出土战国简册［十四种］》（经济科学出版社，2009 年）；丁四新《郭店楚竹书〈老子〉校注》（武汉大学出版社，2010 年）；武汉大学简帛研究中心、荆门市博物馆编著《楚地出土战国简册合集（一）·郭店楚墓竹书》（文物出版社，2011 年）等。

以论文集、研究专号的形式出版的研究成果有：由《中国哲学》编辑部和国际儒联学术委员会编的《中国哲学》第 20 辑为"郭店楚简研究专辑"，第 21 辑为"郭店简与儒学研究"专辑，1999 年、2000 年由辽宁教育出版社出版；陈鼓应主编《道家文化研究》第 17 辑，亦为郭店楚简专号，由生活·读书·新知三联书店 1999 年出版；香港中文大学张光裕主编、台湾"中研院"史语所袁国华合编《郭店楚简研究》第一卷《文字编》于 1999 年出版，由台北艺文印书馆印行；台湾辅仁大学哲学系编辑、陈福滨主编《本世纪出土思想文献与中国古典哲学研究论文集》上下两册，1999 年由辅仁大学出版；武汉大学中国文化研究院等于 1999 年 10 月主编《郭店楚简国际学术研讨会论文汇编》第一、二册，后整理为《郭店楚简国际学术研讨会论文集》，2000 年由湖北人民出版社出版。[②]

[①] 廖名春整理了 1999 年 8 月至 2000 年 4 月郭店楚简的相关研究成果：《郭店楚简论著目录（上、中、下）》（修订版），载 http://www.bamboosilk.org/Mlhc/Lzsy/Liaominchun5.htm。

[②] 1999 年 10 月 15—18 日，武汉大学中国传统文化文心联合哈佛燕京学社、国际儒学联合会、中国哲学史学会、湖北省哲学史学会，召开郭店楚简国际学术会议，会议成果丰厚，结集成若干巨册。参见郭齐勇：《郭店楚简的研究现状》，载《郭店楚简国际学术研讨会论文汇编》第一册，武汉：武汉大学，1999 年，第 323—335 页。

此外,有一些连续出版的专业集刊集中了许多关于郭店简的研究成果,主要有:中国社会科学院简帛研究中心编《简帛研究》,目前已经出版十余辑,由广西师范大学出版社出版;复旦大学出土文献与古文字研究中心编《出土文献与古文字研究》,目前已出版六辑,由上海古籍出版社出版;武汉大学简帛研究中心编《简帛》,目前已出版 13 辑,由上海古籍出版社出版;清华大学出土文献研究与保护中心编《出土文献》,目前已出版 8 辑,由中西书局出版。

(二) 文献阐释与研究。

A. 内部研究。以简文内容为主题的研究。例如丁原植《郭店竹简老子释析与研究》(万卷楼出版公司,1999 年 4 月增订版);崔仁义《荆门郭店楚简〈老子〉研究》(科学出版社,1998 年);[美]顾史考《郭店楚简先秦儒书宏微观》(台湾学生书局,2006 年;上海古籍出版社 2012 年版);陈慧、廖名春、李锐等《天、人、性:读郭店楚简与上博竹简》(上海古籍出版社,2014 年)等。

B. 外围研究。把郭店简与思想史、哲学问题以及政治、礼制等其他领域联系起来的拓展性研究。例如丁四新《郭店楚墓竹简思想研究》(东方出版社,2000 年);郭沂《郭店竹简与先秦学术思想》(上海教育出版社,2001 年);欧阳祯人《先秦儒家性情思想研究》(武汉大学出版社,2005 年)、《从简帛中挖掘出来的政治哲学》(武汉大学出版社,2010 年);杨华《新出简帛与礼制研究》(台湾古籍出版公司,2007 年);梁涛《郭店竹简与思孟学派》(中国人民大学出版社,2008 年);陈来《竹帛〈五行〉与简帛研究》(生活·读书·新知三联书店,2009 年);刘信芳《出土简帛宗教神话文献研究》(安徽大学出版社,2014 年);曹峰《近年出土黄老思想文献研究》(中国社会科学出版社,2015 年);高华平《楚简文字与先秦思想文化》(中国社会科学出版社,2016 年)等。

上博楚简:

(一) 文献校释与整理。如李零《上博楚简三篇校读记》(万卷楼图书有限公司,2002 年);苏建州《〈上博楚竹书〉文字及相关问题研究》(万卷楼图书有限公司,2008 年);季旭昇主编《〈上海博物馆藏战国楚竹书(一)〉读本》(北京大学出版社,2009 年),《〈上海博物馆藏战国楚竹书(二)〉读本》(万卷楼图书有限公司,2003 年),《〈上海博物馆藏战国楚竹书(三)〉读本》(万卷楼图书有限公司,2005 年);丁四新《楚竹书与汉帛书〈周易〉校注》(上海古籍出版社,2011 年);董珊《简帛文献考释论丛》(上海古籍出版社,2014 年);孙飞燕《上博简〈容成氏〉文本整理及研究》(中国社会科学出版社,2014 年)等。

（二）文献阐发与研究。如曹峰《上博楚简思想研究》(万卷楼图书有限公司,2006 年);[日]浅野裕一《上博楚简与先秦思想》(万卷楼图书有限公司,2008 年);虞万里《上博馆藏楚竹书〈缁衣〉综合研究》(武汉大学出版社,2009 年);晁福林《上博简〈诗论〉研究》(商务印书馆,2013 年)等。

此外,还有部分学者的论文集也涉及到郭店简与上博简的研究。限于篇幅,这里仅列具有代表性的几种:裘锡圭《中国出土古文献十讲》(复旦大学出版社,2004 年);廖名春《出土简帛丛考》(湖北教育出版社,2004 年);饶宗颐《饶宗颐新出土文献论证》(上海古籍出版社,2005 年);杜维明编《思想·文献·历史:思孟学派新探》(北京大学出版社,2008 年);王中江《简帛文明与古代思想世界》(北京大学出版社,2011 年);徐少华《简帛文献与早期儒家学说探论》(商务印书馆,2015 年)等。

简帛研究无国界。海内外学者共同在这一领域开展研究,各种研究方法和观点相互交流、搏动。海外汉学家也出版了不少相关的著作,如[美]艾兰、[英]魏克彬编,邢文编译《郭店〈老子〉:东西方哲学的对话》(学苑出版社,2002 年),提出了一些具有比较哲学视野的话题。[美]夏含夷《重写中国古代文献》(上海古籍出版社,2012 年),里面收录了夏氏一些代表性的文章,如《出土文献的编辑及其对传世文献研究的启示》等。[美]顾史考《郭店楚简先秦儒书宏微观》(上海古籍出版社,2012 年),则是汉学家群体中一部比较专业而深入的简帛研究著作。

三、研究面向

随着新出土文献整理与研究工作的推进，新出土文献"改写"思想史的问题，又被提上日程。早在上世纪 70 年代马王堆帛书出土之后，学界就对这一问题展开过讨论。[①]　郭店楚简和上博楚简问世后，为这一问题的讨论提供了更多的素材。目前学界取得的基本共识是，出土文献并不足以完全改写思想史和哲学史，但可以检验、修正、润色思想史上的一些看法和结论。

以此为基点并结合目前的研究现状，我们认为，郭店简和上博简的研究面向、视角是相当丰富且多样的，至少有以下几个方面值得论述：

（一）出土简帛与经学

第一，孔子与六经，特别是与《易》的关系。关于孔子与《易》的关系，《史记·田敬仲完世家》与《孔子世家》指出"孔子晚而喜《易》"，"韦编三绝"。近代以来，很多学者都怀疑史迁之说。马王堆帛书《易传》却为史迁提供了佐证。《要》篇云："夫子老而好《易》，居则在席，行则在囊"、"孔子籀《易》"。郭店简《语从一》则说"《易》所以会天道人道也"。结合帛书《易传》与郭店简，我们可以理解孔子对《周易》的创造性诠释。另外，简帛中发现的子思、公孙尼子等七十子后学的资料，亦与《易传》相会通。

第二，《诗经》与《书经》。关于"诗言志"，上海博物馆藏战国楚竹书《孔子诗论》有："孔子曰：'诗无吝志，乐无吝情，文无吝言。'"本篇论诗，特别强调《诗》之情感抒发及其与初民之性的关系，主张报本反始，导情入礼："……情爱也。《关雎》之改，则其思益矣……孔子曰：吾以《葛覃》得氏初之诗，民性固然。见其美，必欲反，一本夫葛之见歌也……"《孔子诗论》涉及《诗经》篇名六十篇。此外，《孔子诗论》与《论语》中保留的孔子

关于《诗》的论述相映成趣。而郭店简《缁衣》以诗证说，引《诗》凡二十三条。《五行》引《诗》证言论事，简本引《诗》凡七条，帛书本引《诗》凡十七条。

至于《书经》，简帛中还发现了一些《书》的佚文。其中引《书》既有见于今文经，又见于古文经，还有不见于今存古文经《尚书》之佚《书》。郭店简《缁衣》还引了《祭公之顾命》，引文见于《逸周书·祭公》。一直以来，古代都有怀疑《古文尚书》的人，朱熹乃首次怀疑《古文尚书》，明代梅鷟、清代阎若璩、惠栋等著作几乎使《古文尚书》成为定谳。但简帛佚籍的发现，有助于《诗》《书》研究的深化。

第三，礼乐文明。我们对于三礼和礼乐文明已经相当陌生。《论语》中有"齐衰"，根据杨伯峻先生的理解，齐衰是用熟麻布做的丧服，其下边缝齐。斩衰，则是用粗而生的麻布做的丧服，左右和下边都不缝齐，这是最重的丧服。郭店简《六德》出来后，又涉及到这些问题。《六德》涉及丧服处，先讲斩衰，有"疏斩布，绖，杖"之语，继讲齐衰，有"疏衰，齐，牡麻绖"之语。李学勤对此有很好的辨别与研究。① 除此之外，简帛中还有大量关于礼、乐的内容，有助于我们重新发现礼乐文明。

第四，大小传统。与经典研究相对应的是数术方技的研究，如近几十年大量出土的流传于民间的《日书》等，属于民间文化传统，但确乎是上述经学等精英文化的背景和基础。经学是集宗教、伦理、政治于一身的学问，它不是突兀产生的，其基础、源泉正是社会习俗、民间信仰。阴阳五行、数术、方技之类与古代人的世界观、哲学形上学和科学技术密切相关，与大雅之堂上的六经也有着不解之缘。我们将会看到，下一步人们研究的兴奋点正是数术与经学、数术与形上学的关系问题。

第五，经学史研究的重点与难点。重点有：1. 简书《归藏》、简书《周易》、帛书《易传》的特点及其与今本之比较；2. 简帛中所见《尚书》类文献考释；3. 竹书《孔子诗论》之意义与诗教之研究；4. 简帛中所见礼学材料、

---

① 李学勤：《郭店楚简〈六德〉的文献学意义》，载武汉大学中国文化研究院编《郭店楚简国际学术研讨会论文集》，武汉：湖北人民出版社，2000 年，第 19—20 页。

乐论及礼教、乐教之研究；5. 简帛所涉及孔子与七十子问题、汉简《论语》、上海博物馆藏孔子与七十子佚书；6. 简帛中透显的思孟学派及思孟五行学说研究。

难点有：第一，经学史的问题。六经佚文及相关文献的出土，使我们有更多材料研究六经及经学的问题，与此相关，可以进一步梳理孔子与七十子后学对经学的具体发展。第二，思孟学派及《中庸》前史的讨论和先秦心性论、性命天道关系问题。第三，出土简帛中大量《日书》、卜筮祭祷文献文物与古代社会民间宗教观的讨论。第四，出土文献研究与华夏文明发展道路问题的关联。

（二）出土简帛与中国经学的诠释传统

1. 经—传、经—说、经—解形式的开放性与创造性。儒家经典的开放性不仅在于容许新的经典出现，而且在于容许不同的解释并存。经—传、经—说、经—解的方式，并非是封闭的、教条的。简帛文献的发现，不同程度地印证了这一点。诠释者对于经，除解释字、词、文句之外，重要的还在于疏释文献，点明内在理路，发挥微言大义。

2. 以人为本位与以道德为中心的经典诠释。中国经典诠释的特点，不在于语言文字的铺陈、雕凿和知识系统的建构，而在于与圣贤对话，与圣贤相契，去感受、领悟经典，并力图实践，使之内在化。以人为本位，以道德为中心，是中国经典诠释的根本。这在简帛中也得到充分反映。

郭店简中的资料表明，孔子、七十子及其后学继承前哲，创造发挥的圣、智、仁、义、礼、忠、信、敬、慈、孝、悌、反己、修身、慎独等观念，至迟在战国中期已流布并影响到荆楚之地。如《六德》以"圣、智、仁、义、忠、信"为根本；《五行》强调"仁、义、礼、智、圣"；《尊德义》肯定"尊仁、亲忠、敬庄、归礼"；《忠信之道》说明忠是"仁之实"，信是"义之期"；《唐虞之道》重视"爱亲尊贤"，仁义并举。与后世儒学略有不同的是，《五行》的作者提倡"听德"、"视德"，前者为"聪"，后者为"明"，强调"圣"、"智"二行。所谓"圣"，是闻而且知君子之道。所谓"智"，是见（视）而且知贤人之德。闻知、见知都是体验之知。不过，这些篇目都强调，"仁爱"是亲爱亲人的推广。《五行》:"不悦不戚,不戚不亲,不亲不爱,不爱不仁。""颜色容貌温,变也。以其中心与人交,悦也。中心悦焉,迁于兄弟,戚也。戚而信之,亲[也]。亲而笃之,爱也。爱父,其攸爱人,仁也。"①"攸"在这里是"进"或"继"的意思。

原始儒家以爱亲为仁,尊贤为义,或者说,仁是"爱亲"的推广,义是"尊贤"的推广,认为二者可以互补。《语丛》中的一些言论重申孔子的教诲,把"仁"规定为"爱人"、"爱善",又把"义"规定为"善之方"、"德之进"、事之"宜"。又以丧为仁之端。"丧,仁也。义,宜也。爱,仁也。义处之也,礼行之也。""爱亲则其方(杀)爱人。"②《唐虞之道》:"爱亲忘贤,仁而未义也。尊贤遗亲,义而未仁也。"③《语丛一》:"[厚于仁,薄]于义,亲而不尊。厚于义,薄于仁,尊而不亲。"④以上关于"仁、义"关系的界定,既爱亲又尊贤,既源于血缘亲情,又突破了血缘亲情,修订了亲亲、尊尊的原则,实为非常值得肯定的儒家伦理价值观念。

《六德》对夫妇、父子、君臣三伦六位的规定,强调各行其职,对内讲仁德,对外讲义德。"父圣,子仁,夫智,妇信,君义,臣忠。圣生仁,智率信,义使忠。""仁,内也。义,外也。礼乐,共也。内立父、子、夫也,外立君、臣、妇也。"⑤在这里"立"字即"位"字。《语丛一》视君臣关系为朋友关系。《语丛三》认为,臣之于君,"不悦,可去也;不义而加诸己,弗受也。"⑥以上可以视为父慈子孝、君义臣忠、夫敬妇顺的原型。在君臣关系上,既

---

① 荆门市博物馆编:《郭店楚墓竹简》,北京:文物出版社,1998 年,第 150 页。以下所引郭店楚简内容均依此本,仅注编者、书名、页码。引文中,方括号内为补字,圆括号内为前字的正读,据裘锡圭先生按语。有个别字句和标点略有改动。

② 荆门市博物馆编:《郭店楚墓竹简》,第 211 页。"方"字,有学者认为应该释读为"杀",即"爱亲则其杀人",见陈伟等编《楚地出土战国简册(十四种)》,北京:经济科学出版社,2009 年,第 258 页。

③ 荆门市博物馆编:《郭店楚墓竹简》,第 157 页。

④ 荆门市博物馆编:《郭店楚墓竹简》,第 197 页,3—5 行。将第 77、82、79 三简重排形成此句。《礼记·表记》:"厚于仁者薄于义,亲而不尊;厚于义者薄于仁,尊而不亲。"又,郭店简关于仁、义的界定与《中庸》"仁者人也,亲亲为大;义者宜也,尊贤为大"相一致。

⑤ 荆门市博物馆编:《郭店楚墓竹简》,第 188 页。

⑥ 荆门市博物馆编:《郭店楚墓竹简》,第 209 页。

有很强的血缘情感，又体现了士人的自由精神，不悦可去，不义弗受。

郭店儒家简在总体倾向上以仁爱为中心，并举仁义，视仁、义为忠、信的实质与目标，视忠君、爱民为孝、悌之拓展，视敬为礼之内核。孝悌、忠信、礼敬都与仁义有关。只是未能如《中庸》、《孟子》那样强调"诚"。但郭店简强调了"信"，"诚"是"信"的发展结晶。

以上略举一斑，下面将对竹简文本做一些分析和阐释。

第二节　郭店儒家简与孟子心性论

郭店儒家简有较丰富的人性天命说的内容。人的性情，禀赋自天。神秘的天道天德是人道人性的终极根据。肯定人的情气和内在生命有为善的趋势，以情言性，即心言性，是楚简与《孟子》的相同之点。在存心养性、仁内义外的问题上，二者有所区别。孟子对他以前的心性论作了理论的提升和推进。理解"情"与儒家道德形上学的内在关系是至关重要的。"四端七情"恰恰是天人之际的纽带。性善论既是道德理性普遍主义的提扬，又不排斥情、才、气性。在心志的引导下，道德情感可以成为道德行为的力量。

郭店楚简大大丰富了先秦心性论的资料，因此格外引起学术界的重视。但目前有一种说法，似乎郭店楚简是主情的，而《孟子》是排情的，孟子至当代新儒家的"天命"的道德形上学的阐释，需要重新考虑等等。①本书不同意这一看法，而将郭店楚简心性论看作是孟子心性论的前史，力图梳理其间的内在联系。

一、楚简之人性天命说

郭店儒家简诸篇并不属于一家一派，将其全部或大部视作《子思

----

① 李泽厚：《初读郭店竹简印象记要》，载《世纪新梦》，合肥：安徽文艺出版社，1998 年，第 201—210 页。

子》①，似难以令人信服。笔者不是把它作为某一学派的资料，而是把它大体视作孔子、七十子及其后学的部分言论与论文的汇编、集合，亦即某一时段（孔子与孟子之间）的思想史料来处理的。《孟子·告子上》记载的告子"生之谓性"、"仁内义外"的主张，孟子弟子公都子总结的彼时流行的人性论的诸种看法，例如告子之"性无善无不善"论、可能属于世硕的"性可以为善，可以为不善"论、无名氏之"有性善，有性不善"论，在楚简中都得到充分反映。前述第二种看法所以说可能是（或接近于）世硕的，根据是王充的《论衡·本性》。王充说世硕主张"性有善有恶"，至于人趋向善或恶，取决于所养，即后天的环境、教育的影响。据王充说，宓子贱、漆雕开、公孙尼子等都主张性有善有恶。世硕的"所养"之说，在楚简与《孟子》中都有反映。

楚简中除了强调后天人为教育的内容外，还有很多关于以血气、爱欲、好恶等来描述人性的说法，认为喜、怒、哀、悲、乐、虑、欲、智等皆源于性。以上均得到各位论者的充分注意，故不赘引。但是，楚简中是不是完全找不到"性善论"的根芽、资源呢？楚简中是不是完全没有涉及"性与天道"的问题呢？人们现在很看重《性自命出》以情气释性的内容，这无疑是重要的。但该篇在以"喜怒哀悲之气"和"好恶"来界定"性"的同时，申言此性是天命的，是内在的，实际预涵了此能好人的、能恶人的"好恶"之"情"即是"仁"与"义"的可能，"仁""义"是内在禀赋的内容。如此诠释，会不会犯"诠释过度"的毛病呢？我们认为不会。请看《性自命出》是怎么说的："喜怒哀悲之气，性也。及其见于外，则物取之也。性自命出，命自天降。道始于情，情生于性。始者近情，终者近义。知情者能出之，知义者能入之。好恶，性也。所好所恶，物也。善、［不善］，□也，所善所不善，势也。凡性为主，物取之也。"②这里所脱的三字，裘锡圭先生补了"不善"二字，剩下一字，疑是"性"。

---

① 姜广辉：《郭店楚简与〈子思子〉》，载《哲学研究》，1998 年第 7 期。
② 荆门市博物馆编：《郭店楚墓竹简》，第 179 页。

这里的确有"性有善有不善"的意思，至于经验事实上、人的行为表达上究竟是善还是不善，依赖于客观外在力量的诱导、制约等。但这里并没有完全排拒"情气"好恶中的"善端"，这就为后世的性善论埋下了伏笔。以上整句的意思是说，人性的禀赋来自天之所降的命。此与生俱来的好好恶恶的情感偏向，就是人之所以为人的特质。好恶是内在本能，也就是内蕴的喜怒哀乐之气。人的情绪情感的表达，是由对象化的事物引起的，是表现在外的。质朴的好恶之心所引发、所牵动、所作用的对象虽然是外在的客观的物事、现象、力量、动势等等，但内在的主宰或主导，还是天命所降之人性。人性脱离不了情气，且附着于情气之上，但性与情气仍有区别。请注意，情气不仅仅指自然情欲，也指道德情感。尔后孟子着力发挥的，正是天赋的道德情感，并由此上升为道德理性。

《性自命出》强调通过观看《大夏》、《韶》、《大武》之舞乐，听闻古乐之声，陶冶情操，修养自己，庶几可以"反善复始"！从反善复始、原始反终的立场回过头去看前引该篇的"始者近情，终者近义，知情者能出之，知义者能入之"，则不难体会此处两"情"字即是"仁"这种情，此处的"始终出入"，其实即是指的仁与义的对举。本始的、最贴近人之禀赋的、能表达、推广出来的性情是什么呢？恰恰是爱亲之仁！达成的、实现出来的、能使之进入的是什么呢？恰恰是"恶不仁"之义。以下紧接着说的"好恶，性也"，在一定的意义和范围之内，是说的能好人，能恶人，"好仁而恶不仁"。天所赋予的初始之善，人之自然的切近之情是亲爱亲人！该篇接着说："笃，仁之方也。仁，性之方也。性或生之。忠，信之方也。信，情之方也。情出于性。爱类七，唯性爱为近仁。智类五，唯义道为近忠。恶类三，唯恶不仁为近义。所为道者四，唯人道为可道也。"这里很明显地把"好恶"之性点醒了出来。

在众多的爱中，笃诚的爱、真情真性是仁爱。当下的、发自内心的爱近乎仁，此即"好好"；当下的、厌恶不仁的情感或行为近乎义，此即"恶恶"。仁义忠信是人道之最重要的内涵，盖出之于天赋的性情。《语丛三》："爱亲，则其方〔杀〕爱人。""丧，仁也。义，宜也。爱，仁也。义处之也，礼行之也。""丧"为仁之端，此也是以情来说性，说仁，犹如孟子以"恻隐"说仁之端。可见，在先秦自然人性论之中，"情"的内涵之一，指的是仁爱之情，这也是人性之一，而不在人性之外。

让我们再来看一看《五行》："不悦不戚，不戚不亲，不亲不爱，不爱不仁。""颜色容貌温，变也。以其中心与人交，悦也。中心悦［焉，迁］于兄弟，戚也。戚而信之，亲［也］。亲而笃之，爱也。爱父，其（攸）爱人，仁也。""攸"在这里是"进"或"继"的意思。这也是性情学说。如果说郭店儒简是所谓"主情"，那么此处人心之"悦、戚、亲、爱、仁"正是其所主之"情"。它是从哪里来的呢？按《五行》终始德圣之说，人道来自天道，人善来自天德："［君］子之为善也，有与始，有与终也。君子之为德也，［有与始，无与］终也。金声而玉振之，有德者也。金声，善也；玉音，圣也。善，人道也；德，天［道也］。［唯］有德者，然后能金声而玉振之。"按，"德""善"之论是《五行》的中心和主线，是抽象的、高层次的。相应地，其下一层次是"圣""智"之论。①《孟子·万章下》的"金声玉振"的"智圣"之论，即来源于此。孟子仁义礼智四端之说，与《五行》有直接联系。

就"德"、"善"这一层说，《五行》开篇即分别指出"仁、义、礼、智、圣"，"形于内谓之德之行"，"不形于内谓之行"。"形于内谓之德之行"，属于"德，天道也"，是神性意义的天德流行，形之于、贯注于人心的内容，也即是人的禀赋。"不形于内谓之行"，属于"善，人道也"，是人的道德行为。楚简《五行》又说："德之行五和谓之德，四行和谓之善。善，人道也；德，天道也。"这也是分成两层说的。仁、义、礼、智、圣，是人心得之于天道的，或者说是天赋于人的、内化于人心之中的，可形可感，可以实现的。这五种德行内在地和谐化了，就是天道之德。其表现在外的仁、义、礼、智之行为，相互和合，就是人道之善。这里有天与人之分，分而后合。

就"圣""智"这一层说，"闻君子道，聪也。闻而知之，圣也。圣人知

---

① 详见邢文：《〈孟子·万章〉与楚简〈五行〉》，载《郭店楚简研究》（《中国哲学》第 20 辑），沈阳：辽宁教育出版社，1999 年，第 228—242 页。

天道也。知而行之，义也。行之而时，德也。见贤人，明也。见而知之，智也。知而安之，仁也。安而敬之，礼也。圣、智，礼乐之所由生也，五[行之所和]也。""聪明圣智"之说见于《中庸》。圣智之论源出于子思，当不会有大误。楚简《六德》也以"圣、智、仁、义、忠、信"为核心。就一般情况而言，听德为聪，视德为明。由"聪"出发，闻而知君子之道为"圣"；由"明"出发，见而知贤人之德为"智"。按马王堆帛书《五行》："道者，圣之藏于耳者也。闻而知之，圣也。闻之而[遂]知其天之道也，是圣矣。圣人知天之道。"①"圣、智"是相对于前述之"德、善"来说的。通过闻之于圣人来接近天道。帛书《五行》比起竹简本略有改动，曰："[君子]无中心之忧则无中心之圣，无中心之圣则无中心之悦，无中心之悦则不安，不安则不乐，不乐则[无]德。"②可见君子内心之中忧乐好恶、道德情感（它可以化为道德实践的力量），是源于闻而知之之"圣"，源于天道、天德的。《五行》德、善、圣、智之说，完全是道德形上学的内容，自然成为孟子的思想来源。其中：天道—德—圣—五行之和，是先验的道德哲学层面；人道—善—智—四行之和，是经验的伦理学层面。

就世俗伦理层面而言，郭店楚简《六德》、《成之闻之》诸篇，仍不忘天、天德和圣的依托，以寻找其最终的根据。如《六德》把父德称为"圣"，子德称为"仁"，"父圣，子仁，夫智，妇信，君义，臣忠。圣生仁，智率信，义使忠。"血缘伦理有其天命根据。《成之闻之》："天降大常，以理人伦。制为君臣之义，著为父子之亲，分为夫妇之辨。是故小人乱天常以逆大道，君子治人伦以顺天德。"此处以上天的普遍法则作为君臣、父子、夫妇三伦，即社会秩序的依据与背景。该篇亦认为，君子之道可近求之于己身而远证之于天德："唯君子道可近求而可远措也。昔者君子有言曰：'圣人天德'曷？言慎求之于己，而可以至顺天常矣。"圣人天德不远乎吾人，近从修己中理会，远则符合于天常。这就是天上秩序与人间秩序的

---

① 国家文物局古文献研究室编：《马王堆汉墓帛书》(壹)，北京：文物出版社，1980 年，第 21 页。
② 国家文物局古文献研究室编：《马王堆汉墓帛书》(壹)，北京：文物出版社，1980 年，第 17 页。

关系。

《语丛一》在"凡物由无生"之后，不断重复"有天有命，有物有名"。又曰："有生有智，而后好恶生。""有天有命，有地有形，有物有容，有家有名。""有物有容，有□有厚，有美有善。""有仁有智，有义有礼，有圣有善。"这一系列的排比句完全可以与《老子》媲美。其中道德的天命论的内容也非常值得关注。

总之，楚简有较丰富的人性天命说的内容，是孔子"性与天道"的发展。仁义礼智，来自人与生俱来的好恶之情（好仁与恶不仁）。人性的获得性遗传，与神秘的天道有关。天人之间，情为枢纽。此种性情，禀赋自天。天道天德是人道人性的终极根据。"性自命出，命自天降"，"始者近情，终者近义"，"反善复始"，"丧为仁端"，仁义礼智圣"形于内谓之德之形"，"德之行，五和谓之德"，"德，天道也"，"善，人道也"，"天降大常，以理人伦"，"有天有命，有仁有智，有义有礼，有圣有善"，等等命题，毋宁是由《诗》、《书》、孔子走向孟子道德形上学的桥梁。

二、楚简与《孟子》的思想联系与区别

上节其实已经说了二者的主要联系与区别，本节再说三点。首先，"情气为善"。如上文所说，楚简主张情气有为善的趋势，如前引《五行》由颜色容貌温，谈到中心悦，进而戚、亲、爱、仁的一段，又如《语丛二》"爱生于性，亲生于爱"等，即是从情出发，以情气之善言性。《性自命出》视真情为真性、性善，"凡人情为可悦也。苟以其情，虽过不恶；不以其情，虽难不贵。苟有其情，虽未之为，斯人信之矣。未言而信，有美情者也。未教而民恒，性善者也。"不言而信，不教而恒，指民众生来就有的淳朴的美情、善性。孟子从来不排斥情、才、气性。《孟子·告子上》："乃若其情，则可以为善矣，乃所谓善也。若夫为不善，非才之罪也。"孟子认为照着人的特殊情状去做，自可以为善。他肯定天生资质，情、才、气性的为善，主张"可欲之谓善"。至于人在现实上的不善良，不能归罪于他的禀赋、资质。孟子主张善在情才之中、生命之中。《孟子·尽心下》："口之

于味也，目之于色也，耳之于声也，鼻之于臭也，四肢之于安佚也，性也，有命焉，君子不谓性也。"这里讲的是实然之性，孟子承认之，但指出实然之性能否实现，自己作不了主，依赖于命运，因此君子不认为这是天性的必然，不去强求。相反，在另一层面上，仁、义、礼、智、圣之于父子、君臣、宾主、贤者、天道来说，在现实性上虽仍属于命运，但在应然层面却是具有普遍性的天性之必然，君子不认为"仁之于父子，义之于君臣"等等是属于命运的，而应努力顺从天性，求得实现。孟子强调了人性之当然，区别了人之所以异于禽兽的性征，对包括楚简在内的孟子之前的人性论论说，是一次巨大的飞跃。

其次，"即心言性"、"存心养性"。这是楚简诸篇与《孟子》的又一条可以联系的纽带。楚简文字构造十分奇特，心字旁很多，如"身心"为"仁"、"我心"为"义"、"直心"为"德"、"既心"为"爱"、"谷心"为"欲"、"訢（即欣）心"为"慎"等等。不仅如此，楚简有大量言心的资料。《性自命出》开篇就说："凡人虽有性，心亡奠志，待物而后作，待悦而后行，待习而后奠。"奠即定。这是强调以心来衡定情绪，心志定，性则不为外物所诱动。又说，人虽然有性，但如心不去作用，性情也不能表现出来，而心又依赖于"志"。又说，天生的好恶，其发于外则是情，情合于度就是道。又说："其性相近也，是故其心不远。""四海之内其性一也，其用心各异，教使然也。"故该篇又讲"心术"："凡道，心术为主"，"君子身以为主心"，此为人道根本，而内容则是以《诗》《书》《礼》《乐》之教来调治，来养心、怡情、养性。该篇又提出"求心"这一命题："凡学者求其心为难，从其所为，近得之矣，不如以乐之速也。""虽能其事，不能其心，不贵。求其心有伪也，弗得之矣。"这里讲通过乐教求心，求心要诚不能伪等等。关于求心之方，以下还讲了很多，都具有理性主义的趋向。

孟子以心善言性善，以"心"来统摄自然生命的欲望，超越了告子的"生之谓性"之说。楚简之中，既有告子的"生之谓性"之说，又有"即心言性"、"存心养性"的萌芽，为孟子作了思想准备。如简书关于心志静定的看法，与孟子"志壹则动气，气壹则动志"的"志气"统一观就有一定的联系。孟子不仅不排斥气，反而提出"善养"其气的观念，以意志为统率，使志与气相辅相成。楚简提出"养性者，习也"，虽然强调的是习行实践有益于养性，但毕竟提出了"养性"的观念，为孟子"存其心，养其性，所以事天也"作了铺垫。楚简"求其心"的思想与孔子"操则存，舍则亡"和孟子"求则得之，舍则失之"，"求其放心"相近，均强调心的自觉，以礼乐养心养性。无论是以习行来养性还是以存心来养性，其实都肯定了内在生命的善、禀赋的善，并以此为前提。禀赋的善，当然与人们经验事实上的善恶行为完全属不同的层次，但楚简的作者与孟子都肯定心的主导，以此"求""存"与生命才情在一起的善，从应然落实到实然中来。孟子更强调"性由心显"。

第三，"仁义内在"与"仁内义外"的纠缠。"仁义内在"是孟子思想的主脑。孟子的"仁义礼智根于心"，"仁义礼智，非由外铄我也，我固有之也，弗思耳矣"的思想，在楚简《五行》"仁、义、礼、智、圣"五德学说中可以找到根芽。如前所述，"形于内"的"德之行"与"不形于内"的"行"是有区别的。那么，与"仁"一样，"义"作为禀赋，是天生的，是内在的；作为行为，则是外显的。楚简《五行》又把仁视为义、礼的源头，指出"仁，义礼所由生也"，仁为内容，义礼是仁的展示和表现。在楚简中，多处提到"仁内义外"的思想。如《六德》："仁，内也。义，外也。礼乐，共也。内位父、子、夫也，外位君、臣、妇也。"意指宗族之内讲仁德，宗族之外讲义德。《语丛一》："仁生于人，义生于道，或生于内，或生于外。""人之道，或由中出，或由外入。由中出者，仁、忠、信；由［外入者］，□、□、□。"（后三字疑为义、智、礼。）同样讲"仁内义外"，《六德》讲的是伦理的层次分别，《语丛一》中的上述语录讲的是道德哲学的问题，但只是限于"人之道"的层次，并没有涉及"天之道"的层次。

检视孟子与告子关于义内义外的论辩，告子认为人的自然本能的情欲、爱悦中，不包含"义"的普遍性规定。孟子则相反，认为人的道德普遍性的规定，例如"义"，乃内在于"敬长"等等人的自然爱悦的本能；仁义等

“达之天下”的普遍性道德原则，源于人的自然情感的本能生活。① 孟子心性论的高明处及其与楚简的区别就在这里。

二者的联系还有很多，例如孟子的“大丈夫”精神，孟子论“时”、论“禅让”、论“五伦”等，都可以从楚简中找到源头和根据。孟子关于“大体”与“小体”的思想，与帛书《五行》有密切的关系。例如帛书《五行》之《说》的部分，提出“心贵”，视心为“人体之大者”、“君”，即先验的道德本体，四行之和则为“小体”等等。② 帛书《五行》较竹书《五行》更接近于《孟子》。

三、“情”与道德形上学

郭店简诸篇所透露出来的继《诗》、《书》、孔子之后的“性与天道”的学说，是孟子心性论的先导和基础。天为人性之本，是道德行为之所以可能的终极根据和价值源头。至于以情释性、指性为情之说，更是孟子前的主要传统，不唯告子、世硕如此。“生之谓性”、“仁内义外”说，为孟子的道德形上学提供了论辩前提和背景，为孟子学的登台预作了准备。孟子以扬弃的方式继承了告子学说。

理解“情”与儒家道德形上学的内在关系是至关重要的。郭店楚简提到“七情”，也有了“四端”的萌芽，孟子进而以“不忍人之心”释仁，以恻隐、羞恶、恭敬（或辞让）、是非的“四端之心”诠释、界定道德理性仁、义、礼、智。“四端七情”，尔后成为宋明及其后中朝日儒家讨论的焦点。儒家道德形上学是建立在道德情感之上的，而不是排情的，相反，它力图使道德情感成为道德实践的内在动力。孟子的性善论既是道德理性普遍主义的提扬，又不排斥情、才、气性。当然，他强调大体与小体的关系，强调道德主体、道德意志的引导，调节并转化情、才、气性。这是儒家道德形上学既超越又内在的反映与表现。康德道德哲学竭力避免情感（包括

---

① 参见李景林：《教养的本原——哲学突破期的儒家心性论》，沈阳：辽宁人民出版社，1998 年，第 228—229 页。
② 参见魏启鹏：《德行校释》，成都：巴蜀书社，1991 年，第 95—96 页。

道德情感)的渗入，强调道德理性的纯粹。孟子心性论，乃至宋明心性论则与此相反，统摄了先验的与经验的两层。东方道德哲学家都注意"四端""七情"的关系及情感的作用与调节，讲志与气的培养，是极有意义的。同样是目的论的、义务论的伦理学，与西方大不一样。现代西方哲学界有反本质主义思潮，因此美国汉学家安乐哲等人讨论孟子性善论，反对将西方本质主义的解释强加给孟子，指出孟子之"性"是一个关系的、力动的、创造性活动的"成就"概念，这就重视了孟子人性的重"情"等非本质主义的一面。卜爱莲不太同意安乐哲的说法，强调孟子肯定了"共同人性"。孟子有"人心之所同然"之说，并不否定"共同人性"和道德理性的普遍性，相反，非常成功地建树了道德形上学体系。刘述先教授在评论这场讨论时指出：中国思想不必非此即彼，人在成就上的殊异、情感上的多姿多态与禀赋上的共同，并不构成必然的矛盾。孟子也不否定人在经验、实然层面的善善恶恶现象，只是他的思想高于前人一等，提升到先验、应然层面讲性善。① 在一定意义上，孟子的性善之"善"，不与"恶"对，而是超乎善恶对待之上的。郭店楚简丰富了我们对孟子心性论之前史的理解，实在是重要的思想史料。由此我们也更能感受到孟子的伟大，对孟子心性论亦可以作出更多、更深入的诠释。

第三节　郭店楚简《性自命出》的心术观

上节"郭店儒家简与孟子心性论"针对有的学者说郭店简完全没有性善论的内涵和郭店简主情、孟子排情等论而发②，梳理郭店简与《孟子》的联系与区别，重点阐发郭店简中的儒家道德形上学的内容。前文虽涉及到情气、情性与心志等关系，然限于篇幅，未能充分展开。本节重点讨

---

① 参见刘述先：《孟子心性论的再反思》，载《当代中国哲学论：问题篇》，美国八方文化企业公司，1996 年。
② 拙文《郭店儒家简与孟子心性论》，载《武汉大学学报》，1999 年第 5 期，乃针对李泽厚和陈来二先生文而发。李文《初读郭店竹简印象记要》，载《世纪新梦》，合肥：安徽文艺出版社，1998 年；陈文《郭店楚简之〈性自命出〉篇初探》，载《孔子研究》，1998 年第 3 期。

论郭店简之身心关系问题。

　　长沙马王堆汉墓帛书公布之后，关于战国诸子百家之身心关系的讨论，有了长足的进步。笔者研读过庞朴、李学勤、裘锡圭、杜维明、魏启鹏、池田知久、杨儒宾、黄俊杰诸教授的有关论著①，获益匪浅。而关于"性—情（欲）—气—形（体、身）—心（志）—神（精）"之间复杂的互动关系，郭店简诸篇有不同程度的涉及，较为集中的是《性自命出》和《五行》。我们先解读《性自命出》篇。

　　一看到"心术"，我们很自然联想到学术界聚讼不已的《管子》四篇中的"心术"。在那里，"心术"指"心"体认"道"的方法和途径。按《礼记·乐记》和《汉书·礼乐志》"夫民有血气心知之性，而无哀乐喜怒之常，应感起物（《汉书》无此二字）而动，然后心术形焉"，"心术"既是心与物、心与身交互作用的途辙、状态和方法，也是养心、用心的过程和方略。而中国思想没有心物、身心之绝对二分，因此讨论"心术"不能不涉及到心思、心志、形、气、容色、行为、习性、物事等等。从目前整理的《性自命出》文

---

① 主要参考文献有：

　a）庞朴：《帛书五行篇研究》，济南：齐鲁书社，1980 年。

　b）李学勤：《〈管子·心术〉等篇的再考察》，载《管子学刊》，1991 年第 1 期；又见李著《古文献丛论》，上海：远东出版社，1996 年。

　c）裘锡圭：《稷下道家精气说的研究》，载《道家文化研究》第二辑，上海：上海古籍出版社，1992 年；《马王堆〈老子〉甲乙本卷前后佚书与'道法家'》，载《中国哲学》第二辑，北京：生活·读书·新知三联书店，1980 年。俱见裘著《文史丛稿》，上海：远东出版社，1996 年。

　d）杜维明：《存有的连续性：中国人的自然观》、《孟子思想中的人的观念：中国美学探讨》，俱见杜著《儒家思想——以创造转化为自我认同》，台北：东大图书公司，1997 年。

　e）魏启鹏：《〈德行〉校释》，成都：巴蜀书社，1991 年。

　f）［日］池田知久：《马王堆帛书〈五行篇〉所见身心问题》，载《马王堆汉墓研究文集》，长沙：湖南出版社，1994 年。

　g）杨儒宾主编：《中国古代思想中的气论及身体观》，台北：巨流图书公司，1993 年。其中有池田知久上文，黄俊杰《马王堆帛书〈五行篇〉"形于内"的意涵》，杨儒宾《支离与践形——论先秦思想里的两种身体观》等文。

　h）杨儒宾：《儒家身体观》，台北："中央研究院"中国文哲研究所筹备处，1996 年 11 月初版，1999 年 4 月修订一版。这是作者多年研究儒家身体观的主要成果之结集，对儒家身体观的理论和史料作了系统诠释，对孟子、荀子、公孙尼子、思孟五行、《管子》及宋儒之"心——气——形"说，均有独到的分析。

本来看，该篇开始讲性之所从出，性、命、天、道、情、气之关系，性、习、情、礼、心、物之关系，内、外、出、入之关系等，强调好恶之情性以外在物事为投射对象，而心志为其机关，为其主导。第 9—12 简："凡性，或动之，或逆之，或交之，或厉之，或出（绌）之，或养之，或长之。凡动性者，物也；逆性者，悦也；交性者，故也；厉性者，义也；出（绌）性者，势也；养性者，习也；长性者，道也。"①这就是说，对于人之禀性来说，感应、激荡它的是外在物事，因应、顺从它的是欢快愉悦之事，教育、培养、更易它的是有原因、有目的性的后天人为②，磨砺、锤炼它的是"义"德之行；客观情势、位势是表现、展示它的舞台，习行、训练是养育、培植它的土壤，大道则是帮助、增进人之性的法宝。该篇指出"道始于情，情生于性"，这是说人道（主要是礼）源于喜怒哀悲等自然生命的情气、情实，但道必然要高于情气、情实。该篇第 14、15 简："道者，群物之道。凡道，心术为主。道四术，唯人道为可道也。其三术者，道之而已。"③"道"统领种种色色的现象、事物，即天地万物万事之总相、总过程、总法则，它并不在外。"道"与人对"道"的把握和体认密切相关，也就与"心"认识、体悟"道"的方法、途径及养心、用心的方法相关。因此，"凡道，心术为主"，这就是说，"心术"对于参赞道和体悟道来说，至关重要。这可以说是人的主体性的建立，涉及到心与身、心与物的关系。第 41、42 简再次重申："所为道者四，唯人道为可道也。"④"道"有四方面的内容，从上下文看，指心术、诗教、书教、礼乐之教。

可见"心术"是理解道、弘大道的不二法门。对于人事之道而言，"心术"就更为重要了。《性自命出》关于"心术"的主要内容有如下几个方面。

---

① 荆门市博物馆编：《郭店楚墓竹简》，第 179 页。
② 关于"交性者，故也"和下文中"道四术"，"其三术者，道之而已"，我参考了李零、赵建伟等先生说。赵文：《郭店竹简〈忠信之道〉、〈性自命出〉校释》，载《中国哲学史》，1999 年第 2 期。"交"，一般释为"教"，裘锡圭先生说，"交"字是"室"字之讹，读为"实"。
③ 荆门市博物馆编：《郭店楚墓竹简》，第 179 页。
④ 荆门市博物馆编：《郭店楚墓竹简》，第 180 页。

一、以心志导情气

从第 1、2 简看，性、情、心都是"气"。在本篇中，"无定志"之"心"，属于血气的范畴，有知觉反应；而"有志"之心，带有意志力，具有"心之官则思"的性质。性、情与"喜怒哀悲之气"的关联，大体言之，性是"未发"状态，情是"已发"状态。喜怒哀悲之气涵于体内，未曾作用时是"性"；此气感物而动，表现于外则是"情"。第 1、2 简："凡人虽有性，心无定志，待物而后作，待悦而后行，待习而后定。喜怒哀悲之气，性也。及其见于外，则物取之也。"①血气之"心"感物而动，随波逐流，依靠"习"（即后天习行、训练）才能有所定。意志之"心"则不然，有指导定向的作用："金石之有声，□□□□□□虽有性，心弗取不出。凡心有志也，亡与不□□□□□独行，犹口之不可独言也。"②

这一段文字，前六字缺，李零补为："弗扣不鸣，凡人"③。后五字缺，李零补为："可。人之不可"；廖名春补为"可。心之不可"④。"心弗取不出"之"心"字，赵建伟认为是衍字。⑤ 但从上下文看，未必是衍字。这里讲的是"心取"，与前文所说的"物取"，在形式上一样，在性质上则有别。整句话是说：金石有声，不敲则不响；人虽有与生俱来的好善恶不仁之性，心不导向则实现不出来。心有意志，有指向性，对于身之活动，不可能不参与。没有心志的参与和指向，身不能行，口不能言。身能行、能

---

① 荆门市博物馆编：《郭店楚墓竹简》，第 179 页。"心无定志"、"待习而后定"，其中"定"字，有学者认为应为"奠"，备一参考。

② 荆门市博物馆编：《郭店楚墓竹简》，第 179 页。

③ 此六字，庞朴补为"棰弗击不鸣，凡人."，见《孔孟之间——郭店楚简的思想史地位》，载《中国社会科学》，1998 年第 5 期；赵建伟据《庄子·天地》补为"弗考不鸣；凡人"，见注［4］；李零补为"弗扣不鸣。人之"，见《郭店楚简校读记》，载《道家文化研究》第 17 辑，北京：生活·读书·新知三联书店，1999 年，第 504 页。

④ 此据李零《郭店楚简校读记》，见上注末条。廖名春说见余谨于国际简帛研究中心网上发表的《清华大学简帛讲读班第三次研讨会综述》。

⑤ 赵建伟：《郭店竹简〈忠信之道〉、〈性自命出〉校释》，载《中国哲学史》，1999 年第 2 期，第 36 页。

言，是与心志整合的结果。"心有志也，无与不可"，是本篇关于身心关系的一种说法，凸显了意志之心对人之行、言的主导作用。当然，另一方面，离开了身形，心亦不能实现其指向。如廖名春所补，心之不可独行。

本篇第42—44简谈"用心"、"用智"、"用情"、"用身"、"用力"所应注重的方面。"凡用心之躁者，思为甚。用智之疾者，患为甚。用情之至者，哀乐为甚。用身之弁（便）者，悦为甚。用力之尽者，利为甚。"在这里，作者其实区分了意志之心和思虑之心。前者以"用心"标举，后者以"用智"涵括。我试作译文如下：运用德性之心，最不安、最躁动的莫过于价值抉择了；使用思虑之智，最有力度的，表现在面对祸患的考量；情感的表达，莫过于听诵哀乐；身体的安适，莫过于趋向怡悦；力气的耗尽，莫过于谋取私利。"目之好色，耳之乐声，或（左从月）舀之气也，人不难为之死。"①"或（左从月）舀"即"郁陶"，指心初悦（或忧）而未畅的状态。②耳目声色的追求，人之身体内的郁陶之气，常常驱使人为之赴死（如俗语中的"人为财死"）。这一段讲的是，面对声色、利欲、悲痛、欢乐，郁陶状态的情气发用，引起人们患得患失，心智不安。心智不安是形身与心灵互动所致。心灵不安而要求其所安，因此，下一段即讲要有"柬柬之心"和"恒怡之志"，从形身和心灵两面，求其心定身安。（关于"柬柬之心"和"恒怡之志"，详下。）本篇提出"反己修身"的原则。第56—57简："闻道反己，修身者也……修身近至仁。"③听闻人间道义，反求之于自己，反求之于心，以心志导情气，端正自己的形身，庶几接近于仁德。

二、以礼乐之教养性培气

《性自命出》不单单讲以心志导情气，因为作者深知情气可以迷惑心志，造成一体两面之不安及身心的躁动。因而，该篇"心术"之最重要者，

---

① 荆门市博物馆编：《郭店楚墓竹简》，第180页。
② 详见刘钊：《读郭店楚简字词札记（一）》，载《郭店楚简国际学术研讨会论文汇编》第一册，武汉：武汉大学，1999年。
③ 荆门市博物馆编：《郭店楚墓竹简》，第181页。

是修身与修心的双彰，以此求得心定身安。这正是孔子"修己安人"之道的落实。在这里，作者首先强调的是"教"。第 14—18 简："《诗》、《书》、《礼》、《乐》，其始出皆生于人。《诗》，有为为之也。《书》，有为言之也。《礼》、《乐》，有为举之也。圣人比其类而论会之，观其先后而逆训之，体其义而即度之，理其情而出入之，然后复以教。教，所以生德于中者也。"①按，"逆训"即"迎顺"，"义"即"宜"，"即度"即"节度"。这里强调《诗》、《书》、《礼》、《乐》四教的重要性，尤其是礼乐之教。心术之道是从哪里来的呢？来源于人文教化、文化传统。在该篇作者看来，圣人制礼作乐以调节人间秩序、伦序等级，礼乐是圣人有意为端正人们的行为举止而制定的。这就要节制人们情气的发用，使之合宜，理顺人们的情感、情绪，然后加以教化，使道德慢慢地内在化，即"生德于中"。这里的重心是以礼乐来调节情气，养性培情，修身修心。

《性自命出》发挥孔子"人而不仁如礼何，人而不仁如乐何"（《论语·八佾》）和"礼云礼云，玉帛云乎哉；乐云乐云，钟鼓云乎哉"（《论语·阳货》）的教导，从"心术"的角度，集中讨论礼教、乐教的功能。概而言之，以礼教修外（形、身），以乐教治内（心），礼教端正身形，乐教陶冶心灵。但礼教、乐教都要促成身心的一致，声、情、气、性、形、神之合一。

第 20—21 简："至容貌，所以度节也。君子美其情，贵其义，善其节，好其容，乐其道，悦其教，是以敬焉。"②这里肯定容貌之端庄、行止合符仪节的重要性。真诚的聘问、祭祀之礼，要求致礼者身与心的和谐一致，礼与义的完满统一。第 22—24 简："笑，礼之浅泽也。乐，礼之深泽也。凡声，其出于情也信，然后其入拨人之心也厚。闻笑声，则侃如也斯喜。闻歌谣，则舀（陶）如也斯奋。"③较之礼仪，乐教有更深厚的影响。真情之声，能深深地拨动人的心弦。谛听、吟诵、观看、欣赏《韶》、《夏》、《赉》、

---

① 荆门市博物馆编：《郭店楚墓竹简》，第 179 页。
② 荆门市博物馆编：《郭店楚墓竹简》，第 179—180 页。此句据裘按补改。
③ 荆门市博物馆编：《郭店楚墓竹简》，第 180 页。"侃"字释读参看黄杰《据清华简〈系年〉释读楚简二则》，载简帛网（www.bsm.org.cn），2011 年 12 月 27 日。

《武》之乐舞,可以收敛身心,健康地抒发情感。正声雅乐,启导人们返回人性本始的善("反善复始"),振奋正气。第 28 简:"凡古乐龙心,益乐龙指。"①综合李零、赵建伟的校读,"龙"为"动","益"为"淫","指"为"嗜"②,即古乐打动人心,淫乐挑逗嗜欲。又,《韶》《夏》,颂舜禹的古乐,《赉》《武》,颂武王之乐,是后来增益之乐,故为"益乐"。"龙"训"和"。廖名春等认为,此处指古乐可以和心,益乐可以和指。第 29—31 简:"凡至乐必悲,哭亦悲,皆至其情也。哀、乐,其性相近也,是故其心不远。哭之动心也,浸杀,其刿恋恋如也,戚然以终。乐之动心也,浚深郁陶,其刿则流如也以悲,悠然以思。""浸杀",即渐次衰减。央(右边有立刀旁),即烈,训为甚。人性相近,其心不远。哭泣、乐音都能动人之心弦,悲戚和欢乐随着体内之气变化、转移,移情之于心,引起人们的沉思。第 31—33 简:"凡忧思而后悲,凡乐思而后忻。凡思之用心为甚。戁(叹),思之方也。其声变则其心变,其心变则其声亦然。吟,游哀也。噪,游乐也。啾,游声〔也〕。呕,游心也。"③此段文字后半依李零改定。"戁",李读为"叹"。"游",李释为"流",即流露之意。④ 忧思、乐思,是思虑之心对情气之心的提升,反过来加深了悲欢的内涵,辅助了意志之心。音声的变化与心境的变化相互缠绕,相互影响。浅唱低吟,或高歌唱和,均可抒发心志,养性怡情,足见乐教可以促成情气与心灵的互动,并且比礼教更契入内心。这里着重讲声、音、情、气、心思、性格、身形、容色的连续性、整体性,犹如气流,由内而外,由外而内。

礼教、乐教的目的,如前所引,乃"所以生德于中者也"。仪态、音声都要是真情实感的流露,出于心又深入于心,护持、培养道德意志、情感。

---

① 荆门市博物馆编:《郭店楚墓竹简》,第 180 页。
② 李零:《郭店楚简校读记》,载《道家文化研究》第 17 辑,北京:生活·读书·新知三联书店,1999 年,第 505、509 页。赵建伟:《郭店竹简〈忠信之道〉、〈性自命出〉校释》,载《中国哲学史》,1999 年第 2 期,第 37 页。
③ 荆门市博物馆编:《郭店楚墓竹简》,第 180 页。
④ 李零:《郭店楚简校读记》,载《道家文化研究》第 17 辑,北京:生活·读书·新知三联书店,1999 年,第 506、509 页。

礼教用以端正容貌和行为举止，"是以敬焉"，让君子以严肃、庄敬、和乐的生命投入社会人事；乐教"其出于情也信，然后其入拨人之心也厚"，变化气质，调整心境。礼容通过正衣冠、正身形来正心，乐事通过抒情怀、修内心来正身，礼容、乐事又都是协和身心的手段。这也是《性自命出》的"心术"之重要内容。

三、内外交修，心身互正

《性自命出》的身心观，是身心的一体观，也是修身养心的互动观。下篇首章，第36—38简："凡学者求其心为难，从其所为，近得之矣，不如以乐之速也。虽能其事，不能其心，不贵。求其心有伪也，弗得之矣。人之不能以伪也，可知也。不过十举，其心必在焉。察其见者，情焉失哉?"[1]此章认为，学习圣贤人格的方便取径是乐教。通过音乐教化，人们不会停留在外在形式或现象上模仿，而可以从内心感悟圣贤内在的仁德，做到身心不二，我之心与圣贤之心相贯通。这里来不得半点伪饰。孔子讲"不二过"，透过一个人待人接物的外在表现，无须对其行为作多次观察，便可知他内心的情状。

这实际上就提出了"内外交修"的课题。《性自命出》的作者为君子的修养开示了许多门径、方法。如第37—40简："□，义之方也。义，敬之方也。敬，物之节也。笃，仁之方也。仁，性之方也；性或生之。忠，信之方也。信，情之方也；情出于性。"[2]这是围绕内心之仁的展开，是对孔子"为仁之方"所做的注脚。孔子强调"言忠信，行笃敬"（《论语·卫灵公》）、"仁者，其言也讱"（《论语·颜渊》），"君子义以为质，礼以行之，逊以出之，信以成之"（《论语·卫灵公》）。总起来说，孔子主张的君子人格是内在之"仁"、"诚"、"忠"、"信"与外在颜色、容貌、辞气、仪态的统一。

---

[1] 荆门市博物馆编：《郭店楚墓竹简》，第180页。此章文字，据裘锡圭按语、李零《校读》径改成此样。

[2] 荆门市博物馆编：《郭店楚墓竹简》，第180页。又据李零《郭店楚墓竹简校读记》，载《道家文化研究》第17辑，北京：生活·读书·新知三联书店，1999年，第506页。

第 44—46 简："有其为人之节节如也，不有夫柬柬之心则采。有其为人之柬柬如也，不有夫恒怡之志则缦。人之巧言利辞者，不有夫讪讪之心则流。"①节节，中规中矩之貌。柬柬，李零读为"謇謇"，指诚信之貌。缦，即慢，傲慢。讪，讪言。孔子说"人而不仁如礼何，人而不仁如乐何"（《论语·八佾》），"巧言令色，鲜矣仁"（《论语·学而》），"文质彬彬，然后君子"（《论语·雍也》），本章指出人在身形外貌、行为举止上符合礼节，而没有笃实敦厚之心，就是文胜其质，就会使内在仁心和道德意志渐渐消蚀。一个人油嘴滑舌，轻慢矜夸，没有诚朴之心，就会流荡失守。本篇反对伪诈、虚情假意、文过饰非，认为谨慎是行仁之方，肯定真诚淳朴的可贵。第 59—60 简："凡悦人勿吝也，身必从之，言及则明举之而毋伪。"②此处也是强调以心导身，身体力行，言行一致。

最后一章，对本篇身心统一观作出了总的概括。本章发挥孔子的人生理想和"吾与点也"的洒脱气象，指出，君子要做到"身"、"行"、"状"、"貌"和"心志"的契合无间，既有"三军可夺帅也，匹夫不可夺志也"的担当精神，又有淡泊、谦逊、宽容、博大的胸襟，思虑深沉、真挚，还要有温文尔雅、笃诚庄敬的容色，并且尽可能做到，在欢悦、忧患、怒嗔时保持节制，避免过分耗费体内之气。最后，第 65—67 简："君子执志必有夫广广之心，出言必有夫柬柬之信。宾客之礼必有夫齐齐之容，祭祀之礼必有夫齐齐之敬，居丧必有夫恋恋之哀。君子身以为主心。"③所谓"身以为主心"是强调以端正身形来端正吾人之心，或者说"以身正心"。居恭色庄是用以涵养心性，端正内心的。修内与修外，正心与正身，于此达到完满的统一。

综上所述，《性自命出》是以儒家身心观为内容，以探讨"心术"为中心的一篇文章，它区分了"无定志"的血气情感之"心"、有定志的道德意

---

① 荆门市博物馆编：《郭店楚墓竹简》，第 181 页。又据李零《郭店楚墓竹简校读记》，载《道家文化研究》第 17 辑，北京：生活·读书·新知三联书店，1999 年，第 506、510 页。

② 荆门市博物馆编：《郭店楚墓竹简》，第 181 页。又据李零《郭店楚墓竹简校读记》，载《道家文化研究》第 17 辑，北京：生活·读书·新知三联书店，1999 年，第 507 页。

③ 荆门市博物馆编：《郭店楚墓竹简》，第 181 页。又据李零《郭店楚墓竹简校读记》，载《道家文化研究》第 17 辑，北京：生活·读书·新知三联书店，1999 年，第 511 页。

志之"心"和介乎二者之间的思虑之"心",认定"心有志也,无与不可",即意志之心对人的身体活动的参与、指向,对人之身、形、状、貌、情、气的主导作用。它又暗示情气之心、思虑之心与意志之心是为"一心",相互影响、激荡,肯定声音、情气、物欲、身形的反作用,因而人总是有所不安。而要求得心定身安,则必须辅以礼乐,用来调节情气,协和身心,建立主体性,接引外物。礼、乐都要求身心的一致,但礼教侧重于端正身形,乐教侧重于陶冶心灵。所谓君子的人格形象,是内在"仁"、"诚"、"忠"、"信"与外在颜色、容貌、辞气、仪表的统一。这就要内外交修,身与心的相互端正。该篇强调礼乐之教的目的是辅弼、帮助人们,让道德在人们的内心扎下根来("教所以生德于中者也"),端正身形对于护持心志有很大作用("身以为主心"),且以"古乐动心",终而"闻道反已","修身近至仁"。要之,该篇反复探讨声音、容色、仪表、情气、身形、心思、德性之有张力的统一,由内而外,由外而内,浑然一体。此即《性自命出》的"心术"观。

第四节　郭店楚简《五行》的身心观与道德论

按郭沫若对《管子》四篇的研究,"心术"即"心之行","术"与"行"同指"道路"。① 《性自命出》讲"心术"、"心之行",《五行》讲"德之行",二者有密切关系。按,从字源上看,"德"字从直从心,楚简上"德"字就写成"悳"。然而"直"是"循"之本字,那么,"德"即"心之循",也即"心之行"。② "德之行"岂不成了"心之行之行"了吗? 简言之,"德之行"就是心灵流行的路径、现象和方法。

竹简《五行》显然属于儒家,与子思学派有关系。③《五行》与《性自命

---

① 参见郭沫若:《宋钘尹文遗著考》,载《青铜时代》,北京:人民出版社,1954 年。

② 参见杨儒宾:《儒家身体观》,台北:"中央研究院"中国文哲所筹备处,1996 年,第 269 页。

③ 参见庞朴:《竹帛〈五行〉篇比较》,载《中国哲学》第 20 辑,沈阳:辽宁教育出版社,1999 年,第 221—227 页。李学勤:《从简帛佚籍〈五行〉谈到〈大学〉》,载《孔子研究》,1998 年第 3 期。

出》有一些区别。大略地说，《五行》不是从社会层面一般地讲养心、用心的方法，而是凸显其中更重要的层面，更强调道德的内在性和道德的形上性。在这个意义上，"德之行"与"心之行"乃同中有异者。

一、五德形于内，德气流于外

《五行》首章第 1—4 简："五行：仁形于内谓之德之行，不形于内谓之行。义形于内谓之德之行，不形于内谓之行。礼形于内谓之德之行，不形于内谓之〔行。智形〕于内谓之德之行，不形于内谓之行。圣形于内谓之德之行，不形于内谓之德之行。"①"形"在这里是动词。特别请注意，上引这段话最后"德之"二字并非衍文。这里强调的是，第一，"圣"与仁、义、礼、智有所区别，它形不形之于内都是"德之行"。第二，仁、义、礼、智、圣并不在外，通过身体力行、道德实践，这些德目返流之于内心，成为君子内在的德性。这样一种心灵的流向（"心之行"），与《性自命出》所说的"生德于中"相类似，但更哲学化，这就是仁、义、礼、智、圣的内化。

请注意，"德之行"与"行"是相区别的，又是相统一的。这是"下学上达"的两种流向，是形上形下的双向撑开，是内圣外王的有区别、有张力的统一。儒家的身心观至此而大变。就"心"来说，有"内收"（形之于内的"德之行"）和"外扩"（流之于外的"行"）；就"气"、"身"来说，内收、外扩都必须凭借"德气"和"身"、"体"，并且由于"气"的作用，在"身"、"体"上有不同反映。"气"、"身"也反过来制约"心"、规定"心"。

该篇第 4—5 简："德之行，五和谓之德，四行和谓之善。善，人道也。德，天道也。"②"德之行""五和"谓之"德"，"四行""和"谓之"善"。仁、义、礼、智、圣的和合，是形上之天道；仁、义、礼、智的和合，是形下之人道。前者"诚于中"，后者"形于外"。前者是与天道相连的道德心性，属超越层面；后者是与社会礼俗相连的道德实践层面。为什么说"德，天道"的

---

① 荆门市博物馆编：《郭店楚墓竹简》，第 149 页。
② 荆门市博物馆编：《郭店楚墓竹简》，第 149 页。

层面是形而上的呢？关键的问题是"圣"，此为五行之所和的枢纽。我们可以想象，"圣"属土德，居中，仁、义、礼、智四德如金、木、水、火，居四方。居中者与居四方者不可作同一平面理解。按，第18—19简指出，为善的层面（四行）是心与身"有与始，有与终"的过程，而为德的层面（五行）是心与身"有与始，无与终"的过程，即心超越身的过程。第19—20简有"金声玉振"之说，指出："金声，善也；玉音，圣也。善，人道也；德，天道也。"第26—27简："闻君子道，聪也。闻而知之，圣也。圣人知天道也。"第28—29简："圣智，礼乐之所由生也，五行之所和也。"①第28简，"智"，整理者认为属下读，实应改属上读。圣人是理想人格，圣德是超越之境，圣智是神契之知。圣人与现实人之间有时空的阻隔，不能相互看见，而只能凭听觉与心灵来感通。四行好比铜钟的"金声"，五行好比石磬的"玉音"。金声玉音组合方式是有分有合的，玉音象征的是人心与天道的贯通。我想这是礼乐文明背景下儒家道德形上学的特殊表达方式。这是我对五行和合为形而上之天道的总的说明，细的分析详见下文。

以下我们看到，与《性自命出》一样，《五行》也大讲"忧""思""悦""安""乐"，但这是在超越的层面、圣智的层面讲的。第二章第5—6简："君子无中心之忧则无中心之智，无中心之智则无中心［之悦，无中心之悦则不］安，不安则不乐，不乐则无德。"②读者无不重视"中心"二字。"中心"也就是"内在之心"，关于"中心"与"外心"，下面还有专门论述。据邢文的研究，竹简《五行》之经与帛书《五行》经说的区别，乃在于竹书是以"圣智"为主线贯穿全篇的，帛书经部文序的改动，则使这一中心线索稍显模糊。③　换言之，上句所说的"中心"之智、忧、悦等是最高的智慧，是理性的愉悦，是超善恶的忧乐，是内在的极至之安。这是圣贤的境界。

就君子人格而不是就圣贤人格来说，则既要五德的内化，还必须注意"时行之"。第三章第6—9简："五行皆形于内而时行之，谓之君［子］。

---

① 荆门市博物馆编：《郭店楚墓竹简》，第150页。

② 荆门市博物馆编：《郭店楚墓竹简》，第149页。

③ 参见邢文：《郭店楚简〈五行〉试论》，载《文物》，1998年第10期。

士有志于君子道谓之志士。善弗为无近（"近"，陈伟释为"忻"），德弗志不成，智弗思不得。思不清（帛书"清"为"精"，此读为"精"）不察，思不长[不得，思不轻]不形。不形不安，不安不乐，不乐无德。"[1]君子、志士在人道（善）的层面要有所作为，有道德实践，才庶几近道；在天道（德）的层面，则是道德的知、情、意的内化。该篇接着说道德的"仁思"、"智思"、"圣思"与五德内化的关系，似乎是说道德理性思考、道德体验与体悟的明觉精察和玄冥契合，对于善行实践的提升，终而促使五德形之于内。于是君子获得与圣贤境界一样的终极性的安乐。

二、仁之思，智之思，圣之思

以下反复讨论"不仁，思不能清（精）"，"不智，思不能长（长与短相对）"，"不圣，思不能轻"。该篇引证《诗·召南·草虫》和《诗·小雅·出车》，指出：不仁不智的人，未见君子时，忧心不能惙惙；既见君子，其心不能愉悦。不仁不圣的人，未见君子时，忧心不能忡忡；既见君子，其心不能诚服。《性自命出》未见如此这般细腻地铺陈心之"思"的文字。

第一，"仁之思"——精细。所以说"精"，是精细的德气充盈、流行的特征。"仁之思"与身体相连。设身处地，体贴入微，关心他人的忧乐和民间的疾苦，与他人同忧同悦，实为孔子之忠（"己欲立而立人，己欲达而达人"）和恕（"己所不欲，勿施于人"）的展开。因此，"仁之思"不仅是心之思，也是体之行，是内化的德气流于颜面和四肢。这是与身行浑然一体的"心思"。第五章第 12—13 简："仁之思也精，精则察，察则安，安则温，温则悦，悦则戚，戚则亲，亲则爱，爱则玉色，玉色则形，形则仁。"[2]仁者爱人，这就是温润如玉的仁者气象。读这一章，我们很自然地背诵出孟子的话："君子所性，仁义礼智根于心，其生色也睟然，现于面，盎于背，

---

① 荆门市博物馆编：《郭店楚墓竹简》，第 149 页。
② 荆门市博物馆编：《郭店楚墓竹简》，第 149 页。

施于四体，四体不言而喻。"①"睟然"，朱注为"清和润泽之貌"。"仁之思"是身与心的交流，内的积淀和外的呈现的同时完成。又，《成之闻之》第24简："形于中，发于色，其愬也固矣，民孰弗信？"②这句话可与上引各条材料互参。

第二，"智之思"——长久。很有意思，心之"智思"与身体的一个器官——眼睛及其功能相连。通过眼睛，时时发现贤人，可以获得长久不忘、刻骨铭心的心思，使我们进入德性的"明"。"明智"是何等的智慧呢？查本篇第 6、15、16、17 章，我们恍然大悟：有眼不识泰山，是睁眼瞎。"心""目"之功能，是让你有意识地、随时随地地"见贤思齐"。"未尝见贤人，谓之不明。""见贤人而不知其有德也，谓之不智。""见贤人，明也。见而知之，智也。"③原来，有意识地发现贤人的品格，很大程度上是通过贤人的身教（身体语言），这亦与"礼"有关。"智之思"是以目接贤人之身行、礼仪之后的反思。此与治躬之礼教有关，与衣服容貌有关。"明智"是善于发现贤人，向贤人学习的智慧，也是"明明"——明了发掘内心德性的智慧。需要注意的是，自己的修养到了一定的境界，就善于发现周围的人的优点与长处，即"三人行必有我师焉"，即"见贤思齐"。发现了贤人的美德，自己也能产生温润的玉色。乃至我们的颜面出现玉色，表明智德已内化于心。

第三，"圣之思"——轻盈。《中庸》引《诗经·大雅·蒸民》："德輶如毛"。輶，古时一种轻便的车，引申为轻。郑玄："言化民常以德，德之易举而用其轻如毛耳。"圣人不以声色化民，其德行很轻，好比毫毛。人们很难见到圣人，有时空的阻隔，但可以凭借气或音乐与之联系。因此，"圣之思"与我们身体的另一器官——耳朵及其功能相连。"聖"字从耳。君子要有听德，善于听闻、明了、学习、仿效远古圣人的榜样。"未尝闻君

---

① 《孟子·尽心上》。"睟然"二字旧从下读，此从周广业、杨伯峻的读法。详见杨伯峻：《孟子译注》，北京：中华书局，1984 年，第 309—310 页。
② 荆门市博物馆编：《郭店楚墓竹简》，第 168 页。
③ 荆门市博物馆编：《郭店楚墓竹简》，第 150 页。

子道,谓之不聪。”“闻君子道而不知其君子道也,谓之不圣。”“闻君子道,聪也。闻而知之,圣也。”①及至我们的耳际充满美好的玉音,表明圣德已形之于内心。如果说“智之思”与礼教有关的话,那么“圣之思”则与乐教有关。“圣之思”是以耳听闻古乐、传闻和应对言语之后的反思,即通过口传、心传来化民,万民对身以载道的圣人气象予以体认。这种圣听、圣思,是对于超越天道的谛听和冥契,是一种精神性的直觉体验。

所谓“圣之思也轻”,主要是指内求于心,反求诸己,操之则存,舍之则忘。《孟子·尽心上》:“孟子曰:‘求则得之,舍则失之,是求有益于得也,求在我者也。求之有道,得之有命,是求无益于得也,求在外者也。’”《孟子·告子上》:“心之官则思,思则得之,不思则不得也。此天之所与我者。”“故苟得其养,无物不长;苟失其养,无物不消。孔子曰:‘操则存,舍则亡;出入无时,莫知其乡。’惟心之谓与?”《荀子·不苟》:“夫诚者,君子之所守也,而政事之本也。唯所居,以其类至;操之,则得之;舍之,则失之。操而得之则轻,轻则独行;独行而不舍,则济矣。”从上下文来看,荀子讲养心莫善于诚,唯仁之为守,唯义之为行,顺命而慎其独,不诚则不独,不独则不形。这即是说,“至诚”即是“唯仁之为守,唯义之为行”。不到止于至诚的地步不能慎其独(专一于内),不能慎独则其德不能形见于外。道德之思,反求诸己,抓住了就存在,探求就会得到,因为所探求的对象在我本身之内。关于“操而得之则轻”,杨倞注曰:“持至诚而得之则易举也。”王先谦、梁启雄都认同此注,并以专精沉默的诚、养心修身克己自律来释“独”。足见“至诚”、“慎独”是“圣之思”,也是体验、接近圣人的“思”。

闻而知之,见而知之,都是身体的体验之知,还要转入另一种体知——实践之知——知而行之,知而安之,安而行之,行而敬之,于此方能有仁德、义德、礼德。这也就是通过四体向外扩充,向外实行了。可见,在五德内收(形于内)的同时,德之气充盈于身体的各部位,并施之于

---

① 荆门市博物馆编:《郭店楚墓竹简》,第 150 页。

体外,形见于外。

如前所述,“五行皆形于内而时行之”,既形之于内,又流之于外,是一个过程的两个方面。《五行》重点叙述了一心之“三思”——仁之思、智之思、圣之思,心通过道德体验的明觉精察或聪明圣智,使内在的精神性的道德呈现于、流动于人的情感、颜面、四体。此处的“三思”,借助于体、眼、耳,其德性内化的外部表征则是玉色与玉音。“三思”程度有所不同,“圣之思”与天道相接。

三、“中心”与“外心”

楚简《五行》对形于内的“中心”与发于外的“外心”的讨论亦格外引人注目。

> 君子亡中心之忧则亡中心之智,亡中心之智则亡中心[之悦],亡中心[之悦则不]安,不安则不乐,不乐则亡德。(第5、6简)

> 颜色容貌温,变也。以其中心与人交,悦也。中心悦焉,迁于兄弟,戚也。戚而信之,亲[也],亲而笃之,爱也。爱父,其攸爱人,仁也。(第32、33简)

> 中心辩然而正行之,直也。直而遂之,肆也。肆而不畏强御,果也。不以小道害大道,简也。有大罪而大诛之,行也。贵贵,其等尊贤,义也。(第33—35简)

> 以其外心与人交,远也。远而庄之,敬也。敬而不懈,严也。严而畏之,尊也。尊而不骄,恭也。恭而博交,礼也。(第36、37简)①

“中心”是内在之心,是“德之行五和谓之德”;“外心”是内心的发用,是“四行和谓之善”。与前引简书第5、6简相对应的帛书《五行》经部,还有一句:“君子无中心之忧则无中心之圣,无中心之圣则无中心之悦,无中心之悦则不安,不安则不乐,不乐则[无]德。”“忧”即“思”,指深深的思

---

① 荆门市博物馆编:《郭店楚墓竹简》,第149—150页。

虑。忧思又与仁爱之心相连，因此"中心之忧"与"仁之思"相对应。相应地，"中心之智"与"智之思"对举，"中心之圣"与"圣之思"对举。仁之思、智之思、圣之思都是"中心"之思，依次递进。"中心之悦"，是内在的愉悦，超越世俗苦乐之外的安乐。

楚简《五行》的逻辑很有意思，让我们对照以上引文的四段：第一段连同帛书的补充，是"中心"与天道的契合。第二段，由内在的仁心、愉悦出发，把诚挚的亲爱亲人（父母兄弟）的感情推扩出去，关爱他人，这个过程就是仁。这是仁德的内收与外扩。第三段，由内在的理智、分辩出发，区分直曲、是非、善恶、大道小道、贵贱、贤不肖，这个过程就是义。这是义德的内收与外扩。第四段，把内在的道德的知、情、意发用出来，与人交往，在交往过程中产生庄敬、严畏、恭敬之心，并实践一定的仪节，这个过程就是礼。与身形相连的礼仪是内在性的仁、义、礼德的外在化。所以我认为，竹简《五行》的"心"是近于子思、孟子的意味的。当然，前引《荀子·不苟》的论述也有相近处，但荀子在确认人性本初的质实上与《五行》不同，当然更与孟子不同。

请注意，以上所引第二段其实是说的"仁者人也，亲亲为大"。第三段是说的"义者宜也，尊贤为大"。第四段是说的"亲亲之杀，尊贤之等，礼所生也"。这几句话合起来，不正是《中庸》所记载的孔子答哀公问政的一段话吗？

关于"内心"与"外心"，《语丛一》第 20、21、25 简："天生百物，人为贵。人之道也，或由中出，或由外入。""由中出者，仁、忠、信。由〔外入者，礼、乐、刑。〕""……生德，德生礼，礼生乐，由乐知刑。"[①]从《五行》和上引《语丛一》诸简来看，仁义忠信显属内在，礼乐刑政则属外在。这与子思、孟子的思想相一致，而与告子的"仁内义外"思想不同，亦与楚简《六德》的思想有区别。《六德》第 26、27 简："仁，内也。义，外也。礼乐，共

---

① 荆门市博物馆编：《郭店楚墓竹简》，第 194 页。又参见李零《郭店楚墓竹简校读记》，载《道家文化研究》第 17 辑，北京：生活·读书·新知三联书店，1999 年，第 532 页。

也。"①《五行》、《语丛一》强调道德的内在性与主体性，对举"中心"、"外心"，肯定二者的一致和区分，把形式化的礼乐和刑政作为内心的发用。

竹简《五行》区分"内心"与"外心"，表明作者认识到"心"的功能是复杂的，与"天道"、"圣"境界相连的体验是内在之心的体验。在一定意义上，此"心"是可以暂时地摆脱形躯之累的，这就与下面我们将要说到的"独"、"舍体"可以联系起来。"内心"与形上、超越之"心"可以相连，亦可与"外心"相连。我们不妨以下图表示：

"独心"——形上、超越之心
　　↑　　上达
"中心"——五德形之于内，仁之思、智之思、圣之思——仁、义、忠、信
　　↓　　下学
"外心"——四德行之于外——礼、乐、刑、政

四、心与形体的"一"与"独"

竹简《五行》还论及心与耳目鼻口手足的关系。该篇第 45—46 简："耳目鼻口手足六者，心之役也。心曰唯，莫敢不唯；诺，莫敢不诺；进，莫敢不进；后，莫敢不后；深，莫敢不深；浅，莫敢不浅。和则同，同则善。"②这里区分了"心"与"心之役"，肯定了人的主体性，肯定了心志的统摄作用，又强调了"心"与"耳目鼻口手足"的整合、协调。《五行》的身心观，一方面抬高"心"之"独"，一方面又说明"心"的均平、专一，"心"与"耳目鼻口手足"等形躯、形体的整一与合一。该篇在引述了《诗经·曹风·鸤鸠》"淑人君子，其仪一也"（仪，指义或宜）之后说："能为一，然后能为君子，[君子]慎其独也。""君子慎其[独也]。君子之为善也，有与始，有与终也。君子之为德也，[有与]始，无与终也。金声，而玉振之，有德者也。金声，善也；玉音，圣也。善，人道也；德，天[道也]。"③引《诗经》以鸤鸠抚育幼雏说明用心均平专一，这里比喻"心"与"心之役"的关系。在为善

---

① 荆门市博物馆编：《郭店楚墓竹简》，第 188 页。
② 荆门市博物馆编：《郭店楚墓竹简》，第 151 页。
③ 荆门市博物馆编：《郭店楚墓竹简》，第 149—150 页。方括号中的字，据帛书《五行》补。

（人道）的层面，心与形体（耳目鼻口手足）是始终合一的，这样才能把仁、义、礼、智"四行"实现出来。至于在为德（天道）的层面，心与形体（耳目鼻口手足）由合一又走向分离（"慎其独"之"独"），走向超越神圣层面。王念孙说《中庸》之"慎独"的"慎"字当训为"诚"。此亦可以把"慎其独"释为"诚其独"。

以后在帛书《五行》的"说"中，更发展了"独"与"一"的思想，引入了"一"与"多"、"体"与"舍体"的概念，解说者推进了原本的思想，也使原本的意思更加明朗化了："能为一者，言能以多［为一］。以多为一也者，言能以夫［五］为一也。""慎其独也者，言舍夫五而慎其心之谓［独］，［独］然后一。一也者，以夫五为一也。""独也者，舍体也。""君子之为善也，有与始，有与终，言与其体始，与其体终也。君子之为德也，有与始，无［与终。有与始者，言］与其体始。无与终者，言舍其体而独其心也。"①帛书《五行》是说，心为"一"，五官四体为"多"，正因为心能独，即超越于五官四肢，故能对五官四肢均平（不偏不倚）、专一，进而能统摄之。这个意思与《荀子·解蔽》的"虚壹而静"相类似。所谓"一"，指内心精诚专一。所谓"独"，指舍弃形体。帛书对"独"的解释，指心思、情感的内在性，所举例子为外在的丧服、丧礼之于内在的至哀，如《论语·子张》所说的"丧致乎哀而止"。内在性的体验到一定的程度，则消解了耳目鼻口手足的牵累，进于精神性的玄冥之境。也就是说，君子在人道（善）的层面，其心与形体是始终整合在一起的，因为道德行为必须通过形体实现出来；君子在天道（德）的层面，其心与形体则由合一走向区分，此心通过剥离形体而神圣化了。换言之，道德行为表现于外，心与形体始终是协调的。道德理念形之于内，道德修养的境界由人道进至天道，则要舍弃形体。池田知久先生认为，帛书《五行》的意义说明了"心"对身体诸器官的支配性和"德"完成时对身体性、物质性的超越。"借着解开来自'体'的束缚，升华至一种世界精神或绝对理性为止，通过这些阶段，然后获得人的真正的

---

① 魏启鹏：《德行校释》，成都：巴蜀书社，1991 年，第 29—32 页。

主体性，可以说这是高扬主体性的哲学。"①

　　本书的看法是，帛书《五行》的"德之行"是德气流行的理论，仍然是以"形于内"与"流于外"、"心"与"身"的合一为基础的。没有"心"之气与"耳目鼻口手足"等身形之气的合一，就没有道德实践，没有道德实践的人道之善，就不可能有"心"的精神化，超越升华为天道之德。德气流行的模式是：内收（形于内，心对身的"一"）—外扩（流于外，心与身的"和"）—再内收外扩（通过仁之思、智之思，心与身进一步"和"，心与体始，与体终，具体实践仁德、义德、礼德）—再内收（通过圣之思等，达到终极性的安乐，心对身的"独"及"舍体"），循环往复。

　　楚简《五行》之经尚没有如帛书《五行》之说，发展成完备的"仁、义、礼、智、圣"五种德气说，也没有明确的提出"舍体"方式，对于形体的精神化和精神的形体化没有充分论证，但都有了萌芽。

　　郭店简身心观在除《性自命出》、《五行》之外的各篇中也有所体现。例如《缁衣》第8、9简："子曰：民以君为心，君以民为体。心好则体安之，君好则民欲之。故心以体法，君以民亡。"②传世本《缁衣》可参："民以君为心，君以民为体。心庄则体舒，心肃则容敬。心好之，身必安之；君好之，民必欲之。心以体全，亦以体伤［废］；君以民存，亦以民亡。"③君民关系在此姑无论，仅就心体关系而言，显然有心导体，体从心，体全心亦全，体伤心亦伤之意。此亦为与《五行》类似的心身（体）的合一观。

　　又如《语丛一》第45—52简："凡有血气者，皆有喜有怒，有慎有庄。其体有容，有色有声，有嗅有味，有气有志。凡物有本有卯，有终有始。容色，目司也。声，耳司也。嗅，鼻司也。味，口司也。气，容司也。志，

______

① ［日］池田知久：《马王堆帛书〈五行篇〉所见身心问题》，载《马王堆汉墓研究文集》，长沙：湖南出版社，1994年，第58页。

② 荆门市博物馆编：《郭店楚墓竹简》，第129页。释文中"心以体法"，"法"或为"废"，参见陈伟编《楚地出土战国简册（十四种）》，北京：经济科学出版社，2009年，第163页。

③ （清）孙希旦撰：《礼记集解》，北京：中华书局，1989年，第1329页。

心司。"①这就是说,凡人都有血气,都有心知,有喜怒哀乐,亦有敬畏慎惧。身形之体的各种器官有不同功能,色、声、嗅、味乃眼、耳、鼻、口(舌)之功能,面容感受外物之气,亦显现体内之气。心的功能则是立志有恒,指导各种身形器官。以上有关血气、体容、声色、气志等内容与《性自命出》相类似。《语丛二》的主要内容亦与《性自命出》相类似,特别是涉及到喜、乐、悲、慢、忧、哀、惧、爱、欲及礼、敬、耻、廉、忠等,均与身体血气和"心之行"有关,兹不赘述。

综观郭店简之身心观,主要以《性自命出》的"心之行"和《五行》的"德之行"为典型。② 这两篇都集中讲"心术"。其中值得我们重视的基本思想是通过"身心合一"达到"天人合一"。其"心术"之道,不仅通过礼乐治心、治身,促使身心互正,而且通过人道之善的实践,最终升进到超越的"圣"、"独"、"德"之境,即天人冥合之境。礼乐之教通过身体语言(身教)和口传、心传深入人心。对身形、仪态的重视和身心之互正,表明人之身体并不仅仅是生物性的身体。身心的相互凭藉展示了精神性的人的全面性,而不是生物性的人的片面性。德形之于内又达之于外,是伴随身心的整合而不断产生的过程。不仅心志指导身形的意义重大,而且心之"思"并非知性之知,而是德性之知,是仁之思、智之思和圣之思,是外心、中心、独心的层次序列。

郭店简对儒家的身心观的论述还是初步的。对身体不只是生理的、实践活动的,而且是道德精神的主体,身体本身即是融合精神形体为一体的"道体"之说,还没有完整系统的体认,但已有了萌芽。在郭店简中,形体的精神化和精神的形体化因缺乏系统的"气论"和"体论"未能得到

---

① 荆门市博物馆编:《郭店楚墓竹简》,第 195 页;又参见李零《郭店楚墓竹简校读记》,载《道家文化研究》第 17 辑,北京:生活·读书·新知三联书店,1999 年,第 533 页。

② 有关《性自命出》的身心观,另请见拙文《郭店楚简身心观发微》,载武汉大学中国文化研究院编《郭店楚简国际学术研讨会论文集》,武汉:湖北人民出版社,2000 年,第 198—209 页;有关郭店楚简儒家文献与孟子学的关系,另请见拙文《郭店儒家简与孟子心性论》,载《武汉大学学报》,1999 年第 5 期。

充分论证。只有到《孟子》，才有系统的"德气"说与"德体"论，使儒家的道德的身心观得以圆成。

郭店简关于"心"与"思"的几种表述，关于志与气关系的讨论，关于礼乐教化促使形身与心灵互正的思想，都可以在《孟子》、《荀子》及《管子》四篇中得到印证。《孟子》的"生色"、"践形"、"养气"、"志一气"、"大小体"、"尽心"诸说与《五行》的血缘关系比较亲近。《荀子》社会性的礼乐化的身体观、治气养心说与《性自命出》也有相关性，但《荀子》对社会主体、认知主体之"天君"的提扬，则是质的飞跃。《荀子》中有关"大心""养心""大清明""虚壹而静"的看法，与《五行》《孟子》也有相关性。《管子》四篇的内心修养法和道、精、气、神的观点与郭店简、思孟学派相近，其静因之道则取自道家。

第五节　传世文献与竹书中的"五行"与"圣智"

一、汉代五行图式的启发

关于思孟五行，汉代典籍中仍能找到一些佐证。《史记·乐书》结尾："太史公曰：夫上古明王举乐者，非以娱心自乐，快意恣欲，将欲为治也。正教者皆始于音，音正而行正。故音乐者，所以动荡血脉，通流精神而和正心也。故宫动脾而和正圣，商动肺而和正义，角动肝而和正仁，徵动心而和正礼，羽动肾而和正智。故乐所以内辅正心而外异贵贱也；上以事宗庙，下以变化黎庶也。琴长八尺一寸，正度也。弦大者为宫，而居中央，君也。商张右傍，其余大小相次，不失其次序，则君臣之位正矣。故闻宫音，使人温舒而广大；闻商音，使人方正而好义；闻角音，使人恻隐而爱人；闻徵音，使人乐善而好施；闻羽音，使人整齐而好礼。夫礼由外入，乐自内出。"（《史记》卷二十四）

清人梁玉绳怀疑《乐书》，以为"此乃后人所补，托之太史公也"，并引徐氏《测议》，谓上引"太史公曰""是截旧文为之"（《史记志疑》卷十五）。

梁、徐的怀疑是否有据，不敢说，如果是截自旧文，哪是何种旧文？我看，这段文字至少与思孟五行有关，当然使用了汉代人的模型。

《乐书》明确标举"仁、义、礼、智、圣"，并把这五种德性与五音相配合，又以五音协和、陶冶五脏之气，以端正身心，唤发德气。这段文字又明确以"圣"作为五行之中心。这都与《五行》简帛本、《性自命出》简本相合。按郑玄《洪范注》，"行者，言顺天行气也。"《乐书》以乐音感通体内德气，以德气顺天而行，实行出来。五行与乐的关系，在简帛《五行》中都有明确的表示。简书云："金声而玉振之，有德者也。""圣智，礼乐之所由生也，五[行之所和]也。和则乐，乐则有德，有德则邦家兴。"①《五行》与《乐书》都肯定乐者天地之和，乐的特征是和合，亦肯定音乐有陶冶内心的功能，能使人超凡脱俗，亦有治世之功能，能协和邦家。不过，简帛《五行》没有像《乐书》那样，把"仁、义、礼、智、圣"五行与五音、五脏作图式化的比拟。

按《乐书》及《左传·昭公元年》、《昭公二十五年》之注疏，我们不妨绘制下表：

五行	仁	礼	圣	义	智
五音	角	徵	宫	商	羽
五脏	肝	心	脾	肺	肾
五方	东	南	中	西	北
五性	木	火	土	金	水

这种图式显然与汉代人的思维模式有关，不过并不违背简帛《五行》。仁义礼智四行之所和是人道之善，仁义礼智圣五行之所和是天道之德。圣德居中，君位，宫音，土德。圣德含容四德。《白虎通·礼乐》："土谓宫，宫者含也，容也，含容四时者也。"按，《月令》注："声始于宫。宫

---

① 荆门市博物馆编：《郭店楚墓竹简》，第 150 页。

数八十一,属土者,以其最浊,君之象也。季春之气和则宫声调。"《钟律书》:"宫,中也,居中央,畅四方,唱始施生,为四声纲也。"圣德有包含、为主、和谐、生生之意蕴,是无疑的。

土德为五行之主。《淮南子·坠形》:"音有五声,宫其主也;色有五章,黄其主也;味有五变,甘其主也;位有五材,土其主也。""宫为音之主",又见《国语·周语》。"五声莫贵于宫","五行最贵者土","土为五行之主",又见于《月令》、《春秋繁露》、《太玄》、《白虎通》。《白虎通·五行》:"五行之性,土者最大。苞含万物,将生者出,将归者入,不嫌清浊,为万物母。""土味所以甘何? 中央者,中和也,故甘,犹五味以甘为主也。"

按,《春秋繁露·五行五事》以"貌、言、视、听、思"五事配五行"木、金、火、水、土"。"思"的地位即《乐书》"圣"的地位。董氏《繁露》发挥的是《尚书·洪范》的"五行""五事",只是五行的排列次序略为不同。《繁露》把"思"释为"容",即包容、宽容之意,以"容作圣",释《洪范》的"睿作圣"。

扬雄《太玄·玄数》以"仁、义、礼、智、信"配五行"木、金、火、水、土"。"信"的地位为中央,属土。"五五为土,为中央,为四维,日戊巳,辰辰戌丑未,声宫,色黄,味甘,臭芳,形殖,生金,胜水,时该,藏心。存神,性信,情恐惧,事思,用睿,为(从手)圣,徵风,帝黄帝,神后土,星从其位……"以上《玄数》的解释,更全面地表达了"土"行的中心地位和生长、繁殖的意义。当然,"圣"在这里是"思曰睿""睿作圣"的重复,与思孟五行的"圣"有了区别。

《白虎通》卷四《五行》、卷八《性情》亦以"仁、义、礼、智、信"五性配五行,同于《太玄》。以五脏配五性,"五脏,肝仁,肺义,心礼,肾智,脾信也",则同于《乐书》。其中,信(诚、专一)的地位更加肯定。又,《白虎通》卷七《圣人》:"圣者,通也,道也,声也。"这种解释,也可以用来解读思孟五行的"圣"德。

以下我们把《繁露》、《太玄》、《白虎通》的大体相同的图式制成下表:

五性	仁	礼	信	义	智	扬、班
五行	木	火	土	金	水	董、扬、班
五事	貌	视	思	言	听	董、扬
五音	角	徵	宫	商	羽	董、扬、班
五脏	肝	心	脾	肺	肾	班
五脏	脾	肺	心	肝	肾	扬
五方	东	南	中	西	北	董、扬、班

我们必须注意的是,《太玄·玄数》的五脏配制与《白虎通》略为不同,它以脾属木,肝属金,肺属火,肾属水,心属土。另要注意的是,《繁露》并没有以五性(仁、义、礼、智、信)配五行。

贾谊《新书·六术》:"人有仁、义、礼、智、圣之行,行和则乐,与乐则六,此之谓六行。"贾谊深知五行之多样统一并生成新的要素的道理。由五行之和合生成六行,表明五行模式的"生生"观念。①

综上所述,我们略可得出以下结论:第一,《史记·乐书》保留了思孟五行,堪称一绝。其所保留的根据虽很难考订,即使是司马迁以后的人据旧文所补,至少也反映出汉代甚至汉以后,仍有思孟"仁、义、礼、智、圣"五行学说在流行。其说以宫音喻圣德,以五音之和合喻五行,强调了德气在个体身心的运行,凸显思孟五行学说的"和"与"生"的意蕴。《新书·六术》也与《乐书》相似,表达了上述意蕴。第二,依据《洪范》五行的"思曰睿"、"睿作圣",董仲舒把居于中央地位的"思"行,进而把"圣"释为宽容、包容。第三,《太玄》、《白虎通》正式把五德"仁、义、礼、智、信"以"五性"的名义列入图式,"信"取代了"圣"、"思",居于中央的地位。"信"

---

① 关于贾氏《新书》与《五行》、《六德》的关系,详见李学勤《郭店楚简与儒家经籍》,载《中国哲学》第 20 辑,沈阳:辽宁教育出版社,1999 年,第 18—21 页。又请见氏著《郭店楚简〈六德〉的文献学意义》,载武汉大学中国文化研究院编《郭店楚简国际学术研讨会论文集》,武汉:湖北人民出版社,2000 年,第 17—21 页。

原本即是"诚","诚"乃具有神秘性,如《中庸》之"诚"。但汉以后,"仁、义、礼、智、信"的"信"作为德目之一,渐渐消解了其神秘天道意义。第四,汉代五行说把五行释为五种气,把五行间的关系看成是相生相克的关系,以"相生"为主、为常。处于中央地位的土德,更具有主导、容摄、综和、统和、生成新的东西的意味,《白虎通》直接释"圣"为"通、道、声",这些解释及汉代五行图式,反过来对我们理解思孟五行的"圣"、"圣德"、"圣智"很有帮助。

二、传世文献中的聪明圣智

无论是在传世文献中,还是在简帛《五行》中,"圣智"总是与"聪明"联系起来用的。

传世文献中有"高上尊贵,不以骄人;聪明圣智,不以穷人"。这句话出自批评思孟五行的《荀子·非十二子》。《荀子·宥坐》:"子路曰:'敢问持满有道乎?'孔子曰:'聪明圣智守之以愚,功被天下守之以让。'"由此可知,"聪明圣智"的连用,至迟源于孔子。帛书易传《缪和》也记载了孔子类似的话,只是"聪明圣智"变成"聪明睿智","圣"与"睿"相通。《荀子·劝学》又云:"积善成德,而神明自得,圣心备焉。"以上材料都可以反证"圣智"所具有的神秘体验的内涵。

当然,与竹帛《五行》的"圣智观"最接近的是《中庸》与《孟子》。《中庸》三十二章:"苟不固聪明圣智达天德者,其孰能知之?"全句是《中庸》的核心,强调至诚者能"经纶天下之大经,立天下之大本,知天地之化育",这是只有圣人才能做到的。"肫肫其仁,渊渊其渊,浩浩其天",意即圣人以极其诚恳的态度,面对天下,高深静穆,胸襟广大。如此聪明圣哲,能通达天德,即启导出天赋我人的道德。前一章,即《中庸》三十一章:"唯天下全圣,为能聪明睿智,足以有临也;宽裕温柔,足以有容也;发强刚毅,足以有执也;齐(斋)庄中正,足以有敬也;文理密察,足以有别也。"——恰如庞朴先生所说,这里正是指的圣、仁、义、礼、智。① 不过，"文理密察"的"智"，尚不能称为"圣智"之"智"。相对于知识理性（知识之知）或世俗伦理理性（道德之知）而言，"圣智"是对于天道之体验的智慧。《五行》中的"智"有文理密察的"智"，也有超文理密察的"智"。

让我们再来读《孟子》："人之有德慧术知者"。（《孟子·尽心上》）德、慧、术、知，是有分别的。正如孟子对于人，有"天民"、"大人"、"事君"、"安社稷"的分别一样，只有"圣人"或"天民"才有体悟、接近天道的智慧。正是在这种意义下，子贡才说："学不厌，智也；教不倦，仁也。仁且智，夫子既圣矣。"（《孟子·公孙丑上》）"圣"是仁智的统合和对仁智的超越。

对于"圣智"最典型的表达，应当是《孟子·尽心下》："可欲之谓善，有诸己之谓信，充实之谓美，充实而有光辉之谓大，大而化之之谓圣，圣而不可知之之谓神。""圣人"能感化、和合、改变、造就、生成长养出新的事物、新的氛围、环境与局面，具有莫大的力量——人文教化的力量，人心归服的力量，感召力、凝聚力等等。"圣人"就有这种智慧，它可以达到神秘莫测的境界，固而谓之"神"。这正是孟子所说的"智，譬则巧也；圣，譬则力也。"（《孟子·万章下》）"圣智"之不可测度与神奇，谓之"巧"；"圣德"之化成天下的力量，谓之"力"。譬犹射箭，达到百步之外，是你的力量，射中靶子，却是你的神奇。

孟子说："仁之实，事亲是也；义之实，从兄是也；智之实，知斯二者弗去是也；礼之实，节文斯二者是也；乐之实，乐斯二者，乐则生矣；生则恶可已也，恶可已，则不知足之蹈之手之舞之。"（《孟子·离娄上》）这里的仁、义、礼、智，是就社会道德而言的，"智"在这里主要是分辨、通晓以事亲、从兄为起点的仁、义及其社会推广。这里最值得注意的是"仁、义、礼、智"之后的"乐"。从智、礼之中体验到的这种快感、快乐，无法休止。这不仅是感性的快乐，也不仅是理性的快乐，恰似"孔颜乐处"，是超越了

---

① 庞朴：《竹帛〈五行〉篇校注及研究》，台北：万卷楼图书有限公司，2000年，第101—102页。

社会价值，"从心所欲不逾矩"的快乐。"乐"在这里也具有"和"、"生"之意，正是处于五行结构之中心位置者所具有的特性——包容、为主、和合、生生。因此我们不妨把这里的"仁、义、智、礼、乐"的"乐"看作是"圣"的指代。

孟子说：口、眼、耳、鼻和手足四肢对于美味、美色、悦耳之音乐、芬芳之气味和安逸舒服的爱好，是天性，但是否得到，却属于命运，因此君子不以此为天性的必然，不去强求——"性也，有命焉，君子不谓性也"。相反，"仁之于父子也，义之于君臣也，礼之于宾主也，智之于贤者也，圣人之于天道也，命也，有性焉，君子不谓命也。"（《孟子·尽心下》）庞朴于马王堆帛书《五行》发表之后，肯定"圣人"之"人"字为衍字，强化了不被人重视的朱子《四书集注》的"或曰：'人'衍字"的注文，肯定这里所说的就是"圣之于天道也"，肯定"五行"为"仁、义、礼、智、圣"。[1] 按孟子的原意，这里强调的是，"仁、义、礼、智、圣"能否实现，属于命运，但也是天性的必然，君子不认为是属于命运的，因而可以突破、超越于命运的限制，力求顺从天性，求其实现。这就包含有"知其不可而为之"的意味了。

清人戴震倒是有天才的体悟，其《法象论》曰：

> 是故生生者仁，条理者礼，断决者义，藏主者智，智通仁发而秉中和谓之圣；圣合天，是谓无妄。无妄之于百物生生，至贵者仁。是故仁得则父子亲，礼得则亲疏上下之分尽，义得则百事正，藏于智则天地万物为量，归于无妄则圣人之事。

这段解释易象的文字，又被他加以发挥，收入《原善上》，足见作者的重视和喜好。其中，戴震强调生生者为仁，生生而有条理为礼与义，"得乎生生者谓之仁，得乎条理者谓之智。至仁必易，大智必简，仁智而道义出于斯矣。"（《原善上》）戴震在这里的确是对"仁、义、礼、智、圣"五行的阐发。把"圣"界定为"仁智中和"、"智通仁发而秉中和"，是相当精辟的。

---

① 庞朴：《马王堆帛书解开了思孟五行说古谜》，载《文物》，1977 年第 10 期。现收入《竹帛〈五行〉篇校注及研究》，台北：万卷楼图书有限公司，2000 年。

其《原善中》对于"圣智"的体会极深：

> 天之道施，地之道受；施，故遍物也；受，故不有也。魄之谓灵，魂之谓神；灵也者明聪，神也者睿圣；明聪睿圣，天德矣。心之精爽以和，知明聪睿圣，则神明一于中正，事至而心应之者，胥事至而以道义应，天德之知也。是故人也者，天地至盛之徵也，惟圣人然后尽其盛。

戴震在这里是以宋明理学家的话语来解读"天德"和"天德之知"的。其实，"天德之知"正是"圣智"。宋明学术对于"德性之知"与"闻见之知"的讨论是可以参证的。

综上所述，从《荀子》、《中庸》，特别是《孟子》与戴震的《法象论》中，我们找到了有关"聪明圣智"与上达"天德"及"天德之知"的材料，这对我们理解思孟五行之本旨极有帮助。要言之，"圣"、"圣智"与聪明有关。"圣智"是一种"神明"，是圣哲对天道、天德的体悟。"圣"有化成天下的力量，"圣智"则有鬼斧神工、神妙莫测的功能。"圣智"与一般伦理分辨之"智"（"仁、义、礼、智、信"的"智"）不一样，更不能等同于感知、认知或知识之"知"。当然，"圣智"是一种感通，是一种体知，必然与身体、容貌、闻见、聪明有关，但不能等同于感性或理性之知。对于"智"，我们需要梳理层次；对于"圣智"，我们不能把它下降到知识论的方面或者伦理学的方面来理解。刘信芳先生把"圣知"解释为知识。他说："闻见是人的感觉，聪明是人的能力，圣知是人的知识。"[1]刘著以主客体之间的认识论来解读《五行》和"圣智"，似有未妥。实际上，"圣智"是对本体的体悟，是对超越天道的冥契。这不是知识论涵盖得了的。

三、圣智与德圣

本章第四节曾指出："'圣人'是理想人格，'圣德'是超越之境，'圣

---

[1] 刘信芳：《简帛五行解诂》，台北：艺文印书馆，2000 年，第 78 页。

智’是神契之知。现实人与圣人之间有时空的阻隔，不能用‘目’见，只能凭‘耳’听，凭心灵来感通，此亦即天人相通。”又说："‘圣之思’是以耳听闻古乐、传闻和应对言语之后的反思，即通过口传、心传，对身以载道的圣人气象予以体认。这种圣听、圣思，是对于超越天道的谛听和冥契，是一种精神性的直觉体验，是心灵感应。"①圣智表示人心与天道的贯通、感应，玉音表示圣人感化天下的广泛。

竹书《五行》反复论证"圣""智"的关系，如第二十二简至二十九简：

> 未尝闻君子道，谓之不聪。未尝见贤人，谓之不明。闻君子道而不知其君子道也，谓之不圣。见贤人而不知其有德也，谓之不智。见而知之，智也。闻而知之，圣也。明明，智也。虩虩，圣也。"明明在下，虩虩在上"，此之谓也。闻君子道，聪也。闻而知之，圣也。圣人知天道也。知而行之，义也。行之而时，德也。见贤人，明也。见而知之，智也。知而安之，仁也。安而敬之，礼也。圣智，礼乐之所由生也，五〔行之所和〕也。和则乐，乐则有德，有德则邦家兴。文王之见也如此。

繁体"聖"字通"聲"、"聽"，都有"耳"。按，帛书第 242—244 行："不聪不明。聪也者，圣之藏于耳者也。〔明也〕者，智之藏于目者也。聪，圣之始也。明，智之始也。故曰：不聪明则不圣智，圣智必由聪明。圣始天，智始人；圣为崇，智为广。"②"智"德是见贤思齐，"圣"德是谛听、冥契天道。"明"是"智"的表征和起始，"聪"是"聖"的表征与起始，固而有"聪明圣智"之说。据简书第十四简关于"智之思"的表述，很显然是把"明""智"界定为身心合一地见贤思齐，乃至诚于中而形于外。那么，这种"见"而后"明"而后积淀为内在的"智"德并表现为"玉色"的过程，就不是近代认识论的所谓感性之知，尽管它并不排斥感觉、身形、容色。没有道

---

① 郭齐勇：《郭店楚简身心观发微》，载武汉大学中国文化研究院编《郭店楚简国际学术研讨会论文集》，武汉：湖北人民出版社，2000 年，第 203—204 页。

②《马王堆汉墓帛书》(壹)，北京：文物出版社，1980 年，第 20 页。下引帛书据此。

德意识，就不可能有所"见"，甚至会视而不见，因此不能"明"，也不可能回复到内心，形成智德。同样，第十五至十六简关于"圣之思"的表述，则是把"聪""圣"界定为谛听圣人之道。这种"闻"而后"聪"而后积淀为内在的"圣"德并在耳际充满"玉音"的过程，也不是近代认知科学的感觉、知觉之类。因为假如没有道德意识，就不可能有所"闻"，甚至会充耳不闻，因此不能"聪"，也不可能回复到内心，形成圣德。所谓"君子无中心之忧则无中心之智"，"无中心之忧则无中之圣"更证明了这一点。按，"见"而后"明"，"闻"而后"聪"，乃由内心之"忧"引起，并非从所谓客观外物引起。又，其结果则是"不智不仁"。按帛书的解释，"不知所爱则何爱？言仁之乘知而行之。"可见这里讲的都是道德的知，而不是知识的知。

帛书《五行》在集中论述了"目而知之"、"譬而知之"之后，又论述了"鐖而知之"，第 343—344 行："鐖而知之，天也。鐖也者，赍数也。唯有天德者，然后鐖而知之。'上帝临汝，毋贰尔心'。上帝临汝，鐖之也。毋贰尔心，俱鐖之也。""鐖"，魏启鹏读为"仉"，取精谨深察之意。魏先生又谓"赍数"是持天地之数，而明变化、达性命之意。饶宗颐同意魏说，进一步释"仉"为极深研几。又说，"赍数"是指把握变化之数，即占筮者乃能通其变。庞朴则释"鐖"为機，指吉凶先兆。① 显然，"鐖而知之"，类似于"聪明圣智"，是具有天德良知的人的神秘体验。

帛书第 454—457 行，《德圣》残篇："圣，天知也。知人道曰智，知天道曰圣。圣者声也。圣者智，圣之智知天，其事化燿。其谓之圣者，取诸声也。知天者有声，知其不化，智也。化而弗之，德矣。化而知之，孨也。"这很可能是解释竹书《五行》第 4—5 简的："德之行五和谓之德，四行和谓之善。善，人道也。德，天道也。"

---

① 见魏启鹏：《简帛〈五行〉笺释》，台北：万卷楼图书有限公司，2000 年，第 129 页；饶宗颐：《从郭店楚简谈古代乐教》，载武汉大学中国文化研究院编《郭店楚简国际学术研讨会论文集》，武汉：湖北人民出版社，2000 年，第 6 页；庞朴：《竹帛〈五行〉篇校注及研究》，台北：万卷楼图书有限公司，2000 年，第 83 页。

由此可知，"圣"高于"智"，"德"高于"圣"。"仁、义、礼、智"四行和合生成"善"，属人道层面，对于人道的体悟、理解和分别叫做"智"。"仁、义、礼、智、圣"五行和合生成"德"，属天道层面，对于天道的体悟、理解，叫做"圣"。"圣"德与"圣人之智"或"圣智"是对宇宙本体、生命本体的体悟，是对超越天道的神契。不是"圣人之智"或"圣智"，而是贤者之"智"德，则属于对人道、社会层面的知。圣人与贤者的区别，以耳学习圣人与以目接近贤人的区别，聪与明的区别，在一定意义上就是"圣"德与"智"德的区别。耳与目、聪与明、圣与智的统合，则是"圣智"。

在这一定意义上，郭店简的五行观应当称为"圣智五行观"，因其重心是"圣"、"智"与"圣智"。比"圣"更高一层的是"德"，比"圣智"更高一层的是"德圣"。"德"是超越之境，"德圣"是对超越的体证、会悟。

如前所述，"五行"的本意即含有相生的观念，特别是居其中心之一行，兼有包容、统合、为主、生生诸意蕴。准此，我们可以推测思孟五行向上的发展是"仁、义、礼、智、圣、德""六行"。"圣"统合"仁、义、礼、智"，"德"统合以"圣"为中心的"五行"。按《德圣》："道者、德者、一者、天者、君子者，其闭塞谓之德，其行谓之道。""德"是宇宙、世界和人的一种潜在性、完满性、自足性。而"道"是"德"的一种展开、流行、实现。

如果说"五行"的向上发展是由"圣"而"德"，由"圣智"而"德圣"的话，那么，"五行"的向下发展则是社会道德层面的"六德"。郭店楚简《六德》是这样说的："何谓六德？ 圣、智也，仁、义也，忠、信也。圣与智戚［就］矣，仁与宜［义］戚［就］矣，忠与信戚［就］矣。作礼乐，制刑法，教此民尔，使之有向也，非圣智者莫之能也。"这里的"六德"就是指的"圣、智、仁、义、忠、信"，且圣与智、仁与义、忠与信"相辅相成"，"相辅互补"，"分出三组显示其结构性的意义"。①《六德》肯定制定礼乐刑法以规范民众

---

① 庞朴说"相辅相成"，丁原植说"相辅互补"与"结构性的意义"。庞文《六德篇简注》，见氏著《竹帛〈五行〉篇校注及研究》，台北：万卷楼图书有限公司，2000 年，第 183 页。丁文《六德篇释析》，见氏著《郭店楚简儒家佚籍四种释析》，台北：台湾古籍出版有限公司，2000 年，第 209 页。

的圣人才有"圣智"。在这里,"圣""智"既有分用,又有合用,同于《五行》。据徐少华《郭店楚简〈六德〉篇思想源流探析》①,《周礼·地官·大司徒》已明确指出"六德:智、仁、圣、义、忠、和"。

"五"与"六"的架构,或"五"与"六"之转,即由五行和合相生,而成六行的,有前引贾谊《新书·六术》的例证,郭店简《五行》与《六德》间的关系似与这种架构有关。《白虎通》的五性六情、五脏六府之说亦相类似。《六德》又以六德配六位,形成"父圣、子仁、夫智、妇信、君义、臣忠"的伦理学结构。

《五行》与《六德》的最大差别是,《五行》论述以天道观为背景的个体道德及其深层的道德形而上的问题,有极深的信仰、神性意义的成份,而《六德》只是五行向社会伦理面的推行。

关于《五行》竹帛之比较,庞朴、邢文等都有大文。② 庞、邢都认为,竹书《五行》的枢纽是"圣智",首先谈"圣智",把"圣智"作为最重要的原则,而帛书《五行》按仁义礼智圣的次序谈,有的地方取消了"圣"与"智"的关联,而且把"圣智,礼乐之所由生也"改变成"仁义,礼乐之所由生也"。邢文认为,竹书《五行》更接近子思之学,帛书《五行》却经过了子思后学的妄改。庞朴认为,从文理和逻辑来分析,帛书本的次序较为合理。

本书认为,从郭店竹书到马王堆帛书,儒家道德形上学的圣智观处于旁落、下移的过程中,汉代世传文献中"仁义礼智信"取代了"仁义礼智圣",特别是"信"之神秘性的"诚"意的逐步弱化,则表明这种天人圣智观或圣智五行观进一步处于消解的过程中。思孟五行正是因其哲学形上学的或终极信仰的诉求,被荀子及荀子前后的儒者视为不切实用,太过玄虚,终免不了湮灭的命运。从道家文献来看,郭店《老子》并无"绝圣"的主张,而帛书《老子》已有了"绝圣弃智"的主张。这亦从反面佐证了这一点。

---

① 武汉大学中国文化研究院编:《郭店楚简国际学术研讨会论文集》,武汉:湖北人民出版社,2005 年,第 375 页。
② 庞朴:《竹帛〈五行〉篇比较》,见《竹帛〈五行〉篇校注及研究》,台北:万卷楼图书有限公司,2000 年。邢文:《郭店楚简〈五行〉试论》,载《文物》,1998 年第 10 期。

　　总而言之,与"聪明"相联的"圣智"是一种"神明",是对"天德""天道"的体悟或神契,是体验、接近超越层的"天德之知"。切不可从知识论的视域,特别是主客对待的认识论的角度去理解思孟五行。思孟五行是具有终极信仰的、以天道观为背景的"天人圣智五行观",蕴含着深刻的道德形上学的思想,其枢纽是"圣智"。五行间相互作用,居于中央的一行,具有包容、为主、统合、生生的意蕴。"五行"之和合而生长出"六行"。向上推,其最高天道超越层是"德",对它的体验是"德圣",即由"德"统合"仁义礼智圣德"六行;次高层是"圣",对它的体验是"圣智",即由"圣"统合"仁义礼智圣"五行,它是天赋的,或天德下贯在人心中的、内在性的道德的知、情、意;向下推,则展开为个体道德与社会道德和合的"圣、智、仁、义、忠、信"六德,或"善"统合的"仁义礼智"四行;再下推,则是社会伦理关系的六位、六职。

第六节　上博楚简《恒先》——道法家形名思想的佚篇

　　《上海博物馆藏战国楚竹书》第三册的《恒先》篇,是战国末年至汉初道法家论道的一篇论文,作者以道为背景,用以论政,肯定君道无为,强调审合形(事)名(言)。该篇主旨与《韩非子》、《吕氏春秋》、《淮南子》、《黄帝四经》(黄老帛书)的有关篇章相接近,特别与其中论道、原道的文字适相会通与补充。

　　《恒先》全篇共 13 支简,保存完好,由李零先生精心整理。李零先生的释文,如把异体字换成通行字、繁体字换成简体字,这一首尾完具的道家作品全文如下(字间数码字指竹简编号)①:

　　　　恒先无有,质、静、虚。质大质,静大静,虚大虚。自厌不自忍,或作。有或焉有气,有气焉有有,有有焉有始,有始焉有往者。未有

---

① 李零:《恒先释文考释》,载马承源主编《上海博物馆藏战国楚竹书》(三),上海:上海古籍出版社,2003 年,第 287—299 页。

天地，未 1 有作行，出生虚静，为一若寂，梦梦静同，而未或明、未或滋生。气是自生，恒莫生气。气是自生自作。恒气之 2 生，不独有与也。或，恒焉，生或者同焉。昏昏不宁，求其所生。翼生翼，畏生畏，悍生悲，悲生悍，哀生哀，求欲自复，复 3 生之生行，浊气生地，清气生天。气信神哉，云云相生。信盈天地，同出而异性，因生其所欲。察察天地，纷纷而 4 复其所欲。明明天行，唯复以不废。知既而荒思不殄。有出于或，性出于有，音出于性，言出于音，名出于 5 言，事出于名。或非或，无谓或。有非有，无谓有。性非性，无谓性。音非音，无谓音。言非言，无谓言。名非 6 名，无谓名。事非事，无谓事。详宜利主，採物出于作，焉有事不作无事举。天之事，自作为，事庸以不可更也。凡 7 多採物先者有善，有治无乱。有人焉有不善，乱出于人。先有中，焉有外。先有小，焉有大。先有柔，焉 8 有刚。先有圆，焉有方。先有晦，焉有明。先有短，焉有长。天道既载，唯一以犹一，唯复以犹复。恒气之生，因 9 言名先者有疑，宄（下加心）言之后者校比焉。举天下之名虚树，习以不可改也。举天下之作强者，果天下 10 之大作，其霋龙不自若作，庸有果与不果？两者不废，举天下之为也，无舍也，无与也，而能自为也。11 举天下之性同也，其事无不复。天下之作也，无许恒，无非其所。举天下之作也，无不得其恒而果遂。庸或 12 得之，庸或失之。举天下之名无有废者，与天下之明王、明君、明士，庸有求而不虑？13

一、"恒先"与"道"的形上、超越、绝对、无限性

本竹书"恒先無有"之"先"字与"無"字字形上有明显差别。马王堆《黄帝四经》（又称《黄老帛书》或《黄帝书》）的原整理者因其中《道原》篇首"恒先之初"的"先"字字形与"無"字相近，以"恒先"为"恒無"，见 1980 年文物出版社《马王堆汉墓帛书（壹）》。陈鼓应先生著《黄帝四经今注今译》（台湾商务印书馆，1995 年）亦用"恒無之初"。李学勤先生据同一帛

书图版前二行"柔节先定"句,定"恒无之初"为"恒先之初",并在 1985 年文物出版社出版之《马王堆汉墓帛书·道原》中公布。在此前后,余明光、魏启鹏先生等均释"恒无"为"恒先"。李零在此次竹书《恒先》释文中,同意李学勤"恒先为道"说,并进而指出"恒先是终极的先"。

本竹书第 1—3 简与帛书《道原》篇首数句有一定的理论联系。《道原》篇首:"恒先之初,迥同太虚。虚同为一,恒一而止。湿湿梦梦,未有明晦。神微周盈,精静不熙。故末有以,万物莫以。故无有形,大迥无名。天弗能覆,地弗能载。"①关于"恒"字,黄老帛书中多见,如恒先、恒一、恒常、恒事、恒位等等。《恒先》与帛书《道原》一开始都讲天地未形之前太虚的混混沌沌状态,"湿湿"即"混混",两书均用"梦梦"(即蒙蒙),均有"虚""静"的表述。《道原》"迥同太虚,虚同为一",《恒先》则谓"虚""虚大虚"。"迥同"是通同,无间隔的状态。至于"静",李零隶定为"青",释为"静",李学勤释为"清",直接讲清、虚、一、大②。我以为还是依李零释"静"为好。无论是《恒先》所说的未有天地之前的"静""静大静""虚静""出生虚静,为一若寂,梦梦静同",还是《道原》"神微周盈,精静不熙",都是讲天地万物未形之前的太虚的至静至寂状态,也是讲终极的"道"体在没有作用、动作之前("未有天地,未有作行")的形态,讲"道"的根本特性即是静止、静谧。此处"静"比"清"好。参之通行本《老子》第 16 章"致虚极,守静笃","归根曰静"与第 26 章"重为轻根,静为躁君"等内容,可知"静"所反映的是超时空的"道"本体的绝待的与普遍的特性,圆满自足("自厌"),无为无言。而《老子》第 39 章"天得一以清"云云,是讲天、地、神、谷、万物离不开道,"清"只是道下的"天"得"道"之后的状况。"清"又是"气"的一个特性。所以,"静"与"朴""虚"等价,是直接表述整一未分

---

① 详见余明光等:《黄帝四经今注今译》,长沙:岳麓书社,1993 年,第 203 页。本书所引《黄帝四经》均据此书。湖南省博物馆与复旦大学出土文献与古文字研究中心新近编纂出版了《长沙马王堆汉墓简帛集成》(中西书局,2014 年),共 7 册,有《黄帝四经》的最新释文,读者可作为参考。

② 李学勤:《楚简〈恒先〉首章释义》,载简帛研究网(www. jianbo. org),2004 年 4 月下旬。

化的、未动作的、根源性的、超越性的"道"的。这里还有关于"𣥏"的释读。李零指出字形似"樸",但有区别,不妨释为"质"。李学勤、廖名春等释为"朴"①,李学勤认为可以释为"全","大朴"即是"大全"。方之《老子》第32章"道常无名。朴虽小,天下莫能臣之",第37章"吾将镇之以无名之朴。无名之朴,夫亦将不欲。不欲以静,天下将自定"等,似以释"朴"为上。首句三个"大"字,李学勤、廖名春释为"太",其实不必。此二字可互通,但《老子》凡言"大"字处亦不必改为"太",如"大道""大白""大音""大象"等,似仍如第25章"强为之名曰大""大曰逝"云云。

故首句似应为:"恒先无有,朴、静、虚。朴,大朴;静,大静;虚,大虚。"这句话并本体论与宇宙论一起说,是中国特有的"本体—宇宙论"的讲法,即现象世界的形而上的根据(就本体言)和根源、动力(就宇宙生成言)是"恒先"即"道"。"道"是"恒常""恒在""永恒"的普遍的,是永远遍在的、与现象界同在的那种存在,同时在逻辑上与时间上都是先在的,故说"恒先"。"恒先无有"句,"无"是动词。这四个字讲"恒先"与"有"的区别。即是说,"恒先"是"无"(名词),无形无名,是超乎"有"的。"恒先"是世界的本根、本体、本源、总动力,是在逻辑上独立于、超越于"有"的现象界之上,又在时间上早于有形天地万象之前的,是产生天地万象的母体。这种独立不改、浑朴、静谧、虚廓、无所不包的"道",是朴、静、虚的极至。与浑朴相对的是明晰与分化,与静谧相对的是活化与躁动,与无限虚空相对的则是有形有限的杂多、实有。在一定意义上,"道"就是"大朴"、"大静"、"大虚",即非分化、非运动、非实有、非有限性的整体。"大朴"等既是道之特性又是道之名相(强为之名)。《恒先》首句偏重于讲道的原始性、绝对性、无限性、先在性、超越性、终极性,是最高的哲学抽象,偏重于讲道之体。以下第二三句则讲道之用。当然体用并不能割裂。

---

① 李学勤:《楚简〈恒先〉首章释义》,载简帛研究网(www. jianbo. org),2004 年 4 月下旬。廖名春:《上博藏楚竹书〈恒先〉简释》,载简帛研究网(www. jianbo. org),2004 年 4 月下旬。

二、“或”（域）范畴及“域”与“恒气”之自生自作

“或”字全篇有 12 个：

第 1 简两个：“或作。有或焉有气”；

第 2 简两个：“而未或明、未或滋生”；

第 3 简两个：“或，恒焉，生或者同焉”；

第 5 简一个：“有出于或”；

第 6 简三个：“或非或，无谓或”；

第 12—13 简两个：“庸或得之，庸或失之”。

李零先生指出：“‘或’在简文中是重要术语。它是从‘无’派生，先于‘气’‘有’的概念，从文义看，似是一种界于纯无（道）和实有（气、有）的‘有’（‘或’可训‘有’），或潜在的分化趋势（‘或’有或然之义）。”①李零谨慎地表达了他的看法，又讲气从“或”生，“或”指将明未明、将生未生的混沌状态，又讲“或”属于“恒”，创造“或”的力量来自“恒”。廖名春、李学勤、朱渊清、李锐等将“或”释为“域”。② 廖名春认为，“或”即“域”之本字，即四方上下之“宇”，即空间，即《老子》第 25 章之“域中有四大”，又说《淮南子·天文训》“道始于虚廓，虚廓生宇宙，宇宙生气”，相当于《恒先》之“恒先无有”、“域作”、“有域，焉有气”。

关于第 2 简“而未或明、未或滋生”之两“未或”，笔者同意廖名春、李锐的看法，看作习语，视为“未有”，此处两“或”字不是哲学范畴的“域”。至于第 12—13 简的两“或”者，整理者并未视为哲学范畴，亦仍作“或”。

现在看来，可以作为哲学名相“域”的，有第 1、3、5、6 简的八个“或”字。我们依次来讨论。

第 1 简：“自厌不自忍，域作。有域焉有气，有气焉有有，有有焉有

---

① 李零：《恒先释文考释》，载马承源主编《上海博物馆藏战国楚竹书》（三），上海：上海古籍出版社，2003 年，第 288—290 页。

② 李学勤、廖名春文见前面注。朱渊青《“域”的形上学意义》、李锐《〈恒先〉浅释》两文均见简帛研究网（www.jianbo.org），2004 年 4 月下旬。

始，有始焉有往者。"我认为，"域"是一个"场"或"场有"，不仅是空间，而且是时间。这里说的意思是："道"自圆自足、不变不动，同时也可以发作、自己运动，"道"之发动即为"域"，亦是"域"之作兴。"域"在这里是"不自忍"、初发动的"道"。《老子》第25章讲"域中有四大"，作为宇宙的"域"包含了道、天、地、人。可见，"域"与"道"是可以互换互涵的，"域"是静止不动的"道"的发动状态。道之体、道之静为"道"，道之用、道之动为"域"。有了"域"就有了时间、空间，有了时空就有弥沦无涯的气充盈其间，有了作为物质与精神之一般的"气"，就有了作为现象世界的一般之"有"即总有、大有，这就标志着宇宙的开始，有了开始就有了周而复始、循环往复的运动。此即为：

道之用、动（域之作）→域→气→有→始→……（往复运动）

第2—3简："气是自生，恒莫生气。气是自生自作。恒气之2生，不独有与也。域，恒焉，生域者同焉……3"。气是自己生成、自己运动，是本篇最重要的思想。前面说"域作"，上文已解域之作即道之作，当然是道自己内在张力产生的运动，而不是超越上帝等外在力量之推动、使动。这里说的是，气也是如此，自生自动。气不是他生的，不是外在力量使然，甚至也不是道（恒）使它生使它动的。"恒气"，李零说是终极原始之气、本原之气，可从。"恒气"就是"元气"。在这里，我们要注意本篇前三支简所说恒先、恒、道、域、恒气、气，基本上是等质等价的概念，在一个层次上。域、气、恒气，更好地表示出道（特别是道作兴时）的场域、场有、微粒、力量、能量、流动、化育的意涵，是这些意涵的抽象。《恒先》其实也是一篇"道原"或"原道"，是对《老子》（特别是通行本第1章等）的阐发，必然涉及"道"的意涵及其表达，道与名的关系。本篇后半段直接说及名与言，其实在一开始就把"道"之别名指示了出来。从体而言，道是"独"，可称为"恒"、"恒先"，是静止的、寂然不动的；从用而言，道作兴、运动、实现之状况，感而遂通，则可称为"域"、"恒气"。"域"、"恒气"、"气"等则不是"独"，"不独，有与也"。它们相伴随而起，但它们也是"道"，是"道"内在的不同能量相感相动使然，故都是自生的，不是他者使生的。域、元气是道的别名，是恒常恒在

的,亦可称为恒。故不能说是道、恒产生、化生出域、元气。要之:

　　道(道之体、静)——恒、恒先(圆满自足,寂然不动)

　　道(道之用、动)——域、恒气、元气(自生自动,感而遂通)

　　有关第5—6简的四个"域"字,说见下。

三、《恒先》之重心在于审合言事

　　第5—7简:"有出于域,性出于有,音出于性,言出于音,名出于 5 言,事出于名。域非域,无谓域。有非有,无谓有。性非性,无谓性。音非音,无谓音。言非言,无谓言。名非 6 名,无谓名。事非事,无谓事。详宜利主,採物出于作,焉有事不作无事举……7"。上文说到道、恒、域、恒气、元始之气是同一层次的、同一等级(形而上)的概念,是并列的非从属的,不存在道使之生的问题;域、恒气、元气只是道、恒的别号、别称。这里讲的却是"某出于某"的系列:

　　域→有→性→音→言→名→事……

　　域◄ 有←性←音←言←名←事……

　　域之后显然是另一层次(形而下),在这一层次内有从属、派生的系统,没有前者就没有后者。"有"源出于"域"。"有"是万象大千世界(包括精神、物质、社会等)的抽象一般,并非具体之物。至于以下的性、音、言、名、事则是具体的个别的物事、事体、东西(特别是人)及其属性或特性、音乐或音声、言说或理论、名相或称谓、社会事务的相互关系等。这当是先秦思想家名实关系讨论的发展,一方面强调名相、名言、概念的自身同一性(某非某,无谓某),另一方面引申到社会人事管理上,含有循名责实、各当其位、各守其份的意蕴。这也是孔子以降正名思想之本旨。

　　《管子》的《九守》篇曰:"修(循)名而督实,按实而定名。名实相生,反相为情。名实当则治,不当则乱。名生于实,实生于德,德生于理,理生于智,智生于当。"《恒先》讨论名实关系,与《庄子》之"名者实之宾"和上引《九守》"按实而定名"的路数有一点不同,《恒先》在名实相生的基础上更强调名的规定性及名对实(事)的反作用。除《九守》与《恒先》一样有

"某生于某"的论式外，郭店楚简诸篇，特别是《语丛》四篇，有不少"某生某"、"某生于某"的论断。这里，我只想举《语丛一》之一例："有生乎名。"

关于"性出于有"，"性非性，无谓性"。《恒先》在这里指物之性，也特指人的性情，道与人性的关系。相类似并可用来参考的材料，见《淮南子·原道训》："形性不可易，势居不可移也。是故达于道者，返于清静；究于物者，终于无为。以恬养性，以漠处神，则入于天门。"又说："嗜欲者，性之累也。"该篇提倡护持、反诸人的清净本性。《俶真训》亦有"圣人之学也，欲以返性于初，而游心于虚也；达人之学也，欲以通性于辽廓，而觉于寂漠也。"《泰族训》则主张因人之性予以教化、引导，"无其性，不可教训；有其性，无其养，不能遵道。"

关于"音出于性"，"音非音，无谓音"。《吕氏春秋》提倡正位审名，并以正音为譬。"五音之无不应也，其分审也。宫徵商羽角各处其处，音皆调均，不可以相违。"（《吕氏春秋·圜道》）该篇进而论证治国立官，各处其职。《淮南子》指出，丰富的乐音源于五音，五音又取决于处于中道之宫音。"有生于无，实出于虚，天下为之圈，则名实同居。音之数不过五，而五音之变，不可胜听也……故音者，宫立而五音形矣……道者，一立而万物生矣。"（《淮南子·原道训》）足见道与性、音之关系的讨论与名实、名形关系的讨论，在当时都很常见，且可以引向政治论说。战国末期、秦汉之际道法家习惯于这种方式。帛书《经法》之《名理》篇讲执道者虚静公正，"见正道循理，能举曲直，能举终始。故能循名究理。形名出声，声实调合，祸灾废立，如影之随形，如响之随声。"帛书统说形名声号，依此而定位并贯彻始终。

关于"言出于音，名出于言，事出于名。""言非言，无谓言。名非名，无谓名。事非事，无谓事。"言、名、事的关系，《韩非子》有一些讨论："主道者，使人臣必有言之责，又有不言之责。"（《韩非子·南面》）指言与不言都必承担责任。"循名实而定是非，因参验而审言辞。"（《韩非子·奸劫弑臣》）"人主将欲禁奸，则审合形名；形名者，言与事也。""为人臣者陈而言，君以其言授之事，专以其事责其功。功当其事，事当其言则赏；功不当其事，事不当其言则罚。"（《韩非子·二柄》）"术者，因任而授官，循名而责实。"（《韩非子·定法》）受申不害影响，韩非说："圣人执一以静，使名自命，令事自定。"（《韩非子·扬权》）又说："道者，万物之始，是非之纪也。是以明君守始以知万物之源，治纪以知善败之端。故虚静以待，令名自命也，令事自定也。虚则知实之情，静则知动者正。有言者自为名，有事者自为形，形名参同，君乃无事焉，归之其情。"（《韩非子·主道》）。"名"字可以是名词，指名相，也可以是动名词，指言语所表达的，其内容指道理或名称。"形"即表现。在一定场合，"名"就是言，"形"就是事。在另外场合，形名泛指言事。"情"指真实状况，实情。"参同""参验""参合"指验证、检验、证明，使所表现（形）与所言说（名或言）相符合，或者形名指导社会实践。言自为名，事自为形，审合形名，结果是名至实归，名当其实，如此，君主才可能如"道"的品格，无为而治。这是道法家形名思想的要点。《恒先》篇显然是与这些思想可以相通的。又《吕氏春秋》曰："正名审分，是治之辔已。故按其实而审其名，以求其情；听其言而察其类，无使放悖。大名多不当其实，而事多不当其用者，故人主不可以不审名分也。"（《吕氏春秋·审分》）这都是一样的主张。当然，在帛书《黄帝四经》中，关于"形名"不再分开理解为"形"与"名"，而是笼统指事物的表征，指言事、名号、政治法律制度，其所强调的是"形名"及其作用的重要性。在韩非那里也已有了这种意涵。

关于第 6 简"详宜利主，採物出于作，焉有事不作无事举。天之事，自作为，事庸以不可更也。"有了以上关于形名思想的讨论，这句话就比较好理解了。李零先生的解释，基本上是准确的。"有事"与"无事"，见上引《韩非子》之《主道》的材料。《恒先》此句意即：详查审于事，得其所宜，利于主上。"採物"即礼制、政务诸事等，都是有为，乃有事，乃臣道，此与无事之君道不可同日而语。此外，"有事"即举名，以名举而责事。帛书《经法》之《道法》有"天下有事，无不自为形名声号矣。"又曰："凡事无大小，物自为舍。逆顺死生，物自为名。名形已定，物自为正。"黄老帛书诸篇有物恒自正、形恒自定、名恒自命、事恒自定自施的思想，《道原》

的"授之以其名，而万物自定"尤为突出。

《恒先》第 7 简以下讲的天之事、人之事、治乱问题等等。第 7—8 简说天之事是自作为的、自然而然的，意思是人主、明君亦应效法，不可直接插手具体事务，反而搞乱了政事。此关乎人世之治乱。君道无为无事，臣道有为有事。如《淮南子》的《主术》所说，人主不劳形而功成，因天地之资而与之和同，因循而任下，责成而不劳，清静无为，清明不暗，虚心弱志："名各自名，类各自类，事犹自然，莫出于己。"（《主术》）关于第 8—9 简的"先有中，焉有外。先有小，焉有大。先有柔，焉有刚"等，可参《淮南子》："故得道者，志弱而事强，心虚而应当……恬然无虑，动不失时，与万物回周旋转……托小以包大，在中以制外，行柔而刚，用弱而强，转化推移，得一之道，而以少正多。""通于神明者，得其内者也。是故以中制外，百事不废。中能得之，则外能收之。中之得则五脏宁，思虑平。"（《淮南子·原道训》）除《原道》、《主术》外，《恒先》与《淮南子》的《精神》《齐俗》亦可相通。

第 9 简中"天道既载，唯一以犹一，唯复以犹复。"与帛书《十六经》《成法》篇"循名复一"的思想相接近。复一就是复道。

这里顺便指出，第 10 简"言名先者有疑，恧言之后者校比焉"，疑仍是讲的审合名形、言事的。"校比"也有审合之意。

第 10—13 简，总体意思仍然是以虚御实，以静制动，以无为统有为，以无事统有事。这里指出，举天下之事，之作，之为，不要用强力，不要多干预，不主动地改变习俗，不主动去兴起、参与什么或废止、舍弃什么，"无舍也，无与也，而能自为也"，使万事万物各安其位，各遂其性，各司其职，各守其份，自兴自舍，自主自为又不相妨碍。第 13 简"举天下之名无有废者"，更加重名，即在道之下，以名统事，社会政务在名言制度下自然运转，反而不会紊乱。如此，言名、事务均不可废，天子、诸侯、士君子各行其道而能相辅相成。这些思想可与黄老帛书会通，但黄老帛书比《恒先》说得更明确、更丰富。

《恒先》与《太一生水》关系不大，《太一生水》主题是宇宙生成的图式，而《恒先》主要是论述道、名、言、事。当然，《太一生水》后半也涉及道、天、地、名、事等，讲天道贵弱。

《恒先》全篇布局与黄老帛书《道原》相似，由恒先、道谈起，由道的超越、普遍性、无形无名、独立不偶，讲到其对社会人事的统帅，推崇圣人无欲宁静的品格，得道之本，抱道执度，握少知多，操正治奇，以一天下。道是人间秩序、人的行为的形上根据。当然，帛书《道原》没有详论名言形事等，《恒先》与黄老帛书《经法》中的《名理》、《道法》篇更为接近。帛书的形名思想强调天下事物在名物制度下，自己按本性发展。值得注意的是，《恒先》并没有如《淮南子》与《文子》的《道原》那样铺陈，比较古朴；其形名思想也没有如《黄帝四经》那样展开，甚至没有提到"形"字。作者可能是归本黄老的道法家或形名学家，或者是"撮名法之要"的黄老道家，作品成书可能早于《淮南子》与《黄帝四经》。

近读简帛研究网站上庞朴先生的大文①，很受启发。庞先生在竹简编联上有改动，即把第 8—9 简排在第 1—4 简之后、第 5—7 简之前。全篇竹简排序改为：1—4、8—9、5—7、10—13。这种编排，颇费匠心，足资参考。

第七节　上博楚简有关孔子师徒的对话与故事

郭店与上博两批楚简为我们研究孔门七十子提供了很多资料。较早指出这一点的是李零先生。② 本书有关资料的引用，得益于诸多专家们在简帛网、复旦大学出土文献与古文字研究中心网等网站上发表的讨论。他们在原整理者的基础上，对文字的厘定、简序的调整等下了很大功夫，使得这些材料更可读、可用。关于七十子的生平与思想，李启谦先生《孔门弟子研究》一书有详细的探讨。③

周凤五先生、黄人二先生曾有郭店楚简《忠信之道》、《穷达以时》是《论语》有关章之"传"的说法④，拙文《上博楚简所见孔子为政思想及其与

---

① 庞朴：《〈恒先〉试读》，见简帛研究网（www. jianbo. org），2004 年 4 月下旬。
② 李零：《郭店楚简校读记》"前言"，北京：北京大学出版社，2002 年，第 4—5 页。
③ 李启谦：《孔门弟子研究》，济南：齐鲁书社，1987 年。
④ 周凤五：《郭店楚简〈忠信之道〉考释》，载《中国文字》新 24 期，台北：艺文印书馆，1998 年；黄人二：《郭店楚简〈穷达以时〉考释》，载《出土文献论文集》，台北：高文出版社，2005 年。

〈论语〉之比较》讨论了《季康子问于孔子》、《仲弓》、《从政》三篇与《论语》的关系，沿用并扩展了周、黄先生说，认为在一定意义上可以说上博简这三篇是《论语》有关章的传。[①] 此说当然还可以再讨论。但上博简中所涉孔子与七十子的资料，至少有一部分与《论语》中的某些章节具有相关性，有的似乎是其演绎与展开，扩展为较完整的、有场景的对话或故事。

梁静女士的《简帛文献与早期儒家研究》，伊若泊先生的《〈上博·五〉所见仲尼弟子子贡的言语与早期儒学史》，黄人二先生的《上博藏简（五）〈君子为礼〉与〈弟子问〉试释——兼论本篇篇名为〈论语弟子问〉与〈论语〉之形成和主要编辑时间》等论文从总体和细节上讨论这些问题，给我很多启发。[②] 这里在前贤与时贤研究的基础上，略评上博简中孔子与颜渊、子路、子贡等的对话或故事与经典的关系及其文本属性问题。不当之处，敬请指正。

一、孔子与颜回

颜回是孔子最钟爱的学生，孔门第一大弟子，不仅居德行科之首，也是十哲之首。孔门四科十哲："德行：颜渊，闵子骞，冉伯牛，仲弓。言语：宰我，子贡。政事：冉有，季路。文学：子游，子夏。"（《论语·先进》）

上博简涉及孔颜师徒的篇目主要有第五册的《君子为礼》和第八册的《颜渊问于孔子》，分别由张光裕先生与濮茅左先生整理。[③]

先说《君子为礼》。此篇简残，公布之后，在编联与释文上有过一些讨论。兹在原整理者的基础上，综合何有祖、陈剑、周波、陈伟、徐少华、

---

① 详见郭齐勇：《上博楚简所见孔子为政思想及其与〈论语〉之比较》，载《哲学研究》，2007 年第 2 期。

② 详见梁静：《简帛文献与早期儒家研究》，载武汉大学简帛研究中心主编《简帛》第五辑，上海：上海古籍出版社，2010 年，第 339—360 页；伊若泊：《〈上博·五〉所见仲尼弟子子贡的言语与早期儒学史》，"2007 年中国简帛学国际论坛"会议论文，台湾大学，2007 年 11 月 10—11 日；黄人二：《上博藏简（五）〈君子为礼〉与〈弟子问〉试释——兼论本篇篇名为〈论语弟子问〉与〈论语〉之形成和主要编辑时间》，载《中国国家博物馆馆刊》，2011 年第 6 期。

③ 马承源主编：《上海博物馆藏战国楚竹书》（五），上海：上海古籍出版社，2005 年，第 251—264 页；《上海博物馆藏战国楚竹书》（八），上海：上海古籍出版社，2011 年，第 137—166 页。

浅野裕一等人的讨论①，把此篇所涉颜回部分的相关内容换成现代汉字直接录于下：

> 颜渊侍于夫子，夫子曰："回，君子为礼，以依于仁。"颜渊作而答曰："回不敏，弗能少居也。"夫子曰："坐，吾语汝。言之而不义，口勿言也；视之而不义，目勿视也；听之而不义，耳勿听也；动〔之〕而不义，身勿动焉。"颜渊退，数日不出。□□〔问〕之曰："吾子何其惰也！"曰："然，吾亲闻言于夫子，欲行之不能，欲去之而不可，吾是以惰也。"（此段综合徐少华、浅野裕一。）

> 颜渊侍于夫子，夫子曰："回，独智人所恶也，独贵人所恶也，独富人所恶〔也。"颜〕渊起，去席曰："敢问何谓也?""夫子：智而□信，斯人欲其〔□智〕也；贵而能让，斯人欲其□贵〔也〕，富而……"（此段从陈伟。）

> 好。凡色毋忧、毋佻、毋怍、毋谣。毋……

第三段，我未引完。这一段因简残不知言论的主体，文字未能连贯，但估计主体仍是孔子，内容大体上说的是君子的颜色、容貌、身形的自重，视听言动的守礼。

综合《君子为礼》的前面这一部分（前三段），是孔子与颜回之间关于礼的对谈，孔子是主角，颜回是配角。前两段文字较完整，师生之间对谈的场景逼真，彼此的言行与身份相配，特别是学生礼貌周全。两段开始都是"颜渊侍于夫子"，然后是夫子先说，接着是"颜渊作而答曰"，或"颜渊起，去席曰"。

---

① 详见何有祖：《上博五〈君子为礼〉试读》，载简帛网（www. bsm. org. cn），2006 年 2 月 19 日；陈剑：《谈谈〈上博（五）的竹简分篇、拼合与编联问题〉》，载简帛网，2006 年 2 月 19 日；周波：《上博五札记（三则）》，载简帛网，2006 年 2 月 26 日；陈伟：《〈君子为礼〉9 号简的缀合问题》，载氏著《新出楚简研读》，武汉：武汉大学出版社，2010 年，第 246—247 页；徐少华：《论〈上博五·君子为礼〉的编联与文本结构》，载丁四新主编《楚地简帛思想研究（三）》，武汉：湖北教育出版社，2007 年，第 70—78 页；浅野裕一：《〈君子为礼〉与孔子素王说》，见氏著《上博楚简与先秦思想》第三章，台北：万卷楼图书有限公司，2008 年。

从前面两段的思想内容上来看，其中心意思仍然是视、听、言、动不违礼义。读到这一故事，我们不难想起《论语·颜渊》首章：

> 颜渊问仁。子曰："克己复礼为仁。一日克己复礼，天下归仁焉。为人由己，而由人乎哉?"颜渊曰："请问其目。"子曰："非礼勿视，非礼勿听，非礼勿言，非礼勿动。"颜渊曰："回虽不敏，请事斯语矣。"（《论语·颜渊》）

与《论语》"颜渊问仁"章相同的是，《君子为礼》一开始也强调孔子主张以礼归仁，仁体礼用，守礼的根据在仁德之心。两者相同的还有颜回的回答，为"回不敏"或"回虽不敏"。两者不同的是，《君子为礼》把孔子说的"非礼勿视、听、言、动"，改成了"不（符合）义"则不言、视、听、动。此文作者以"义"德为标准。"义"本指"合宜"、寓正当意涵，人之言行要以"义"为标准并不错，但仁、义、礼的关系略为复杂。

《君子为礼》的这个讲法显然不如《论语·颜渊》首章，因为人们当下的举手投足是否符合一定时空社会规范的"礼"，很直接，容易实行与检验，然而要当下所有的言、视、听、动一律以是否符合"义"德为归，则不易实行，需费思量与衡虑。人们的言行是以"礼"为标准来得直接，还是以"义"为标准来得直接呢? 当然应是前者。《论语》讲外在的"礼"与内在的"仁"的关系甚有深意，其间有内在的紧张，守礼的过程即归仁的过程，然而《君子为礼》的下文并未扣紧作者一开始提出的仁礼关系即"君子为礼，以依于仁"的主题。

《君子为礼》以下讲颜子退而省思，十分谨慎。颜子杜门不出是"怠惰"吗? 不是，颜子说他是在反复思考老师的话，先想通了再去实行，在"欲行之不能，欲去之而不可"的状况下，表面上显得"惰"。颜渊的纠结在于，既要贯彻老师的话，又要想清楚如何去实践。这就展示了颜子"不违如愚"的特点①，《君子为礼》中的颜子形象仍然是"不违如愚"的形象，

---

① 子曰："吾与回言终日，不违，如愚。退而省其私，亦足以发，回也不愚。"（《论语·为政》）

甚至我们可以说，就是此章的印证或展开。颜回表面"愚"，实则"不愚"，在此变成了表面的"惰"，实则"不惰"。

《君子为礼》的第二段是孔子颜回师徒谈"独智""独贵""独富"的问题，颜回仍是配角。我们认为"敢问何谓也?"后面的话应是孔子的话。此段反映的是孔子主张"均富""均贵"，推己及人，希望"智"者有"信"，"贵"者有"敬"，"富"者好"仁"，方能长久，不至积怨。

总的说来，《君子为礼》的前一部分三段的内容，基本形成一个完整的故事链，孔颜的对话有场景化特征，起承转合周全。其内容可以说是对《论语》"颜渊问仁"章、"不违如愚"章的演绎，围绕经典中孔子、颜回的基本思想与形象而发散，虽未提供新的东西，且在理论性、逻辑上不如《论语》的相关章节，但仍在早期儒家的脉络之中。

我们再看上博简第八册的《颜渊问于孔子》，开头部分以陈剑文为据。① 陈文在原整理者基础上，综合了陈伟、黄人二、赵思木、刘信芳、林素清、何有祖及复旦、吉大古文字专业研究生读书会的诸先生的释读。

《颜渊问于孔子》全篇为颜子请教孔子，先问"入事"（即入官，从事政务），再问"入教"（从事教化），最后问"至名"（名与实是否一致），孔子依次回答。首先谈做官、从政：

> 颜渊问于孔子曰："敢问君子之入事也有道乎?"孔子曰："有。"
> 颜渊："敢问何如?"孔子曰："遂有过，而［先］有司，老老而慈幼，豫绞而收贫。禄不足则请，有余则辞。遂有过，所以为缓也;先［有］司，所以得情［也］;老老而慈幼，所以处仁也;豫绞而收贫，所以取亲也;禄不足则请，有余则辞，所以扬信也。盖君子之入事也如此矣。"颜渊曰："君子之入事也，回既闻命矣。敢问君子之入教也有道乎?"

---

① 陈剑:《〈上博八·颜渊问于孔子〉补释两则》，载《简帛》第7辑，上海:上海古籍出版社，2012年，第33—42页。

这一段反映了孔子的德治、宽政思想。但本文作者显然有点张冠李戴，把与孔子讨论此问题的仲弓换成了颜渊。因为我们熟悉《论语》中的一章，及上博简《仲弓》的一章近同：

> 仲弓为季氏宰，问政。子曰："先有司，赦小过，举贤才。"（《论语·子路》）

> 仲弓曰："敢问为政何先？"仲尼曰："老老慈幼，先有司，举贤才，宥过赦罪，政之始也"。（上博简第三册《仲弓》，此据陈剑前揭文。）

《颜渊问于孔子》接着以孔子之口谈"入教"，认为首先是修身，有司在修身上带头：

> 修身以先，则民莫不从矣；前以博伿〈□—爱〉，则民莫遗亲矣；导之以俭，则民知足矣；前之以让，则民不争矣。或迪而教之，能能，贱不肖而远之，则民知禁矣。如进者劝行，退者知禁，则其于教也不远矣。

最后，孔子回答"至名"：

> 德成则名至矣，名至必卑身，身治则大禄。①

以下我们略讨论《颜渊问于孔子》。

从对话程序上看，十分严整，谈论"入事"、"入教"、"至名"的三段，都是以颜渊先提一个问题，问"有道乎"，孔子回答"有"，颜渊再继续追问，以"敢问何如"引出孔子一长段比较展开式的回答，作为本段主要内容。然后颜渊回答说这一问题"回既闻命矣，敢问……"，即引出下一问。从形式上看，这一对话文本之起承转合，比《君子为礼》更加周全。

从语言上看，铿锵有力，文辞甚美，先总说，再展开，句句相扣，朗朗上口。

从思想义理上看，周严圆满，极有条理，层层递进深入，一环扣一环。

---

① 见复旦吉大古文字专业研究生联合读书会：《〈上博八·颜渊问于孔子〉校读》，复旦大学出土文献与古文字研究中心网（www.gwz.fudan.edu.cn），2011 年 7 月 17 日。

如"入事"章先讲赦宥小过，有司带头，老老慈幼，豫绞收贫①云云，接着讲"遂有过"、"先有司"、"老老慈幼"、"豫绞收贫"所收效果，意图是以宽政使得大家相亲，民众拥戴。"入教"章也是先讲要点，再讲效果，即有司在修身、节俭、礼让方面带头，人民景从，造成用贤能退不肖的氛围，老百姓就知道有司鼓励什么，禁止什么了。如此，道德教化的实效就收到了。

然而《颜渊问于孔子》文本的最大问题是：与孔子对话者为什么是颜渊而不是仲弓？是不是此篇作者认为颜渊比仲弓的影响大？或者我们反过来问，《论语·子路》、上博《仲弓》相关内容的孔子对谈者为什么是仲弓而不是颜渊？当然，我宁可相信这是在早期儒学传播史上发生的歧出现象，把仲弓的故事叠加到颜渊身上。

如果我们把《论语》所见孔子与时人、弟子的对谈、故事，作为七十子早期后学口耳相传、辗转记录的结果的话，那么，上博简相关内容很可能就是战国中后期儒者的口耳相传、辗转记录的结果了。当时的这些传说应当不少，且愈加芜杂。以下我们会看到《韩诗外传》有关孔颜的对话与故事，较之上博简更加随意。

二、孔子与子路、子贡等

颜渊、子路好比是孔子身边的文臣武将，在十哲中处于显著地位。子路长于政事，是孔门性格最为鲜明的弟子，在传世文献中，有关他的故事最多，也最为精彩。子贡是十哲之一，长于语言，有外交与经商之才，是孔子晚年特别倚重的弟子。子贡等弟子们为孔子治丧，只有他居墓庐六年。陈少明教授将颜渊、子贡、子路称为孔门三杰，分别为仁、智、勇的

---

① 楚简中"豫"为"舍"字，此处有安置、安抚的意思。"绞"为"约"，穷困的意思。"收"为"振"，即"救"、"恤"之意。"豫绞"与"收贫"都是"恤贫"之意。见刘波：《上博八〈颜渊问于孔子〉札记二则》，复旦大学出土文献与古文字研究中心网（www. gwz. fudan. edu. cn），2012 年 4 月 14 日；王辉：《"豫绞而收贫"小札》，复旦大学出土文献与古文字研究中心网（www. gwz. fudan. edu. cn），2012 年 4 月 15 日。

典型。①

我们再看上博简第五册《弟子问》、《君子为礼》中有关于子路、子贡等人的故事。首先，很多研究者认为，《君子为礼》的部分竹简应与《弟子问》合为一篇，合在一起研究。这以黄人二先生为代表。② 学界倾向于认为：各竹简之间并没有一个预先设定的主题，而是单个的、孤立的、有各自具体情境的对话录。但这些简同时又有一个共同的指向，它们和孔门师徒相关。因此，笔者不太考虑这些简的编连顺序和方案，只是以一支支简为单位，找出孔门弟子与孔子之间的对话加以讨论。伊若泊先生的论文有一个富有启发性的观点：这些竹简中对话形式、对话口气，以及对孔子的不同称呼（例如"仲尼"和"子"的区分），有可能是不同学派、不同地域的表达方式。其中，子贡几乎没有收徒，但子贡却对鲁国王宫贵族有影响，是孔门弟子中比较特殊的一个。③

先谈孔子与子路。林素清先生、曹建国先生在这一方面已有了专文。④ 林素清文解释《弟子问》第 19 简，指出其中关于孔子、蘧伯玉与子路的关系及子路仕卫，终遭不测之事。曹建国文更为详尽地把该篇第10、17、19 三支简中孔子与子路的对话及有关子路仕卫的故事，作了系统阐述。有关简文的认字、编联、整理，曹文已指出了陈剑、牛新房、何有祖、陈伟、张振谦、陈斯鹏等先生的贡献，兹不赘述。

我这里用黄人二《试释》中综合整理的文本，把有关孔子与子路对话，或与他人对话涉及子路的部分材料（仍是《弟子问》第 10、17、19 简），直接录于下：

---

① 陈少明：《孔门三杰的思想史形象——颜渊、子贡、子路》，载氏著《经典世界中的人、事、物》，上海：上海三联书店，2008 年，第 80 页。

② 黄人二：《上博藏简（五）〈君子为礼〉与〈弟子问〉试释——兼论本篇篇名为〈论语弟子问〉与〈论语〉之形成和主要编辑时间》，载《中国国家博物馆馆刊》，2011 年第 6 期，第 65—80 页。

③ 伊若泊：《〈上博·五〉所见仲尼弟子子贡的言语与早期儒学史》，"2007 年中国简帛学国际论坛"会议论文，台湾大学，2007 年 11 月 10—11 日。

④ 林素清：《读〈季庚子问于孔子〉与〈弟子问〉札记》，载丁四新主编《楚地简帛思想研究》（三），武汉：湖北教育出版社，2007 年，第 46—52 页；曹建国：《上博竹书〈弟子问〉关于子路的几条简文疏释》，载丁四新主编《楚地简帛思想研究》（三），第 85—94 页。

汝弗智（知）也乎，由□，夫以众犯难，以新（亲）受彔（禄），劳以城（成）事，见以□（擅）官，士治以力则然，以（弟 10）

弗王，善矣夫，安（焉）能王人，由□！ 子过曹，□［颜］（弟 17）

长，巨（蘧）白（伯）玉□（止）乎？ 子淳淳如也。其聖（聽）子路往乎？ 子罨罨如也，汝豆（从戈，誅）△（弟 19）

如曹建国文所说，第 10 简所记，与子路将担任卫邑蒲大夫，行前辞于孔子有关。此处从正面说，"为众而犯难，为亲而受禄，此说为何而从政；辛劳以成事，勤苦以尽责，此说如何从政。"①此句可参《论语·子路》："子路问政。子曰：'先之劳之。'请教。曰：'无倦。'"末句可参《史记·仲尼弟子列传》中记载的孔子与子路的对话："蒲多壮士，又难治。然吾语汝：恭以敬，可以执勇；宽以正，可以比众；恭正以静，可以执上。"

第 17 简与卫出公姬蒯辄据卫多年，拒绝流亡在外的其父姬蒯聩（谥为卫庄公）归国有关。孔子与子路意见不合，认为蒯辄不孝，不能"王人"。此与《论语·子路》第三章"正名"思想有内在的联系。

第 19 简记载孔子比较蘧伯玉与子路两人对待祸乱的态度，痛惜子路死于卫国内乱。《论语》数章记载孔子赞扬蘧伯玉知所进退的智慧，如："君子哉蘧伯玉！ 邦有道，则仕；邦无道，则可卷而怀之。"（《论语·卫灵公》）孔子认为，保护自己的生命是第一位的，保生是为了更好地行道。而子路好勇，孔子时常告诫他应有避祸的意识，不要暴虎凭河，而应临事而惧。子路性格刚猛，孔子晚年听闻卫国大乱，料定子羔回得来，而子路回不来了。子路仕于卫，终而罹难的故事，详见《左传·哀公十五年》与《孔子家语》等。

《家语》的故事性很强："子路与子羔侍于卫。卫有蒯聩之难，孔子在鲁闻之曰：'柴也其来，由也死矣。'既而卫使至，曰：'子路死焉。'夫子哭之于中庭。有人吊者，而夫子拜之。已哭，进使者而问故。使者曰：'醢

---

① 曹建国：《上博竹书〈弟子问〉关于子路的几条简文疏释》，载丁四新主编《楚地简帛思想研究》（三），武汉：湖北教育出版社，2007 年，第 86 页。

之矣。'遂令右右皆覆醢，曰：'吾何忍食此。'"（《孔子家语·曲礼子夏问》）此故事与《弟子问》第 19 简相比较，则第 19 简显得故事性不够。

以上诸简和《论语》中子路的形象相符合。有关子路的治政才能，及作为以上事件背景的故事，又见于《韩诗外传》卷六第四章：

> 子路治蒲三年，孔子过之，入其境而善之。曰："善哉！由恭敬以信矣。"入其邑，曰："善哉！由忠信以宽矣。"至其庭，曰："善哉！由明察以断矣。"子贡执辔而问曰："夫子未见由，而三称善，可得闻乎？"孔子曰："我入其境，田畴甚易，草莱甚辟。此恭敬以信，故其民尽力。入其邑，墉屋甚尊，树木甚茂。此忠信以宽，故其民不偷。入其庭，甚闲，故其民不扰也。诗曰："夙兴夜寐，洒扫庭内。"①

这一故事又见于《孔子家语·辩政》。

我们再来看看有关子贡的材料，仍借用黄人二的综合文本：

> 子叹曰："乌（于）□[乎]！莫我智（知）也夫。"子游（游）曰："有施之谓也乎？"子曰："□"（弟 4）

> ［子]曰："吾闻父母之丧，（弟 7）食肉如饭土，饮酒如啜[水]，信乎？"子贡曰："莫新（亲）乎父母，死不顾生，可（何）言乎？其信也。"（弟 8）

前一条材料未提到子贡，但伊若泊认为，这里的文体修辞方式属所谓"子贡文体"。"子曰：'莫我知也夫！'子贡曰：'何为其莫知子也？'子曰：'不怨天，不尤人，下学而上达，知我者，其天乎？'"（《论语·宪问》）伊若泊认为《弟子问》第 4 简的"子"指子贡，笔者不敢认同。黄人二认为，此处"子"即孔子，而"莫我智（知）也夫"是不被国君重用的委婉说法，则此句与子贡无关。

后一条材料是第 7、8 简的连接。陈剑引《论语·阳货》"夫君子之居

---

① （汉）韩婴撰，许维遹校释：《韩诗外传集释》，北京：中华书局，1980 年，第 205—206 页。

丧，食旨不甘，闻乐不乐，居处不安”，将“淆”改为“啜”，后补一“水”字。①这就比较好理解孔子与子贡的话了，二人都是肯定人子面对父母之丧的悲戚之心，真情实感。

《君子为礼》的最后一部分是“行人子羽”公孙挥与子贡讨论孔子、子产、禹、舜孰贤的问题：

> 子羽问于子贡曰：“仲尼与吾子产孰贤？”子贡曰：“夫子治十室之邑亦乐，治万室之邦亦乐。然则［贤于子产］矣。”“与禹孰贤？”子贡曰：“禹治天下之川……以为己名，夫子治诗书……□亦以己名，然则贤于禹也！”“与舜孰贤？”子贡曰：“舜君天下……”②

黄人二的综合文本为：

> 子羽问于子贡曰：“仲尼与吾子产孰贤？”子贡曰：“夫子治十室之邑亦乐，治万室之邦亦乐，然则□〔贤〕□〔于〕（君11）□〔子〕□〔产〕矣。”“与禹孰贤？”子贡曰“禹治天下之川（君15）□〔泽〕，以为己名，夫（君13）子治诗、箸（书）（君16）□〔礼〕□〔乐〕，亦以己名，然则贤于禹也。”“与舜（君14）孰贤？”子贡曰：“舜君天下，△（君22）△。”□〔孔〕子闻之，曰：“赐，不吾智（知）也。□（夙）兴夜寐，以求闻（问）……”（弟22）

子贡在这里说，孔子的贤德实已超过子产、禹、舜。在神圣化孔子的过程中，子贡是最重要的人物。《君子为礼》的这个故事也是有根据的。子贡捍卫孔子，当下还击别人的毁谤：“无以为也，仲尼不可毁也。他人之贤者，丘陵也，犹可逾也；仲尼，日月也，无得而逾焉。人虽欲自绝，其何伤于日月乎？多见其不知量也。”（《论语·子张》）子贡认为孔子就是圣人，乃上天的意思，故无所不能：“太宰问于子贡曰：‘夫子圣者欤？何

---

① 陈剑：《谈谈〈上博（五）的竹简分篇、拼合与编联问题〉》，载简帛网（www. bsm. org. cn），2006年2月19日。

② 此处在原整理者的基础上，综合了何有祖、陈剑、周波、陈伟、徐少华、浅野裕一等人的讨论。

其多能也。'"（《论语·子罕》）他还说过："夫子之不可及也，犹天之不可阶而升也。"（《论语·子张》）

《孟子》中记载孟子师徒关于圣人的讨论，比较孔子与伯夷、伊尹，引用了宰我、子贡、有若的说法。"宰我曰：'以予观于夫子，贤于尧、舜远矣。'子贡曰：'见其礼而知其政，闻其乐而知其德，由百世之后，等百世之王，莫之能违也。自生民以来，未有夫子也。'"（《孟子·公孙丑上》）有若也说了很多歌颂的话。

可见《君子为礼》末段的故事也是有其本的。《弟子问》中还涉及到宰我、冉求等，黄人二综合文本把简 11、24、12 拼接为：

> 宰我昏（问）君子，子曰："余（予）！ 汝能慎始与冬（终），斯善矣，为君子乎？（弟 11）女（汝）安（焉）能也□。（弟 24）△也，求为之言，又（有）夫言也，求为之行，□〔又（有）〕□〔夫〕□〔行〕□〔也〕，言行相近，然句（后）君子□。"子（弟 12）

我们知道，《论语》中记载关于宰予的内容，除"四科十哲"外，只有两条材料（孔子批评宰予昼寝与问三年之丧），对宰予的评价都是负面的。但宰予也是十哲之一，当不只有语言特长。这里保留有孔子称赞宰予"慎始与终"的材料，十分难得。这里又有孔子表彰冉求"言行相近"的材料，也是有关"君子"的形象，并肯定弟子为"君子"的论说。

从以上所引上博简关于孔子与子路、子贡等弟子的材料来看，大多与《论语》有关，且都有所发挥，的确丰富了《论语》中的相关内容。以上材料及上节有关颜回的材料，或借题发挥，或具体化，或深化某观点或问题，"不论增加多少因素，其情节结构或思想倾向，基本上是顺《论语》的线索与表达的方向"①。就对话的拓展与故事性而言，有关子贡回答子羽、神圣化孔子的对话显得格外传神，而有关孔子听闻子路遇难的故事性、场景性，则不如《孔子家语》等的相关记载。我揣测，上博简的有关材

---

① 陈少明：《〈论语〉"外传"——对孔门师弟传说的思想史考察》，载陈少明主编《思史之间：〈论语〉的观念史释读》，上海：上海三联书店，2009 年，第 6 页。

料似乎是介于《论语》与《家语》之间的。

三、与《韩诗外传》比较

《韩诗外传》卷七第二十五章讲了一个故事,说的是孔子与子路、子贡、颜回等同游景山,登高眺望,心旷神怡。孔子让各位谈论志向与愿景。子路、子贡、颜回各抒发一番,最后孔子总结,褒奖颜回。

> 孔子游于景山之上,子路、子贡、颜渊从。孔子曰:"君子登高必赋。小子愿者,何言其愿。丘将启汝。"①子路曰:"由愿奋长戟,荡三军,乳虎在后,仇敌在前,蠡跃蛟奋,进救两国之患。"孔子曰:"勇士哉!"子贡曰:"两国构难,壮士列阵,尘埃涨天,赐不持一尺之兵,一斗之粮,解两国之难。用赐者存,不用赐者亡。"孔子曰:"辩士哉!"颜回不愿。孔子曰:"回何不愿?"颜渊曰:"二子已愿,故不敢愿。"孔子曰:"不同,意各有事焉。② 回其愿,丘将启汝。"颜渊曰:"愿得小国而相之。主以道制,臣以德化,君臣同心,外内相应。列国诸侯,莫不从义向风,壮者趋而进,老者扶而至。教行乎百姓,德施乎四蛮,莫不释兵,辐辏乎四门。天下咸获永宁,蝗飞蠕动,各乐其性。进贤使能,各任其事。于是君绥于上,臣和于下,垂拱无为,动作中道,从容得礼。言仁义者赏,言战斗者死。则由何进而救? 赐何难之解?"孔子曰:"圣士哉! 大人出,小子匿。圣者起,贤者伏。回与执政,则由、赐焉施其能哉!"③《诗》曰:"雨雪麃麃,曣晛聿消。"④

---

① 许书如此。"小子愿者,何言其愿。丘将启汝",赖炎元则断作:"小子愿者何? 言其愿,丘将启汝",见氏著《韩诗外传今注今译》,台北:商务印书馆,1972 年,第 311 页。

② "不同,意各有事焉",赖炎元断作:"不同意,各有事焉",见氏著《韩诗外传今注今译》,台北:商务印书馆,1972 年,第312 页。

③ "则由赐焉施其能哉",赖炎元断作:"则仲由端木赐焉施其能哉",见氏著《韩诗外传今注今译》,台北:商务印书馆,1972 年,第 312 页。

④ "雨雪麃麃,曣晛聿消",赖炎元断作:"雨雪瀌瀌,见晛曰消",见氏著《韩诗外传今注今译》,台北:商务印书馆,1972 年,第 312 页。以上整段材料见(汉)韩婴撰,许维遹校释:《韩诗外传集释》,北京:中华书局,1980 年,第 268—269 页。

《论语·先进》第 25 章"子路、曾皙、冉有、公西华侍坐"章（即"吾与点也"章）："子曰：'以吾一日长乎尔，毋吾以也。居则曰：'不吾知也！如或知尔，则何以哉？'子路率尔而对曰：'千乘之国，摄乎大国之间，加之以师旅，因之以饥馑；由也为之，比及三年，可使有勇，且知方也。'夫子哂之。'求，尔何如？'对曰：'方六七十，如五六十，求也为之，比及三年，可使足民。如其礼乐，以俟君子。'赤，尔何如？'对曰：'非曰能之，愿学焉。宗庙之事，如会同，端章甫，愿为小相焉。''点！尔何如？'鼓瑟希，铿尔，舍瑟而作，对曰：'异乎三子者之撰。'子曰：'何伤乎？亦各言其志也。'曰'暮春者，春服既成，冠者五六人，童子六七人，浴乎沂，风乎舞雩，咏而归。'夫子喟然叹曰：'吾与点也！'"这是《论语》中较长的一章，也是人物、对语、场景比较复杂，人物形象鲜明，动作生动的一个故事。这个故事思想深远，把孔子、曾点的从容气象、悠然胸次展现了出来，使我们体会到儒家入世的情怀中，也有潇洒自在的意趣。

《论语·公冶长》第 26 章："颜渊季路侍。子曰：'盍各言尔志？'子路曰：'愿车马衣轻裘与朋友共，敝之而无憾。'颜渊曰：'愿无伐善，无施劳。'子路曰：'愿闻子之志。'子曰：'老者安之，朋友信之，少者怀之。'"

《韩诗外传》的上述故事汪洋恣肆，似乎是《论语》上两章的嫁接与歧出。这个故事中没有曾皙、冉有、公西华等角色，把冉有、公西华的思想言行综合给了子贡，把曾皙的思想言行给了颜渊。故事的创造性，是对颜回的思想与事功、内圣与外王的两方面有很大拓展，把颜回的政治抱负、治世能力渲染得淋漓尽致。我们在《论语》与上博简中，找不到颜子有如此的长篇议论。而且，在《韩诗外传》的这个故事中，颜渊上升为主角，孔子下降为配角。这与上博楚简《君子为礼》、《颜渊问于孔子》所载孔颜对话也有很大区别。这当然是后世的文学创造了。

《韩诗外传》九卷十五章的故事与上类似，人物一样，与所谈的内容大体差不多，语言不同，地点改为戎山：

> 孔子与子路子贡颜渊，游于戎山之上。孔子喟然叹曰："二三子

各言尔志,予将览焉。由尔何如?"对曰:"得白羽如月,赤羽如日,击钟鼓者,上闻于天,旌旗翻翻,下蟠于地,使将而攻之,惟由为能。"孔子曰:"勇士哉! 赐,尔何如?"对曰:"得素衣缟冠,使于两国之间,不持尺寸之兵,升斗之粮,使两国相亲如兄弟。"孔子曰:"辩士哉! 回,尔何如?"对曰:"鲍鱼不与兰茝同笥而藏,桀纣不与尧舜同时而治。二子已言,回何言哉?"孔子曰:"回有鄙之心。"颜渊曰:"愿得明王圣主为之相,使城郭不治,沟池不凿,阴阳和调,家给人足,铸库兵以为农器。"孔子曰:"大士哉! 由来,区区汝何攻? 赐来,便便汝何使? 愿得衣冠为子宰焉。"①

这一故事又见于《说苑·指武》、《孔子家语·致思》,只是"戎山"变成"农山",字句略有不同。

总之,早期儒学传播的过程中,孔子与七十子,特别是其中的佼佼者的对话与故事,往往会发生郢书燕说、张冠李戴、添加、傅会的情况,场景、人物、事件、语言,可能会相互混搭。时间越长,传播内容的失真状况就越大。

此传播的过程也是儒家宗师不断被神圣化的过程,故事不断被放大,语言更加绵长与精美,角色的形象更加丰满,人物与故事也渐集中于孔子与颜回、子路、子贡等重要弟子身上,尤其是子贡愈来愈凸显,但各人物的基本性格仍如《论语》所揭示。

我们真是要感谢孔门七十子及其后学,没有他们的阐扬,就不可能有儒家这一学派。世界上任何大的思想传统,都有对大宗师及其主要弟子的言行的追忆并完善化、神圣化及对其思想的早期诠释的过程。从上博楚简来看,七十子后学的传播与诠释,并未走上世界三大宗教之神圣化之途,其对孔子师徒的言行思想的发散,仍然是人义的、理性的。

传世文献中有不少数据记载孔子与高徒之间的对话与故事,这些数据按思想深浅与流派的脉络,大致可以分为三类。第一类是《论语》、《孟

---

① (汉)韩婴撰,许维遹校释:《韩诗外传集释》,北京:中华书局,1980 年,第 319—321 页。

子》、《史记》，准确深刻，言简意赅。第二类是《韩诗外传》、《说苑》、《孔子家语》，有很多故事、对话、杂说，但仍是儒家话语，似是汉代及此前不同时代的儒者对孔子与七十子的发挥，讲述中不免有傅会之处。当然，这一类文献的阐发，仍与宗教史上的神圣化不同。第三类则是道、法家的借用，如《庄子》、《淮南子》、《列子》把孔、颜讲成道家人物，《韩非子》把孔子等描绘成法家等。①

　　上博竹简中有关孔子与七十子的对谈与故事，似乎介于《论语》与汉代儒家杂说《韩诗外传》、《说苑》、《孔子家语》诸书之间，不如前者精炼、准确，又不像后者铺陈太过。这些可能就是战国中后期的儒家作品。

　　最后需要指出的是，《论语》成书有极其复杂的过程，上博竹简诸篇的作者与成篇的年代也是复杂的问题，我以上所指是上博简中的有关材料与《论语》的有关章的关系，而不是指上博简与成书以后的《论语》的关系。

第八节　上博楚简所见孔子为政思想及其与《论语》之比较

　　本节主要讨论上博楚竹书中所见孔子的仁学与德政思想。这批资料用楚文字抄写，流传于战国末期的楚国。资料所记录的"孔子曰"或"闻之曰"，为流传过程中的传播者所信实。也就是说，即使不是孔子之言，也被由鲁齐而荆楚，由春秋末期而战国末期的诸受众视为孔子的言论或思想。

　　今人研究孔子与孔门弟子，受疑古派影响，局限于以《论语》、《史记》为据，实际上《左传》、大小戴《礼记》、《说苑》、《孔子家语》中的材料都可参考。1973 年河北定县出土竹简《论语》、《儒家者言》、《哀公问五义》等，其中《儒家者言》很可能是《家语》的原型，被学者称为竹简本《家语》，而《哀公问五义》见于《荀子·哀公》，又被收录于《大戴礼记》和今

---

① 参见李启谦：《孔门弟子研究》，济南：齐鲁书社，1988 年，第 11—12 页。

本《家语》中。①　此即证明《家语》伪书不伪，其资料自有渊源，当然要细心运用。拙见以为，大小戴《礼记》、《说苑》、《家语》的材料源自七十子后学与战国的儒书。

史料的扩大，有助于我们理解在春秋末至战国末确实起过作用的孔子与七十子的思想。郭店楚简和上博楚竹书中的儒书与定县竹简有异曲同工之妙，进一步丰富了我们对于孔子的认识。

相对于《论语》等传世文献，上博《楚竹书》在哪些方面丰富了我们所理解的孔子思想呢？本节集中谈仁学与德政问题。

一、《季康子问于孔子》与《论语》

孔子提出"仁之以德"的命题，指出："君子在民之上，执民之中，施教于百姓，而民不服焉，是君子之耻也。是故，君子玉其言而慎其行，敬成其德以临民，民望其道而服焉，此之谓仁之以德。"②本篇记载孔子晚年归鲁之后，季康子（即季孙肥）请教治国兴鲁的方略，孔子有上述答复。"仁之以德"的提法不见于《论语》，但慎言谨行、以德怀民、附近来远的思想则《论语》中多处可见。

本篇的不同处是，孔子引管仲、孟子馀（赵衰）、臧文仲三位辅政者的话，劝说季康子为政以德。据《论语》记载，孔子对管仲的评论，褒贬参半，但总体上则肯定管仲"如其仁，如其仁"，因为"桓公九合诸侯，不以兵车，管仲之力也。"又说："管仲相桓公，霸诸侯，一匡天下，民到于今受其赐。微管仲，吾其被发左衽矣。"（《论语·宪问》）孔子从不轻许人（包括对自己、对爱徒）以"仁"，对管仲却情有独钟，对于子路、子贡之于管仲的质疑（"未仁乎？""非仁者与？"）有以上回答。从《论语》看，孔子没有拘守于道德评价（虽多次批评管仲违礼等），而是从历史评价上肯定管仲辅佐

---

① 详见李学勤:《竹简〈家语〉与汉魏孔氏家学》与《八角廊汉简儒书小议》,载氏著《简帛佚籍与学术史》,南昌:江西教育出版社,2001 年,第 380—397 页。
② 濮茅左释文:《季康子问于孔子》第 2—4 简,载马承源主编《上海博物馆藏战国楚竹书》(五),上海:上海古籍出版社,2005 年,第 202—206 页。按原简为"季庚子",即季康子。

桓公成就霸业的功绩，避免了战乱，匡正、稳定了天下秩序，使老百姓的生活得到保障，也使民族文化、民族生存方式得以延续，因而肯定管仲的仁德。《论语》中未有孔子称引管子之言的，然《季康子问于孔子》记载孔子引管仲的话"君子恭则遂，骄则侮，备言多难"①，来劝诫季氏。

关于晋文公的辅政者孟子馀，《论语》无记载，然《季康子问于孔子》记载孔子劝诫季氏，引用了孟子馀的话："夫书者，以著君子之德也；夫诗也者，以志君子之志。夫义者，以谨君子之行也。君子涉之，小人观之，君子敬成其德，小人毋寐"②。陈剑、陈伟、李天虹先生释"义"为"仪"，指礼，释"谨"为"敬"，释"涉"为"入"，释"毋寐"为"晦昧"，可从。③ 孟子馀的话，全然是以诗书礼教来培养治政者（君子）的人格，与孔子的主张甚为一致。

关于臧文仲，《论语》记载的孔子的评价全是负面的。如"子曰：'臧文仲居蔡，山节藻棁，何如其知也？"（《论语·公冶长》）"子曰：臧文仲其窃位者与！ 知柳下惠之贤而不与立也。"（《论语·卫灵公》）臧氏作为鲁大夫，历仕庄、闵、僖、文四朝，却是一位奉养大灵龟的人，不太管事，知柳下惠贤良也不给其官位。然在《季康子问于孔子》中，孔子正面肯定并引用臧氏的话，回答季孙肥的问"强"："丘闻之臧文仲有言曰：'君子强则遗，威（严）则民不导，逾则失众，礓（猛）则无亲，好刑则不祥，好杀则作乱。'是故贤人之居邦家也，夙兴夜寐。"④孔子不同意季孙肥以强力治国的主张

---

① 濮茅左释文：《季康子问于孔子》第 4 简，载马承源主编《上海博物馆藏战国楚竹书》（五），上海：上海古籍出版社，2005 年，第 206 页。

② 濮茅左释文：《季康子问于孔子》第 6、7 简，载马承源主编《上海博物馆藏战国楚竹书》（五），上海：上海古籍出版社，2005 年，第 211—213 页。

③ 陈剑：《谈谈〈上博（五）〉竹简分篇、拼合与编联问题》，载简帛网（www. bsm. org. cn），2006 年 2 月 19 日；李天虹：《读〈季康子问于孔子〉札记》，载简帛网，2006 年 2 月 24 日；陈伟：《上博五〈季康子问于孔子〉零识》，载简帛网，2006 年 2 月 20 日；陈伟：《〈季康子问孔子〉零识（续）》，载简帛网，2006 年 3 月 2 日。

④ 濮茅左释文：《季康子问于孔子》第 9、10 简，载马承源主编《上海博物馆藏战国楚竹书》（五），上海：上海古籍出版社，2005 年，第 215—216 页。括号中释文可能更合理一些，参见白海燕《〈季康子问于孔子〉集释》，吉林大学硕士学位论文（2009 年），第 46 页。下文同。

（所谓"君子不可以不强，不强则不立"），搬出臧文仲的话来劝诫。这一段话，恰好可以印证《论语·颜渊》第 19 章所记孔子与季康子的对话。《论语》记载孔季对话凡六见，其中《颜渊》篇第 19 章与上文特别契合：

> 季康子问政于孔子曰："如杀无道，以就有道，何如？"孔子对曰："子为政，焉用杀？子欲善而民善矣。君子之德风，小人之德草。草上之风，必偃。"（《论语·颜渊》）

儒家治政，当然是宽猛相济。孔子杀少正卯，后世多有微词。徐复观、钱穆先生有辩证。不过我们所要注意的是，孔子对于滥杀无辜，对于苛政，表现了一以贯之的拒斥。孔子坚决批评为政者迷信暴力，"好杀""好刑"，主张为政者自身的公正廉洁，勤政爱民，宽厚待民，笃亲兴仁，这些思想从与季孙肥的对谈中充分表现了出来。

《论语》季康子问孔子凡六章，除第六篇《雍也》第 8 章季康子问仲由、子贡、冉求可使从政，第十一篇《先进》第 7 章季康子问弟子孰为好学之外，其余四章都与《季康子问于孔子》相应。如："季康子问：'使民敬、忠以劝，如之何？'子曰：'临之以庄，则敬；孝慈，则忠；举善而教不能，则劝。'"（《论语·为政》）此与《季康子问于孔子》之第 2—4 简"君子在民之上……敬成其德以临民，民望其道而服焉"相通。

最有趣的是，《论语·颜渊》篇连续三章（第 17—19 章）记载季康子问政于孔子，除前面比较过第 19 章与《季康子问于孔子》第 9—10 简内容相近外，第 17、18 章也在该篇可以找得到史影："季康子问政于孔子。孔子对曰：'政者，正也。子帅以正，孰敢不正？'"（《论语·颜渊》）"季康子患盗，问于孔子。孔子对曰：'苟子之不欲，虽赏之不窃。'"（《论语·颜渊》）而《季康子问于孔子》中指出治世者要"安民""平正""同仁""无私"："田肥民则安，瘠，民不鼓（树）。是故，贤人大于邦，而有劬心。"①《季康子

---

① 濮茅左释文：《季康子问于孔子》第 18 简，载马承源主编《上海博物馆藏战国楚竹书》（五），上海：上海古籍出版社，2005 年，第 227 页；白海燕：《〈季康子问于孔子〉集释》，吉林大学硕士学位论文（2009 年），第 46 页。

问于孔子》与《论语·颜渊》第 17—19 章的亲缘关系还表现在：

> 降端以比，民之劝微，弃恶毋适，慎小以答大，疏言而密守之。
> 毋钦远，毋诣迩。恶人勿戕，好人勿贵，救民以亲，大罪则处之以刑，
> 臧罪则处之以罚，小则詘之。凡欲勿狂，凡失勿危……毋信谀憎，因
> 邦之所贤而兴之。大罪杀之，臧罪刑之，小罪罚之。苟能固战，灭速
> 毋恒！灾后之世比乱，邦相怀毁，众必恶善，贤人当其曲以成之。然
> 则邦平而民温矣。①

在这里孔子主张平正，反对恶恶、亲亲、贵贵，强调正身、正国、正天
下，以爱心与德政化解矛盾，诱导上下相亲，慈爱和睦；又主张教育感化，
德刑并举，不杀无辜，无释罪人，善于区分并适度处置违法犯罪现象，使
得政平而人和。对于如何面对灾害与战争，如何在乱世兴鲁，孔子有详
细的讨论。

如果说《论语·颜渊》第 17—19 章是经文的话，《季康子问于孔子》
则可以视为传文②，使我们对晚年孔子在衰落的鲁哀之世的政治主张
变得丰满起来。而且愈为具体，愈是要考虑德主刑辅、德刑互济的问
题。或者这正是七十子后学面对现实问题而发展孔子、假托孔子的
表现。

《论语》的编纂逻辑，今人已很难理解。但从《颜渊》相连属的第 17—
19 章来看，应是整理者相对集中地保存了某一时段孔子与季康子的对
话。《季康子问于孔子》疑为七十子后学所撰。正如濮茅左先生所说，此
篇与《孔子家语》诸篇都有相似、应合的内容。《孔子家语》中某些篇章亦
有所本，疑《季康子问于孔子》的成篇要早于《家语》。

---

① 濮茅左释文:《季康子问于孔子》第 19—23 简，载马承源主编《上海博物馆藏战国楚竹书》
（五），上海:上海古籍出版社，2005 年，第 228—235 页。"慎小以答大，疏言而密守之"，从陈
剑的校释。关于该段释文，学界还存在其它形式的编连方案和释文，目前尚无定论。
② 此处受到周凤五教授的启发。1999—2000 年周教授在武汉大学讲学时曾以多篇未刊大作示
教，其中有一篇认为郭店简《忠信之道》是对《论语·卫灵公》"言忠信"章所作之传，另一篇则
认为《穷达以时》是对《论语·卫灵公》"在陈绝粮"章所作的传。

二、《仲弓》与《论语》

仲弓，冉雍，十哲之一，列名"德行"科。《论语》中记录孔子与仲弓的对话及仲弓言行的，凡七见。仲弓出身贱微，是所谓"犁牛之子"（《论语·雍也》），又，《史记·仲尼弟子列传》说："仲弓父，贱人。"）孔子认定这位出身低下而以德行著称、"仁而不佞"的弟子定会有大用，谓"雍也可使南面"（《论语·雍也》）。仲弓曾跟随孔子周游列国，随孔子归鲁后担任季孙斯（季桓子）的家族总管。① 《雍也》篇有三章记仲弓与孔子。第 2 章涉及仲弓治理百姓之道，严肃认真，要言不繁，简单易行，又不是草率行事。

> 仲弓问子桑伯子。子曰："可也，简。"仲弓曰："居敬而行简，以临其民，不亦可乎？居简而行简，无乃太简乎？"子曰："雍之言然。"（《论语·雍也》）

与楚竹书《仲弓》相关的内容见于《论语·子路》：

> 仲弓为季氏宰，问政。子曰："先有司，赦小过，举贤才。"曰："焉知贤才而举之？"子曰："举尔所知；尔所不知，人其舍诸？"

前一部分我们讨论了《季康子问于孔子》，内容为问政，似为《论语·颜渊》第 17—19 章的传，具体而微，多所发挥。此处我们想说的是，《仲弓》恰是上引《子路》第 2 章的传。

《仲弓》②现存二十八支简，整简三支，余皆为残简，学界对竹简拼合与编联争议颇大。李学勤先生主张第 4 简与第 26 简相连。陈剑先生，黄人二与林志鹏先生分别重新编联，改动较大。③ 这里我们以季旭

---

① 关于仲弓，详见李启谦：《孔门弟子研究》，济南：齐鲁书社，1988 年，第 32—39 页。

② 李朝远释文：《中弓》，载马承源主编《上海博物馆战国楚竹书》（三），上海：上海古籍出版社，2003 年，第 261—283 页。中弓，即仲弓。

③ 陈剑：《上博竹书〈中弓〉篇新编释文（稿）》，载简帛研究网（www.jianbo.org），2004 年 4 月 15 日；黄人二、林志鹏：《上博藏简第三册中弓试探》，载简帛研究网，2004 年 4 月 18 日。

昇先生主编的《〈上海博物馆藏战国楚竹书（三）〉读本》为主，参考诸家来述说。本篇先详细表述季桓子使仲弓为宰的经过，仲弓报告孔子并请教"为政何先"，孔子的回答是："老老慈幼，先有司，举贤才，宥过举罪。"①注家有关"老老慈幼"颇多论说，或以为《论语·子路》第 2 章漏记了孔子的"老老慈幼"思想，此为孟子"老吾老以及人之老，幼吾幼以及人之幼"（《孟子·梁惠王上》）的先声。这种可能性极大。当然，另一种可能是，此篇的撰写、传播者扩大、发展了孔子之说，影响了孟子；还有一种可能是，此篇作者或衍成此篇的参与者是孟子的后学。"先有司"，即让有一定职务的"有司"，"先之劳之"，服务大众，忠于职守。

以下，此篇分为两部分。前一部分，师生讨论为政的三方面："先有司"、"举贤才"、"宥过举罪"（宽宥小的过错，举发有罪之人）。其中有"夫贤才不可弅（掩）也。举尔所知，尔所不知，人其舍之者。"②此与《子路》篇第 2 章同。此外，强调孝德及"刑政不缓，德教不倦"。此篇后一部分讨论"事君"，强调"忠敬"及"竭情尽慎"。孔子说："雍，古之事君者，以忠与敬，虽其难也，汝惟以……上人相复（报）以忠，则民欢承教，害□者不……之。一日以善立，所教皆终；一日以不善立，所教皆崩，可不慎乎？"③这一论说与《论语·为政》第 20 章"季康子问"接近。此处发挥尽己之忠，讲慎重地赴死；讲"行"以"为己之学"为本，本立而道生，故要慎行；又讲当下立乎其大者；"一日以善立"，"一日以不善立"，判然分途。末句句式与"一日克己复礼"近，但标举"立善"，颇有孟子学的影子。

---

① 季旭昇主编：《〈上海博物馆藏战国楚竹书（三）〉读本》，台北：万卷楼图书有限公司，2005 年，第177页。

② 季旭昇主编：《〈上海博物馆藏战国楚竹书（三）〉读本》，台北：万卷楼图书有限公司，2005 年，第 177 页。

③ 季旭昇主编：《〈上海博物馆藏战国楚竹书（三）〉读本》，台北：万卷楼图书有限公司，2005 年，第 179 页。

三、《从政》与《论语》

楚竹书《从政》甲、乙二篇公布之后,注家蜂起。[①] 此处引文以张光裕先生整理本为主,并参酌各家。本篇未用"孔子曰",用的是"闻之曰"。开篇强调"信、义、礼"三德:

> 闻之曰:昔三代之明王之有天下者,莫之予也,而尽取之,民皆以为义,夫是则守之以信,教之以义,行之以礼也。[②]
>
> 子以四教:文,行,忠,信。(《论语·述而》)
>
> 子曰:"君子义以为质,礼以行之,逊以出之,信以成之。君子哉!"(《论语·卫灵公》)
>
> 道之以德,齐之以礼,有耻且格。(《论语·为政》)
>
> 人而无信,不知其可也。(《论语·为政》)
>
> 有子曰:"信近于义,言可复也。恭近于礼,远耻辱也。"(《论语·学而》)

两相对照,不难看出"闻之曰"即"孔了口",不过是传闻数代之后的提法,也可以视为七十子后学追溯或假托圣人的说法。楚竹书《从政》甲篇在强调了"义"、"信"、"礼"三德目之后,进一步论述了"敦五德,固三誓,除十怨":

> 闻之曰:从政,敦五德,固三誓[③],除十怨。五德:一曰宽,二曰恭,三曰惠,四曰仁,五曰敬。君子不宽则无以容百姓;不恭则无以

---

① 张光裕释文:《从政》(甲、乙篇),载马承源主编《上海博物馆藏战国楚竹书》(二),上海:上海古籍出版社,2002 年,第 211—238 页。简帛研究网(www. jianbo. org)2003 年 1—2 月发表了陈剑、周凤五、陈伟、王中江、朱渊清、何琳仪、愈志慧、刘信芳等诸方家的论文讨论编联、注释。感谢刘贻群博士帮我搜集、整理了这些资料。

② 张光裕释文:《从政》甲篇第 1—2 简,载马承源主编《上海博物馆藏战国楚竹书》(二),上海:上海古籍出版社,2002 年,第 215—216 页。原释为"莫之馀也,而□取之",此处前从陈伟,后从周凤五。

③ "誓",陈剑、陈伟、王中江、朱渊清作"制",俞志慧、杨朝明作"慎"。

除辱；不惠则无以聚民；不仁则无以行政，不敬则事无成。①

此处"五德"的德目为：宽、恭、惠、仁、敬，有异于《论语》的记载：

> 子禽问于子贡曰："夫子至于是邦也，必闻其政，求之与？抑与之与？"子贡曰："夫子温、良、恭、俭、让以得之。夫子之求之也，其诸异乎人之求之与？"（《论语·学而》）

> 子张问仁于孔子。孔子曰："能行五者于天下为仁矣。""请问之。"曰："恭、宽、信、敏、惠。恭则不侮，宽则得众，信则人任焉，敏则有功，惠则足以使人。"（《论语·阳货》）

> 子谓子产："有君子之道四焉：其行己也恭，其事上也敬，其养民也惠，其使民也义。"（《论语·公冶长》）

虽然《从政》乙篇也有"闻之曰：'慈悔而恭逊，教之劝也；温良而忠敬，仁之宗也'"②的说法，与《学而》篇第 10 章的"温、良、恭、俭、让"相近，然《从政》甲篇之"五德"则更接近于《阳货》篇第 6 章的"恭、宽、信、敏、惠"。"不宽无以容百姓，不恭则无以除辱，不惠则无以聚民"三句，即"恭而不侮，宽则得众……惠则足以使人"的否定式的说法。《公冶长》"子谓子产"章的四德目亦可相参。

《从政》强调"仁"、"敬"，但并不削弱"信"德。"从政所务三：敬、誂、信。信则得众，誂则远戾。"③足见"信"德虽未纳入"五德"之中，仍有其重要地位，是为政者的基本品德。"誂"即"挑"，指择善择言。

《从政》甲篇的"七机"："闻之曰：'从政有七机，狱则兴，威则民不导，a 则失众，b 则亡亲，罚则民逃，好 c 则民作乱。凡此七者，政之所治

---

① 张光裕释文：《从政》（甲、乙篇），载马承源主编《上海博物馆藏战国楚竹书》（二），上海：上海古籍出版社，2002 年，第 219—221 页。

② 张光裕释文：《从政》（甲、乙篇），载马承源主编《上海博物馆藏战国楚竹书》（二），上海：上海古籍出版社，2002 年，第 236 页。"慈悔"，从陈伟、王中江。

③ 张光裕释文：《从政》（甲、乙篇），载马承源主编《上海博物馆藏战国楚竹书》（二），上海：上海古籍出版社，2002 年，第 223 页。

也.'"①郭按,此处只有六机,"好 c"为第八简末,而第九简为断简,这之间缺六个字,我将 c 补为"刑则不祥,好杀"。这才有七机。我之所补据《季康子问于孔子》中的臧文仲言"强则遗,则民不导,逾则失众,礴(猛)则无亲,好刑则不祥,好杀则作乱"。此与"七机"相同,亦与前引《颜渊》第 19 章孔子答季康子"子为政,焉用杀"和《阳货》第 6 章"孔子答子张问仁"的"宽则得众"相类,根本上是主张宽政,反对暴政。孔子主张"导民"、"教民"、"化民","导之以德,齐之以礼"。又,郭店简《尊德义》曰:"民可使导之,而不可使知之。民可导也,而不可强也。桀不谓其民必乱,而民有为乱矣。受不若也,可从也而不可及也。"②这里讲不可以强迫老百姓,不可以强加于人,而是要疏导,要尊重民意,化解矛盾。

《从政》甲篇记言行关系:"闻之曰:可言而不可行,君子不言;可行而不可言,君子不行。敦行不倦,持善不厌"云云③。这里的言行统一观亦来自孔子。"子贡问君子。子曰:'先行其言而后从之。'"(《论语·为政》)"子曰:'古者言之不出,耻躬之不逮也。'""子曰:'君子欲讷于言而敏于行。'"(《论语·里仁》)"子曰:'君子耻其言而过其行。'"(《论语·宪问》)孔子的政论中,反复强调治政者本身的行为正当和言行一致,反对言不顾行,行不顾言,主张身教重于言教。

《从政》甲篇还有"四毋"之说:"毋暴、毋虐、毋贼、毋贪,不修不武,谓之必成则暴,不教而杀则虐,命无时,事必有期则贼,为利枉事则贪。"④这

---

① 张光裕释文:《从政》(甲、乙篇),载马承源主编《上海博物馆藏战国楚竹书》(二),上海:上海古籍出版社,2002 年,第 222—223 页。"兴",周凤五作"营",指营私之意。a) 周凤五作"逛"。b) 原释文为"恸",周凤五作"梗",徐在国作"妨",陈剑作"猛",单周尧、黎广基作"迫"。c) 陈伟作"刑"。拙见以为这几个字可以与《季康子问于孔子》所引臧文仲言联系起来释,则更恰当。c 应为"刑则不祥,好杀"。

② 李零:《郭店楚简校读记》(增订本),北京:北京大学出版社,2002 年,第 140 页。

③ 张光裕释文:《从政》(甲、乙篇),载马承源主编《上海博物馆藏战国楚竹书》(二),上海:上海古籍出版社,2002 年,第 224—225 页。

④ 张光裕释文:《从政》(甲、乙篇),载马承源主编《上海博物馆藏战国楚竹书》(二),上海:上海古籍出版社,2002 年,第 228、219 页。第 15 简后下接第 5 简。此编联及其中诸字的认定,从陈剑、陈伟、周凤五、刘信芳。

源自《论语·尧曰》："子张曰：'何谓四恶？'子曰：'不教而杀谓之虐；不戒视成谓之暴；慢令致期谓之贼；犹之与人也，出纳之吝谓之有司。'"孔子与儒家反对的四种恶政：不教而诛谓之"虐"；不训练就要取胜，或者不加申诫便要成绩，谓之"暴"；不顾时令，朝令夕改，定要成绩，或起先懈怠，突然限期叫做"贼"；为私利而侵害公事，谓之"贪"；或给人财物出手悭吝，谓之"有司"。

相比较而言，《从政》甲篇的"四毋"，甚至比《论语·尧曰》的"四恶"更为完备，更有针对性。《尧曰》篇记载的孔子与子张讨论"五美四恶"，是孔子政治思想十分重要的内容，五种美政即惠而不费，劳而不怨，欲而不贪，泰而不骄，威而不猛。孔子对子张特地提示了他的政治理念的核心——"因民之所利而利之"，指出："因民之所利而利之，斯不亦惠而不费乎？择可劳而劳之，又谁怨？欲仁而得仁，又焉贪？君子无众寡，无小大，无敢慢，斯不亦泰而不骄乎？君子正其衣冠，尊其瞻视，俨然人望而畏之，斯不亦威而不猛乎？"(《论语·尧曰》)

《从政》甲乙篇没有从正面弘扬"五美"，而是把重点放在防止"四恶"上，可能与作者所处的时政有关。《从政》与《论语》的亲缘关系确然可见，可能是七十子后学或战国儒家综合孔子治世思想而整理、发扬的一种儒书。

综观《季康子问于孔子》、《仲弓》、《从政》三种楚竹书，虽不能说全面发挥了《论语》所记载的孔子的政治学说，但可以说完全抓住了孔子仁学的基本——"亲民""爱民""保民""惠民"的仁政德治思想。这三种儒书都集中于反对好刑好杀而倡导宽政、善待百姓方面，且强调为政者的正当与自律。

《楚竹书》涉及众多的孔门弟子，李学勤先生、李零先生等都有关于重新研究七十子的论说。拙见以为，楚竹书中的儒书还需要我们更多地加以重视。大体上，这些儒书都可以从《论语》中找到根据，而与大小戴《礼记》、《说苑》、《家语》诸书相交叉。笔者将进一步在仁学与德政思想方面比较楚竹书与《论语》，同时，还拟在礼乐与礼乐之教、诗与诗教方面加以比较。七十子后学和战国诸儒有很多继承而弘大孔子、具体而微又针对现世的论著,楚竹书可能只是冰山一角。任何时空条件下的正义的观念都是具体历史的。① 中国古代的政治智慧,中国古代的正义论,恰好就在《论语》与战国儒书中。

附识:

1975 年出土的云梦睡虎地秦简中,有大量的秦代法律文书,反映了秦代社会经济、政治、道德、法律的思想,很值得我们重视。同时,有一篇讲述官员行为准则的文献——《为吏之道》,其中有与《礼记》、《大戴礼》、《说苑》等相同的内容,肯定"仁"、"忠"、"信"、"宽"、"惠"、"敬"、"孝"、"慈"等儒家核心价值,主张"临财见利,不取苟富;临难见死,不取苟免",重视"民心"向背,强调"正行修身",时时"怵惕"。该篇主张"除害兴利,慈爱万姓","毋使民惧",有一套教民、治民、变民习俗等管理方法,以儒家思想为主,兼摄道、墨、法诸家,既有价值理想又相当务实。②

据荆州博物馆王明钦馆长介绍,1993 年出土的江陵王家台秦简中,有一篇《政事之常》,可与《为吏之道》互参。此两篇对研究秦代政治思想均有重要意义。"圆以生方,政事之常"是从政理民的准则,其中重"民"等内容与《为吏之道》相同,如"坨修城固,民心乃殷,不时而怒,民将逃去,百事既成,民心乃宁,[既无]后忧,从政之经"云云,亦有"与民有期"、"民之既教"、"使民望之"等内容。③

湖南大学岳麓书院近年来从香港抢救性收入一批秦简,被视为是继 1975 年云梦睡虎地秦简和 2002 年湘西里耶秦简之后的又一次重大发现。对研究秦代的法律、数学以及书写文体具有非常重要的意义。据相关专家整理,这批秦简,有相当多的法律内容,整理者命名为《奏谳书》、

---

① 请参阅拙作《儒家的公平正义论》,载《光明日报》,2006 年 2 月 28 日;《孟子与儒家的正义论》,载庞朴主编《儒林》第三辑,济南:山东大学出版社,2006 年,第 137—144 页。

② 睡虎地秦墓竹简整理小组编:《睡虎地秦墓竹简》,北京:文物出版社,2001 年重印本,第 167—176 页。

③ 王明钦:《王家台秦墓竹简概述》,载艾兰、邢文编《新出简帛研究》,北京:文物出版社,2004 年,第 39—42 页。

《律令杂抄》等。抄录的秦律可与睡虎地秦简相发明、印证，除此之外还有一些律令世所未见，如《奉敬律》等，就涉及到"黔首"（百姓）的相关论述，值得注意。①

秦代的政治思想，仍然是诸家的综合，儒家并未缺席。尽管当时的"民"的定义与今天的"人民"的意涵并不一致，但儒家重民思想对缓和当时的政治仍起了积极作用。

我们还可以进一步上推。《上海博物馆藏战国楚竹书》（二）的《从政》甲乙篇讲从政者必须敦五德（宽、恭、惠、仁、敬）、固三慎、除十怨等，即从政者的道德准则。该篇云"不宽则无以容百姓，不恭则无以除辱，不惠则无以聚民，不仁则无以行政，不敬则事无成"，不仅上承孔子，而且可能是《为吏之道》、《政事之常》之先导。

有关秦代从政理民的思想需要重新探讨。此外，郭店楚简与上海博物馆藏楚竹书中大量的儒书在战国中晚期的楚地流行，秦代楚地有《为吏之道》、《政事之常》之类文献流传，表明儒家核心价值与政治理念在彼时彼地有相当的影响力，这都值得我们思想史研究者重视。

---

① 参见陈松长：《岳麓书院所藏秦简综述》，载《文物》，2009 年第 3 期。

第十六章　荀子的哲学

荀子，名况，亦被称为孙卿、荀卿，战国末期赵国人，确切生卒年月不详，学界有不同说法。其政治、学术活动年代约在周赧王十七年（前 298）到秦王政九年（前 238 年）之间。据《史记·孟子荀卿列传》记载，荀子"年五十始来游学于齐"，在齐国稷下学宫中备受尊崇，曾三任祭酒。荀子曾试图说服齐湣王实行儒家仁义王道，选贤任能，以图强国富民，但不被其所采纳，并遭谗言而离齐至楚。其间荀子曾入秦，建议秦昭王力行仁义之道，亦因道不得行而返楚。后受楚相春申君之命，任兰陵县令。春申君死后离职，此后一直定居并逝于兰陵。

荀子所处的时代，正值战国末期。无论是现实社会，还是思想文化，都逐步呈现出由分到合的发展趋势。对于先秦儒家最后一位大家荀子来说，如何克服各家学说的偏颇与缺陷，综合各家之长，完成思想的整合与统一，以发展儒家文化，为实现天下一统提供理论指导，是时代赋予他的使命。历史同时也提供了这样的条件和机缘。荀子哲学思想正是在这一时代背景下应运而生的。荀子深刻地认识到这一点，自觉地顺应这一趋势，通过总结吸收各家思想的精华，力图建立起一个更全面系统的哲学理论体系，从而将儒家文化推进到一个新的高度。这是荀子思想的根本宗旨，也是其最大的特征所在。

与《论语》等儒家语录体不同,荀子开创了儒家学派中个人著作体的先河。其著述内容十分丰富,汉代抄录流传的达三百多篇,后经刘向校勘,定为三十二篇,成为《荀子》一书的通行版本,是研究荀子哲学思想的最主要文献。唐代有杨倞的《荀子》注本,共二十卷。清人王先谦在此基础上,综采之前各家阐释,汇成《荀子集解》,至今依然是大多数研习者参考使用的最具学术性的《荀子》版本。近年来,当代学者王天海吸收此后的诸多研究成果,订正了王先谦《荀子集解》中一些错漏之处,著成《荀子校释》一书。该著已为越来越多的研究者所关注,可谓新出的较好的参考文本。

第一节　天人关系论

在荀子的整个哲学体系中,天人关系论无疑占有基础的地位。荀子对儒家哲学的丰富和发展,首先就体现在其对天人之间的关系问题做出了新的阐释。荀子的其他一系列思想都是以此为基点,并在这一框架内展开的,因此从很大程度上可以说,能否全面深入地领悟其天人关系论,乃是把握荀子整个思想倾向和特征的关键所在。

一、对"天"概念的发展

在天人关系问题上,荀子的创新在于其着重从两个方面对前期儒家的"天"的概念进行了显著的改造和发展。一方面,针对思孟学派将天与人直接联系起来的倾向,着力弘扬早期儒家的传统,重新强调并进一步强化了天的至上性和超越性;另一方面,对孔子"天何言哉,四时行焉,百物生焉"(《论语·阳货》)论述中所蕴涵的关于天之自然性的思想加以拓展和深化,突出阐发了"天"的自然义和规律义,提出了"天行有常"的哲学命题,认为"天行有常,不为尧存,不为桀亡。应之以治则吉,应之以乱则凶。"(《荀子·天论》)

由此构成了荀子"天"的概念的两大层面的涵义。要理解荀子天人关系思想的特征及其意义，首先必须辨明荀子的"天"概念的这两大层面之别，即形上层面与形下层面之别。所谓形上层面指的是作为本源性、超越性的天，其特征在于其至上性与超验性。它至大无外，至微无内，无形无象却又创生万物，无欲无为而又主宰、支配一切。人"皆知其所以成，莫知其无形，夫是之谓天"。在这个意义上，荀子也将天称为"神"："夫是之谓神。"（《荀子·天论》）

作为这种形上之天创生的结果及特殊的体现，形下之天则具体包含两个方面。其一是体现为有形有象之物及其运动变化规律之"天"，诸如星辰、日月、四时、阴阳、风雨等自然现象及其运动变化规律均属于此列，"在天者莫明于日月"（《荀子·天论》）。其与形上之天的区别在于，这些现象作为超越性的天"不为而成"之"功"，有形可见，有迹可寻，能为人所观察到，为人所认识。而形上之天作为造物之"神"，无形无相，不能为人所能观察和认识。其二便是以人自身的形体结构、本性欲求及潜能形式体现出来的自然天性。人作为自然生命所具有的自然本性及认识与意志能力乃是天所赋予的，是"天"在人自身之中的具体体现："好恶、喜怒、哀乐藏焉，夫是之谓天情；耳、目、鼻、口、形，能各有所接而不相能也，夫是之谓天官；心居中虚，以治五官，夫是之谓天君。"（《荀子·天论》）

二、天人相分思想

在儒家乃至整个中国哲学史上，荀子天人关系论的最突出特色，在于明确提出了天人相分的思想，与"天"的两大层面涵义相对应。所谓"天人相分"，具体说来包含着以下四个层面的含义。

1. 天与人的层次之分

至上、超越的形上之天，当然与人或人的世界截然有别。这种分别不是指天与人之间单纯平面意义上的差异和对峙，而是意味着二者乃是截然不同的存有形态。天超越于人之上，"至高谓之天"（《荀子·儒效》）、"故天者，高之极也"（《荀子·礼论》）；而且，形上之天也决不是像具体物体一样有形可见，而是蕴藏于有形之后的"无形"。这种形上之天与人(世)之间的根本层次之别,是荀子天人之分的首要之义。

对于这种超越之天,由于其无形而大,无为而功,人不能像对某个具体事物那样将其作为自己的对象来认识,只能通过对显现出来的现象、其作用的结果加以观察、追问,才能领悟到这样一种神奇伟力的存在;人与这种形上层面的天的分立还体现为人只能感受其所成,而无法察知其何以成。人应该清醒地认识到自身认识能力、意志乃至活动能力的有限性,知天之至大、至上而至神,它非人所能想象与窥探,非人力所能企及,对它本身及内在的几微只能敬仰赞叹,深怀敬畏之心。所谓"唯圣人为不求知天"(《荀子·天论》),指的应是这种至大至上、无所不能的超越之天。同样,所谓"君子大心则天而道"(《荀子·不苟》),其含义也在于此。

2. 天与人各有其特性、遵循着不同的发展规律

作为不同的存有形态,天与人各有其特性,在其演变过程中遵循着不同的发展规律或法则。天自在而客观,不以人的意志而转移,"天不为人之恶寒也辍冬,地不为人之恶辽远也辍广";而所谓"星坠、木鸣","无何也,是天地之变,阴阳之化,物之罕至者也。"(《荀子·天论》)天的运行变化本身没有意志,既不必怪异,也不应以人的意识和意志去比附,当然更不会为人的意志所决定。这一思想发展了由孔子所开始的对人格之天的消解趋势,更彻底地破除了天的人格色彩;同时,也切断了人类的价值与天的直接关联。天是自在自为的自然的世界,其一切活动都是无意识的、无目的的,而人则是有意识的、积极有为的。从这个角度看,所谓天与人之分即是自然与社会、人与自然之分。由此,人们往往将荀子的天理解为自然之天。

3. 天与人各有其职分

无论是对超越性的形上之天来说,还是对其存在、作用与演变方式有形可见的形下之天来说,它们与人都各有其不同的职分。这是天人相分的另一重含义。天至大至神,创生万物和人类,但并不直接决定人类的事务。天没有意志,其一切活动自然而无为,然而正是这种无欲无为最终造就了一切,"列星随旋,日月递照,四时代御,阴阳大化,风雨博施,

万物各得其和以生，各得其养以成，不见其事而见其功。"(《荀子·天论》)"高者不旱，下者不水，寒暑和节，而五谷以时孰，是天之事也。"(《荀子·富国》)所有这一切都属于"不为而成，不求而得，夫是之谓天职。"(《荀子·天论》)相形之下，面对天，人应该深知自身的局限，恪守自己的界限，懂得并自觉做到："虽深，其人不加虑焉；虽大，不加能焉；虽精，不加察焉；夫是之谓不与天争职。""如是，则知其所为，知其所不为，则天地官而万物役矣。"(《荀子·天论》)

而人世间的荣辱祸福，则取决于人类自身。"强本而节用，则天不能贫；养备而动时，则天不能病。"(《荀子·天论》)"治乱天邪？曰：日月、星辰、瑞历，是禹桀之所同也；禹以治，桀以乱，治乱非天也。"能否认识到这一点、尽力做好人事，乃是君子与小人的重要区别之一："故君子敬其在己者，而不慕其在天者，是以日进也；小人错其在己者，而慕其在天者，是以日退也。……君子小人之所以相县者，在此耳。"(《荀子·天论》)

4. 人自身之中的"性伪之分"

作为天人之分在人本身之中的反映和具体体现，人自身也存在着天赋的自然本性与后天修为之间的区分及其矛盾关系。荀子认为孟子的性善论的重要错误就在于"不及知人之性，而不察乎人之性伪之分者也。""性者，本始材朴也；伪者，文理隆盛也。"(《荀子·礼论》)在两者之中，"凡性者，天之就也"(《荀子·性恶》)，"生之所以然者谓之性；性之和所生，精合感应，不事而自然谓之性。"(《荀子·正名》)"不可学、不可事而在人者，谓之性"，而"可学而能、可事而成之在人者，谓之伪。是性、伪之分也。"(《荀子·性恶》)这种"性伪之分"在人之"情"中集中体现出来。自然情欲乃天之所赋，而道德情操如"孝子之情"、"思慕之情"等则是人后天熏陶、教化的成果，即属于"人之所学而能，所事而成者"。

三、天人相合

就荀子天人关系思想整体而言，天人之分只是其最富特色的一面而已。实际上，在强调天人之分的同时，荀子同样主张天人相合。与天人之分一样，在荀子那里，天人之合也有着三个层面的涵义。

1. 天对人的创造作用

天以其"不为而成，不求而得"的伟力，成为人与人类社会活动的创始者和开启者，构成对人及人世的奠基作用。"天地者，生之始也"（《荀子·王制》），"天地者，生之本也"（《荀子·礼论》），"天职既立，天功既成，形具而神生"（《荀子·天论》）。荀子认为，人的形体结构、本性及潜在能力等等这些与生俱来的自然本性归根到底乃是源于天，是天之所赋，"性者，天之就也。"（《荀子·正名》）否则，"无天地，恶生？"（《荀子·礼论》）

人及人类社会，就其根源而言，本质上只是无限的形上之天的一种特殊体现形态。无论人类具有何种能动性，归根到底都是由天所创始、所奠基的，是"天职"与"天功"的成果，包括人之所以能认识到天与人之分以及人所难免的种种局限性，也只能从这里找到最终答案。更值得注意的是，在荀子看来，在天的创始作用之中，其实已经昭示或预示着人的有为性和有为的方向：人理当沿着天所指引的方向，顺应天所昭示的法则，自觉运用天所赋予人的能动性去积极有为，"圣人清其天君，正其天官，备其天养，顺其天政，养其天情，以全其天功。"反之，如果背离这一趋势，恰恰是对"天功"的遮蔽和背离，意味着"天功"的沦失，"暗其天君，乱其天官，弃其天养，逆其天政，背其天情，以丧天功，夫是之谓大凶。"（《荀子·天论》）正是沿着这一理路，荀子将自然与社会的一切视为天与人统一的成果和体现，"故曰：天地合而万物生，阴阳接而变化起，性伪合而天下治。"（《荀子·礼论》）荀子所谓"故人之命在天，国之命在礼"（《荀子·天论》）的论断应该从这一层面上来理解。

2. 人能动地认识、改造自然万物，达到人与天的统一

在《天论》篇中，荀子在提出"不与天争职"的同时，又提出了"制天命而用之"的主张："大天而思之，孰与物畜而制之！从天而颂之，孰与制天命而用之！望时而待之，孰与应时而使之！因物而多之，孰与骋能而化之！思物而物之，孰与理物而勿失之也！愿于物之所以生，孰与有物之

所以成！故错人而思天，则失万物之情。”（《荀子·天论》）这又意味着，人可以通过自身的能动作用，对天加以认识和改造，为人所用，而实现天与人的统一。

这种统一当然是针对以“物”、“时”等具体物质形态体现出来的具象、物性之天而言的。在荀子那里，这种形下之天，虽然是独立于作为认识与活动主体的人之外的客观实在，但这决不意味着自然之天与人构成截然对立的两极。人并不是消极被动地受制于天，而是必须且能够作用于天。人通过自身能动的认识和实践活动对自然之天加以利用、改造，打上人的印记，使之合乎人的需要，成为体现和凝聚着人的意志的“人化的自然”。这种“制天命而用之”使得天与人又不断地实现相合统一。由此达到的天人相和境界，荀子称之为“能参”，“天有其时，地有其材，人有其治，夫是之谓能参。舍其所以参，而愿其所参，则惑矣。”（《荀子·天论》）圣人的伟大之处也就在这里，“圣王之用也：上察于天，下错于地，塞备天地之间，加施万物之上，微而明，短而长，狭而广，神明博大以至约。”（《荀子·王制》）

3. 性伪之合

人的自然本性作为天创生的结果和天在人自身之中的体现，是人类一切活动和价值创设的客观基础，从这个角度说，它是与“人为”相分相对的，是外在的天与人的分立在人自身之中的内化。但正如对外在的有形之天一样，人也可以通过作为其主宰的“心”（即“天君”，作为一种潜能，它本质上也是由形上之天所造就的）以礼义来改造本然之性以“化性起伪”：“无性则伪之无所加，无伪则性不能自美。性伪合，然后圣人之名一，天下之功，于是就也。”（《荀子·礼论》）

归结起来，荀子天人关系论乃是天人相分与天人相合两个方面构成的统一体。天的两大层面与人之间既相分又相合，形成一种错综复杂的立体结构。所谓天人之分既包括形上之天与作为形下之人相分，也包括同是形下层面上作为对象的天地万物与作为主体的人，以及人自身之中的性与伪之分。所谓天人之合，一方面是指由于天的本源创始作用而实现的由上而下、以天统人之合：既然天创造一切并涵摄一切，当然也包括人及人的活动本身。没有超越性的、至上之天所赋予人的（理性）认识能力，人也不可能认识到天与人之分以及人与人之分。另一方面则是指在形下层面上人与自然之天相合，即人对物的认识、改造利用及人自身之中性与伪的统一。这种合，对人来说，是先分后合、在分的基础上的统一。

在这整个结构和过程之中，天具有本源的地位。它创生万物与人，也开启人与物之分，又最终通过人，并在人这里达到统一。而人则占有中心或枢纽的位置。人是分的缘起，分由人所分，无人则分无从谈起。"天能生物，不能辨物……宇中万物，生人之属，待圣人然后分也。"（《荀子·礼论》）人也是合的枢纽，由上而下的合汇聚于人，由内而外使自然人化所完成的合也取决于人。故荀子说："善言天者，必有征于人。"（《荀子·性恶》）从这个角度说，在荀子那里无论是天人之分，还是天人相合，都充分体现出人的独立性与主体能动性。由此实现的由分而合，不仅包含着内在差异与矛盾，而且呈现为一个动态的发展过程，展示出一种更广阔的视域。

第二节　认识论与方法论

与天人相分又相合的自然观相一致，荀子对人的认识问题也进行了深入的探究，提出了一整套认识论与方法论思想。

一、认识论思想

荀子首先从主客两个方面阐明了知识何以可能的问题："凡以知，人之性也；可以知，物之理也。"（《荀子·解蔽》）在二者之中，认识的根本动力无疑源于人所特有的主体能动性。天赋予人以感知事物的感官和判断事物的心灵，使人得以能动地认识事物。"耳目鼻口形能各有接而不相能也，夫是之谓天官。心居中虚，以治五官，夫是之谓天君。"（《荀子·

天论》)正是由于人具有其他生物所不具有的这些认识能力,使得人的认识活动得以发生并不断展开,能够认识世界,实现自身的目的。"所以知之在人者谓之知,知有所合谓之智。所以能之在人者谓之能,能有所合谓之能。"(《荀子·正名》)

在认识论上,荀子的基本立场无疑是坚持反映论的。荀子对主客体的明确区分意味着,人的知识不是先验的,既不是主体与生俱有的,也不是来源于主体自身的自我反省,而是对外在对象的反映,是对事物及其运动变化规律的认识。

由此出发,荀子对人的认识的发展过程进行了具体、详细的分析。在他看来,人的整个认识过程无疑首先起源于感性认识。不同的感官使人感知到事物的不同性质,眼睛辨别事物的形状与颜色,耳朵辨别声音的清浊与大小,口舌辨别甘苦,鼻子辨别事物的气味,身体则感受痛痒与冷热。"然则何缘而以同异?曰:缘天官。凡同类、同情者,其天官之意物也同,故比方之疑似而通,是所以共其约名以相期也。形体、色、理,以目异;声音清浊、调竽奇声,以耳异;甘、苦、咸、淡、辛、酸、奇味,以口异;香、臭、芬、郁、腥、臊、漏、酸、奇臭,以鼻异;疾、痒、疮、热、滑、涩、轻、重,以形体异;说、故、喜、怒、哀、乐、爱、恶、欲,以心异。心有徵知。徵知则缘耳而知声可也,缘目而知形可也。然而徵知必将待天官之当簿其类,然后可也。五官簿之而不知,心徵之而无说,则人莫不然谓之不知。此所缘而以同异也。"(《荀子·正名》)这些感官各有所能、彼此不能相互替代,"耳、目、鼻、口之不可以相借官也"(《荀子·君道》),但都从不同的侧面反映了事物的各种特性,形成对事物的初步认识,从而为"心"进一步认识事物提供原材料,奠定基础,"心有徵知……然后徵知必将待天官之当薄其类然后可也。"(《荀子·正名》)也就是说,只有在出"天官"所获得的感性认识基础上,"心"的能动性才能发挥作用,否则,后者就只能是无源之水。

荀子认为,单纯通过五官和身体的触觉所获得的感性认识,只能认识事物的片面的表象。要把握事物的本质和整体,就必须诉诸"心",通过"心"上升到理性认识。荀子非常强调"心"在认识上的能动作用。"人何以知道？曰：心。"(《荀子·解蔽》)"心"的作用不仅高于感官活动，而且对后者又起到一种导向和主宰作用。它不仅作为一种思维活动，对感官活动之结果进行辨别，将它们总结联系起来，由个别、特殊上升到一般、普遍，对其意义进行分析、判断。而且在荀子看来，人的感性认识之所以可能也离不开"心"的综合统摄作用，如果"心不使焉，则白黑在前而目不见，雷鼓在侧而耳不闻"(《荀子·解蔽》)。这与西方现象学关于人的感性认识的观点颇有相通之处。

"心"如何作为"天君"，起到主宰作用？荀子对其内在机制有着深入的阐发，提出了"虚壹而静"的主张。"心何以知？曰：虚壹而静。心未尝不臧也，然而有所谓虚；心未尝不两也，然而有所谓壹；心未尝不动也，然而有所谓静。人生而有知，知而有志，志也者，臧也；然而有所谓虚，不以已所臧害所将受，谓之虚。心生而有知，知而有异，异也者，同时兼知之；同时兼知之，两也，然而有所谓一，不以夫一害此一，谓之壹。""虚壹而静，谓之大清明。"按照荀子的比喻，"心"应该像"盘水"一样"正错而勿动"、"湛浊在下而清明在上"，这样一来，"故导之以理，养之以清，物莫之倾，则足以定是非、决嫌疑矣。"(《荀子·解蔽》)

二、方法论思想

荀子的认识论思想，更多的是以方法论的形式体现出来的。这种方法论不仅其本身有着鲜明的特色，而且也更直接地决定了荀子整个哲学思想体系的趋向和特征。

1. 立足现实的实证方法

荀子认为，人们运思立论，必须立足现实，尊重客观事实。衡量人的认识正确与否，则要看其是否经得起实践的检验。所谓检验，一方面是看其是否与现实相符，另一方面，更要看其能否得到有效贯彻施行，取得积极的效应。"凡论者贵其有辨合，有符验。故坐而言之，起而可设，张而可施行。"(《荀子·性恶》)在荀子看来，孟子的性善论之所以错误，就在于它不仅不符合事实，也无法有效地贯彻落实，其结果非但不利于发挥人的道德修养上的积极能动性，反而会消解人自我完善的必要性。"今孟子曰：'人之性善。'无辨合符验，坐而言之，起而不可设，张而不可施行，岂不过甚矣哉！"（《荀子·性恶》）而荀子之所以坚持自然本性论，也正是为了避免或矫正孟子性善论的缺陷，使之在实践上具有更积极的效应。

2. 注重分析的思维方法

与实证方法相联系，荀子方法论的另一个重要特征是注重对问题的不同层次、类别和方面进行具体分析。

无论是阐发义理、提出自己的主张，还是对不同的论点展开批判，荀子都非常注重对问题本身进行具体、深入的辨析，厘清问题的不同层次，找到问题的症结所在，以推进认识的深化与发展，以便找到问题的破解之道。它贯穿于荀子整个哲学理论体系之中，并体现于其中各个层次和环节，构成其重要的方法论。从天与人的由分而合，到对很多具体问题的认真解析，都可以清晰地辨识出荀子的这一特有的思维方法。例如，针对当时各家对儒家的批评，荀子对"儒"本身进行了具体详尽的分析，将其分为"俗儒"、"雅儒"、"大儒"等，以"大儒"作为儒家精神的根本标志，从而将儒家的宗旨和特质更明晰地凸显出来；对于人们争论不休的"勇"，荀子既有"狗彘之勇"、"贾盗之勇"、"小人之勇"、"士君子之勇"的区分，又有"上勇"、"中勇"、"下勇"的区分；而对所谓的"辱"则鲜明地分为"义辱"与"势辱"这两种看似相似实则相反的形态。诸如这样的分析，在《荀子》一书中比比皆是。也正因为如此，康有为将荀子思想的特征概括为"荀言穷理，多奥析"，并认为"荀言理似较孟为细"。①

3. 全面、整体地看问题的辩证方法

荀子注重对问题进行具体的辨析，并不是以此为终结，而是主张通

---

① 康有为：《万木草堂口说》，载氏著《长兴学记·桂学答问·万木草堂口说》，北京：中华书局，1988 年，第 187、179 页。

过分析辨清问题，在此基础上试图以全面、整体的视域认识、评价问题，力求达到对人与世界的更全面、更完整的认识、建立起更合理且更有现实效应的理论体系。

在集中体现其方法论思想的《解蔽》篇中，荀子明确指出，人们之所以陷入这样那样的谬误，就在于往往只看到事物之一面，而不能从整体上全面地认识事物，"凡人之患，蔽于一曲，而暗于大理。"（《荀子·解蔽》）因为大道无限深远而复杂，人往往所观察和领悟到的只是其中一面，却误认为是大道之整体，所以很容易以偏概全，因而导致谬误："万物为道一偏，一物为万物一偏。愚者为一物一偏，而自以为知道，无知也。"（《荀子·天论》）如果局限于对"道"的某一方面、层次的认识，都难免导致对其他方面和整体的遮蔽，"故为蔽，欲为蔽，恶为蔽，始为蔽，终为蔽，远为蔽，近为蔽，博为蔽，浅为蔽，古为蔽，今为蔽。凡万物异则莫不相为蔽，此心术之公患也。"（《荀子·解蔽》）诸子百家也不例外，他们既有所长，又同样各偏一曲而失之片面："墨子蔽于用而不知文，宋子蔽于欲而不知得，慎子蔽于法而不知贤，申子蔽于势而不知知，惠子蔽于辞而不知实，庄子蔽于天而不知人。"而在荀子看来，"此数具者，皆道之一隅也。夫道者，体常而尽变，一隅不足以举之。曲知之人，观于道之一隅而未之能识也。……此蔽塞之祸也。"（《荀子·解蔽》）从另外一个角度，荀子则将他们各自的片面性总结为"慎子有见于后，无见于先；老子有见于诎，无见于信；墨子有见于齐，无见于畸；宋子有见于少，无见于多。"（《荀子·天论》）

只有破除这种片面性，全面、完整地认识事物，才能获得正确的认识。真正的为学者，既要认识到各种片面论断的缺陷或错误，更要善于洞察并借鉴、吸收其中所蕴涵的合理因素，加以融会贯通。"尊以遍矣，周于世矣。""全之尽之，然后学者也。君子知夫不全不粹之不足以为美也，故诵数以贯之，思索以通之。"（《荀子·劝学》）对为政者来说，要获得成功，更要懂得系统地、整全地看待、评判问题，做到全面、公正、无偏地处理问题，"偏立而乱，俱立而治。"否则，"上好曲私，则臣下百吏乘是而后偏。"(《荀子·君道》)所以，"圣人知心术之患，见蔽塞之祸，故无欲、无恶、无始、无终、无近、无远、无博、无浅、无古、无今，兼陈万物而中县衡焉。是故众异不得相蔽以乱其伦也。"(《荀子·解蔽》)

荀子的整个哲学体系便是在这种方法论的指导下，批判地继承此前各家的哲学思想而成就的。荀子对其前和当时的各家学说都有很深入的分析批判，明辨各自的缺陷和失误，而在这种批判背后，对其中合理的思想因素又很好地进行了借鉴、吸收，由此不仅极大地推进了儒家文化的发展，成为先秦儒家的集大成者，而且在一定程度上也克服了此前各家的各种片面性，实现了对整个先秦思想的综合统一。荀子之所以能取得这一重大成就，显然既得益于其全面整体的视野——这使他能够洞察出各家的缺陷，也得益于其所特有的这种在明分基础上融会统一的方法论，这使得他能够成功地吸收各家学说的精华，并加以融合运用。

第三节　逻辑思想

在荀子的哲学体系中，还包含着丰富的逻辑思想。荀子的逻辑思想以"正名"为核心。它既是荀子认识论与方法论思想的具体体现和延伸，也是对孔子"正名"主张的进一步贯彻和发展。

荀子之所以如此重视"正名"问题，其直接用意是针对当时盛行的各种似是而非的诡辩和错误论点，为澄清人们认识上的错误、正确认识事物提供一种切实有效的逻辑方法。荀子对人们在名实问题上所产生的谬误及其原因进行了认真的总结分析，认为主要有三种情况，"凡邪说辟言之离正道而擅作者，无不类于三惑者矣"(《荀子·正名》)。其一，由于名词的混乱导致谬误，即"惑于用名以乱名"，如"见侮不辱"、"圣人不爱己"、"杀盗非杀人"等便属于此类；其二，将个别与一般、特殊与普遍相混淆，即"惑于用实以乱名"，如"山渊平"、"情欲寡"、"大钟不加乐"等便是以个别混同一般；其三，利用名词之间的差异以抹杀、颠覆客观的、普遍公认的事实，即"惑于用名以乱实"，如"非而谒"、"楹有牛"、"马非马也"等便是如此。而所有这些谬误的共同之处就在于将名与实割裂开来乃至对立起来，使二者相互背离。因此，荀子有的放矢地将"制名以指实"作为其"正名"学说的根本宗旨与基本原则。"然则所为有名，与所缘以同异，与制名之枢要，不可不察也。""知者为之分别，制名以指实。"（《荀子·正名》）

但荀子提出其"正名"学说的目的并不限于认识论层面，而有着更深层的价值论的指向。从单纯逻辑学的角度来看，荀子的"正名"学说与之前墨家逻辑思想显然有着传承关系，而从更深层来看，则是借鉴墨家的逻辑思想来更充分地证明和深化儒家的思想主张。众所周知，在孔子那里就明确提出了"正名"的道德与政治主张，而荀子的"正名"学说正是对孔子这一主张的进一步贯彻和发展，最终是为儒家价值规范奠定逻辑基础，为其提供逻辑论证。知者之所以要"为之分别，制名以指实"，更是为了"上以明贵贱，下以辨同异。贵贱明，同异别，如是则志无不喻之患，事无困废之祸，此所为有名也。"反之，"异形离心交喻，异物名实玄纽，贵贱不明，同异不别；如是则志必有不喻之患，而事必有困废之祸。"（《荀子·正名》）更重要的是，为其后的政治与文化统一局面奠定思想基础。这是荀子"正名"思想的更深层的用意。"今圣王没，名守慢，奇辞起，名实乱，是非之形不明，则虽守法之吏、诵数之儒，亦皆乱也。若有王者起，必将有循于旧名，有作于新名。"要杜绝这一系列弊端和祸患，使天下安定统一，必须首先进行"正名"，"故王者之制名，名定而实辨，道行而志通，则慎率民而一焉。""故期、命、辨、说也者，用之大文也，而王业之始也。"（《荀子·正名》）

荀子"正名"学说紧紧围绕着名实关系问题而展开，着重从形式与内容两个方面阐明名究竟何以形成问题。因为这乃是"制名之枢要，不可不察也。"在荀子看来，就名的所指而言，它是人的感官和心对现实事物的真实反映，"然则何缘而以同异？曰：缘天官。凡同类、同情者，其天官之意物也同，故比方之疑似而通，是所以共其约名以相期也。"（《荀子·正名》）以此为根据，"知者制名以指实。"（《荀子·正名》）在具体的制名过程中，应遵循"同则同之，异则异之"的原则进行："物有同状而异所者，有异状而同所者,可别也。状同而为异所者,虽可合,谓之二实。状变而实无别而为异者,谓之化。有化而无别,谓之一实。此事之所以稽实定数也,此制名之枢要也。"由此做到"知异实者之异名也,故使异实者莫不异名也,不可乱也,犹使同实者莫不同名也。"(《荀子·正名》)而就名的能指而言,荀子认为这是人们在长期的实践和交流过程中约定俗成的,"名无固宜,约之以命,约定俗成谓之宜,异于约则谓之不宜。名无固实,约之以命实,约定俗成,谓之实名。"其目的在于,使人们能借此得以表达和交流思想。"彼正其名,当其辞,以务白其志义者也。彼名辞也者,志义之使也,足以相通,则舍之矣。苟之,奸也。故名足以指实,辞足以见极,则舍之矣。"(《荀子·正名》)名应是二者的统一。名的形式乃约定的结果,而一旦确立下来,其内容或所指则是明确的、确定的,不能主观任意变换,必须与事实相符合。"名闻而实喻,名之用也。累而成文,名之丽也。用、丽俱得,谓之知名。名也者,所以期累实也。辞也者,兼异实之名以论一意也。辩说也者,不异实名以喻动静之道也。期命也者,辨说之用也。辨说也者,心之象道也。"(《荀子·正名》)

以此为基点,荀子对概念的种类及其相互关系进行了详细的阐发。按照其构成形态,荀子将名分为"单名"与"兼名","单足喻则单,单不足以喻则兼。"(《荀子·正名》)而根据外延的大小,名又分为"共名"与"别名"。荀子认为,事物之间虽然千差万别,但同时又具有各种共性,根据共性加以归类,从而形成类概念,即"共名"。沿着这一方向逐层向上递进,最终形成最大的"共名"。"故万物虽众,有时而欲遍举之,故谓之物,物也者,大共名也。推而共之,共则有共,至于无共然后止。"而根据事物之间的差异,则可以形成"别名",不断分析,直到无别而止。"有时而欲偏举之,故谓之鸟兽,鸟兽也者,大别名也。推而别之,别则有别,至于无别然后止。"(《荀子·正名》)各种诡辩论和认识上的错误之所以发生,其具体原因往往就在于不能分清和明辨各种概念之间的逻辑层次差异及其相互关系,因而最终导致名与实的歧出乃至相互背离。

荀子的"正名"学说在中国古代逻辑思想史上具有重要的地位。它总结、继承并发展了包括墨家在内的先秦各家逻辑思想，对其后逻辑思想的演变有着深刻的影响，同时也极大地丰富和拓展了儒家文化的内涵。

第四节　人性论

在荀子整个哲学体系中，最令人注目且一直备受争议的，无疑是其人性论思想。与先秦时期其他各家关于人性的认识都迥然不同，荀子明确提出了所谓人性本恶的性恶论思想："人之性恶明矣，其善者伪也。"（《荀子·性恶》）

从《性恶》篇本身来看，毫无疑问，荀子的这一理论是针对孟子关于人性本善的论断而提出的。在该篇中，荀子明确地将孟子的性善论作为反面例证和目标，从事实与实际效应等层面进行了分析批判，并以此作为自己立论的重要依据。而从荀子整个哲学体系来看，荀子的性恶论则是其天人关系观和立足现实、注重"符验"的认识论及方法论贯彻到人性论上的必然结果，它们彼此之间有着内在的逻辑联系。因此，将荀子性恶论置于其哲学体系的整体之中加以考察，才能真正理解其实质、特征及其意义。

一、人性的内涵与特征

在荀子那里，所谓人性，指的是人作为自然生命与生俱来的本性，"生之所以然者谓之性。"（《荀子·正名》）按照廖名春的分析，所谓"生之所以然者谓之性"即"生之所以生者谓之性"，换言之，也即是"性者，生之所以生也"。这从语义角度清晰地揭示出，荀子的"性"与"生"的内在统一性。[1]　就其源泉而言，这种人生来具有之性，乃天之所赋。"凡性者，天之就也，不可学，不可事。"（《荀子·性恶》）它包括情与欲两个层面，"性

---

[1] 廖名春：《荀子新探》，台北：文津出版社，1994 年，第 98 页。

者，天之就也；情者，性之质也；欲者，情之应也。"（《荀子·正名》）也就是说，情乃性之实质，欲乃是性的发用和具体体现，因此荀子也将人性称为情性或人情。在现实生活中，它以各种本能欲望的形式体现出来，"饥而欲饱，寒而欲暖，劳而欲休，此人之情性也。"（《荀子·性恶》）荀子还根据人的五官感觉将人的情性更具体地解释为"五綦"，即五种感性欲求："夫人之情，目欲綦色，耳欲綦声，口欲綦味，鼻欲綦臭，心欲綦佚。此五綦者，人情之所不免也。"（《荀子·王霸》）而无论是情还是欲作为性之构成要素和体现形式也都源自于天，"欲不待可得，所受乎天也。"（《荀子·正名》）

与先秦时期其他哲学家特别是孟子的人性论相比，荀子对人性的认识有着迥然不同于其他学派的一系列特征：

荀子的人性概念的最重要特征在于其客观必然性。既然人的自然本性乃天之所赋，那么它作为天所造就的成果和天在人身上的一种体现，便具有自然性和客观必然性，不以人的意志为转移，"不可学、不可事"，人的一切能动活动都必须以承认、正视它的客观存在为前提或出发点。"以所欲为可得而求之，情之所必不免也。"（《荀子·王霸》）凡人都必然有欲，欲不仅不可能灭除，"虽尧、舜不能去民之欲利"（《荀子·大略》），而且也正是"欲"构成了人性的实际内容，甚至使人成其为人，"欲不可去，性之具也"，"有欲无欲，异类也。"（《荀子·正名》）

既然人性乃天之所赋，因此也必然是一切人普遍具有且完全相通的。在荀子那里，所谓普遍共通性包含两个层面的含义：一方面，是指人性本身的形式特征，即人性必然具有普遍性，它是人之所以为人的共同前提，是人所共有的类属性。"故千人万人之情，一人之情是也"（《荀子·不苟》）；"圣人者，以己度者也。故以人度人，以情度情，以类度类，以说度功，以道观尽，古今一度也。"（《荀子·非相》）这种普遍性不仅涵盖同一时间不同空间内的人，而且涵盖任何历史时空中的人。另一方面，是指内容的相同共通性。在人性的欲求方面，对于具体的个人来说，人与人之间可能有量的强弱、多少的区别，也可能各有侧重偏好，在先天素质、能力上也会参差不齐。但本质上其本性欲求乃是共有相通的，即使是圣人也不例外。"饥而欲饱，寒而欲暖，劳而欲息，好利而恶害，是人之所生而有也，是无待而然者也，是禹、桀之所同也。"(《荀子·非相》)圣人与涂之人乃至桀、纣在个人修养上有悬殊之别甚至背道而驰，以致最终成为不同的角色，而就其原始本性而言，则是完全相同的，并不存在差异。

对于每个人来说，所谓人性的客观必然性则意味着，它是生来现成具有的，"无待而然者也"，无须后天的学习。它非但不是人自身努力的结果，反而既是人的后天能动活动所要改造、完善的对象，又是这种能动活动能够得以展开和实现的条件和动力源泉，"故曰:性者，本始材朴也;伪者，文理隆盛也。无性则伪之无所加，无伪则性不能自美。"(《荀子·礼论》)

但人性虽然就其来源而言是既定的、现成的，但这并不意味着它将一成不变，而是具有开放性、可塑性。从消极的一面来看，随着人的生命历程的扩大，活动的拓展，所接触的对象日益丰富，因此人的欲求亦将不断增长。从这个意义上说，人的欲求是不可穷尽的，"人之情，食欲有刍豢，衣欲有文绣，行欲有舆马，又欲夫余财蓄积之富也;然而穷年累世不知(不)足，是人之情也。"(《荀子·荣辱》)就此而言，这意味着，它势必造成人的无穷欲望与有限物质条件之间的矛盾，从而导致无尽的纷争，因此必须以某种方式加以节制和制约。而从积极的一面来说，人的自然本性尽管必不可免，也并不完善，但完全能够经过后天的道德熏陶教化，对其加以改塑、美化，使之不断地趋向完善。

二、对人的本性欲求的正视与肯定

在充分肯定人的自然情性的客观必然性的背后，荀子究竟持有何种立场和态度，一直是学术界争论不休的问题。它不仅直接关系到对荀子人性论实质及其意义的认识与评价问题，而且关系到对其它诸多问题如礼义观的认识与评判。

对于这一问题,在《性恶》篇一开篇,荀子就似乎开宗明义给出了明确的回答:"今人之性,生而有好利焉,顺是,故争夺生而辞让亡焉;生而有疾恶焉,顺是,故残贼生而忠信亡焉;生而有耳目之欲,有好声色焉,顺是,故淫乱生而礼义文理亡焉。然则从人之性,顺人之情,必出于争夺,合于犯分乱理,而归于暴。故必将有师法之化,礼义之道,然后出于辞让,合于文理,而归于治。"很显然,在荀子看来,如果放纵人的自然情性,任其泛滥,势必会带来严重的危害,因此必须加以规范和制约。这一思想基本上贯穿于《荀子》全书之中,构成了荀子关于这一问题的基本立场与态度。这一点毋庸置疑。从这个意义上说,荀子的人性论被称为性恶论,不仅荀子本人有着明确的表述,而且也确实在特定的意义上代表着其基本态度。

同时,更应该看到的是,荀子对人的自然情性又有着充分的肯定乃至伸张。这一方面是指,在荀子关于人的自然本性乃源自至上之天的论断中,其实就蕴涵着人性不仅具有必然性,而且具有合理性与正当性的立场倾向;如果说这样的分析更多的属于哲学解释的话,那么另一方面,荀子在各种不同的场合关于人的自然欲求之合理性与正当性的具体而明确的阐发,则清楚地表达了他对人的自然本性的肯定态度。有学者根据荀子的这一立场倾向,将荀子的性恶论归为性朴论。这在一定程度上似乎更能揭示荀子人性论的深层含义。也有学者则据此进而认为《荀子》一书中的《性恶》篇疑为后人伪窜,此论则不免牵强,也与荀子的整体思想不符。

针对先秦诸子中各种否定人的欲求的合理性、主张尽可能节欲甚至根本禁绝欲望的片面错误的观点,荀子给予了尖锐的批判。对于宋子等人所提出的所谓欲望过多便会导致国家衰亡的论调,荀子针锋相对地驳斥道:"凡语治而待去欲者,无以道欲而困于有欲者也。凡语治而待寡欲者,无以节欲而困于多欲者也。有欲无欲,异类也,生死也,非治乱也。欲之多寡,异类也,情之数也,非治乱也。""心之所可中理,则欲虽多,奚伤于治!……故治乱在于心之所可,亡于情之所欲。不求之其所在而求之其所亡,虽曰我得之,失之矣。"(《荀子·正名》)在荀子看来,问题的关键不在于欲多欲寡、而在于处置是否有道,"今人所欲,无多;所恶,无寡。……故可道而从之,奚以益之而乱! 不可道而离之,奚以损之而治!"(《荀子·正名》)而陈仲、史䲡所谓的寡欲、禁欲或抑欲主张,其错误也皆在于此:"忍情性,綦谿利跂,苟以分异人为高,不足以合大众、明大分。"(《荀子·非十二子》)

在这一问题上,荀子的立场应该是两方面的统一。一方面,明确而充分地肯定人作为自然生命所具有的本性欲求的客观性、合理性乃至正当性,反之,"性伤谓之病。"(《荀子·正名》)从这个角度说,所谓人性恶,决非是说人性本身是恶(尽管荀子本人的表述确实具有这样的意味),其真正的含义是如果不加规范节制、任其泛滥,势必导致恶的结果。徐复观所提出的不能空泛地将荀子的人性论定为"性恶论",更不能闻"恶"便弃、不加深究的观点可谓透彻。另一方面,也反对完全放任人的感性欲望的泛滥,主张在理性("心")的指导下,通过礼义来规范、节制人的欲望,在满足正当欲望的基础上使人获得更健全的发展。"欲虽不可去,求可节也。所欲虽不可尽,求者犹近尽;欲虽不可去,所求不得,虑者欲节求也。道者,进则近尽,退则节求,天下莫之若也。"(《荀子·正名》)礼义的目的并不是禁绝人的情性或欲望,而是为了使所有的人的欲望得到更有效、更合理的实现,"以养人之欲,给人以求。"(《荀子·礼论》)

荀子认为,儒家学说的高明之处,就在于更全面地认识和评判人的自然情性,主张更合理地加以引导,旨在将义与利统一起来,共同得以实现。对整个社会来说,通过加以规范和引导,则会避免由于人的欲求无限,而满足欲求的物质条件有限,"物不能瞻"而可能导致的强者凌弱、众者欺寡现象,使每个人的自然欲求都能得到普遍的、长久的实现。这样,"故人一之于礼义,则两得之矣;一之于情性,则两丧之矣。"(《荀子·礼论》)对个人来说,如此不仅能保证其自身的欲求得到有效的满足,而且能防止人的异化,"为物所役",实现人自身的健全发展。因为人的情性终究不同于动物之本能,它必然伴随着人的精神体验。"故欲养其欲而纵其情，欲养其性而危其形，欲养其乐而攻其心，欲养其名而乱其行。如此者，虽封侯称君，其与夫盗无以异；乘轩戴冕，其与［夫民］无足无以异。夫是之谓以己为物役矣。"（《荀子·正名》）

自宋儒开始，人们常常将荀子的性恶论视为孟子性善论的对立面，将二者截然对峙。的确，在《荀子》一书中不难找到相应的文献依据。但如果不是只局限于《性恶》篇，不是孤立地抓住某个论断，不是只停留于文字表面，而是从整体上加以考察，就会领悟到荀子所谓"性恶论"的真正用意在于提示人们，应将人的实然的自然天性与后天的应然的价值追求明确区分开来；只有在充分正视人的实然的自然欲求的基础上，应然的价值追求才有其意义，也才能得到有效的贯彻落实。而孟子的性善论的立论根据则不在于经验、实然层面，而是着眼于人之应然的价值追求上，即人应当合乎此应然之性，才成其为人。张岱年对此有着精辟的辨析："孟子所谓性善，并非谓人生来的本能都是善的，乃是说人之所以为人的特殊要素即人之特性是善的。孟子认为人之所以异于禽兽者，在于生来即有仁义礼智之端，故人性是善。荀子主性恶，认为人之性是好利多欲的，性中并无礼义，一切善的行为都是后来勉强训练而成。""荀子所谓性，乃指生而完成的性质或行为，所以说是'天之就'，'生之所已然'，'不事而自然'。生来即完具、完全无待于练习的，方谓之性……生而不论有萌芽与否，待习而后完成者，都是伪。由此看来，荀子所谓性，与孟子所谓性，实截然两事。孟子言性，用端字用才字，具见萌芽可能之意；据荀子的界说讲……所谓端，当然也不能说是伪，但决不在性中。"①也就是说，荀子的性恶论与孟子的性善论之间的差异，在于双方的着眼点各不相同，导致其侧重点不同，但最终的归宿则是一致的。二者并不构成截然对立的两极，相反在很大程度上彼此之间还有着很强的互补性与内在相通性。

---

① 张岱年：《中国哲学大纲》，北京：中国社会科学出版社，1982 年，第 187—189 页。

第五节　礼义论

礼义论是荀子基于其人性论而提出的价值诉求，因而也是荀子整个哲学理论的最终归结。

一、礼的起源

荀子从其人性论出发，对礼的起源做了不同于前人的新的阐释：

> 礼起于何也？曰：人生而有欲，欲而不得，则不能无求。求而无度量分界，则不能不争。争则乱，乱则穷。先王恶其乱也，故制礼义以分之，以养人之欲，给人以求。使欲必不穷乎物，物必不屈于欲，两者相持而长，是礼之所起也。故礼者，养也。（《荀子·礼论》）

在这里，很显然荀子是从人自身的自然本性出发来诠释礼的起源问题：礼因欲而起，为欲所设，是人的欲望所求与物质的相对匮乏之间矛盾的产物。人的欲求无边无际，凡人无不普遍必然地具有，而用以满足欲求的资源总是有限的，人与人之间得以满足欲求的能力和条件也是相互差异的，因此必须通过设立一系列规则加以规范和调节。通过进行合理有序的分配，使人们的欲求得到有效的满足，否则，就会陷入无边的纷争之中，反而无法得到普遍满足。而所有这一切，归根到底皆是源自人必然具有的自然本性的欲求，正是它从必要性方面决定了人类社会何以必须用礼义加以指导和规范。

礼义之所以能够形成，也是源自人所特有的能动本性。人不仅具有一切生命所普遍具有的自然情性和欲望，还有心作为自己的指导和主宰。心既有辨别、判断能力，使人"有辨"、"能辨"，还有能动的自我制约能力，"心者，形之君也，而神明之主也，出令而无所受令。自禁也，自使也，自夺也，自取也，自行也，自止也。"（《荀子·解蔽》）"情然而心为之择谓之虑，心虑而能为之动谓之伪。"（《荀子·正名》）因而，使人"有生"、

"有知"，更"有义"，这是礼义之所以可能的动力源泉。所以荀子说"心也者，道之工宰也。道也者，治之经理也。"(《荀子·正名》)

而使作为价值规范的礼义真正确立起来并广泛施行的，则是"先王"或"君子"。他们以其卓越的智慧深刻地洞察出这一趋势，并以其崇高的德性和才能率先垂范，并大力推行，如此才使礼义大行于天下，深入于人心。"势位齐而欲恶同，物不能澹则必争，争则必乱，乱则穷矣。先王恶其乱也，故制礼义以分之。使有贫富贵贱之等足以相兼临者，是养天下之本也。""君子者，礼义之始也。"(《荀子·王制》)

综观《荀子》全书，其关于礼义起源的思想应该是这三个方面的统一。正是在这个意义上，荀子提出了"礼之三本"说："礼有三本：天地者，生之本也；先祖者，类之本也；君师者，治之本也。无天地，恶生？ 无先祖，恶出？ 无君师，恶治？ 三者偏亡，焉无安人。故礼，上事天，下事地，尊先祖而隆君师。是礼之三本也。"(《荀子·礼论》)这一论述，可谓是荀子关于礼义起源问题的最全面的阐述，是其关于礼义起源思想的最完整表达。它并不像有些学者所认为的那样，与荀子的自然本性起源说相矛盾，而是包含后者于其中。

二、礼义的实质

在论述礼义何以形成时，荀子便明确地揭示了其实质就在于"明分"，即在对人的名分及人与人之间的关系加以分辨的基础上，如何合理恰当地处理这些关系，进行地位秩序的安排和各种资源的分配。概言之，礼义乃是使每个人各得其所、皆得其宜，使社会和谐繁荣的"明分之道"。因为对群体性、社会性的人来说，"人之生，不能无群，群而无分则争，争则乱，乱则穷矣"。荀子详细总结、列举了无分所必然导致的各种危害："欲多而物寡，寡则必争矣……群而无分则争：穷者患也，争者祸也。救患除祸，则莫若明分使群矣。强胁弱也，知惧愚也，民下违上，少陵长，不以德为政：如是，则老弱有失养之忧，而壮者有分争之祸矣。事业所恶也，功利所好也，职业无分：如是，则人有树事之患，而有争功之祸矣。男女之合，夫妇之分，婚姻娉内，送逆无礼：如是，则人有失合之忧，而有争色之祸矣。故知者为之分也。"（《荀子·富国》）唯有"明分"，才是解决这一系列矛盾难题的唯一合理有效之道："故义以分则和，和则一，一则多力，多力则强，强则胜物，故宫室可得而居也。故序四时，裁万物，兼利天下，无它故焉，得之分义也。"（《荀子·王制》）"故无分者，人之大害也；有分者，天下之本利也。"（《荀子·富国》）

所谓"明分"，首先是指通过对人与人之间的分辨或区分而确立的亲疏、尊卑、贵贱、等级等的名分之分，"礼乐以成，贵贱有分"（《荀子·赋》），"故尚贤使能，等贵贱，分亲疏，序长幼，此先王之道也。……故仁者，仁此者也；义者，分此者也；节者，死生此者也；忠者，敦慎此者也。兼此而能之，备矣。"这样，"贵贱有等，则令行而不流；亲疏有分，则施行而不悖；长幼有序，则事业捷成而有所休。"（《荀子·君子》）

值得注意的是，在荀子那里所谓贵贱、尊卑的等级、名分之分既不是预定的，即每个人所属的等级、所具有的名分都不是生来拥有的，也不是一成不变的。对于已处高位的人，其地位也并不是固定不变的，必须是与其德性、能力以及贡献相对应的。对于不相称者应废上就下，而优异者可从下而上。"虽王公士大夫之子孙也，不能属于礼义，则归之庶人。虽庶人之子孙也，积文学，正身行，能属于礼义，则归之卿相士大夫。"（《荀子·王制》）这意味着，所谓尊贵的层次是向所有人敞开的。"我欲贱而贵，愚而智，贫而富，可乎？曰：其唯学乎？……上为圣人，下为士君子，孰禁我哉！"（《荀子·儒效》）这样说来，尊贵与卑贱乃是每个人后天造就的结果，而路径是向所有的人开放的。只要自身不断努力，"涂之人可以为禹。"（《荀子·性恶》）与孟子有所不同的是，在荀子那里，虽然每个人皆有此可能性，但实际上并非人人都能达到这一境界。

"明分"的另一重涵义则是指针对贫富之别、长幼之差、愚智、能不能、强弱（鳏寡）之殊等等，给予其不同的应有的对待。"故先王案为之制礼义以分之，使有贵贱之等、长幼之差、知贤愚能不能之分，皆使人载其事而各得其宜，然后使谷禄多少厚薄之称，是夫群居和一之道也。"（《荀子·荣辱》）

在荀子那里，作为一种普遍规范，无论是尊卑、贵贱、亲疏、等级之分，还是长幼、智愚、强弱等等之分，其实质内涵都在于在人与人之间划分、确定界限，以此为准则给予每个人以应有的对待。所谓分界，既是针对不同等级、不同的名分，在尊卑贵贱之间进行，也同样适用于同一等级的不同个体之间。尊卑贵贱不同，度量理当有别，但在彼此之间划立界限，则是针对所有的人。"礼者，贵贱有等，长幼有差，贫富轻重皆有称者也。"（《荀子·礼论》）一旦分定，就理应为整个社会共同遵守。每个人都必须"尊法敬分而无倾侧之心"（《荀子·君道》），"唯其当之为贵"（《荀子·不苟》），"当则可，不当则废"（《荀子·王霸》）。无论是卑贱者还是尊贵者，强者还是弱者，智者还是愚者，都不得逾越界限，相互侵犯，而应该"皆内省以谨于分"（《荀子·王霸》）。否则，都属于"犯分乱理"，如此才能有效地保证每个层次的人都能获得各自应有的利益。荀子这种关于礼在于"分界"的思想无疑是对儒家的礼的概念的重大发展，具有重要的理论与实践意义。

除此之外，所谓"礼在于明分"还兼有社会分工之义。"兼足天下之道在明分：掩地表亩，刺草殖谷，多粪肥田，是农夫众庶之事也；守时力民，进事长功，和齐百姓，使人不偷，是将率之事也；……若夫兼而覆之，兼而爱之，兼而制之，岁虽凶败水旱，使百姓无冻馁之患，则是圣君贤相之事也。"（《荀子·富国》）社会各行各业的分工都是"明分"的体现："农分田而耕，贾分货而贩，百工分事而勤，士大夫分职而听。"（《荀子·王霸》）在这里，"明分"已不仅仅是道德意义上的名分之别，不再只是伦理道德的范畴，而越出了亲疏之分的伦理疆界，具有了更广泛的涵义，成为一种政治、社会范畴。

三、礼义的宗旨与功能

荀子认为，礼义作为一种价值和规范，旨在指导、约束人们的行为，确立和维护社会秩序，调节利益分配，促进个人和社会的健全发展。这是礼义的宗旨与功能所在。

礼义首先是安邦治国的方略和指导原则。"礼者,治辨之极也,强国之本也,威行之道也,功名之总也。……王公由之,所以得天下也;不由,所以陨社稷也。"(《荀子·议兵》)在荀子看来,之所以说"礼义者,治之始也"(《荀子·王制》)、"礼义之谓治"(《荀子·不苟》),就在于一方面,通过合理的利益分配和恰当的社会分工促进人的群体合作,以增强人认识、改造自然的能力,促进社会的繁荣,"群道当,则万物皆得其宜,六畜皆得其长,群生皆得其命。"(《荀子·王制》)另一方面,以明分确立并保障社会秩序的稳定和和谐。君王的职责就是以礼义为指导,合理地分配各种资源,使人人得其所应得:"请问为人君? 曰:以礼分施,均遍而不偏。"(《荀子·君道》)只有以礼治国,才能长治久安,天下富足安宁,"隆礼贵义者,其国治",而反之,"简礼贱义者,其国乱。"(《荀子·议兵》)因为"职分而民不探,次定而序不乱。"(《荀子·君道》)所以荀子反复强调指出:"人无礼不生,事无礼不成,国家无礼不宁。"(《荀子·大略》)

对荀子来说,维护社会秩序、安邦治国并不是礼义的最终目标。圣人创设礼义的最终目的,乃是为了更好地促进人的发展:一方面,通过划分界限,合理、有效地满足人的欲求,使人的自然本性得以实现,即"养人之欲,给人以求"。就这一层面而言,养民之生乃为民德之至道,"以从俗为善,以货财为宝,以养生为己至道,是民德也。"(《荀子·儒效》)另一方面,在此基础上,通过礼义教化,使百姓与国家日益和谐完善,赢得长久、全面的发展:"彼固天下之大虑也,将为天下生民之属长虑顾后而保万世也,其流长矣,其蕴厚矣,其功盛遥远矣,非慎熟修为之君子,莫之能知也。"(《荀子·荣辱》)所以,"有分者,天下之本利也;而人君者,所以管分之枢要也。故美之者,是美天下之本也;安之者,是安天下之本也;贵之者,是贵天下之本也。"(《荀子·富国》)

对个人来说,礼义无疑是对人的行为的制约与规范,是人道德修为和自我完善的指导原则。人应该在这一价值引导下,自觉节制自己的欲望,恪守各自的界限,并通过自身的道德修养,不断完善自己的人格。而正如对国家社稷一样,既然礼义不只是抽象的伦理人格意义上的身份、等级、名分之分，而实质上更是一种利益分配的准则或方略；而且还基于对人的特殊差异如老幼、智愚、能不能、强弱等的区别，而使得这种分配还实际上向最不利者倾斜与补偿，"使有贫富、贵贱之等，足以相兼临者，是养天下之本也。"（《荀子·王制》）否则，"强者害弱而夺之，众者暴寡而哗之，天下之悖乱而相亡不待顷也。"（《荀子·性恶》）因此，其基本宗旨和功能也是保障和促进每个人更合理有效地实现自己的欲求和利益。在此基础上，所谓更高的目标即人的自我完善，才能逐渐得以实现。

在荀子看来，无论是对为政治国者来说还是对个人来说，问题的关键在于能否正确地认识到二者之间的内在统一关系，而不是将二者对立起来。为政者须懂得并做到先"生养"民众，再治人教人，而不能颠倒过来："君者何也？曰：能群也。能群也者，何也？曰善生养人者也，善班治人者也，善显设人者也，善藩饰人者也。善生养人者人亲之……不能生养人者，人不亲也。"（《荀子·君道》）对于个体来说，则应懂得先义后利，以义取利，才能赢得长久之利。浅陋之人往往只见眼前的利益，而不能看到问题的另一面，见利而忘义，结果两面皆失。"凡人之患，偏伤之也。见其可欲也，则不虑其可恶也者；见其可利也，则不虑其可害也者，是以动则必陷，为则必辱，是偏伤之患也。"（《荀子·不苟》）对理性的人来说，在眼前可欲之物与长远利益之间，无疑应该能动地选择后者，理性地控制、节制自己的欲望，"见其可欲也，则必前后虑其可恶也者；见其可利也，则必前后虑其可害也者；而兼权之，孰计之，然后定其欲恶取舍，如是则常不失陷矣。"（《荀子·不苟》）实际上，以义为先不仅令人尊崇，而且终将获得更大的利益。"先义而后利者荣，先利而后义者辱；荣者常通，辱者常穷；……材悫者常安利，荡悍者常危害；安利者常乐易，危害者常忧险；乐易者常寿长，忧险者常夭折。是安危利害之常体也。"（《荀子·荣辱》）由此荀子将礼义的宗旨与功能阐释为"故人莫贵乎生，莫乐乎安；所以养生安乐者，莫大乎礼义。人知贵生乐安而弃礼义，辟之是犹欲寿而刭颈也，愚莫大焉。"（《荀子·强国》）这可谓荀子对于这一问题的主旨所在。就其而言，在荀子那里这种义与利的统一并不完全像有些学者所认为的那样，是二者的平行并列式的一致①，而更多的是将礼义视为指导和保证人们求得真正长久安乐、实现更好的生存和发展的最恰当的工具和手段："吾所谓仁义者，大便之便也。"(《荀子·议兵》)这既是儒家之不同于墨家的重要区别所在，也是儒家的伟大之处："故儒者将使人两得之者也，墨者将使人两丧之者也，是儒墨之分也。"(《荀子·礼论》)康有为对荀子礼论的概括可谓精辟："礼论言，礼者，养也，最包括。宋儒只言得一节字，未知圣人养人之义。"②

四、向"法"的演化

在荀子那里，礼义既然被阐释为满足人的生存需求的手段和工具，其功能就在于调节人的无限的自然欲求与"物不能赡"之间的矛盾，对所有的人进行"度量分界"。这样一来，礼义便不仅仅是道德的范畴，而且成为一种分配及调节利益、规范整个现实社会各层面秩序的普遍准则和方式，成为一种政治、法律范畴。由此礼义越来越朝着外在化的方向延伸发展，外显、落实为规范、调节人的各种社会活动的具体行为规则。作为"分"之礼一旦固定下来，也就自然成为一切社会行为的规范。这样的礼实质上已逐渐向更具有普遍性与规范性的法转变。这是荀子礼义论发展的根本趋势，也构成其另一个重要特征，即开始打破前期儒家将礼与法分离开来乃至对立起来的模式，通过由礼向法的转化演变，逐渐将二者统一起来，"礼者，法之大分，类之纲纪也。"(《荀子·劝学》)也正因为如此，研究者们也往往将荀子的礼论描述为以法解礼。

由礼而法的重要标志之一是礼的彻底普遍化。荀子打破此前儒家关于"礼不下庶人"的限制，将其推广、普遍化为规范所有社会成员的准

---

① "荀子一方面以礼义法度明分使群来维系人的尊严，另一方面也正是人的性情欲望的积极作用。"见东方朔：《合理性之寻求：荀子思想研究论集》，台北：台湾大学出版中心，2011 年，第311 页。

② 康有为：《万木草堂口说》，载氏著《长兴学记·桂学答问·万木草堂口说》，北京：中华书局，1988 年版，第 191 页。

则，评判行为的共同尺度，因而也是治理国家的根本方略。它理应公平而公开，对于同一类的人与事一视同仁并一以贯之，而不因为政者的主观意志和具体情境不同或随意变更，如同以绳墨衡量曲直、以规矩获得方圆并依此而为一样，"故绳墨诚陈矣，则不可欺以曲直；衡诚县矣，则不可欺以轻重；规矩诚设矣，则不可欺以方圆；君子审于礼，则不可欺以诈伪。故绳者，直之至；衡者，平之至；规矩者，方圆之至；礼者，人道之极也。然而不法礼，不足礼，谓之无方之民；法礼，足礼，谓之有方之士。"（《荀子·礼论》）"非礼，是无法也。"（《荀子·修身》）所以，荀子既认为"法者，治之端也"（《荀子·君道》），又提出"礼义者，治之始"（《荀子·王制》）。因为，在他那里，礼已向法转化，并逐渐趋向一体化，"隆礼至法则国有常"（《荀子·君道》）。

由礼而法的另一个重要标志则是礼的逐渐外在化与客观化。在荀子那里，在现实生活中，礼的具体体现与贯彻，便是指导、判定人们行为的准则，是人们据以参照的指南。绳墨、规矩的另一个特征是外在有形，客观可行，"国无礼则不正。礼之所以正国也，譬之犹衡之于轻重也，犹绳墨之于曲直也，犹规矩之于方圆也，既错之而人莫之能诬也。"（《荀子·王霸》）在这个意义上，荀子将礼阐释为"礼者，表也。"（《荀子·天论》）

所谓由礼而法，并不意味着荀子最终将礼完全归于法，而是主张两者的统一而已，而统一的逻辑前提其实就已蕴涵着对彼此之间的差异的认识与肯定。这显然是荀子对法家思想的吸收，但这一吸收的结果，形成了荀子礼及礼治思想的又一重特点，使得荀子的礼治思想与孔子特别是孟子相比，情境性更少，而更具有制度的特性，"礼义生而制法度"（《荀子·性恶》），因而更有利于贯彻落实到现实中，使之具有可操作性，"张而可施行"。

有学者以荀子的由礼而法思想与韩非子思想之间的某些相似之处为据，佐之以荀子与韩非、李斯之间的师徒关系，认为荀子的由礼而法思想对后者有着直接而深刻的影响，乃是后者的内在渊源所在，甚至将荀子与法家归为一类，认为其上述思想开启了后来的"内儒外法"传统。当然,不容否认,荀子的由礼而法思想对韩非子应有一定程度的影响。但更应该指出的是,二者有着本质的不同。对荀子来说,礼法的直接目标是确立和维护社会的秩序,而其最终宗旨在于使每个社会成员都能由此获得应得的利益,使整个社会实现养生安乐的目的。而法家之法则是君主控制、主宰臣民以成就其个人功业的工具和手段。在荀子那里,主张以礼义教化为主,以刑罚为辅。作为儒家文化的弘扬者,荀子的旨趣是通过教育、引导尽可能地使人们自觉地遵循礼义,"行义以正,事业以成。"(《荀子·赋》)在礼与法之间,礼是治国之本,是法的基础或指导原则,在礼的基础上才可能产生法。作为一个具有强烈现实感的思想家,荀子也清醒地认识到总有"犯分乱理"的人与事存在,因此要维护社会的秩序,必须有法。但法本质上只是礼的延伸和补充,其作用更多的只是保证礼义能够在现实中得以有效地贯彻施行,所以告诫为政者必须以礼为主。而法家则相反,完全摒弃道德,而一味地强调以法治国,以至于将法奉为治国御民的万灵工具与法宝,其路径乃与儒家背道而驰。

第六节　荀子哲学思想的历史影响与地位

一、荀子哲学思想的历史影响

在中国思想史上,荀子的影响与地位经历了一个由盛到衰的转变过程。在汉代,荀子从理论与实践两个方面对汉儒和经学都有着深刻的影响。按照梁启超的考证,"汉兴,群经皆传自荀子,十四博士,大半属荀子之学。"[1]其中对《礼记》的影响尤为显著。梁启超通过对《荀子》刘向本与杨倞本及大小戴《礼记》文本的比对,认为应该是"《礼记》采《荀子》,不能谓《荀子》袭《礼记》"[2]。这一论断,基本上为学术界所认同。

---

[1] 梁启超:《读孟子界说》,载《饮冰室合集(1)·文集之三》,北京:中华书局,1989 年,第 21 页。
[2] 梁启超:《要籍解题及其读法》,载《饮冰室合集(9)·专集之七十二》,北京:中华书局,1989 年,第43 页。

此后一段时期，对荀子的关注相对较少，归于沉寂。直到唐代，始有杨倞注本。唐代以后，荀子又开始进入思想家们的视野。不过，随着时代的更替和潮流的演变，人们开始从不同的立场出发，对荀子及其哲学展开不同的解读，并随之有了迥然不同的评价。

儒家道统观念的首倡者韩愈首先将荀子排斥于儒家道统之外，"尧以是传之舜，舜以是传之禹，禹以是传之汤，汤以是传之文武周公，文武周公传之孔子，孔子传之孟轲。轲之死，不得其传焉。"（《原道》，《韩昌黎全集》卷十一）但对于荀子思想本身，韩愈的评判还算公正平和，认为荀子思想"大醇而小疵"。到了程颢、程颐那里，对荀子思想尤其是其"性恶论"便大加申斥："荀子极偏驳，只一句'性恶'，大本已失。"（《河南程氏遗书》卷十九）在他们看来，既然人性本恶，则无论是人自身的"养心"还是礼义都既失去了根本，也迷失了方向。荀子虽重礼义，但"以礼义为伪，性为不善，它自情性尚理会不得，怎生到得圣人？"（《河南程氏遗书》卷十八）朱熹对荀子的否定也主要集中在对其人性论的斥责上，更明确地指出荀子等人的人性论只是看到了人的气质之性，只看到人性中这种可能变恶的一面。"荀、扬、韩诸人虽是论性，其实只说得气。荀子只见得不好人底性，便说做恶。""荀、扬论气而不论性，故不明。既不论性，便却将此理来昏了。"（《朱子语类》卷四）由此出发，朱熹甚至颇有将荀子归于法家之势："荀卿则全是申、韩，观《成相》一篇可见。……然其要，卒归于明法制、执赏罚而已。"（《朱子语类》卷一百三十七）在理学家的心目中，荀子被视为"不醇之儒"，而被拒斥于儒家正统之外。

如果不停留于理学家们的语词表面，而深入探究其思想脉络，则会发现在批判的背后，二程与朱熹其实在一定程度上恰恰吸收、借鉴了荀子的思想，甚至在一些方面有所弘扬和发展。从程颐到朱熹的理学之迥然不同于心学的一个重要方面，即是方法论上被陆九渊所讥讽为"支离破碎"的重"分"的思想方法，而这很难说完全没有荀子的影响。更值得注意的是，二程也一反单纯强调人的天地之性的片面性，主张同时须正视人的气质之性的存在，应将二者统一起来，否则"论性不论气，不备；论气不论性，不明。"(《河南程氏遗书》卷六)沿着这一理路，朱熹进而指出，荀子只看到气质之性固然不明，而"孟子只论性，不论气"，同样"不全备"。不仅"论性不论气，这性说不尽；论气不论性，性之本领处又不透彻"，而且，"性只是理，然无那天气地质，则此理没安顿处"。(《朱子语类》卷四)基于这一认识，朱熹人性论力图将人性阐释为天命之性与气质之性的统一。这也正是朱熹对古代儒家人性论的重大完善和发展。而这一切，应该不乏荀子的启迪作用，尽管朱熹本人不曾明确承认这一点。

到明清之际，启蒙思想家转而重新认识荀子的哲学思想特别是其自然人性论思想，充分肯定其合理性与积极意义，针对宋儒的攻讦，为荀子正名、辩护。戴震可谓其中最突出的代表。戴震借鉴吸收荀子人性论的合理因素，以此为参考依据对孟子思想进行了改造，将两种人性论综合统一起来，同时也由此矫正了荀子将礼义与人的自然本性分离开来乃至对立起来的偏失："荀子知礼义为圣人之教，而不知礼义亦出于性；知礼义为明于其必然，而不知必然乃自然之极则，适以完其自然也。就孟子之书观之，明理义之为性，举仁义礼智以言性者，以为亦出于性之自然，人皆弗学而能，学以扩而充之耳。荀子之重学也，无于内而取于外；孟子之重学也，有于内而资于外。"(《孟子字义疏证·性》)

进入近代，思想家们则进一步认识到荀子哲学对于中国思想文化的深刻影响。按梁启超的说法，自秦汉以后，政治学术皆出于荀子。但从不同的基点出发，对荀子哲学思想的性质与意义则褒贬不一。康有为对荀子思想特别是其人性论更多的是持肯定态度，并多有借鉴和弘扬。章太炎更是大加推举，认为自孔子之后唯有荀子配称"后圣"。而与之相反，谭嗣同则对荀子予以尖锐激烈的抨击，认为"两千年之政，皆秦政也"，而其原因应该归咎于荀学的深刻影响，因为"两千年之学，皆荀学也。"

近些年来，随着认识的深化，荀子哲学思想日益成为学术界关注和研究的热点。人们从自宋儒以至当代新儒家对荀子所持有的传统偏见中摆脱出来，开始结合新出土文献，对荀子文本展开更深入的解读，重新审视其宗旨、本质特征以及理论意义，不仅逐步走出以往将孟荀对立起来的误区，更重要的是，越来越认识到荀子哲学思想对于儒家文化以及整个中国文化的积极意义，进而以更积极开放的态度诠释儒家文化。

在荀子丰富复杂的哲学体系中，其政治哲学尤为研究者所注重。研究表明，尽管在荀子哲学思想中不一定能找到可与现代民主政道直接对接的现成论述，但其面向现实、注重分析的实证主义的明分方法论、对人的肉身维度的重视以及与之对应的立足当前的自然人性论思想等等，与现代民主政道更具有内在相通之处。由此出发，将为儒家文化与现代价值的对话与融通提供一种全新的、更切实的可能路径，可以有效避免传统的孟王的心性儒学路径所必然面临的从内圣无法开出外王的难题。

二、荀子哲学思想地位

综观荀子的整个哲学体系，可以看出，荀子不仅在主观上自觉地试图克服前人和同时代各种哲学思想的片面性，以全面、整体的视域认识、评价和破解难题，力图达到对人与世界的更全面、更完整的认识，建立起更合理且更有现实效应的理论体系。而且事实上，通过博采众长，吸收包括此前儒家在内的各家思想的精华为我所用，荀子成功地建构起包括天人关系的本体论、认识论与方法论、逻辑学、人性论、礼义论等在内的完整的体系，在相当程度上实现了对此前儒家文化的综合与统一，从而将先秦儒家推向一个新的高度，代表着先秦儒家发展的最高水平，因此成为儒学思想史上的重要开拓者，尤其是现实主义儒家的典范。作为经学大师与传经之儒的代表，荀子对礼乐文化与学说有大的发明，是承前启后者；在社会治理上融摄礼、法，在历史观上以王道统摄霸道，在统一中国及其制度文明的理论设计方面起到了特别重大的作用。通过这种综合，荀子对其后儒家文化的发展格局产生了非常深刻的影响。在很大意义上，荀子也是整个先秦思想的集大成者，在社会学、政治学与政治哲学、人性论、道德哲学、修养论、教育学、知识论、逻辑学、生态环境伦理上都有全面的建树，极大丰富了儒学与中国哲学，堪称百科全书式的大学者，是中国文化史、学术史、哲学史与儒学史上贡献卓著、影响深远之大家。正因为荀子思想的内在张力很大，故在思想史上的各方面影响尤大。荀子同时开启了几道思想闸门、几个思想流派，在这方面，在其所处的时代显然无人能够企及。

长期以来，人们总是将荀子与孟子视为先秦儒家乃至整个儒家文化的两种截然不同的理路的代表，不仅将二者对峙起来，而且将孟子一系定为儒家文化之正统而大加推崇，相形之下，将荀子视为"不醇之儒"的代表而备加贬抑。从宋儒开始，直到当代新儒家，这一立场、倾向始终占据上风。

实质上，作为先秦儒家文化的集大成者，荀子的哲学理论体系堪称是最系统而全面的。它对孟子的思想既有批判，更有继承和吸收，因此，并不构成与孟子的相互对峙。将荀子与孟子简单地并列乃至对峙起来，既不合乎荀子本人的理论旨趣，也不完全符合荀子思想的实际。在孔子之后，孟子与荀子均继承了儒家的主要的思想内涵，孟荀之间同大于异，他们各自有所偏重，各有创建。荀子也有理想，但未导向理想主义，他的现实主义是对孟子理想主义的重要补充，对儒家外王学的拓展意义极大。在这当中，李泽厚的观点具有相当的代表性："荀与孔孟的共同点，其一脉相承处是更为基本和主要的。荀子可说上承孔孟，下接易庸，旁收诸子，开启汉儒，是中国思想史从先秦到汉代的一个关键……荀子实际都大体遵循了孔孟的路线……如果说，孟子对孔学的发扬主要在'内圣'，那么荀子则主要在'外王'（说'主要'，是因为孟也有'外王'的一面，而荀也有'内圣'的一面）。'外王'比'内圣'有更为充分的现实实践品格，也是更为基础的方面……在荀子所有的思想观念中，最重要最突出的便是上述这点：即追溯'礼'的起源及其服务于人群秩序的需要，从而认为人必须努力学习，自觉地用社会的规范法度来约束和改造自己，利用和支配自然。"[1]就其效应而言，则有学者指出，如果依旧基于这种将二者对峙起来的理路，而将荀子斥为儒家文化的异端，则既不利于对荀子

---

[1] 李泽厚：《中国古代思想史论》，北京：人民出版社，1985 年，第 106、115—116 页。

思想中诸多合理因素的发掘和弘扬，又会导致对儒家文化认识的片面化、狭隘化，最终人为地使儒家文化创造性转化的路径变得日趋狭窄。

毋庸否认，由于时代和思想方法的局限，荀子哲学理论体系中各个层面、问题之间相当普遍地存在着深刻的内在矛盾。他试图超越思孟学派，但并未真正成功地将其消化、融汇于自身之中。由于过分专注于其思想的"辨合符验"，追求"起而可设，张而可行"，荀子的整个思想最终客观上更呈现出一种经验化、功利化的趋向，无形之中淡化了对儒家价值之内在根源的拓展与深化。

牟宗三就认为，荀子将礼义归为人为，实质上丢掉了终极本源："自孔孟言，礼义法度皆由天出，即皆自性分中出，而气质人欲非所谓天也。自荀子言，礼义法度皆由人为，返而治诸天，气质人欲皆天也。彼所见于天者唯是此，故礼义法度无安顿处，只好归之于人为，此其不见本源也。"①如此一来，价值世界的终极根据旁落了。韦政通虽然从总体上不同意宋代理学家与现代新儒家对荀子思想的评价，但他也指出荀子的系统让人有点"上不在天，下不在田"的感觉，在这一点上他与现代新儒家相类似。"其言上不在天，是说他超越精神的缺失；其言下不在田，是说价值主体一面的黯淡。"②韦先生认为，荀子将"礼义之统"与"心的认知"相结合，在某种意义上遮蔽了道德主体，"隆礼义、知统类"成为纯粹外在性的行为，这就使其思想体系缺失了超越性的价值支点。

其实，在荀子那里，礼义并不完全只是人为的，最终也还是以天为其终极本源。牟宗三、韦政通的批评当然不是无的放失，但揭示出的只是其中一面而已。荀子之所以会遭到各种迥然不同甚至截然相反的评判，很大程度上正是由于综合统一的不完善而使其整个体系之中蕴涵着诸多内在矛盾。这也为后人提供了深刻的理论教训。

---

① 牟宗三：《名家与荀子》，台北：学生书局，1994年，第214页。
② 韦政通：《荀子与古代哲学》，台北：商务印书馆，1992年，第219页。

第十七章　法家商鞅、韩非的哲学

　　法家是主张法治的一个学派，《汉书·艺文志》列为"九流"之一。法家所谓法治，与今天民主社会的法治有质的不同。法家强调严刑峻法，以确保君主的统治地位与对社会的控制。"杀戮禁诛谓之法。"（《管子·心术上》）法乃君主统治的工具，其关键在执掌"刑（罚）赏二柄"。法家主张加强君主权力，实行以法为核心内容的统一制度。"不别亲疏，不殊贵贱，一断于法。"（《史记·太史公自序》）法家因主张法治作为治国安邦之策而与其他诸子学派区别开来。

　　法家的前驱有齐国的管仲、郑国的子产，他们相继实行法治，但他们的法治并未与礼治对立起来，而是法礼并施。法家的代表人物是李悝、吴起、商鞅、申不害、慎到与韩非。其中，商鞅重法，申不害重术，慎到重势，韩非集其大成。与儒、道、墨诸家比较，法家之成熟相对较晚；法家思想虽与诸家有明显的不同，但亦多受儒、道、墨、名诸家的影响。

　　法家极力推崇法治，"以法为本"（《韩非子·饰邪》），"以法为教"（《韩非子·五蠹》），对儒家主张的德治、仁义，以及墨家强调的"兼爱"、"非攻"等，均提出了批评。"不贵义而贵法"（《商君书·画策》），"夫严家无悍虏，而慈母有败子，吾以此知威势之可以禁暴，而德厚之不足以止乱也。夫圣人之治国，不恃人之为吾善也，而用其不得为非也！"（《韩非

710

子·显学》)法家之所以力主严刑峻法以治国，在于其对人性的认识与孔孟儒家几相左。法家认为人之本性在"自利"，"利之所在，民归之；名之所彰，士死之。"(《韩非子·外储说左上》)自利的本性普遍地体现在君臣、夫妇、父子等人际关系中，要使处处有自利之心的人最后统一在君国公利的旗帜下，就必须以法、术、势三者作保证，方可使其"不得为非也"。这里，法家不仅否定了儒家的德治，而且否弃了墨家的"尚贤"以及道德规范与文化教育的功能。同时，法家鼓吹耕战，使百姓"闻战而相贺也，起居饮食所歌谣者战也"(《商君书·赏刑》)，乃至军人以杀敌多而赐爵位，与墨家"非攻"的宗旨相悖。此外，法家积极有为地进行有利富国强兵的制度改革，谋求争霸诸侯之道，这是与道家"致虚"、"守静"、"无为而治"的政治主张迥异的。法家因以法作为群体社会的唯一规范，以法治作为治国安邦的根本方略而著名于世，法家以执掌"刑赏二柄"为推行法治的关键，以图用"严刑""重罚"，"使国安而暴乱不起"(《韩非子·奸劫弑臣》)。

其实，不少法家人物师出儒门或曾学于道家。吴起乃曾子学生，李悝为子夏后学，韩非为荀子之徒，慎到则"学黄老道德之术"(《史记·孟子荀卿列传》)。法家在思想上亦多受儒、道、墨、名诸家的影响。荀子思想以"性恶"说为中心，他的"化性起伪"与"隆礼"之说，皆在弥补人形上基础的缺失。政治上，荀子则兼顾礼法，主张王霸并举，"礼义者，治之始也"(《荀子·王制》)，"法者，治之端也"(《荀子·君道》)。他主张"隆礼尊贤而王，重法爱民而霸"(《荀子·强国》)。韩非的"人皆自利"说有源于荀子的"性恶"论，其对法治的倡导则将荀子的礼治忽略了。法家亦多受道家影响。慎到"学黄老道德之术"而"申、韩称之"，《史记》以老子与韩非同传，并称韩非思想"其归本于黄老"(《史记·老庄申韩列传》)。《韩非子》一书中《喻老》、《解老》、《主道》、《扬权》、《内储说》、《外储说》、《难三》、《六反》等篇多引《老子》文。名家主张"控名责实"(《论六家要旨》)，法家则将其与君国利益联系起来，形成"循名责实"、"因能授官"的刑名法术之学。同时，墨家的功利主义思想亦为法家所吸取，只是法家的功利唯在富国强兵，至于墨家的"天志"、"明鬼"等内容，则被法家抛弃。法家对百家学说的继承与吸取，均以农、战为根本，"博习辩智如孔、墨，孔、墨不耕耨，则国何得焉？修孝寡欲如曾、史，曾、史不战攻，则国何利焉？"(《韩非子·八说》)吴起又是著名的兵家人物，《吴子》被《汉书·艺文志》编入"兵权谋"类。商鞅也有精到的军事思想。

法家以法治国确有显著事功。李悝在魏，吴起在楚，商鞅在秦，申不害在韩，均先后进行过"变法"，并取得相当的成绩。韩非虽未力行其学说，但其思想则为秦始皇及其大臣们所实践。法家到韩非时，无论在思想上还是实践上均达到了前所未有的高峰。

法家亦随着秦王朝很快的覆灭而遭致人们的非议。汉初人们总结"秦所以亡天下"的原因，认为是由于严刑峻法。"事愈烦而天下愈乱，法愈滋而奸愈炽，兵马益设而敌人愈多，秦非不欲为治，然失之者乃举措暴众而用刑太极故也。"(《新语·无为》)史家则说："法家不别亲疏，不殊贵贱，一断于法，则亲亲尊尊之恩绝矣。可以行一时之计，而不可长用也。"(《论六家要旨》)又云：法家"无教化，去仁爱，专任刑法而欲以致治，至于残害至亲，伤恩薄厚"(《汉书·艺文志》)。这都是对法家任法而忽略德化教育等作用的法治主义的批评。董仲舒提出"罢黜百家，独尊儒术"的建议得到汉武帝的支持以后，法家的势力与社会影响逐渐衰弱。至汉始元六年(前81)召开的盐铁会议上，代表法家学派的御史大夫桑弘羊同儒生们的争辩最后宣告失败，至此，法家作为独立的学派便退出了思想舞台。

然而，法家的某些思想与法制措施却仍然被统治者所运用[1]，人们对法家亦未彻底否定，如"法家严而少恩，然其正君臣上下之分，不可改矣。"(《史记·太史公自序》)朱熹也说："明理后，便读申韩书亦有得。术至韩非《说难》，精密极矣。"(《朱子语类》)

---

[1] 据《汉书·元帝纪》载：元帝为太子时，曾向宣帝进谏说："陛下持刑太深，宜用儒生。"宣帝则曰："汉家自有制度，本以霸王道杂之，奈何纯任德教，用周政乎！且俗儒不达时宜，好是古非今，使人眩于名实，不知所学，何委任之？"

第一节　李悝、吴起、申不害、慎到及其思想

一、李　悝

李悝[①]，战国初政治家，法家的真正开创者。生于公元前 455 年，卒于前 395 年。曾任魏文侯（周贞定王二十三年，即前 446 年，至周安王六年，即前 396 年在位）相。尝以射之能中与否决讼狱，促使人皆学射，后因此而打败秦国（《韩非·内储说上》）。《史记》中《货殖列传》与《孟子荀卿列传》皆叙述到李悝"尽地力之教"，《汉书·食货志》对"尽地力之教"有较为详细的说明。李悝所谓"尽地力"的主要内容，是鼓励农民利用地力来从事生产，开辟耕地，减轻赋税以及执行"平籴法"等。由于年成不同，农业收入有丰歉之别，谷物价格涨落不定。李悝认为："籴甚贵伤民，甚贱伤农。民伤则离散，农伤则国贫，故甚贵与甚贱，其伤一也。善为国者，使民无伤而农益劝。"（《汉书·食货志》）为解决这个矛盾，他就采用"平籴法"。"大孰则上籴，三而舍一，中孰则籴二，下孰则籴一，使民适足，贾平则止。小饥则发小孰之所敛，中饥则发中孰之所敛，大饥则发大孰之所敛而粜之，故虽遇饥馑水旱，籴不贵而民不散，取有余以补不足也。"（《汉书·食货志》）"平籴法"在魏国推行后，国乃富强。

李悝认为："为国之道，食有劳而禄有功，使有能而赏必行，罚必当。"（《说苑·政理》）他主张以爵禄赏赐于国有功者，而非由无功的"淫民"享用，"夺淫民之禄，以来四方之士。其父有功而禄，其子无功而食之。出则乘车马，衣美裘，以为荣华；入则修竽琴钟石之声，而安其子女之乐，以乱乡曲之教。如此者，夺其禄以来四方之士，此之谓夺淫民也。"（同上）李悝的主张是削夺无功于国家的"世禄"以赏"有功"。刑罚产生的原因，

---

① 崔适《史记探源》谓李悝之异名为李克。《汉书·艺文志》儒家类有"李克七篇"，注云"子夏弟子，为魏文侯相"。郭沫若说："《古今人表》中把李悝与李克分为二人，那应该是班固的错误了。"（《十批判书》，北京：人民出版社，1954 年，第 277 页。）

在于制裁"奸邪淫佚"之行，"凡奸邪之心，饥寒而起，淫佚者久饥之诡也。雕文刻镂，害农事者也；锦绣纂组，伤女工者也。农事害则饥之本也，女工伤则寒之原也。饥寒并至而能不为奸邪者，未之有也。男女饰美以相矜，而能无淫佚者，未尝有也。故上不禁技巧则国贫民侈，国贫穷者为奸邪，而富足者为淫佚，则驱民而为邪也。民以为邪，因以法随诛之，不赦其罪，则是为民设陷也。"（《说苑·反质》）他将"奸邪"与"淫佚"、"饰美"、"技巧"相联系，因它们均妨害农业生产与国之富强，应在刑罚禁止之列。这里，已有法家重农主义与鄙视文智技巧的思想萌芽。

李悝的著作，《汉书·艺文志》著录有"《李子》三十二篇"，早佚。《晋书·刑法志》中有其所编《法经》目录，内容为《盗法》、《贼法》、《囚法》、《捕法》、《杂法》、《具法》等，并谓李悝"撰次诸国法"而成。秦汉法律，乃起自李悝。李悝实开中国成文法之先河。商鞅曾携《法经》入秦为官。

二、吴　起

吴起，战国中期兵家与法家的代表人物。吴起约生于周考王元年（前 440），卒于周安王二十一年（前 381），卫国左氏人。他一生在卫国约二十四年，在鲁国约七年，在魏国约二十六年，在楚国约三年，曾从学于曾参的门下，后自学兵书，深通韬略，历任鲁国的将军，魏国的大将、西河郡守，楚国的苑守、令尹等要职。

公元前 412 年，齐国进攻鲁国，吴起被任命为大将，率鲁军大败齐军，以弱胜强，威名四起。吴起立功之后，反遭猜忌，鲁穆公听信谗言，辞退了他。公元前 409 年，吴起到了实行变法的魏国，投奔李悝门下。李悝非常器重吴起，推荐给魏文侯。魏文侯任命吴起为大将。吴曾奉文侯命攻打秦国，夺取了秦国的五座城池，被任命为与秦、韩接壤的西河地区的军政长官。吴起治军有方，爱兵如子，与士卒同甘共苦，为人廉洁，取信于民。吴起在西河实行法治，进行改革，奖励垦殖，加强边防，使秦国不敢向东扩张。魏武侯继位后，吴起忠心耿耿辅佐武侯，曾创下了以五万魏兵打败五十万秦军的战绩。由于李悝的变法和吴起的改革及军威，魏国比以前强大多了。吴起在魏"与诸侯大战七十六,全胜六十四,余则钧解,辟土四面,拓地千里"(《吴子·图国》)。由于旧贵族公叔的谋害和武侯的不信任,吴起不得不逃往楚国。

公元前 384 年,吴起到楚后,楚悼王任命他为楚北部边境重地苑的守,第二年被任为令尹,主持国政,着手变法。吴起认为,楚国的贫弱,乃因"大臣太重,封君太众"。他主张集权,明法审令,对所封之贵族的子孙,三世而收爵禄;精简"无能"、"无用"之官吏,堵塞私门请托(《战国策·秦策》);命令旧贵族迁往边远地区开荒种地(《吕氏春秋·贵卒》);强调军队的畜养,并"破驰说之言从(纵)横者"。吴起的变法收到明显的效果。军事上"南平百越,北并陈蔡,却三晋,西伐秦"(《史记·孙子吴起列传》);政治上使诸侯感到威胁。但由于变法触及到贵族的利益而遭到反对,吴起以身殉法。悼王死后,楚国旧贵族立即射杀吴起于楚王尸上。

吴起以获信于鲁与令贵族迁居边远之地的行为对后来商鞅立木南门和迁议令者边城的变法措施有影响。吴起的兵制对魏国亦有相当影响。①

吴起的著作,《史记·孙子吴起列传》说:"世俗所称师旅,皆道《孙子》十三篇,吴起《兵法》,世多有,故弗论。"《汉书·艺文志·兵书略》权谋类有"《吴起》四十八篇"。《隋志》著录《吴起兵法》一卷,魏贾诩注。《唐志》有贾诩注《吴子兵法》一卷。《宋志》有吴起《吴子》三卷。唐代《群书治要》所引,即称此书为《吴子》。《群书治要》只引用了八段文字,文字编排与今所见不同,却提到四个篇名(《图国》、《论将》、《治兵》、《励士》)。南宋藏书家晁公武《郡斋读书志》和王应麟《困学纪闻》均记载所见《吴子》为六篇。晁公武所见各篇次序与今本同,唯两个篇名与今本略异。王应麟所见各篇篇次和篇名都与今本完全相同。今本六篇为《图国》、《料敌》、《治兵》、《论将》、《应变》、《励士》,分上下卷,各三篇。总之,《吴

---

① 据《战国策·魏策》记载:魏惠王时,大将公叔痤与韩起战于浍北,获胜。惠王曾赏田百万,公叔痤不敢接受。公叔曰:"夫使士卒不崩,直而不倚,挠拣而不辟者,此吴起余教也。"这时,吴起已经去世,魏惠王乃"索吴起之后,赐之田二十万"。

起兵法》在流传过程中大多佚失，后人通过辑佚的方法，重新整理、编排。今本《吴子》虽经过后人的辑佚、整理，但仍为战国前期吴起或门人所著，反映了吴起的思想，不属西汉中叶人或六朝人所伪托。

三、申不害

申不害，史称申子，战国中期法家。约生于周安王十七年（前 385），卒于周显王三十二年（前 337）。郑国京（今河南荥阳东南）人。因其同主刑名法术之学，历史上与战国末期法家韩非合称"申韩"。曾经任郑国小官。韩昭侯八年（前 355），任为相，"内修政教，外应诸侯十五年"（《史记·老庄申韩列传》）[1]，直至终年。

申不害著有《申子》，《史记·老庄申韩列传》称二篇，《汉书·艺文志》著录六篇。《史记》裴骃《集解》引刘向《别录》说，《申子》"今民间所有上下二篇，中书六篇皆合，二篇已备，过太史公所记也。"《隋书·经籍志》则说："梁有《申子》三卷"，新旧《唐书》皆著录"申子三卷"。该书到南宋时佚。关于《申子》的内容，《太平御览》卷二二一引刘向《别录》说："孝宣皇帝重申不害《君臣篇》。"司马贞《史记索隐》亦引《别录》说："申子学号曰刑名……合于六经也。宣帝好观其《君臣篇》。"《淮南子·太族》提到"申子之《三符》"，王充《论衡·效力》也说"韩用申不害，行其《三符》"。可知《君臣篇》与《三符》当属《申子》的内容。[2] 此外，《群书治要》中还保存了《申子·大体篇》，内容驳杂但相当完整。

申不害的法治思想要在言术，其核心内容在于解决君主如何控制与统御群臣的问题。他的这一思想"本于黄老"，乃所谓"刑名之学"。所谓"术"，就是"君设其本，臣操其末；君治其要，臣行其详"（《申子·大体》，《群书治要》引）。其基本内容就是"循名以责实"。当韩昭侯因"法度不

---

[1] "则申子相韩，前后当得十九年。史谓相韩十五年，亦误。"说见钱穆：《先秦诸子系年》，北京：中华书局，1985 年，第 238 页。

[2] 参见张岱年：《中国哲学史史料学》，北京：生活·读书·新知三联书店，1982 年，第 62 页。

易行"而向申不害征求意见时，申子说："法者见功而与赏，因能而授官。"（《韩非子·外储说左上》）术专为控制与驾御群臣，使其各尽其能，忠于君主。但臣下往往为了升迁，难免矫饰阿谀，投君主之所好。在这种情况下，君主所操之术，乃为人人不可知之秘术。即君主要将自己的意图、目的，乃至知识深藏起来，使其不得为臣下所窥测。他说："上明见，人备之；其不明见，人惑之。其知见，人饰之；不知见，人匿之。其无欲见，人司之；其有欲见，人饵之。故曰：吾无从知之，惟无为可以规之。"（《韩非子·外储说右上》）君主要将自己的韬略与胸臆完全隐藏起来，不露丝毫形迹，乃至达到"无为"之境。这样，臣下就弄不清君主的意图，只能为君主无为而治的秘术所操持。所以，君主任术无为，使臣下不得"蔽君之明，塞君之听，夺之政而专其令"（《申子·大体》，《群书治要》引），方能达到君主之"独视"、"独听"、"独断"（《韩非子·外储说右上》）与"尊君卑臣，崇上抑下"（刘向《别录》）而为"天下王"的目的。申子还说："明君治国，而（能）晦晦，而（能）行行，而（能）止止，三寸之机运而天下定，方寸之基正而天下治。故一言正而天下定，一言倚而天下靡。"（《全上古三代文》卷四）这种"运于方寸之机"却又"窜端匿迹"的权术乃是微妙神秘的君人南面之术。

君主治国有术。术，亦可谓"数"。术的功能作用在督察群臣的职分。具体地说就是："因任而授官，循名而责实，操杀生之柄，课群臣之能。"（《韩非子·定法》）役使群臣，只能靠术或数，而不是"信"。他说："失之数而求之信，则疑矣。"（《韩非子·难三》）至于法，申不害也在一定程度上予以注意："尧之治也，盖明法审令而已。圣君任法而不任智，任数而不任说。黄帝之治天下，置法而不变，使民安乐其法也。"（《全上古三代文》卷四）但较之所强调的术来，法的地位并不高。韩非批评申不害，只任术却忽略了法的重要地位。韩非说："申不害不擅其法，不一其宪令，则奸多。故利在故法前令则道之，利在新法后令则道之，利在故新相反，前后相悖，则申不害虽十使昭侯用术，而奸臣犹有所谲其辞矣。故托万乘之劲韩，七十年而不至于霸王者，虽用术于上，法不勤饰于官之患也。"(《韩非子·定法》)术的操持已使法不成为法了。申不害乃是从道家向法家转化的过渡性人物。韩非书中多引其言论。

四、慎　到

慎到,战国时代法家代表人物。约生于公元前 395 年,约卒于前 315年,赵国人。齐宣王、湣王时曾游学于齐国稷下学宫,与邹衍、田骈、接子、环渊、彭蒙、宋钘、尹文等同列稷下先生,受上大夫之禄。"为开第康庄之衢,高门大屋,尊宠之。览天下诸侯宾客,言齐能致天下贤士也。"(《史记·孟子荀卿列传》)稷下多宗黄老道家,慎到受其影响熏陶。《荀子·非十二子》与《庄子·天下》将其与田骈合论,《汉书·艺文志》将其归于法家类,并注云:慎子"名到,先申韩,申韩称之"。好尚议论,不任官职,不喜触及政治改革实际,为法家理论家。曾是楚襄王为太子时的老师,又任韩国大夫。慎到属由道家转法家类人物。

慎到著有《慎子》。《史记·孟子荀卿列传》说,慎到"著十二论"。《汉书·艺文志》著录《慎子》四十二篇,《隋书·经籍志》与《唐书·经籍志》著录《慎子》十卷。唐《群书治要》存《因循》、《民杂》、《知忠》、《德立》、《君人》、《君臣》等七篇,首篇逸其篇名(《说郛》作《威德》)。宋《崇文总目》作三十七篇,已不存。明万历五年《子汇》本,流传下来五篇,为《威德》、《因循》、《民杂》、《德立》、《君人》。明末慎懋赏校定本分内外两篇,未知所本。清严可均辑本,除见存之五篇外,又从《群书治要》中写出《知忠》、《君臣》二篇,其《威德》多出二百五十余字,远胜旧本。钱熙祚辑本据唐宋类书补正原文,并附逸文。

慎子思想,出于黄老。"大旨欲因物理之当然,各定一法而守之。不求于法之外,亦不宽于法之中,则上下相安,可以清静而治。"(《四库全书总目提要》)其思想核心在"趣物"。所趣之"物",乃自然之物势。他说:"治水者,茨防决塞,虽在夷狄,相似如一,学之于水,不学之于禹也。"因此,主张"守成理,因自然"(《慎子·逸文》)。此"因自然"即所谓"齐万物以为首","趣物而不两","于物无择,与之俱往"(《庄子·天下》)。慎到强调自然之物势，在于他认为人心之不可信任，"祸福生乎道法，而不出乎爱恶"（《慎子·逸文》）。法之出，即在依乎其人心的不可信。"因也者，因人之情也。人莫不自为也……故用人之自为，不用人之为我，则莫不可得而用矣。此之谓因。"（《慎子·因循》）因，即依乎自然之物势（人之自为）而不依于人心（欲人之为我）。所以，"趣物"在于"决然无主"，"不顾于虑，不谋于知"，"无己无知"，才能"块不失道"（《庄子·天下》）。完全消解主观性，任物之自然，此乃可谓"道"，割断人与道之联系则不可谓知"道"。

从人的愿望看，每个人都希望赏多而罚轻，如果没有一个明确的赏罚标准，仅凭君主各人的意愿，则必然产生怨恨。慎子说："君人者，舍法而以身治，则诛赏予夺从君心出。然则受赏者虽当，望多无穷；受罚者虽当，望轻无已。君舍法以裁轻重，则同功殊赏，同罪殊罚矣，怨之所由生也。"（《慎子·君人》）因此，慎子坚决主张用"法"来管理社会，即使是用不完备的法来管理社会，也比没有法而仅凭个人意志来管理社会好。"法虽不善，犹愈于无法，所以一人心也。"（《慎子·威德》）用"法"治国，其目的在于以公开的赏罚准则来减少人际摩擦，促使君臣上下之间的关系更加和睦。"是以分马之用策，分田之用钩，非以策钩为过于人智，所以去私塞怨也。故曰大君任法而弗躬，则事断于法，法之所加各以分，蒙赏罚而无望于君，是以怨不生而上下和矣。"（《慎子·君人》）慎子形象地说出明确各人之所属及标准、规范的重要："一兔走，百人追之；积兔于市，过而不顾，非不欲兔，分定不可争也。"（《百子全书》之三《慎子》附录）又说："有权衡者，不可欺以轻重；有尺寸者，不可差以长短；有法度者，不可巧以诈伪。"（同上）十分重视法度的重要性。

慎到认为，君主治国依靠权势，他说："故腾蛇游雾，飞龙乘云，云罢雾霁，与蚯蚓同，则失其所乘也。故贤而屈于不肖者，权轻也；不肖而服于贤者，位尊也。尧为匹夫，不能使其邻家；至南面而王，则令行禁止。由此观之，贤不足以服不肖，而势位足以屈贤矣。故无名而断者，权重也；弩弱而矰高者，乘于风也；身不肖而令行者，得助于众也。"（《慎子·

君人》)是否能"令行禁止"、"无名而断",关键在地位高低与权势的轻重。尧为匹夫不能治三人,而桀为天子却能乱天下,足证君主势位之足恃,而贤智之不足慕也。

慎到言势,但同时也注意到"公正"、"职分"与"法"等等方面。他说:"权衡,所以立公正也;书契,所以立公信也;度量,所以立公审也;法制礼籍,所以立公义也。凡立公,所以弃私也。明君动事分功必由惠,定赏分财必由法,行德制中必由礼。故欲不得干时,爱不得犯法,贵不得逾亲,禄不得逾位,士不得兼官,工不得兼事,以能受事,以事受利。"(《慎子·威德》)慎到所谓"公正"、"公信"、"公审"、"公义"其实就是他所主张的"成理",其作用在于杜绝私心,以平天下人怨忿。由是,其国乃治。

对于慎到之学说,荀子批评说:"尚法而无法,下修(据王念孙,"下修"当作"不循")而好作,上则取听于上,下则取从于俗。终日言成文典,反纠察之,则偶然无所归宿,不可以经国定分。"(《荀子·非十二子》)认为慎子虽尚法而无所取法,不遵循古人,喜自作聪明,在上就取信于君王,在下就取于世俗,把每天的言论作为法典,其实脱离实际,无所归依,不足以治理国家,确定名分。荀子又批评慎子"蔽于法而不知贤"(《荀子·解蔽》),"有见于后,无见于先"(《荀子·天论》)。后来,韩非继承了慎到的势治说,但对其任势而"无所归宿"的方面进行了改造,转慎到自然之势为人为之势。

第二节　商鞅及其历史观与治世论

一、商鞅其人与其书

商鞅,战国时著名政治改革家,思想家,法家代表人物。约生于公元前 390 年,卒于前 338 年。姓公孙,名鞅,出身卫国贵族家庭,史称公孙鞅或卫鞅。后被秦国赐封商邑(今陕西商县东南),又称商鞅。他曾从学于尸佼(约前 390—约前 330 年,晋或鲁国人),与其探讨政治改革,受其

"非先王之法，不循孔子之术"（《孙卿子叙录》）思想的影响。此外，还学"刑名之学"并研究李悝的《法经》。卫国乃魏之藩国，商鞅一度做过魏相公叔痤家臣，公叔临终前，曾向魏惠王推荐商鞅，但未被接受。秦孝公元年（前361），他带着李悝《法经》到了秦国，由景监引见给孝公，陈述其变法主张，受到重视。秦孝公六年，被任命为左庶长，掌管军政大权。他与大夫甘尼、杜挚辩论变法，主张"治世不一道，便国不法古"（《史记·商君列传》），力主进行改革。颁布新令前，商鞅恐人不信，乃立三丈之木于国都南门，募有能搬运到北门的人，赏十金。人皆怀疑。他又说能搬运者赏五十金。有人做了，他当下令赏其五十金，以明新法之不欺。后来，太子犯法，商鞅说："法之不行，自上犯之。"（《史记·商君列传》）乃处罚太子老师公子虔、公孙贾。孝公十年，商鞅升为大良造，继续实行变法。商鞅平生在秦国两次变法（第一次为前356年，第二次为前350年），主要内容包括：废除贵族世袭制，按实际军功授爵位；废除井田制，允许土地自由买卖；取消奴隶主的经济特权，一律收取租税；奖励耕战，有"军功"可"受上爵"，努力耕织狄"粟帛多者复其身"；家有二男丁者须分家，否则加倍收税；推行县制，"集小都乡邑聚为县"；受李悝《法经》影响，实行"什伍"制与"连坐法"，以加强国家的统治。（具见《史记·商君列传》）

商鞅变法，"行之十年，秦民大悦，道不拾遗，山无盗贼，家给人足，民勇于公战，怯于私斗，乡邑大治。"（《史记·商君列传》）但变法同时也触及到贵族利益而留下隐患。孝公二十二年，商鞅受封商邑（《史记·秦本纪》）。赵良曾劝商鞅积"五羖大夫"之德，但未被接受。孝公二十四年，孝公卒，惠王即位。公子虔等人告商鞅欲反，遂遭追杀，后被车裂尸身并殃及全家。

商鞅之言论与著作被其后学编为《商君书》。《汉书·艺文志》著录"《商君》二十九篇"，现存二十四篇，第十六《刑约》与第二十一《御盗》两篇有目录而无内容。《隋书·经籍志》称"《商君书》"，新旧《唐书》均著录"《商君书》五卷"。宋代《通志·艺文略》与《郡斋读书志》均称"今亡三篇"，《直斋书录解题》说亡佚一篇。这个本子可能是较完整者。唐《群书治要》卷三十六引有《六法》一篇文字，约一百五十字，今本无。《汉书·艺文志》兵权谋家类著录"《公孙鞅》二十七篇"，早佚。

二、边利尽归于兵，市利尽归于农

商鞅初见秦孝公时，说以帝王之道，孝公并不中意，装睡不听。后陈述其称霸天下强国之术，于是获得孝公的赏识，并任之变法。因此，商鞅变法的根本目的在于国家的富强。与国家富强密切相关的则是耕战或农战。商鞅说："国之所以兴者，农战也。"（《商君书·农战》）国家富强才能称霸天下，而欲国家富强，只能调动农民与士兵的积极性，注重发展社会生产力和军事、政治力量。他鼓励农战，"边利尽归于兵，市利尽归于农"（《商君书·内外》）。"利出于地，则民尽力；名出于战，则民致死。入使民尽力，则草不荒；出使民致死，则胜敌。胜敌而草不荒，富强之功，可坐而致也。"（《商君书·算地》）他极力宣扬战争，主张利禄官爵皆博出于兵，使百姓"闻战而相贺也，起居饮食所歌谣者战也。"（《商君书·赏刑》）在实际的改革变法活动中，商鞅正是这样实行的。如废除贵族世袭制度，按现实军功授爵位；"开阡陌封疆"，允许土地自由买卖；努力从事耕织，获得较多粮食布匹者，可"复其身"即免除各种徭役等等，就是鼓励耕战的具体措施。

相反，对于那些从事其它行业，与国家富强并无直接关系，甚至影响国家法令之推行的人，商鞅则主张采取禁抑的态度。他反对学者，主要原因在于学者的存在影响社会风气，不利于统治。"农战之民千人，而有诗书辩慧者一人焉，千人者皆怠于农战矣。"（《商君书·农战》）同时，他也禁止士大夫对知识的追求。因为士大夫不事农业，常为"博闻、辩慧、游居之事"，使农民"闻变见方"，造成"知农离其故事"、"愚农好学问"。商鞅说："不作而食，不战而荣，无爵而尊，无禄而富，无官而长"的人是"五奸"。又称"曰礼乐；曰诗书；曰修善，曰孝弟；曰诚信，曰贞廉；曰仁义；曰非兵，曰羞战"的人为"六虱"（《商君书·靳令》）。为增加农民的数量，他主张"除奸去虱"，并且"教孝公……燔诗、书而明法令"（《韩非子·

和氏》）。商鞅宣扬使"愚农无知,不好学问",以免农者寡而游食者众。而且,他认为从事商业、手工业活动的人皆在逃避农战,亦应给予裁抑。

三、重罚轻赏,居官守法

商鞅明确主张"法治"。"明君不可须臾忘于法。"(《商君书·弱民》)"一任于法",统一法令"为治之本也"(《商君书·定分》)。"法者,君臣之所共操也。"(《商君书·修权》)法的推行与实施,要在赏罚。在赏罚问题上,他重罚轻赏。"重罚轻赏,则上爱民,民死上;重赏轻罚,则上不爱民,民不死上。兴国行罚,民利且畏;行赏,民利且爱。国无力而行知巧者必亡。怯民使以刑必勇,勇民使以赏则死。怯民勇,勇民死,国无敌者强,强必王。"(《商君书·去强》)并且,商鞅主张"重刑而连其罪"。在变法实践中,他提倡实行连坐法,编户制,五家为伍,十家为什,互相连坐告奸,告奸者赏,不告者斩。商鞅认为,君主治国,首在制其民。要战胜强敌,必先胜其民。民乃本,制民,就必须重法。"故善治者塞(遏)民以法"(《商君书·画策》)。商鞅对其主法重罚有自己的解释,他以为主法在"以法去法",重罚在"以刑去刑"。他说:"行罚:重其轻者……轻者不至,重者不来,此谓以刑去刑,刑去事成;罪重刑轻,刑至事生,此谓以刑致刑,其国必削。"(《商君书·靳令》)实行重罚重刑,乃在去罚去刑。

商鞅主张法治,不仅将军事、经济、风俗制度等纳入法治的轨道,而且视君臣、平民贵族皆在法治之列。太子犯法,商鞅说"法之不行,自上犯之",但当时确实难以罚太子,商鞅便刑太子傅公子虔,黥太子师公孙贾。他主张统治者"居官而守法"(《商君书·更法》)。

四、治世不一道,便国不法古

商鞅的变法有其历史观作为理论依据。他认为,礼法制度并非是历史沿袭下来的。"三代不同礼而王,五霸不同法而霸。"(《商君书·更法》)"前世不同教,何古之法? 帝王不相复,何礼之循? 伏羲、神农教而不诛,黄帝、尧、舜诛而不怒,及至文、武,各当时而立法,因事而制礼。礼法以时而定，制令各顺其宜。兵甲器备，各便其用。臣故曰：治世不一道，便国不必法古。汤、武之王也，不（修）古而兴。殷、夏之灭也，不易礼而亡。"（同上）普通人安于旧习，不思变法，乃不足以与言事，不足以与论变。他不仅提出"不法古"，而且还主张"不修今"，即不要维持现状。因为，他认为社会人事是不断改变的，在改变了的社会现实及其时代面前，效法古代必落后，维持现状则跟不上新时代的要求，社会人事的改变是变法治世的根据。君主要"因世而为之治，度俗而为之法"；"法不察民之情而立之，则不成"（《商君书·壹言》）。世俗之民情乃法的依据。商鞅认为，社会历史的变法是有定数的，他称之为"理"，所谓"必然之理，必为之时势"（《商君书·画策》）。人应该认识这些"必然之理"而治理天下。"知必然之理，必为之时势，故为必治之政，战必勇之民，行必听之令，是以兵出而无敌，令行而天下服从。"（同上）

商鞅认为，社会历史变化经过了上世、中世，到下世，"三世"蝉联而来，但各自的情况却并不相同。"上世亲亲而爱私，中世上贤而说仁，下世贵贵而尊官。"（《商君书·开塞》）"上世"，古代社会可谓"昊英之世"，此时，人们"伐木杀兽，人民少而木、兽多"。"中世"，"神农之世"，人们"男耕而食，妇织而衣"。这两世均为"刑政不用而治，甲兵不起而王"。但"下世"即黄帝时代则大不一样，"故黄帝作为君臣上下之义，父子兄弟之礼，夫妇妃匹之合，内行刀锯，外用甲兵。"（《商君书·画策》）世事变化如此，君主治世之道便不一，这就是"世事变而行道异"（《商君书·开塞》）的原则。君主治世，必须适应变化的形势。

商鞅之治秦，"其国富而兵强"（《韩非子·定法》），为秦王政统一中国奠定了基础。① 商鞅的变法与思想在战国时代便有广泛的影响，"今境内之民皆言治，藏商、管之法者家有之。"（《韩非子·五蠹》）他所主张的法治、农战政策与"治世不一道，便国不必法古"的基本思想，后来均为韩

---

① 贾谊《过秦论》说：商鞅"内立法度，务耕织，修守战之备；外连衡而斗诸侯"。《战国策·秦策》谓：商鞅变法使"秦无敌于天下"。

非所继承。韩非成为将法家推向高潮的重要人物。但商鞅严刑峻法也多遭后人诟病。韩非肯定其法治及其现实成就，但指出商鞅"无术以知奸，则以其富强也资人臣而已矣。"（《韩非子·定法》）太史公说："商君，其天资刻薄人也……少恩矣。"（《史记·商君列传》）或说商鞅"弃道而用权，废德而任力，峭法盛刑，以虐戾为俗，欺旧交以为功，刑公族以立威，无恩于百姓，无信于诸侯。人与之为怨，家与之为仇。虽以获功见封，犹食毒肉愉饱而罹其咎也。"（《盐铁论·非鞅》）"商鞅之法亡秦。"（《淮南子·泰族》）商鞅之法治，亦被称为"法律万能"主义（《诸子集成·商君评传》）。

诸葛亮与王安石等人则对商鞅作了肯定。谓"商鞅长于理法"[①]，"今人未可非商鞅，商鞅能令政必行"[②]。章太炎将商鞅与后世酷吏作了区分，认为二者不可混为一谈，"商鞅之中于谗诽也二千年"，应予以申辩。[③]

关于商鞅著作的校注整理与研究，近人高亨《商君书注译》、蒋礼鸿《商君书锥指》（均中华书局出版）及郑良树《商鞅及其学派》（上海古籍出版社出版）等，都值得参考。

第三节　韩非以"法"为中心的思想

韩非（约前280—前233年），出身于韩国贵族，与李斯同师事荀卿，才华出众，口讷，不擅辞令，而擅长著书。韩非好刑名之学，亦多受黄老思想影响。他年轻时，韩国国势弱小，屡败于秦国，割地损兵。为此，他曾数次上书韩王谏以法治国，均未被采纳。他不顾商鞅推行法治终而以身殉法的历史教训，坚持倡导"立法术，设度数"的"利民萌便众庶之道"（《韩非子·问田》，下引《韩非子》只注篇名），著有阐明自己法治理想的著作。韩安王五年（前234），韩非到了秦国，但他并未受到重用。后来，

---

①《诸葛亮集·论诸子》，北京：中华书局，1974年，第47页。
②《王文公文集·商鞅》，上海：上海人民出版社，1974年，第777页。
③《章太炎政论集·商鞅》，北京：中华书局，1977年，第68—69页。

李斯等进谗，秦王政下令将韩非治罪，李斯派人用毒药逼韩非自杀。

韩非的著作被后人编成《韩非子》一书，其中也有他人所增添的内容。今本《韩非子》有五十五篇。《史记·韩非列传》说韩非"作《孤愤》、《五蠹》、《内外储》、《说林》、《说难》，十余万言"，所提篇名，今书中均有，当属可靠。

韩非的法治思想集中体现在他所提出的一套完整的以"法"为中心，"法""术""势"相结合的君主集权思想中。

一、"法""术""势"的结合

韩非对"法"给出了自己的界定。他说：

> 法者，宪令著于官府，刑罚必于民心，赏存乎慎法，而罚加乎奸令者也。（《定法》）

> 法者，编著之图籍，设之于官府，而布之于百姓者也。（《难三》）

韩非认为，法是臣民所必须共同遵守的行为规范与准则。法具有这样几个特点：强制性与权威性（"刑罚必于民心"），普遍性与客观性（"设之于官府，而布之于百姓"），稳定性与公开性（"编著之图籍"，"布之于百姓"）。韩非继承并发展了商鞅关于法治的思想，将法置于群体社会唯一的行为规范与标准的位置上，提出"以法为教"、"以吏为师"（《五蠹》）的思想，以与儒家（以文乱法）、墨家（以武犯禁）相对抗。他循着商鞅"法之不行，自上犯之"（《史记·商君列传》），"居官而守法"（《商君书·更法》）的思路，提出"刑过不避大臣，赏善不遗匹夫"（《有度》）的司法平等思想。为了君主的长久的利益，他甚至认为，即使君主，亦"不得背法而专制"（《南面》），而应该"明于公私之分，明法制，去私恩"（《饰邪》）。他批评申不害的失误就在其"不擅其法，不一其宪令"，故"奸多"（《定法》）。

势，指君主所处之势位，或君主所掌握的统治权力。韩非认为，治国者必须依凭其君主之势位，运用自己手中的权力，才能禁众抑下。相反，圣人虽德若尧舜，行若伯夷，若不处君主之位，也断不能正三家（见《功名》）。他认为治国不能凭德与贤。君主不能将其势位与权力牢牢控制在自己手里，就是"势乱"。与慎到只谈"与物无择，与之俱往"（《庄子·天下》）的物理"自然之势"不同，韩非认为还有"人之所得"的人为之"势"（《难势》），他突出了人对于势的主体地位。韩非认为，君主权力的主要内容在赏罚二柄、生杀大权，赏罚生杀大权是断不可旁落的，"夫赏罚之为道，利器也。君固握之，不可以示人"（《内储说上》）。因为，君主失掉一分权，臣下就可能滥用此权做出百倍的行动。"权势不可以借人，上失其一，臣以为百。"（《内储说下》）

术，是君主所掌握的驾御群臣百官的秘术、权术。韩非说：

术者，藏之于胸中，以偶众端，而潜御群臣者也。（《难三》）

术者，因任而授官，循名而责实，操杀生之柄，课群臣之能者也，此人主之所执也。（《定法》）

术乃藏于君主胸中，不以示人，但能驾御群臣。此为臣下所不可知而为君主所独掌的、无为而无不为的君人南面之术。术的作用在察督群臣之是非功过，审合形名，杜绝失职擅权的行为。术虽专以御臣，但实际上是调节君臣关系的权术。依韩非的看法，人各自利，君臣利益必然是相互冲突的。"臣利立"则不免"主利灭"。君主要善于利用群臣各自不同的利益来控制他们，使其不得不为君国尽力，此即所谓"使人不得不为我之道"。君主不喜形于色，胸有城府但不显露于外。"明主之行制也天，其用人也鬼，天则不非，鬼则不困。"（《八经》）君无术，便不可能统率百官，不能觉察奸臣。商鞅之不足正在他"无术以知奸"（《定法》）。

二、以"法"为中心

韩非认为，法、术、势三者各有其特殊的职能。法用以裁抑群体社会的全体成员，术则专用以控制驾御群臣，势则保证法术二者的正常运作与君国公利不被侵害。所谓"君无术则弊于上，臣无法则乱于下"（《定法》）；"抱法处势则治，背法去势则乱"（《难势》）。韩非认为，三者又是相互促进的。法的规范群体社会的功能，有赖于君势的力量强制与治术方法的运用。君势的牢固与威权，是法之令行禁止的前提。韩非之法治思想立足于君主之不必贤不必智，其强调法术二者，正在于弥补这一缺失。相反，君主有势无法，高居法上，难免滥用权力而使统治权力失去其规范性，最终会失去其君势。君主无术，势必大权旁落，奸臣当道，君势之威权亦将不固，法亦难以真正运作。最后，权术之参验监督功能，一方面固然要以法为其最高规范，另一方面又要以君主之威势作为其坚强后盾。如此，才可能知人善任，使"赏不加于无功，而诛必行于有罪"（《奸劫弑臣》）。韩非认为，君主权术的操持运用，如"因任授官"、"循名责实"之类，并非出于无章可循的私心自度，而应以法为准绳。

> 人主虽使人，必以度量准之，以刑名参之，以事遇于法则行，不遇于法则止；功当其言则赏，不当则诛。以刑名收臣，以度量准下，此不可释也。（《难二》）

按这里所说，君主操持权术也要依循法度；然而，君主在大权独揽、要弄权术时，则抛弃了法度，其术往往变为神秘不可测的独断的心机权谋。

法、势、术三者间，法是中心。"圣人之治也，审于法禁。"（《六反》）韩非的设想，君主的威权与治术的操持运用，皆在法的规范下进行，势与术是推行法治的两条基本轨道。问题是，"法出于君"，君主无条件地代表着法的理想与国家公利，但君主同时又不必贤、不必智，这样的君主将以何法治民，又以何术御群臣呢？这是一个假言判断，但韩非则将之当作一个实然判断。法的理想与君主之不必贤、不必智两者间且有矛盾，君主利益与国家公利又未必完全一致。这些，都是韩非法治思想本身未解的结。于此，君主任势与术而独裁，视臣民为其工具就不可避免了。

韩非法治思想的理论根据在其人性论。韩非认为，人皆自利，如动物一样趋利避害。荀子曾提出人性恶，认为人之为善是后天的，主张"化性起伪"。韩非则认为人的心性俱恶，这样也就堵死了"化性起伪"的德化教育之路。他认为，君主用法实际就是利用人之爱利恶害来驾御人。

第四节　韩非"世异则事异"的历史观

韩非继承和发展了前期法家的历史进化观点，认为历史是不断变化的，肯定历史发展的阶段性。

一、世异则事异

韩非描述历史的演变过程，认为历史经历了上古（有巢氏、燧人氏）、中古（尧、舜、鲧、禹）、近古（夏、商、周三代）以至当今之世（战国）几个阶段。他说：

> 上古之世，人民少而禽兽众，人民不胜禽兽虫蛇；有圣人作，构木为巢以避群害，而民悦之，使王天下，号之曰"有巢氏"。民食果蓏蚌蛤，腥臊恶臭，而伤害腹胃，民多疾病；有圣人作，钻燧取火，以化腥臊，而民悦之，使王天下，号之曰"燧人氏"。中古之世，天下大水，而鲧、禹决渎。近古之世，桀纣暴乱，而汤武征伐。今有构木钻燧于夏后氏之世者，必为鲧、禹笑矣；有决渎于殷周之世者，必为汤、武笑矣。然则今有美尧、舜、禹、汤、武之道于当今之世者，必为新圣笑矣。是以圣人不期修古，不法常可，论世之事，因为之备。（《五蠹》）

时代是变化的，人们面临的物质生活环境各不相同，这就是所谓"世异则事异"。物质生活条件的变化使人们解决问题的方式也不同，这就是"事异则备变"。他认为，物质条件古今不同，故君主治国并无古律可循，亦无常法可遵。因此，他反对把社会历史看作是一成不变的，讽刺儒家赞美尧、舜、禹、汤、武的政治。"欲以先王之政，治当世之民，皆守株之类也。"（《五蠹》）他认为，在一定物质条件的基础上解决人们生存的主要问题是不同的，因而有了时代的差异。人类不可能用旧办法解决新问题，因而他反对"守株待兔"。

二、富国强兵,讲求实效

韩非还认为,历史变化的方向因物质条件的不同表现出这种趋势:"上古竞于道德,中世逐于智谋,当今争于气力。"(《五蠹》)他以为这是历史演变的规律,他所倡导的法治,将"争于气力"的蛮强世界纳入法的规范范围之内。

韩非以君主之利作为一切行为善恶的判断标准。依韩非的观点,君主利益与国家利益是一致的。国家的公利唯在君主生命的安危与富国强兵。与富国强兵有直接关系的是农战。韩非发展了法家特别是商鞅"重本抑末"的重农思想。所谓"本"即农业,"末"为其它行业。韩非唯重实利实效的功利思想使他极力鼓吹农战,而裁抑贬斥儒侠。儒家"学者"、纵横家"言谈者"、墨家"带剑者"、"文学之士"、"工商之民",被他称为"五蠹",与商鞅称之为"六虱"的传统诗书之士一样,均在被摈除之列。他认为,学者一类人的言行,不仅不利于国家之富强,而且直接有害于法令的权威性与政令的顺利推行,它使"言无定术,行无常议"(《显学》)。"五蠹"与"六虱"皆为"无用"之人。"博习辩智如孔、墨,孔、墨不耕耨,则国何得焉? 修孝寡欲如曾、史,曾、史不战攻,则国何利焉?"(《八说》)供养这样的人可谓是"所用非所养,所养非所用"(《史记·老子韩非列传》)。"明主举事实,去无用,不道仁义者故,不听学者之言。"(《显学》)一切治国的措施,如法、赏赐、功名,只因对国家有实效而设。"立法,非所以备曾、史也,所以使庸主能止盗跖也。"(《守道》)"赏必出乎公利,名必在乎为上。"(《八经》)

既是出于法治的理想,同时也是务求功利之"实",韩非极力反对儒家的德治,主张"不道仁义"。他认为,仁义礼智并不足治国。"今世皆曰:尊主安国者必以仁义智能,而不知卑主危国者之必以仁义智能也。故有道之主,远仁义,去智能,服之以法。"(《说疑》)"严家无悍虏,而慈母有败子,吾以此知威势之可以禁暴,而德厚之不足以止乱也。"(《显学》)

韩非将君国的现实眼前功利视为唯一的价值标准,视法为群体社会的唯一行为规范，并以此要求全体社会成员步调一致，去实现君主的治国理想——国富兵强。这样，臣民的存在价值被完全忽视，只是君主治国的工具。韩非显然已将法治推向极端，企图以法代替人类生活、群体社会与个体人的其他的或长远的价值、利益、意义，使之成为唯一的强制性规范。韩非的功利主义、工具主义，是服从于他治国的基本目的的。

第五节　韩非的道、理观与参验论

韩非通过诠释《老子》，进一步论述了"道"与"理"的关系。在他看来，"道"是万物的所以然，是根据，而"理"是事物的性质、条理。

一、"道"乃万理之所稽

韩非在"天人"之辨上继承了《管子》与荀子的朴素唯物主义的路线。他说："若地若天，孰疏孰亲；能象天地，是谓圣人。"（《扬权》）但他过分强调"随自然"、"因自然"、"因事之理则不劳而成"（《外储说》）等，比起荀子来，辩证法思想则少了一些。

韩非在《解老》中说："缘道理以从事者，无不能成。"他对"道"与"理"及其关系的诠释，接近于我们今天所谓普遍规律与特殊规律及其关系的理解。

> 道者，万物之所然也，万理之所稽也。理者，成物之文也；道者，万物之所以成也。故曰："道，理之者也。"物有理，不可以相薄；物有理不可以相薄，故理之为物之制，万物各异理；各异理而道尽。稽万物之理，故不得不化；不得不化，故无常操；无常操，是以死生气禀焉，万智斟酌焉，万事废兴焉。（《解老》）

如果说万物根据的"道"接近于普遍规律的话，那么，物中有的"理"则接近于特殊规律。首先是"物有理"，不是"理有物"或"先理后物"；其次是物与理，此物与彼理，不可错杂地相侵入（"不可以相薄"，薄即迫）；

再次是有条不紊的理是万物的法度（"理之为物之制"）；再次是重申万物有自身不同的理（"万物各异理"）；最后是"道"总合（"尽稽"）万物之理，无时不在变化之中。"道"统摄天地万物所有的变化。在韩非这里，"道"一方面有老子所说的无往不在的形而上的超越性，更有其形而下的具体表现。"道无常操"指"道"不是僵硬的，它反映、总揽人自身、自然、社会历史永远不断的运动变化，随时间、条件的推移，总是与具体事物的规律相适应的。所以，"道"是自然界万物生死变化的总原因，社会中万事所由兴废的总原则，也是人类吸取智慧的总源泉。

韩非指出："道者……以为近乎，游乎四极；以为远乎，常在吾侧；以为暗乎，其光昭昭；以为明乎，其物冥冥；而功成天地，和化雷霆，宇内之物，恃之以成。"（《解老》）显然，"道"仍是世界的本原、根据，无所不在，生成万物，高于"理"。"理"是每一个别的或一类的事物存在的理由、特殊的属性与规律，使此物与彼物、此类物与彼类物相区别开来。在韩非看来，"理"是对事物属性的比较、归纳：

> 凡物之有形者易裁也，易割也。何以论之？有形则有短长，有短长则有小大，有小大则有方圆，有方圆则有坚脆，有坚脆则有轻重，有轻重则有白黑。短长、大小、方圆、坚脆、轻重、白黑之谓理。（《解老》）

在这里，虽然前一半文字的推理不够周延，但最后一句无疑是正确的，"理"是对事物规定性的抽绎。他又指出："欲成方圆而随其规矩，则万事之功形矣。而万物莫不有规矩。"（《解老》）要办好事，一定要把握事与物的规矩与标准。

二、事物的"定理"

韩非的认识论是由物（事）到理，由理至道的。他说："凡理者，方圆、短长、粗靡、坚脆之分也。故理定而后物可得道也。"（《解老》）一方面，方圆、短长、粗靡、坚脆等是分别性的"理"，透过这些分别性的"理"，人们逐渐可以接近、认识、理解整一的"道"；另一方面，"道"就在分别性的"理"之中。韩非指出，"道"所以能认识，是通过事物性质、规律等"定理"的抽绎：

> 故定理有存亡，有死生，有盛衰。夫物之一存一亡，乍死乍生，初盛而后衰者，不可谓常。唯夫与天地之剖判也俱生，至天地之消散也不死不衰者谓常。而常者，无攸易，无定理。无定理，非在于常，是以不可道也。圣人观其玄虚，用其周行，强字之曰"道"，然而可论，故曰："道之可道，非常道也。"（《解老》）

> 道不同于万物，德不同于阴阳，衡不同于轻重，绳不同于出入，和不同于燥湿，君不同于群臣……道无双，故曰一。（《扬权》）

每一事物有其确定性，如方圆、短长、粗靡、坚脆、阴阳、轻重等，是事物的具体规定，即"定理"。事物有发生、发展的过程，处在生灭变化之中，"定理"反映这一过程。韩非讲"定理"，不仅有见于对立面的区分，还有见于对立面的转化，他肯定存亡、生死、盛衰、张驰、冬日之闭冻与春夏之繁茂等对立面的联系与转化，这里面就有"定理"。"道"超越于"定理"，表现了这些"定理"的统一性。事物永恒的变化则是不变的"常道"，是不改易的。"与天地之剖判也俱生，至天地之消散也不死不衰者"，当然是"道"，这是存在于宇宙、万事万物及其变化之中的普遍规律。在一定意义上，理与道，即变与常的关系。韩非认为，这个"常道"又有无定理、不可言说的一面。

尽管《管子》、慎到、商鞅、荀子都讨论过"道"与"理"及其关系，但只是到了韩非，才从哲学层面上较全面地讨论了二者的关系，尤其是重点阐释了"理"范畴，在我国认识论史上有独特的贡献。

三、"参验"论

韩非继承荀子的思想，肯定人有与生俱来的感觉、思维的器官和能力，即聪明睿智的"天明"（目）、"天聪"（耳）、"天智"（心）。

1. 肯定人有认识能力

在认识论上，韩非肯定人有认识、思维能力，也肯定认识与思考产生于人的感官与客观事物相接触、相作用的过程：

> 聪明睿智，天也；动静思虑，人也。人也者，乘于天明以视，寄于天聪以听，托于天智以思虑。故视强，则目不明；听甚，则耳不聪；思虑过度，则智识乱。目不明，则不能决黑白之分；耳不聪，则不能别清浊之声；智识乱，则不能审得失之地。目不能决黑白之色则谓之盲，耳不能别清浊之声则谓之聋，心不能审得失之地则谓之狂。盲则不能避昼日之险，聋则不能知雷霆之害，狂则不能免人间法令之祸。（《解老》）

人运用感官与思维能力与外界接触，产生了动静思虑等认识活动，人可以用心与耳目来视听思虑，"决黑白之分"、"别清浊之声"、"审得失之地"。在这里，韩非一方面承认"黑白"、"清浊"、"得失"是客观存在，另一方面也肯定了人作为认识主体有"决"、"别"、"审"等感觉与思维的能力。他还说："夫能自全者也而尽随于万物之理者，必且有天生。天生也者，生心也。故天下之道尽之生也。"（《解老》）这就是说，人天生的"心"是具有认识能力的。人虽然有认识的器官，但器官必须要能有所作用才行。此外，韩非在发挥老子思想时，也特别告诫人们，对目、耳、心之视、听、思虑能力，不应过度耗费，否则适得其反。在"治人"上"适动静之节，省思虑之费"；在"事天"上，"不极聪明之力，不尽智识之任。苟极尽，则费神多；费神多，则盲聋悖狂之祸至，是以啬之。啬之者，爱其精神，啬其智识也。"（《解老》）这即是说，人使用认识能力也是"事天"，人要爱惜，又不能过度膨胀自己的认识能力，自逞其才、自炫其智，夸大人的感官与理性思维作用，在"治人""事天"上也会引起盲聋悖狂之祸。人的认识能力也是有其限制的，韩非同意老子的思想，主张"爱精神而贵虚静"（《解老》），这在人与自然、人与社会的关系调节上是有意义的。

但韩非不同意老子所说的"不出于户，可以知天下；不窥于牖，可以知天道。"(《老子》第四十七章)，也反对"前识"，即先入为主的主观臆测。他说："先物行、先理动之谓前识。前识者，无缘而忘（妄）意度也。"(《解老》)先于对事物的感觉经验（先物行），或先于事物具体规律（先理动）的臆断就是"前识"。

2."因参验而审言辞"

韩非在认识论与方法论上主张"参验"。他说：

> 夫视锻锡而察青黄，区冶不能以必剑；水击鹄雁，陆断驹马，则臧获不疑钝利。发齿吻〔察〕形容，伯乐不能以必马；授车就驾而观其末途，则臧获不疑驽良。观容服，听辞言，仲尼不能以必士；试之官职，课其功伐，则庸人不疑于愚智。故明主之吏，宰相必起于州部，猛将必发于卒伍。(《显学》)

这是说，仅凭剑的成分、颜色，名匠欧冶子也不能判明此剑是否锋利；通过水击鸿雁、陆斩驹马，最低智力的人也能判断其利钝。仅从马的毛、齿、形状，伯乐也未必能判断马的驽良，而套车就驾，实地考察，任何人都可以作出准确判断。同样，仅从外貌与言辞，孔子也未必能看出一个人是否智士，通过任职，考察其实绩、功效，庸人也能判断其愚智。韩非重视官员的实际锻炼与经验。

"参验"即主张遵循名实相符的原则，以参考验证来判断是非真伪的经验方法。"循名实而定是非，因参验而审言辞。"(《奸劫弑臣》)其所谓"参"，乃"偶众端以参观"，即将不同的事象放在一起加以分类、比较、鉴别，以免片面性。其所谓"验"，则是要看一种思想是否有实际的效用，"听其言必责其用，观其行必求其功。"(《六反》)

与"参验"相关的是"参伍之道"。韩非说："参伍之道，行参以谋多，揆伍以责失。"(《八经》)"不察参伍之政，不明度量，恃尽聪明，劳智虑，而以知奸，不亦无术乎？"(《难三》)这仍然是反对主观主义的。而且，"参验"方法可作为君主御臣的方法，以防奸邪之人。"听言不参则权分乎奸，智力不用则君穷乎臣。"(《八经》)"无参验而必之者，愚也。"(《显学》)

"参验"是贯彻法治的一种方式。他强调:"夫缘道理以从事者无不能成"(《解老》);"守成理,因自然","视规矩,举绳墨"(《大体》)。这就有尊重规律的意思。

3. "矛盾"说的形式化表征

韩非首次使用"矛盾"这一名词,他讲了一个有名的寓言:

> 楚人有鬻盾与矛者。誉之曰:"吾盾之坚,物莫能陷也。"又誉其矛曰:"吾矛之利,于物无不陷也。"或曰:"以子之矛陷子之盾,何如?"其人弗能应也。夫不可陷之盾与无不陷之矛,不可同世而立,今尧舜之不可两誉,矛盾之说也。(《难一》)

韩非的"以子之矛攻(陷)子之盾"为揭露逻辑的矛盾提供了普遍适用的方法。韩非所理解的矛盾,主要关涉形式逻辑问题。形式逻辑认为,在同一思维过程中,两个互相反对或者相互矛盾的判断是不相容的,它们不能同时为真,其中至少有一个是假的。这是形式逻辑的矛盾律所确认的。韩非正确地指出了卖盾与矛者的两个判断的互不相容的性质,对形式逻辑作了确切的表述。

形式逻辑作为认识的工具,其基本特征之一,是强调知识的确定性。这种确定性就包括它提供的知识不会自相矛盾、前后不一。惟有如此,知识才是可以成立的。然而,知识虽然讲求确定性,知识的对象却永远处于变动之中,这本身就是矛盾的。战国中期一批思想家就是借知识对象的变动不居性,对知识的可靠性提出怀疑。韩非的倾向,是以知识的确定性去排除存在界的变动不居性,如他说:"凡物不并盛,阴阳是也。"(《解老》)这是说,天地阴阳,以至世间万物,都只能是非此即彼、势不两立的。显然韩非以知识的确定性要求来否定存在界变化的正当性,不仅是片面的,也是与其变化史观不相容的。

韩非将矛盾思想运用于法治中,主张"不相容之事不两立"(《五蠹》),"言无二贵,法不两适"(《问辩》),从而排斥德治,只主张法治。可见,韩非的"矛盾"还不是辩证法的概念,他注重对立面的不可调和性,把矛盾双方的对立绝对化了。

知识虽然讲求确定性，但是许多超越性的价值追求恰恰是借消解知识及其确定性而得以为人们所接受的。韩非尤其不懂得超越追求对于社会与人生的意义。他只承认能够带来现实功利的知识为惟一可靠的知识，此外的其他知识或追求都必须斥逐。荀子有文化一统、文化专制的思想倾向，韩非则变本加厉，指出"夫冰炭不同器而久，寒暑不兼时而至，杂反之学不两立而治。今兼听杂学缪行同异之辞，安得无乱乎?"（《显学》）他把儒墨等各家各派之学一概斥之为"愚诬之学、杂反之辞"，主张"破其群以散其党"，"禁其欲，灭其迹"（《诡使》），一律严加取缔。

韩非在总结先辈法家人物的法治思想与政治实践的基础上，提出了以法为中心，法、术、势三者相结合的法治理论。他的思想虽是法家思想发展的逻辑必然，但其中也有其前辈思想中所未曾有的新内容。同时，韩非在总结法家思想与实践时，并没有脱离先秦"百家争鸣"的学术环境，而是对道、儒、墨、名诸家思想均有所采撷，并最终服务于其法治主义的基本立场。韩非思想不仅独立于"百家"中有其历史地位，而且也是对"百家"的一种补充与纠偏。

韩非具有"世异则事异"、"事异则备变"的变动与进化的历史观。他在自然观与认识论上也深化了此前的"道论"与"理观"，阐释了"道"与"理"之关系，提出了"定理"说与"参验"论。这些方面他都有巨大的理论贡献。但他过分强调了斗争，根本摒弃了人道（仁爱）原则，把对立面之间的相互排斥看成是绝对分明的和固定不变的，陷入独断论。

韩非虽在秦国被害，但其学说则为秦国所用。秦国应用商鞅、韩非等人的理论统一了当时的中国，建立了中国历史上第一个强大的中央集权的专制国家。自汉代大一统的国家确立以来，韩非就不断遭到人们的批评。司马迁认为，韩非法家之学"严而少恩"，"可以行一时之计，而不可长用。"（《史记·太史公自序》）班固谓其"无教化，去仁爱，专任刑法，而欲以致治，至于残害至亲，伤恩薄厚。"（《汉书·艺文志》）《淮南子》的作者批评其本末倒置，"重法而弃义"，王充则批评韩非禁儒而专任暴力的思想。韩非法治思想中的某些内容，如尊君卑臣、大权独揽、执柄处势、严刑峻法、以法为教、以吏为师等，长期以来为统治者所运用。他片面强调法治，完全否定德教，认为暴力决定一切，君主凭权势操生杀之柄统治人民，这些理论特别适合于封建专制君主，其局限性是显而易见的。另一方面，历史上一些立志改革的政治家也受到商鞅、韩非等法家变革思想的影响。

第十八章　战国阴阳家的思想

在春秋以前，阴阳说与五行说基本上是独立发展的，至春秋战国则有合流之势，并成为我国先秦时的一种朴素的宇宙论。再后来则发展至邹衍而有"五德始终说"，成为一种历史政治哲学。顺这一条线索而下的学者被称为阴阳家。关于阴阳家思想，学术界已有很多研究，如民国学者集结于《古史辨》第五册的讨论；近四十年来，因为大量简帛文献的出土，使得这一课题的研究更加丰富，弥补了《古史辨》中所收论文仅诉诸传世文本的不足。近年来篇幅较大的专著或博士学位论文有孙开泰的《邹衍与阴阳五行》、井上聪的《先秦阴阳五行》、彭华的《阴阳五行研究（先秦篇）》、臧明的《五德始终说的形成与演变——从邹衍到董仲舒、刘向》等。兹依各类子题与时间先后而作一简要回顾。

（一）关于阴阳五行观念的来源，相关研究大致经历了三个阶段，即20世纪二三十年代的诉诸文本，四五十年代以来的再诉诸甲骨文，以及近四十年来的进一步诉诸出土简帛文献。

第一，民国时，梁启超最先写出《阴阳五行说之来历》一文，然后一石激起千层浪，并最终有《古史辨》第五册之形成。梁启超认为，"商周以前，所谓阴阳者，不过自然界中一种粗浅微末之现象，绝不含有何等深邃之意义。'阴阳'二字意义之剧变,盖自老子始。"①这是指其"万物负阴抱阳"一语。但是他另一方面又说,最有可能是孔子著的《周易·象传》(乾坤两卦初九、初六)有提到"阴阳"二字。假如《象传》确系孔子所作,但孔子与老子谁先谁后也是个问题,因此说"阴阳"二字意义剧变始于老子是有问题的。梁氏虽然认为"阴阳"二字产生甚早,但是却认为,那种带有神秘色彩的阴阳五行思想,始于燕齐方士,建构并传播于邹衍、董仲舒与刘向。② 梁氏对阴阳五行思想的评价颇低,视之为诡异的邪说。站在现代科学的范式(paradigm)来看,阴阳五行思想确实很朴素,但是历史地来看,它无疑是一种可贵的探索,为古人提供了一种解释自然现象的宇宙观。顾颉刚亦持"五行"晚出说,并认为"五行"最可靠的依据材料是《荀子·非十二子》中所批评的"思孟五行",又以《史记》为凭,说"思孟"乃"邹衍"之误。③ 从近几十年出土的简帛文献来看,"思孟五行"是指"仁义礼智圣"五德④,与邹衍的"五德"说完全是两码事,可见顾氏之假设不能成立。不过顾氏通过考察战国晚期"五帝"思想的历史背景,来说明邹衍的五德始终说之应运而生⑤,则使这一学说更好地实现了脉络化。

第二,诉诸甲骨文来考察五行观念的产生,四五十年代有学者如胡厚宣、杨树达、陈梦家等,八九十年代则有李学勤、庞朴、汪涛、沈建华、常

---

① 梁启超:《阴阳五行说之来历》,载顾颉刚编著《古史辨》第五册,上海:上海古籍出版社,1982年,第 347 页。

② 梁启超:《阴阳五行说之来历》,载顾颉刚编著《古史辨》第五册,上海:上海古籍出版社,1982年,第 353 页。

③ 顾颉刚:《五德始终说下的政治和历史》,载顾颉刚编著《古史辨》第五册,上海:上海古籍出版社,1982 年,第 407—409 页。

④ 相关论述可参,韩中民:《长沙马王堆汉墓帛书概述》,载《文物》,1974 年第 9 期。庞朴:《马王堆帛书解开了思孟五行说之谜——帛书〈老子〉甲本卷后古佚书之一的初步研究》,载《文物》,1977 年第 10 期。李学勤:《帛书〈五行〉与〈尚书·洪范〉》,载《学术月刊》,1986 年第 11 期。庞朴:《竹帛〈五行〉篇比较》,原载《人民政协报》,1998 年 8 月 3 日第三版;又载《中国哲学》第 20 辑,1999 年。

⑤ 顾颉刚:《五德始终说下的政治和历史》,载顾颉刚编著《古史辨》第五册,上海:上海古籍出版社,1982 年,第 414—415 页。

正光、萧良琼等。① 关于阴阳观念，则有裘锡圭、沈建华、连劭名等的甲骨文探讨。② 这些学者通过考察甲骨文而大都认为，阴阳五行观念在殷商时代即有了，阴阳与天气、崇尚的颜色有关，而五行则跟方位、时令有关。

第三，通过诉诸出土简帛文献来考察五行思想，最显著的就是 1973年长沙马王堆出土的帛书《五行》与 1993 年湖北荆门出土的郭店楚简《五行》，彻底解开了荀子所批评的"思孟五行"到底何谓。相关研究汗牛充栋，这里就不一一列举了。此外，井上聪则在文献之外，通过诉诸民俗现象而主张阴阳观念在殷商时代即已有③，颇有新意。

（二）阴阳五行之哲学化。作为对梁启超观点的回应，徐复观认为，从《左传》、《国语》等传世文献来看，春秋时代的阴阳观念已开始从原来的气候观念上升至为实物——六气之二；而五行观念亦很简单，只是日用常行的"五材"，尚非后来的五行自然哲学。关于阴阳观念的哲学化，徐复观认为这始于《易传》而道家受其影响最快；关于五行观念，徐氏认为，它始于迷信，而从中提炼以建立新说，并且使世人注意的是邹衍。④徐复观此文写于简帛《五行》出土前，未能注意"思孟五行"，因而其关于五行哲学始于邹衍的看法值得商榷。如马王堆帛书《五行》出来后，饶宗

---

① 胡厚宣：《论殷代五方观念及中国称谓之起源》，载《甲骨学商史论丛》初集，石家庄：河北教育出版社，2002 年。杨树达：《甲骨文中之四方神名与风名》，载《积微居甲文说》，北京：科学出版社，1954 年。陈梦家：《殷墟卜辞综述》，北京：中华书局，1988 年，第 572 页。李学勤：《商代的四风与四时》，载《中州学刊》，1985 年第 4 期。庞朴：《阴阳五行说探源》，载《中国社会科学》，1984 年第 3 期。汪涛的《殷人的颜色观念与五行说的形成及发展》、沈建华的《从殷代祭星郊礼论五行起源》、常正光的《阴阳五行说与殷代方术》、萧良琼的《从甲骨文看五行说的渊源》，诸文均载艾兰等编《中国古代思维模式与阴阳五行说探源》，南京：江苏古籍出版社，1998 年。
② 裘锡圭：《从殷墟甲骨卜辞看殷人对白马的重视》，载氏著《古文字论集》，北京：中华书局，1992 年。沈建华：《释卜辞中方位称谓"阴"字》，载《古文字研究》第 24 集，北京：中华书局，2002 年。连劭名：《甲骨刻辞所见的商代阴阳数术思想》，载艾兰等编《中国古代思维模式与阴阳五行说探源》，南京：江苏古籍出版社，1998 年。
③ 参见［日］井上聪《先秦阴阳五行》（武汉：湖北教育出版社，1997 年）一书中的相关内容。
④ 徐复观：《阴阳五行及其有关文献研究》，载氏著《中国思想史论集·续编》，台北：时报文化出版事业有限公司，1985 年，第 48—49、54、85、98—99 页。

颐认为，五德始终之说起于子思，而邹衍本之以恢皇之。① 因此，五行之哲学化应早于孟子、邹衍，至少德行义的"五行"是如此。

（三）阴阳与五行之合流，这是一个非常有意思的思想史环节，白奚认为这是在《管子》中实现的。他认为，五行与时令如何结合是合流的关键，而《管子·幼官》选择了五方作为五行与时令结合的突破口。"事实上，如果不打乱一年分为四季的时间单位体系，要想使五行方位与四时节令配合，就不得不非常勉强地在四季中间插入这个虚设的中央土，否则就无法给出一个完整的世界图式。后来的邹衍杜撰了与四时并列的'季夏'这一概念。到了《吕氏春秋》，'季夏'成了夏季第三个月的名称，在原来的'季夏'的位置上又恢复了'中央土'的提法，这种做法当是直接取自《管子·四时》。"②从思想史来看，阴阳与五行或许是如白奚所言，如《管子》所为那样合流的，但是我们仍可以说这只是一种可能的结合方式，因为阴阳与五行可以直接结合，而不必借助时令。

（四）跨文化视野中的诠释。海外学者对于阴阳五行理论亦有很多颇具启发性的阐释，如李约瑟（Joseph Needham）在其《中国古代科学思想史》中指出，尽管阴阳五行说不是近代伽利略——牛顿式的机械观科学典范（paradigm），但却是一有机（organism）宇宙观之体现——关联式思考。③ 早于李约瑟而提出类似看法的，有法国的葛兰言（Marcel Granet），晚于李约瑟而以结构主义方法论进行更加详细论述的是葛瑞汉（Angus Charles Graham）。葛瑞汉认为，阴阳五行说的那种宇宙论道德尽管未必超过了近代科学，但好过那种试图将价值建基于生物学、社会学或

---

① 饶宗颐：《五德始终说新探》，载氏著《中国史学上之正统论》，上海：上海远东出版社，1996 年，第 10—12 页。
② 白奚：《中国古代阴阳与五行说的合流——〈管子〉阴阳五行思想新探》，载《中国社会科学》，1997 年第 5 期，第 28、29、30 页。
③ ［英］李约瑟：《中国古代科学思想史》，陈立夫等译，南昌：江西人民出版社，2000 年，第359 页。

心理学的事实之上的做法。① 史华兹（Benjamin I. Schwartz）则以"相关性宇宙论"（correlative cosmology）来刻画阴阳五行说，这其实是"天人感应"说之在西方语境中的表述。对于李约瑟的说法，史华兹认为，东西方的有机主义哲学之差别并没有那么大。史华兹与李约瑟的区别在于，前者的"相关性宇宙论"可以概括邹衍与董仲舒，而后者的"有机主义"则视邹衍的学说为"前科学"、视董仲舒的学说为"伪科学"。② 李约瑟们从西方现当代科学典范的新进展来解释阴阳五行说，试图寻找东方的知音，重估其价值，不期然而有推崇过当之嫌，可谓一喜一忧。须知，现当代西方科学中的有机主义乃是后科学的，而阴阳五行说乃是前科学的，并未经近代科学的洗礼。吴国盛认为，古代中国不但没有近代意义上的数理实验科学，也没有古希腊意义上的理性科学。③ 这一点确实如此，古代中国有发达的科技是不假，但是理论科学是明显欠缺的。职是之故，牟宗三在其早年的《阴阳家与科学》一文中强调，阴阳家之学只是直觉之泛观，而想要进入科学，则须从直觉之泛观"坎陷"为死板的分解。④ 正是这样，牟宗三首次提出了他的"坎陷论"，用以解答传统的阴阳家之学如何向近代科学转化的问题。⑤ 这"坎陷"要开出的不只是技术而已，而且也包括一套认识论、理论科学等内容。

（五）邹衍其人其学。关于邹衍的活动时间之考察，有胡适的《中国哲学史大纲》卷上、钱穆的《邹衍考》、顾颉刚的《五德始终说下的政治和历史》。关于其论著辑录与考辨，前有清人马国翰《玉函山房辑佚书》卷七十七辑有《邹子》一卷，五六十年代则有金德建的《论邹衍的著述和学

---

① ［英］葛瑞汉：《阴阳与关联思维的本质》，载艾兰等编《中国古代思维模式与阴阳五行说探源》，张海晏译，南京：江苏古籍出版社，1998 年，第 52 页。

② ［美］史华兹：《古代中国的思想世界》，程钢译，刘东校，南京：江苏人民出版社，2003 年，第 375、382 页。

③ 吴国盛：《说中国古代有无科学》，载《科学》，2015 年第 3 期。

④ 牟宗三：《阴阳家与科学》，载《理想与文化》第 1 期，1942 年 12 月。

⑤ 详细论述请参见肖雄《牟宗三的良知坎陷论》，武汉大学博士学位论文（2016 年），第一章第一节。

说》、王梦鸥的《邹衍遗说考》。[1] 至于其学说，学者们基本都是从五行与时令或明堂的关系、五德始终说、大九州说三个方面展开。最近二十年，孙开泰的《邹衍与阴阳五行》、井上聪的《先秦阴阳五行》、彭华的《阴阳五行研究（先秦篇）》、臧明的《五德始终说的形成与演变——从邹衍到董仲舒、刘向》等，对相关材料的梳理很全面，讨论更加精微。

第一节　阴阳五行学说

《汉书·艺文志》说："阴阳家者流，盖出于羲和之官。敬顺昊天，历象日月星辰，敬授民时，此其所长也。及拘者为之，则牵于禁忌，泥于小数，舍人事而任鬼神。"这就是说阴阳家是源自于上古的羲和之官，羲和之官掌管的是天文、历数和禨祥，即上古时代懂得天文学、占星术并制定历法的人。这么讲是有道理，因为战国以来的哲学化了的阴阳家，虽然其形式更加哲学化了，然而其探讨对象仍然是天文历数，其功用仍然是"敬授民时"与"禨祥"，至于"舍人事而任鬼神"则更是其流亚了。《史记·天官书》云："昔之传天数者，高辛之前，重、黎；于唐、虞，羲、和；有夏，昆吾；殷商，巫咸；周室，史佚、苌弘；于宋，子韦；郑则裨灶；在齐，甘公；楚，唐昧；赵，尹皋；魏，石申。"这些"巫史"式的人物，都是著名的天数学者，深通天文历数，又杂以星占灾异。周初的史佚和春秋末期的苌弘更是著名的思想家。此外还有《逸周书》所记无名氏周祝，《国语》所记的伯阳父、单襄公、单穆公，《左传》所记鲁梓慎、晋史墨等，都可说是早期的阴阳家。[2]

《史记·太史公自序》引司马谈《论六家要旨》："尝窃观阴阳之术，大详而众忌讳，使人拘而多所畏。然其序四时之大顺，不可失

---

[1] 钱穆：《邹衍考》，载氏著《先秦诸子系年》，石家庄：河北教育出版社，2002 年。金德建：《论邹衍的著述和学说》，载氏著《司马迁所见书考》，1953 年。王梦鸥：《邹衍遗说考》，台北：商务印书馆，1966 年。

[2] 萧萐父：《〈周易〉与早期阴阳家言》，载氏著《吹沙集》，成都：巴蜀书社，1991 年，第 169—173 页。

也。"又曰："夫阴阳、四时、八位、十二度、二十四节，各有教令；顺之者昌，逆之者不死则亡，未必然也，故曰'使人拘而多畏'。夫春生、夏长、秋收、冬藏，此天道之大经也。弗顺，则无以为天下纲纪，故曰'四时之大顺，不可失也'。"又，"分别天地之终始，日月星辰之纪，差次仁义之际，列吉凶之符，语数千言，莫不顺理。"（《史记·日者列传》）这些是有关阴阳家比较系统的论说。现在我们结合已有研究作一更详细的展示。

一、阴阳说

如果阴阳家之学的源头在"羲和之官"，那么，这应该可以追溯至尧舜时代——帝尧"乃命羲和，钦若昊天"（《尚书·尧典》）。只是由于这是史前文明，无法求证，学者们暂时只能追溯至殷商时代。

1. 起源：殷商甲骨文与西周金文

阴、阳二字最初的意思是指日光的背、向，这从甲骨文对二字的使用即可见出。

> 丙辰卜，丁巳其阴乎？允阴。（《合集》19781）
>
> 戊戌卜，其阴乎？翌己启，不见云。（《合集》20988）①
>
> 于鸟日北对，于南阳西。（《考释》4529）②

第一条卜辞说的是：丙辰占卜，（明天）丁巳日是阴天吗？结果真的是。第二条卜辞说的是：戊戌日占卜，（明天）会是阴天吗？己（亥）日天放晴了，不见云。萧良琼认为甲骨文中的"阴"字代表阴天，"南阳"代表地名。③ 黄天树则通过其他卜辞间接地指出，"阴"字还有"水之南，山之北"的意思，"阳"则有"水之北，山之南"的意思，殷人已有较为健全的方

---

① 胡厚宣主编：《甲骨文合集释文（二）》，北京：中国社会科学出版社，1999 年，第 998、1051 页。
② 姚孝遂、肖丁：《小屯南地甲骨考释》，北京：中华书局，1985 年，第 370 页。
③ 萧良琼：《从甲骨文看五行说的渊源》，载艾兰等编《中国古代思维模式与阴阳五行说探源》，南京：江苏古籍出版社，1998 年，第 218、224 页。

位、阴阳观念。① 黄说比较详密可靠。

此外，从西周金文中亦可发现更为明显的阴阳观念，两字连用已经出现。

> 锡失师永厥田阴易（阳）洛疆。（《永盂》）
> 南淮夷迁及内，伐□、昴、参泉，欲敏阴阳洛。（《敔簋》）

第一条金文的大意是：赏赐师永田地在洛水的南北两面。第二条金文的大意是：南淮夷侵袭至周的腹地，掠伐至□、昴、参泉等地，企图迅速侵略洛水南北地区。此两条主要是在地理的意义上使用阴阳二字，但基本上都是与阳光有关，或直接引申，相较于战国时代的抽象程度，比较朴实。

2. 哲学化

出土文献的追溯大致如上，传世文献使用阴阳二字较早的是《诗经》，其时代当在西周晚期与春秋时代，尚未哲学化。如《诗经·大雅·公刘》云："既景乃冈，相其阴阳，观其流泉。"这里的"阴阳"亦是指地形，与金文所载同。《诗经·邶风·终风》云："曀曀其阴，虺虺其雷。"这里的"阴"字就指天气了。《易经·中孚》卦九二爻辞云："鸣鹤在阴，其子和之；我有好爵，吾与尔靡之。"这里的"阴"字就指树荫了。凡此皆无哲学的意义。

西周晚期或春秋时代，最先开始哲学化的思想者最有可能是掌管天文历数的羲和之官。试看伯阳父之解释地震，这开启了传统阴阳观念的哲学化进程。西周末周幽王二年（前 780 年）在镐京（今陕西西安西）附近三川（泾、渭、洛）发生了地震，《国语·周语上》记载了当时的大夫伯阳父的解释，他说："天地之气，不失其序；若过其序，民乱之也。阳伏而不能出，阴迫而不能烝，于是有地震。"地震发生的原因是：阳气潜伏在下面不能畅遂，阴气压迫阳气使它不能出来。从这里我们首先了解到，"阴

---

① 黄天树：《说甲骨文中的"阴"和"阳"》，载氏著《黄天树古文字论集》，北京：学苑出版社，2006年，第 213—217 页。

阳"二字已开始实体化为两种普遍的气，并被用来尝试解释地震的发生。这是以前没有过的，这是值得注意的思想飞跃。徐复观对此的考察非常中肯。① 其他关于阴阳之气的说法，亦见于《左传》，"六气，曰阴、阳、风、雨、晦、明也。"（《左传·昭公元年》）阴阳气（实体）化是其全面哲学化的重要过渡，这一步则要到战国时期才能完成。

战国时期，将西周晚期与春秋时代阴阳家的接力棒向前传递的当是《易传》的作者与道家学者。徐复观即认为，迈出这决定性一步的是《易传》，而道家承之。不过笔者觉得，其关于《乾》《坤》两卦之小《象》与《泰》《否》两卦之《象》中出现的阴阳思想晚出的判断，值得商榷；而其视刚柔与阴阳之结合用以解释《周易》为阴阳观念抽象化的一大关键，无疑很是深刻的。② 两者结合后，阴阳二气成为了宇宙间最普遍、最基本的实体，同时也是最基本的两种属性，乃至最普遍的法则——"一阴一阳之谓道"（《周易·系辞上》）。

老子说："万物负阴而抱阳，冲气以为和。"（《老子·第四十一章》）此中的"阴阳"作何解，徐复观认为这比较接近春秋时代的意义，本书觉得解为最基本的阴阳二气亦通。可惜，《老子》中讲阴阳的就这么一句，无法言之凿凿，到了庄子后学才变得比较明确起来。《庄子·知北游》云："阴阳四时运行，各得其序，惛然若亡而存，油然不形而神。"《庄子·田子方》云："至阴肃肃，至阳赫赫，肃肃出乎天，赫赫发乎地，两者交通成和，而物生焉。"在此，阴阳作为一对宇宙论的概念就非常明显了。再往前发展，就是体现在《管子》中的阴阳与五行之合流，在介绍完阴阳与五行各自独立的发展后，再来处理这个问题。

---

① 徐复观:《阴阳五行及其有关文献研究》,载氏著《中国思想史论集·续编》,台北:时报文化出版事业有限公司,1985 年,第 45—50 页。
② 徐复观:《阴阳五行及其有关文献研究》,载氏著《中国思想史论集·续编》,台北:时报文化出版事业有限公司,1985 年,第 85、88—92 页。

二、五行说

与阴阳观念一样，五行观念的起源也非常早，至今的研究可以追溯至殷商甲骨文。当然，其理论化、哲学化则仍有待于春秋战国时代的思想家们，这与阴阳观念的哲学化进程大致是相同的。

1. 起源：殷商之五方、五臣观念

"五"这个数字在甲骨文中有多次出现，可以视作殷商时代人已有的观念结构。最先指出殷商有"五方帝"观念的是罗振玉[①]，胡厚宣对此加以指出、修正而肯定"五方"观念之已有：

> 己巳，王卜贞□岁，商受□，王□曰吉。
>
> 东土受年，南土受年，西土受年，北土受年。（《粹》907）
>
> 戊寅卜，王贞受中商年，十月。（《前编》8101）

胡厚宣认为，这两段甲骨文明确反映殷商时代已有东、南、西、北、中"五方"观念，即商以自己为"中"，称其他为"四方"。[②] 此外，殷商也已有了"五工臣"的说法：

> 于帝臣，又雨。（甲779，康丁卜辞。）
>
> □又于帝五臣，又大雨。
>
> 王又岁于帝五臣正，隹□雨。
>
> 辛亥卜……五臣□。（粹13）
>
> 秋于帝五工臣，才且乙宗卜。（粹12，武乙卜辞。）
>
> 帝五工（臣），其三□。（上26.15）

"帝五工臣"在这些甲骨文中反复出现，说明这是一个固定用语、成熟的观念，陈梦家认为这与《左传·昭十七》所记载的郯子一段话有密切

---

① 罗振玉：《殷墟书契考释·三种》，北京：中华书局，2006年，第302—313页。
② 胡厚宣：《论殷代五方观念及"中国"称谓之起源》，载氏著《甲骨学商史论丛·初集》，齐鲁大学国学研究所，1942年，第383—385页。

关系，邹子所说的殷商之五鸠五工臣，发展而为《左传·昭廿九》晋大史蔡墨所说的木、火、金、水、土"五行之官"。[①] 这样传世文献的传说就成为了真实的记载。

2. 春秋战国的五行观念及其哲学化

经过长期的演变，至春秋时代，阴阳家的五行观念渐渐露出端倪，这见于较为可信是春秋时作的传世文献如《左传》、《国语》，其他如《尚书·洪范》、《尚书·甘誓》亦可暂时视为春秋或战国时的作品。

《左传·文公二十五年》载晋郤缺言于赵宣子，"《夏书》曰：'戒之用休，董之用威，劝之以《九歌》，勿使坏。'九功之德皆可歌也，谓之九歌。六府、三事，谓之九功。水、火、金、木、土、谷，谓之六府。正德、利用、厚生，谓之三事。"其中的"六府"包括了水火金木土与谷，这里面已有后来的"五行"，但是前五者与谷是什么关系尚不知道，即谷是否可以化约至前五者不得而知。在《左传·襄公二十七年》中，子罕曰："天生五材，民并用之"而在《左传·昭公十一年》中，叔向则曰："且譬之如天，其有五材而将用之，力尽而敝之。"这两则材料都显示春秋时已有明确的"五材"观念。又《左传·昭公二十五年》中，子大叔曰："则天之明，因地之性，生其六气，用其五行。气为五味，发为五色，章为五声，淫则昏乱，民失其性。"《国语·周语下》中，单襄公曰："天六地五，数之常也。"所谓"天六"即前云"阴阳风雨晦明"六气，而"地五"则是"五材"了。

在《左传·昭公二十九年》中，魏献子与晋蔡墨的一段对话值得注意：

> 故有五行之官，是谓五官。实列受氏姓，封为上公，祀为贵神。社稷五祀，是尊是奉。木正曰句芒，火正曰祝融，金正曰蓐收，水正曰玄冥，土正曰后土。龙，水物也。
>
> ……
>
> 献子曰："社稷五祀，谁氏之五官也？"

---

① 陈梦家：《殷墟卜辞综述》，北京：中华书局，1988 年，第 572 页。

> 对曰："少皞氏有四叔，曰重、曰该、曰修、曰熙，实能金、木及水。使重为句芒，该为蓐收，修及熙为玄冥，世不失职，遂济穷桑，此其三祀也。颛顼氏有子曰犁，为祝融；共工氏有子曰句龙，为后土，此其二祀也。后土为社；稷，田正也。有烈山氏之子曰柱为稷，自夏以上祀之。周弃亦为稷，自商以来祀之。"

这是更加系统的观念，据蔡墨之言，春秋时代的阴阳家已将木、火、金、水、土与五种神搭配起来了，而"修"与"熙"被归到"玄冥"之神，这即是以五行的格式来整理诸神。这可以与《墨子·贵义》中的一段话对看：

> 子墨子北之齐，遇日者。日者曰："帝以今日杀黑龙于北方，而先生之色黑，不可以北。"子墨子不听，遂北，至淄水，不遂而反焉。日者曰："我谓先生不可以北。"子墨子曰："南之人不得北，北之人不得南，其色有黑者，有白者，何故皆不遂也？且帝以甲乙杀青龙于东方，以丙丁杀赤龙于南方，以庚辛杀白龙于西方，以壬癸杀黑龙于北方，若用子之言，则是禁天下之行者也。是围心而虚天下也，子之言不可用也。"

这里的"日者"即阴阳家，此时的阴阳家已将纪日的十天干、青赤白黑色龙与四方搭配起来，以此类推，则中间所缺的是戊己日的黄龙。从日者之所言可以看出，阴阳家的五行观念还被用来機祥。不过墨子显然不接受阴阳家的这种附会，而从理论上予以反证。尽管难以找出五行观念哲学化的界线在哪里，但是从墨子的回驳来看，阴阳家必须面对理性化的质疑、"祛魅"的要求。

在《尚书·甘誓》（《夏书》）与《尚书·洪范》（《周书》）这两篇写作年代有争论的书中，也出现了五行说，前者云："有扈氏威侮五行，怠弃三正。"这里的"五行"到底是什么意思，难以确定。在《洪范》中，则有明确的说法："一、五行：一曰水，二曰火，三曰木，四曰金，五曰土。水曰润下，火曰炎上，木曰曲直，金曰从革，土爰稼穑。润下作咸，炎上作苦，曲直作酸，从革作辛，稼穑作甘。"这里不但指出了五行是水火木金土，而且描述了其属性。联系两者来看，《甘誓》中的"五行"不一定就是五种德行，也有可能就是水火木金土五行——毕竟这五行也是《洪范》九畴之一。

考察五行观念的哲学化，即是要去考察其中的宇宙论思想，也就是由五行来解释万物的构成，以及五行之间的内在关系。《国语·郑语》载西周末年的史伯之话云："先王以土与金、木、水、火杂以成百物。"在此，五行被当作造成各种事物的诸种元素。与前面讲的神圣化了的五行不同，这里没有这个负担，纯宇宙论的味道较浓。而同样是晋国太史蔡墨，他又指出："水胜火，伐姜则可"（《左传·哀公九年》）；"火胜金，故弗克"（《左传·昭公三十一年》）。史载鲁昭公三十一年十二月初一发生了日蚀，蔡墨根据星象和梦占，预测吴国攻打楚都不能取胜。这即是用五行中的相克关系来附会人事。也许正是因为这种附会有问题，所以，兵家《孙子·虚实》则说："五行无常胜，四时无常位"；《墨子·经下》云："五行毋常胜，说在多。"《墨子·经说下》云："火铄金，火多也。金靡炭，金多也。"即是说，在火力足的情况下，火能熔化金属，但在火力不足的情况下，金可以压灭炭火。针对阴阳家的"金胜木，木胜土，土胜水，水胜火，火胜金"的理论的，墨家认为，按其性质来说，五行可以相克（胜），但并不常常如此、永远如此，还有一个数量问题。孙子与墨子可谓阴阳家之诤友。

3. 思孟"五行"：仁义礼智圣

自春秋战国阴阳家五行流行以来，另一种五行思想也在慢慢成熟，此即思孟"五行"，这是德性意义上的五行。尽管在《荀子·非十二子》中，思孟五行就遭到了批评，但荀子语焉不详，思孟传世文献亦不见有"五行"字样，致使这一批评两千多年来一直不得其解，直到 1973 年长沙马王堆出土了帛书《五行》，1993 年湖北荆门郭店出土了竹简《五行》，这一谜底才算揭开。

相对于 1993 年出土的竹简《五行》有"经"而无"传"，1973 年出土的帛书《五行》则有"经"、"传"两部分。竹简《五行》首章云：

> 五行:仁形于内谓之德之行,不形于内谓之行。义形于内谓之
> 德之行,不形于内谓之行。礼形于内谓之德之行,不形于内谓之
> [行。智形]于内谓之德之行,不形于内谓之行。圣形于内谓之德之
> 行,不形于内谓之[德之]行。
>
> 德之行五和谓之德,四行和谓之善。善,人道也。德,天道也。

这里的"德之行"论开启了心性之学的契机,这是通过将外在的仁义
礼智内在化来实现的。当然,如果仁义礼智本身并非本然就有内在的心
性根基的话,这种努力也是徒然的。"德之行"论开启了"天道",即超越
的面向。据此而认为竹简《五行》乃思孟之间的失传文献,是有道理的。
思孟五行以别开生面的方式向战国思想家们展示了一种意义上的五行,
这对于后来的邹衍"五德始终"说不无影响。

三、阴阳与五行的合流

随着阴阳与五行的不断独立发展,大约是在战国中期,有了要结合
两者的趋势,这体现在《管子》、《礼记·月令》等传世文献中。据白奚的
研究,这是在《管子》之《幼官》、《四时》、《五行》、《轻重己》一组文章中实
现的。在这一合流中,阴阳与五行学说也各自得到了进一步的深化。

《管子·揆度》云:"事名二、正名五而天下治。"又说:"天策阳也,壤
策阴也,此谓事名二。""权也、衡也、规也、矩也、准也,此谓正名五。其在
色者,青黄白黑赤也。其在声者,宫商羽徵角也。其在味者,酸辛咸苦甘
也。"阴阳是二,五色、五声、五味是五,而青、黄、白、黑、赤正好对应木、
土、金、水、火即五行,如此则阴阳与五行并列论于一文之中,两者融合在
之势渐趋明朗。《管子·四时》曰:"阳为德,阴为刑。"又曰:"德始于春,
长于夏,刑始于秋,流于冬。"这是将阴阳扩而为四时,所谓"是故阴阳者,
天地之大理也;四时者,阴阳之大经也。"又说:

> 东方曰星,其时曰春,其气曰风,风生木与骨。……南方曰日,
> 其时曰夏,其气曰阳,阳生火与气。……中央曰土,土德实辅四时入

出……。西方曰辰，其时曰秋，其气曰阴，阴生金与甲。……北方曰月，其时曰冬，其气曰寒，寒生水与血。(《管子·四时》)

这是要将五行与阴阳、四时结合起来。问题是五行之数是"五"，阴阳之数是"二"、四时之数是"四"，前后结合颇为不易。于是我们看到"中央土"成了一个虚设的点，后来邹衍杜撰了与四时并列的"季夏"这一概念，而《吕氏春秋》则以"季夏"为夏季的第三个月，在原来的"季夏"的位置上又恢复了"中央土"的提法。[①] 看来要结合五行与四时，必须有一个超越其他四者的"行"，即"中央土"，这样才能协调起来。

第二节　邹衍的思想

邹衍的活动时间大约在公元前 300—250 年，战国晚期，帝制运动兴起，燕、齐、秦等国纷纷称北帝、东帝、西帝，在这一背景下，邹衍的"五德始终"说应运而生或为之作了思想准备。遗憾的是，邹衍的论著并没有保留下来，现在我们只能从《吕氏春秋》、《史记》等书中稽考邹衍的论著或思想。《史记·孟子荀卿列传》言邹衍"睹有国者淫侈，不能尚德……乃深观阴阳消息而作怪迂之变，《终始》、《大圣》之篇十余万言。其语闳大不经……然要其归，必止乎仁义节俭。"邹衍的阴阳五行思想，即便是在当时的太史司马迁看来——春秋时的阴阳家多出于太史——也未免离经叛道，但另一方面仍然以仁义为旨归。所以，司马迁又说："伊尹负鼎而勉汤以王，百里奚饭牛车下而缪公用霸，作先合，然后引之大道。驺衍其言虽不轨，倘亦有牛鼎之意乎?"邹衍虽然没有伊尹、百里奚那样的功业，但他所受的礼遇却不差，"适梁，惠王郊迎，执宾主之礼。适赵，平原君侧行撇席。如燕，昭王拥彗先驱，请列弟子之座而受业，筑碣石宫，身亲往师之。"(《史记·孟子荀卿列传》)当然，司马迁这里的记录肯定有

---

① 白奚:《中国古代阴阳与五行说的合流——〈管子〉阴阳五行思想新探》,载《中国社会科学》,1997 年第 5 期。

误，因为梁惠王活跃在公元前 4 世纪，其卒年当邹衍幼时，所以第一条说法不可靠。关于邹衍的论著，除了上面说的《终始》、《大圣》之篇外，还有《主运》，《汉书·艺文志》说有《邹子》四十九篇、《邹子终始》五十六篇，可惜这些文献都没有流传下来。清人马国翰的《玉函山房辑佚书》辑有《邹子》一卷，这是从《吕氏春秋》、《史记》及其他诸书的引用中辑录的。

一、大九州说

尽管邹衍的学术思想"闳大不经"，但却是从经验出发而进行推理。《史记·孟子荀卿列传》云：

> 必先验小物，推而大之，至于无垠。……先列中国名山大川，通谷禽兽，水土所殖，物类所珍，因而推之，及海外人之所不能睹。……以为儒者所谓中国者，于天下乃八十一分居其一分耳。中国名曰赤县神州，赤县神州内自有九州，禹之序九州是也，不得为州数。中国外如赤县神州者九，乃所谓九州也。于是有裨海环之，人民禽兽莫能相通者，如一区中者，乃为一州。如此者九，乃有大瀛海环其外，天地之际焉。

如司马迁所述，邹衍的方法论是没问题的，但其结论却无法得到证据支持，如凭什么说中国只是天下的八十一分之一呢？这似乎没法从"中国"这个被先验的"小物"推出来。中国而外如赤县神州的还有九个，也就是说，包括中国，天下有"十州"了。"十州"之外，是大瀛海包围着，而且中国之外的九州与大瀛海占天下的八十一分之八十。但是，凭什么说中国之外如中国者的州数为"九"而不是"八"或"十"呢？是因为中国内部是九州，所以外面也是九州吗？"中国"是缩小版的"大九州"？如果是这样的话，那应该是中国之外如中国者的州数是"八"而非"九"，这样天下就是"九州"，而不是"十州"，从而与作为"小天下"的"中国"的结构对应。这样就更加有说服力了，也符合数学审美。另一方面，既然"天下"只是中国的八十一倍，则"天下"是有限的了。从司马迁的概述来看，关于邹衍的"大九州"说，我们只能得到这样的印象。当然，在那个时代，邹衍能够有这样的奇想，可以改变彼时中国人的宇宙观，也是很突出的，所以才说是"闳大不经"。

二、五德始终说

邹衍"先验小物，推而大之，至于无垠"的方法论，不但应用在宇宙观上，而且也运用到历史、政治哲学中。所谓"先序今以上至黄帝，学者所共术，大并世盛衰，因载其禨祥度制，推而远之，至天地未生，窈冥不可考而原也。……称引天地剖判以来，五德转移，治各有宜，而符应若兹。"（《史记·孟子荀卿列传》）在前文，我们已看到《左传·昭公二十九年》蔡墨已将五行与五种神搭配起来，《墨子》中的"日者"则将五行与四方龙搭配起来，《管子·四时》则将五行与四时搭配，并且每一时都有一德。至公元前 3 世纪初，秦与齐分别称西、东帝，继而燕、赵分别称北帝、中帝。这种五方帝很容易让人将其与五行联系起来，但这只是平面的，邹衍的特殊之处在于使之成为纵向的、历史的"五德始终"说——这大概是受了五行相克、四时循环思想的启发。

关于这"五德始终"说的具体内容，虽然邹衍没有论著，好在有一段近似的描述保留在《吕氏春秋·应同》中，虽然没有明说是邹衍所论，但大体上反映了他与阴阳家的思想：

> 凡帝王者之将兴也，天必先见祥乎下民。黄帝之时，天先见大蚓大蝼。黄帝曰：'土气胜'。土气胜，故其色尚黄，其事则土。及禹之时，天先见草木，秋冬不杀。禹曰：'木气胜'。木气胜，故其色尚青，其事则木。及汤之时，天先见金刃生于水。汤曰：'金气胜'。金气胜，故其色尚白，其事则金。及文王之时，天先见火，赤乌衔丹书，集于周社。文王曰：'火气胜'。火气胜，故其色尚赤，其事则火。代火者必将水，天且先见水气胜。水气胜，故其色尚黑，其事则水。

在这段话中，除了加入了五帝（王）之外，其他内容与以前的并无不同，即五行、五色均未变。至此，五行之顺序就定为了土、木、金、火、水之循环相克关系，这与《管子·四时》中的木、火、土、金、水之五行顺序就不同。其中，理性宇宙论的色彩淡，而神秘政治的味道浓。这并不是一种好的趋势。阴阳五行思想在秦汉时期，成了一股强劲的思想潮流，汉儒董仲舒的"天人感应"说即是在此基础上发展来的，是对邹衍"五德始终"说的修正与完善。

总之，阴阳家在上古时代是懂得天文学、占星术并制定历法的人。战国时期出现了哲学化了的阴阳家。长期以来，阴阳学说与五行学说曾独立发展，大约在战国中期，有了两者结合的趋势，这体现在《管子》、《礼记·月令》等传世文献中。战国晚期，阴阳家邹衍创"大九洲"说与"五德始终"说，对后世有较大影响。

主要参考文献

一、古典文献

班固. 汉书. 北京：中华书局, 1961.

北京大学出土文献研究所编. 北京大学藏西汉竹书（贰）. 上海：上海古籍出版社, 2012.

蔡沈注. 书经集传. 北京：中国书店, 1994.

陈澧. 东塾读书记（外一种）. 北京：生活·读书·新知三联书店, 1998.

陈寿. 三国志. 北京：中华书局, 1982.

陈垣校注. 日知录校注. 合肥：安徽大学出版社, 2007.

陈伟等编. 楚地出土战国简册（十四种）. 北京：经济科学出版社, 2009.

陈鼓应. 老庄新论（修订版）. 北京：商务印书馆, 2008.

陈鼓应. 老子今注今译. 北京：商务印书馆, 2006.

高明. 帛书老子校注. 北京：中华书局, 1996.

高亨. 周易大传今注. 济南：齐鲁书社, 1998.

郭庆藩辑. 庄子集释（全四册）. 北京：中华书局, 1961.

郭化若. 孙子译注. 上海：上海古籍出版社, 1984.

河上公. 老子道德经河上公章句. 王卡点校. 北京：中华书局, 2008.

胡厚宣主编. 甲骨文合集释文（二）. 北京：中国社会科学出版社, 1999.

黄寿祺, 张善文. 周易译注. 上海：上海古籍出版社, 2001.

韩婴. 韩诗外传集释. 许维遹校释. 北京：中华书局, 1980.

韩愈. 韩昌黎集. 上海：商务印书馆, 1930.

何宁. 淮南子集释. 北京：中华书局, 1998.

焦循. 孟子正义. 沈文倬点校. 北京:中华书局,1987.

荆门市博物馆编. 郭店楚墓竹简. 北京:文物出版社,1998.

郦道元注. 水经注校证. 陈桥驿校. 北京:中华书局,2007.

李零. 郭店楚简校读记. 北京:北京大学出版社,2002.

刘向辑录. 战国策. 上海:上海古籍出版社,1998.

马叙伦. 老子校诂. 北京:中华书局,1974.

马承源主编. 上海博物馆藏战国楚竹书(1—4 册). 上海:上海古籍出版社,2001—2004.

马王堆汉墓帛书整理小组编. 马王堆汉墓帛书老子. 北京:文物出版社,1976.

阮元校刻. 十三经注疏(附校勘记)(上册). 北京:中华书局影印本,1980.

孙诒让. 墨子间诂. 北京:中华书局,1986.

睡虎地秦墓竹简整理小组编. 睡虎地秦墓竹简. 北京:文物出版社,2001.

苏舆. 春秋繁露义证. 钟哲点校. 北京:中华书局,1992.

孙希旦. 礼记集解. 北京:中华书局,1989.

孙星衍. 尚书今古文注疏. 陈抗,盛冬玲点校. 北京:中华书局,1984.

唐明邦主编. 周易评注(修订本). 北京:中华书局,2009.

王先谦. 庄子集解. 北京:中华书局,1987.

王弼. 老子道德经注校释. 楼宇烈校释. 北京:中华书局,2008.

许维遹. 吕氏春秋集释. 北京:中华书局,2009.

杨伯峻. 论语译注. 北京:中华书局,1980.

杨伯峻. 春秋左传注(修订本). 北京:中华书局,1990.

杨伯峻. 孟子译注. 北京:中华书局,2010.

杨天宇. 礼记译注. 上海:上海古籍出版社,1997.

余嘉锡. 世说新语笺疏. 北京:中华书局,1983.

张默生. 庄子新释. 张翰勋校补. 济南:齐鲁书社,1993.

诸子集成(全八册). 北京:中华书局,1954.

朱熹. 四书章句集注. 北京:中华书局,1983.

朱熹. 朱子语类. 黎靖德编,王星贤点校. 北京:中华书局,1986.

二、研究著作

白奚. 稷下学研究——中国古代的思想自由与百家争鸣. 北京:生活·读书·新知三联书店,1998.

陈梦家. 殷墟卜辞综述. 北京:科学出版社,1956.

陈来. 古代宗教与伦理——儒家思想的根源. 北京:生活·读书·新知三联书店,1996.

陈来. 古代思想文化的世界——春秋时代的宗教、伦理与社会思想. 北京:生活·读书·新知三联书店,2002.

陈梦家.殷墟卜辞综述.北京:中华书局,1988.

陈乔见.公私辨:历史衍化与现代诠释.北京:生活·读书·新知三联书店,2013.

陈广忠.中国道家新论.合肥:黄山书社,2001.

陈鼓应主编.道家文化研究(第十七辑).北京:生活·读书·新知三联书店,1999.

陈鼓应,白奚.老子评传.南京:南京大学出版社,2002.

陈嘉映.哲学科学常识.北京:东方出版社,2007.

陈仁仁.战国楚竹书《周易》研究.武汉:武汉大学出版社,2010.

陈其泰等编.二十世纪中国礼学研究论集.北京:学苑出版社,1998.

崔大华.道家与中国文化精神.郑州:河南人民出版社,2003.

丁四新.郭店楚墓竹简思想研究.北京:东方出版社,2000.

丁四新.郭店楚竹书老子校注.武汉:武汉大学出版社,2010.

丁山.甲骨文所见氏族及其制度.北京:中华书局,1988.

东方朔.合理性之寻求:荀子思想研究论集.台北:台湾大学出版中心,2011.

杜尔未.庄子宗教与神话.台北:学生书局,1985.

傅斯年.中国现代学术经典·傅斯年卷.石家庄:河北教育出版社,1996.

方授楚.墨学源流.中华书局,上海书店联合出版,1989.

方东美.原始儒家道家哲学.台北:台湾黎明文化事业公司,1983.

冯天瑜."封建"考论.武汉:武汉大学出版社,2007.

冯友兰.三松堂全集.郑州:河南人民出版社,2001.

冯达文,郭齐勇主编.新编中国哲学史.北京:人民出版社,2004.

傅佩荣.儒道天论发微.北京:中华书局,2010.

高亨.重订老子正诂.北京:中国书店,1988.

高亨.墨经校诠.北京:清华大学出版社,2004.

高士奇.左传纪事本末.北京:中华书局,1966.

郭齐勇,吴根友.诸子学志.上海:上海人民出版社,1998.

郭齐勇.中国哲学史.北京:高等教育出版社,2006.

郭齐勇.中国哲学智慧的探索.北京:中华书局,2008.

郭齐勇.中国儒学之精神.上海:复旦大学出版社,2009.

郭沫若.郭沫若全集(历史编第一卷).北京:人民出版社,1982.

龚建平.意义的生成与实现——《礼记》哲学思想.北京:商务印书馆,2005.

古棣,周英.老子通(下部).长春:吉林人民出版社,1991.

顾颉刚编著.古史辨(第五册).上海:上海古籍出版社,1982.

胡哲敷.老庄哲学.上海:中华书局,1935.

胡适. 中国哲学史大纲. 上海：上海古籍出版社，1997.

胡厚宣，胡振宇. 殷商史. 上海：上海人民出版社，2003.

侯外庐，赵纪彬，杜国庠. 中国思想通史. 北京：人民出版社，1957.

贺麟. 哲学与哲学史论文集. 北京：商务印书馆，1990.

蒋伯潜. 诸子通考. 杭州：浙江古籍出版社，1985.

劳思光. 新编中国哲学史（第一卷）. 桂林：广西师范大学出版社，2005.

李泽厚. 历史本体论·己卯五说. 北京：生活·读书·新知三联书店，2003.

李泽厚. 中国古代思想史论. 北京：生活·读书·新知三联书店，2008.

李申. 中国儒教史（上卷）. 上海：上海人民出版社，1999.

李民.《尚书》与古史研究. 郑州：中州书画社，1983.

李霞. 生死智慧：道家生命观研究. 北京：人民出版社，2004.

李明辉. 儒家视野下的政治思想. 北京：北京大学出版社，2005.

李学勤. 简帛佚籍与学术史. 南昌：江西教育出版社，2001.

李镜池. 周易探源. 北京：中华书局，1978.

刘起釪.《尚书》研究要论. 济南：齐鲁书社，2007.

刘笑敢. 老子：年代新考与思想新诠. 台北：东大图书出版公司，1997.

刘笑敢. 老子古今：五种对勘与析评引论. 北京：中国社会科学出版社，2006.

刘笑敢. 庄子哲学及其演变. 北京：中国社会科学出版社，1988.

刘师培. 清儒得失论. 北京：中国人民大学出版社，2004.

刘大钧. 周易概论. 济南：齐鲁书社，1986.

廖名春. 荀子新探. 北京：文津出版社，1994.

梁启超. 饮冰室合集. 北京：中华书局，1989.

梁启超. 中国近三百年学术史. 北京：东方出版社，1996.

吕思勉. 先秦学术概论. 上海：上海书店，1992.

罗琨. 商代战争与军制. 北京：中国社会科学出版社，2010.

马一浮. 尔雅台答问. 南京：江苏教育出版社，2005.

牟宗三. 中国哲学的特质. 上海：上海古籍出版社，1997.

牟宗三. 政道与治道. 桂林：广西师范大学出版社，2006.

牟宗三. 圆善论. 台北：联经出版社，2003.

牟宗三. 心体与性体. 台北：联经出版社，2003.

牟宗三. 周易哲学演讲录. 上海：华东师范大学出版社，2004.

庞朴. 庞朴文集. 刘贻群编. 济南：山东大学出版社，2005.

皮锡瑞. 经学通论. 北京：中华书局，1954.

钱新祖. 中国思想史讲义. 台北：台湾大学出版中心，2013.

钱穆. 国学概论. 北京：商务印书馆，1997.

钱穆. 孔子传. 北京：生活·读书·新知三联书店，2002.

钱穆.先秦诸子系年.石家庄:河北教育出版社,2002.

钱穆.中国思想史.北京:九州出版社,2012.

裘锡圭.中国出土古文献十讲.上海:复旦大学出版社,2004.

任继愈.中国哲学发展史(先秦卷).北京:人民出版社,1983.

任铭善.礼记目录后案.济南:齐鲁书社,1982.

沈有鼎.墨经的逻辑学.北京:中国社会科学出版社,1982.

孙中山.孙中山全集(第九卷).北京:中华书局,1981.

谭戒甫.墨辩发微.武汉:武汉大学出版社,2006.

唐君毅.中国哲学原论·原道篇.台北:学生书局,1978.

唐文明.隐秘的颠覆——牟宗三、康德与原始儒家.北京:生活·读书·新知三联书店,2012.

汤一介.新轴心时代与中国文化的建构.南昌:江西人民出版社,2007.

汤一介.汤一介集(第5卷).北京:中国人民大学出版社,2014.

王国维.古史新证——王国维最后的讲义.北京:清华大学出版社,1994.

王国维.殷周制度论.杭州:浙江教育出版社,2009.

王邦雄等.论语义理疏解.台北:鹅湖出版社,1994.

王邦雄.老子的哲学.台北:东大图书出版公司,1983.

王明.道家和道教思想研究.北京:中国社会科学出版社,1984.

王博.老子思想的史官特色.台北:文津出版社,1993.

王博.庄子哲学.北京:北京大学出版社,2004.

王锷.《礼记》成书考.北京:中华书局,2007.

王文清.王文清集·考古略.黄守红校点.长沙:岳麓书社,2013.

文达三.老子新探.长沙:岳麓书社,1990.

魏启鹏.马王堆汉墓帛书《黄帝书》笺证.北京:中华书局,2004.

萧萐父.中国哲学史史料源流举要.武汉:武汉大学出版社,1998.

萧萐父.吹沙二集.成都:巴蜀书社,1999.

萧汉明.《周易本义》导读.济南:齐鲁书社,2003.

萧汉明.道家与长江文化.武汉:湖北教育出版社,2005.

萧公权.中国政治思想史.沈阳:辽宁教育出版社,1998.

萧兵,叶舒宪.老子的文化解读:性与神话学之研究.武汉:湖北人民出版社,1994.

徐复观.徐复观全集.徐武军等主编.北京:九州出版社,2014.

徐少华.周代南土历史地理与文化.武汉:武汉大学出版社,1994.

徐克谦.庄子哲学新探——道·言·自由与美.北京:中华书局,2005.

杨国荣.善的历程:儒家价值体系的历史衍化及其现代转换.上海:上海人民出版社,1994.

杨荣国.中国古代思想史.北京:人民出版社,1973.

杨俊光.墨经研究.南京:南京大学出版社,2002.

严灵峰.老庄研究.台北:中华书局,1979.

叶海烟.老庄哲学新论.台北:文津出版社,1997.

查昌国.先秦"孝"、"友"观念研究.合肥:安徽大学出版社,2006.

詹剑峰.墨家的形式逻辑.武汉:湖北人民出版社,1979.

张默生.庄子新释.济南:齐鲁书社,1993.

张恒寿.庄子新探.武汉:湖北人民出版社,1983.

张光直.中国青铜时代.北京:生活·读书·新知三联书店,1999.

张光直.美术、神话与祭祀.郭净译.沈阳:辽宁教育出版社,2002.

张松辉.老子研究.北京:人民出版社,2009.

张荣明.中国的国教.北京:中国社会科学出版社,2001.

张立文.中国哲学逻辑结构论.北京:中国社会科学出版社,2002.

张舜徽.周秦道论发微.北京:中华书局,1982.

张舜徽.汉书艺文志通释.武汉:湖北教育出版社,1990.

张知寒等.墨子里籍考论.济南:山东人民出版社,1996.

张岱年.中国古典哲学概念范畴要论.北京:中国社会科学出版社,1987.

张岱年.中国哲学大纲.北京:中国社会科学出版社,1982.

张固也.《管子》研究.济南:齐鲁书社,2006.

郑开.道家形而上学研究.北京:宗教文化出版社,2003.

郑杰文.中国墨学通史.北京:人民出版社,2006.

周云之,刘培育.先秦逻辑史.北京:中国社会科学出版社,1984.

周昌忠.公孙龙子新论.上海:上海社会科学院出版社,1991.

周振鹤.中国行政区划通史.上海:复旦大学出版社,2009.

朱凤瀚.商周家族形态研究.天津:天津古籍出版社,2004.

朱伯崑.易学哲学史(第二卷).北京:华夏出版社,1995.

[德]康德.实践理性批判.邓晓芒译,杨祖陶校.北京:人民出版社,2003.

[德]马克斯·韦伯.支配的类型.康乐等译.桂林:广西师范大学出版社,2004.

[美]艾兰等编.中国古代思维模式与阴阳五行说探源.张海晏译.南京:江苏古籍出版社,1998.

[美]本杰明·史华兹.古代中国的思想世界.程钢译,刘东校.南京:江苏人民出版社,2004.

[美]牟复礼.中国思想之渊源.王立刚译.北京:北京大学出版社,2009.

[日]池田知久.道家思想的新研究:以庄子为中心.郑州:中州古籍出版社,2009.

[英]李约瑟.中国古代科学思想史.陈立夫等译.南昌:江西人民出版社,2000.

［英］爱德华·泰勒.原始文化.连树声译.桂林:广西师范大学出版社,2004.

［英］詹·乔·弗雷泽.金枝.徐育新等译.北京:中国民间文艺出版社,1987.

［英］葛瑞汉.论道者:中国古代哲学论辩.张海晏译.北京:中国社会科学出版社,2003.

三、论　文

白奚.“小国寡民”与老子的社会改造方案——老子八十章阐微//《安徽大学学报》(哲学社会科学版),2000,4.

北辰.老子在欧洲//宗教学研究,1997,4.

晁福林.论殷代神权//中国社会科学,1990,1.

晁福林.神之源:中国原始时代社会观念的萌生及其发展//大连大学学报,2006,3.

晁福林.先秦时期“德”观念的起源及其发展//中国社会科学,2005,4.

曹峰.《老子》首章与“名”相关问题的重新审视——以北大汉简《老子》的问世为契机//哲学研究,2011,4.

陈梦家.商代的神话与巫术//燕京学报(第20期),1936.

陈榴.“道”字初义与老子哲学思想的渊源//社会科学辑刊,2008,6.

成中英.中国哲学的四个特性//成中英文集(第1卷).武汉:湖北人民出版社,2006.

杜维明.试谈中国哲学中的三个基调//杜维明文集(第5卷).武汉:武汉出版社,2002.

丁四新.早期老子文本的演变、成型与定型——以出土简帛为依据//中州学刊,2014,10.

黄克剑.孔老之辨//哲学研究,2007,9.

金景芳,吕绍纲.《甘誓》浅说//社会科学战线,1993,2.

姜广辉.郭店楚简与《子思子》//哲学研究,1998,7.

荆雨.德与民:中国古代政权合法性之根据//社会科学战线,2008,6.

李学勤.荆门郭店楚简所见关尹遗说//中国文物报,1998-04-29.

李学勤.释多君多子//胡厚宣编.甲骨文与殷商史.上海:上海古籍出版社,1983.

刘述先.研究中国史学与哲学的方法与态度//韦政通编.中国思想史方法论文选集.台北:水牛出版社,1987.

刘笑敢.关于老子考证的历史考查与分析//中国文哲研究通讯(第五卷第四期),1995.

梁启超.梁启超论孟子遗稿//学术研究,1983,5.

廖名春.《老子》首章新释//哲学研究,2011,9.

林沄.从武丁时代的几种"子卜辞"试论商代的家族形态//古文字研究(一).北京:中华书局,1979.

林沄.甲骨文中的商代方国联盟//古文字研究(六).北京:中华书局,1981.

马琳.圣人不远游——海德格尔对《道德经》的征引//冯俊主编.哲学家(2008 年卷).北京:人民出版社,2009.

庞朴.使由使知解//文史知识,1999,9.

彭昊.论"庄出于儒"//湖南大学学报,2004,3.

沈清松.中国哲学文本的诠释与英译//中国哲学与文化(第二辑).桂林:广西师范大学出版社,2007.

汤一介.论老庄哲学中的内在性与超越性//儒释道与内在超越问题.南昌:江西人民出版社,1991.

童恩正.中国古代的巫//中国社会科学,1995,5.

田文军.《老子》"道"论新探//社会科学,2011,8.

王中江.道家自由思想的两种形态//陈明,朱汉民主编.原道(第 7 辑).贵阳:贵州人民出版社,2002.

王博.权力的自我节制:对老子哲学的一种解读//哲学研究,2010,6.

温少峰.殷周奴隶主阶级"德"的观念//中国哲学(第 8 辑).北京:生活·读书·新知三联书店,1982.

徐复观.治古代思想史方法//韦政通编.中国思想史方法论文选集.台北:水牛出版社,1987.

萧萐父.道家·隐者·思想异端//萧萐父,罗炽主编.众妙之门:道教文化之谜探微.长沙:湖南教育出版社,1991.

解启扬.近代墨学研究简论//广西师范学院学报(哲学社会科学版),2004,3.

杨宽."乡饮酒礼"与"飨礼"新探//古史新探.中华书局,1965.

余敦康,黄俊杰,洪汉鼎,李明辉.中国诠释学是一座桥//光明日报,2002 - 09 - 26.

周可真."体道"的必要性、原理及方法——老子道篇首章新解//《江南大学学报》(人文社会科学版),2011,6.

郑宗义.从实践的形上学到多元宗教观——"天人合一"的现代重释//天人之际与人禽之辨.香港:新亚学术集刊(第十七期),2001.

后　记

　　早在 2006 年下半年，江苏人民出版社府建明先生就与我联系，希望我们武汉大学哲学学院中国哲学学科点与该社合作，撰写并出版一套大型学术版的《中国哲学通史》。该社出版过大型学术版的《西方哲学史》《中国佛教通史》等著作，水平很高，反响很好。这些书学术性强，不同于供教学用的同类书籍。

　　2007 年上半年，我们在武汉大学召开了作者会议，讨论了纲目与方法论问题，正式启动了这项工作。由于我们这个写作团队的诸位专家承担的教学、科研与人才培养的任务很重，撰写本套丛书的工作常被打断，但同仁们仍勤奋严谨又持续地努力研究、写作，到 2017 年下半年基本上可以完稿。时光荏苒，一晃十一年过去了。拖得这么久，这是我们始料未及的。

　　现在的规模有十卷，前八卷为断代哲学史，后两卷分别为少数民族哲学卷与古代科学哲学卷。设置这两卷很有必要，因为这两方面都很重要，而一般中哲史很难详细论述到。

　　第一　先秦卷　郭齐勇著

　　第二　秦汉卷　丁四新、龚建平著

　　第三　魏晋南北朝卷　麻天祥、秦平、乐胜奎著

第四　隋唐卷　龚隽、李大华、夏志前等著

第五　宋元卷　田文军、文碧芳等著

第六　明代卷　丁为祥著

第七　清代卷　吴根友著

第八　现代卷　胡治洪著

第九　少数民族哲学卷　萧洪恩著

第十　古代科学哲学卷　吾淳著

以上各卷有的是个人独著的，也有的是多人合著的。后者在封面与版权页上署主要作者，参与撰写的作者及其工作详见各卷的后记。本套丛书的作者以本学科点的教授以及从我们这里毕业出去仍从事中哲史研究的学者为主，因此可以视为我们这个团队的集体成果。当然，这个说法也是相对的，需要说明的是，由于本学科点有些教授当时手头上事情较多，不能参加撰写工作，所以我们另请了与我们这个团队没有亲缘关系的同仁参与。

府建明先生所以选择我们这个团队，是因为我们继承光大了萧萐父、李德永、唐明邦先生的传统，建设成为国家重点学科，两代人有多种有影响力的中哲史教材及研究专著问世，且内部比较团结。

现在说一说"先秦卷"的撰写。本卷第一、二、三、五、十二、十六章的撰写者分别是荆雨、刘体胜、陈乔见、萧平、陈仁仁、储昭华教授，其它各章则是由我撰写的。这其中有一部分稿子，请王晨光、吴龙灿、谢远笋、周浩翔、李健君、张志强、肖雄、王顺然等分别加工整理过。全卷由我统稿，廖璨璨、朱浩浩、王晨光、谢远笋、李兰兰协助我统稿。统稿者做了统一体例、核对引文、疏理文字的工作。我特别感谢以上各位的帮助。

在写作过程中，《中国哲学通史》（学术版）所有作者与参与者都十分辛苦，酷热三伏与寒严三九都在孜孜矻矻地研究、撰著。我们曾得到武汉大学社科部"武汉大学哲学社会科学标志性成果培育选题"项目的资助。在出版方面，江苏人民出版社为本丛书申请到了国家出版基金的补贴；江苏人民出版府建明总编自始至终为本套书出版尽心尽力，该社的编辑团队十分敬业且很专业。谨此一并致谢！

郭齐勇
2017 年盛夏于武昌珞珈山

本卷的校对工作，请廖晓炜、谢远笋、肖航、肖雄、刘莉莎、李健君等同仁帮忙，再次核对了引文，特此致谢！

郭齐勇又及
2018 年初冬于武汉大学